미학 이론

Ästhetische Theorie
Theodor W. Adorno

Copyright © 1970 by Suhrkamp Verlag, Frankfurt am Main.

All rights reserved by the proprietor throughout the world in the case of brief quotations embodied in critical articles or reviews.
Korean Translation Copyright © 2025 by Moonji Publishing Co., Ltd.
This Korean edition was published by arrangement with Suhrkamp Verlag through Bestun Korea Agency Co., Seoul.

이 책의 한국어판 저작권은 Bestun Korea Agency를 통해 저작권자와 독점 계약한
㈜문학과지성사에 있습니다.
저작권법에 의해 한국 내에서 보호받는 저작물이므로 무단 전재 및 복제를 금합니다.

미학 이론

테오도어 W. 아도르노

홍승용 옮김

우리 시대의 고전 2 문학과지성사

우리 시대의 고전 2
미학 이론

초판 1쇄 발행 1984년 7월 5일
재판 1쇄 발행 1997년 11월 15일
개정판 1쇄 발행 2025년 10월 20일

지은이 테오도어 W. 아도르노
옮긴이 홍승용
펴낸이 이광호
주간 이근혜
편집 김현주 최대연 홍근철
마케팅 이가은 허황 최지애 남미리 맹정현
제작 강병석
펴낸곳 **문학과지성사**
등록번호 제1993-000098호
주소 04034 서울 마포구 잔다리로7길 18(서교동 377-20)
전화 02)338-7224
팩스 02)323-4180(편집) 02)338-7221(영업)
대표메일 moonji@moonji.com
저작권 문의 copyright@moonji.com
홈페이지 www.moonji.com

ISBN 978-89-320-4460-6 93160

차례

예술, 사회, 미학

예술의 자명성 상실·9 | 근원의 문제·12 | 진리내용과 작품의 생명·15 | 예술과 사회의 관계·17 | 정신분석학적 예술 이론 비판·26 | 칸트와 프로이트의 예술 이론·30 | '예술 향유'·37 | 미학적 쾌락주의와 인식의 행복·41

상황

재료들의 와해·44 | 예술의 탈예술화; 문화산업 비판·46 | 고난의 언어·51 | 새로움의 역사철학·52 | 불변성 문제에 대해; 실험(1)·62 | 주의에 대한 옹호·66 | 세속화된 유파로서의 주의들·67 | 제작 가능성과 우연; 현대 예술과 작품의 질·69 | '2차 반성'·71 | 새로움과 지속·73 | 통합과 '주관점'의 변증법·77 | 새로움, 유토피아, 부정성·83 | 현대 예술과 공업 생산·85 | 미적 합리성과 비판·88 | 금지 계율·90 | 실험(2); 진지함과 무책임·94 | 어둠의 이상·99 | 전통에 대한 관계·102 | 주관성과 집단·105 | 유아론, 미메시스에 대한 금기, 성숙성·106 | '기법'·109 | 표현과 구성·110

추, 미, 기술의 범주

추의 범주·114 | 추의 역사철학과 사회적 측면·120 | 미 개념·125 | 미메시스와 합리성·132 | 구성 개념·138 | 테크놀로지·141 | 기능주의의 변증법·147

자연미

자연미에 대한 판결·150 | '탈피'로서의 자연미·152 | 문화경관에 대해·155 | 예술미와 자연미의 연관성·158 | 역사적으로 기형화된 자연 체험·164 | 미적 지각의 분석적 성격·166 | 중단된 역사로서의 자연미·168 | 확정적 불확정성·172 | 화해 상태의 암호인 자연미·175 | 헤겔의 자연미 비판에 대한 메타 비판·178 | 자연미에서 예술미로의 전환·184

예술미: '현상', 정신화, 직관

가상으로서의 '초월적인 것'·187 | 미적 초월성과 탈마법화·188 | 계몽과 전율·190 | 예술과 예술에 이질적인 요인·193 | 비존재자·197 | 형상적 성격·200 | '파열'·202 | 형상내용의 집단적 성격·204 | 정신적인 것으로서의 예술·207 | 작품의 내재성과 이질적 요인·212 | 헤겔의 정신미학·215 | 정신화의 변증법·218 | 정신화와 카오스 상태·222 | 예술적 직관성의 아포리아·224 | 직관성과 개념성; 사물적 성격·231

가상과 표현

가상의 위기 · 238 | 가상, 의미, '곡예' · 248 | 가상의 구제; 조화와 부조화 · 252 | 표현과 부조화 · 260 | 주체-객체와 표현 · 262 | 언어적 성격으로서의 표현 · 264 | 지배와 개념적 인식 · 266 | 표현과 미메시스 · 268 | 내면성의 변증법 · 271

수수께끼적 성격, 진리내용, 형이상학

신화의 비판과 구제 · 277 | 미메시스적 요인과 어리석음 · 278 | 누구에게 유익한가 · 281 | 수수께끼적 성격과 이해 · 282 | '변하지 않은 것은 아무것도 없다' · 287 | 수수께끼, 문자, 해석 · 291 | 모방으로서의 해석 · 293 | '장벽' · 295 | 파손된 초월성 · 296 | 수수께끼적 성격, 진리내용, 절대적인 것 · 298 | 예술 작품들의 진리내용 · 299 | 예술과 철학; 예술의 집단적 사상내용 · 304 | 가상 없는 것의 가상으로서의 진리 · 306 | 치명적인 것에 대한 미메시스와 화해 · 310 | 어둠과의 연관 · 314

일관성과 의미

논리성 · 317 | 논리, 인과성, 시간 · 320 | 무목적의 합목적성 · 324 | 형식 · 326 | 형식과 내용 · 333 | 명료한 표현 개념(1) · 338 | 재료 개념 · 342 | 소재 개념; 의도와 사상내용 · 344 | 의도와 의 · 349 | 의미의 위기 · 352 | 조화 개념과 완결성 이데올로기 · 361 | 긍정 · 366 | 의고주의 비판 · 369

주체와 객체

주관 및 객관의 애매성; 미적 감정에 대해 · 375 | 칸트의 객관성 개념 비판 · 378 | 위태로운 평형 · 381 | 언어적 성격과 집단적 주체 · 382 | 주체-객체의 변증법 · 386 | 천재 · 388 | 독창성 · 394 | 환상과 반성 · 395 | 객관성과 사물화 · 399

예술 작품의 이론

미적 경험의 과정적 성격; 작품들의 과정적 성격 · 402 | 소멸성 · 407 | 인공물과 발생의 문제 · 409 | 단자로서의 예술 작품과 내재분석 · 411 | 예술과 예술 작품들 · 414 | 역사의 본질구성적 성격; '이해 가능성' · 417 | 객관화와 분해의 필요성 · 419 | 통일성과 다자 · 424 | 강도의 범주 · 427 | '어떤 작품을 아름답다고 칭하는 근거는 무엇인가' · 429 | '깊이' · 432 | 명료한 표현 개념(2) · 434 | 진보 개념의 세분화 · 436 | 생산력 발전 · 439 | 작품의 변화 · 440 | 해석, 주석, 비평 · 442 | 진리내용의 역사성; 자연과 예술 속의 숭고 · 444 | 숭고와 유희 · 448

보편과 특수

유명론과 장르들의 쇠퇴 · 453 | 고대의 장르 미학 · 460 | 관습의 역사철학 · 461 | 양식 개념 · 466 | 예술의 진보 · 471 | 예술사의 비동질성 · 473 | 진보와 재료 처리 능력 · 477 | '기술' · 481 | 산업 시대의 예술 · 490 | 유명론과 열린 형식 · 497 | 구성; 정태성과 역동성 · 502

사회

예술의 양면성: 사회적 사실과 자율성; 물신적 성격 · 509 | 수용과 생산 · 515 | 소재 선정: 예술적 주체; 과학에 대한 관계 · 519 | 반응 방식으로서의 예술 · 524 | 이데올로기와 진리 · 526 | '책임' · 529 | 전위예술의 수용 · 530 | 예술과 사회의 매개 · 533 | 카타르시스 비판; 키치와 통속성 · 537 | 실천에 대한 입장; 영향, 체험, '충격' · 543 | 참여 · 553 | 유미주의, 자연주의, 베케트 · 558 | 관리되는 예술 비판 · 563 | 현대 예술의 가능성 · 564 | 자율성과 타율성 · 568 | 정치적 선택 · 570 | 진보와 반동 · 576 | 예술과 철학의 빈곤 · 580 | 객체의 우위와 예술 · 581 | 유아론 문제와 거짓 화해 · 583

부록

· 589
예술의 근원에 대한 이론들(보론) · 714

서론 초고

전통적 미학의 낡은 요소 · 731 | 순진성의 기능 전환 · 739 | 전통적 미학과 시의성 있는 예술의 불화 · 744 | 예술 작품의 진리내용과 물신적 성격 · 748 | 미학의 필요성 · 750 | 형이상학의 도피처인 미학 · 754 | 객관적 이해로서의 미적 경험 · 759 | 작품 내재 분석과 미학 이론 · 764 | 미적 경험의 변증법을 위해 · 766 | 보편과 특수 · 768 | 현상학적 근원 연구 비판 · 771 | 헤겔 미학에 대한 입장 · 773 | 미학의 개방적 성격 · 775 | 형식미학과 내용미학(I) · 777 | 형식미학과 내용미학(II); 규범과 구호 · 779 | 방법론, '2차 반성', 역사 · 782

편집자 후기 · 787
옮긴이 후기 · 799
찾아보기(인명) · 825
찾아보기(용어) · 835

일러두기

* 이 책은 테오도어 W. 아도르노, 『미학 이론』, 홍승용 옮김(문학과지성사, 1984)의 개정증보판으로, Theodor W. Adorno의 *Ästhetische Theorie*(Frankfurt am Main: Suhrkamp Verlag, 1970)를 저본으로 삼아 우리말로 옮겼다. 한국어판 초판에 빠진 「부록」과 「서론 초고」 「편집자 후기」를 새롭게 번역해 실었다.
* 이 책의 주석은 모두 각주로 처리했다. 원서의 편집자 주석은 [편집자]로, 옮긴이의 주석은 [옮긴이]로 구분해 표시했고 나머지는 모두 원저자의 주석이다.
* 원서에서 이탤릭체로 강조한 표현은 고딕체로 표시했다.
* 단행본, 신문, 정기간행물은 『 』로, 논문, 단편, 시, 음악과 회화, 영화 등 예술 작품은 「 」로, 음악작품의 일부는 〈 〉로 표시했다.

예술, 사회, 미학

예술의 자명성 상실

　예술에 관해서는 이제 아무것도 자명하지 않다는 것이 자명해졌다. 예술 자체도, 사회 전체와 예술의 관계도, 예술의 생존권조차도 자명하지 않다. 반성 없이, 혹은 아무 문제 없는 듯 다룰 수 있던 것들이 사라졌는데, 그렇다고 반성 덕분에 열린 무한한 가능성들이 그것을 보상해 주지는 않고 있다. 여러 차원에서 확장이 오히려 축소로 나타난다. 1910년경의 혁명적 예술운동들이 과감하게 추구한, 그때까지 예측하지 못했던 것들의 바다는 약속한 모험적 행운을 가져다주지 못했다. 그 대신 당시에 유발된 과정은 바로 그 출발의 명분이었던 범주들을 잠식해 버렸다. 점점 더 많은 것들이 새로 금기시된 것들의 소용돌이 속에 휘말려 들어갔다. 도처에서 예술가들은 새로 얻은 자유의 영역을 기뻐하기보다 이제 거의 실효성 없는 명목적 질서를 곧바로 다시 추구한 것이다. 이는 여전히 부분적인 것일 뿐인 예술에서의 절대적 자유가 전체 속의 영속적 부자유 상태와 모순에 빠지기 때문이다. 이 전체 속에서 예술의 위치는 불확실해졌다. 예술이 예배 기능 및 그 잔상들을 떨쳐버린 후에 획득한 자율성은 인도주의 이념을 먹고 살았다. 그런데 사회가 점점 더 인도적이지 않게 됨에 따라 그 자율성은 파괴되었다. 인도주의 이상에 근거하여 예술 속에서 형성된 예술의 본질구성 요인들Konstituentien[1]은 예술 자체의 운동 법칙으로 인해 퇴색했다. 물론 예술의 자율성을 다시 없앨 수는 없다. 예술이 의심하고 이를 표현하기도 하는 예술의 사회적 기능으로 그 대가를 치르려는 시도는 모두 실패했다. 그러나 예술의 자율성은 맹목성의 계기Moment를 드러내기 시작한다. 이 계기는 예로부터 예술을 따라다녔다. 이미 헤겔[2]이 인식했듯이 예술은 이제 순진한 상태에 머물 수 없다. 그처럼 예술이 순진하지 않음에도 불구하고, 비록 그 때문은 아니더라도, 예술의 해방기에는 그 맹목성의 계기가 다른 어느 계기보다도 두드러지게 나타난다. 이제 예술의 자율성은 한 차원 더 강화된 순진성, 즉 미적 목적과 관련한 불확실성과 결합한다. 도대체 예술이라는 것이 아직도 가능한지, 또 예술이 완전히 해방된 후에는 그 전제 조건들이 모두 파헤쳐지고 사라진 것은 아닌지 불확실하다. 이런 물음은 과거 한 시기의 예술을 놓고 불붙는다. 예술 작품들은 경험세계

---

1 [옮긴이] Konstituens의 복수형인 Kostituenzien의 변형. Konstituens의 의미는 본질적, 기본적 구성 요인. 주체의 행위에 강세가 있는 Konstruktion(구성)과 비교해, Konstitution은 구성물의 구조 내지 본질에 강세가 있다는 점에서 이하 본질구성으로 옮긴다. 그 형용사인 konstitutiv는 본질구성적, 동사형인 konstruieren은 본질구성하다, Konstituens는 본질구성 요인으로 옮긴다.
2 [옮긴이] Georg Wilhelm Friedrich Hegel(1770~1831): 독일 철학자. 독일 관념론을 집대성한 그의 관념변증법은 마르크스의 유물변증법과 함께 아도르노의 사유 방식에 결정적인 영향을 주었다.

로부터 벗어나 그와 대립하는 독자적 본질을 갖는 세계를 마치 하나의 존재자인 듯이 만들어놓는다. 이로써 예술 작품들은 설혹 비극적 형상을 취할지라도 아프리오리하게[3] 긍정의 경향을 띤다. 화해의 반사광이 예술로부터 현실로 퍼져 나간다는 식의 상투어들이 역겨운 것은, 단지 그것이 예술을 부르주아식으로 꾸밈으로써 중요한 예술 개념을 패러디하고 예술을 위안거리가 되는 일요 행사에 포함시키기 때문만이 아니다. 그 상투어들은 예술 자체의 상처를 건드린다. 예술이 신학으로부터, 구원의 진리에 대한 온전한 요구로부터 불가피하게 분리된 것은 예술이 전개되는 데에 필수적인 세속화 과정이었다. 그로써 예술은 존재자와 기존 상황에 위로의 말을 제공할 수밖에 없는데, 이런 위로의 말은 어떤 다른 상태ein Anderes에 대한 희망의 결여로 인해, 결국 예술의 자율성이 벗어나고 싶어 하는 상황의 속박을 강화할 수밖에 없다. 자율성 원칙 자체가 그러한 위로의 말이 아닌가 하는 의심을 산다. 즉 자율성 원칙은 자체에 근거해 완성된 것, 자체로 완결된 것 혹은 총체성을 감히 정립하고자 함으로써, 예술을 포함하고 있고 또 예술을 유발하기도 하는 세계에 그러한 형상을 옮겨놓는 것이다. 예술은 경험계를 거부함으로써──그리고 이 거부는 예술의 개념 속에 담겨 있는 예술의 내재적 법칙이지 결코 단순한 도피가 아니다──경험계의 우월한 힘을 인준한다. 헬무트 쿤[4]은 예술을 찬양하는

---

3   [옮긴이] a priori: 개별 경험이나 지각에 앞선다는 의미. '인식의 가능 조건에 관한'이라는 의미의 'transzendental'은 '선험적,' '인간의 인식 가능성을 넘어서는'이라는 의미의 'transzendent'는 '초월적'으로 각각 번역한다.
4   [옮긴이] Helmut Kuhn(1899~1991): 독일의 철학자. 유대인이라는 이유로 추방당한 후 프랑스, 영국, 미국 등지로 망명했으며, 1949년 귀국했다. 가다머Hans Georg Gadamer 등과 독일 현상학회에 적극 관여했고, 『예술의 문화 기능Die Kultur Funktion der Kunst』(1930) 등을

한 논문에서 모든 예술 작품은 찬미라고 인정했다.[5] 그의 테제는 비판적인 것이라면 타당하다고 할 수 있다. 그러나 현실이 도달한 상태에 비추어 본다면, 예술에 불가피한 긍정적 본질은 견딜 수 없는 것이 되었다. 예술은 그 고유한 개념을 이루는 것에 반대할 수밖에 없으며, 이로써 가장 본질적인 부분에 이르기까지 불확실해진다. 하지만 예술을 추상적으로 부정함으로써 간단히 처리해 버릴 수는 없다. 예술은 전통 전체에 걸쳐 그 기본층으로서 보장되어 있다고 여겨지던 것을 공격함으로써 질적으로 변하여 그 나름으로 어떤 다른 것이 된다. 예술이 이러한 일을 할 수 있는 것은, 예술이 여러 시대를 관통하며 기존 상황의 요소들을 형식화하는 것으로서 기존 상황에 도움을 주기도 했지만, 마찬가지로 자체의 형식을 통해 단순히 현존하는 것 내지 기존 상황에 반대하기도 했기 때문이다. 예술은 위로라는 일반적 공식으로도, 그 반대의 공식으로도 환원될 수 없다.

근원의 문제

예술의 개념은 역사적으로 변화하는 그 계기들의 짜임관계 Konstellation로 이루어지며, 그래서 그것을 정의하기는 어렵다. 예술의 본질을 예술의 근원Ursprung으로부터 추론할 수는 없다. 최초로 나타난 것이 기본층이고 그 뒤에 나타난 것은 모두 그 위에 세워진 것이어서 그 기본층이 흔들리면 모두가 무너져 버린다는 식으로 생각해서는

썼다.
5   Helmut Kuhn, *Schriften zur Ästhetik*, München: Kösel, 1966, pp. 236 이하 참조.

안되는 것이다. 최초의 예술 작품들이 가장 뛰어나고 순수하다는 생각은 뒤처진 낭만주의의 산물이다. 그와 마찬가지로 초기의 예술적 형상물들은 마술 활동이나 역사 기록, 혹은 소리를 지르거나 나팔을 불어 먼 곳에 신호를 보내는 등의 실용적인 목적들과 분리되지 않은 상태의 혼탁하고 불순한 것이었다고 주장할 수도 있을 것이다. 의고주의적인klassizistisch 구상이 곧잘 그런 주장들을 써먹었다. 조잡하게 역사적 입장을 취하면 자료들이 모호한 상태에 빠지고 만다.[6] 예술의 역사적 발생을 하나의 최고 동기 아래 존재론적으로 포괄하려고 하면 이질적인 요인들 속에서 방향을 잃을 수밖에 없고, 그래서 이론은 여러 가지 예술들이 단절 없는 예술의 동일성 속에 정돈되지 않는다는 당연한 인식밖에 얻지 못할 것이다.[7] 미학적 원형 $\alpha\varrho\chi\alpha\acute{\iota}$에 몰두하는 고찰들에서는 실증주의적 자료 수집과, 평소 과학의 증오를 받는 사변이 그와 병존하며 멋대로 무성해진다. 바흐오펜[8]이 가장 중요한 예일 것이다. 그와 달리 철학적 관례에 따라 이른바 근원에 대한 물음을 본질에 대한 물음으로 보고, 그것을 발생 관련 근원사Urgeschichte에 대한 물음과 무조건 분리하려 들면, 근원 개념을 그런 분리와 대립하는 그것의 어의에 맞서 사용하여 자의에 빠질 것이다.[9] 현재의 예술에 대

---

6 [편집자]「예술의 근원에 관한 이론들」, 이 책 pp. 714 이하 참조.
7 Theodor W. Adorno, *Ohne Leitbild. Parva Aesthetica*, 2. Aufl., Frankfurt a. M.: Suhrkamp, 1968, pp. 168 이하 참조.
8 [옮긴이] Johann Jakob Bachofen(1815~87): 스위스의 고대사 연구자, 인류학자. 그의 『모권 *Das Mutterrecht*』(1861)은 모계사회 연구의 원천이 되었다. 나치 사상가들이 그를 자신들의 선구자 가운데 한 명으로 날조하기도 했고, 마르크스주의자들도 그의 인식을 원시 공산주의적인 것이라고 받아들이기도 했다.
9 [옮긴이] 이 구절은 특히 하이데거의 글「예술 작품의 근원」에 대한 비판이다.

한 정의는 언제나 과거 한 시대의 예술에 의해 미리 규정된다. 그러나 그것은 현재까지 이루어진 예술에 비추어서만 정당화되며, 또 예술이 되고자 하는 바 혹은 될 수 있는 바에 대해서는 열려 있다. 예술과 단순한 경험계의 차이는 여전하지만, 예술은 자체로서 질적으로 변한다. 수많은 것들, 예를 들어 예배를 위한 조형물들 따위가 지난날에는 예술이 아니었는데 역사를 거치며 예술로 변한다. 또 예술이었던 수많은 것들이 이제는 예술이 아니다. 영화와 같은 현상물이 예술이냐 아니냐 하는, 위로부터 제기된 물음은 어떤 결론에도 이르지 못한다. 예술이 형성된 존재라는 점으로 인해 예술의 개념은 예술이 지니고 있지 않은 것을 환기한다. 예술을 추동한 요인들 사이의 긴장, 즉 예술의 과거에 대한 긴장이란 이른바 미적 본질구성에 관한 물음들 Konstitutionsfragen을 달리 표현한 것이다. 예술은 불변 요인들을 통해서가 아니라 오직 그 운동 법칙에 의거해서만 해석될 수 있다. 예술은 예술 아닌 것과의 관계 속에서 규정된다. 예술에서 예술 특유의 요인은 예술의 타자로부터, 즉 내용적으로 추론할 수 있다. 이러한 사실만이 어떤 유물변증법적 미학의 요구를 아무튼 충족할 것이다. 예술은 그 전신前身이었던 것과 예술을 분리해 주는 요인을 통해 특유한 것이 된다. 예술의 운동 법칙은 예술 자체의 형식 법칙이다. 예술은 그 타자에 대한 관계 속에서만 존재하며, 이런 점에서 과정이다. 전통적 철학에 맞서 후기의 니체는 형성된 것도 참일 수 있다는 생각을 펼쳤는데, 방향을 바꾼 미학에서는 그러한 인식이 자명하다. 그가 파괴한 전통적 견해는 아마 뒤집어 놓아야 할 것이다. 즉 진리는 단지 형성된 것으로서만 존재한다. 예술 작품에서 그 고유한 법칙성으로 등장하는 것은 점진적 세속화 과정에서 예술이 처한 위치 및 기술 내적 진화의 추후 산물이다. 예술 작품들이 그 근원을 부정함으로써 예술 작품들로 되었다는 점에는 의문의 여지가 없다. 예술이 그 전신에 역으로 작용을 가하여 그것을 제거한 후에는, 지난날 수상쩍은 마술이나 영주들에 대한 봉사와 오락에 종속되어 있었다는 치욕을 예술의 원죄로서 비난해서는 안 된다. 연회 음악은 해방된 음악에 불가피한 것도 아니고, 인간에 대한 신성한 봉사였던 그것을 자율적 예술이 무례하게 팽개쳐 버린 것도 아니다. 연회 음악의 경멸스러운 소란은 오늘날 예술로서 사람들에게 다가오는 것들 전체의 압도적인 부분이 그러한 소란의 메아리를 널리 퍼뜨린다고 해서 더 나아지지 않는다.

진리내용과 작품의 생명

예술이 사멸할 수 있다는 헤겔의 전망은 예술이 형성된 존재라는 사실과 부합한다. 그가 예술을 소멸할 수 있는 것으로 생각하면서도 절대정신에 속하는 것으로 본 점은 그의 체계가 지니는 양면성과 조화를 이루지만, 이는 그가 결코 끌어내지 않았을 결론을 초래한다. 즉 그가 예술의 절대적 요소라고 생각한 사상내용Gehalt[10]이 예술의 생사 차원과 완전히 동화되지 않는 것이다. 예술 자체가 소멸하더라도 예술의 사상내용은 남을 수 있을 것이다. 근세에 와서야 생겨난 위대한 음악이 단지 인류의 한정된 시기에만 가능했다는 것은 단순한 추상적 가능성이 아니라 실제로 생각할 수 있는 이야기다. 예술이 역사적 세

---

10 [옮긴이] 'Inhat'는 '내용'으로, 이와 대조해 'Gehalt'는 '사상내용'으로, 'Wahrheitsgehalt'는 '진리내용,' 'Sachgehalt'는 '사실내용,' 'Stoffgehalt'는 '소재내용'으로 옮긴다.

계 혹은 '객관에 대해 취하는 입장' 속에 목적론적으로 설정된 예술의 반란은 예술에 대한 예술의 반란이 되었다. 예술이 이를 견뎌낼지를 예언하는 것은 쓸모없는 일이다. 한때 반동적 문화 염세주의가 외치던 문제, 즉 150년 전에 헤겔이 생각했던 바와 같이 예술이 몰락의 시대에 들어섰을 수도 있다는 문제는 문화에 대한 비판을 통해 억누를 수 있는 것이 아니다. 랭보[11]의 비범한 말이 자체로서 이미 100여 년 전에 새로운 예술의 역사를 그 극단까지 앞질러 구현한 것과 마찬가지로, 그가 피고용인이 되어 침묵하게 된 사실은 예술의 몰락 경향을 미리 보여주었다. 오늘날 미학은 예술에 대한 추도사가 될 것인지 결정할 힘을 가지고 있지 않다. 그러나 미학은 장례식 연설자 노릇을 해서는 안 된다. 전반적으로 예술의 종말을 확인하고 과거의 것을 즐기며, 어떤 명분으로든 야만상태로 넘어가서는 안 된다. 이 야만상태도 그것이 자체의 야만적 해악에 대한 보상으로 이용한 문화라는 것보다 더 나을 것은 없다. 이제 예술 자체가 말살되든, 스스로를 말살하고 소멸하든, 아니면 필사적으로 존속하든 상관없이 과거 예술의 사상내용도 필연적으로 사라져야 하는 것은 아니다. 문화의 야만성을 탈피한 사회 속에서는 예술의 사상내용이 예술보다 더 오래 남을 수도 있을 것이다. 이제 형식들만이 아니라 수많은 소재들도 이미 사멸했다. 19세기와 20세기 초의 빅토리아 시대[12]를 가득 채우고 있는 간통 관련 문학은 전성기 부르주아사회의 소가족이 해체되고 일부일처제가

---

11 [옮긴이] Arthur Rimbaud(1854~91): 프랑스 시인. 근대 시에 큰 영향을 끼쳤다. 아도르노는 현대 예술에 대해 논하는 부분에서 "절대적으로 현대적이어야 한다Il faut être absolument moderne"라는 랭보의 말을 인용한다.

12 [옮긴이] 빅토리아 여왕의 재위 기간은 1837~1901년이었다.

느슨해진 이후로 이제 직접 다루기 어렵게 되었고, 그래서 단지 잡지의 통속문학에서나 빈약하고 왜곡된 상태로 잔존할 뿐이다. 그러나 그와 마찬가지로,『보바리 부인Madame Bovary』의 진정성은, 일단 사실내용에 녹아들어 간 이상, 이미 오래전에 이 사실내용과 그 쇠락을 넘어선 것이다. 물론 그렇다고 해서 정신을 불굴의 것이라고 믿는 역사철학적 낙관주의로 잘못 넘어가서는 안 된다. 소재내용과 아울러 그 이상의 것도 함께 소멸할 수 있다. 그러나 예술이나 예술 작품들이 사라질 수 있는 이유는, 그것들이 타율적이고 종속적인 경우만 아니라, 분업적이고 분열된 정신의 사회적 정립을 승인하는 예술의 자율성이 형성되는 경우에도, 그것들이 예술일 뿐만 아니라 예술에 이질적인 것 내지 대립적인 것이기도 하기 때문이다. 예술 자체의 개념에는 이 개념을 지양하는 효소가 섞여 있다.

예술과 사회의 관계

미적 굴절에는 굴절되는 것이 불가피하게 남아 있으며, 상상에는 상상을 통해 표상된 것이 남아 있다. 이 점은 우선 내재적 합목적성에 적용된다. 경험적 현실에 대한 관계 속에서 예술은 이 경험적 현실에 존재하는 자체보존sese conservare의 원칙을 예술 작품들의 자체존재 Selbstsein라는 이상으로 승화시킨다. 쇤베르크[13]의 말을 써먹자면 우리는 그림을 그릴 뿐이지 그 그림이 나타내는 것을 그리지는 않는다.

---

13 [옮긴이] Arnold Schönberg(1874~1951): 오스트리아의 음악가. 12음 기법을 통해 현대음악에 지대한 영향을 끼쳤다. 그의 제자 알반 베르크Alban Berg에게서 아도르노는 작곡을 공부했다.

모든 예술 작품은 자체와의 동일성을 스스로 원한다. 그런데 경험적 현실에서는 이 자체와의 동일성이 주체와의 동일성으로서 모든 대상들에 강요되고 이로써 소홀히 된다. 미적 동일성은 현실에서 동일성의 강압으로 인해 억압되는 비동일자[14]의 편을 들어야 할 것이다. 예술은 경험적 현실과 분리됨으로써 자체의 필요에 따라 전체와 부분들의 관계를 형상화할 수 있다. 또 그러한 분리를 통해서만 예술 작품은 고양된 존재가 된다. 예술 작품들은 그것들 바깥에서 거부되는 것을 경험적 생명체에 부여하며, 이로써 예술 작품들에 대한 사물적-피상적 경험을 통해 정리된 상태로부터 벗어나기도 한다. 그런 한에서 예술 작품들은 경험적 생명체의 잔상들이다. 하지만 예술과 경험계 사이의 경계선을 없애서는 안 되며, 특히 예술가를 영웅화함으로써 그래서는 안 된다. 예술 작품들은 그 특유한 생명을 지니는 것이다. 이는 예술 작품들의 단순한 외적 운명이 아니다. 중요한 예술 작품들은 항상 새로운 층위를 드러내고 노화하며 냉각되고 사멸한다. 예술 작품들이 인공물이므로, 즉 인간이 제작한 것들이므로 인간처럼 직접 살아 있는 것은 아니라는 말은 일종의 동어반복이다. 그러나 예술에서 인공물이라는 계기에 강세를 두는 것은 예술이 인간에 의해 제작된다는 사실보다, 오히려 그것이 어떻게 이루어졌느냐와 무관하게 예술 자체의 특성과 관련되는 문제다. 예술 작품들은 자연적 객체들이나 예술 작품들을 만들어낸 주체들에게 불가능한 방식으로 말을 함으로써 생명을 지닌다. 예술 작품들은 그것들 속의 모든 개별 요인들이

---

14   [옮긴이] das Nichtidentische: 대상 가운데 주체가 특히 개념으로 파악한 것과 일치하지 않는 부분. 아도르노는 비동일자를 간과하고 대상과 대상에 대한 개념을 동일시하는 사유를 동일성 사유라고 비판하며, 이로써 그는 도식주의 및 관념론과 거리를 둔다.

소통함으로써 말을 한다. 이로써 예술 작품들은 단순한 존재자의 산만한 상태와 대조된다. 그러나 예술 작품들은 다름 아닌 인공물, 즉 사회적 노동의 산물이기 때문에 경험계를 거부하면서도 경험계와 소통하며, 그것으로부터 자체의 내용을 끌어내기도 한다. 예술은 경험계에 범주를 통해 각인된 규정들을 부정하지만 그 자체의 실체 속에 경험적 존재자를 감추고 있다. 예술은 형식이라는 계기를 통해 경험계와 대립하지만—또 형식과 내용의 매개도 이 둘의 구분 없이는 파악할 수 없다—어느 정도 일반적으로 미적 형식은 침전된 내용이라는 사실에서 그러한 매개를 찾을 수 있을 것이다. 겉으로 보아 가장 순수한 형식들, 예를 들어 전통적 음악 형식들도 모든 관용적 세부에 이르기까지 춤과 같은 내용적 요소에서 유래한다. 장식은 흔히 지난날 예배를 위한 상징물이었다. 바르부르크 연구소[15] 학파가 고대의 잔존물Nachleben der Antike이라는 특수한 대상과 관련해 수행한 것처럼, 미적 형식을 다시 내용과 연관 짓는 작업은 좀더 광범하게 이루어져야 할 것이다. 그러나 예술 작품들은 다행이든 불행이든 외부 세계에 대해 스스로를 폐쇄하며, 외부 세계와 예술 작품들의 소통은 비-소통을 통해 이루어진다. 바로 이런 점에서 예술 작품들은 굴절된 것임이 드러난다. 예술 작품들의 자율적 영역이 외부 세계와 공유하는 것은 외부에서 빌려 온 요소들뿐이며, 그 요소들은 완전히 변화된 맥락에 놓이게 된다고 생각하기는 쉬울 것이다. 그렇지만 대체로 양식Stil 개념으로 요약되는 예술적 처리 방식들의 발전이 사회적 발전과 상응한

---

15 [옮긴이] Warburginstitut: 바르부르크Aby Warburg(1866~1929)가 1921년 설립했다. 그는 도상해석학적 방법을 통해 미술사를 연구했다. 카시러Ernst Cassirer, 파노프스키Erwin Panofsky, 곰브리치Ernst H. J. Gombrich 등이 연구소 활동을 주도했다.

다는 정신사적 상투어도 반박의 여지가 없다. 아무리 고상한 예술 작품도 경험적 현실의 속박으로부터 영원히 벗어나는 것이 아니라, 언제나 역사적 순간에 그 속박의 상태에 대해 무의식적이긴 해도 논쟁적으로, 구체적으로 대립하며, 이로써 경험적 현실에 대해 확정적 입장을 취한다. 예술 작품들은 창문 없는 단자들Monaden로서 그것들 자체가 아닌 어떤 것을 '표상한다.' 이러한 사실은 단지 그것들 자체의 역동성, 즉 자연과 자연 지배의 변증법이라고도 할 수 있는 그것들의 내재적 역사성이 외부 세계의 역사성과 동일한 본질을 가질 뿐 아니라 이를 모방하지 않고도 자체로서 이와 유사해진다는 점을 통해서만 파악할 수 있을 것이다. 미적 생산력은 유용한 노동의 생산력과 동일하며 자체 내에 그와 동일한 목적론을 지닌다. 또한 미적 생산관계라고 할 수 있는 것, 즉 미적 생산력이 자리 잡고 작동하는 모든 영역은 사회적 생산관계의 침전물들 혹은 복사품들이다. 자율적이면서도 사회적 사실fait social이기도 하다는 예술의 이중적 성격은 자율성의 영역에도 부단히 나타난다. 지난날 인류가 현존재로부터 분리되지 않은 상태에서 문자 그대로 그 현존재에서 경험한 것들, 그리고 그 후에 정신에 의해 현존재로부터 축출된 것들을 예술 작품들은 경험계에 대한 그와 같은 관계 속에서 중화된 상태로 다시 살려놓는다. 예술 작품들은 거짓말을 하지 않음으로써, 즉 그것들에서 표현되는 것들이 문자 그대로의 것이라고 속이지 않는 한에서 계몽에 관여한다. 그러나 예술 작품들은 외부로부터 그것들에 제기되는 물음의 형태에 대한 응답이라는 점에서 현실적이다. 예술 작품들 자체의 긴장은 외부의 긴장에 대한 관계 속에서만 타당성을 지닌다. 예술 작품들은 대상 세계 앞에서는 뒤로 물러서지만, 예술을 유발하는 경험의 기본층들은 그 대상 세계와 유사하다. 해결되지 않은 현실의 적대 관계들은 예술 작품들에 그 형식의 내재적 문제들로서 다시 나타난다. 대상적 계기들이 예술 작품들 속에 파고든다는 점이 아니라 바로 그 점이 사회에 대한 예술의 관계를 결정한다. 예술 작품들 속의 긴장 관계들은 그것들 속에서 순수하게 결정체를 형성하며, 외부의 사실적 표면을 탈피함으로써 실제 본질과 만난다. 헤겔은 칸트에 맞서서, 어떤 한계를 설정하게 되면 그러한 설정을 통해 이미 그 한계를 넘어서며 그와 같은 한계 설정의 대상이었던 것들을 내부로 받아들이게 된다고 주장했다.[16] 예술은 경험적 현존재자와 분리된 채χωρίς 이 경험적 현존재자에 대해 헤겔의 주장에 상응하는 입장을 취한다. 도덕론이 아니라 그와 같은 사실만이, 추상적 부정을 통해 예술의 분리 상태χωρισμός를 절대화하는 예술을 위한 예술l'art pour l'art의 원칙에 대한 비판이 된다. 예술 작품들의 자유는, 그것들이 자랑스럽다고 의식하는 것이고, 그것들이 존재하기 위해 필수적인 것이지만, 또한 그것은 예술 작품들에 특유한 이성의 간계다. 예술 작품들은 경험적 현실을 탈피하고 싶어 하지만 매 순간 다시 경험적 현실에 빠질 위험이 있으며, 자체의 모든 요소들을 현실과 연결해 놓는다. 경험적 현실에 대한 관계에서 예술 작품들은 구원 상태에서는 모든 것이 그대로 있으면서도 완전히 다르다고 하는 신학적 명제를 상기시킨다. 또한 성역까지도 단지 세속적 형태로만 존재할 수 있도록 세속화하는 경향과 예술의 유사성은 명백하다. 그러한 성역이 대상화되고 한계가 정해지는 것은, 그 성역 자체의

---

16 [옮긴이] 이런 관점에서 헤겔은 우리가 현상만을 인식할 뿐 물자체는 인식할 수 없다는 칸트 인식론의 핵심 테제에 동의하지 않는다.

허위적 계기가 주술을 통해 세속화를 거부하는 것과 마찬가지로 세속화를 기대하기 때문이다. 이러한 점을 생각한다면 예술의 순수한 개념은 영구히 확정된 어떤 영역을 외연으로 삼는 것이 아니라, 그때그때의 순간적이고 깨어지기 쉬운 균형 속에서 형성된다고 할 수 있다. 이 균형은 자아Ich와 무의식적 충동Es 사이의 심리적 균형과 단순한 비유 이상의 관계를 지닌다. 자체 거부의 과정이 끊임없이 새로 시작되어야 하는 것이다. 모든 예술 작품은 하나의 순간이다. 성공한 예술 작품은 모두 집요한 관찰자의 눈앞에 나타나는 평형, 혹은 과정의 순간적 정지 상태다. 예술 작품들은 자체의 물음에 대한 응답들이지만, 이로써 예술 작품들 자체가 진정으로 물음이 된다. 교양이라는 것도 물론 나름으로 실패한 것이지만, 아무튼 오늘날까지 이 교양을 통해서도 예술을 미의 영역 바깥에서 혹은 미의 영역 이전의 차원에서 파악하려는 성향이 없어지지는 않고 있는데, 이런 성향을 퇴행적 의식의 빈곤이나 야만적 퇴보라고만 볼 수는 없다. 예술 속의 어떤 요인이 그러한 성향에 부합하는 것이다. 예술을 엄격히 미적으로만 지각하면 그것은 미적으로 올바르게 지각되지 않는다. 예술 경험의 1차적 층위의 하나로서 예술의 타자가 함께 느껴지는 경우에만, 예술의 독자존재Fürsichsein가 하찮은 것으로 되는 일 없이도 예술적 경험은 승화되고 소재적 편견에서 벗어날 수 있을 것이다. 예술은 독자적인 것이지만 그렇지 않기도 하다. 즉 예술에 이질적인 요인이 없다면 그것의 자율성도 없다. 아직 잊히지 않고 남아 있는 위대한 서사시들은 과거의 역사적, 지리적 기록과 혼합되어 있다. 탁월한 예술가인 발레리[17]도

---

17   [옮긴이] Paul Valéry(1871~1945): 프랑스의 문학가. 말라르메Stéphane Mallarmé의 영향

호메로스의 작품이나 이교적인 게르만 서사시 혹은 기독교 서사시에서는 형식 법칙 속에 용해되지 않은 수많은 요인들이 중요성을 지니지만, 그렇다고 해도 정제된 작품들에 비해 그 수준이 떨어지지 않는다는 점을 주목했다. 이와 비슷하게, 미적 자율성의 이념을 이끌어내는 데 근거가 될 수도 있는 비극 역시 현실적 영향 관계를 갖는다고 여겨지는 예배 활동들의 모사품이다. 예술의 자율성이 발전해 온 역사로서의 예술사에서 그와 같은 계기를 제거할 수는 없었다. 이는 단순히 예술에 대한 속박 때문만은 아니다. 19세기에 형식적으로 절정에 이른 리얼리즘 소설은 사회과학을 통해 추후에 연구될 것을 미리 다루는 르포르타주의 요인을 지니고 있었으며, 이른바 사회주의 리얼리즘 이론은 리얼리즘 소설을 계획적으로 르포르타주로 격하시키기도 했다. 『보바리 부인』의 광적일 정도로 철저한 언어적 형상화는 아마 그와 정반대되는 요소의 기능일 것이다. 그 두 가지 요소의 통일로 인해 이 작품은 시들지 않고 시의성을 띤다. 예술 작품들의 평가 기준은 이중적이다. 즉 예술 작품들이 그 소재층들과 세부 요인들을 자체의 내재적 형식 법칙 속에 통합할 수 있느냐 하는 것, 또 한편으로는 설혹 어떤 굴절들을 수반할지라도 그러한 통합 과정 속에 통합에 저항하는 요인들을 포함하고 있느냐 하는 것이다. 통합 자체가 질을 보장하지는 못한다. 오히려 예술 작품들의 역사 속에서 이 두 계기는 흔히 분리된다. 왜냐하면 개별적으로 선정된 어떤 범주도, 심지어 미학에서 중심적인 형식 법칙이라는 범주도, 예술의 본질을 말해주거나

을 받았고, 상징주의 운동에 관여했다. 그는 문학을 자신의 정신 작용을 반영하는 거울이라고 보았으며, 시 자체보다 시를 쓰는 데에 관심을 더 두었다.

예술 작품들에 대한 판단에서 충분한 역할을 하지는 못하기 때문이다. 예술에는 확고한 예술철학적 예술 개념과 모순되는 규정들이 본질적으로 포함된다. 형식미학은 헤겔의 내용미학보다 좀더 순수한 예술 개념을 통해 작업을 하는 듯해 보이며, 비구상 회화 등과 같이 헤겔과 키르케고르[18]의 내용미학에 의해 차단된 역사적 조류를 풀어놓기도 한다. 하지만 헤겔의 내용미학은 예술에 내재하는 타자성 Andersheit을 인식했으며 형식미학을 능가한다. 그러나 동시에 형식을 내용으로 생각한 헤겔의 관념변증법은 미美 이전의 조잡한 변증법으로 퇴행한다. 그의 변증법은 소재들에 대한 모사적 혹은 논증적 처리를 예술에 본질구성적인 타자성과 혼동한다. 헤겔은 자신의 변증법적 미학 구상을 위반하며, 이로써 자신도 예측하지 못한 결과를 초래한다. 즉 그는 예술을 속물적으로 지배 이데올로기 속에 옮겨놓는 일에 기여한다. 반면에 예술 속의 비존재자 혹은 비현실적 계기는 존재자와 무관하지 않다. 그것은 자의적으로 정립되는 것이 아니며 또 상투적으로 말하듯이 고안되는 것도 아니다. 그것은 오히려 존재자 사이의 배율들로부터 구조화된다. 그리고 이 배율들은 존재자에 의해, 혹은 존재자의 불완전성, 필요성, 모순성 및 그것의 잠재성들에 의해 요구되며, 그 속에는 현실적 연관 관계들의 울림이 남아 있다. 예술은 그 타자에 대해 마치 쇳가루를 펼쳐놓은 곳의 자석처럼 작용한다. 예술의 요소들만 아니라 이의 짜임관계, 즉 흔히 예술의 정신으로 간주되는 특유의 미적인 것도 다시 타자를 암시한다. 존재하는 현실과 예

---

18 [옮긴이] Søren Aabye Kierkegaard(1813~55): 덴마크의 철학자. 헤겔의 관념론 및 당대 덴마크 루터교회의 형식주의적 성격에 반대했다.

술 작품의 동일성은 예술 작품의 흩어진 요소들 membra disiecta, 존재자의 흔적들을 자체 주위에 모으는 예술 작품의 통합력이 지니는 동일성이기도 하다. 예술 작품은 정신이 세계 자체를 정돈하는 데에 이용한 원칙, 또 현실과 예술 작품을 대조하는 원칙을 통해 세계와 연관되어 있다. 또한 예술 작품을 통한 종합도 예술 작품의 요소들에 단순히 가해지는 것이 아니다. 그 종합은 예술 작품의 요소들이 서로 소통할 수 있게 하는 조건을 반복하며, 그런 한에서 그 나름으로 타자성의 일부다. 종합도 단순히 자체 내에 기반을 두는 것이 아니라, 작품들의 물질적 측면, 정신과 거리가 먼 측면, 종합이 작동하는 영역에 기반을 둔다. 이로써 형식이라는 미적 계기는 비폭력적인 상태와 결합된다. 예술 작품은 존재자와 차이를 지니는 가운데, 예술 작품으로 존재하는 것은 아니지만 예술 작품을 비로소 예술 작품으로 만드는 것을 상대적인 기반으로 삼아 필연적으로 본질구성된다. 예술의 무의도성에 대한 고집은, 역사의 어느 한 순간부터 예술의 저급한 징후들에 대한 공감, 예컨대 '예술적-예술가'를 조소한 베데킨트,[19] 아폴리네르,[20] 초기 입체파 등에서 확인할 수 있다. 이는 예술이 그 자체와 반대되는 것에 관여한다는 사실에 대한 예술의 무의식적 자의식을 드러낸다. 이런 자의식을 동기로, 예술은 그 자체를 순수한 정신적 존재라고 보는 환각에서 탈피하여, 문화비판적 전환을 이루었다.

---

19   [옮긴이] Frank Wedekind(1864~1918): 독일의 극작가. 표현주의의 선구자로 평가되며, 부르주아사회의 위선을 폭로하고 성 해방을 추구했다.
20   [옮긴이] Guillaume Apollinaire(1880~1918): 프랑스의 작가, 비평가. 야수파, 입체파, 초현실주의 등 전위예술의 발전에 관여했다. 문자와 문장의 형태를 주제에 맞도록 도안하는 칼리그람 방식을 활용했다. 작품으로는 시집 『칼리그람 Calligrammes』(1918), 평론집 『입체파 화가들 Les Peintres cubistes』(1913) 등이 있다.

정신분석학적 예술 이론 비판

　예술은 사회에 대한 사회적 안티테제이며 사회로부터 직접 연역할 수 있는 것이 아니다. 예술 영역의 본질구성은 인간의 표상 공간이라는 인간 내면 영역의 본질구성에 상응한다. 즉 예술은 처음부터 승화에 참여한다. 따라서 예술이 무엇인지에 대한 규정을 정신생활의 이론에서 이끌어내는 것은 설득력이 있다. 인간학적 불변 요인에 관한 학설에 대해 회의할 경우 정신분석 이론이 부각된다. 그러나 정신분석 이론은 미학적으로보다는 심리학적으로 더 생산적이다. 정신분석 이론은 예술 작품들을 본질적으로 그것을 만들어낸 사람들의 무의식의 투사물들로 간주하며, 소재들에 대한 해석학에 치중하여 형식 범주들을 망각하고, 보들레르[21]나 레오나르도[22]처럼 가장 부적절한 대상에다 민감한 의사들의 속물근성을 적용한다. 이 경우 성 문제가 극히 강조되고 있기는 하지만, 이 이론이 편협하다는 점을 지적해야 할 것이다. 현존재의 부정성을 자신의 작품으로 가차 없이 객관화하는 예술가들을 대체로 전기적biographisch 유행의 부산물이라 할 수 있는 관련 작업들을 통해 신경증 환자라고 비난한다는 점에서 그렇다. 라포르그[23]의 책은 아주 진지하게 보들레르가 모친 콤플렉스로 괴로워

21　[옮긴이] Charles Pierre Baudelaire(1821~67): 프랑스의 시인. 그의 모친은 그의 부친이 사망한 후 재혼했으며, 외아들인 그에게 헌신적으로 애정을 쏟았다.

22　[옮긴이] Leonardo da Vinci(1452~1519): 이탈리아 르네상스 시대를 대표하는 미술가, 과학자. 부친 세르 피에로와 모친 카테리나는 사생아로 그를 낳은 후 각자 따로 결혼했고, 그는 부친의 집에서 자랐다.

23　[옮긴이] René Laforgue(1894~1962): 프랑스의 정신분석가. 『보들레르의 좌절: 샤를 보들레르의 신경증에 관한 정신분석적 연구L'échec de Baudelaire: étude psychanalytique sur la

했다고 지적한다. 여기서 그가 심적으로 건전한 인간이면서도 『악의 꽃Les Fleurs du mal』을 쓸 수 있었겠느냐 하는 문제가 대두되는 일은 결코 없다. 더욱이 그의 노이로제로 인해 그 시들이 더 나빠졌느냐 하는 문제는 말할 것도 없다. 보들레르의 경우처럼 건전한 정신mens sana의 부재도 미적 수준을 함께 규정한다는 점이 극명히 입증될 때조차, 수치스럽게도 정상적 정신생활이 척도로 격상된다. 정신분석 연구물들의 논지에 따르면 예술은 경험의 부정성을 긍정적으로 처리해야만 한다. 이 연구들에서 부정적 계기는 물론 예술 작품 속에 파고들어 가는 억압 과정의 흔적일 뿐이다. 정신분석학에서 예술 작품들은 백일몽들이다. 또 정신분석학은 예술 작품들을 기록 문서들과 혼동하여 꿈꾸는 사람의 내면에 옮겨놓는다. 다른 한편으로 정신분석학은 정신 외적 영역의 배제에 대한 보상으로서 예술 작품들을 조야한 소재적 요소들로 환원한다. 이로 인해 그것은 기이하게도 '꿈의 작업'에 관한 프로이트의 이론보다 뒤처진다. 정신분석가들은 예술 작품들이 꿈과 유사하다고 상정함으로써 모든 실증주의자들과 마찬가지로 예술 작품들 속의 허구적 계기를 지나치게 과대평가한다. 그러나 예술가들의 생산과정에 담긴 투사적 측면은 작품에 대한 관계에서 하나의 계기일 뿐이며, 더욱이 결정적인 계기가 되기도 어렵다. 관용적 표현이나 재료도 독자적 비중을 차지하며, 분석가들이 별로 생각하지 않는 생산물도 특히 독자적인 비중을 지닌다. 예컨대 음악이 위협적 편집증에 대한 방어기제라고 하는 정신분석학적 명제는 아마 병리학적으로 상당히 타당할 것이다. 그러나 그것은 형상화된 한 곡의 수준이나 사상

névrose de Charles Baudelaire』(1931) 등을 썼다.

내용에 대해 아무것도 말해주지 않는다. 정신분석학적 예술 이론은 예술의 내부에서 그 자체로는 예술적이지 못한 요인을 밝혀준다는 점에서 관념론적 예술 이론보다 우월하다. 그것은 예술을 절대정신의 속박으로부터 끌어내는 데에 도움이 된다. 속류 관념론은 예술에 대한 인식, 특히 예술이 충동과 얽혀 있다는 인식에 원한을 느끼면서 이른바 더 높은 차원에서 예술을 격리하여 보호하고자 하는데, 정신분석학적 예술 이론은 이에 맞서 계몽 정신에 입각해 작업하는 셈이다. 한 작품은 사회적 성격을 드러내며 또 이 사회적 성격 속에서는 작가의 성격도 여러모로 드러나는데, 정신분석학적 예술 이론은 그 사회적 성격을 해독함으로써 작품의 구조와 사회구조 간의 구체적 매개의 요소들을 제시한다. 그러나 이 정신분석학적 예술 이론도 관념론과 유사한 속박을 유포한다. 그것은 주관적 충동들을 나타내는 절대적으로 주관적인 기호 체계의 속박이다. 그것은 제반 현상들을 해명하지만, 예술이라는 현상에는 도달하지 못한다. 정신분석학적 예술 이론은 예술 작품들을 단지 사실로 다룰 뿐이며, 이로써 예술 작품들 자체의 객관성, 일관성, 형식 수준, 비판적 충동, 비심리적 현실에 대한 예술 작품들의 관계, 그리고 궁극적으로는 예술 작품들의 진리 이념 등을 소홀히 다룬다. 피분석자와 분석자가 서로 솔직하게 대하기로 약속한 상태에서 분석자가 벽에다 흉하게 장식해 놓은 빈Wien 양식의 엉터리 동판화를 피분석자인 화가가 조소하자, 분석자는 그것이 단지 화가의 공격일 뿐이라고 설명했다. 예술 작품들은 단지 소파에 누운 상태의 예술가만을 알고 있는 의사가 생각하는 것과 비교가 안 되게 예술가의 소유물이나 모사물과 거리가 멀다. 아마추어만이 예술의 모든 것을 무의식 위에 세워놓는다. 그들의 순수한 감정은 김빠진 상투어들을 반복한다. 예술적 생산과정에서 무의식적 충동은 다른 여러 요인들 속에 포함된 자극이자 재료다. 그것들은 형식 법칙을 통해 매개되어 예술 작품 속에 들어간다. 작품을 제작한 문자 그대로의 주체는 작품 속에서 그림으로 그린 말[馬] 이상의 의미를 지니지 않을 것이다. 예술 작품들은 결코 작가의 주제통각검사[24]가 아니다. 작품을 그런 것으로 보는 비예술적 태도에는 정신분석학이 수행하는 현실원칙Realitätsprinzip 숭배도 책임이 있다. 즉 현실원칙에 따르지 않는 것은 언제나 '도피'일 뿐이라는 입장에서, 현실 적응이 최고선summum bonum이 되는 것이다. 현실은 조화를 내세우는 이데올로기가 야기하는 도피에 대한 분노에 어울리기보다, 오히려 도피할 만한 현실적 근거를 너무 많이 제공한다. 심리학적으로도 예술은 심리학이 인정하는 것 이상으로 정당할 것이다. 상상 역시 도피라고 할 수 있겠지만 순전히 도피라고만 할 수는 없다. 그 가운데에는 언제나 현실원칙을 초월하여 우월한 것을 지향하는 요인이 들어 있다. 그것을 향해 손가락질하는 것은 악의적이다. 예술가를 너그러이 받아들여진 존재, 즉 분업 사회 속에 편입된 신경증 환자로 보는 이마고[25]는 왜곡된 것이다. 베토벤[26]이나 렘브란트[27] 같은 최상급 예술가들의 경우에는 극히 날카로

---

24 [옮긴이] thematic apperception test: 애매하고 분명하지 않은 그림에 대한 반응을 통해 피험자의 욕구, 동기, 성격 구조 등을 파악하는 심리검사 방법.
25 [옮긴이] imago: C. G. 융Carl Gustav Jung이 처음 정신분석에 적용한 개념. 특정인에 대한 무의식적, 관념적 이미지로, 실제적인 관계 이후에도 심리 속에 남아서 그 후의 관계를 결정적으로 규정하는 신경심리학적 현상이다.
26 [옮긴이] Ludwig van Beethoven(1770~1827): 독일 음악가. 1800년대에 들어 청력을 잃기 시작하여 1819년경에는 완전히 잃었다. .
27 [옮긴이] Rembrandt Harmenszoon van Rijn(1606~69): 네덜란드의 화가. 아름다운 것보다 자연스러운 것을 중요시했다. 노년기에는 유행에 뒤떨어진 화가로 취급되었고 경제적으로도 어

운 현실 의식이 현실 소외와 결합되었다. 이러한 것이야말로 예술심리학의 훌륭한 대상이 될 수 있을 것이다. 예술심리학은 예술 작품을 예술가와 같은 것으로 해독해야 하지만, 또한 같지 않은 것으로, 즉 예술가에게 저항하는 것을 다루는 작업으로도 해독해야 할 것이다. 예술에 정신분석학적 뿌리들이 있다면, 그것들은 전능함의 환상에 박혀 있는 환상적 뿌리들일 것이다. 그러나 예술에서는 더 나은 세계를 만들려는 소망도 작용한다. 이러한 요인들이 전체적인 변증법을 활성화한다. 반면에 예술 작품을 단지 무의식의 주관적 언어로만 보는 견해는 이 변증법에 이르지 못한다.

칸트와 프로이트의 예술 이론

칸트의 예술 이론은 소망 충족 이론인 프로이트의 예술 이론에 대한 안티테제다. 미의 분석론에 나오는 미적 취미판단의 첫째 계기는 무관심적 만족이다.[28] 이 경우 관심은 "우리가 어떤 대상의 실존에 대한 표상과 결합시키는 만족을 칭한다."[29] 여기서 "어떤 대상의 실존에 대한 표상"이라는 말이 한 예술 작품에서 소재로서 다루어진 대상을 뜻하는지, 아니면 예술 작품 자체를 뜻하는지는 명백하지 않다. 즉 그것은 예쁜 누드모델이나 단순한 키치[30]일 수도 있는 음악의 달콤하

려운 처지였다.
28 Immanuel Kant, *Sämtliche Werke Bd. 6. Ästhetische und religionsphilosophische Schriften*, hg. F. Gross, Leipzig: Insel, 1924, pp. 54 이하(*Kritik der Urteilskraft*, § 2) 참조.
29 같은 책, p. 54.
30 [옮긴이] Kitsch: 저속한 작품, 모방한 감각, 사이비 예술 등을 의미한다.

고 쾌적한 소리를 뜻할 수도 있지만, 예술적 질의 본질적 계기를 뜻할 수도 있다. 칸트는 특히 모제스 멘델스존[31]의 합리주의적 전통에 동의하면서 미적 질을 암암리에 예술 감상자에게 미치는 작품의 영향에서 찾는데, 그가 '표상'을 강조하는 것도 이처럼 분명한 주관주의적 성향에 기인한다. 『판단력 비판Kritik der Urteilskraft』에서 혁명적인 면은 과거 영향미학의 범위를 벗어나지 않으면서도 동시에 내재비판을 통해 그것을 한정 짓고 있다는 데에 있다. 또한 전체적으로 칸트의 주관주의는 주관적 계기들의 분석을 통해 객관성을 구제하려는 객관적 의도를 갖는다는 점에서 특유의 중요성을 지닌다. 무관심성은 만족을 유지하려는 직접적 영향에서 멀어지며, 이로써 만족의 우선권을 파괴할 수 있게 해준다. 칸트가 관심이라고 칭하는 것이 없으면 만족은 극히 불확정적인 것이 되며, 따라서 그것은 더 이상 미를 규정하는 데에 쓸모없기 때문이다. 무관심적 만족이라는 원칙은 미적 현상 앞에서 빈약하다. 그것은 분리 상태에서는 극히 의심스러운 형식미나 이른바 숭고한 자연 대상들에 미적 현상을 국한했다. 승화는 정신적으로 이루어지는데, 절대적 형식으로의 승화로 인해 예술 작품들에서 정신이 소홀히 된 것이다. 칸트는 어떤 만족의 대상에 대한 판단은 무관심한 것이면서도 흥미 있는 것이 될 수 있고, 따라서 어떠한 관심에 근거를 두지 않고도 관심을 불러일으킬 수 있다고 부자연스럽게 주석을 붙인다. 이로써 그는 그 사정을 의도적이지 않게 솔직히 말해주는 셈이

---

31 [옮긴이] Moses Mendelssohn(1729~86): 독일의 계몽주의 철학자. 『감각에 대한 서한 Briefe über die Empfindungen』(1755), 『파이돈: 영혼 불멸에 관하여Phädon, oder über die Unsterblichkeit der Seele』(1767), 『아침Morgenstunden』(1785) 등을 썼으며, 라이프니츠를 옹호했다.

다.³² 칸트는 "어떤 대상의 실존에 대한 표상"이라는 말로 욕구 능력을 겨냥하며, 그런 표상에 대한 만족은 "동시에 언제나 욕구 능력과 관계를"³³ 갖는다고 보았지만, 미적 감정을——따라서 그의 구상에서 보면 잠재적으로 예술 자체를——그러한 욕구 능력과 분리한다. 그는 최초로 미적 반응이 직접적 욕구에서 벗어나 있다는 인식에 이르렀고, 이 인식은 그 이래로 확고하게 남아 있다. 그는 예술을 멋대로 더듬어 찾고 맛보려고 하는 탐욕적 속물근성으로부터 떼어놓았다. 그러나 그러한 칸트의 모티프는 심리학적 예술 이론에서 전적으로 생소한 것이 아니다. 프로이트에게도 예술 작품들은 직접적 소망 충족이 아니며, 1차로 충족되지 않은 리비도를 사회적으로 생산적인 업적으로 변화시킨다. 물론 이때 예술의 공적 타당성에 대한 무비판적 존중으로 인해, 예술의 사회적 가치는 아무 의심 없이 전제된다. 칸트가 프로이트보다 훨씬 열성적으로 욕구 능력이나 경험적 현실과 예술의 차이를 강조했다고 해서, 그가 예술을 단순히 관념화하는 것은 아니다. 미의 영역을 경험계로부터 분리해 내는 일이 예술을 본질적으로 구성하기 때문이다. 그러나 칸트는 나름으로 역사적인 이러한 본질구성을 선험적인 것으로 고정시키고, 단순한 논리로 예술적인 것의 본질과 동일시한다. 또 그는 예술의 주관적인 충동적 구성 요인들이 이를 부정하는 가장 원숙한 형태의 예술에서도 변형된 상태로 다시 나타난다는 점을 전혀 염두에 두지 않는다. 프로이트의 승화 이론은 예술적인 것의 역동성을 훨씬 더 편견 없이 파악하고 있다. 물론 이로 인해 그는

---

32 Kant, *Sämtliche Werke* Bd. 6, pp. 55 이하 참조.
33 같은 책, p. 54.

칸트 못지않은 대가를 치를 수밖에 없다. 칸트의 경우에는 비록 감성적 직관이 극히 중요시되지만, 실천적 반응 내지 욕구하는 행위와 미적 반응의 구분에서 예술 작품의 정신적 본질이 나온다. 그러나 충동 이론을 미학에 적용하는 프로이트는 그런 구분을 할 수 없어 보인다. 즉 예술 작품들은 승화된 것이며 아무튼 일종의 꿈 작업을 통해 감성적 동요들을 알아볼 수 없게 변형시켜 놓기는 하지만, 이 감성적 동요를 대변하는 것이나 다름없다. 그렇지만 서로 이질적인 이 두 사상가를 대질하는 것은—칸트는 말년에 철학적 심리주의뿐만 아니라 점차 모든 심리학을 거부했다—선험적 주체를 구성하는 칸트와 경험적인 심리적 주체를 근거로 하는 프로이트 사이의 차이보다 더 중요한 공통점이 존재하기 때문에 가능하다. 그들은 욕구 능력의 부정적 성향과 긍정적 성향 사이에서 원칙적으로 주관적인 방향을 취하고 있다. 실제로 그들에게 예술 작품은 감상하는 사람 또는 그것을 만들어 낸 사람과의 관계에서만 존재한다. 칸트도 그의 도덕철학까지 지배하는 어떤 메커니즘으로 인해, 선험적 주체라는 이념과 결합할 수 있는 것 이상으로, 존재하는 개인 혹은 존재적인 것Ontisches을 고려할 수밖에 없다. 어떤 객체를 마음에 들어 하는 생명체가 없다면 만족 또한 있을 수 없을 것이다. 심적 본질구성물들[34]의 문제는 『판단력 비판』에서 직접 다루어지지 않아도 『판단력 비판』 전체의 무대다. 그로 인해 이론적 순수이성과 실천적 순수이성을 연결하는 다리로서 계획된 것은 그 둘에 대한 범주 혼동ἄλλο γένος이 된다. 물론 예술의 금기는—

---

[34] [옮긴이] Konstituta: 『순수이성 비판Kritik der reinen Vernunft』에서 다루어지는, 객관적 경험 및 경험 대상의 근거를 이루는 주관적 요인들, 예컨대 감성적 형식과 범주들을 생각할 수 있다.

예술은 정의되는 한 일종의 금기에 따르는데, 정의들은 합리적 금기들이다―객체에 대해 동물적인 태도를 취하여 그것을 육체적으로 장악하려 드는 것을 금지한다. 그러나 금기시되는 사태의 힘은 금기의 힘에 상응한다. 자신이 거부하는 것을 부정된 상태에서 계기로서 내포하지 않는 예술은 없다. 무관심적인 것이 무색무취한 상태에 머물지 않기 위해서는 극히 강렬한 관심의 그림자가 수반되어야 한다. 또한 예술 작품들은 이 관심으로부터 억지로 뺏어내야 하는 것인데, 그 관심의 크기에 따라 예술 작품들의 품위가 좌우된다는 점을 말해주는 것들은 많다. 칸트는 주체 자신의 것이 아닌 것은 모두 타율적이라고 비난하는 자유 개념을 위해 그와 같은 점을 부인한다. 그의 예술 이론은 실천이성의 이론이 지니는 결함으로 인해 왜곡된다. 절대 주권을 갖는 자아를 상대로 어떤 자립성을 지니고 있거나 혹은 자립성을 획득한 미에 대한 사고는 칸트 철학의 취지상 예지계intelligible Welten 속으로 빠져들어 가는 것처럼 보인다. 하지만 그는 예술의 대립적 근원을 이루는 것들과 아울러 모든 내용을 예술에서 삭제하며, 그 대신 만족 같은 형식적 요인을 상정한다. 그의 경우 미학은 꽤 역설적으로 거세된 쾌락주의, 즉 쾌락 없는 쾌락이 된다. 그런데 예술적 경험에서 만족은 결코 전체가 아니며 다른 것과 함께 작용할 뿐이라는 점에서 칸트 미학은 예술적 경험에 적절하지 못하다. 또 그것은 육체적 관심, 즉 억압된 채 충족되지 않는 욕구들에 대해서도 적절하지 못하다. 이러한 욕구들은 미적으로 부정되는 가운데에도 공명하며 작품들을 공허한 모형들 이상의 것으로 만들어준다. 미적 무관심성은 관심의 개별성 너머로 관심을 확장한다. 미적 총체성에 대한 관심은, 객관적으로, 사회 전체를 올바르게 조직하려는 관심이 되고자 했다.

그것은 개별 충족을 목표로 한 것이 아니라, 아무 속박 없는 가능성을 목표로 했다. 물론 이런 가능성은 개별 충족 없이는 있을 수 없을 것이다. 칸트의 예술 이론이 지니는 약점과 관련해 볼 때, 프로이트의 예술 이론은 스스로 생각하는 것보다 훨씬 더 관념론적이다. 프로이트의 이론은 예술 작품들을 순수하게 심적 내재성 속에 옮겨놓는데, 이로써 그것들은 비자아에 대한 대립성을 상실한다. 비자아가 예술 작품들의 자극들 때문에 어떤 영향을 받는 일은 없으며, 예술 작품들은 충동을 포기하고 궁극적으로 적응을 해내는 심적 성취 문제로 끝난다. 예술 작품은 나쁜 상황으로부터 탈취해 낸 것인데, 미학적 해석상의 심리주의는 그 나쁜 상황을 고려하지 않은 채 예술 작품을 조화롭게 제반 대립을 무마하는 것으로, 혹은 더 나은 삶에 대한 몽상으로 간주하는 고루한 태도와 잘 어울린다. 정신분석학에서 보는 바와 같이 예술 작품을 유익한 문화재로 간주하는 흔한 견해를 타협적으로 받아들이는 데에는, 모든 부정성을 예술로부터 끌어내 그 발생에서의 충동 갈등 영역으로 축출해 버리고 결국 은폐하는 미학적 쾌락주의가 상응한다고 할 수 있다. 예술 작품은 단순한 실존을 통해 현존재와 분리되는데, 예술 작품에서 얻어낸 승화나 통합이 예술 작품의 전체가 될 경우, 예술 작품은 현존재를 넘어서는 힘을 잃어버린다. 그러나 예술 작품의 반응이 현실의 부정성을 고수하고 그것에 대해 어떤 입장을 취할 경우, 무관심성의 개념도 수정된다. 예술 작품들은 그 자체로 칸트와 프로이트의 해석과는 반대로 관심과 이에 대한 거부 사이의 관계를 함의한다. 실제 활동의 대상들로부터 힘들게 얻어낸 예술 작품들에 대한 명상적 태도조차 직접적 실천을 거부하는 것으로 여겨지며, 이는 또한 기존 상황에 대한 동참에 저항한다는 점에서 그 자체로 실천적 의미를 지닌다. 반응 방식으로 감지될 수 있는 예술 작품들만이 존재 이유raison d'être를 갖는다. 예술은 이제까지의 지배적 실천보다 더 나은 실천을 대리할 뿐 아니라, 기존 상황에서 이를 위한 노골적 자체보존이 지배하는 실천을 비판하는 것이기도 하다. 예술은 생산을 위한 생산의 허위를 비판하며, 노동의 속박에서 벗어난 실천의 상태를 선택한다. 행복에 대한 약속promesse du bonheur이라는 말은 이제까지의 실천이 행복을 왜곡해 왔다는 것 이상을 의미한다. 즉 행복이 실천 너머에 있으리라는 것을 의미한다. 실천과 행복 사이의 심연은 예술 작품 속의 부정성이 지니는 힘을 통해 측정된다. 카프카[35]가 욕구 능력을 일깨우지 않는 것은 분명하다. 그러나 「변신Die Verwandlung」이나 「유형지에서In der Strafkolonie」와 같은 작품들에서 느낄 수 있는 현실적 불안이나 전율적 충격, 온몸을 떨게 하는 구토증 등은 거부반응이라는 점에서 과거의 무관심성보다는 오히려 욕구와 더 관계가 있을 것이다. 사실 카프카와 그의 뒤를 따라 일어난 제반 현상으로 인해 이 무관심성은 사라지게 되었다. 무관심성은 그의 글에 대체로 부적합할 것이다. 그것은 예술을 헤겔이 조소하는 것으로, 즉 호라티우스의 『시론』[36]이 말하는 즐거운 혹은 유용한 장난감으로 점차 격하시키는 역할을 해왔다. 관념론 시대의 미학은 그 시대의 예술 자체와 동시에 그런 단계를 탈피했다. 예술 경험은 향유의 취미를

---

35 [옮긴이] Franz Kafka(1883~1924): 체코 출신 독일 문학가. 현대인이 겪는 불안과 소외 등의 문제를 충격적으로 그려냈다. 아도르노의 문학론에서 중요한 비중을 차지한다.
36 [옮긴이] Ars Poetica: 고대 로마의 문필가 호라티우스Quintus Horatius Flaccus(BC 65~BC 8)가 서간체로 BC 18~BC 19년경에 쓴 시에 후세인들이 붙인 제목. 즐거움과 교훈을 결합하라는 그의 요구는 후대의 문학에 많은 영향을 끼쳤다.

버릴 때에만 자율적이다. 물론 예술 경험에 이르는 길은 무관심성을 통과해 간다. 예술이 요리나 외설의 산물들에서 해방되었다는 점은 돌이킬 수 없는 사실이다. 그러나 예술은 무관심성 속에서 안도할 수 없다. 무관심성은 변형된 상태에서 내재적으로 관심을 재생산한다. 거짓된 세계에서는 모든 쾌락ἡδονή이 거짓이다. 행복을 위해 행복을 단념하는 것이다. 그리하여 예술에는 여전히 욕구가 남아 있다.

'예술 향유'

칸트가 주장하는 무관심성 속에는 향유가 알아볼 수 없는 상태로 숨어 있다. 아마 상식과 순응적 미학이 실제로 즐기는 일을 모델 삼아 예술의 향유라는 말로 상상하는 것은 전혀 존재하지 않을 것이다. 경험적 주체는 단지 한정되고 변형된 상태로만 예술 경험 자체에 관여한다. 작품의 수준이 높을수록 그러한 관여는 적어질 것이다. 예술 작품들을 실제로 즐기는 사람은 속물이다. 귀의 성찬 따위의 말이 그를 사로잡는다. 그러나 향유의 흔적이 완전히 사라지게 된다면 도대체 예술 작품들이 무엇 때문에 존재하느냐 하는 문제로 당혹스러워질 것이다. 예술 작품들을 많이 이해할수록 실제로 그것을 덜 즐기게 된다. 오히려 예술 작품에 대한 전통적 반응 방식은, 그것이 예술 작품에 대해 타당성을 지니는 한, 감상자에 대해서가 아니라 예술 작품 자체로서 어떠하다는 사실에 대한 경탄의 반응이었다. 예술 작품에서 감상자에게 나타나 그를 매료하는 것은 예술 작품의 진리였다. 이러한 진리는 특히 카프카 같은 작가의 작품들에서는 다른 어떤 계기보다도 더 중요하다. 예술 작품들은 결코 고급스러운 향락의 수단이 아니었다. 예술에 대한 감상자의 관계는 감상자가 그것을 흡수하는 것이 아니었다. 오히려 반대로 감상자가 예술 속에서 소멸했다. 이는 특히 영화 속의 기관차처럼 종종 감상자들을 향해 돌진해 오는 것 같은 현대 작품들에서 볼 수 있는 현상이다. 어떤 연주자에게 음악이 기쁨을 주느냐고 물으면, 오히려 그는 토스카니니[37]의 지휘를 받으면서 인상을 찡그리는 첼로 주자처럼 미국식 위트로 "음악이야말로 내가 증오하는 것"이라고 말할 것이다. 예술과 진정한 관계를 맺는 사람, 즉 예술 속에서 스스로 소멸하는 사람에게 예술은 객체가 아니다. 그는 예술에서 멀어지는 일을 견딜 수 없을 테지만, 예술의 개별 표현들은 그에게 쾌락의 원천이 아니다. 부르주아들이 말하는 바와 같이, 예술에서 아무것도 얻지 못하는 사람이 예술과 관계없으리라는 데에는 논란의 여지가 없다. 그러나 오늘 저녁에는 「교향곡 9번」을 들었으니 얼마만큼의 만족을 얻었다는 식의 결산을 할 수 있으리라는 것도 진실이 아니다. 그런데 이처럼 어리석은 생각이 어느새 상식으로 자리 잡았다. 부르주아들은 풍요로운 예술과 금욕적인 생활을 원한다. 아마 그 반대가 더 나을 것이다. 사물화된[38] 의식은 감성적으로 직접적인 것 가운데 사람들에게 허용되지 않는 것에 대한 보상으로, 감성적으로 직접적인 것의 영역에 속하지 않는 것들을 이 영역으로 다시 불러들인다. 겉으로 보기에 예술 작품은 감성적 매력을 통해 소비자에게 밀착하지

---

37 [옮긴이] Arturo Toscanini(1867~1957): 이탈리아의 지휘자. 단원들의 연주가 만족스럽지 않을 때는 심하게 화를 냈다고 한다.
38 [옮긴이] verdinglicht: 정신적인 것 내지 인간관계의 산물을 사물처럼 다루며 수량화하고 계산하는 정태적, 단편적, 방관적 사고방식을 뜻한다. 루카치György Lukács가 마르크스Karl Marx의 물신 개념을 경제 영역 너머의 문화 영역 전반에 적용하여 발전시킨 개념이다.

만 실은 그에게서 소외된다. 즉 그것은 상품으로서 그의 것이 되기도 하지만, 그는 그것을 잃어버릴 것을 끊임없이 걱정한다. 예술에 대한 그릇된 관계는 재산에 대한 불안과 유사하다. 예술 작품을 일종의 소유물로 간주하여 가질 수도 있지만 반성으로 인해 파손될 수도 있는 것으로 보는 물신주의적 관념은 예술 작품을 심리적 살림살이 속에서 이용할 수 있는 재화라고 보는 생각과 엄밀하게 상응한다. 예술이 그 자체의 개념상 하나의 형성된 것이라면, 예술이 향락 수단으로 변한 것도 그에 못지않게 형성된 것이다. 물론 마술적이고 애니미즘적인 예술 작품의 전신들은 예배 활동의 구성 요소들로서, 예술의 자율성에 이르지 못했다. 그러나 그것들은 그처럼 성스러운 활동이었으므로 분명 즐길 수 있는 것이 아니었다. 예술의 정신화는 문화로부터 배척된 사람들의 원한을 자극했으며, 소비예술이라는 장르를 초래했다. 반면에 이 소비예술에 대한 반감으로 예술가들은 더욱 가차 없이 정신화를 추구했다. 그리스의 나체 조각상들은 벽에 붙이는 미인 사진 pin-up이 아니었다. 오래전에 지나간 것이나 이국적인 것에 대한 현대 예술Moderne의 공감은 달리 설명할 수 없을 것이다. 즉 예술가들이 탐스러운 자연 대상들로부터의 추상에 반응하는 것이다. 그런데 헤겔도 '상징적 예술'을 구성하면서 태고 시대 예술이 지니는 비감성적 계기를 간과하지 않았다. 예술의 쾌락적 계기는 보편적으로 매개된 상품적 성격에 대한 항의로서 그 나름의 방식으로 매개될 수 있다. 즉 예술 작품에 몰입하는 사람은 언제나 너무 보잘것없는 생활의 초라함으로부터 벗어나게 되는 것이다. 이와 같은 쾌락은 도취로까지 고양될 수 있다. 그런데 향유라는 빈약한 개념은 이러한 도취에 도달하지 못한다. 향유 개념은 오히려 사람들이 즐길 줄 모르게 하는 데에 적합할 것이다. 한편으로 모든 미의 근거가 주관적 느낌이라고 집요하게 주장한 미학이 그러한 느낌을 진지하게 분석한 적이 없다는 사실은 기이한 일이다. 그 느낌에 대한 서술은 거의 속물적일 수밖에 없었다. 이는 아마 주관적 출발점이 처음부터, 애호가의 즐거움을 통해서가 아니라 작품에 대한 관계에서만 예술 경험과 관련해 어떤 타당한 것을 찾아낼 수 있다는 점을 은폐하기 때문일 것이다. 예술 향유라는 개념은 예술 작품의 사회적 본질과 사회에 반대하는 본질 간의 저급한 타협이었다. 예술이 자체보존을 위한 활동에 아무 쓸모도 없는 한—부르주아사회는 이 점을 결코 용납하지 않는다—적어도 예술은 감각적 쾌락을 모델 삼아 만들어진 일종의 사용가치를 통해 정당화될 수밖에 없다. 이로써 예술과 마찬가지로, 예술 작품들을 통해 이루어질 수 없는 육체적 충족도 날조된다. 감각적 세분화의 능력이 없는 사람, 아름다운 음을 둔탁한 음과 구분하지 못하거나 밝은 색채를 흐린 색채와 구분하지 못하는 사람은 예술을 경험할 능력이 없다고 전제된다. 예술 경험은 물론 고양된 상태로 감각적 세분화 상태를 형상화의 매체로서 받아들이지만, 이때의 쾌락을 단지 변형된 것으로서만 허용한다. 예술에서 그러한 요인이 차지하는 비중은 변해왔다. 르네상스와 같이 금욕적인 시대 다음에 오는 시대에는 그것이 해방의 수단이었으며 활기찬 것이었다. 이 점은 빅토리아 시대에 반대하는 인상주의의 경우에도 비슷하다. 때로는 성적 매력이 형식 속에 스며듦으로써 피조물의 비애가 형이상학적 사상내용으로 나타나기도 했다. 그러나 그와 같은 계기가 강력하게 다시 등장할 수도 있겠지만, 예술에서 굴절되지 않고 문자 그대로의 것으로 나타나면, 그것은 어떤 유치한 성격을 띠게 된다. 예술은 모사된 것으로서나 직접적인 효과로서가 아니라 기억이나 동경 속에서만 그러한 계기를 흡수한다. 조잡한 감성적 요인에 대한 알레르기는, 쾌락적 요인과 형식이 좀더 직접적으로 소통할 수도 있었을 시기들까지도 결국 소외시킨다. 사람들이 인상주의에서 멀어진 것은 무엇보다 그 때문일 것이다.

미학적 쾌락주의와 인식의 행복

미학적 쾌락주의의 진리계기는 예술에서 수단이 순수하게 목적과 동화되지 않는다는 데에 기반을 둔다. 목적과 수단의 변증법에서 수단은 물론 매개된 상태이기는 해도 언제나 어느 정도 자립성을 주장한다. 예술 작품에 본질적인 현상은 감성적으로 만족스러운 것을 통해 하나로 묶인다. 알반 베르크[39]가 말했듯이 형식을 갖춘 작품에서 못이 튀어나오지 않고 아교의 악취가 풍기지 않게 하는 것은 객관적 태도의 일부다. 또 모차르트의 여러 작품들에서 보는 감미로운 표현에는 감미로운 목소리가 필요하다. 주요 작품들에서 감성적 요인은 그 나름으로 작품들의 기교로 인해 빛을 발하면서 정신적인 것이 되고, 반면에 추상적 개별성은 설혹 현상에 대해 무관심하더라도 작품의 정신을 통해 감성적 광채를 얻는다. 철저히 형상화되고 명료하게 표현된 예술 작품들은 때때로 자체의 잘 조직된 형식언어를 통해 부차적으로 감성적 만족을 주는 것으로 넘어간다. 모든 현대 예술의 징표라고 할 수 있는 불협화음은 그와 대등한 의미를 지니는 시각적 현

---

[39] [옮긴이] Alban Berg(1885~1935): 오스트리아의 작곡가. 쇤베르크의 제자로 아도르노에게 작곡을 가르치기도 했다. 오페라 「보체크」 등을 작곡했다.

상들과 마찬가지로, 감성적 매력을 그에 대립하는 고통으로 변형시킴으로써 받아들인다. 이는 양가감정Ambivalenz의 미적 근원 현상이다. 보들레르와 「트리스탄」[40] 이래 새로운 예술에서 불협화음적 요인이 예측할 수 없는 영향력을 지니게 되었다. 이는——실로 불협화음적 요인은 현대 예술의 한 가지 불변 요인이다——그 속에서 예술 작품의 내재적 힘 작용이, 주체의 자율성에 병행하여 주체를 지배하는 권력을 확대해 온 외부 현실과 서로 일치한다는 사실에 기인한다. 불협화음은 속류 사회학이 예술 작품의 사회적 소외라고 칭하는 요인을 예술 작품 내부로부터 만들어낸다. 그런데 이제 물론 예술 작품들은 정신적으로 매개된 온화함까지 통속적인 것과 너무 유사한 것으로 보아 금기시한다. 이러한 발전 과정은 감각적 요인에 대한 금기가 첨예해지는 단계로 나아갈 수 있다. 물론 때때로 이 금기가 어느 정도 형식 법칙에 근거를 두는 것이고 어느 정도가 단순히 기법상의 결함에 기인하는 것인지 구분하기가 어렵기는 하다. 이것은 미학 논쟁들에서 큰 성과는 없어도 종종 볼 수 있는 수많은 문제들 중 하나다. 감각적 금기는 결국 만족스러운 것의 반대 영역에까지 확장된다. 이는 감각적 요인이 그것에 대한 특수한 부정 속에서도 아주 멀리 떨어진 상태로나마 함께 느껴지기 때문이다. 이러한 반응 형식에 대해 불협화음은 자체와 거의 반대되는 것, 즉 화해에 너무 가까이 접근한다. 불협화음은 비인간성의 이데올로기라고 할 수 있는 인간성의 가상에 대해 냉담해지고, 오히려 사물화된 의식의 편에 선다. 불협화음은 하찮은

---

40 [옮긴이] 「트리스탄과 이졸데Tristan und Isolde」; 바그너Wilhelm Richard Wagner의 오페라로 1865년에 초연되었다. 계류음으로 인한 불협화음이 해소되지 않고 또 다른 불협화음으로 이어지는 방식을 써서 전통적 서양음악의 조성 체계를 흔들었다.

재료로 식어버리고, 실로 그 원천을 상기시키는 흔적조차 사라진 직접성의 새로운 형태가 되며, 그래서 무감각하고 아무 성질도 없는 것이 된다. 예술이 자리 잡을 곳도 없고 또 예술에 대한 모든 반응이 방해받고 있는 사회에서 불협화음은 사물처럼 굳어버린 문화적 소유물과, 고객이 집으로 가지고 가기는 해도 대개 작품과는 별로 관계없는 쾌락의 소득으로 분열된다. 예술 작품이 주는 주관적 쾌락은 대타존재Füranderessein의 총체라고도 할 수 있는 경험계에 접근하는 것이 아니라 그로부터 벗어난 상태에 접근할 것이다. 이 점은 쇼펜하우어[41]가 최초로 알아차렸다고 할 수 있다. 예술 작품들에서 얻을 수 있는 행복은 이미 예술이 탈피한 현실의 한 조각이 아니라 갑자기 그로부터 벗어난 상태다. 그것은 언제나 우발적일 뿐이며 예술에 대한 인식에서 얻을 수 있는 행복보다는 예술에 대해 더 비본질적이다. 본질구성적 개념이라는 예술 향유 개념은 버려야 한다. 헤겔이 통찰한 바와 같이 미적 객체에 대한 모든 감정에는 어떤 우연적 요인이, 대개 심리적 투사가 따라붙지만, 그 객체는 감상자에게 인식을, 더욱이 합당한 인식을 요구한다. 미적 객체는 사람들이 그것의 진리와 비진리를 인식하기를 바란다. 칸트는 편견에 사로잡혀 예술에서 숭고를 배제하지만, 그의 숭고 이론에 나오는 구절을 미학적 쾌락주의에 맞서 제시할 수는 있다. 즉 예술 작품들에서 얻는 행복은 아마도 그것들이 주는 견뎌낸다는 감정일 것이다. 이는 개별 작품보다 미 영역 전체에 적용되는 말이다.

---

[41] [옮긴이] Arthur Schopenhauer(1788~1860): 독일의 철학자. 그는 예술의 본질적 역할이 맹목적 삶의 의지를 진정시키고 그로부터 벗어나는 데에 있다고 보았다.

상황

재료들의 와해

    범주들과 아울러 문학의 언어 같은 재료들도 그 아프리오리한 자명성을 상실했다. 재료의 와해란 그것의 대타존재가 승리했음을 의미한다. 그 최초의 인상적인 증거로는 호프만스탈[1]의 『찬도스 경의 편지』가 유명해졌다. 아마 신낭만주의 문학[2] 전체가 그러한 와해에 저항하여 언어나 다른 재료들의 실체성을 어느 정도 다시 획득하려는 노력이었다고 생각할 수 있을 것이다. 한편으로 유겐트 양식[3]에 반대

---

1   [옮긴이] Hugo von Hofmannsthal(1874~1929): 오스트리아의 작가. 심미주의적 상징주의에서 출발했으나, 『찬도스 경의 편지 Der Brief des Lord Chandos』(1902)에서 말하기의 불가능성에 대해 고심한다.

2   [옮긴이] neuromantische Dichtung: 19세기 말에서 20세기 초 자연주의를 벗어나려고 한 독일의 상징주의 내지 비합리주의 문학조류. 호프만스탈, 게오르게, 릴케 Rainer Maria Rilke 등이 그 대표자다.

3   [옮긴이] Jugendstil: 독일에서 19세기 말에서 20세기 초에 유행한 미술 양식. 건축과 공예 등

하는 개인적 성벽[4]은 그 노력이 실패했다는 사실과 불가분의 관계에 있다. 이러한 일을 돌이켜 보면 카프카의 말대로 공허하고 즐거운 여행이었던 것 같다. 게오르게[5]는 『일곱째 고리』에 들어 있는 한 연작시의 서시에서 숲을 노래하면서 그저 황금이니 홍옥수니 하는 말을 나열하고 자신의 양식화 원칙에 따라 그렇게 선정한 말들이 문학적으로 빛나기를 바랐다.[6] 60여 년이 지난 후에는 그러한 언어 선택이 장식적 배열에 지나지 않으며, 와일드[7]의 『도리언 그레이』에서처럼 있을 수 있는 고상한 재료를 모두 소재의 단계에서 조잡하게 반복하는 것보다 더 나을 바 없다는 점을 알 수 있게 되었다. 『도리언 그레이』는 우아한 유미주의의 인테리어를 골동품 상점이나 경매장과 비슷하게 만듦으로써, 바로 혐오의 대상인 상업에 접근한다. 쇤베르크도 비슷한 말을 했다. 즉 쇼팽은 단지 그 당시 별로 쓰지 않던 올림바장조를 치기만 해도 벌써 아름다운 음을 낼 수 있었기에 행복했다는 것이다. 물론 이 경우 과거 낭만주의 음악에서는 쇼팽의 매혹적 음조와 같은 재료가 실제로 신선한 힘을 발산한 데에 비해, 1900년경의 언어에서는 재료

에서 특히 유려한 곡선을 이용했다.

4 [옮긴이] Idiosynkrasie: 어떤 개인이나 집단에게 특유한 구조적 혹은 해부학적-신체적 반응상의 특징.

5 [옮긴이] Stefan George(1868~1933): 독일 시인. 자연주의에 반대하여 상징주의를 추구했다. 나치의 회유를 거부하고 휴머니즘을 역설했다. 『일곱째 고리Der siebente Ring』(1907)는 「시대시」「형상들」「막시민」「꿈의 어둠」 등 7편의 연작시들로 구성되어 있다.

6 Stefan George, *Werke, Ausgabe in zwei Bände*, hg. R. Boehringer, München/ Düsseldorf: Helmut Küpper vormals Georg Bondi, 1958, Bd. I, p. 294('Eingang' zu 'Traumdukel').

7 [옮긴이] Oscar Wilde(1854~1900): 영국 문학가. 19세기 말 유미주의 운동의 대표자. 동성애로 2년간 감옥 생활을 했다. 소설 『도리언 그레이의 초상The Picture of Dorian Gray』(1890)에서 그는 예술이 완전히 쓸모없다고 역설한다.

들이 이미 애써 골라낸 것으로 타락하게 된다는 역사철학적 차이점을 간과할 수 없다. 그런데 단어들이나 이의 병치 혹은 음조들 등에서 일어난 일은 어떤 고상하고 신성한 것이라는 전통적 문학 개념 전반에도 부단히 이루어졌다. 문학은 문학 개념을 삼켜버리는 각성 과정에 완전히 전념하는 일로 물러났다. 이 때문에 베케트[8]의 작품은 불가항력적이다.

예술의 탈예술화; 문화산업 비판

예술은 그 자명성 상실에 대응해 반응 방식이나 처리 방식을 구체적으로 바꾸기도 하지만, 예술 자체의 개념을, 즉 그것이 예술이라는 것을, 사슬을 당기듯이 졸라매기도 한다. 이 점은 오늘날 문화산업[9]에 의해 관리되고 통합되고 질적으로 변형되는 지난날의 오락물 혹은 저급 예술에서 가장 명백히 확인된다. 이 영역은 뒤늦게야 비로소 형성된 순수예술의 개념에 따른 적이 없었기 때문이다. 그것은 문화의 실패에 대한 증거로서 부단히 문화 속에 파고들어 왔으며, 아주 우스꽝스럽게도 전통적 형태와 현재의 형태가 행복하게 조화를 이루는 가운데 문화가 실패하는 것을 문화 자체가 원하도록 만들었다. 문화산업에 기만당하여 그 상품을 탐내는 사람들은 예술의 영역에 도달하지

---

8   [옮긴이] Samuel Beckett(1906~89): 아일랜드에서 태어나 주로 프랑스에서 활동한 문학가. 1953년 『고도를 기다리며En attendant Godot』(1952)의 공연 성공으로 부조리극을 주도하는 인물로 부상했다. 카프카와 함께 아도르노 문학론의 중심인물이다.
9   [옮긴이] Kulturindustrie: 아도르노는 대중문화라는 것이 대중에 의한 것도, 대중을 위한 것도 아니라 대중의 본능까지 주무르며 이익을 위해 움직이는 사업이라고 보며, 그래서 대중문화를 비판적 의미에서 문화산업이라고 칭한다.

못한다. 그래서 그들은 예술이 현대사회의 생활 과정에 적합하지 못하다는 점을——이 생활 과정 자체의 허위가 아니라——과거 한때의 예술 작품이 어떤 것이었는지 아직 기억하고 있는 사람들보다 더욱 노골적으로 알아차린다. 그들은 예술의 탈예술화를 향해 돌진한다.[10] 작품을 건드리려는 열망, 즉 어떤 작품도 있는 그대로 두지 않고 애써서 고쳐놓고 작품과 감상자 사이의 거리를 줄이려는 열망이 그런 경향의 명확한 징후다. 또한 그들은 다른 식으로는 혐오감을 견딜 수 없을 것이기 때문에 아무 방해도 받지 않는 삶을 누리고자 하는데, 그런 삶과 예술 사이의 차이는 수치스러운 것이므로 사라져야 한다고 여긴다. 이러한 것이야말로 기득권이 예술을 소비재 속에 끌어들이기 위한 주관적 기반이다. 그래도 예술을 간단히 소비할 수 있게 되지는 않지만, 적어도 예술에 대한 관계는 본래의 소비재들에 대한 관계에 근거를 둘 수 있다. 특히 과잉생산 시대에는 예술의 사용가치 자체가 의심스러워졌고, 예술 작품을 옆에 두고 있다는 위신이나 궁극적으로 작품의 상품적 성격에서 얻는 부차적 향유에 의해 그 사용가치가 밀려남으로써 그런 일이 더욱 쉬워졌다. 이는 미적 가상의 패러디인 셈이다. 예술 작품들의 자율성은 문화 고객의 분노를 유발한다. 예술 작품들이 문화 고객 자신이 믿는 것 이상의 것으로 간주되기 때문이다. 예술 작품들의 자율성에서 이제 남아 있는 부분은 상품의 물신적 성격밖에 없다. 이는 예술의 근원에서 볼 수 있는 태고 시대의 물신주의로 퇴행하는 것이다. 그런 한에서 예술에 대한 유행적 태도는 퇴행적

---

10   Adorno, *Prismen. Kulturkritik und Gesellschaft*, 3. Aufl., Frankfurt a. M.: Suhrkamp, 1969, p. 159 참조.

이다. 문화 상품들에서 소비되는 것은 그것의 추상적 대타존재다. 그렇다고 해서 그것들이 진정으로 타인을 위한 것은 아니다. 문화 상품들은 이들이 원하는 바에 따름으로써 이들을 기만한다. 예전에 볼 수 있었던 감상자와 감상 대상 사이의 친화성은 뒤집어진다. 오늘날의 전형적인 반응은 예술 작품을 단순한 사실로 만들며, 이로써 어떠한 사물적 본질과도 결합될 수 없는 미메시스적 계기까지 상품으로 헐값에 팔린다. 소비자는 미메시스[11]의 유물이라고 할 수 있는 자신의 충동을 자신에게 제시되는 것에 임의로 투사할 수 있다. 한 작품을 보거나 듣거나 읽은 주체는 완전히 소화되는 단계까지 자신을 망각하고 자신에게 무관심한 상태로 작품 속에서 소멸해야 할 것이다. 주체가 이룬 동일시에서는, 예술 작품을 자신과 같게 만드는 것이 아니라 자신을 예술 작품과 같게 만드는 것이 이상적이었다. 미적 승화의 본질이 그러했다. 헤겔은 그러한 반응 방식을 일반적으로 객체에 도달하는 자유[12]라고 칭했다. 바로 이를 통해 그는 예술 작품이 자신에게 무엇인가를 주기 바라는 고루한 부르주아적 욕망과 반대로, 정신적 경험 속에서 자신을 포기함으로써 비로소 주체가 되는 주체를 존중했다. 그러나 주관적 투사를 위한 백지상태tabula rasa가 되면 예술 작품은 그 자질을 잃어버린다. 예술 작품이 여러 사물들 가운데 한 가지 사물이 된다는 사실과, 그것이 감상자의 심리 상태를 담는 그릇이 된

---

11 [옮긴이] Mimesis: 원래 몸짓을 통해 효과를 만드는 능력을 뜻하며, 예술에서는 모방 원칙을 지칭한다. 아도르노는 미메시스를 구성과 함께 예술의 본질적인 요소로 파악하며, 특히 현대 예술이 소외된 현실에 대한 미메시스를 통해 현실을 탄핵한다고 본다.

12 [옮긴이] die Freiheit zum Objekt: 아도르노는 주관적 편견이나 고정된 개념 틀 등에 얽매이지 않고 대상에 다가가는 열린 자세를 변증법의 주요 특징이라고 강조한다.

다는 사실, 이 두 가지가 예술 작품의 탈예술화를 이루는 양극단이다. 감상자는 사물화된 예술 작품들이 더 이상 말하지 않는 바를 규격화된 자신의 메아리로 대체하며, 이것을 또한 예술 작품들에서 감지해낸다. 문화산업은 이러한 메커니즘을 유발하여 우려먹는다. 문화산업은 인간들로부터 소외된 것, 또 보상된다고 해도 타율적으로 처리되는 것을 사람들과 가깝고 그들에게 속하는 것처럼 보이게 만든다. 그러나 문화산업에 대해 직접 사회적으로 반론을 제기하는 것도 그 나름의 이데올로기적 요소들을 지닌다. 자율적 예술이 문화산업의 권위주의적 모욕에서 완전히 벗어난 적은 없다. 예술의 자율성은 형성된 것이지만 예술의 개념을 본질구성한다. 하지만 그것은 아프리오리하지 않다. 극히 진정성 있는 작품들에서는 지난날 예배를 위한 작품들이 사람들에게 발휘했을 권위가 내재적 형식 법칙으로 변했다. 미적 자율성과 밀접하게 관련된 자유 이념은 그것을 일반화한 지배권을 통해 형성되었다. 예술 작품들도 마찬가지다. 예술 작품들은 외적 목적으로부터 자유로워질수록 그만큼 더 완전하게 지배권에 근거해 조직된 것으로 규정되었다. 그런데 예술 작품들의 한 측면은 언제나 사회를 향하므로, 예술 작품들 속에서 내면화된 지배권은 외부로도 발산되었다. 이러한 연관 관계를 의식하고도 예술 앞에서 침묵하면서 문화산업을 비판하는 일은 불가능하다. 그러나 나름의 근거를 가지고 모든 예술에서 부자유를 감지하는 사람은 실제로 언제나 그래 왔다는 이유로 낙담하고 싶고, 점점 더 관리가 이루어짐에 따라 체념하고 싶을 것이다. 하지만 어떤 다른 상태의 가상에서는 이 다른 상태의 가능성이 떠올랐다. 우상이 사라진 세계에서 예술에 대한 욕구가 증가한다는 사실, 기계적 재생산 수단을 통해 처음 대중들이 예술과 접함으로써 대중들의 욕구까지 증가한다는 사실은, 아무튼 예술에 대해 외적인 현상으로서 예술의 존속을 옹호하기에는 충분하지 못하며 오히려 의심을 야기한다. 그러한 욕구의 보완적 성격은 탈마법화에 대한 위안이라는 점에서 마법의 잔상으로서, 예술을 "세상은 속고 싶어 한다mundus vult decipi"는 생각의 본보기로 격하하고 이로써 예술을 왜곡한다. 허위의식의 존재론에는 그와 같은 특성들도 관여한다. 정신을 해방하기도 하고 억제하기도 한 부르주아계급이 자신에 대해 악의를 지닌 채 자신도 완전히 믿지 못하는 것을 정신에서 받아들이고 즐기기도 한다는 점 역시 허위의식의 존재론에 포함되는 것이다. 예술이 사회적으로 현존하는 욕구에 부응하는 한 그것은 매우 광범하게 이익에 의해 조종되는 사업이 되었으며, 이 사업이 이익을 가져오는 한, 또 그것이 이미 죽은 사업이라는 사실을 제작을 통해 극복하도록 해주는 한 계속 진행된다. 전통적 오페라처럼 한때 번창하던 예술 장르들이나 예술 활동 분야들이 공허한 것이 되었지만, 공식적 문화 영역에서는 그 점이 눈에 띄지 않을 것이다. 그러나 그 고유한 제작의 이상을 따라잡는 데 수반되는 난점만으로도 그런 분야의 정신적 결함은 그대로 실천적 결함으로 변한다. 그 분야의 실제적 몰락은 이미 간파할 수 있다. 인간은 생산력의 증대와 아울러 사회 전체를 좀더 고차적인 형태로 끌어올릴 수도 있었다. 그러나 인간의 욕구들에 대한 신뢰는 그 욕구들이 그릇된 사회에 의해 통합되어 그릇된 것으로 된 이래 이제 의미 없다. 그 욕구들이 예측된 바와 같이 다시 충족될 수도 있다. 그러나 이 충족은 그 자체로 그릇된 것이며 사람들을 기만하여 그들의 인권을 앗아간다.

고난의 언어

아마 칸트의 방식으로 오늘날에는 예술을 한 가지 기정사실로 대하는 태도가 적합할 것이다. 예술을 변호하는 사람은 이미 이데올로기들을 만들어내고 예술 자체도 하나의 이데올로기로 만든다. 아무튼 제반 제도와 거짓된 욕구가 함께 만들어내는 장막 너머 현실 속의 어떤 것이 객관적으로 예술을 요구한다는 사실, 그러한 장막이 감추는 것을 옹호해 줄 예술을 요구한다는 사실과 관련해서는 생각을 계속할 수 있을 것이다. 논증적 인식도 현실에 도달하며 그 나름으로 현실의 운동 법칙에서 생겨난 제반 비합리성에도 도달하지만, 현실의 어떤 것은 합리적 인식으로 다루기 어렵다. 합리적 인식에는 고난이 낯설다. 합리적 인식은 고난을 포괄적으로 규정하고, 그것을 완화하는 수단을 제공할 수도 있지만, 고난을 경험으로 표현하기는 어렵다. 바로 그런 표현이 합리적 인식에 대해서는 비합리일 것이다. 고난을 개념화한다면, 그것은 아무 말도 없고 일관성도 없을 것이다. 이 점은 히틀러 이후의 독일에서 볼 수 있다. 아마 이해할 수 없는 공포의 시대에는 브레히트[13]가 슬로건으로 택한, 진리는 구체적이라는 헤겔의 명제가 예술을 통해서만 아직 충족될 것이다. 예술을 곤궁에 대한 의식이라고 보는 헤겔의 모티프는 그가 예측할 수 있었던 바를 모두 초월하여 진실임이 확인되었다. 이로써 그것은 예술에 대한 헤겔 자신의 판결, 즉 문화 염세주의에 대한 반론이 되었다. 이러한 문화 염세주

---

13   [옮긴이] Bertolt Brecht(1898~1956): 독일 문학가. 교육극, 서사극 등의 방법으로 비판적 사고를 고무하려는 작품들을 썼다. 그 정치적 효과에 대해 아도르노는 대체로 부정적이다.

는 겨우 세속화된 그의 신학적 낙관주의, 즉 현실적으로 실현된 자유에 대한 기대를 선명히 부각시키는 것이기도 하다. 세상이 어두워짐으로 인해 예술의 비합리성, 즉 극단적으로 어두워진 비합리성은 합리적인 것이 된다. 새로운 예술을 초조하게 옹호하는 사람들보다 오히려 좀더 뛰어난 감각으로 새로운 예술의 적수들이 새로운 예술의 부정성이라고 칭하는 것은, 기존 문화로부터 축출된 것들의 요체다. 새로운 예술은 그런 것들에 끌린다. 예술은 이처럼 축출된 것들에서 쾌락을 느끼는 가운데, 단지 축출하는 원칙에 헛되이 저항하는 대신 이러한 원칙 내지 재앙을 받아들이기도 한다. 예술이 동일시를 통해 재앙을 말하는 것은 재앙의 힘이 사라지기를 기대하는 것이다. 재앙에 대한 사진술이나 가짜 축복이 아니라 바로 그러한 것이야말로 어두워진 객관적 상황에 대한 진정한 현대 예술의 입장을 말해준다. 다른 입장은 모두 달콤한 태도로 자체의 허위를 드러낸다.

새로움의 역사철학

환상적인 예술, 즉 낭만주의 예술이나 매너리즘[14]과 바로크[15] 시대 예술의 그런 특징들은 존재하지 않는 어떤 것을 마치 존재하는 듯이 보여준다. 그런 예술이 고안해 내는 것들은 경험적으로 현존하는 것을 수정한 것들이다. 그 효과는 어떤 비경험적인 것을 경험적인 듯

---

14 [옮긴이] Manierismus: 1520년경부터 1600년경까지 이탈리아와 스페인 등지에서 나타난 문화 현상. 환상적인 일탈, 왜곡, 과장의 미감을 보여준다.
15 [옮긴이] Barock: 17세기에서 18세기 서양 미술, 음악, 건축 등에서 나타나는 사조. 최소한의 질서 안에서 우연과 자유분방함이 강조된다.

이 내보이는 것이다. 이런 효과는 비경험적인 것이 경험계에서 나왔다는 점 때문에 쉽게 나타난다. 새로운 예술은 경험계의 과도한 짐에 눌려 이 경험계를 너무 무겁게 받아들이며 그래서 허구에서는 재미를 찾지 못한다. 무엇보다 새로운 예술은 현실의 표면을 반복하고 싶어 하지 않는다. 새로운 예술은 단순히 존재하는 것과의 혼합을 피함으로써 그만큼 더 가차 없이 이 단순히 존재하는 것을 표현한다. 카프카의 힘은 말할 필요도 없이 어떤 부정적 현실감의 힘이다. 그를 이해하지 못하는 사람들이 그의 환상적 특성이라고 여기는 요인은 "있는 그대로의 상태Comment c'est"다. 새로운 예술은 경험세계로부터 환원ἐποχή됨으로써 이제 환상적이지 않게 된다. 문학사가들이나 카프카와 마이링크[16]를 같은 범주에 집어넣고, 미술사가들이나 클레[17]와 쿠빈[18]을 동일한 부류로 간주할 뿐이다. 물론 환상적 예술도 아주 탁월한 작품들의 경우에는 현대 예술이 정상적인 것들의 연관 체계를 탈피해서 이룩해 낸 상태로 넘어갔다. 그 예로는 포[19]의 『핌 이야기』[20]

---

16 [옮긴이] Gustav Meyrink(1868~1932): 오스트리아 문학가. 실존의 형이상학적 의미와 초감성적 현상을 다루는 환상적 소설 『골렘Der Golem』(1915) 등을 썼다.

17 [옮긴이] Paul Klee(1879~1940): 스위스 출신의 독일 화가. 입체파, 표현주의, 초현실주의 등의 영향을 받았다. 칸딘스키Vasilii Kandinskii, 마르크Franz Marc 등이 주도한 청기사파에 참여했다. 1921~31년에는 바우하우스에서 활동했다. "보이는 것의 재현이 아니라 보이지 않는 것을 보이게 하는" 예술을 추구했다.

18 [옮긴이] Alfred Kubin(1877~1959): 오스트리아의 화가. 신경증적이고 환상적인 그래픽 작품들을 통해 클레에게도 영향을 주었다.

19 [옮긴이] Edgar Allan Poe(1809~49): 미국의 문학가. 추리소설이라는 장르를 만들어냈다. 교훈주의나 알레고리를 혐오하면서 암흑 낭만주의에 기울었다.

20 [옮긴이] 『낸터킷의 아서 고든 핌 이야기The Narrative of Arthur Gordon Pym of Nantucket』(1838): 포의 장편소설로 일부는 사실적으로, 또 일부는 환상적으로 아서 고든 핌의 모험을 그리며 다양한 해석을 유발한다.

새로움의 역사철학

중 어느 부분들, 퀴른베르거²¹의 『미국에 지친 사람』의 일부, 혹은 베데킨트의 『미네-하하』²² 등을 들 수 있다. 그러나 현대 예술을 이론적으로 인식할 때 그것을 과거 예술과의 유사점들로 환원하는 것만큼 해로운 것도 없다. "모든 것이 이미 있었던 것"이라는 도식을 통해 현대 예술 특유의 것이 소실되는 것이다. 또 현대 예술은, 바로 이 현대 예술이 부숴버리는, 비변증법적이고 아무 비약도 없는 완만한 발전의 연속체 속에서 평준화된다. 물론 새로운 것을 어느 정도 옛것 속에 옮겨놓지 않고는 정신적 현상물들을 해석하는 일이 불가능하다는 숙명적 사실을 부인할 수 없다. 그러나 이 경우에도 어떤 오류가 생긴다. 이를 수정하는 것은 2차 반성의 과제일 것이다. 현대 예술 작품들과 이를 닮은 과거 예술 작품들 사이의 관계에서는 그 둘의 차이를 밝혀내야 할 것이다. 역사적 차원에 몰입함으로써 지난날 해결되지 않은 채 남았던 것을 찾아내야 할 것이다. 다른 식으로는 과거의 것과 현재의 것을 결합할 수 없다. 그에 반해 오늘날 유행하는 정신사적 입장은 사실상 이 세상에 새로움이란 아예 없는 것임을 증명하고 싶어 한다. 그러나 새로움의 범주는 19세기 중엽, 즉 전성기 자본주의 이래로 중심적인 것이 되었다. 물론 이는 어떤 새로운 것이 도대체 이미 존재한 적은 있느냐 하는 물음과 상응한다. 현대 예술이라는 개념이 비록 유동적이기는 해도 그 이후로 이 개념에 무관심한 예술 작품은 성공한

21 [옮긴이] Ferdinand Kürnberger(1821~79): 오스트리아의 작가. 『미국에 지친 사람Der Amerika-Müde』(1855)에서 그는 미국에 가본 적도 없으면서 미국을 실용주의와 자본주의에 지배받는 나라라고 신랄하게 비판한다.
22 [옮긴이] Mine-Haha: 베데킨트의 미완성 소설로 1903년 발표되었다. 어린 소녀 히달라를 기이하게 체조, 무용, 음악으로만 교육하는 내용을 담고 있으며, 유토피아와 디스토피아 혹은 그로테스크한 풍자 등의 성격을 띤다.

적이 없다. 현대 예술이 등장한 이래 현대 예술의 문제점으로 인정된 것에서 벗어나 있다고 생각한 것은 그만큼 더 빨리 몰락했다. 심지어 안톤 브루크너[23]와 같이 모더니즘과는 별로 관계없다고 여겨지는 작곡가의 경우에도, 그가 당시 가장 진보적이었던 바그너[24]의 화성법과 같은 재료를 이용하지 않았다면 그의 극히 중요한 영향들은 생각하기조차 힘들 것이다. 물론 그 후에 그는 그 기능을 역설적으로 전환하기는 했다. 그의 교향곡들은 과거의 것이 어떻게 도대체 아직도, 더욱이 새로운 것으로서 가능한지 묻는다. 이런 물음은 현대 예술의 불가항력성을 입증한다. 그러나 '도대체 아직도Doch noch'라는 말은 이미 어떤 거짓을 뜻하며 그래서 그 시대의 보수주의자들은 그 말에 일관성이 결여되어 있다고 악의적으로 지적할 수 있었다. 새로움이라는 범주를 예술과 이질적인 어떤 인기 욕구라고 간단히 매도할 수 없다는 점은 그것의 불가항력성에서 알 수 있다. 보수적이기는 하지만 극히 뛰어난 감각을 지닌 영국의 음악 평론가 어니스트 뉴먼[25]은 1차 대전 전에 쇤베르크의 「5개의 관현악곡 op. 16」을 듣자 이 쇤베르크라는 인물은 전체적인 문제를 다루고 있으니 결코 과소평가하지 말라고 경고했다. 현대 예술을 증오하는 사람들은 옹호하는 사람들보다 좀더 뛰어난 본능으로 그 계기를 새로움의 파괴적 요소라고 기록했다. 노

---

23   [옮긴이] Anton Bruckner(1824~96): 오스트리아 작곡가. 낭만주의적이고 종교적인 성향을 띤다. 1861년경부터 바그너의 「탄호이저」를 연구했다.
24   [옮긴이] Richard Wagner(1813~83): 독일 음악가. 낭만주의 오페라의 전성기를 열었으며, 풍부한 반음계적 음악언어를 발전시켜 조성의 파괴와 현대음악을 유발했다.
25   [옮긴이] Ernest Newman(1868~1959): 영국 음악 평론가. 본명은 William Roberts. 정신사적 연구 방법에 근거해 특히 리스트Franz Liszt, 바그너, 글루크Christoph Gluck 등 낭만파 음악가들에 대한 평론을 썼다.

년기의 생상스[26]도 드뷔시[27]가 준 인상을 거부하면서 이와 다른 음악도 틀림없이 있으리라고 말했을 때 이미 그런 점을 느꼈던 셈이다. 중요한 혁신을 수반하는 재료상의 변화들을 회피하고 그로부터 멀어지는 것은 곧 공허하고 무기력한 것으로 나타난다. 틀림없이 뉴먼은 쇤베르크가 관현악곡들에서 만들어낸 음들이 이 세상에 없는 것이라고 생각할 수 없다는 점, 또 그것이 일단 실존하면 작곡 전체에 대해 결국 전통적 언어를 제거한다는 의미를 지닌다는 점을 깨달았을 것이다. 이는 아직도 마찬가지다. 즉 베케트의 극을 한 편 본 후 좀더 온건한 오늘날의 작품을 한 편 보기만 하면 새로움이야말로 판단 없는 판단이라는 사실을 깨달을 수 있다. 극단적으로 보수적인 루돌프 보르하르트[28]조차 예술가는 자기 시대에 이미 이루어진 기준을 다룰 수 있어야 한다는 점을 인정했다. 새로움의 추상성은 필연적이다. 이 점을 사람들은 포의 함정[29]에 담긴 끔찍한 비밀만큼이나 모르고 있다. 그러나 이 새로움의 추상성 속에는 내용상 결정적인 것이 감추어져 있다. 노년의 빅토르 위고[30]는 랭보가 문학에 새로운 전율frisson nouveau을

26 [옮긴이] Charles-Camille Saint-Saëns(1835~1921): 프랑스 음악가. 섬세한 음색과 풍부한 악기 구성으로 유명하며, 「동물의 사육제」(1886), 「죽음의 무도」(1874) 등을 작곡했다.
27 [옮긴이] Claude Debussy(1862~1918): 프랑스 인상주의 음악의 대표자. 말라르메의 살롱에 드나들며 상징파 시인 및 인상파 화가와 접하면서 인상파 경향의 작품을 썼다. 「목신의 오후 전주곡」(1894), 「바다」(1905) 등을 작곡했다.
28 [옮긴이] Rudolf Borchardt(1877~1945): 독일의 작가, 시인, 번역가. 게오르게와 호프만스탈의 영향을 받았으며, 엘리트주의적이고 창조적인 서양 전통의 복원을 추구했다.
29 [옮긴이] 스페인 종교재판의 마녀사냥을 소재로 한 포의 단편소설 「함정과 진자The pit and the pendulum」(1842)를 끌어들인 비유적 설명이다.
30 [옮긴이] Victor Hugo(1802~85): 프랑스 문학가. 의고주의에 반대해 낭만주의 운동에 가담했다. 나폴레옹 3세의 쿠데타에 반대해 추방당한 후 19년간 망명 생활을 하다 나폴레옹 3세가 몰락한 1870년 귀국했다.

선사했다고 말함으로써 이 문제를 제대로 지적했다. 전율은 그 불확정성이라는 계기의 기능인 암호적 폐쇄성에 반응한다. 하지만 그것은 동시에 미메시스로서 추상성에 반응하는 미메시스적 반응 방식이기도 하다. 단지 새로움 속에서만 미메시스와 합리성은 퇴행 없이 서로 결합한다. 즉 이성 자체가 새로움의 전율 속에서 미메시스적인 것이 된다. 이 점은 실로 보들레르를 비롯한 모든 현대 예술의 등대 중 하나인 에드거 앨런 포에게서 그 이전에는 볼 수 없었을 만큼 강력하게 나타난다. 새로움은 완전한 여기 이것Dies da과 같이 텅 빈, 일종의 맹점이다. 어느 역사철학적 범주든 다 그렇겠지만 전통이라는 범주를 마치 영원한 계주경기처럼 한 세대나 양식 혹은 어떤 대가가 다음 세대나 양식 혹은 대가에게 자신의 솜씨를 넘겨주는 것으로 생각해서는 안 된다. 막스 베버[31]와 좀바르트[32] 이후 사회학과 경제학에서는 전통주의적인 시기와 비전통주의적인 시기를 구분한다. 역사적 운동의 매체인 전통은 그 특성상 경제적, 사회적 제반 구조들에 의존하며, 이 구조들과 더불어 질적으로 변한다. 전통에 대한 이 시대 예술의 입장은 흔히 전통 상실이라는 비난을 받지만, 그것은 전통이라는 범주 내에서 이루어진 변화에 의해 규정된다. 본질적으로 비전통주의적인 사회에서는 미적 전통이 아프리오리하게 의심스럽다. 새로움의 권위는 역사적으로 불가피한 것의 권위다. 그런 한에서 새로움은 그 매개자

---

31 [옮긴이] Max Weber(1864~1920)는 『경제와 사회Wirtschaft und Gesellschaft』(1922)에서 '전통적 지배'에 대해 설명한다. 그에 따르면 전통적 지배자는 전래되는 질서와 지배권에 근거해 정통성을 지니며, 상관이 아니라 인격적 지배자다. 피통치자는 구성원이 아니라 신민이다.

32 [옮긴이] Werner Sombart(1863~1941): 독일의 경제사가. 마르크스주의에서 출발하였으나 보수적인 입장으로 바뀌었다. 『현대 자본주의Der moderne Kapitalismus』(1902)에서 자본주의를 초기 자본주의, 전성기 자본주의, 후기 자본주의로 구분했다.

인 개인에 대한 객관적 비판을 함의한다. 즉 새로움 속에서는 개인과 사회가 미적으로 결합한다. 현대 예술 개념은 비록 질적인 것일지라도 자체의 추상성으로 인해 어려움을 겪지만, 현대 예술에 대한 경험은 그 이상의 것을 말해준다. 현대 예술 개념은 부정적이다. 즉 그것은 처음부터 긍정적 구호라기보다 오히려 이제 더 이상 존재해서는 안 될 것에 대한 부정이다. 그러나 그것은 예로부터 양식들이 그랬듯이 앞 시대의 예술 활동을 부정하는 것이 아니라 전통 자체를 부정한다. 이런 점에서 현대 예술 개념이야말로 비로소 예술에서의 부르주아 원칙을 승인하는 것이다. 이 현대 예술 개념의 추상성은 예술의 상품적 성격과 결합되어 있다. 그래서 현대 예술은 보들레르의 경우처럼 처음 이론적으로 명료하게 표현되었을 때 곧 재앙의 어조를 띠었다. 새로움은 죽음과도 친화적이다. 보들레르의 경우에 악마주의[33] 형태를 띠는 것은 스스로를 부정적인 것으로 반영하는, 사회 상태의 현실적 부정성과의 동일시다. 이때 세계고[34]는 그 대립물인 세계 속으로 넘어간다. 이런 특성은 모든 현대 예술에 효소로 포함되어 있다. 이는 비판의 대상에 자신을 내맡기지 않는 직접적 항의가 예술에서는 반동적일 터이기 때문이다. 그래서 보들레르는 자연의 이마고를 엄격히 금지하고 있다. 오늘날에도 현대 예술은 이 점을 부인하면 실패한다. 퇴폐주의에 대한 온갖 박해나 현대 예술을 집요하게 따라다니는 소음

33 [옮긴이] Satanismus: 문학에서 악마주의는 17세기부터 등장하며 이 시기에는 신에 대한 경배가 포함되어 있다. 반면에 현대의 악마주의는 무신론과 합리주의적 관점을 취한다. 보들레르는 현대 악마주의를 충분히 의식한 주요 인물로 간주된다.

34 [옮긴이] Weltschmerz: 자신의 결함을 세계의 결함과 동일시하는 사람이 고통스럽게 느낀 우울과 슬픔의 감정을 지칭한다.

은 바로 그러한 데에서 시작된다. 새로움은 미적 측면에서 보면 일종의 형성된 것이며, 예술이 얻어낸 소비재들의 표지다. 그것을 통해 예술은 언제나 변함없이 공급되는 것들과 구분됨으로써 소비를 자극한다. 즉 팽창하지 않는 한, 혹은 유통의 용어로, 새로운 것을 공급하지 않는 한 쇠퇴하는 자본의 돈벌이 욕구에 순응한다. 새로움은 위축되지 않은 풍요도 약속하는 확대재생산의 미적 징표다. 완전히 발전한 상품사회 한가운데에서 예술은 단지 무기력하게 이 사회의 경향을 무시할 수 있을 뿐이라는 점을 보들레르의 문학이 최초로 성문화했다. 예술은 예술에 대해 타율적인 시장의 영상imagerie을 자신의 자율성에 끌어들임으로써만 그 타율적 시장에서 벗어날 수 있다. 예술은 경직되고 소외된 것에 대한 미메시스를 통해 현대 예술이 된다. 말 없는 것을 부인함으로써가 아니라 바로 그러한 미메시스를 통해 예술은 웅변적으로 되는 것이다. 예술이 이제는 무해한 것을 결코 용납하지 않는다는 사실은 그와 같은 데에 기인한다. 보들레르는 사물화를 비난하지도 모사하지도 않는다. 그는 사물화의 원형들을 경험하는 가운데 사물화에 저항한다. 그리고 이 경험의 매체는 시 형식이다. 이로써 그는 후기 낭만주의의 감상적 태도 전체를 당당히 능가한다. 인간성의 잔재들을 모두 삼켜버리는 상품적 성격의 압도적 객관성과 살아 있는 주체에 우선하는 작품 자체의 객관성을 연결하고 있다는 점에서 보들레르의 작품은 독특한 의미를 지닌다. 즉 절대적 예술 작품은 절대적 상품과 만나는 것이다. 현대 예술 개념에 담긴 추상성의 잔재는 상품에 바치는 현대 예술의 공물인 셈이다. 독점자본주의하에서는 대체로 사용가치가 아니라 교환가치가 향유되는데,[35] 그와 마찬가지로 현대 예술 작품에서는 그 추상성, 즉 그 당위와 목적상의 불쾌한 불확정성이 예술 작품의 현재 상태에 대한 암호가 된다. 그러나 이러한 추상성은 예컨대 칸트의 미적 규범과 같은 과거 규범들의 형식적 성격과 아무 공통점도 없다. 오히려 그것은 도발적이다. 즉 그것은 아직도 삶이라는 것이 존재한다고 여기는 환각에 도전하는 것이다. 동시에 그것은 전통적 환상을 통해서는 결코 이루어질 수 없는 미적 거리 설정의 수단이기도 하다. 미적 추상은, 보들레르의 경우 추상적인 상태로 된 세계에 대한 반응이라는 측면에서 아직 미발달된 알레고리 단계에 머물고 있지만, 처음부터 일종의 우상 금지Bilderverbot였다. 이 점은 궁극적으로 촌뜨기들[36]이 메시지라는 이름 아래 구제해 내려고 한, 의미 심장한 것으로서의 현상에도 적용된다. 즉 감성의 파국 이후에는 현상도 추상적인 것으로 되는 것이다. 랭보 이래 오늘날의 전위주의 예술에서도 볼 수 있는 이 냉담한 태도는 지극히 확정적인 것이다. 그것은 사회의 기본층과 마찬가지로 그다지 변하지 않았다. 현대 예술은 이미 존재한 것들에 대한 관계 때문에 추상적이다. 예술은 결코 마술과 손잡을 수 없으므로 아직 존재하지 않은 것을 말할 수 없지만, 불변적 현실의 치욕에 맞서 아직 존재하지 않은 것을 말하고자 해야 한다. 이 때문에 현대 예술을 나타내는 보들레르의 암호문은 새로움을 미지의 것 혹은 숨은 목적과 동일시하며, 또한 불변 상태와 공약수가 없는 까닭에 소름이 끼치는 것, 허무의 취향goût du néant과 동일시하기도 한다. 미적 변화에 대한 욕구ästhetische cupiditas rerum novarum를

---

35 Adorno, *Dissonanzen. Musik in der verwalteten Welt*, 4. Aufl., Göttingen: Vandenhoeck & Ruprecht, 1969, pp. 19 이하 참조.
36 [옮긴이] 하이데거Martin Heidegger를 지칭할 수도 있고, 루카치를 비롯한 동구권의 미학자들을 겨냥하는 말이라고 볼 수도 있다.

논박할 때 그 범주에 사상내용이 없다는 점을 그럴싸하게 끌어들일 수 있지만, 이는 본질적으로 위선적이다. 새로움은 주관적인 범주가 아니다. 그것은 다른 방식으로는 타율성에서 벗어나 자립할 수 없는 예술에 의해 강요된 것이다. 옛것의 힘은 새로운 것에까지 밀려들며, 옛것이 실현되려면 새로운 것이 필요하다. 직접적 예술 활동과 그 표현들은 오직 옛것만을 근거로 끌어들일 때 수상쩍어진다. 그것이 보존한다는 옛것으로 인해 대개 그 특유한 차이를 부인하기 때문이다. 하지만 미적 반성은 옛것과 새로운 것의 얽힘과 무관하지 않다. 옛것은 단지 새로운 것의 극단에서만, 연속성을 통해서가 아니라 굴절들에서만 안식처를 얻는다. 찾지 않는 자는 보지 못한다는 쇤베르크의 단순한 말이 새로움의 한 가지 구호다. 그러나 이러한 구호를 내재적으로, 즉 예술 작품의 맥락 속에서 따르지 않는 것은 예술 작품의 결함이 된다. 작품을 만들어내는 과정에서 작품에 해가 되는 과거의 잔재들을 떨쳐버리는 것도 중요한 미적 능력이다. 따라서 비판 내지 거부는 새로움을 통해 예술 자체의 객관적 계기가 된다. 모두가 한결같이 비난하는 새로움의 동조자들조차 불변적인 것을 감히 자랑하는 자들보다는 더 많은 힘을 가지고 있다. 새로움이 그 모델인 상품의 물신적 성격에 따라 물신이 된다면 문제 자체를 놓고 비판해야지, 물신이 되었다는 이유만으로 외부로부터 비난해서는 안 된다. 이 경우 대개 새로운 수단들과 낡은 목적들 사이의 괴리와 부딪친다. 혁신의 한 가지 가능성이 소진되고, 그것을 반복하는 연속선상에서 그것을 기계적으로 계속 추구할 경우, 혁신이 지향하는 경향을 바꾸어 다른 차원으로 옮겨야 할 것이다. 추상적 새로움은 정체되어 불변성으로 뒤집힐 수도 있다. 물신화는 이제 그 자체로는 자명하지 못한 모든 예술의 역설, 즉 만들어진 어떤 것이 그 자체를 위해 존재해야 한다는 역설을 말해준다. 그리고 이러한 역설이야말로 새로운 예술의 생명 중추다. 새로움은 불가피하게 의도된 것이다. 그러나 그것은 다른 상태라는 점에서 의도되지 않은 것이라고 할 수 있다. 의욕이 약한 사람들은 그것을 불변 상태와 묶어놓는다. 현대 예술과 신화의 소통은 그러한 데에 기인한다. 새로움은 비동일성을 의도하지만, 바로 이 의도로 인해 동일한 것이 된다. 현대 예술은 비동일자를 동일하게 만든다는 황당무계한 짓을 체득시킨다.

불변성 문제에 대해; 실험(1)

파괴의 흉터들은 현대 예술의 진품성을 나타내는 표지다. 그것들을 통해 현대 예술은 불변 상태의 폐쇄성을 필사적으로 부정한다. 폭발은 현대 예술의 불변 요인들 중 하나다. 반전통주의적 에너지는 온갖 것을 삼켜버리는 소용돌이가 된다. 그런 한에서 현대 예술은 그 자체에 대립하는 신화다. 이 신화의 초시간성은 시간적 연속성을 파괴하는 순간의 파국이 된다. 변증법적 형상이라는 벤야민[37]의 개념은 그와 같은 계기를 포함하고 있다. 현대 예술이 전통적 성과들을 기술적 technisch 성과로서 고수하는 경우에도 그것은 어떤 유산도 그대로 놓아두지 않는 충격을 통해 지양된다. 새로움이라는 범주는 우선 특수

---

37 [옮긴이] Walter Benjamin(1892~1940): 독일 철학자, 비평가. 그는 텅 빈 동질적 시간의 연속체라는 관념과 대조해서 고통과 희망의 의미로 충만한 상태로 과거와 미래가 복합적으로 뒤엉켜 있는 '현재시간Jetztzeit'을 강조하며, 이때의 정지해 있는 듯한 상태를 '변증법적 형상'이라고 칭한다.

한 전통을 해체한 다음 모든 전통을 해체한 역사적 과정에서 생겨났다. 이와 마찬가지로 현대 예술은, 이제 존재하지도 않고 존재해서도 안 되는 어떤 기반 위로 돌아감으로써 바로잡아야 할 일종의 일탈이 아니다. 역설적으로 그러한 것이 현대 예술의 기반이며, 또 그것이 현대 예술에 규범적 성격을 부여한다. 미학에도 불변 요인들이 있다는 사실을 부인할 수는 없다. 그러나 그러한 요인은 조작해 낸 것이며 중요하지도 않다. 음악이 그 모델 역할을 할 수 있을 것이다. 음악이 시간예술인지 논쟁하는 일은 부질없는 짓이다. 또 음악적 시간이 현실적 경험의 시간과 직접 일치하지 않아도, 이 현실적 시간과 마찬가지로 거꾸로 흐를 수는 없지 않은가 하는 문제에 대해 논쟁하는 것 역시 무의미하다. 그러나 음악이 시간에 대한 그 내용의 관계, 시간에 대한 시간 내적 계기들의 관계를 명료하게 표현해야 한다는 모호하고 일반적인 주장을 넘어서려고 하면, 당장 편협성이나 허위 진술에 빠져들 것이다. 왜냐하면 음악과 형식적인 음악적 시간의 관계는 단지 음악에서 구체적으로 이루어지고 있는 것과 그 시간의 관계 속에서만 규정되기 때문이다. 음악이 음악적 사건들의 시간 내적 계열을 의미 있게 조직해야 한다는 주장, 즉 시간 자체와 마찬가지로 역전이 불가능한 형태로 하나의 사건이 다른 사건으로부터 따라 나와야 한다는 주장은 물론 상당히 오랫동안 타당하다고 여겨졌다. 그러나 시간에 부합된다는 그 시간적 연속의 필연성은 결코 문자 그대로의 것이 아니라 허구적인 것이었으며 예술의 가상적 성격에 관여하는 것이었다. 오늘날 음악은 관습적 시간 질서에 반발한다. 아무튼 음악적 시간을 다루는 데에는 매우 상이한 해결의 여지가 있다. 음악이 시간이라는 불변 요인을 떨쳐버릴 수 있느냐 하는 문제는 여전히 의심스럽지만,

시간도 일단 반성이 이루어지면 확실히 어떤 아프리오리가 아니라 음악의 계기로 된다. 새로움에 담긴 폭력적 요인에는 실험적인 것이라는 이름이 붙게 되었는데, 그것을 예술가들의 주관적 신조나 심리적 특성 탓이라고 보아서는 안 될 것이다. 충동을 위해 형식이나 사상내용 차원에서 확실한 것이 아무것도 미리 정해지지 않았을 때, 생산적 예술가는 객관적으로 실험을 할 수밖에 없다. 현대 예술의 범주들 가운데 본보기가 되는 이 실험 개념도 그동안 자체 내에서 변화를 겪어 왔다. 본래 그것은 자의식적 의지를 갖고 미지의 혹은 공인되지 않은 처리 방식을 써본다는 것을 의미할 뿐이었다. 이 경우 잠재적으로는 전통주의적으로 실험의 결과들이 기존의 것들과 결합하여 정당화될 것인지가 틀림없이 밝혀지리라는 믿음이 깔려 있었다. 이러한 예술적 실험의 개념은 자명한 것이 되었지만 연속성에 대한 신뢰에서는 문젯거리가 되었다. 새로움을 구속력 있다고 여기는 예술적 반응 방식을 칭하는 말, 즉 실험적 제스처는 아직 남아 있다. 그러나 미적 관심이 소통하는 주관에서 객체의 일관성으로 옮겨짐에 따라 실험적 제스처는 이제 여러모로 질적으로 다른 것을 가리키게 되었다. 즉 그것은 예술적 주체가 자신도 예측하지 못하는 실제 결과를 초래할 방법들을 사용한다는 의미를 지니게 되었다. 물론 이러한 전환 역시 절대적으로 새로운 것은 아니다. 현대 예술의 기본층에 속하는 구성Konstruktion 개념은 항상 주관적 상상에 대한 구성적 처리 방식들의 우선성을 함의했다. 구성은 상상하는 눈이나 귀에 직접 충분히 분명하게 나타나지 않는 해답들을 필요한 것으로 만든다. 여기서 직접 예견되지 않은 것은 효과에 국한되는 것이 아니다. 오히려 거기에는 그 나름의 객관적인 면도 있다. 그것이 이제 새로운 질로 전환된 것이다. 주체는 자신이 해방시킨 테크놀로지로 인해 무기력해졌음을 의식하게 되었고, 이런 현상을 계획으로 끌어올렸다. 이는 아마 위협적 타율성까지 주관적 출발점에 통합하여 생산과정의 계기로 만듦으로써 그 타율성을 제어하겠다는 무의식적 충동에서 나왔다고 볼 수 있을 것이다. 여기에는 슈토크하우젠[38]이 지적한 것처럼, 주체를 통해 작품을 관통하는 과정이라고 할 수 있는 상상 자체가 어떤 고정된 크기가 아니라 선명한가 아니면 선명하지 못한가에 따라 세분화된다는 점도 도움이 되었다. 선명하지 않게 상상된 것도 그 나름 모호한 상태로 특유의 예술적 수단으로서 상상될 수 있다. 이 경우 실험적 반응 방식은 칼날 위에서 균형을 잡고 있다. 이 반응 방식이 말라르메[39]에게로 거슬러 올라가고, 발레리가 명시한 의도에 따를 것인지, 즉 주체가 타율성에 자신을 맡기면서도 자신을 제어함으로써 자신의 미적 능력을 증명할 수 있을 것인지, 아니면 그러한 행위를 통해 자신의 퇴장을 승인할 것인지는 결정되어 있지 않다. 아무튼 그렇더라도 최신의 의미에서 실험적인 처리 방법들이 주체를 통해 이루어지는 한, 그런 방법들을 통해 예술이 자체의 주관성을 버리고 아무 가상 없이 즉자An sich가 되리라고 믿는 것은 허상이다. 그렇지 않아도 예술은 즉자인 듯이 보일 뿐이다.

---

38   [옮긴이] Karlheinz Stockhausen(1928~2007): 독일 작곡가. 독일의 현대음악을 대표한다. 전자음악과 음렬주의 이론을 통해 전위적인 작곡가들에게 영향을 끼쳤다.
39   [옮긴이] Stéphane Mallarmé(1842~98): 프랑스 상징주의를 대표하는 시인. 현실 너머의 본질적인 문제를 감지하여 언어로 구체화하는 데에 전념했다.

주의에 대한 옹호

실험의 고통에는, 흔히 주의들Ismen이라고 칭하는 현상을 향한 원한, 즉 종종 어떤 집단들에 의해 대변되는 의식적이고 계획적인 예술 조류들을 향한 원한으로 대응하게 된다. 이 원한은 "이 인상주의자들과 표현주의자들"이라고 광분하기 좋아했던 히틀러만 아니라, 정치적인 전위주의적 열성 때문에 미적 전위 개념을 의심스럽게 여기는 작가들에게서도 볼 수 있다. 1차 대전 전 입체파 시기와 관련해 그 점을 피카소[40]가 명백히 입증해 주었다. 비록 처음에는 유파의 특성들을 가장 두드러지게 드러내는 사람들이 인상주의 시기의 피사로[41]처럼 그만큼 적절하게 강령과 결부되기 어려운 사람들에 비해 쉽사리 과대평가되기는 하지만, 주의들 내부에서 각자의 특징은 아주 명확하게 구분된다. 주의라는 용어는 그것이 신조나 결단을 통해 비의도성이라는 계기를 예술에서 배제하는 듯해 보이는 한, 어떤 모순을 은연중에 내포한다고 할 수 있다. 물론 이러한 반론은 주의로서 비난받는 조류들 가운데 표현주의와 초현실주의처럼 다름 아닌 비의도적 생산을 의도적으로 계획한 조류들에 대해서는 형식주의적이다. 그뿐 아니라 전위라는 개념은 수십 년 이상을 거치면서 그때그때 가장 진보적이라는

---

40 [옮긴이] Pablo Picasso(1881~1973): 스페인 화가. 그는 입체파로부터 일종의 신체문화를 만들고자 했지만 인위적 예술이 되었다고 평가하고 1914년경부터 입체파에 거리를 둔다. 1944년 프랑스 공산당에 입당했으며, 그림은 실내장식을 위한 것이 아니라 적에 맞선 공격과 방어의 수단이라고 보았다.

41 [옮긴이] Camille Pissarro(1830~1903): 프랑스의 인상주의 화가. 인상주의 화가들이 개최한 일곱 차례의 전시회에 모두 참가했다. 세잔Paul Cézanne과 함께 외광파 성향을 띠기도 했고, 쇠라Georges Seurat의 신인상주의를 받아들이기도 했다.

조류들에 적용되어 마치 나이 많은 어린아이처럼 우스운 면을 지닌다. 이른바 주의라는 것들이 얽혀 들어가게 된 난관들에서는 자체의 자명성에서 벗어난 예술의 난관들이 나타난다. 예술적으로 구속력 있는 것은 모두 의식적 반성에 의존하는데, 의식은 동시에 미적 구속성을 파괴했다. 그 때문에 증오의 대상인 주의들에는 단순히 무기력한 의욕의 그림자가 드리운다. 여러모로 공격받는 주의들에서는 이제까지 의식적 의지 없이는 아마 어떤 중요한 예술 활동도 이루어지지 않았으리라는 사실이 단지 자의식으로 발전할 뿐이다. 그 때문에 예술 작품들은 자체로서 조직될 필요가 있다. 또 독점적으로 철저히 조직된 사회에서 자체의 정당성을 주장하려고 하는 한에서 예술 작품들은 외적으로도 조직될 필요가 있다. 예술을 유기체에 비유할 때 참일 수 있는 것은 주체 및 주체의 이성에 의해 매개된다. 이러한 진리는 이미 오래전부터 합리화된 사회의 비합리적 이데올로기에 복무하기 시작했다. 따라서 그 진리를 거부하는 주의들이 더 참이다. 주의들은 개인의 생산력을 결코 속박하지 않았다. 오히려 집단적 협업을 통해 생산력을 증가시켰다.

세속화된 유파로서의 주의들

주의들의 한 측면은 오늘날에야 비로소 시의성을 띤다. 여러 예술운동의 진리내용이 꼭 위대한 예술 작품들을 통해 절정에 도달하는 것은 아니다. 벤야민은 이 점을 독일 바로크 드라마 연구에서 보여주었다.[42] 아마 그와 유사한 점이 독일 표현주의와 프랑스 초현실주의에도 적용될 것이다. 초현실주의는 예술의 개념 자체를 문제 삼았는데,

이는 결코 우연이 아니었다. 그 이래로 진정한 새 예술 모두에는 그러한 계기가 포함되어 있었다. 그러나 아무튼 새로운 예술도 예술임에는 변함이 없었으므로, 그와 같은 도발의 핵심으로서 예술 작품에 대한 예술의 우월성을 생각해도 될 것이다. 이는 주의들을 통해 구현된다. 작품의 측면에서 보면 실패했거나 단순한 본보기로 나타나는 것이 개별 작품에서는 거의 객관화될 수 없는 충동들, 즉 자체를 초월하는 예술의 충동들을 증언해 주기도 한다. 그러한 예술의 이념은 구제를 기대한다. 사람들이 주의들에 대해서는 불쾌감을 느끼면서 그것의 역사적 등가물인 유파들에 대해서는 그다지 불쾌감을 느끼지 않는다는 점을 주목할 필요가 있다. 주의들은 유파들의 세속화된 형태나 다름없다. 즉 그것들은 전통주의적 유파들이 파괴된 시대의 유파들인 것이다. 그것들은 절대적 개별화의 도식에 따르지 않고, 이제 개별화 원칙에 의해 뒤흔들리게 된 전통의 섬과 같은 것이기 때문에 불쾌하다. 그처럼 증오받는 주의는 무기력하고 역사적으로 영향을 끼치지도 못하며 곧 흔적도 없이 사멸할 수밖에 없도록, 적어도 완전히 고립된 상태에 머물러야 마땅하다는 것이다. 유파들은 현대 예술과도 대립하게 되었다. 이 대립은 현대 예술 조류에 동조한다고 의심받는 문하생들에 맞서는 아카데미들의 조치에서 기이하게 드러난다. 주의들은 전통적, 제도적 권위를 실질적 권위로 대체하는 유파들이 되는 경향을 띤다. 설혹 현대 예술과 모더니즘을 대립시키는 방식을 통해서일지라도 주의들을 부인하는 것보다는 그것들과 연대하는 것이 더 낫다. 구

---

42 Walter Benjamin, *Ursprung des deutschen Trauerspiels*, hg. R. Tiedemann, 2. Aufl., Frankfurt a. M.: Suhrkamp, 1969, pp. 33 이하 여러 곳 참조.

조적으로 입증되지 않은 최신상태up-to-date-Sein를 비판하는 데에는 근거가 있다. 예컨대 기능을 모방하면서 아무 기능도 없는 것은 후진적인 것이다. 그러나 모더니즘을 어중이떠중이들의 신조라고 보아 진정한 현대 예술과 구분하는 것은 부적당하다. 왜냐하면 새로움의 자극을 받는 주관적 입장이 없으면 객관적인 현대 예술도 형성되지 않기 때문이다. 실제로 그러한 구분은 선동적이다. 즉 모더니즘을 비난하는 사람도 현대 예술 자체를 염두에 두는 것이다. 또한 어중이떠중이들과 싸울 경우에도 실은 감히 대적하기 어렵고 또 너무 뛰어나서 타협주의자들의 외경심을 자아내는 중심인물들을 겨냥한다. 사람들이 위선적으로 모더니스트들을 평가할 때 쓰는 성실성Ehrlichkeit이라는 척도는 이제 자신이 일단 다름 아니라 현상태로 존재한다는 사실에 대한 만족, 즉 미적 측면에서 반동적인 인물의 기본 태도를 상정한다. 이런 인물의 그릇된 성격은 오늘날 예술적 교양이 된 반성을 통해 해소된다. 진정한 현대 예술을 위해 모더니즘을 비판하는 것은 온건한 것을 극단적인 것보다 더 나은 것으로 내놓기 위한 핑계로 쓰인다. 그런데 그 온건한 것의 이성 뒷면에는 진부한 합리성이 숨어 있다. 실제로 사정은 그와 반대다. 뒤에 처져 있는 것은 그것이 이용하는 더 오래된 수단들조차 마음대로 처리하지 못한다. 역사는 역사를 부인하는 작품들까지도 철저히 지배한다.

제작 가능성과 우연; 현대 예술과 작품의 질

새로운 예술은 전통적 예술과 엄격히 대립하면서 지난날 은폐되어 있던, 만들어지고 제작된 것이라는 계기 자체를 강조한다. 예술에서 인공적 요인θέσει이 차지하는 비율이 이제 너무 커진 까닭에 그것을—생산과정을—작품에서 없애려는 시도는 처음부터 실패할 수밖에 없을 것이다. 지난 세대도 예술 작품들의 순수한 내재성을 극단에까지 밀고 나가기는 했지만, 논평가로서의 작가, 반어, 혹은 기교 있게 솜씨를 가하지 않은 채 놓아둔 소재들 따위를 통해 그러한 내재성을 제한하기도 했다. 그로부터 예술 작품들을 그 제작 과정으로 대체하는 데에서 만족을 얻기에 이르렀다. 잠재적으로 오늘날의 작품은 모두 조이스가 『피네건의 경야』[43] 전체를 발표하기 전에 선언한 바와 같이 진행 중인 작품work in progress이다. 그러나 자체의 복합상태에 비춰 볼 때 단지 생성되고 형성되어 가는 것으로만 가능한 것을 동시에 완결되고 '완성된 것'으로 정립할 경우 허위가 없을 수 없다. 예술은 이러한 난점에서 멋대로 벗어날 수 없다. 아돌프 로스[44]는 수십 년 전에 장식들은 고안해 낼 수 있는 것이 아니라는 글을 썼다.[45] 그가 언급한 것은 점차 확산되는 추세다. 예술에서 점점 더 많은 것을 만들고 추구하고 고안해 내야 할수록, 그것이 과연 만들고 고안할 수 있는 것이냐 하는 문제가 불확실해진다. 극단적으로 만들어진 예술은 그것의 제작 가능성 문제로 귀결된다. 과거의 예술에서는 인위적으로 정리되고 계산된 것, 1800년경의 말로 표현한다면 다시 자연으로 되지 않은 것이 저항을 유발한다. 만드는 일로서 예술의 진보와 이에 대한 회의

---

43 [옮긴이] *Finnegans Wake*: 1937년에 발표된 조이스James Joyce(1882~1941)의 소설. 의식의 흐름을 사용하며 다양한 방법으로 언어를 왜곡하고 있다.
44 [옮긴이] Adolf Loos(1870~1933): 오스트리아의 모더니즘 건축가. 아르누보와 신의고주의에 반대하여 장식을 배제하는 건축을 추구했다.
45 Adolf Loos, *Sämtliche Schriften*, hg. F. Glück, Bd. I, Wien/München: Herold, 1962, pp. 278, 393 이하 여러 곳 참조.

는 서로 대위법을 이룬다. 실제로 그러한 진보는 이미 50년 가까이 된 자동기술법,[46] 현대의 타시즘,[47] 우연성음악[48] 등과 같이 절대적 비의도성을 추구하는 경향을 수반한다. 기술적으로 통합이 이루어지고 완전히 제작된 예술 작품과 절대적으로 우연적인 작품이 서로 만난다는 점을 확인할 수도 있는데, 이는 타당하다. 물론 겉으로 보아 전혀 만들어지지 않은 듯한 작품이야말로 실제로 만들어진 것이다.

'2차 반성'

아직 점령되지 않은 것인 새로움의 진리는 무의도적인 것 속에 자리 잡는다. 이로 인해 그 진리는 새로움의 추진력인 반성과 모순에 빠지며, 반성은 이제 2차 반성으로 강화된다. 이 반성은 철학에서 통용되는 것처럼 예술 작품에 의도를 부과하는 반성 개념, 예컨대 감상적인 것[49]에 관한 실러의 이론에 등장하는 반성 개념과는 반대되는 것

---

46 [옮긴이] automatische Niederschrift: automatisches Schreiben 혹은 écriture automatique를 지칭하는 듯하다. 이는 프랑스 초현실주의가 제창한 수법 가운데 하나다. 이성이나 기존의 미학을 배제하고 무의식에 의존한다.
47 [옮긴이] Tachismus: 1940년대 파리에서 생겨나 1960년대까지 쓰인 추상화의 한 조류. 의식적 통제를 배제하고 무의식과 자생적 감각에 의존하는 수법으로 미국의 추상표현주의 내지 액션페인팅과 유사하다.
48 [옮긴이] Zufallsmusik: aleatoric music이라고도 함. 작곡가가 제시한 우연적인 요소나 불특정 요소를 연주자가 결정하도록 하는 음악.
49 [옮긴이] das Sentimentalische: 실러Johann Christoph Friedrich von Schiller(1759~1805)의 문학론인 「소박문학과 감상문학에 대하여Über naive und sentimentalische Dichtung」 (1795)의 핵심 개념. 그는 자연과 인간이 조화롭게 어울리던 시대를 반영하는 소박문학과 달리 자연과 분리되어 분열과 소외에 빠지게 된 상태를 반영하는 감상문학이 현대사회에 적합하다고 본다.

이다. 2차 반성은 가장 넓은 의미에서 예술 작품의 언어인 처리 방식과 관계하지만 실은 맹목성을 겨냥한다. 부조리라는 구호는, 비록 불충분한 것이기는 해도, 그 점을 표명한다. 베케트가 기술, 소재의 함축적 의미, 언어 재료 등을 철저히 의식하면서, 자신의 작품에 대한 해석을 거부한 것은 결코 단순한 주관적 혐오가 아니다. 반성이 늘어남에 따라, 또 늘어난 반성의 힘을 통해, 사상내용 자체가 모호해지는 것이다. 물론 그렇다고 해서 해석할 것은 아무것도 없다는 듯이 객관적으로 해석을 하지 않아도 된다는 말이 아니다. 그러한 데에 만족하는 것은 부조리에 대한 논의가 야기하는 혼동이다. 또한 사상내용을 저절로 지닌다고 믿는 예술 작품은 그 합리주의로 인해 형편없이 순진한 상태에 머문다. 이 점이 역사적으로 간파할 수 있는 브레히트의 한계일 것이다. 2차 반성은 예측하지 못한 측면에서 헤겔의 주장을 증명해 주면서, 1차 반성에 대한 사상내용의 입장에서 다시 순진성을 만들어내는 듯하다. 즉 셰익스피어의 중요한 드라마들에서는 베케트의 작품에서와 마찬가지로 오늘날 메시지라고 칭하는 내용을 억지로라도 짜낼 수 없다. 그러나 모호해지는 것도 그 나름으로 변화된 사상내용의 기능이다. 절대이념에 대한 부정이라고 할 수 있는 이 사상내용을 관념론이 주장한 바와 같이 이성과 동일시할 수는 없다. 그것은 이성의 독재에 대한 비판이라는 점에서 논증적 사유의 규범에 비추어 본다면 이미 이성적인 것일 수 없다. 부조리의 모호성은 새로움에 담긴 과거의 모호함이다. 이 모호성 자체를 해석해야지 의미의 명확성으로 그것을 대체해서는 안 된다.

새로움과 지속

새로움이라는 범주는 갈등을 초래했다. 그것은 17세기 신구논쟁[50]과 유사한 새로움과 지속의 갈등이다. 예술 작품은 언제나 지속을 노렸다. 지속은 예술 작품의 개념, 객관화의 개념과 친밀하다. 지속을 통해 예술은 죽음에 항의한다. 작품의 단기적 영원성은 진정한 영원성의 알레고리다. 예술은 죽음이 닿지 못하는 것의 가상이다. 어떠한 예술도 영원하지 않다는 격언은 현세의 모든 것이 덧없다는 격언과 마찬가지로 추상적이다. 그런 격언이 사상내용을 지닌다면 그것은 단지 형이상학적으로, 즉 부활의 이념에 대한 관계에서만 가능할 것이다. 새로움에 대한 열망이 예술의 지속을 불가능하게 만들 것이라는 두려움은 단지 반동적 원한 때문에만 생기는 것이 아니다. 지속적 걸작을 만들려는 노력이 흔들리게 된 것이다. 전통을 버리겠다고 하면서 자신을 보존해 줄 전통에 의지하기는 어렵다. 그 역작용으로 지난날 지속의 속성을 갖추고 있던 작품들 가운데 무수히 많은 것들이―고전성Klassizität 개념이 그러한 것을 지향했다―더 이상 활성화되지 않을수록, 전통에 의지하려는 동기는 더욱 줄어들게 되었다. 이제는 지속적인 것이 사라지게 되었고 아울러 지속이라는 범주도 그 소용돌이 속에 휘말려 들어갔다. 태고성das Archaische이라는 개념은 예술사적 단계보다는 오히려 작품들의 소멸 상태를 말한다. 자체의 지속에 대해 작품들은 아무 힘도 없다. 영속적인 것을 위해 시대와 결부된 요인

50　[옮긴이] querelle des anciens et des modernes: 17세기 말 프랑스에서 고대 그리스·로마 작가들과 근대 작가들의 우월성을 놓고 고대파의 부알로Nicolas Boileau, 근세파의 퐁트넬Bernard de Fontenelle 등이 벌인 논쟁. 18세기 진보 사상의 서막이 된다.

을 삭제할 경우 특히 그러한 힘은 보장되지 않는다. 왜냐하면 삭제는 지속을 구성하는 데에 꼭 필요한 실제 사태들과 작품의 관계를 대가로 치르며 이루어지기 때문이다. 세르반테스Miguel de Cervantes는 기사소설을 패러디한다는 일시적 의도로 『돈키호테Don Quixote』를 만들어냈다. 지속의 개념에는 이집트적 태고주의, 즉 신화적으로 무기력한 태고주의가 따라다닌다. 지속에 대한 생각은 생산적인 시기들과 동떨어져 보이는 것이다. 아마 지속에 대한 생각은 지속이 문제가 되고, 예술 작품들이 잠재적으로 무력감을 느껴 지속에 집착하는 경우에 비로소 절박해질 것이다. 이때 예술 작품들 속에 감추어져 있는 존속의 맹아들과 지난날 혐오스러운 국수주의자들이 예술 작품들의 변함없는 가치라고 칭한 것, 즉 예술 작품들의 죽은 부분, 형식적인 부분, 이미 공식적으로 허용된 부분이 서로 혼동되기도 한다. 호라티우스가 어느 기념비를 두고 그것이 강철보다도 더 오래 남게 될 것이라고 자찬한 이래 존속이라는 범주는 언제나 변론적인 어조를 띤다. 그것은 아우구스투스[51]식 관용 덕분이 아니라 진정성의 이념을 위해 세워진 예술 작품들에는 이질적이다. 이러한 이념에는 권위의 흔적 이상의 것이 내재한다. "아름다운 것도 죽어야만 하는구나!"[52]라는 실러의 말은 자신이 믿었던 것보다 훨씬 더 참이다. 그것은 아름다운 작품들 혹은 파괴되고 망각되고 상형문자 같은 것으로 돌아가는 작품들에

---

51 [옮긴이] Augustus(BC 64~AD 14): 로마 초대 황제로 로마 제정의 기반을 닦은 아우구스투스의 시대는 베르길리우스Publius Vergilius Maro나 호라티우스 등의 문학가들에게 로마의 평화를 구축한 시대로 칭송받기도 했다.
52 Friedrich Schiller, *Sämtliche Werke*, hg. G. Fricke·H. G. Göpfer, Bd. 1, 4. Aufl., München: Carl Hanser, 1965, p. 242("Nänie").

만 적용되는 말이 아니다. 그것은 미를 통해 구성되는 것, 그리고 그 전통적 이념으로 보아 불변적이어야 하는 것, 즉 형식의 본질구성 요인들에도 적용되는 말이다. 비극성Tragik이라는 범주에 대해 생각해 보자. 그것은 악과 죽음이 미적으로 표현된 것으로 보이며 따라서 악과 죽음이 힘을 가지는 한 마찬가지로 힘을 지니는 듯하다. 그렇지만 이제 비극성은 가능하지 않다. 한때 현학적인 미학자들은 슬픈 것 Trauriges과 비극적인 것Tragisches을 열성적으로 구별하여 비극적인 것의 기준으로 여긴 것, 즉 죽음에 대한 긍정, 유한한 것이 몰락하는 가운데 무한한 것이 피어오른다는 이념, 고통의 의미 등이야말로 비극적인 것에 대한 심판이 된다. 오늘날 부정적인 예술 작품들은 예외 없이 비극적인 것을 패러디한다. 모든 예술은 비극적이라기보다 오히려 슬픈 것이다. 특히 유쾌하고 조화를 이루는 듯해 보이는 예술이 그러하다. 다른 개념들에서도 종종 그렇듯이 미적 지속의 개념에는 총체성으로서는 몰락할 수밖에 없게 된 이후 고립되고 절대화된 파생물들 속으로 달아난 제일철학prima philosophia이 잔존한다. 확실히 예술 작품들이 열망하는 지속성은 전래되는 확고한 소유물을 모델 삼아 만들어졌다. 그것은 정신적인 것이 물질적인 것과 마찬가지로 재산이 되어야 한다는 생각인데, 이는 정신이 정신 자체에 가하는 모독이다. 그런데 정신은 그러한 모독에서 벗어나지 못하고 있다. 예술 작품들은 지속에 대한 희망을 물신화하면 당장 죽음에 이르는 병을 앓는다. 즉 예술 작품들을 덮는 불가결한 층이 그것들을 질식시키기도 하는 것이다. 수많은 최상의 예술 작품들이 종종 시간의 희생물이 되지 않기 위해 오히려 시간 속에서 소멸하기를 원하며, 이로써 객관화의 필요성과는 해소될 수 없는 이율배반에 빠진다. 에른스트 쇤[53]은 언젠가 불꽃

새로움과 지속

이 독특한 예술로서 지속하지 않고 한순간 타고 사라지고자 한다는 점에서 비할 데 없는 고결함을 지닌다고 말한 적 있다. 시간예술인 연극이나 음악도 궁극적으로 그런 이념에 따라 해석해야 할 것이다. 그것은 사물화의 대응물이라고 할 수 있는데, 사물화 없이는 이런 예술들도 불가능하지만 사물화는 이 예술들의 품위를 깎아내리기도 한다. 이런 생각들은 기술복제 수단들에 비추어 보면 낡아 보인다. 그러나 이 기술복제 수단들에 대한 불쾌감은 지속이 불확실해짐에 따라 예술의 지속성이 점점 더 주도권을 갖게 된 점에 대해 느끼는 불쾌감일 수 있다. 예술이 일단 간파된 지속의 망상을 떨쳐버리고 일시적 생명에 공감함으로써 자신의 덧없음을 받아들이게 된다면, 이는 진리를 추상적으로 고집하면서 상정하는 일 없이 그 시간적 핵심을 의식하는 진리 구상에 적합할 것이다. 모든 예술은 초월성을 세속화하는 한 계몽의 변증법에 관여한다. 예술은 반예술이라는 미적 구상을 통해 이 계몽의 변증법에 대응했다. 아마 이러한 계기 없이는 어떠한 예술도 생각할 수 없을 것이다. 그러나 그것은 다름 아니라 예술이 예술 자체의 개념에 충실하려면 그 자체의 개념을 초월해야 한다는 점을 의미한다. 예술의 폐기라는 생각은 예술의 진리 요구를 존중함으로써 예술에 명예를 부여하는 것이다. 그렇지만 그처럼 뒤흔들리게 된 예술이 살아남는다는 사실은 단순히 문화지체, 즉 상부구조의 변혁이 너무 느리다는 점만을 말해주는 것이 아니다. 유물론이 구현되면 유물론 자체도, 즉 물질적 관심의 지배도 소멸하리라는 생각에서 예술의 저

53　[옮긴이] Ernst Schoen(1884~1960): 독일의 작곡가, 작가. 라디오방송에 관여하며 전자음악을 작곡하기도 했다. 「재즈와 예술음악Jazz und Kunstmusik」(1927) 등을 썼다. 벤야민과 가까운 사이였다.

항력이 생겨난다. 나약한 가운데에도 예술은 그때에야 비로소 나타나게 될 정신을 기대한다. 이러한 정신에는, 오늘날 전적으로 이데올로기적일 뿐인 예술에 대한 사람들의 주관적 욕구와 반대되는 객관적 욕구, 즉 세계의 곤궁이 상응한다. 바로 이러한 객관적 욕구 이외의 어떠한 것과도 예술은 결합될 수 없다.

통합과 '주관점'의 변증법

한때 겨우 용납되던 것이 이제는 어떤 업적이 되는데, 물론 이로써 통합 과정은 원심적 저항력들을 결합한다. 이 통합 과정은 예술을 규정하는 근거였던 다양한 것을 소용돌이처럼 삼켜버린다. 그래서 남는 것은 예술의 통일성을 비로소 가능케 하는 대립적 계기가 빠진 추상적 통일성이다. 통합이 잘 이루어지면 이루어질수록 그것은 그만큼 더 무의미한 헛수고가 된다. 그것은 목적론적으로 유치한 손일거리가 되어가는 경향을 띤다. 미적 주체 자신이 다루는 것들을 통합해 내는 강점은 또한 그의 약점이기도 하다. 미적 주체는 추상성으로 인해 그와는 소외된 통일성에 자신을 내맡기고, 뒤로 물러서면서 자신의 희망을 맹목적 필연성 속에 내던진다. 새로운 예술 전체는 예술 작품들의 전통적인 힘 작용이 이제 어디서도 무반성적으로 이루어지도록 내버려두지 않으려는 주체의 끊임없는 간섭이라고 이해할 수 있다. 그런데 자아의 부단한 간섭에는 나약함으로 인해 자신의 부담을 덜려는 충동, 즉 부르주아 정신의 낡아빠진 기계적 원칙에 충실하게 주관적 성과들을 사물화하여 주체의 외부에 옮겨놓고, 그처럼 짐을 벗어버리는 일을 확고부동한 객관성에 대한 보장이라고 오해하려는 충동이 상응한다. 주체의 연장된 팔인 기술은 또한 언제나 주체로부터 떨어져 나간다. 예술의 자족적 극단주의Radikalismus가 만드는 그림자는 예술이 위협적이지 않다는 점이다. 절대적 색채 구성은 양탄자 무늬에 접근하는 것이다. 미국 호텔들이 이러저러한 식의 추상화로 장식되어 있던 시기에는 미적 극단주의가 사회적으로 별 희생을 치르지 않는데, 그 대가로 이제 그것은 전혀 극단적이지 않게 된다. 새로운 예술의 위험들 가운데 최악은 아무 위험도 없게 될 위험이다. 예술은 미리 정해진 것을 자체로부터 배제할수록 그만큼 더 철저하게, 그러한 요인과 떨어져 낯설게 된 것들을 끌어들이지 않고 이루어지는 듯한 것으로, 즉 순수 주관성의 점과 같은 상태로, 각각 고유하고 따라서 추상적인 주관으로 돌아간다. 극단적인 부류의 표현주의자들은, 다다Dada까지도, 그처럼 주관성으로 향하는 운동을 열성적으로 앞질러 보여주었다. 그런데 표현주의의 몰락은 사회적 반향의 결여에만 기인하는 것이 아니다. 그처럼 점과 같은 상태를 고수하는 일은 불가능했다. 접근할 수 있는 것들의 위축과 총체적 거부는 완전히 빈곤한 것, 비명, 대책 없는 무기력한 제스처, 문자 그대로의 다-다Da-Da로 귀결된다. 이러한 것은 타협주의에 대해서만이 아니라 스스로에 대해서도 우스운 일이 되었다. 왜냐하면 그것은 원하든 원하지 않든 예술적 표현에서 언제나 요구되는 예술적 객관화의 불가능성을 인정하고 있기 때문이다. 물론 이제 남는 것은 비명을 지르는 일밖에 없다. 다다이스트들은 수미일관하게도 그러한 요구를 제거하려 시도했다. 이들을 계승한 초현실주의자들은 예술 자체를 거부하려고 했지만 예술을 떨쳐버릴 수는 없었다. 그들의 진리는 가짜 예술보다 차라리 예술이 없는 편이 낫다는 것이었다. 그러나 그 대신 그들은 절대적으로 독자적으로 존재하는fürsichseiend 주관성이라는 가상의 보복을 받는다. 이 주관성은 객관적으로 매개되어 있으면서 미적 측면에서 독자존재의 입장을 넘어서지 못한다. 그러한 주관성은 소외된 것의 낯선 상태를 단지 자기 자신과 관련지어 표현할 뿐이다. 미메시스는 예술을 개인적 경험과 묶어놓는데, 개인적 경험은 여전히 그저 독자존재자의 경험인 것이다. 그처럼 점과 같은 상태를 고수하는 일이 불가능한 이유는 그 경우 예술 작품에서 미적 주체의 객관화에 불가피한 타자성이 사라지기 때문만이 아니다. 문젯거리이기도 하지만 불가피하기도 한 지속의 개념이 점의 이념과는, 그것이 시간적으로 점적인 것의 이념일지라도, 결합될 수 없다는 것은 명백하다. 표현주의자들은 나이 들고 밥벌이를 해야 할 수밖에 없게 되자 여러 가지를 양보하게 되었으며, 다다이스트들도 개종을 하거나 공산당에 가입했다. 이뿐만 아니라 피카소나 쇤베르크와 같이 정직한 예술가들은 점과 같은 상태를 넘어섰다. 이 경우 그들의 난관은 이른바 새로운 질서를 추구하는 그들의 초기 노력에서 느낄 수 있었으며, 이는 또한 두려운 것이었다. 그동안 그 난관은 예술 일반의 어려움으로 확대되었다. 여기서 요구되는 점적인 상태 너머의 진보는 지금까지 모두 기존 상태와의 동화로 인한, 또 스스로 설정한 질서의 자의성으로 인한 퇴보를 대가로 치렀다. 근래에 사람들은 사뮈엘 베케트가 자신의 구상을 반복한다고 곧잘 비난했다. 그는 이러한 비난을 오히려 도발적으로 받아들였다. 이때 그는 계속 움직이는 것이 필요하지만 그것이 불가능하다는 점을 의식했는데, 이는 올바른 의식이었다. 『고도를 기다리며』의 끝부분에서 볼 수 있는 제자리걸음의 제스처는 그의 작품들 전체의 기본 형상으로서 바로 그러한 상황에 반응하는 것이다. 그의 응수는 무조건적인 힘을 지닌다.

그의 작품은 부정적인 기회의 순간χαιρός으로부터 추론된 것이다. 이 순간의 충만은 끝없는 반복으로 뒤바뀌어 무와 접한다. 그가 짓궂게 소설이라고 칭하는 그의 이야기들은 사회 현실을 객관적으로 묘사하는 것도 아니며, 또——흔히 오해하듯이——인간의 기본 상황으로 환원되거나 극한에 머문다는 실존의 극소치로 환원된 것도 아니다. 그러나 그의 소설들은 지금 여기hic et nunc의 경험, 즉 지금 존재하는 상태에 대한 경험의 기본층을 다루며, 이것에 역설적인 정지 상태의 역동성을 부여한다. 그것들은 객관적 동기를 지니는 객체의 소멸과 그에 상응하는 주체의 빈곤화를 특색으로 한다. 그것은 주관이 의미를 부여한다는 환상에서 벗어나려는 시도들, 즉 몽타주와 사실 기록 등에서 추론해 낸 것이다. 이때 현실이 끼어들어 지난날 문학적 주체가 수행하던 일들을 몰아내는 것처럼 보일 때에도, 그 현실은 여전히 섬뜩한 것이다. 무기력해진 주체와 현실의 부적절한 관계로 인해 현실은 경험과 아무 공약수도 없게 되며, 현실은 전적으로 현실성을 잃어버린다. 현실에서 남는 것은 현실의 몰락이다. 현실은 주체를 죽임으로써 그 자체도 죽음과 유사해진다. 바로 이러한 변화가 반예술에 담긴 예술적 요소다. 베케트는 현실을 공공연히 없애는 단계까지 그러한 변화를 밀고 간다. 사회가 점점 더 총체적으로, 점점 더 완전히 일관된 체제로 수렴할수록, 그런 과정의 경험을 담아놓은 작품들은 그만큼 더 사회의 타자가 된다. 추상성이라는 개념을 가능한 한 느슨하게 사용한다면, 그것은 바로 대상 세계의 무가치한 것만 남은 곳에서 그 대상 세계로부터 물러서는 것을 나타낸다. 새로운 예술은 실제로 인간들 사이의 관계가 추상적인 것으로 된 것과 마찬가지로 추상적이다. 리얼리즘적인 것이니 상징적인 것이니 하는 범주들은 똑같이 유통될 수 없게 되었다. 주체들과 주체들의 반응 방식에 대한 외적 현실의 속박이 절대적인 것이 되었기 때문에, 예술 작품은 그 속박과 동일해짐으로써만 그것에 반대할 수 있다. 그러나 베케트의 산문이 그 본래의 특질을 발휘하는 영점에서는 물리학적 미립자 속의 힘과 마찬가지로, 음울하기는 해도 풍부한 2차적 형상의 세계가 튀어나온다. 그것은 역사적 경험의 농축물이라 할 수 있다. 이 역사적 경험은 그 직접적인 상태로는 결정적인 문제, 즉 주체와 현실이 공허해지는 현상에까지 도달하지 못할 것이다. 그러한 형상 세계의 추하고 손상된 모습은 관리되는 세계의 복사물 내지 음화다. 그런 한에서 베케트는 리얼리즘적이다. 추상화의 이름 아래 모호하게 이루어지는 것 속에도, 그것으로 제거되는 전통 가운데 어떤 것은 남아 있다. 짐작하건대 전통적 회화의 산물을 어떤 것의 모사물이 아니라 독자적 형상으로 보는 한에서, 그와 같은 것은 이미 사람들이 전통적 회화에서 감지하는 바에 적용될 것이다. 예술은 현실이 인정하려 하지 않는 구체화 Konkretion의 몰락을 실행한다. 현실에서 구체적인 것은 단지 추상적인 것의 가면일 뿐이며, 특정한 개별자는 보편성을 대변하면서 은폐하는 역할을 하는 본보기일 뿐인데, 이는 독점이 전 세계를 뒤덮고 있다는 사실과도 일치한다. 이 점은 전래적 예술 전체에 역으로 작용한다. 경험적 인식을 조금만 연장해도, 구체적인 것이 아직도 존재한다면 이는 어떤 것이 아무튼 구분됨으로써 식별되고 보관되고 구입될 수 있다는 것보다 더 나은 이유를 지니지 않는다는 사실을 간파할 수 있을 것이다. 경험의 핵심이 사라졌다. 직접적으로는 상업과 거리가 먼 경험조차 모두 상업에 갉아먹혔다. 경제의 중심부에서 이루어지는 현상, 즉 분산된 것들을 끌어들이고, 자립적으로 실존하는 것들을 직업적 통계학을 위해서만 남겨놓는 집중과 중앙집권화 과정은 종종 그 매개 과정을 인식할 수도 없는 가운데 정신의 가장 미묘한 혈관 속에까지 파고든다. 정치에서의 기만적 인격화나 비인간적 상황 속의 인간에 관한 장광설 등은 객관적 사이비 개별화에 적합하다. 그러나 개별화 없이는 예술도 있을 수 없으므로 그러한 것들이 예술에는 견디기 어려운 부담이 된다. 고유성Eigentlichkeit이라는 전문 은어를 쓰는 자들[54]이 메시지라고 칭하는 것과 예술의 현 상황이 적대적이라는 점을 지적하는 것도 이상에서 논한 바를 달리 표현하는 것일 뿐이다. "그는 무엇을 말하고자 하는가?"라는, 동독 드라마 작법에 제시된 영향력 있는 질문은 그것의 지배를 받는 작가들을 불안하게 만들기에 충분하다. 그러나 그것은 핵심 격언들을 전달하는 것이 아니라 궁극적으로 사유 과정을 유발하고자 했던 브레히트의 연극과도 대립할 것이다. 그렇지 않다면 변증법적 연극에 대한 논의는 처음부터 공허할 것이다. 개념적으로도 견고한 객관성을 통해 주관적 뉘앙스나 모호한 음조를 파괴하려는 브레히트의 시도는 결코 교훈적 이야기 fabula docet가 아니라 예술 수법이며, 또 그의 훌륭한 작품들에서는 일종의 양식화 원칙도 된다. 그가 『갈릴레이 Galilei』나 『쓰촨의 선인 Der gute Mensch von Sezuan』에서 의도한 바가 무엇인지 추측하는 것만도 어려운 일이며, 주관적 의도와 일치하지 않는 그 작품들의 객관성은 더욱더 그렇다. 실증주의자들의 기록문을 그가 오해하게 만들었을 어떤 성질에 대한 그의 편애나, 표현의 여러 뉘앙스에 대한 알레

---

54   [옮긴이] 아도르노는 특히 『고유성이라는 전문 은어Jargon der Eigentlichkeit』(1964)에서 하이데거를 집중적으로 비판한다.

르기 자체가 표현의 한 형태이며, 또 그것은 표현에 대한 확정적 부정[55]으로서만 의미심장하다. 예술이 순수한 감정의 언어였던 적은 없으며 이제 그럴 수도 없다. 또 예술은 스스로를 긍정하는 영혼의 언어도 아니다. 그뿐 아니라 예술의 과제가 흔한 유형의 인식으로 얻어내야 할 것을 뒤따라가는 것도 아니다. 예컨대 사회 르포르타주로서, 수행할 경험적 연구의 할부금 역할을 해야 하는 것은 아니다. 논증적 야만과 시적 미화 사이에서 예술 작품에 남아 있는 공간은 베케트가 파고들어 간 영점보다 별로 크지 않다.

새로움, 유토피아, 부정성

새로움에 대한 관계는 피아노 앞에 앉아 아직 들어보지도, 쳐보지도 못한 화음을 찾아 건반을 더듬는 아이를 모델로 한다. 하지만 그 화음은 이미 언제나 있었으며, 결합의 가능성도 한정되어 있고, 엄밀히 말해 모든 것이 이미 건반 속에 감추어져 있다. 새로움은 새로움 자체라기보다는 새로움에 대한 동경이다. 이로 인해 모든 새로움은 어려움을 겪는다. 유토피아라고 여겨지는 것은 기존 상황에 대해 부정적인 것으로 머물며, 따라서 이 기존 상황에 예속되어 있다. 현재의 이율배반들 가운데 중심적인 것은 예술이 유토피아가 되어야 하고, 또 그러기를 원하고 있으며, 특히 현실적인 기능의 연관 관계가 유토피아를 차단하면 할수록 더욱 그러하지만, 유토피아를 가상이나 위안

---

55 [옮긴이] bestimmte Negation: 헤겔의 주요 개념으로 아도르노도 이데올로기 비판에 적극 활용한다. 막연하고 일반적인 부정이 아니라 특정한 것에 대한 부정으로서 그것을 지양하여 새로운 구체적 내용을 갖는 부정이다.

에 내맡기지 않으려면 유토피아가 되지 말아야 한다는 점이다. 예술의 유토피아가 실현된다면 그것은 유토피아의 시간적 종말일 것이다. 헤겔은 그런 측면이 예술의 개념 속에 들어 있다는 점을 최초로 인식했다. 그의 예언이 실현되지 않은 데에는 그의 역사적 낙관주의에 그 역설적 이유가 있다. 그는 기존 상황이 마치 유토피아인 듯이, 즉 절대이념인 듯이 구성함으로써 유토피아를 배반했다. 세계정신이 예술의 형태를 넘어선다는 헤겔의 학설에는 그의 또 다른 학설이 맞서고 있다. 예술을 모든 긍정적 철학과 대립하며 존속하는 모순에 찬 실존에 편입시키는 학설이 그것이다. 이 점은 건축술에서 명백하다. 즉 건축술이 목적을 위한 형태나 완전한 적응 상태에 권태를 느껴 고삐 풀린 환상에 빠진다면 당장 키치가 되고 말 것이다. 이론과 마찬가지로 예술도 유토피아를 구체화할 수 없다. 부정적으로도 결코 그럴 수 없다. 암호로서의 새로움은 몰락의 형상이다. 새로움의 절대적 부정성을 통해서만 예술은 말로 표현할 수 없는 것, 즉 유토피아를 말하게 된다. 새로운 예술 속의 혐오스럽고 역겨운 특징들은 모두 그러한 형상으로 모인다. 새로운 예술은 화해의 가상을 단호히 거부함으로써 화해되지 않은 것 한가운데에서 화해를 고수한다. 이는 유토피아의 현실적 가능성이—즉 생산력의 수준에 비추어 볼 때 지구가 지금 이 자리에서 직접 낙원이 될 수 있는 가능성이—한 극단에서는 총체적 파국의 가능성과 결합하고 있는 이 시대의 올바른 의식이다. 이 파국의 형상에서는—그것은 모사물이 아니라 그 잠재력의 암호다—먼 선사시대의 마술적 특징이 총체적 속박 아래 예술로부터 다시 나타난다. 예술은 그런 형상으로 마술처럼 파국을 막으려는 것 같다. 역사적 목적에 대한 금기야말로 새로움을 정치적-실천적으로 웃음거리로 만든 일, 즉 새로움이 그 자체를 목적으로 등장한 일을 정당화해 주는 유일한 것이다.

현대 예술과 공업 생산

예술이 사회를 향해 겨누는 창끝은 그 나름으로 사회적인 것이다. 그것은 사회체제의 둔탁한 압력에 대한 반대 압력이다. 이는 생산력의 진보, 특히 기술의 진보인 미 영역 내부의 진보가 미 영역 외부의 생산력 진보와 유사한 것과 마찬가지다. 때때로 미적으로 해방된 생산력들은 제반 생산관계에 의해 저해되고 있는 현실적 해방을 대변한다. 주체에 의해 조직된 예술 작품들은 주체 없이 조직된 사회가 허용하지 않는 것을 어느 정도 해낼 수 있다. 예를 들어 도시계획만 해도 벌써 위대한 무목적적 조형물의 계획을 불가피하게 뒤따라간다. 미 영역 내부에서 결정된 기술 개념과 예술 작품들 바깥에서 발전한 기술 개념 사이의 적대 관계는 절대적인 것이라고 생각할 수 없다. 그것은 역사적으로 생겨났고 따라서 소멸할 수 있다. 오늘날에는 전자공학의 경우처럼 예술 외부에서 생겨난 매체들 특유의 성격에 근거하는 예술적 생산이 이미 가능하다. 동굴의 벽에 짐승을 한 마리 그린 손과 복사품들을 같은 시간에 수많은 곳에서 볼 수 있게 해주는 카메라 사이에는 분명히 질적인 비약이 존재한다. 그러나 직접 본 것과 비교할 때 벽화의 객관화는 이미 보는 주체적 행위로부터 본 것을 분리해 내는 기술적 수법의 잠재력을 내포한다. 여러 사람을 위한 것인 한 각각의 작품은 모두 그 이념상 이미 자체의 재생산이다. 벤야민은 아우라적auratisch 예술 작품과 테크놀로지적인 예술 작품이라는 이분법에서 양자의 차이를 위해 이러한 통일의 계기를 억눌렀다. 이는 아마 그의 이론에 대한 변증법적 비판일 것이다. 물론 현대 예술의 개념은 연대기상으로 역사철학적 범주로서의 현대 예술보다 훨씬 더 거슬러 올라간다. 이 역사철학적 범주로서의 현대 예술은 연대기적인 것이 아니며, 가장 진보적인 의식의 예술이라는 랭보의 요구에 부응하는 것이다. 이러한 예술에서는 가장 전위적이고 세분화된 처리 방식들이 가장 전위적이고 세분화된 경험들과 상호 침투한다. 이것들은 사회적인 것으로서 비판적이다. 그러한 현대 예술은 고도 산업주의를 단순히 다루는 것이 아니라 감당할 수 있음을 보여주어야 한다. 현대 예술의 반응 방식과 형식언어는 객관적 상황에 자발적으로 반응해야 한다. 그런데 규범으로서의 자발적 반응은 예술의 한 가지 영속적 역설을 달리 말하는 것이다. 상황에 대한 경험을 피할 수 있는 것은 아무것도 없으므로 그로부터 벗어난 듯한 외양을 취하는 것은 어느 것도 중요하지 않다. 현대 예술의 진정한 작품들에서는 흔히 사이비 형태로서의 기계예술[56]에 대한 불신으로 인해 공업적 소재들이 주제 차원에서 엄격히 배제된다. 그러나 그러한 소재들도 허용 대상의 축소 및 날카로운 구성을 통해 부정된 상태로, 이제 상당히 중요해진다. 예컨대 클레의 경우가 그렇다. 공업화가 인간의 생활 과정에서 결정적인 것으로 된 사실과 마찬가지로, 현대 예술의 이러한 측면은 그다지 변하지 않았다. 이로써 현대 예술의 미학적 개념은 한동안 기묘한 불변성을 얻게 된다. 물론 이것은 19세기의 공장 유형에서 대량생산을 거

---

56 [옮긴이] Maschinenkunst: 20세기 초 러시아에서 집단 경제와 기술 발전의 영향으로 등장한 개념. 구성주의, 기능주의, 미래주의 등과 관련되며 예술을 예술가만 아니라 기술자의 산물로도 보았다.

쳐 자동화에 이르기까지 지난 1세기 동안 변천해 온 공업 생산방식 자체에 못지않게, 역사적 역동성을 허용한다. 그때그때의 가장 진보적인 물질적 생산방법 및 그 조직 방법들은 그것들이 직접 발생한 영역에 제한되지 않는데, 현대 예술의 내용적 계기는 그와 같은 사실에서 힘을 끌어낸다. 사회학에서 아직 제대로 분석되지 않은 방식으로 그러한 방법들은 거기서 출발해 그것들로부터 멀리 떨어져 있는 생활 영역들에까지 퍼져가며, 그것을 알아채지도 못하면서 자신의 보호구역을 지키고 있는 주관적 경험 영역 깊숙한 곳까지 파고든다. 자체의 경험 방식에 따라 또 경험의 위기에 대한 표현으로서, 기존 생산관계 속에서 공업화가 야기한 것들을 받아들이는 예술은 현대적이다. 여기에는 어떤 부정적 규범, 즉 그러한 현대 예술이 경험이나 기술의 차원에서 부인하는 요인들에 대한 금지가 포함된다. 그리고 그 특정한 부정은 또한 무엇을 해야 할 것인가에 대한 규범에 가깝다. 그러한 현대 예술이 모호한 시대정신이나 노련한 최신상태 이상의 것이라는 사실은 생산력의 해방을 근거로 한다. 현대 예술은 이미 써먹은 것이나 낡은 처리 방식을 배제하는 경우처럼 미 영역 내부에서 규정되는 것과 마찬가지로 생산관계들과의 갈등을 통해 사회적으로도 규정된다. 현대성은 그때그때의 지배적 시대정신에 반대할 것이며, 오늘날에도 그럴 수밖에 없다. 극단적 현대 예술은 요지부동의 문화 고객들에게는 시대에 맞지 않게 심각하고 따라서 미친 듯해 보인다. 모든 예술의 역사적 본질은 현대 예술의 질적 불가항력성에서 가장 강력히 표현된다. 물질적 생산에서 무엇을 고안해 내려는 생각은 단순한 연상 작용이 아니다. 중요한 예술 작품들은 자신의 기준에 도달하지 못한 것을 모두 그 시대로부터 배제해 버리는 경향을 띤다. 그로 인한 원한이야말로 수많은 교양인들이 극단적 현대 예술과 담을 쌓고, 현대 예술의 두려운 역사적 힘과 문화 소유자들이 필사적으로 집착하는 것들에 대한 파괴를 동일시하게 된 원인들 가운데 하나다. 현대 예술은 상투적인 주장과 반대로, 상투적 관용어로 표현하자면 너무 나갈 때 무너지는 것이 아니다. 오히려 충분히 나가지 못할 때, 작품들이 일관성의 결여로 인해 내적으로 흔들릴 때 무너진다. 아직도 작품들이 존속할 기회가 있다면, 자신을 일단 위험 속에 드러내 놓는 작품들만이 그런 기회를 얻는다. 덧없는 것에 대한 불안으로 인해 과거에 잘못 매달리는 작품들은 그런 기회를 잡을 수 없다. 복고적인 의식 및 그와 이해관계를 같이하는 자들이 만들어놓은 온건한 현대 예술의 르네상스는 전혀 전위적이지 않은 대중들의 눈이나 귀에도 먹혀들지 않는다.

미적 합리성과 비판

실질적인 현대 예술 개념에서는, 특히 예술의 유기적 본질이라는 환각에 반대함으로써 예술의 수단에 대한 의식적 처리가 따라 나온다. 이 점에서도 물질적 생산과 예술적 생산은 일치한다. 극단으로까지 가야 할 필요성은 재료에 대한 관계에서 그러한 합리성을 추구할 필요성이지, 탈마법화된 세계의 합리화와 사이비 과학적으로 경쟁할 필요성은 아니다. 그러한 필요성으로 인해 실질적 현대 예술은 전통주의와 절대적으로 구분된다. 미적 합리성은 전통적 수법을 통해 해결될 수 없는 것을 자발적으로 수행하기 위해, 모든 예술적 수단이 자체로서나 그 기능에서나 가능한 한 확정적이기를 바란다. 극단적인 것은 단순히 반항적 신조를 가진 사람들이 바라는 것이 아니라, 예술적 테크놀로지를 통해 제공되는 것이다. 온건한 현대 예술이라는 것은 그 자체로 모순적이다. 왜냐하면 그것은 미적 합리성에 제동을 걸기 때문이다. 한 작품 속의 각 계기가 수행해야 할 바를 완전히 수행한다는 것은 미해결 문제로서의 현대 예술과 직접 일치한다. 온건한 작품은 그러한 문제를 회피한다. 왜냐하면 그것은 기존의 혹은 허구의 전통으로부터 수법들을 받아들이고 또 그러한 전통이 가지고 있지 않은 힘을 그로부터 기대하기 때문이다. 온건한 현대 예술이 성실성 덕분에 유행에 동조하지 않는다는 이유로 성실성을 옹호한다면, 이는 온건한 현대 예술이 누리는 편의들에 비춰 볼 때 불성실한 것이다. 그러한 예술적 반응의 직접성이라는 것은 전적으로 매개되어 있다. 의식을 포함하는 생산력들의 사회적으로 가장 진보적인 수준은 미적 단자들의 내부에서 본다면 문제의 수준이다. 예술 작품들은 그 자체의 형상을 통해 그에 대한 해답을 어디에서 찾아야 하는지를 제시한다. 그러나 그 해답을 아무 간섭 없이 작품 스스로 제시할 수는 없다. 바로 그와 같은 것만이 예술에서 합당한 전통이라고 할 수 있다. 중요한 작품은 모두 재료와 기술 속에 흔적들을 남긴다. 그리고 허공에 떠도는 것을 냄새 맡는 것이 아니라 그러한 흔적을 추적하는 것이 지금 필요한 현대 예술을 규정한다. 이 규정은 비판적 계기를 통해 구체화된다. 질적으로 새로운 작품이 모두 매달리는 재료나 처리 방식 속의 흔적들은 과거의 작품들이 실패했던 자리, 바로 그것들이 남긴 상처들이다. 새로운 작품은 그러한 것들과 씨름함으로써 그 흔적들을 남긴 작품들에 맞선다. 역사주의가 예술에서 세대 문제로서 잘못 다루는 것은 단순히 주관적 생활감정의 변화나 이제까지 이루어진 양식들의 변화가 아니라 바로 그와 같은 관계에 기인한다. 그리스의 비극 경연

대회만 해도 이 점을 아직 인정했으며, 무기력해진 문화의 판테온[57]이 비로소 그 점을 기만했다. 예술 작품들의 진리내용은 비판적 사상내용과 융합되어 있다. 그 때문에 예술 작품들은 서로 비판을 가하기도 한다. 예술 작품들은 종속 관계 속에서 역사적으로 연속성을 이룸으로써가 아니라 이상과 같은 관계를 통해 서로 결합된다. "한 예술 작품은 다른 예술 작품의 철천지원수다."[58] 예술사의 통일성은 확정적 부정의 변증법적 형상이다. 예술은 다른 방식으로 화해 이념에 봉사할 수 없다. 한 장르의 예술가들이 그들의 개별 작품들과는 거의 무관하게 은밀히 공동으로 작업하고 있다고 느끼는 데에서 비록 미약하고 분명하지 않은 상태로나마 변증법적 통일의 이념이 나타난다.

금지 계율

부정적인 것에 대한 부정이 긍정이라는 주장은 현실에서 타당하지 않지만 미의 영역에서는 진리를 지닌다. 주관적인 예술 생산과정에서는 내재적 부정을 위한 힘이 외부에서처럼 그렇게 속박을 받지 않는다. 스트라빈스키[59]나 브레히트처럼 취미와 관련해 고도의 감수성을 지닌 예술가들은 바로 그 취미 때문에 취미에 대립했다. 변증법은 취미에도 작용했다. 즉 취미는 그 자체를 넘어서는 것이다. 물론

---

57 [옮긴이] Pantheon: 모든 신들을 모시는 신전으로 로마의 판테온이 널리 알려져 있다. 저명한 인물들을 총칭하는 의미로 쓰이기도 한다.
58 [옮긴이] 아도르노 자신의 글("Ohne Leitbild")에서 따온 구절.
59 [옮긴이] Igor' Fedorovich Stravinsky(1882~1971): 러시아의 음악가로 프랑스와 미국 등지에서도 활동했다. 기존의 음악 재료들을 독자적인 실험에 활용하고자 노력했다.

이것이 취미의 진리이기도 하다. 표면 구조 아래의 미적 계기들로 인해 19세기의 리얼리즘적 예술 작품들은 예술의 순수성이라는 이상을 찬양했던 예술 작품들보다 때때로 더 견실하다는 점을 보여주었다. 보들레르는 마네[60]를 찬양했으며 플로베르[61]를 지지했다. 순수한 회화적 측면에서 마네는 퓌비 드 샤반[62]을 훨씬 능가한다. 이들을 서로 비교하는 것은 우스운 일이 되기 쉽다. 유미주의의 오류는 미학적이었다. 즉 유미주의는 어떤 예술을 안내하는 개념과 실제로 이루어진 작품을 혼동한 것이다. 금지의 계율 속에는 예술가들의 개인적 성벽들이 침전된다. 하지만 그것은 또한 객관적으로 강제성 있는 것이기도 하다. 이 점에서 미적으로 특수는 문자 그대로 보편이라고 할 수 있다. 왜냐하면 처음에는 무의식적이고 또 이론적으로도 스스로에게 투명하게 드러나기 어려운 개인적 성벽에 의한 반응이 집단적 반응 방식들의 침전물이기 때문이다. 키치도 개인 성벽적 개념이며, 비록 정의할 수는 없지만 구속력 있는 것이다. 오늘날 예술이 자체를 반성해야 한다는 것은 그것이 자신의 개인적 성벽들을 의식하고 이를 명료하게 표현한다는 것을 의미한다. 그 결과 예술은 자체에 대한 알레르기에 접근한다. 즉 예술이 행하는 확정적 부정의 요체는 예술 자체에 대한 부정인 것이다. 과거의 것과 대응하는 가운데 다시 등장하는 것은 질적으로 다른 것이 된다. 현대 예술의 조각이나 회화에서 볼 수

---

60 [옮긴이] Édouard Manet(1832~83): 프랑스 인상주의의 대표 화가. 「풀밭 위의 식사」(1863), 「올랭피아」(1865) 등 문제작을 통해 기존 화단에 파문을 일으키며 새로운 흐름을 만들어냈다.
61 [옮긴이] Gustave Flaubert(1821~80): 프랑스 문학가. 정확한 사실적 묘사를 위해 적합한 문체를 다듬고자 했다.
62 [옮긴이] Puvis de Chavannes(1824~98): 프랑스의 화가. 당대의 미술 사조와 동떨어져 있었고, 공공건물을 장식하는 거대한 캔버스화로 널리 알려졌다.

있는 사람의 형태 및 얼굴이 변형된 모습은 첫눈에 태고 시대의 조형물들을 연상시킨다. 여기서는 예배를 위한 형상들로 인간을 모사하려고 하지 않았거나 아니면 그 당시에 가능했던 기술로는 모사할 수 없었다. 그러나 이처럼 모사의 범주에 이르지 못한 것과 모사 상태를 경험하는 단계를 이룩한 뒤에, 변형이라는 말에서 볼 수 있듯이, 모사를 부정하는 것은 완전히 다르다. 미학에서는 양자 사이의 유사점보다 차이점이 더 중요하다. 예술이 모사적인 것의 타율성을 일단 경험한 다음에도 이를 다시 망각하고, 어떤 동기를 가지고 특정하게 거부한 것으로 돌아가리라고 상상하기는 어렵다. 물론 그처럼 역사적으로 발생한 금지들도 실체화해서는 안 될 것이다. 그렇지 않으면 그것은 특히 콕토[63] 유형의 현대 예술에서 애용되는 속임수, 즉 현재 금지되어 있는 것을 갑자기 다시 소매에서 마술처럼 끄집어내 마치 새로운 것인 듯이 내보이고 또 현대 예술의 금기에 대한 침해를 그 나름으로 현대 예술로서 시인하는 속임수를 유발한다. 이때 현대성은 대체로 왜곡되어 반동적인 것이 된다. 되풀이하여 나타나는 것은 문제 이전의 범주들이나 해답들이 아니라 문제들이다. 믿을 만한 소식에 따르면 노년기 쇤베르크는 화음이라는 것이 당분간은 논의되지 않으리라고 말했다. 물론 쇤베르크는 재료의 확장을 통해 이미 낡아버린 특수한 경우로서 축출한 3화음도 언젠가 다시 사용할 수 있으리라고 예언하지 않았다. 그러나 단순한 결과, 중요하지 않은 것, 잠재적으로는 우연적인 것으로 격하되고 만, 음악에서의 동시성 차원 전체에 대한 물음

---

63 [옮긴이] Jean Cocteau(1889~1963): 프랑스 작가이자 영화감독. 『오르페우스』 『로미오와 줄리엣』 『안티고네』 등 고전을 현대화하고자 했다.

은 미결 상태로 남아 있다. 자체로서 무엇인가를 말하는 화음이라는 음악의 한 차원이 음악에서 떨어져 나가게 되었고, 특히 그 때문에 엄청나게 풍부했던 재료가 사라지기는 했다. 3화음이나 기타의 화음들을 음조의 가보[64]에서 끌어내 부활시킬 수는 없을 것이다. 그러나 언젠가 음악의 총체적 수량화에 반대하여 질적 대항력이 작용하고, 수직적 차원이 새로이 '논의되고,' 화음에 다시 귀를 기울일 뿐 아니라 화음이 그 특유의 가치를 얻게 되리라고 생각할 수는 있다. 맹목적 통합 속에서 화음과 유사하게 사라져 버린 대위법에 대해서도 비슷한 것을 예언할 수 있을 것이다. 이 경우 물론 반동적 악용의 가능성을 간과해서는 안 된다. 즉 다시 발견된 화성법은 그 성격이 어떻든 간에 조화를 추구하는 경향에 따르는 셈이다. 단선율을 재구성하려는 욕구도 그와 마찬가지로 근거 있는 것이지만, 이로부터 새로운 음악의 적수들이 몹시 아쉬워하는 멜로디라는 것이 얼마나 쉽사리 생겨날 수 있는지 상상하기만 해도 그 점을 알 수 있을 것이다. 금지는 부드럽기도 하고 엄격하기도 하다. 안정상태는 아무 긴장도 없는 훌륭한 균형을 통해 이루어지는 것이 아니라 어떤 힘 작용의 합성력으로서만 근거 있는 것이 된다. 이 테제는 블로흐가 『유토피아의 정신』[65]에서 양탄자 무늬 같다teppichhaft고 칭한 현상물들을 적절히 금지한다는 의미를 지닌다. 그리고 이와 같은 금지는 마치 불변 요인인 듯이 과거로까

---

64 [옮긴이] Hausschatz: 19세기 말부터 1960년까지 'Deutscher Hausschatz' 또는 'Hausschatz'라는 제호로 발간된 가톨릭 계통의 보수적 잡지를 암시한다.
65 [옮긴이] Ernst Bloch(1885~1977): 독일 철학자. 나치를 피해 1931년 미국으로 망명했다가 1948년 동독으로 돌아갔으나 공산당의 탄압으로 1961년 서독으로 이주했다. 『유토피아의 정신Geist der Utopie』은 1918년에 썼다.

지 확장된다. 그러나 안정상태에 대한 욕구는 부정되고 기피되는 가운데에도 여전히 작용하고 있다. 예술은 때때로 적대 관계들을 감당하지 않고 그 적대 관계들에 극단적으로 거리를 둠으로써 엄청난 긴장들을 부정적으로 절제하여 표현하기도 한다. 미적 규범들은 역사적으로 아무리 엄격할지라도 예술 작품들의 구체적 생명 뒤에 머문다. 그렇지만 미적 규범들도 예술 작품들 속의 자기장에 관여한다. 그에 반해 그 규범들에다 외부에서 일시적 금지 목록을 붙이는 것은 무의미하다. 예술 작품들의 변증법은 특히 가장 진보적인 규범을 포함한 규범과 예술 작품들의 특수한 형태 사이에서 이루어지는 것이다.

실험(2); 진지함과 무책임

  모험을 감행할 필요성은 실험적인 것이라는 이념을 통해 현실화된다. 이에 따라 또한 유기적 진행을 무의식적으로 이용한다는 관념에 맞서 재료들을 의식적으로 처리하는 방식은 과학을 벗어나 예술에도 적용된다. 오늘날 공식적 문화는 실험이라고 칭하는 것들을 미덥지 못하다는 투로 반쯤은 벌써 실패하기를 바라면서 그것들을 특수한 분야에 속하는 것으로서 인정하며 이로써 그것을 무기력하게 만든다. 실제로 아무 실험도 하지 않는 예술은 거의 불가능할 것이다. 그만큼 기존 문화와 생산력 수준 사이의 불균형이 너무 현저해졌다. 즉 자체로서 일관성 있는 것은 사회적으로 미래를 향해 발행한 부실 어음 같아 보이며, 사회적으로 불안정한 예술은 자체의 구속력을 결코 확신할 수 없다. 대체로 여러 가능성을 검토하는 일인 실험은 주로 유형과 장르를 통해 구현되며, 구체적인 작품을 그 본보기로 격하하기 쉽다.

이는 새로운 예술이 낡게 되는 한 가지 동기이기도 하다. 물론 미학적으로 목적과 수단을 분리할 수는 없다. 그러나 대체로 개념상 우선 수단에 관심을 두는 실험은 곧잘 공연히 목적을 기대하게 만든다. 그뿐 아니라 지난 몇십 년 사이에 실험 개념도 애매해졌다. 1930년경까지만 해도 그것은 무반성적으로 계속 작품을 만들어내는 것과 반대로 비판적 의식을 통해 걸러낸 시도를 지칭했다. 그러나 이제 그것은 작품들이 생산과정에서는 예측할 수 없었던 특징들을 지녀야 한다는 것과 주관적으로는 예술가가 자신의 작품들에 놀라게 된다는 의미도 갖게 되었다. 이런 점에서 예술은 과거에도 언제나 존재해 온 계기, 그리고 말라르메가 강조한 계기를 이제 의식하게 된다. 예로부터 예술가의 상상력은 그들이 만들어낸 것을 완전히 다 포괄하기 어려웠다. 예를 들어 아르스 노바[66]와 그 후 네덜란드 악파[67]의 결합술적kombinatorisch 기술은 중세 말의 음악에 깊이 파고들며, 아마 작곡가들이 상상하지 못했을 결과를 초래했다. 소외된 존재인 예술가가 자신의 주관적 상상력과 관련짓고자 했던 결합술은 예술적 기술의 발전을 위해 본질적인 것이었다. 이때 그 생산물이 부적절하거나 빈약한 상상력 아래로 가라앉게 될 위험이 커진다. 그러한 위험은 미적 퇴행의 위험이다. 예술 정신이 단순히 현존하는 것을 넘어서는 자리는 재료들과 처리 방식들의 단순한 현존재 앞에서 굴복하지 않는 표상이다. 주체의 해방 이래, 조야한 사물 상태로 돌아가지 않으려면 주체에 의한 작

---

[66] [옮긴이] ars nova: 14세기 초 특히 프랑스에서 주로 3박자로 이루어지던 과거의 리듬 양식에서 벗어나는 음악.

[67] [옮긴이] Niederländer: 1450년경부터 플랑드르 지방을 중심으로 발전한 악파. 대위법을 발전시켰다.

실험(2); 진지함과 무책임

품의 매개가 불가피하다. 이 점은 이미 16세기 음악 이론가들도 인식했다. 고집불통만이 액션페인팅[68]과 알레아토릭[69] 등의 여러 현대 예술에서 상상하지 못한 '놀라운' 요소들이 지니는 생산적 기능을 부인할 수 있을 것이다. 이러한 모순은 다음과 같이 해소될 수 있다. 즉 모든 상상력은 불특정한 영역을 지니지만, 이 영역은 그 나름으로 또한 아무 구속력 없이 상상력과 맞서지는 않는 것이다. 리하르트 슈트라우스[70] 같은 거장도 어느 정도 복잡한 작품을 작곡하는 한에서, 각각의 음이나 음색 혹은 음의 결합 모두를 정확하게 표상할 수는 없었다. 청각이 지극히 뛰어난 작곡가들도 자신의 관현악곡을 실제로 듣게 되면 대개 놀란다는 사실은 잘 알려져 있다. 그러나 그러한 불확정 상태는, 또 슈토크하우젠이 음의 덩어리에서 각각의 음을 구분하지 못할 뿐 아니라 아예 상상하지도 못하는 청각적 무능력이라고 칭한 것도, 확정 상태 속에 포함되어 있는 그 계기이지 전체가 아니다. 음악가들의 전문 은어에 따르면, 어떤 소리가 나는지 안 나는지 우선 정확히 알아야 하고 그 경계선에서만 어떻게 나는지 아는 것이다. 이로써 바람직한 것이든 수정을 유발하는 것이든 간에 놀라움이라는 것이 활동 공간을 얻게 된다. 베를리오즈[71]의 경우 예측하지 못한 부분[72]이 앞질

---

68 [옮긴이] action painting: 1950년대 미국의 미술 평론가 로젠버그Harold Rosenberg가 도입한 개념. 폴록Jackson Pollock 등 추상표현주의 화가들의 작품들을 지칭한다. 재료의 물질성과 예술가의 창조성이 결합되는 그리는 순간 자체를 작품과 마찬가지로 중요시한다.
69 [옮긴이] Aleatorik: 음악이나 미술 창작에 우연과 즉흥성을 도입하는 작업.
70 [옮긴이] Richard Strauss(1864~1949): 독일 작곡가이자 지휘자. 바그너의 영향으로 불협화음을 적극 활용했고, 호프만스탈과 협업하여 오페라 「장미의 기사」(1910) 등을 작곡했다.
71 [옮긴이] Hector Berlioz(1803~69): 프랑스 작곡가. 형식에 얽매이지 않는 자유로운 곡을 선호했다. 자유분방한 대위법과 강렬한 선율로 작품 하나하나에 개성을 부여했다.
72 [옮긴이] l'imprévu: 베를리오즈가 사용한 개념. 아도르노는 이 기법을 지나치게 합리적으로 계

러 등장하는데, 이는 단순히 감상자에게만 나타나는 현상이 아니라 객관적인 것이다. 그러나 동시에 그것은 미리 들을 수 있는 것이기도 하다. 실험에서는 자아와 이질적인 계기에 주목해야 하지만 또한 그것을 주체적으로 제어해야 한다. 그것은 제어된 상태에서만 해방된 상태를 증명한다. 그러나 모든 예술 작품들이 위험을 겪는 진정한 근거는 예술 작품들의 우발적인 층이 아니다. 그것은 각각의 예술 작품이 모두 그것에 내재하는 객관이라는 도깨비불을 따라야 하지만 생산력, 즉 예술가의 정신과 그가 사용하는 처리 방식이 그러한 객관을 감당할 수 있으리라는 보장이 없다는 데에 기인한다. 그러한 것이 보장된다면 이로써 새로움이 배제될 터인데, 이 새로움은 그 나름으로 작품들의 객관성과 일관성에 포함되는 것이다. 예술에서 관념론적 곰팡내를 풍기지 않으면서 진지함Ernst이라고 칭할 수 있는 요인은 역사적으로 필연적인 결함을 지니는 우연적 개인의 눈앞에 개인과 다른, 개인 이상의 것을 제시하는 객관의 파토스다. 예술 작품들이 겪는 위험도 그것에 관여하는데, 이는 예술 작품들의 영역에 있는 죽음의 형상이다. 그러나 미적 자율성은 고난의 형상이며 이 고난으로부터 진지함을 얻지만 고난의 외부에 머무는데, 이로 인해 그러한 진지함은 상대화된다. 미적 자율성은 고난의 메아리일 뿐 아니라 고난을 완화하는 것이기도 하다. 미적 자율성의 진지함을 위한 수단인 형식은 고난을 중화시켜 주는 수단이기도 하다. 이로써 미적 자율성은 해소할 수 없는 당혹감에 빠진다. 예술 작품들이 완전한 책임을 져야 한다는 요구는 예술 작품들의 부담을 더욱 증대시킨다. 이 때문에 그러한 요구

산된 기계적 충격 효과라고 보았다.

는 그와 반대되는 무책임성에 대한 요구와 대위법을 이룰 수밖에 없을 것이다. 이 무책임성에 대한 요구는 유희적 요소를 상기시킨다. 유희적 요소가 없다면 이론과 마찬가지로 예술도 존재할 수 없을 것이다. 유희로서 예술은 자체의 가상에 대한 속죄를 추구한다. 그렇지 않아도 예술은 현혹 혹은 우울Spleen이라는 점에서 무책임하다. 그리고 가상이 없다면 예술도 아예 없다. 절대적 책임을 지려는 예술은 불모 상태로 끝나는데, 일관성 있게 철저히 형상화된 예술 작품들에 그런 불모의 입김이 없는 경우는 드물다. 그러나 절대적 무책임성은 예술 작품들을 재밋거리로 끌어내린다. 양자의 종합은 예술 자체의 개념을 통해 불가능해진다. 과거의 예술이 지녔던 품위, 즉 횔덜린[73]이 "고결하고 진지한 창조 정신"[74]이라고 칭한 것에 대한 관계는 양가성을 띠게 되었다. 문화산업에 비춰 볼 때 예술은 그러한 품위를 지닌다. 라디오를 틀을 때 혼탁한 유행가들의 홍수 사이로 언뜻언뜻 들리는 베토벤 4중주의 두 마디에서는 그와 같은 품위가 나타난다. 그에 반해 스스로 품위 있는 듯한 모습을 띠는 현대 예술은 가차 없이 이데올로기적일 것이다. 이런 현대 예술은 품위를 암시하기 위해 거들먹거리며 잘난 체하고, 또 그 자체로는 될 수 없는 다른 것이 되어야 할 것이다. 그처럼 품위를 사칭하는 짓은 바그너의 예술종교[75]로 인해 가망

73 [옮긴이] Friedrich Hölderlin(1770~1843): 독일 시인. 헤겔 및 셸링Friedrich Schelling과 가까운 관계였다. 고대 그리스를 동경하는 이상주의적 성향을 지녔다.
74 Friedrich Hölderlin, *Sämtliche Werke(Kleine Stuttgarter Ausgabe), Bd. 2: Gedichte nach 1800*, hg. F. Beißner, Stuttgart: Cotta, 1953, p. 3("Gesang des Deutschen").
75 [옮긴이] Kunstreligion: 예술이나 예술가에게 종교적이고 초사회적인 역할을 부여하려는 태도와 관련된 예술비평 개념. 바그너는 자신의 오페라 「파르지팔」(1882)을 오페라가 아니라 성스러운 축제 공연이라고 여겼다.

없을 만큼 웃음거리가 되었는데, 현대 예술은 그 진지함으로 인해 그런 태도를 버릴 수밖에 없다. 장중한 어조는 힘 있고 당당한 듯한 거동과 마찬가지로 예술 작품들을 우습게 만들 것이다. 아마 형식을 이루는 주체적 힘이 없으면 예술은 존재할 수 없을 것이다. 그러나 그것은 작품들의 표현에 담긴 힘찬 태도와는 무관하다. 주관적인 면에서도 그와 같은 강력함에는 어려움이 따른다. 예술은 그 나름으로 강력함과 마찬가지로 나약함에도 관여한다. 예술 작품에서는 품위의 조건 없는 희생이 강력함의 수단이 될 수도 있다. 부유하고 빛나는 재능을 지녔던 부르주아 출신 베를렌[76]이 그렇게 자포자기하여 마침내 영락하게 되고, 자기 시의 수동적으로 비틀거리는 도구가 되기 위해서는 어떤 힘이 필요했을 것인가. 슈테판 츠바이크[77]처럼 베를렌이 나약한 자였다고 지적하는 것은 저급하다. 그뿐 아니라 이 경우 생산적 반응의 다양한 면들을 통찰하지도 못한다. 즉 베를렌은 약점을 지니지 않았다면 극히 아름다운 작품들이나 그 후 낙오자로서 그가 팔아넘긴 초라한 작품들을 쓸 수도 없었을 것이다.

어둠의 이상

위로의 말로서 팔리지 않으려는 예술 작품들은 현실의 가장 극단적이고 어두운 상태 한가운데에서 존속하기 위해 그 상태와 같아질

---

76 [옮긴이] Paul-Marie Verlaine(1844~96): 프랑스 시인. 말년에 알코올과 약물중독, 빈곤에 시달렸다.
77 [옮긴이] Stefan Zweig(1881~1942): 오스트리아 작가. 프로이트의 영향을 받았으며, 유럽 문화의 전통을 고수하고자 했다.

수밖에 없다. 오늘날 극단적인 예술은 어두운 예술이며, 그 기본 색조는 검다. 현대의 수많은 예술 생산이 그러한 점을 전혀 염두에 두지 않고 예컨대 어린이들처럼 색채를 즐김으로써 자격을 잃는다. 검은색이라는 이상은 내용상 가장 깊은 추상의 충동들 가운데 하나다. 물론 흔히 보는 음향 유희 및 색채 유희도 아마 그런 이상에 수반되는 빈곤화에 대한 대응일 것이다. 어쩌면 예술은 언젠가 스스로를 배반하지 않고도 그러한 계율을 무력하게 만들 것이다. 브레히트도 "나무에 대한 이야기가 수많은 악행에 대한 침묵을 함의하므로/ 그런 이야기가 거의 범죄로 되어버리는 시대/ 그런 시대란 도대체 어떤 시대란 말인가!"[78]라는 시를 썼을 때 그 점을 느꼈을 것이다. 예술은 자신의 자발적 빈곤을 통해 넘치는 빈곤을 고발한다. 그러나 예술은 금욕도 고발하며, 금욕을 간단히 자체의 규범으로 설정할 수 없다. 설혹 모든 즉물성Sachlichkeit이 그런 것은 아니더라도 검은색의 이상으로 인해 수단이 빈곤해지면 시로 쓴 것, 그린 것, 작곡한 것도 빈곤해진다. 가장 진보적인 예술들은 침묵의 가장자리에서 그러한 것을 유발한다. 보들레르의 시구에 의하면 이 세계는 향기를 잃었고, 또 그때부터 색채도 잃었다.[79] 물론 순진한 사람들이나 그런 세계가 다시 향기를 얻으리라고 여길 수 있을 뿐이다. 그로 인해 예술의 가능성은 여전히 흔들리고 있지만, 그렇다고 결코 예술이 몰락하지는 않을 것이다. 그런데 슈베르트[80]처럼 뒷날 긍정적 이데올로기에 악용된 예술가도 이미 초기 낭

---

78 Bertolt Brecht, *Gesammelte Werke*, Frankfurt a. M.: Suhrkamp, 1967, Bd. 9, p. 723("An die Nachgeborenen").

79 Charles Baudelaire, *Œuvres complètes*, éd. Y.-G. Le Dantec et C. Pichois, Paris: Gallimard, 1961, p. 72("Le Printemps adorable a perdu son odeur!").

만주의 시대에 즐거운 음악이라는 것이 도대체 존재하는지 물었다. 모든 유쾌한 예술, 특히 오락예술이 범하는 불의는 죽은 사람들과 쌓여 있는 무언의 고통에 대한 불의일 것이다. 그렇더라도 검은 예술이 지니는 특징은, 만일 그것이 이 예술의 결정적 요인이라면, 역사적 절망을 확증하게 될 것이다. 아직도 여전히 상황이 달라질 수 있는 한에서 그런 특징은 일시적인 것이라고 할 수 있을 터인데 말이다. 초현실주의자들은 어두워진 것에 대한 요구를 검은 유머로서 강령으로까지 끌어올렸는데, 이러한 요구 가운데 파국을 견뎌낸 미학적 쾌락주의가 도착Perversion이라고 비방하는 것, 즉 예술의 가장 음울한 계기들이 쾌락을 만들어야 한다는 요구는 예술과 예술에 대한 올바른 의식이 단지 견디는 능력에서만 아직도 행복을 찾는다는 사실을 의미할 뿐이다. 이러한 행복은 내부로부터 나와 감성적 현상 속에까지 빛을 발산한다. 일관성 있는 예술 작품들에서는 그것들의 정신이 가장 무미건조한 현상에도 나타나 그 현상을 감성적으로 구제하는 듯하다. 이와 마찬가지로 보들레르 이래 음울한 것은 문화가 만드는 감성적 표면의 기만에 대한 안티테제로서 감성적으로도 매력을 지닌다. 협화음보다 불협화음에 더 많은 쾌락이 있다. 이 점을 쾌락주의는 인과응보로 경험하게 되었다. 날카로운 것은 역동적으로 첨예해지고 분화되고 긍정적인 것의 천편일률성과 구분됨으로써 매력을 지니게 된다. 또 이러한 매력은, 긍정적 정신박약에 대한 혐오감 못지않게, 살 만한 지구를 대변하는 미지의 영역으로 새로운 예술을 이끌어간다. 상상적 본질과

---

80 [옮긴이] Franz Schubert(1797~1828): 오스트리아 작곡가. 그의 음악은 주관적 감정 토로 등 낭만주의적 성격을 띠면서도 고전주의적 형식을 유지한다.

불협화음의 총체성이 수정처럼 결합되는 쇤베르크의 작품「달에 홀린 피에로」[81]에서는 현대 예술의 이러한 측면이 최초로 구현된다. 부정은 쾌락으로 전도될 수 있지만 긍정적인 것이 될 수는 없다.

전통에 대한 관계

과거의 진정한 예술이 그 당시 은폐될 수밖에 없었다고 해서 이로써 이미 심판받은 것은 아니다. 위대한 작품들은 기다린다. 그것들의 진리내용 가운데 어떤 것은 확고부동한 것으로서 못 박아놓을 수도 없지만, 형이상학적 의미와 함께 사라지지도 않는다. 이 작품들이 여전히 의미심장한 것은 그 때문이다. 언젠가 해방될 인류는 과거의 유산을 속죄된 상태로 넘겨받게 될 것이다. 한때 어떤 예술 작품에서 참이었지만 역사의 진행을 통해 부인된 것은, 그 진리가 폐기될 수밖에 없도록 한 조건들이 변할 때 비로소 다시 나타날 수 있다. 이처럼 미의 영역에서는 진리내용과 역사가 서로 깊이 연관되어 있다. 화해된 현실과 부활한 과거 진리가 서로 수렴할 수도 있을 것이다. 과거 예술 가운데 아직도 경험할 수 있고 해석을 통해 접근할 수 있는 것들은 그런 상태를 가리키는 듯하다. 과거 예술이 현실적으로 존중되리라고 보장하는 것은 아무것도 없다. 전통은 추상적으로 부정할 것이 아니라 반성을 통해 현재의 상태에 비추어 비판해야 한다. 이처럼 현재의 것은 과거의 것을 본질적으로 구성한다. 단지 현존하고 있고, 또

---

81 [옮긴이] "Pierrot lunaire": 쇤베르크의 1912년 작. 3부로 구성된 연가곡이다. 무조 형식을 취하며 말하듯이 가사를 전달하기도 한다.

한때 어느 정도 중요시되었다고 해서 검토하지 않고 받아들여서는 안 된다. 그리고 이미 사라졌다고 해서 모두 끝난 것은 아니다. 시간 한 가지만이 척도는 아니다. 수많은 과거의 작품들이 그 자리에서 혹은 그 당시의 의식에 대해서는 그렇지 않았더라도 내재적으로는 불완전하다는 점이 밝혀진다. 시간이 지남에 따라 그러한 결함들이 밝혀지지만, 그것은 객관적인 질적 결함들이지 변화하는 취미상의 결함들이 아니다. 그때그때 가장 진보적인 것만이 시간 속에서 와해되지 않을 수 있는 기회를 얻는다. 그러나 작품들이 살아남는 경우에는 그 시대의 현대성 수준과 일치하지 않는 질적 차이들이 드러난다. 예술의 역사를 가득 채우며 은밀히 진행되는 만인에 대한 만인의 투쟁bellum omnium contra omnes 속에서는 과거의 것인 더 오래된 현대 예술이 더 새로운 현대 예술을 이길 수도 있다. 그렇다고 시의성에 비춰 볼 때par ordre du jour 유행 지난 것이 언젠가는 전위적인 것보다 더 지속적이고 더 견실하다고 입증될 수 있으리라는 이야기는 아니다. 피츠너[82]와 시벨리우스,[83] 카로사[84]와 한스 토마[85] 등을 부흥시키려는 희망은 이런 예술가들의 의식이 지속적 가치를 지닌다는 점보다 그런 희망을 품은 사람들에 대해 더 많은 것을 말해준다. 그러나 아마 어떤 작품들은 역

---

82 [옮긴이] Hans Pfitzner(1869~1949): 독일 작곡가. 전통적인 음악 이상을 추구했으며, 「팔레스트리나」 등의 오페라를 작곡했다.

83 [옮긴이] Jean Sibelius(1865~1957): 핀란드 작곡가. 핀란드의 국민 정서를 구현코자 했다. 20세기 전반기에 활동하면서도 새로운 경향을 받아들이지 않고 고전 악파에 뿌리를 두었다.

84 [옮긴이] Hans Carossa(1878~1956): 독일 작가. 바이에른 지역민들의 가톨릭 신앙과 민속 등에 관심을 기울였고, 인간에 내재하는 고귀한 면을 찾고자 했다.

85 [옮긴이] Hans Thoma(1839~1924): 독일 화가. 사실주의 기법을 사용하면서 낭만주의적인 색채와 동화적인 요인을 활용하기도 했다.

사가 전개되어 그 후의 작품과 서로 부합됨으로써 비로소 활성화될 수도 있을 것이다. 제수알도 다 베노사,[86] 그레코,[87] 터너,[88] 뷔히너[89] 등이 잘 알려진 본보기들인데, 연속적 전통이 단절된 후에 이들이 재발견된 것은 우연이 아니다. 말러[90]의 초기 교향곡들처럼 기술적으로 그 시대의 기준에 이르지 못한 작품들도 다름 아니라 그것들을 그 시대와 분리한 요인 덕분에 그 후의 작품들과 서로 소통한다. 그의 음악에서 가장 진보적인 면은 신낭만주의의 음향적 도취를 서툴지만 냉정하게 거부한 점에서 나타난다. 그러나 그의 거부는 그 나름으로 추문거리였으며, 아마 인상파와 비교되는 반 고흐[91]와 야수파의 단순화와 같은 의미에서 현대적일 것이다.

---

86 [옮긴이] Don Carlo Gesualdo da Venosa(1566~1613): 이탈리아 작곡가. 그의 음악은 반음계를 사용하여 광기와 암흑세계를 추구하는 병적인 특성을 지닌다. 20세기에 스트라빈스키가 그의 음악을 주목했다.

87 [옮긴이] El Greco(1541~1614): 그리스 출신의 스페인 화가. 강렬한 색채와 왜곡으로 독창적인 작품 세계를 펼쳤고 20세기 초 독일 표현주의에 영향을 끼쳤다.

88 [옮긴이] Joseph Mallord William Turner(1775~1851): 영국 화가. 빛과 색채를 활용해 표현주의적인 분위기를 만들었다. 인상파에 영향을 끼쳤다.

89 [옮긴이] Georg Büchner(1813~37): 독일 작가. 자연주의에 영향을 끼쳤고, 표현주의 연극의 선구자로 받아들여지기도 한다.

90 [옮긴이] Gustav Mahler(1860~1911): 오스트리아 작곡가. 초기의 교향곡은 표제음악의 성격을 띤다. 그의 음악은 경과적 조성과 반음계에 의한 조성의 해체, 대중 양식의 풍자적 이용, 순환적 기법 등을 통해 20세기의 급진적 기법에도 영향을 끼쳤다.

91 [옮긴이] Vincent van Gogh(1853~90): 네덜란드 화가. 독특한 필치의 개성적 화풍으로 특히 표현주의에 영향을 끼쳤다.

주관성과 집단

예술은 주체의 모사물이 아니다. 또 예술가가 자신의 작품을 넘어서야 한다는 상투어에 대한 헤겔의 비판 역시 타당하다. 예술가가 작품에서 객관화한 것의 빈 껍질인 듯이 자신의 작품보다 못한 경우도 드물지 않기 때문이다. 그와 마찬가지로 어떠한 예술 작품도 주체가 자신에 근거해 실현하는 것 말고 달리 성공할 수 없다는 점도 사실이다. 주체는 예술의 수단인 한에서 자신이 처한 고립을 뛰어넘을 수 없다. 이러한 고립은 어떤 신조나 우연한 의식이 아니다. 하지만 이러한 상황으로 인해, 정신적 산물인 예술은 그 객관적 본질구성상 주체에 의한 매개를 피할 수 없다. 예술 작품에 주체가 관여하는 몫은 그 자체로 객관성의 일부다. 예술에 불가피한 미메시스적 계기는 그 실체에 비춰 볼 때 물론 보편적인 것이다. 그러나 그것은 개별 주체들의 해소될 수 없는 개인 성벽적 요소를 통해서 말고 달리 이루어질 수 없다. 예술 자체가 가장 본질적인 면에서 일종의 반응이므로 이미 표현과 분리될 수 없으며, 표현은 또한 주체 없이 불가능하다. 특히 정치적으로 반성하는 개별 주체들은 논증적으로 인식된 보편으로 넘어감으로써 자신의 고립 상태나 무기력에서 벗어나기를 바라지만, 이 이행은 미적 측면에서 타율성에 투항하는 것이다. 예술가의 업무는 자신의 우연성을 벗어나야 할 테지만, 이를 위해 예술가는 논증적으로 사유하는 사람과 달리 객관적으로 설정된 한계와 자신을 넘어설 수 없다는 대가를 치러야 한다. 언젠가 사회의 원자론적 구조가 혹시 변한다면, 예술은 특수한 것이 도대체 어떻게 가능한가 하는 자체의 사회적 이념을 사회적 보편에 희생시킬 필요가 없을 것이다. 즉 특수와 보편이 괴리되는 한 자유는 없다. 오히려 자유는 미적 측면에서 오늘날 예술가들이 따를 수밖에 없는 개인 성벽적 강압들에서만 나타나는 권리를 특수에 제공할 것이다. 엄청난 집단적 압력을 상대로 주체가 예술을 관통해야 한다고 고집하는 사람도 결코 주관주의적 베일 속에서 생각해서는 안 된다. 미적 독자존재 속에는 집단적으로 진보적인 것, 속박에서 벗어난 것이 감추어져 있다. 모든 개인 성벽은 그것의 미메시스적이고 개인에 앞서는 계기로 인해, 스스로 의식하지 못하는 집단적 힘에서 생명을 얻는다. 주체는 비록 고립되어 있더라도 비판적 반성을 통해 그러한 집단적 힘이 퇴행하지 못하게 감시한다. 미학에 대한 사회적 사유는 생산력 개념을 소홀히 하곤 한다. 그러나 생산력은 테크놀로지적인 과정의 깊숙한 곳에 이르기까지 주체다. 즉 주체가 테크놀로지로 굳어버린 것이다. 기술적으로 자립하려는 듯이 주체를 배제하는 생산은 주체를 통해 수정되어야만 한다.

유아론, 미메시스에 대한 금기, 성숙성

예컨대 베데킨트가 육체적 예술이라는 계획에서 보여주는, 예술의 거짓된—의도적—정신화에 대한 반역은 그 나름으로 정신의 반역이다. 이러한 정신은 물론 항상 그렇다고 볼 수는 없지만 자신을 부정하는 정신일 것이다. 하지만 사회의 현재 상태에서 그러한 정신은 단지 개별화 원칙 덕분에 현존할 뿐이다. 물론 예술에서도 집단적 협력을 생각할 수 있다. 그러나 그것에 내재하는 주관성을 지워버리는 것은 거의 상상할 수 없다. 상황이 달라져야 한다면, 그 조건은 사회 전체의 의식이 가장 진보적인 의식과 더 이상 갈등을 일으키지 않는 상태에 이르러야 할 터인데, 이 가장 진보적인 의식은 오늘날 개인들의 의식일 뿐이다. 부르주아 관념철학은 극히 섬세한 변형들에 이르기까지 인식론상으로 유아론Solipsismus을 타파할 수 없었다. 부르주아의 정상적 의식에 대해서는 그것을 위해 재단된 인식론이 아무 결과도 초래하지 못했다. 반면에 이 의식에 대해 예술은 필연적, 직접적으로 '상호주관적인' 것으로 나타난다. 인식론과 예술의 이러한 관계는 뒤바뀌어야 한다. 인식론은 비판적 자기반성을 통해 유아론적 속박을 파괴할 수 있다. 반면에 예술이 주체와 관련되는 지점은 실제로 예나 지금이나 현실에서 유아론이 단지 꾸며대는 바와 동일한 것이다. 예술은 그 자체로 허위인 유아론의 역사철학적 진리다. 예술에서는 철학이 부당하게 실체화한 상태를 임의로 뛰어넘을 수 없다. 미적 가상은 유아론이 미의 영역 외부에서 진리와 혼동하는 것 바로 그것이다. 루카치는 그와 같은 중심적 차이점을 간과하기 때문에, 극단적 현대 예술을 공격할 때 이를 전적으로 잘못 다룬다. 그는 예술을 철학 속의 실제적 혹은 추정상의 유아론 조류들과 뒤섞어 놓는다. 그러나 동일한 것이 예술에서와 철학에서는 완전히 반대되는 것이다. 미메시스에 대한 금기 속의 한 가지 비판적 계기는 오늘날 표현을 통해 일반적으로 퍼지기 시작한 어중간한 온기를 겨냥한다. 표현적 충동들은 타협주의가 매우 좋아하는 일종의 접촉을 만들어낸다. 이러한 신조로 사람들은 베르크의 「보체크」[92]를 받아들였으며, 그의 음악이 조금도 부정하지 않는 쇤베르크 악파와 그를 반동적으로 대립시켰다. 이런

92 [옮긴이] "Wozzeck": 뷔히너의 드라마 『보이체크 Woyzeck』(1837)를 원작으로 삼아, 1914~22년에 제작된 베르크의 오페라. 무조음악을 오페라에 적용하여 특히 주인공 보이체크의 불안을 적절히 표현한다.

사태의 역설은 극단적으로 표현적인 작품인 베베른[93]의 현악 4중주 소곡들에 대한 쇤베르크의 서문에 집약되어 있다. 쇤베르크는 그 작품이 동물적인 온기를 경멸한다고 높이 평가한다. 하지만 이제 그러한 온기는 한때 다름 아닌 표현의 진정성을 위해 온기를 거부하는 언어를 쓴 작품들에서도 확인된다. 설득력 있는 예술은 한편으로 최후의 화해 상태마저 거부하며 온건해지거나 위로받지 않고 자율적 구성으로 되는 표현성, 그리고 다른 한편으로 점차 드러나는 표현의 무기력을 표현하는 구성의 무표현성으로 갈라진다. 주체와 표현에 부담이 되는 금기에 대한 논의는 성숙성의 변증법과 관련된다. 칸트가 제기하는 성숙성 요구, 즉 유아적 속박으로부터 벗어나야 한다는 요구는 이성만 아니라 예술에도 해당된다. 현대 예술의 역사는 조직되고 점차 상승되어 전해지는, 예술의 유치함에 반대하는 의지로서, 성숙성에 이르려는 노력의 역사다. 물론 예술은 협소한 실용주의적 합리성을 척도로 삼을 때 비로소 유치해진다. 그러나 예술은 그에 못지않게 목적-수단 관계에서 목적을 망각하고 수단을 목적으로 물신화하는 부류의 합리성에도 반항한다. 이성 원칙 속의 그러한 비합리성은 예술 스스로 인정하는 동시에 처리 방식상 합리적인 예술의 비합리성을 통해 폭로된다. 예술은 성숙함이라는 이상 속의 유치한 면을 드러내 보인다. 성숙성에서 나오는 미성숙성이 바로 유희의 원형이다.

---

93   [옮긴이] Anton von Webern(1883~1945): 오스트리아 작곡가. 쇤베르크의 제자. 후기 낭만주의 양식에서 출발하나, 「현악 4중주를 위한 5개의 악장」(1909) 등은 무조음악으로 작곡했다. 그의 곡들은 짧고 구성이 치밀하며 정교한 특성을 지닌다.

'기법'

　현대 예술 속의 기법Metier은 수공업적인 전통적 지침들과 근본적으로 다르다. 기법 개념은 예술가가 자신의 구상을 올바르게 대하고, 또 그로써 전통의 탯줄을 끊어버리는 데에 필요한 능력들의 총합을 나타낸다. 그러나 그것은 결코 개별 작품에서만 나오는 것이 아니다. 어느 예술가도 언제나 자신의 작품을 위한 언어 감각과 눈과 귀만으로 작품에 접근하지는 않았다. 특유한 것을 구현해 내는 데에는 언제나 특수화 영역 밖에서 얻어지는 성질들이 전제된다. 단지 아마추어들만 백지상태를 독창성과 혼동한다. 예술 작품 속에 파고들어 간 그러한 힘들의 총합은 겉으로 보아 단순히 주관적인 것 같지만, 그것은 처리 가능한 생산력에 비례하는, 작품에 내재된 집단의 잠재적 현존이다. 단자는 이를 창문 없이도 지닌다. 그것은 예술가들이 비판적으로 수정을 가할 때 가장 현저하게 나타난다. 예술가는 개선이 필요하다고 볼 때, 또 종종 1차적 충동이라고 여기는 것과 갈등을 일으킬 때 사회의 의식과는 무관하게 사회의 대리인으로서 작업한다. 그는 사회적 생산력을 구현하는데, 그렇다고 해서 생산관계들이 지시하는 검열에 필연적으로 얽매일 필요는 없다. 오히려 그는 기법의 일관성을 통해 늘 그러한 검열을 비판하기도 한다. 예술가가 작품을 통해 대면하게 되는 수많은 개별 상황들에 대해서는 여러 가지 해결 방안들을 활용할 수 있을 것이다. 그러나 그 해결 방안의 다양성은 유한하며 개관할 수도 있다. 기법은 작품들 속의 악무한[94]에 한계를 설정한다.

94　[옮긴이] schlechte Unendlichkeit: 헤겔의 주요 개념으로, 자기 완결적이고 구체적인 진무한과

헤겔 논리학의 개념으로 표현한다면 그것은 예술 작품들의 추상적 가능성이라고 부를 수 있는 것을 그것들의 구체적 가능성으로 규정한다. 그 때문에 진정한 예술가는 누구나 자신의 기술적인 처리 방식에 몰두한다. 수단의 물신주의에는 그 나름의 합당한 면도 있는 것이다.

표현과 구성

미메시스적인 것과 구성적인 것이라는 양극 상태를 의심할 여지가 없는 불변적 공식이라고 생각하여 예술을 모두 그것에 환원하는 것은 불가능하다. 그것이 가능하다면 수준급의 예술 작품은 그 두 극단 사이에서 균형을 이루어야 할 터이나, 실제로는 그렇지 못하다는 사실을 보면 그것이 불가능하다는 점을 알 수 있다. 오히려 현대 예술에서는 그 양극단을 매개하는 것보다 양극단 중의 어느 한쪽으로 파고드는 것이 생산적이었다. 양극단을 동시에 추구할 때, 즉 그것의 종합을 추구할 때 그 대가는 수상쩍은 합의였다. 그 두 계기의 변증법은 양자 사이에서가 아니라 어느 한 계기 속에서만 다른 계기가 실현될 뿐이라는 점에서 논리적 변증법과 같다. 구성은 표현을 객관화하며 보장해 주는 것 혹은 그에 대한 교정 수단이 아니다. 그것은 미메시스적 충동들에 아무 계획 없이 적합해져야 한다고 할 수 있다. 쇤베르크의 「기대」[95]로부터 원칙, 즉 일종의 구성 원칙을 만들어낸 여러 작품들보다 「기대」는 그런 점에서 더 뛰어나다. 표현주의에서는 구성적인

대조적으로 무한 전진을 나타낸다.

95 [옮긴이] "Erwartung": 쇤베르크의 1909년 작 단막 악극으로 표현주의 음악의 대표작이다. 음계와 전통적 화성은 해체되지만, 아직 12음 기법에 따르지는 않고 있다.

작업과 거리를 두는 작품들이 객관적인 것으로서 살아남는다. 어떠한 구성도 인간적인 내용을 담는 형식 혹은 표현으로 가득 채울 수 있는 공허한 형식이 아니라는 사실도 그러한 점에 상응한다. 오히려 그러한 작품들은 차가움을 통해 표현력을 얻게 된다. 입체파의 자극을 받았지만 표현을 두려워하여 온건해진 작품들보다, 피카소의 입체파 작품들이나 나중에 그가 변형시킨 작품들은 표현을 억제함으로써 오히려 훨씬 더 표현적이다. 이로써 기능주의 논쟁을 넘어설 수 있을 것이다. 사물화된 의식의 한 형태인 즉물성에 대한 비판으로 인해 구성적 요구를 완화함으로써, 이른바 자유로운 환상과 아울러 표현적 계기를 회복하겠다고 태만하게 망상해서는 안 될 것이다. 건축을 원형으로 하는 오늘날의 기능주의는 전통적 혹은 어중간한 전통적 형식들을 거부함으로써 표현적 가치를 얻는 단계에 이르기까지 구성을 밀고 가야 할 것이다. 위대한 건축은 순수하게 그 목적들에 근거하여 이를 자체의 사상내용으로서 미메시스적으로 표명함으로써 비로소 그 초기능적 언어를 얻게 된다. 샤룬의 필하모니[96]는 관현악에 공간적으로 이상적인 조건을 만들기 위해 관현악에 의지하지 않고 관현악과 유사성을 지니기 때문에 아름답다. 샤룬의 필하모니에서 그 목적이 표현됨에 따라 그것은 단순한 합목적성을 초월한다. 물론 목적을 위한 형식들에 그러한 변화가 보장되어 있는 것은 아니다. 표현 및 모든 미메시스를 장식적이고 불필요한 것 혹은 구속력 없는 주관적 부가물이라고 보는 신즉물주의의 판정은 구성에 표현이 첨부되는 경우에만 타당하

---

96 [옮긴이] Hans Scharoun(1893~1972): 건축 목적의 본질로부터 건축 형태를 끌어내고자 하는 유기적 건축술의 대표자. 베를린 필하모니는 샤룬이 1963년에 설계했다.

다. 그것은 절대적 표현을 추구하는 작품들에는 적용되지 않는다. 절대적 표현은 즉물적일 것이다. 즉 사물 자체일 것이다. 벤야민은 아우라라는 현상물을 동경하면서 부정적으로 기술했다. 그런데 그것이 상정되고 날조될 때, 예컨대 상업영화와 같이 마구 생산되고 재생산됨으로써 지금 여기hic et nunc와 대립하는 문화적 산물들이 그것의 가상을 목표로 삼을 때, 그것은 저열한 것이 되었다. 이는 물론 개별 생산물에도 손상을 입힌다. 개별 생산물이 아우라를 고수하고 특수한 것을 지어내는 한에서, 또 관리되는 세계 속에도 여전히 훌륭히 개별화된 것이 존재한다는 듯이, 훌륭히 개별화된 것을 우려먹는 이데올로기에 도움을 주는 한에서 그렇다. 한편으로 아우라 이론은 비변증법적으로 다뤄지면 악용될 수 있다. 즉 예술 작품이 기술적으로 재생산될 수 있는 시대에 시작되는 예술의 탈예술화가 그 이론을 통해 구호로 변조된다. 벤야민의 주장에 따르면 예술 작품의 지금 여기das Jetzt und Hier만이 예술 작품의 아우라인 것은 아니다. 예술 작품에서 그것의 현상태 너머를 가리키는 요인, 즉 작품의 사상내용도 그것의 아우라다. 예술 작품의 사상내용을 제거하고 예술을 원할 수는 없다. 탈마법화된 작품들도 그것들의 단순한 사실적 측면을 넘어서는 것이다.[97] 이때 아우라적 '예배가치'를 대신할 '전시가치'는 교환 과정의 한 가지이마고드. 전시가치에 집착하는 예술은 교환 과정에 순응한다. 이 점은 사회주의 리얼리즘의 범주들이 문화산업의 기존 상태status quo에 순응하는 것과 비슷하다. 예술 작품들 속의 타협에 대한 부정은 그것

---

97 [옮긴이] "세계는 사실인 것 전체다"라는 비트겐슈타인Ludwig Wittgenstein의 『논리철학 논고 Tractatus Logico-Philosophicus』 속 테제와 대조된다.

들의 일관성, 흠 없는 완성, 통합 등의 이념에 대한 비판이 되기도 한다. 일관성은 그 상위에 위치하는 것, 즉 사상내용의 진리와 부딪칠 때 깨지고 만다. 사상내용의 진리는 표현에 더 이상 만족하지 못한다. 표현이 무기력한 개별성에 거짓된 중요성을 부여하기 때문이다. 또한 사상내용의 진리는 관리되는 세계와 유사한 것 이상의 것이므로 구성에도 만족하지 못한다. 극단적 통합은 가상의 한 극단적 상태이며, 이는 통합의 전복을 야기한다. 즉 후기 베토벤 이래로 통합을 이룩한 예술가는 또한 해체를 유발하기도 했다. 통합을 수단으로 삼았던 예술의 진리내용이 이 예술에 반대하는데, 이 전환 속에 그러한 예술의 중요한 순간들이 있다. 예술가들은 그 전환의 필요성을 자신의 작품들 자체에서 찾는데, 이는 일종의 조직 내지 지배의 잉여인 셈이다. 이로써 예술가들은 셰익스피어의 말을 대변하는 프로스페로[98]처럼 마술지팡이를 손에서 놓는다. 그러나 해체의 진리는 철저한 통합을 이룩하고 이에 책임을 짐으로써만 얻을 수 있다. 여기서 등장하는 단편적인 것das Fragmentarische이라는 범주는 우연한 개별성의 범주가 아니다. 즉 단편은 작품의 총체성에 저항하는 총체성의 일부다.

---

98   [옮긴이] Prospero: 셰익스피어William Shakespeare의 희곡 『템페스트The Tempest』(1611)의 주인공인 마술사로 밀라노의 공작이었으나 동생의 배반으로 정치에서 밀려나 외딴 섬에 머물지만 마술을 써서 복수한 후 마술을 포기한다.

추, 미, 기술의 범주

추의 범주

　　예술이 미의 개념과 동화되지는 않으며, 미 개념을 충족하려면 그것의 부정으로서 추 개념이 필요하다는 주장은 상투적인 이야기다. 그러나 그렇다고 해서 금지 규범으로서의 추 범주가 간단히 제거되는 것은 아니다. 즉 이제 이 규범은 일반적 규칙의 위반을 금지하지는 않지만, 내재적 일관성의 위반은 여전히 금지한다. 그러한 규범의 보편성은 이제 특수의 우월성일 뿐이다. 즉 특유하지 않은 것은 아무것도 존재해서는 안 된다는 것이다. 추에 대한 금지는 지금 여기서hic et nunc 형식화되지 않은 것 혹은 철저히 형성되지 않은 것—조야한 것—에 대한 금지가 되었다. 불협화음은 순진한 사람들만 아니라 미학도 추하다고 칭하는 것을 예술이 받아들인다는 점을 나타내는 기술상의 용어다. 그것이 무엇이든 간에 아무튼 그것은 예술의 한 계기를 이루고 있거나 혹은 이룰 수 있어야 하는 것이다. 헤겔 학도인 로젠크란츠¹는 자신의 저서에 "추의 미학"이라는 제목을 붙이기도 했다.² 그리스 초기 예술에서 혹은 그 후 특히 헬레니즘 시대의 파우누스와 실레노스³ 이래 전통 예술에서도 추하다고 여겨지는 소재들을 다루는 경우는 많았다. 이러한 요소의 비중은 현대 예술에서 더욱 커졌고, 그로부터 새로운 질이 생겨났다. 전통적 미학에 따르면 그러한 요소는 작품을 지배하는 형식 법칙과 대립하는 것으로 이 형식 법칙에 의해 통합되고 이로써 작품 속에서 주체가 소재들에 대해 갖는 자유의 힘과 함께 그 작품의 가치를 증명해 준다. 이 소재들은 좀더 고차원적 의미에서, 예컨대 화면구성이나 역동적 평형의 형성에서 기능을 발휘함으로써 아름다워질 것이다. 헤겔의 상투어에 따르면, 미는 항상 결과로서 나타난 평형상태만 아니라 그 결과를 유발하는 긴장 관계와도 결합되어 있기 때문이다. 결과로서 조화 속에서 평형을 이루는 긴장을 부인하는 조화는 그렇게 긴장을 부인함으로써 방해물, 거짓된 것, 달리 말하면 불협화음적인 것이 된다. 현대 예술은 추에 대한 조화론적 관점을 거부했다. 이로부터 질적으로 새로운 것이 이루어진다. 랭보와 벤⁴에게서 보는 해부학적으로 끔찍한 현상들이나 베케트에게서 볼 수 있는 육체적으로 혐오스럽고 역겨운 요인들, 혹은 수많은 현대 드라마의 악취 나는 특성들은 17세기 네덜란드 회화의 농민적 조야

---

1 [옮긴이] Karl Rosenkranz(1805~79): 독일 철학자. 1830년경 A. 리츨Albrecht Ritschl, E. 간스Eduard Gans 등과 함께 노장 헤겔파로 활동했다. 『추의 미학』은 1853년에 썼다.
2 Karl Rosenkranz, *Aesthetik des Häßlichen*, Königsberg, 1854 참조.
3 [옮긴이] 파우누스Faunus는 그리스 신화의 판Pan에 해당하는 로마 신화의 목양신이다. 실레노스Silenos는 디오니소스의 양육자이자 추종자이며 반인반수로 등장하기도 한다.
4 [옮긴이] Gottfried Benn(1886~1956): 독일 시인이자 의사. 표현주의자로서 암 병동이나 산부인과 혹은 해부 장면들을 그려내며 시적 전통을 파괴한다.

성[5]과 아무 공통점도 없다. 우월한 입장에서 추한 것을 받아들이는 예술의 자만이나 항문적 만족감은 사라진다. 추에서는 형식 법칙 자체가 무기력하게 투항하기 때문이다. 이처럼 추의 범주는 전적으로 역동적이며 따라서 그 대립물인 미의 범주도 필연적으로 역동적이다. 이 두 범주를 간접적으로라도 지향하는 규범들을 갖는 미학이라면 모두 염두에 두는 것처럼, 정의를 통해 그 범주들을 고정하기는 어렵다. 산업 시설로 인해 황폐해진 경관이나 기형적으로 그려놓은 얼굴과 같은 것을 아주 단순하게 추하다고 여기는 판단은 그 현상들에 대한 자생적 대응일 수 있지만, 보기와 달리 그다지 자명하지 않다. 기술과 산업적 경관이 추하다는 인상은 형식을 통해 충분히 설명되지 않는다. 그뿐 아니라 그러한 인상은 순수하게 형상화된 형식들 내지 아돌프 로스가 말하는 미적으로 흠결 없는 목적형식들Zweckformen에도 그대로 남아 있을 수 있다. 그러한 인상은 폭력 내지 파괴적인 것의 원칙에 기원을 둔다. 인간이 설정한 목적들은, 아무리 매개되었더라도 자연이 스스로 말하려는 바와 화해되지 않았다. 기술에서는 자연에 대한 폭력이 어떤 서술을 통해 반영되지 않고 직접 눈에 보인다. 이러한 상황은 인간이 추구하는 목적들에 비춰서만 아니라 이제 기술에 의해 조형되는 자연에 비춰서도 기술적 생산력을 평가하는, 기술적 생산력의 전환을 통해 비로소 변할 수 있을 것이다. 궁핍 상태가 사라진 후 생산력의 해방은 생산의 단순한 양적 증가와 다른 차원에서 진행될 수 있을 것이다. 이를 위한 출발점들은 어떤 목적을 위해 세워진 건물들이 주위 경관의 형태나 윤곽과 어울릴 때 나타난다. 이는 성곽

---

5 [옮긴이] 특히 얀 스테인Jan Steen(1626~79)의 그림들에서 민중들의 모습이 잘 나타난다.

이나 성채처럼 주변 환경에서 재료를 얻어서 환경에 맞게 세운 인공물에서 이미 곧잘 나타나는 현상이다. 문화경관이라고 불리는 것은 이러한 가능성의 도식으로서 아름답다. 이러한 모티프들을 포착하는 합리성은 합리성의 상처들을 아물도록 도울 수 있을 것이다. 부르주아 의식은 공업에 의해 파헤쳐진 경관을 보고 순진하게 추하다는 판정을 내리는데, 이러한 판단도 어떤 관계를 말해준다. 즉 표면상 자연이 인간의 지배를 받지 않고 있는 듯한 곳에서도 자연에 대한 지배가 드러난다는 사실을 말해주는 것이다. 그래서 그러한 분노는 지배 이데올로기에 순응하는 것이다. 언젠가 자연에 대한 인간의 관계에서 인간에 대한 억압으로 이어지는 억압적 성격이 사라진다면 그와 같은 추도 사라질 것이다. 그 반대가 아니다. 기술로 인해 황폐해진 세계에서 그런 상태를 위한 잠재력은 계획적인 별도의 보호구역이 아니라 평화롭게 된 기술에서 찾을 수 있다. 단지 추하다고 여겨질 뿐인 것도 작품 속의 위상을 통해 향락의 영역을 벗어난다면 추한 성격을 버릴 수 있다. 추해 보이는 것은 무엇보다 역사적으로 비교적 오래된 것으로서, 예술이 자율성을 획득하는 과정에서 예술로부터 배제된 것이며, 따라서 그것은 자체로 매개되어 있다. 추의 개념은 예술이 그 원시적인 단계와 구분되는 곳이라면 어디서나 나타났다고 할 수 있다. 그것은 예술이 관여하는 계몽의 변증법과 연루된 채, 예술의 원시적인 단계가 영원히 되풀이하여 나타난다는 점을 표시해 준다. 원시적인 추, 잔인하고 위협적으로 일그러진 예배물들은 내용적인 것이었다. 즉 그것은 속죄의 수단인 그 예배물들이 그 주위에 퍼뜨린 두려움을 모방하는 것이기도 했다. 주체가 각성함으로써 신화적 두려움이 힘을 잃게 됨에 따라, 금기의 수단이었던 그러한 특성들이 금기시된다. 그 특성들은 주체 및 활력을 띠는 주체의 자유와 더불어 등장하는 화해의 이념에 비추어 볼 때 비로소 추해진다. 그러나 아직 자유를 실현하지 못하고 있는 역사 속에서, 또 주체가 부자유의 대리인으로서 신화적 속박에 반항하면서도 그 지배를 받아 계승하고 있는 역사 속에서, 지난날의 두려운 형상들은 여전히 존속한다. 좋은 것들도 한때는 모두 나쁜 것들이었다는 니체의 명제나, 태초에는 두려운 것들이 존재했다는 셸링[6]의 통찰은 예술에서 경험할 수 있을 것이다. 쇠락했다가 다시 나타나는 내용은 상상과 형식으로 승화된다. 미는 플라톤이 생각한 것처럼 순수한 시초가 아니다. 오히려 그것은 한때 두렵게 여겨지던 것을 거부하는 과정에서 형성된다. 이 두렵게 여겨지던 것은 그러한 거부가 이루어짐에 따라, 그 목적Telos으로부터 비로소 회고적으로 생겨나듯이 추한 것이 된다. 미는 속박에 대한 속박이며, 따라서 속박은 미에 계승된다. 추의 다의성은 주체가 예술에서 추하다고 판정하는 것들 모두를, 예를 들어 성적 다형성, 폭력으로 인한 기형, 죽어가는 것 등등을 자신의 추상적, 형식적 범주 아래 포괄하는 데에 기인한다. 예술 자체의 개념으로 볼 때 그와 같은 대립적 타자 없이는 예술도 결코 존재할 수 없을 터인데, 이 대립적 타자는 그처럼 반복하여 나타나는 요인으로부터 형성된다. 그것은 미에 대한 안티테제로서 부정을 통해 받아들여지며 정신화되는 예술의 긍정적 요인을 괴롭히며 교정하는데, 미가 그것의 안티테제였다면 그것은 미의 안티테제다. 예술의 역사에서는 추의 변증법이 미의 범주까지 삼켜버린

---

6 [옮긴이] Friedrich Wilhelm Joseph von Schelling(1775~1854): 독일 철학자. 주관과 객관의 동일성에 이르는 절대자를 추구했다. 아도르노는 셸링이 예술을 관념철학의 모델로 삼은 점을 긍정적으로 평가한다.

다. 이런 측면에서 보면 키치는 바로 동일한 미의 이름으로 금기시되는 추로서의 미다. 즉 그것은 지난날 미였으나 그 대립자의 결여로 인해 미와 모순을 이루게 된 것이다. 그러나 추 개념과 마찬가지로 그것의 긍정적 상관개념인 미 개념이 단지 형식적으로만 규정된다는 사실은 예술의 내재적 계몽 과정과 극히 내밀한 관계를 갖는다. 예술이 철저히 주관성의 지배를 받게 될수록, 또 주관성이 미리 설정된 것들 모두와 화해할 수 없게 될수록, 순전한 형식적 원칙인 주관적 이성은 점점 더 미적 규범으로 변해가기 때문이다.[7] 주관적 법칙의 타자를 고려하지 않고 주관적 법칙에 따르는 이 형식적인 것은 그 타자로 인해 동요하는 일 없이 나름으로 만족을 유지한다. 즉 여기서 주관성은 무의식적으로 자기 자신을 혹은 자신의 지배 감정을 즐긴다. 만족의 미학은, 일단 조잡한 소재 영역에서 벗어나면, 예술적 객체 속의 수학적 배율과 부합한다. 조형예술에서 가장 유명한 예는 황금비이며, 음악에서 협화음상의 단순한 배음 관계Obertonverhältnisse도 그와 유사하다. 모든 만족의 미학에는 막스 프리슈[8]의 극작품 『돈 후안』의 부제 "기하학에 대한 사랑"이라는 역설적 제목이 어울린다. 예술적 형식은 칸트 미학이 인정하는 바와 같이 추와 미 개념상의 형식주의를 피할 수 없는데, 예술은 자연력들의 지배를 넘어서면서 그것을 자연과 인간에 대한 지배로까지 연장하게 된 사실로 인해 대가를 치러야 한다.

---

7   Max Horkheimer·Theodor W. Adorno, *Dialektik der Aufklärung. Philosophische Fragmente*, 2. Aufl., Frankfurt a. M.: S. Fischer, 1969, 여러 곳 참조.
8   [옮긴이] Max Frisch(1911~91): 스위스의 작가. 브레히트의 영향을 받았으나 정치적 효과보다는 자아, 정체성, 언어의 문제 등에 더 관심을 기울였다. 『돈 후안*Don Juan*』(1952)에서 주인공은 여인이 아니라 기하학의 명확함을 사랑한다.

형식주의적 의고주의는 모욕을 범한다. 즉 그것은 본보기가 되는 작품들에 따라다니는 폭력적이고 정리하고 '구성하는' 특성으로 인해, 그것의 개념이 찬양하고 있는 미를 더럽힌다. 작품에 부과되고 첨가되는 것들은 작품에서 주도권을 형성하고자 하는 조화를 은밀히 파손한다. 즉 강요되는 구속성은 구속력을 지니지 못하는 것이다. 내용미학을 통해 추와 미의 형식적 성격을 간단히 없앨 수는 없겠지만, 이 형식적 성격의 내용을 규정할 수는 있다. 바로 이 내용이 형식에 부여하는 무게 덕분에, 소재층의 부적절하고 과도한 비중으로 미의 내재적 추상성을 교정할 필요가 없는 것이다. 폭력 행위로서의 화해, 미학적 형식주의, 그리고 화해되지 않은 삶은 삼위일체를 이룬다.

추의 역사철학과 사회적 측면

추-미의 형식적 차원에 담긴 잠재적 내용은 나름의 사회적 측면을 지닌다. 추를 허용한다는 모티프는 반봉건적이었다. 즉 농민들도 예술적 능력을 지니게 된 것이다. 그 후 일그러진 시체를 다루는 랭보의 시들은 보들레르의 「순교자Martyre」보다도 더 철저하게 그 차원을 밀고 갔다. 그의 시에 등장하는 여인은 튀일리궁으로 쳐들어가면서 "나는 말종이다"[9]라고 말한다. 즉 제4계급 혹은 룸펜프롤레타리아트인 것이다. 전복을 원하는 억압받는 것은 추한 사회 속의 아름다운 삶이라는 규범들에 비추어 본다면 조야하고 원한으로 일그러져 있으며,

---

9   Arthur Rimbaud, Œuvres complètes, éd. R. de Renéville·K. Mouquet, Paris: Gallimard, 1965, p. 44("Le Forgeron").

또한 부자유스러운 노동, 특히 육체노동의 부담에 따르는 굴욕의 온갖 특징들을 지닌다. 문화의 비용을 치러야 하는 사람들의 인권들 가운데에는, 긍정적, 이데올로기적 전체에 반대하여 그와 같은 기억의 상처들을 이마고로 지닐 권리도 있다. 예술은 추한 것으로서 배척당한 것을 자신의 문제로 삼아야 한다. 이는 그런 것들을 통합하여 온건하게 만들거나 온갖 역겨운 것보다 더 역겨운 유머를 통해 그 실존과 화해하기 위해서가 아니라, 자체의 형상에 따라 추를 만들어내고 재생산하는 세계를 그 추로써 탄핵하기 위해서다. 물론 그 속에도 굴욕에 대한 동의로서의 긍정적 요인이 여전히 남아 있을 수 있으며, 또한 굴욕을 당하는 사람들에 대한 동정은 쉽사리 굴욕에 대한 동의로 변하기는 한다. 새로운 예술이 역겨운 것, 육체적으로 불쾌한 것을 추구하는 경향에 대해, 기존 질서를 옹호하는 사람들은 기존 질서가 이미 충분히 추하므로 예술은 실로 공허하게 미에 대해서만 의무를 지닌다고 주장하는 것이 고작이다. 그러나 그러한 경향 속에서 예술은 그 자율적 형태들을 통해 정신적 원칙으로까지 승화되어 있는 지배권을 탄핵하고, 이 지배권이 축출하고 거부하는 것의 편에서 증언을 하는데, 이로써 비판적 유물론의 한 가지 모티프가 관철된다. 그러한 예술의 형태 속에는 그 너머에 존재했던 것이 가상으로서 아직 남아 있다. 사회적 추로부터 강력한 미적 가치가 풀려나오는 것이다. 예컨대 『하넬레의 승천』[10] 제1부에 나타나는 예기치 못한 어두운 모습이 그것이다. 이러한 과정은 음수의 도입과 비교할 수 있다. 음수는 언제나 도형의

---

10 [옮긴이] *Hanneles Himmelfahrt*: 독일의 대표적인 자연주의 작가 하우프트만Gerhart Hauptmann(1862~1946)의 1893년 작품. 낭만적이고 몽환적인 성격을 띤다.

연속체에서 음수의 성질을 보존한다. 기존 상황은 굶주리고 있는 노동자의 아이들을 다루는 그래픽이나 극단적인 묘사를, 최악의 상황에서도 뛰고 있고 그 상황이 최악은 아니라고 약속하는 선한 심장의 기록 문서로서 삼켜버리며, 이로써 문제를 간단히 처리할 뿐이다. 이때 예술은 사회적 리얼리즘[11]에도 여전히 남아 있는 긍정의 잔재를 자신의 형식언어로부터 모두 제거함으로써 그러한 타협에 맞선다. 이러한 것이 형식적 극단주의 속의 사회적 계기다. 칸트는 미적 요인과 도덕적 요인의 상호 침투 현상을 예술 작품들 외부의 숭고 속에서 추구했다. 문화옹호론은 그런 현상을 타락이라고 비방한다. 예술은 그 발전 과정에서 아주 힘들게 자신의 경계선을 그어놓았다. 예로부터 그 영역이 불확실하다는 점을 느끼게 하는 모든 혼합 형태들은 극히 격렬한 거부반응을 유발했는데, 물론 오락으로서의 예술은 그 문제에 그다지 주목하지 않았다. 추에 대한 미적 판정은 사회심리학적으로 검증된 성향, 즉 근거가 없지 않지만 추를 고난의 표현과 동일시하고 투사를 통해projektiv 그것을 비방하려는 경향에 의존한다. 히틀러의 제국은 부르주아 이데올로기 전반을 시험했듯이 그 점도 시험했다. 즉 지하실에서 고문을 많이 할수록 그만큼 더 철저히 기둥 위의 지붕이 안전하다는 것을 확인했다. 불변 요인을 고집하는 이론들은 타락을 비난하는 경향을 띤다. 타락의 반대 개념은 자연이라고 하는데, 이데올로기적으로 타락이라고 칭해지는 것들이 실제로는 자연의 편을 든다. 예술은 타락했다는 비난에 맞서 스스로를 정당화할 필요가 없다.

---

11 [옮긴이] der soziale Realismus: 사회주의 리얼리즘이 아니라 사회문제를 다루는 자연주의 내지 비판적 리얼리즘을 뜻한다고 할 수 있다. 아도르노는 사회주의 리얼리즘에 대해서도 비판적이다.

그런 비난에 부딪칠 때 예술은 저주스러운 세계의 흐름을 확고부동한 자연이라고 긍정하기를 거부한다. 그러나 예술은 대립하는 요인을 지니면서도 동경을 버리지 않고 오히려 이 동경을 대립 요인을 지니기 위한 힘으로 바꾸는 힘이 있다. 이로 인해 추의 계기는 예술의 정신화와 밀접한 관련을 맺는데, 게오르게는 『악의 꽃』을 번역하면서 서문에서 그 점을 예리하게 주목했다.[12] 이 번역판의 제목 "우울과 이상Spleen et idéal"도 그 점을 암시한다. 이 제목에서는 형식화되기 어려운 것, 예술의 원동력인 그 적대적 요인에 대한 집착을 파악할 수 있을 것이다. 이 요인은 예술의 개념을 이상의 개념 너머로 확장하고 있다. 예술에서 추는 그와 같은 일에 기여한다. 그러나 예술 속의 추 혹은 잔인성은 단순히 묘사된 것에 머물지 않는다. 이미 니체도 알았듯이 예술의 제스처는 잔인한 면을 지닌다. 형식들 속에서는 잔인성이 상상으로 변한다. 즉 어떤 생명체, 언어의 신체, 음, 혹은 가시적 경험으로부터 무엇인가가 잘려 나간다. 형식이 순수할수록, 작품들의 자율성이 클수록 작품들은 더 잔인해진다. 예술 작품들이 좀더 인간적인 태도를 보이고 또 잠재적 수용자들에게 적응해야 한다는 요구는 거의 예외 없이 작품의 질을 희석하고 형식 법칙도 약화한다. 가장 넓은 의미에서 예술은 자신이 다루고 있는 것들을 억압하기도 한다. 이는 유희 속에 남아 있는 자연 지배의 의례Ritus일 것이다. 그것은 예술의 원죄이며 잔인하게 잔인성을 벌하는 도덕에 대한 예술의 영속적 항의이기도 하다. 그러나 성공을 거둔 예술 작품들은 무정형 상태와

---

12 [옮긴이] 게오르게는 1901년 보들레르의 『악의 꽃』, 1905년 말라르메의 『에로디아드Hérodiade』를 번역했고 예술을 위한 예술을 옹호했다.

분리되는 형식을 통해 불가피하게 그 상태에 폭력을 가하면서도, 그 가운데 어떤 것을 형식으로 구제해 낸다. 이것만이 형식에 담긴 화해적 측면이다. 하지만 소재들에 가해지는 폭력은 그 소재들에 기원을 두고 형식에 대한 소재들의 저항 속에 남아 있는 폭력을 모방한다. 형식을 이루는 주체의 지배는 아무래도 좋은 소재들에 대해 가해지는 것이 아니라, 소재들로부터 파악된다. 또 형식화의 잔인성은 예술이 다루는 신화에 대한 미메시스다. 그리스의 창조 정신Genius은 그 점을 무의식적으로 알레고리화했다. 즉 셀리눈테[13]에서 나온, 팔레르모[14] 고고학박물관에 있는 초기 도리아식 부조는 페가수스[15]를 메두사의 피에서 생겨난 것으로 묘사한다. 새로운 예술 작품들에서는 잔인성이 노골적으로 머리를 쳐든다. 이로써 그 잔인성은 현실의 막대한 힘 앞에서 이제 예술이 두려운 것을 아프리오리하게 형식으로 변형시킬 수 있다고 자신해서는 안 된다는 진실을 인정하는 것이다. 잔인함은 예술이 행하는 비판적 자각의 일부다. 예술은 화해된 존재로서 자신이 집행하는 권리 요구에 대해 절망한다. 예술 작품들 자체의 속박이 흔들리게 되자마자 잔인함이 노골적으로 예술 작품들에서 나타난다. 미의 신화적 두려움은 작품의 불가항력성으로서 예술 작품들 속에 파고든다. 한때 아프로디테 페이토가 그런 불가항력성을 지녔다고도 했다.[16] 신화의 폭력은 올림포스 단계에서 무정형 상태로부터 통일성을

13 [옮긴이] Selinunte: 시칠리아 남서부에 있는 고대 그리스 시대의 식민 도시. 아크로폴리스 등 고대 유적들이 남아 있다.
14 [옮긴이] Palermo: 시칠리아 북서부에 있는 시칠리아의 주도.
15 [옮긴이] Pegasus: 그리스 신화 속의 영웅 페르세우스가 메두사를 죽일 때 메두사의 피에서 날개 달린 백마 페가수스가 나온다.
16 [옮긴이] 『계몽의 변증법』에서 아도르노는 아프로디테 페이토Aphrodite Peitho 숭배와 관련해

이루게 되었고, 이 통일성은 다수의 사물과 인간을 굴복시키면서 파괴적 요인을 보존한다. 이와 마찬가지로 그 후의 위대한 예술 작품들은 그 성공의 권위 속에 대상을 부수는 파괴적 성격을 보존한다. 그것들이 발산하는 빛은 음울하다. 미는 부정성을 지배하고, 그 속에서 부정성은 억제되고 있는 듯하다. 예술이 아름다운 것으로서 영구화하려고 한 객체들 가운데 가장 중립적인 듯해 보이는 것들에서도, 마치 그러한 것들이 영구화됨으로써 빨아먹히는 생명을 걱정하는 듯이, 견고하고 동화되지 않는 것, 즉 추가 전적으로 재료들로부터 나타나는 것이다. 예술 작품이 이미 헤겔도 거부한 공허한 유희로 타락하지 않기 위해서는 저항이라는 형식적 범주가 필요한데, 이 범주는 인상주의 시대처럼 운이 좋았던 시대에도 예술적 방법의 잔인함을 예술 작품들 속에 끌어들인다. 한편으로는 위대한 인상주의가 전개되는 과정에서도 평화로운 자연이 소재로 다루어진 경우는 별로 없고 주로 문명이 자연에 침입하여 서로 혼합되어 있는 모습이 다루어졌고, 회화는 이러한 것들을 기꺼이 받아들이고 싶어 한다.

미 개념

미와 추 가운데 한쪽이 다른 쪽에서 나왔다면, 아마 미에서 추가 나왔다기보다는 추에서 미가 나왔을 것이다. 그러나 여러 심리학 조류들이 영혼 개념을, 또 사회학 조류들이 사회 개념을 다룰 때처럼 미

"그들의 마법은 불가항력적이다"라고 묘사한 빌라모비츠 묄렌도르프Ulrich von Wilamowitz-Moellendorff의 글을 인용한다. 페이토는 아프로디테와 함께 있는 설득과 유혹의 여신이다.

개념을 금지 목록에 올리면 미학은 불가능할 것이다. 미학을 미에 대한 학설이라고 규정하는 것도 별로 성과가 없다. 미 개념의 형식적 성격은 미적인 것의 풍부한 내용에서 벗어나기 때문이다. 만일 미학이 어떤 식으로든 아름답다고 칭해지는 것들의 체계적 목록일 뿐이라면, 그것은 미 개념 속에 포함된 생명에 대해 아무런 관념도 불러일으키지 못할 것이다. 미 개념은 미학적 반성이 겨냥하는 것들 가운데 단지 하나의 계기일 뿐이다. 미 이념은 예술의 본질적 요인에 대해 직접 말하지 않으면서 그것을 상기시킨다. 설혹 변형된 형태로나마 예술품들이 아름답다는 판단을 하지 않는다면 그것들에 대해 관심을 갖는다는 것은 이해할 수 없을 것이며 또 맹목적인 일일 것이다. 그렇다면 예술가든 감상자든 아무도 실제적 목적의 영역인 자체보존 및 쾌락원칙의 영역에서 벗어나는 운동을 수행할 동기, 즉 예술이 그 본질구성상 요구하는 동기가 없을 것이다. 헤겔은 미를 이념의 감성적 가상이라고 정적으로 정의함으로써 미적 변증법을 중단시킨다. 그처럼 미를 정의할 수도 없지만 그렇다고 해서 미 개념을 포기할 수도 없다. 실로 엄밀한 의미에서 이율배반이다. 아무 범주도 없다면 미학은 연체동물처럼 되어 여기저기서, 예컨대 상이한 사회들이나 양식들 속에서 미라는 말로 생각하게 되는 것을 역사적-상대주의적으로 서술하는 데에 머물 것이다. 그로부터 증류해 낸 어떤 특성의 통일체는 불가피하게 패러디가 될 테고, 바로 가까이서 포착되는 최상의 구체적 사례와 부딪쳐도 무용지물이 될 것이다. 그러나 미 개념에 어쩔 수 없이 따라다니는 일반성은 우연한 것이 아니다. 미 범주는 형식이 우월해졌음을 성문화하는데, 이처럼 형식이 우월해지는 현상은 이미 형식주의로, 즉 극히 일반적인 주관적 규정들과 미적 객체의 일치로 귀결된다. 그리고 이제 미 개념은 이 형식주의로 인해 난관을 겪는다. 형식적인 미에 질료적 본질을 대립시킬 수는 없다. 원칙이라는 것도 형성된 것이므로 그 역동성 속에서, 또 그런 한에서 내용적으로 파악해야 한다. 미가 단일하면서도 구분되어 있는 것이라는 이미지는 자연의 압도적인 전체 혹은 구분되지 않은 상태에 대해 느끼는 불안에서 해방됨에 따라 생겨난다. 미는 직접적 존재자에 맞서 응축되고 건드릴 수 없는 영역을 이룸으로써 자연으로 인한 전율을 자체 내에 보존한다. 작품들은 단순히 현존하는 것에 맞서는 자체의 운동을 통해 아름다워진다. 미적으로 형식을 이루는 정신은 자신이 다루는 대상들 가운데 단지 자신과 동일한 것, 자신이 이해한 것, 자신과 동일하게 만들고 싶어 한 것만을 허용했다. 이러한 과정이 형식화 과정이었다. 그 때문에 미는 역사적으로 지향하는 경향에 비춰 볼 때 형식적이다. 미는 두려운 것들로부터 나와 그것을 넘어서며 어떤 성역 같은 자신의 영역에 그것들이 침입하지 못하게 하는데, 이처럼 두려운 것들에 미가 가하는 제한은 그 두려운 것 앞에서 무기력한 면을 지닌다. 그 두려운 것은 마치 포위된 도시의 성벽 앞에 있는 적들처럼 미의 영역 밖에 진을 치고 미를 굶주리게 만드는 듯하다. 미가 그 목적을 그르치지 않기 위해서는 그것에 대립해야 할 뿐 아니라 자체가 지향하는 경향에도 반대해야 한다. 니체가 인식한 헬레니즘 정신의 역사는 잃어버릴 수 없다. 왜냐하면 그 역사는 자체 내에서 신화와 창조 정신 사이의 과정을 견뎌내고 표현했기 때문이다. 아그리젠토[17]의 한 신전에 누워 있는 태고 시대[18] 거인들의 모습이나 아티카 희극[19]의 마신들은 단순한 흔적

---

17 [옮긴이] Agrigento: 시칠리아 남쪽의 항구도시. 고대 그리스의 신전들이 남아 있다.

기관들이 아니다. 형식이 신화에 굴복하지 않으려면 그러한 것들이 필요하다. 형식이 신화를 그저 차단만 하는 한 신화는 형식 속으로 연장되어 들어오기 때문이다. 후세의 모든 예술에서도 그것이 아무 내용 없는 공허한 것이 아닌 한, 언제나 그러한 계기는 남아서 변해간다. 이미 에우리피데스[20]의 경우가 그러한데, 그의 연극에서는 신화적 폭력에 대한 두려움이 정화되어 미와 결합한 올림포스의 신들로 귀결되며, 이 신들도 그 나름으로 마신이라고 낙인찍히게 된다. 그 후 에피쿠로스[21]의 철학은 그러한 마신들에 대한 두려움으로부터 의식을 치유하고자 했다. 그러나 두려운 자연의 형상들은 처음부터 미메시스적으로 그 두려운 자연을 달래며, 그래서 이미 태고 시대의 혐오스러운 모습, 괴물, 반인반수 등은 인간적인 존재와 유사해진다. 그와 같은 혼합 형태 속에서도 이미 질서를 부여하는 이성이 지배한다. 물론 자연의 역사를 통해 그러한 것들은 사라지게 되었다. 그런 모습들이 끔찍한 것은 그것이 인간적 동일성의 취약성을 암시하면서도 혼돈스럽지 않기 때문이다. 즉 그 속에는 질서와 위협이 공존하는 것이다. 원시음악의 반복적 리듬에서는 위협적 요인이 질서의 원칙 자체로부터 나온다. 태고적인 것에 대한 안티테제는 이 태고적인 것 자체에 내포

18 [옮긴이] 그리스 문명의 대략적 시대구분은 다음과 같다. 태고: BC 1000~BC 500, 고전: BC 500~BC 323, 헬레니즘: BC 323~BC 146, 아티카: 아테네를 중심으로 하는 고전기.
19 [옮긴이] attische Komödie: 아테네의 희극은 비극보다 조금 뒤늦게 경연 대회에 도입되어 아리스토파네스Aristophanes(BC 450?~BC 388?)에 의해 정점에 이른다.
20 [옮긴이] Euripides(BC 480?~BC 406): 고대 그리스의 비극 작가. 아낙사고라스Anaxagoras, 소크라테스Socrates 등과 사귀었으며, 합리적 예지와 인도주의적 사상을 담은 비극들을 썼다.
21 [옮긴이] Epikouros(BC 341~BC 271): 고대 그리스의 철학자. 공포로부터의 자유와 평정을 철학의 목적으로 삼았다. 모든 현상은 빈 공간을 움직이는 원자들의 상호작용에서 나온다고 보았다.

되어 있다. 미의 힘 작용도 그중 하나다. 예술의 질적 비약은 극히 미세한 이행이다. 그러한 변증법을 통해 미의 형상은 계몽의 전체 운동 속에서 변화한다. 미를 형식화하는 법칙은 평형을 이루는 한 순간이었고, 이 평형은 미의 동일성이 멀리하려고 하지만 멀리하지 못하는 이질적 요인과의 관계로 인해 점점 더 깨어졌다. 두려운 것은 형식에서 발산되는 강제성으로서 미 자체로부터 우리를 응시한다. 현혹이라는 개념은 이러한 체험을 말해준다. 성性이 승화되어 가장 높은 수준의 예술 작품들에 도달할 때 미는 불가항력성을 띠는데, 그것은 예술 작품들의 순수성을 통해서, 즉 소재나 영향과 거리를 둠으로써 이루어진다. 그러한 강제성은 내용으로 변한다. 표현을 억누른 것, 즉 미의 형식적 성격은 승리에 따르는 온갖 양가성을 띠면서 표현으로 변한다. 그리고 이 표현 속에서는 자연 지배의 위협적 성격이, 바로 그 자연 지배에서 불붙는, 억압받는 것에 대한 동경과 결합한다. 그러나 그것은 억압 및 그 소실점인 죽음에서 겪는 고난의 표현이다. 죽음과 모든 미의 친화성은 예술 속에서 소멸하는 생명체의 다양성에 예술이 부여하는 순수한 형식의 이념에 자리 잡고 있다. 깨끗한 미 속에서는 미에 대항하는 요인들이 완전히 안정을 찾을 테지만, 이러한 미적 화해는 미 바깥의 것에 대해 치명적이다. 이 점이 예술의 비애다. 예술은 현실적 화해를 대가로 치르면서 비현실적으로 화해를 이룬다. 예술이 할 수 있는 최후의 일은 자신이 바치는 제물들을 위해 탄식하는 것뿐이다. 그리고 예술 자체도 무기력하다는 점에서 그러한 희생물이다. 미는 바그너의 발퀴레Walküre가 죽음의 사자로서 지크문트Sigmund에게 말하듯이 말할 뿐만 아니라, 그 자체로 과정으로서 죽음을 닮는다. 예술 작품이 통합되는 과정은 자율성과 같은데, 그것은 전체 속에서 그 계기들이 죽는 것이다. 예술 작품에서 스스로를 혹은 자체의 독특성을 벗어나고자 하는 요인은 자체의 몰락을 추구한다. 또 이 몰락의 요체가 바로 작품의 총체성이다. 예술 작품들이 영원한 생명을 이념으로 삼는다면, 그것은 자체의 영역에서 생명체를 말살함으로써만 가능하다. 이러한 점도 예술 작품들의 표현에서 나타난다. 이 표현은 전체의 몰락을 나타내는 것이며 또한 전체는 표현의 몰락에 대해 말한다. 예술 작품들의 모든 개별 요인들이 지니는 통합을 향한 충동에서는 자연의 분산적 충동이 은밀히 나타난다. 예술 작품들이 통합되면 될수록 그 내부에서는 그것을 이루는 요인들이 그만큼 더 와해된다. 그런 한에서 예술 작품들의 성공 자체가 와해이며, 이로 인해 예술 작품들은 불가해한 면을 지닌다. 그러한 와해는 동시에 예술의 내재적 저항력, 즉 원심력을 작동시킨다. 미가 순수해진 부분적 형태를 통해 실현되기는 어렵다. 미는 작품의 역동적 총체성을 향해 나아가며, 이처럼 부분 상태로부터 점차 벗어남으로써 형식화 작업을 계승하지만, 또한 그 부분 상태 혹은 산만한 것에 매달리기도 한다. 예술에서 이루어지는 상호작용은 잠재적으로 형상을 통해 예술도 관여하는 죄와 벌의 순환과정을 깨뜨리며, 이로써 예술은 신화를 넘어선 어떤 상태의 시각을 열어준다. 예술은 죄와 벌의 순환과정을 이마고로 변형하며, 이 이마고는 그 순환과정을 반영하고 이로써 그것을 초월한다. 미의 형상에 대한 충실성은 이 형상에 반대하는 개인 성벽을 유발한다. 그것은 긴장을 요구하고 결국 긴장의 해소와 대립한다. 긴장의 소멸이라는 말은 여러 현대 예술에 제기되는 항의 가운데 가장 심각한 것이다. 부분들과 전체의 관계가 아무래도 좋다는 말은 이를 달리 표현한 것일 뿐이다. 이 경우 긴장이 추상적으로 상정되면 역시 빈약한 공예품을 닮을 것이다. 긴장 개념은 긴장에 항상 수반되는 긴장되는 것, 즉 형식만 아니라 작품에서 부분 상태들로 대표되는 형식의 타자에도 적용된다. 그러나 일단 긴장의 안정상태로서 미가 총체성으로 넘어가면 미는 총체성의 소용돌이 속에 휘말려 들어간다. 통일성에 대한 부분들의 연관 관계인 총체성이 각 부분의 실체성이라는 계기를 요구하거나 전제하기 때문이다. 이 점은 과거의 예술에서보다 새로운 예술에서 더 두드러지는데, 과거의 예술에서는 이미 굳어진 관용적 표현 아래에 긴장이 훨씬 더 잠재적인 상태로 머물러 있었기 때문이다. 총체성은 결국 긴장을 삼켜버리고 이데올로기에 순응하며, 그 때문에 안정상태 자체가 사라지게 된다. 이런 상태가 미의 위기이며 또 예술의 위기이기도 하다. 아마 지난 20년간의 여러 가지 노력은 이 문제로 수렴할 것이다. 이 경우에도 이질적인 것, 관습적으로 설정된 것, 사물화의 흔적 등을 모두 잘라내야 하는 미의 이념이 관철된다. 미를 위해서라도 미는 이제 더 이상 존재하지 않는 것이다. 이 미라는 것이 이제는 결코 미가 아니기 때문이다. 부정적인 것으로만 나타날 수 있는 것은, 이미 허위임이 간파되어 미 이념의 품격을 떨어뜨리게 될 해결을 조롱한다. 매끄럽게 다듬어진 것 혹은 예술사를 관통하며 예술을 허위라고 모욕해 온 적절한 계산법 따위를 거부하는 미적 민감성은, 미가 성장해 나오기 위한 발판인 긴장과 마찬가지로 예술에서 떼어낼 수 없는 그 합성력이라는 계기에도 적용된다. 예술을 위해 예술을 거부하게 될 전망도 예상된다. 이는 침묵하거나 소멸해 가는 예술 작품들에서 암시되고 있다. 사회적으로도 그런 예술 작품들은 올바른 의식이다. 즉 사회주의 리얼리즘보다는 차라리 예술을 그만두는 편이 낫다는 것이다.

미메시스와 합리성

　예술은 미메시스적 반응의 은신처다. 예술 속에서 주체는 그 자율성의 단계가 변해가는 가운데 타자와 분리되더라도 완전히 분리되지는 않은 상태로 이 타자와 맞선다. 예술이 그 선조인 마술 활동을 거부한다는 것은 예술이 합리성에 관여하게 되었음을 함의한다. 미메시스적 존재인 예술이 합리성의 한가운데에서도 가능하고 합리적 수단을 이용하기까지 할 수 있다는 것은 관리되는 세계인 합리적 세계의 그릇된 비합리성에 대한 반응이다. 자연 지배 수단의 요체인 모든 합리성의 목적이 다시 수단은 아닐 테고, 따라서 비합리적인 것일 터이기 때문이다. 자본주의사회는 바로 이 비합리성을 은폐하고 부인한다. 반면에 예술은 이중의 의미에서 진리를 대변한다. 즉 합리성으로 뒤덮인 그 목적의 이미지를 고수한다는 점에서, 그리고 기존 상황의 비합리성 내지 자가당착을 입증해 준다는 점에서 그렇다. 인류의 역사를 통해 정신은 지치지 않고 간헐적으로 되풀이하여 직접적 개입의 망상을 품어왔다. 이 망상을 버림에 따라 예술을 통한 기억이 직접 자연을 향하는 일은 금지되었다. 분리는 단지 분리를 통해서만 철회될 수 있다. 이로 인해 예술에서 합리적 계기는 강화되고 동시에 속죄된다. 예술의 합리적 계기는 현실적 지배권에 저항하기 때문이다. 물론 그것은 이데올로기로서 언제나 다시 이 현실적 지배권과 결합하기도 한다. 예술이 마술이라고 하는 말은 진부한 것이다. 예술은 마술로 되돌아가는 것을 거부하기 때문이다. 예술은 막스 베버가 세계의 탈마법화라고 부른 과정 속의 한 계기를 형성하며 합리화와 얽혀 있다. 예술의 모든 수법이나 생산방법은 모두 그러한 데에서 유래한다. 예술의 이데올로기가 이단시하는 기술은 예술에 내재하면서 예술을 위협하기도 한다. 예술의 마술적 유산은 예술의 전체 변화 과정 속에서 끈질기게 남아 있기 때문이다. 단지 예술은 기술을 지배권이 수행하는 바와 반대 방향으로 동원할 뿐이다. 미학적 각성의 거의 모든 전통이 감상적이고 취약한 성격을 띠는 것은 그 각성이 예술에 내재하는 합리성과 미메시스의 변증법을 은폐한 데에 기인한다. 이 점은 기술적인 작품이 마치 하늘에서 떨어지기라도 한 듯이 놀라는 태도에서도 나타난다. 본래 그 두 가지 생각은 상보적이다. 그렇기는 하지만 예술이 마술이라고 하는 상투어도 어떤 진실을 상기시킨다. 주관적으로 만들어진 것이 그 타자인 만들어지지 않은 것과 비개념적으로 친화성을 띤다는 의미의 미메시스가 여전히 남아 있다는 점에서 예술은 인식의 한 형태로 규정되며, 그런 한에서 그 나름으로 '합리적'이다. 미메시스적 반응은 인식이 자체의 범주들을 통해 차단하기도 하는, 인식의 목적에 감응하기 때문이다. 예술은 이처럼 인식에서 배제된 것들을 위해 인식을 보충하며 그로써 다시 인식의 성격, 즉 인식의 일의성을 침해한다. 예술을 통해 세속화되는 마술은 이러한 세속화를 사실상 거부하며, 예술의 마술적 본질은 세속화 과정에서 신화의 잔재나 미신으로 격하되는데, 이로 인해 예술은 해체될 위험에 처한다. 오늘날 예술의 새로운 성질 혹은 위기로서 등장하는 것은 예술의 개념만큼이나 오래되었다. 예술이 이러한 이율배반을 어떻게 처리하느냐에 따라 예술의 가능성과 그 수준이 결정된다. 예술은 자체의 개념을 충족시킬 수 없다. 이로 인해 각각의 예술 작품은 가장 높은 수준의 것일지라도 모두 불완전해지며, 그 결과 예술 작품들이 추구할 수밖에 없는 완전성의 이념은 부인된다. 무반성적으로 일관성만 추구하는 계몽은 완고한 실천가들이 실제로 냉담한 태도로 그러하듯이 예술을 배척할 수밖에 없을 것이다. 예술이 문자 그대로의 마술로 퇴행하느냐, 아니면 미메시스적 충동을 사물적 합리성에 내맡겨 버리느냐 하는 아포리아가 예술의 운동 법칙을 규정한다. 결코 이 아포리아를 제거할 수는 없다. 각각의 예술 작품은 모두 과정을 이루는데, 이 과정의 깊이는 그 계기들의 화해 불가능성을 통해 형성된다. 이 점을 화해의 형상이라는 예술의 이념에 덧붙여 생각해야 할 것이다. 실로 어떤 예술 작품도 결코 성공할 수 없기 때문에, 그 계기들의 힘이 자유로워진다. 오직 이로써만 예술은 화해를 바라보게 된다. 예술은 합리성에서 벗어나지 않은 채 합리성을 비판하는 합리성이다. 그것은 결코 합리성에 이르지 못한 것이나 비합리적인 것이 아니다. 이러한 것은 인간의 모든 활동이 사회의 총체성 속에 얽혀 들어가게 된 사실에 비추어 본다면 미리 허위라는 판정을 받았다고 할 수 있다. 그 때문에 합리주의 예술 이론과 비합리주의 예술 이론은 다 같이 실패한다. 계몽적 신조가 그대로 예술에 옮겨진다면 속물적 냉담성에 이를 것이다. 이런 태도로 지난날 바이마르의 의고주의자들이나 같은 시대의 낭만주의자들은 독일 내 부르주아혁명 정신의 빈약한 충동을 그 자체의 가소로움을 근거 삼아 쉽사리 죽일 수 있었다. 물론 150년 후 폐쇄적인 부르주아 예술종교의 속물근성은 그 속물근성을 훨씬 능가하기는 했다. 예술 작품들에 예술 외부의 논리나 인과율 등의 척도를 적용함으로써 예술 작품들에 무기력하게 반론을 제기하는 합리주의는 아직 소멸하지 않았다. 예술의 이데올로기적 악용이 그러한 합리주의를 유발한다. 리얼리즘 소설에 아직도 매달리고 있는 누군가는 아이헨도르프[22]의 "구름이 무거운 꿈처럼 지나간다"[23]는 시구에 대해 구름을 꿈에 비유할 수는 없고 기껏해야 꿈을 구름에 비유할 수 있을 뿐이라고 반론을 제기하겠지만, 자연이 내면적인 것의 예감에 찬 비유로 변하게 되는 예술 영역에서는 그러한 시구가 그처럼 진부한 정확성에 대해 면역성을 지닌다. 넓은 의미에서 감상문학의 한 원형이라고 할 수 있는 그러한 시구의 표현력을 부인하는 사람은 작품의 언어나 그 짜임관계가 지니는 가치들을 음미하며 그 속에서 움직이지 못하고, 작품의 희미한 빛 속에서 비틀거리다 쓰러질 것이다. 예술 작품에서 합리성은 통일성을 만들고 조직을 이루는 계기로서 예술 작품 외부의 지배적 합리성과 무관하지 않지만, 그렇다고 그러한 합리성의 범주적 질서를 모사하지는 않는다. 이 외부 세계의 범주적 질서에 비추어 보아 비합리적인 예술 작품의 특징들도 비합리주의 정신의 징후는 아니다. 또 그것이 항상 감상자의 비합리주의적 신조의 징후인 것도 결코 아니다. 어떤 신조는 오히려 신조를 따르는 예술 작품들, 어떤 면에서 합리주의적인 예술 작품들을 생산하곤 한다. 오히려 서정시인은 무례한 태도 덕분에, 즉 자신의 영역에 그림자처럼 파고드는 논리적 계율에서 벗어남으로써 자기 작품들의 내재적 법칙성에 따를 수 있게 된다. 예술 작품들은 억압하지 않으며, 표현을 통해 산만한 것 혹은 달아나는 것들을 눈앞에서 의식하도록 도우면서도, 정신분석이 비난하는 것처럼 그러한 것을 '합리화하지' 않는다. 비합리적인 것, 즉 실천 지향적 이성의 게임 규칙에 다소 타격을 주는 예술을 비합리주의적인

---

22 [옮긴이] Joseph Karl Benedikt Freiherr von Eichendorff(1788~1857): 독일 후기 낭만주의 시인. 산업혁명 초기의 유용성과 대비되는 자연과 영혼을 추구했다.
23 Josepf von Eichendorff, *Werke in einem Band*, hg. W. Rasch, München: Carl Hanser, 1955, p. 11("Zwielicht").

것이라고 비난하는 일은 공공연한 예술신앙의 비합리성 못지않게 그 나름으로 이데올로기적이다. 그러한 비난은 그때그때 필요에 따라 모든 색깔의 기관원들의 계획에 잘 어울린다. 비합리적 면모를 통해 사람들을 놀라게 한 표현주의나 초현실주의 등의 조류는 폭력, 권위, 반계몽주의 등에 반대했다. 독일의 표현주의 조류와 프랑스의 초현실주의 색채를 띠는 조류가 모든 정신을 목적을 위한 수단으로 봄으로써 모든 것을 삼켜버린 파시즘에 합류했다는 사실은 그러한 운동의 객관적 이념에 비춰 본다면 두드러진 것이 아니다. 즈다노프[24]의 아류들이 만들어낸 미학이 선동적 목적들을 위해 의도적으로 그 점을 과장했을 뿐이다. 비합리적인 것을—즉 질서와 영혼의 비합리성을—예술적으로 분명히 드러내고 형식화함으로써 부단히 어떤 의미에서 합리적인 것으로 만드는 일과, 어설프게 공약수를 찾을 수 있는 표면적 연관관계 속에서 미적 수단상의 합리주의라고 칭할 수 있는 것이 흔히 그러하듯이 비합리성을 설교하는 일은 별개의 문제다. 기술적 재생산이 가능한 시대의 예술 작품에 관한 벤야민의 이론도 그러한 문제를 전적으로 합당하게 다루지는 못하고 있다. 아우라적인 작품과 대량으로 재생산된 작품의 단순한 안티테제는 양자의 확연한 대비를 위해 두 유형 사이의 변증법을 소홀히 하며, 사진술을 모형으로 생각하는 예술 작품관의 제물이 된다. 이러한 예술 작품관은 예술가를 창조자라고 보는 견해 못지않게 야만적이다. 그런데 본래 벤야민도 「사진의 작은 역사Die kleine Geschichte der Photographie」에서는 그러한 대립을 5년

---

24 [옮긴이] Andrei Aleksandrovich Zhdanov(1896~1948): 소련의 정치가로 스탈린의 측근이었다. 1934~44년 무자비한 숙청을 주도한 것으로 알려져 있다.

뒤에 나온 재생산 연구처럼 그렇게 비변증법적으로 표명하지 않았다.[25] 이 재생산 이론은 아우라의 정의를 사진 연구에서 말 그대로 받아들이고 있는데, 사진 연구는 초기의 사진들에 아우라가 있었다고 찬양하는 투로 주장하며 사진들의 상업적 남용에 대한 비판을 통해 ─아제[26]를 통해─ 비로소 그 아우라가 사라지게 되었다고 주장한다. 아마 이러한 설명이 재생산 이론에서처럼 단순화하는 경우보다 훨씬 더 사실에 접근할 것이다. 물론 그러한 단순화 덕분에 재생산 이론은 극히 호평을 받게 되기는 했다. 그러나 그처럼 모사적 성격을 지향하는 견해의 넓은 그물코 사이로 벤야민이 아우라 개념을 도입하게 된 동기 가운데 나름으로 예배적 연관 관계에 대립하는 계기, 즉 먼 곳으로 나아가는 계기, 현존재의 이데올로기적 표면을 비판하는 계기가 빠져나간다. 아우라에 관한 판결은 쉽사리 질적으로 현대적인 예술, 즉 익숙한 사물들의 논리에서 떨어져 나오는 예술에도 옮겨지며, 그 대신 대중문화의 산물들을 비호한다. 이 대중문화의 산물들에는 이권이 감추어져 있다. 그것들은 이른바 사회주의 국가라는 곳들에서도 이권의 흔적을 지닌다. 브레히트는 12음 기법과 무조음악을 낭만적이고 표현적이라고 의심하며, 사실상 그보다 가요 형태의 음악을 높이 평가했다. 그러한 입장에 근거해 그는 이른바 비합리적 정신 조

25 Benjamin, "Kleine Geschichte der Photographie," *Angelus Novus. Ausgewählte Schriften 2*, Frankfurt a. M.: Suhrkamp, 1966, pp. 229 이하; "Das Kunstwerk im Zeitalter seiner technischen Reproduzierbarkeit," *Schriften*, hg. Th. W. Adorno · G. Adorno, Frankfurt a. M.: Suhrkamp, 1955, Bd. 1, pp. 366 이하 참조.
26 [옮긴이] Jean Eugène Auguste Atget(1857~1927): 프랑스의 사진사. 그는 사람들의 모습이 보이지 않는 작품에서도 서정적인 분위기를 만들었다. 역사적 건물이나 기념물을 찍은 그의 사진이 박물관 등에 팔리기도 했다.

미메시스와 합리성

류들을 무조건 부르주아적 사물화에 저항할 방법이 없는 파시즘이라고 몰아간다. 그러나 그 조류들은 아직도 여전히 저항을 통해 도발하고 있다. 그는 동구권의 정책에 부응하는 가운데 대중 기만으로서의 계몽[27]에 대해 맹목적이다. 나타나는 그대로의 현상에 집착하는 탈마법화된 처리 방식은 그저 그러한 현상을 찬양하는 데에 극히 편리할 뿐이다. 벤야민이 광범하게 구상한 재생산 이론의 결함은, 그것의 양극적 범주들로는 근본층에 이르기까지 탈이데올로기화된 예술 구상 그리고 대중 착취 및 지배를 위한 미적 합리성의 악용 사이의 차이를 구분할 수 없다는 점이다. 이러한 양자택일은 거의 다루어지지도 않고 있다. 벤야민은 초현실주의에서 절정에 도달하지만 영화에서 급속히 온건해진 몽타주 개념을 카메라 차원의 합리주의를 초월하는 유일한 계기로 이용한다. 몽타주는 확실한 상식적 현실 요인들을 자유로이 처리하여 그것들의 경향을 강제로 변화시키기도 하고, 아주 성공적인 경우에는 그 요인들의 잠재적 언어를 일깨우기도 한다. 그러나 몽타주는 그 요소들 자체를 폭파하지 않는 한 무기력하다. 다름 아니라 몽타주는 완성된 채 외부로부터 작품에 제공된 재료를 받아들이는 점에서 순응적 비합리주의의 잔재를 지닌다고 비난받을 수 있을 것이다.

구성 개념

몽타주 원칙은 일관성을 띠고 구성 원칙으로 옮겨갔는데, 물론

---

27 Horkheimer·Adorno, *Dialektik der Aufklärung*. p. 128 참조.

그러한 일관성의 각 단계는 아직 등장하지 않은 미학사에서나 비로소 제대로 기술될 수 있을 것이다. 구성 원칙에서도, 즉 재료나 각 계기를 설정된 통일체 속에 끌어들여 해체하는 경우에도 매끄럽게 만드는 요인, 조화를 이루는 요인, 혹은 순수한 논리성의 계기 등이 유발되어 이데올로기가 되려는 경향이 있다는 점 또한 언급해야 할 것이다. 지배적인 전체의 허위에 예술도 감염된다는 것이 오늘날 모든 예술의 숙명이다. 그렇더라도 구성은 오늘날 예술 작품에 내재하는 합리적 계기의 유일하게 가능한 형태다. 자율적 예술의 초기인 르네상스 시대에 예배적 타율성으로부터 예술이 해방되는 과정도 구성——그 당시에는 이것을 '콤포지션Komposition'이라고 칭했다——의 발견과 더불어 이루어졌다. 구성은 예술 작품이라는 단자 속에서 비록 제한된 힘밖에 지니지 못하지만 대상에 대한 인식으로부터 옮겨온 논리와 인과성의 대리자. 구성은 다양한 것들의 종합인데, 이는 구성을 통해 제어되는 질적 계기들에 대해서와 마찬가지로 구성 속에서 소멸된다고 여겨지지만 실제로 구성을 이룩하는 주체에게도 부담이 된다. 인식 과정들, 그보다 어쩌면 이 과정들에 대한 인식론적 해석과 구성 사이의 유사점은 그 차이, 즉 어떤 예술도 본질적으로 판단하지는 않으며, 또 판단할 때에는 자체의 개념에서 벗어나게 된다는 차이점만큼이나 분명하다. 구성은 외부에서 부여된 것들만 아니라 내재적인 부분적 계기들 모두를 가차 없이 종속시킨다는 점에서, 회화에서의 콤포지션을 포함한 광의의 콤포지션과 구분된다. 그런 한에서 구성은 주체의 지배가 연장된 것이다. 이 지배는 진행되면 될수록 그만큼 더 철저하게 은폐된다. 구성은 현실적 요소들을 그 1차적 연관 관계로부터 떼어내어 자체 내에서 변화시킴으로써, 외부로부터 그러한 요소들에 타율적으로 부과되기도 하고 그에 못지않게 내부에서 그것들이 부딪치기도 하는 통일성이 다시 저절로 이루어지도록 만든다. 예술은 구성을 통해 필사적으로 자체의 힘에 근거해 그 유명론적 상황, 즉 우연적인 것이라는 느낌에서 벗어나 포괄적 구속력을 가지는 것 내지 보편적인 것에 도달하고자 한다. 이를 위해 구성은 요소들을 그렇게 환원할 필요가 있는데, 이때 환원은 요소들의 힘을 약화하고 현존하지 않는 것에 대한 승리로 전락할 위험도 있다. 추상적인 선험적 주체, 즉 칸트 도식론상의 감추어진 주체가 미적 주체로 되는 것이다. 그렇지만 구성은 미적 주관성을 비판적으로 제한한다. 이는 구성주의적 조류들이—예컨대 몬드리안[28]의 경우—원래 표현주의 조류와 대립했던 것을 보면 알 수 있다. 구성의 종합이 이루어지기 위해서는 반발이 아무리 심하더라도 요소들로부터 그러한 구성을 읽어내야 하는데, 이 요소들 자체는 결코 그것들에 부과된 것에 순수하게 따르지 않기 때문이다. 따라서 구성이 유기적인 것을 환각적인 것이라고 거부하는 것은 극히 정당하다. 유사 논리적 보편성을 지니는 주체가 이러한 행위의 담당자이지만 그가 표명하는 말은 결과적으로 아무 상관없게 된다. 헤겔 미학은 이처럼 진정으로 변증법적인 관계를 어떤 구성주의보다도 훨씬 먼저 인식하였으며 주체가 예술 작품 속에서 소멸하는 데에서 예술 작품의 주관적 성공을 찾았다. 이는 그의 가장 깊이 있는 통찰 가운데 하나다. 예술 작품이 단순히 주관적일 뿐인 이성을 탈피한다면, 이는 현실에 순응함으로써가 아니라 그러한 소멸을 통해

---

28 [옮긴이] Pieter Cornelis Mondriaan(1872~1944): 네덜란드 화가. 고흐 및 야수파의 영향을 받았고 네덜란드 구성주의를 대표한다.

비로소 이루어진다. 그것이 구성의 유토피아다. 구성의 그릇된 면은, 그것이 통합된 것을 말살하고 자체의 생명을 위해 필수적인 과정을 중단시키는 경향을 필연적으로 띨 수밖에 없다는 점이다. 오늘날의 구성적 예술에서 나타나는 긴장의 상실은 주관적 약점의 산물일 뿐만 아니라 구성의 이념에 의해서도 야기된다. 그 근거는 가상에 대한 구성의 관계에 있다. 구성은 자체의 외부에 아무것도 허용하지 않는 거의 중단할 수 없는 과정을 통해 어떤 특유의 현실적인 것이 되고자 한다. 그런데 구성은 다름 아닌 그 원칙들의 순수성을 외부의 기술적 목적형식들로부터 차용한다. 그러나 무목적적인 것이라는 점에서 구성은 예술 속에 붙잡혀 있다. 순수하게 구성되고 엄격하게 즉물적인 예술 작품은 아돌프 로스 이래로 모든 공예물과 전적으로 대립했지만 목적형식들에 대한 미메시스로 인해 공예물로 변하게 된다. 무목적의 합목적성이 아이러니로 되는 것이다. 이에 맞서는 데에는 이제까지 단 한 가지만, 즉 주체가 주관적 이성에 반론을 제기하면서 개입하는 것만이 도움이 되었다. 그것은 주체가 스스로를 부정하고 싶게 하는 조건을 넘어서는, 주체의 표현 중 잉여분이다. 이러한 모순을 적당히 무마하지 않고 해결함으로써만 아직도 아무튼 예술은 존속할 수 있다.

테크놀로지

즉물적 예술에 대한 요구는 결코 목적과 결합된 매체들에서 충족된 적이 없고 자율적 매체에도 관여하게 되었다. 그러한 요구는 우선 인간 노동의 산물이면서도 사물 혹은 여러 가지 물건 가운데 하나가 아니고자 하는 예술을 간단히 부인한다. 즉물적 예술이라는 말은 우선 모순어법이라고 할 수 있다. 그러나 이러한 모순어법이 확장된 것은 현대 예술의 본질적인 측면이기도 하다. 마술 단계의 잔재인 예술의 마술은 세계의 탈마법화로 인해 직접적이고 감각적인 현재로서는 논박되지만, 그러한 계기가 완전히 지워질 수는 없다. 예술은 이러한 사실을 근거로 운동한다. 단지 그러한 계기 속에만 예술의 미메시스적 요소가 보존될 수 있다. 또 이러한 계기가 그 나름으로 진리를 지니는 것은 절대화된 합리성을 자체의 실존을 통해 비판하기 때문이다. 마술 자체도 현실적인 것이라는 요구에서 벗어난 한에서 계몽의 일부다. 즉 그것의 가상은 탈마법화된 세계를 탈마법화한다. 오늘날의 예술은 이러한 변증법적 영기Äther 속에서 이루어진다. 아직도 남아 있는 마술적 계기가 진리라는 주장을 포기하는 것, 이것이 미적 가상과 미적 진리의 영역을 규정한다. 지난날 본질을 지향했던 정신적 반응 방식의 유산 속에는 매개된 상태로 그처럼 본질적인 것을 인식할 예술의 기회가 남아 있다. 그런데 이 본질적인 것을 금기시하는 일과 합리적 인식의 진보가 동일시되고 있다. 탈마법화된 세계 속에서는 스스로 인정하지 않더라도 예술이라는 사실 자체가 이 세계에서 용납되지 않는 마술의 모조품으로서 일종의 추문이다. 그러나 예술은 이런 생각을 확고하게 받아들이고 맹목적으로 스스로를 마술이라고 간주한다면 진리에 대한 자체의 요구와 반대로 환각적 행위로 격하되고 실로 위태로워질 것이다. 탈마법화된 세계 속에서는 어떤 고무적 위로의 말도 하지 않는 예술의 극단적 언어도 모두 낭만적인 것처럼 들린다. 예술 발전의 마지막 단계로서 낭만주의 예술을 설정하는 헤겔의 미학적 역사철학은 반낭만주의 예술을 통해서도 입증된다. 그러나 또한 이 반낭만주의 예술만이 탈마법화된 세계를 능가하는 자체의 어두운 면을 통해, 탈마법화된 세계가 그 현상의 막대한 힘, 즉 상품의 물신적 성격으로써 야기하는 마술을 제거할 수 있다. 예술 작품들은 자체의 현존을 통해, 현존하지 않는 어떤 것의 현존재를 상정하며, 이로써 그것이 실제로는 존재하지 않는다는 사실과 갈등에 빠진다. 그러나 이러한 갈등은 재즈 팬들이 생각하는 방식, 즉 그들의 취미에 어울리지 않는 것은 탈마법화된 세계와 결합될 수 없으므로 시대에 맞지 않는다고 보는 사고방식으로는 생각할 수도 없다. 이 세계에 어울리지 않는 것만이 참이기 때문이다. 예술적 성향의 아프리오리와 역사적 상황은 언제 조화를 이루었는지 몰라도 이제는 결코 일치하지 않는다. 순응을 통해 이러한 부조화를 제거할 수는 없다. 오히려 그것을 견뎌내는 것이 진리다. 이와 반대로 예술에는 확고한 것이든 싸구려로 팔리는 것이든, 이른바 순수하고 직접적인 내면성에 호소함으로써 중단시킬 수 없는 예술의 테크놀로지적 경향으로 인해 탈예술화가 내재해 있다. 예술의 기술 개념은 근래에야 등장했다. 프랑스혁명 이후 미적 자연 지배가 스스로를 의식하게 되었을 때에도 아직 그 개념은 없었다. 물론 예술의 기술 자체가 없었던 것은 아니다. 예술의 기술은 기술 시대라는 것에, 즉 그 구조에 대해 생산력이 직접 결정적인 역할을 하지만 생산력을 제약하고 있는 생산관계는 별 역할을 하지 않는 것처럼 스스로를 어리석게도 기술 시대라고 열성적으로 광고하는 시대에, 안이하게 순응하는 것을 의미하지는 않는다. 2차 대전 후의 현대 예술운동에서 드물지 않았던 것처럼 미적 테크놀로지가 기술 혁신 대신에 예술 자체의 과학화를 추구하면, 예술은 난관에 빠질 것이다. 과학자들, 특히 물리학자들은 그들의 학술 용어에 도취하는 예술가들이 오해하고 있다는 점을 쉽사리 증명할 수 있었으며, 그들이 자신의 처리 방식들을 위해 이용한 물리학 용어들과 이것들이 뜻하는 사실들이 일치하지 않는다는 점을 상기시켜 줄 수 있었다. 예술의 기술화 현상은 현실을 감추는 마술에 대한 불신이나 각성한 의식 같은 주관적 측면 못지않게, 어떻게 예술 작품들을 구속력 있는 것으로 조직할 수 있느냐 하는 객관적 측면으로부터도 유발된다. 그 가능성은 오늘날까지 남아 있는 전통적 처리 방식들이 쇠퇴함에 따라 문제적인 것이 되었다. 그러나 이제 칸트가 일반적으로 미와 동일시했던 목적-수단-관계라는 의미에서 예술 작품들을 조직해 줄 것으로 기대되는 테크놀로지가 등장했다. 비록 예술사에는 물질적 생산의 기술혁명과 유사해지는 순간들이 있지만, 기술은 결코 미봉책으로서 외부로부터 끼어든 것이 아니다. 예술 작품들이 점점 더 주관화됨에 따라 전통적 처리 방식들로 예술 작품들을 자유롭게 다루는 것도 가능해졌다. 기술 발전으로 인해 이 자유로운 처리가 원칙적으로 가능해지는 것이다. 팔라디오[29] 이래로 위대한 전통적 예술 작품들은 비록 간헐적으로만 기술적 처리 방식에 대해 각성했을 뿐이지만, 예술 작품들의 진정성은 테크놀로지가 전통적 처리 방식을 파괴할 때까지 예술 작품들이 기술적으로 철저히 형상화되는 정도에 좌우되었다. 기술화를 정당화하는 데에는 그러한 사실을 근거로 삼을 수 있다. 문화 이데올로기는 이데올로기적 언어로 예술의 기술 시대라고 하는 것을 지난날 인간이 자연발생적으로 이룬 것의 후예이자 타락한 형태로 간주하지만, 돌이

---

29 [옮긴이] Andrea Palladio(1508~80): 이탈리아 건축가. 고대 로마와 이탈리아 르네상스 건축을 그때그때의 건축 목적에 맞도록 창조적으로 변형하는 방식으로 서양 건축에 지대한 영향을 끼쳤다.

켜 보면 과거와 관련해서도 예술의 본질구성 요소인 기술은 문화 이데올로기가 인정하는 것과는 비교할 수 없을 만큼 명확하게 인식할 수 있다. 바흐의 경우에는 예컨대 그의 음악이 지니는 구조와 그 당시 그것을 충분히 적합하게 연주하는 데에 이용할 수 있었던 기술적 수단 사이에 간격이 있었다는 사실을 지적할 수도 있을 것이다. 이는 미학적 역사주의 비판에 유효하다.[30] 하지만 그런 유형의 인식들은 복합적 문제 전체를 포괄하지 못한다. 바흐는 경험을 통해 고도로 발달한 작곡 기술을 사용할 수 있었다. 그와 반대로 간명하게 태고적이라고 할 수 있는 작품들에서는 표현이 기술 및 기술 부재나 기술을 통해 아직 이루어지지 않은 것 등과 융합되어 있다. 원근법이 나오기 이전의 그림에서 보게 되는 효과가 표현된 것의 깊이 덕분인지, 아니면 언제나 다시 표현 자체로 되는 기술적 결함의 문제에 기인하는지에 대해 논쟁하는 것은 공허한 일이다. 일반적으로 가능성이 열려 있지 않고 제한되어 있는 태고적 작품들에는 바로 그 때문에 늘 과제의 실현에 필요한 만큼의 기술만 존재하고 그 이상은 존재하지 않는 듯해 보인다. 이로써 그러한 작품들은 기술적 측면과 관련해 착각을 야기하는 기만적 권위를 지니는데, 실은 이 기술적 측면이 바로 그러한 권위의 조건이다. 이러한 작품들 앞에서는 의도한 바가 무엇이냐, 무엇이 아직도 이루어지지 못하고 있느냐 하는 등의 물음은 무의미해진다. 실제로 그러한 물음은 객관화된 작품에 비추어 볼 때 사람들을 오도한다. 그러나 그런 물음을 포기하는 데에도 반계몽적 계기가 있다. 예술

---

30   [옮긴이] 아도르노는 변증법의 관점에서 역사적 사유를 중요시하지만, 역사주의적 도식과 상대주의에 대해서는 비판적이다.

의지Kunstwollen라는 리글[31]의 개념은 비록 미적 경험을 추상적-초시대적 규범에서 벗어나게 하는 데에 도움이 되었지만, 그것을 고수하기는 어렵다. 한 작품에서 의도한 바가 무엇이냐 하는 문제가 결정하는 바는 별로 없고 단지 드물게나마 그런 역할을 한다. 빌라 줄리아[32]에 있는 에트루리아 아폴로상에 나타나는 야성적 경직성은 의도한 것이든 아니든 그 사상내용의 본질구성 요인이다. 그러나 기술의 기능은 변화하며 어떤 분기점들에 이르면 역전하기도 한다. 생산의 수용성 문제를 어떻게 생각하든 그와 구별되는 제작 문제가 예술에서는 우선적이라는 점이 기술의 완전한 발전이 이루어짐에 따라 확인된다. 예술이 억압된 채 제작될 수 없는 요인들을 변화하는 각 단계에서 대변하는 한, 기술은 예술의 대립물이 될 수 있다. 하지만 깊이 없는 문화 보수주의가 원하는 바처럼 예술의 기술화가 제작 가능성의 문제만으로 끝나지는 않는다. 자연을 지배하는 주체의 팔이 연장된 것이라고 할 수 있는 기술화를 통해 예술 작품들은 주체의 직접적인 언어를 버리게 된다. 테크놀로지적인 법칙성은 예술 작품을 만들어내는 단순한 개별자의 우연성을 몰아낸다. 전통주의는 그러한 과정을 탈영혼화 과정의 일부로 보고 격분한다. 그러나 바로 이 과정은 그 최고 산물들의 경우, 오늘날 흔히들 시끄럽게 떠들어대는 것처럼 그로부터 어떤 심리적인 것이나 인간적인 것을 서술하는 대신, 예술 작품 그 자체가

31 [옮긴이] Alois Riegl(1858~1905): 오스트리아 미술사가로 빈 예술사학파의 대표자였다. 그는 가치판단을 지향하는 예술사 서술에 반대하여, 하나의 양식 시대에서 예술의지가 결정적 역할을 한다고 강조했다.
32 [옮긴이] Villa Giulia: 16세기 중엽에 이탈리아의 로마에 세워진 건물로, 오늘날에는 에트루리아 예술품들을 위한 국립 박물관으로 쓰인다. 이곳에 있는 아폴로상은 테라코타 방식으로 BC 510~BC 500년경에 만들어졌다.

말하도록 만든다. 사물화라고 불리는 것도 근본적인 것이 되면 사물들의 언어를 모색한다. 그와 같은 것은 인간에게 의미 있는 것의 우선성으로 인해 제거된 자연의 이념에 잠재적으로 접근해 간다. 강력한 현대 예술은 심적인 것을 모사하는 영역에서 벗어나, 어떤 것을 의미하는 언어로는 표현할 수 없는 것의 영역으로 넘어간다. 이에 대한 근래의 가장 중요한 본보기로는 아마 파울 클레의 작품을 들 수 있을 것이다. 그는 테크놀로지적 신조를 지닌 바우하우스[33]의 구성원이었다.

기능주의의 변증법

아도르노 로스가 의도했고 그 이후 기술 관료들이 기꺼이 반복하는 것처럼 실재하는 기술적 대상들의 미를 설교한다면, 이는 미적 신경조직으로서의 즉물성이 거부하는 바를 주장하는 셈이다. 교량이나 산업 시설처럼 어떤 목적을 위한 조형물들은 현실적 합목적성에서 자체의 형식 법칙을 추구하지만, 불투명한 전통적 범주인 형식적 조화나 경외로운 크기 등에 비춰 본다면, 그런 대상들에 따라다니는 미는 현실적 합목적성을 희생시킨다. 어떤 목적을 위한 조형물들이 그러한 형식 법칙에 충실함으로써 여전히 아름답다는 말은 그로부터 사라지게 된 요인들을 위로하려는 것처럼, 즉 즉물성 자체의 아픈 양심을 달래는 것처럼 변론적이다. 그에 반해 자체 내에서만 기능적인 자율적 예술 작품은 그 내재적 목적론을 통해 지난날 미라고 불리던 것을 이

---

33 [옮긴이] Bauhaus: 발터 그로피우스Walter Gropius가 설립하여 1919~33년까지 운영된 미술, 공예, 사진, 건축 등을 교육한 예술 학교. 클레, 칸딘스키 등이 교수로 있었다. 나치에 의해 폐쇄되었다.

룩하고자 한다. 그런데 목적과 결부된 예술과 무목적적 예술이 비록 서로 구분되면서도 즉물성이라는 신경조직을 공유하지만, 테크놀로지적인 자율적 예술 작품의 미는 문젯거리가 된다. 그러한 미를 그 본보기인 목적을 위한 조형물이 포기하기 때문이다. 그와 같은 미는 기능 없이 기능을 발휘하는 문제로 어려움을 겪는다. 이 경우 외적 목적이 사라짐으로써 내적 목적도 위축되는 것이다. 타자를 위한 것으로서의 기능 발휘는 불필요한 것이 되어 자체목적으로서 장식적인 것이 된다. 이 경우 기능성 자체의 한 계기, 즉 개별 계기들이 원하고 지향하는 바에 따라 아래로부터 형성되어 올라가는 필연성이 침해된다. 이때 가장 심각하게 손상을 입는 것은 즉물적인 예술 작품이 목적을 위한 예술들에서 빌려 오는 긴장의 해소 상태다. 이 모든 것에서는 자체 내에서 기능적으로 철저히 형상화된 예술 작품과 그것의 무기능성 사이의 부적합성이 명백히 드러난다. 그렇기는 하지만 기능성에 대한 미적 미메시스를 주관적인 직접적 요인에 호소함으로써 철회할 수는 없다. 그런 호소는 단지 개인이나 개인의 심리가 사회적인 객관적 상황의 막대한 힘 앞에서 이데올로기로 되어버렸다는 사실을 은폐할 뿐이다. 즉물성은 그것을 올바르게 의식한다. 즉물성의 위기는 즉물성을 어떤 인간적인 것으로 대체하라는 신호가 아니다. 이 인간적인 것은 현실에서 증대하는 비인간성의 상관물인 위로의 말로 타락하고 말 것이다. 그러나 씁쓸한 결말에 이르기까지 생각해 보면, 즉물성은 야만적인 예술 이전의 상태를 지향한다. 키치나 장식 혹은 불필요한 것이나 사치에 접근하는 것 등에 대한 미적으로 잘 훈련된 거부반응도 야만적 측면을 지닌다. 즉 프로이트의 이론에 따르면 문화 속의 파괴적 불쾌감이라는 측면을 지니는 것이다. 즉물성의 이율배반은 진보와 퇴행이 서로 얽혀 있는 계몽의 변증법 가운데 일부를 증언한다. 문자 그대로의 것은 야만적인 것이다. 예술 작품이 완전히 즉물적인 것이 되면, 그 자체의 순수한 법칙성에 의해 단순한 사실로 되고 이로써 예술로서는 끝난다. 이런 위기 속에서 등장하는 양자택일은 예술에서 떨어져 나오느냐 아니면 예술 자체의 개념을 바꾸느냐 하는 것이다.

자연미

자연미에 대한 판결

　셸링의 미학은 예술철학이라고 하는데, 셸링 이래 미학의 관심은 예술 작품들에 집중되었다. 『판단력 비판』의 극히 통찰력 있는 규정들조차 자연미와 관련되어 있었지만, 자연미는 더 이상 이론에서 거의 주제로 다루어지지 않는다. 그러나 그것은 헤겔이 주장하듯이 실제로 자연미가 더 높은 것으로 지양되었기 때문이라고 하기 어렵다. 자연미는 단지 이론에서 배제된 것이다. 자연미 개념은 어떤 상처를 건드리는데, 순수 인공물인 예술 작품이 자연발생적인 것에 가하는 폭력과 연관해 그 상처를 생각하는 것도 별로 틀리지 않을 것이다. 전적으로 인간이 만들어낸 것인 예술 작품은 만들어지지 않은 것인 자연과 외관상 맞선다. 그러나 양자는 순수한 안티테제로서 서로 의지한다. 즉 자연은 매개되고 대상화된 세계에 대한 경험에 의지하며, 예술 작품은 매개된 상태로 직접성을 대변하는 자연에 의지한다. 그래서 자연미에 대한 성찰은 예술 이론에서 불가피하다. 실로 역설적이게도 자연미에 대해 고찰하는 일만 아니라 심지어 자연미라는 주제 자체도 고루하고 지루하고 구태의연한 효과를 내는 데에 반해, 위대한 예술 및 이 예술에 대한 해석은 과거의 미학이 자연에 속한다고 인정해 준 요인들을 받아들이면서, 미적 내재성 너머에 자리 잡고 있지만 그 내재성의 조건으로서 그것에 포함되는 것에 대한 성찰을 차단한다. 그처럼 자연미를 몰아낸 대가는 19세기의 이데올로기적 예술종교로—이 명칭은 헤겔이 고안한 것이었다—넘어가는 것, 그리고 예술 작품을 통해 상징적으로 이루어진 화해에 만족하는 것이다. 칸트가 도입하지만 실러와 헤겔이 비로소 일관성 있게 미학에 이식한 자유와 인간적 품위 개념이 점차 주도권을 얻게 됨에 따라 자연미는 미학에서 사라졌다. 그 개념에 따르면 이 세상에는 자율적 주체에 의해 이루어진 것 이외에는 아무것도 존중할 것이 없다. 그러나 주체를 위한 그 자유의 진리는 동시에 허위이기도 하다. 즉 타자에 대해서는 부자유를 의미한다. 그래서 자연미에 대한 거부에는, 비록 그 덕분에 예술을 정신적인 것으로 파악함에 따라 엄청난 진보가 이루어지기는 했어도, 단순한 자연과 대립하는 품위 개념에도 그렇듯이 파괴적인 계기가 포함된다. 실러의 「우아미와 품위에 대해Über Anmut und Würde」는 극히 중요한 논문이기는 해도 이와 관련해 전환점을 이룬다. 관념론이 미학적으로 초래한 피해들은 요한 페터 헤벨[1]과 같은 관념론의 희생자들에게서 두드러지게 나타난다. 이들은 미적 품위의 이

---

1 [옮긴이] Johann Peter Hebel(1760~1826): 독일 작가, 신학자, 교육자. 민중적인 이야기 모음 『캘린더 이야기Kalendergeschichten』로 유명하다.

름으로 심판을 받지만, 관념론자들이 극히 유한하다고 생각한 그들 자신의 삶을 통해 오히려 그러한 미적 품위가 진부하고 유한하다는 점을 확인시켜 주며, 이로써 또한 그 품위라는 것보다 더 오래 남는다. 아마 주체에 의해 완전히 지배되지 않은 요인들이 모두 고갈되는 현상 내지 관념론의 어두운 그림자가 미학에서처럼 확연한 경우는 없을 것이다. 자연미에 대한 상고심을 벌인다면, 그것은 품위를 인간이라는 동물이 자신의 동물적 성격을 스스로 넘어서는 일로서 다룰 것이다. 자연에 대한 경험에 비추어 볼 때 품위란 주체가 자신에게 굴복하지 않은 것들 내지 여러 성질들을 단순한 재료로 격하하여 전적으로 불확정적인 잠재력으로서 예술에서 배제해 버리는 부당한 짓을 의미한다. 그런데 예술 자체의 개념에 따르면 그것들은 예술에 필요할 것이다. 인간에게 품위가 실증적으로 부여되어 있는 것은 아니다. 오히려 품위는 아직 이루어지지 않은 인간의 상태일 뿐이라고 할 수 있다. 그래서 칸트는 품위를 경험적 성격에 속한다고 보지 않고 예지적 성격에 포함시켰다. 현존하는 인간과 유착된 품위는 실러가 18세기의 정신으로 여전히 불신한 공식적 품위로 급속히 변질되었으며, 그러한 품위의 징표 속에서 예술은 진, 선, 미의 경기장이 되었다. 그리고 이 경기장에서 견실한 것은 미학적 반성을 통해, 광범하고 더러운 정신의 중심 조류에 휩쓸려 들어간 것의 가장자리로 밀려났다.

'탈피'로서의 자연미

전적으로 정립된 것θέσει 내지 인간적인 것인 예술 작품은 자연적인 것Φύσει, 단순히 주체를 위한 존재라고 할 수 없는 것, 칸트식으로 말해서 물자체라고 할 수 있는 것을 대변한다. 지난날 자연이 자연 자체일 수밖에 없었던 것과 마찬가지로, 예술 작품은 자체와 동일한 것으로서 주체에 속하기도 한다. 예술은 소재들, 특히 자연 대상들의 타율성으로부터 해방되고, 모든 대상을 다룰 수 있는 권리를 요구함으로써 비로소 그러한 대상들을 자유로이 처리할 수 있게 되었으며, 또한 자체 내에서 정신에 대해 매개되지 않은 요인들이 지니는 조야함을 제거하게 되었다. 그러나 동일성에 순응하지 않는 것을 모두 뒤엎어 놓은 이 진보 과정은 황폐화 과정이기도 했다. 이러한 점은 관념론의 테러로 인해 과소평가된 진정한 예술 작품들을 상기함으로써 20세기에 확인된다. 카를 크라우스[2]는 자본주의 속에서 억압된 것, 즉 짐승, 풍경, 여인 등을 옹호하는데, 이와 어울리게 그는 과거의 진정한 예술 작품들을 언어적으로 구제하고자 했다. 미학 이론이 자연미를 지향하는 것도 그러한 점에 부합될 것이다. 확실히 헤겔은 진정한 예술 경험이 자연미라는 퇴색한 명칭을 지닌 층, 파악하기 매우 어려운 이 층에 대한 경험 없이는 불가능하다는 점을 밝힐 수 없었다. 하지만 이 경험의 실체성은 현대 예술 깊숙한 곳에까지 파고든다. 예컨대 예술 작품이기도 하고 예술의 형이상학이기도 한 프루스트[3]의 『잃어버린 시간을 찾아서』에서는 산사나무 울타리에 얽힌 경험이 미적 반응의 근원 현상에 포함되는 것으로 여겨진다. 스스로 완전하게 2차 자연

---

2 [옮긴이] Karl Kraus(1874~1936): 체코 태생 오스트리아 작가. 『횃불 Die Fackel』지를 발행하여 풍자적인 작품들을 발표했다. 대표작으로 『인류 최후의 날 Die letzten Tage der Menschheit』(1922)이 있다.

3 [옮긴이] Marcel Proust(1871~1922): 프랑스의 소설가. 7권으로 된 대표작 『잃어버린 시간을 찾아서 À la recherche du temps perdu』는 1913년부터 1927년까지 출간되었다. 세밀한 문체로 시대상과 작가의 감성적 기억을 결합한다.

이 됨으로써 자연의 화해라는 이념에 몰두하는 진정한 예술 작품들은 언제나 마치 숨을 쉬기 위해서인 듯이 자체로부터 벗어나려는 충동을 느꼈다. 동일성이 그러한 예술 작품들의 궁극적 원리는 아니기 때문에 그것들은 1차 자연에서 위로를 찾았다. 예를 들어 야외에서 공연되는 「피가로」[4]의 마지막 장면이나 「마탄의 사수」[5]에서 아가테Agathe가 발코니 위에서 별이 빛나는 밤을 새삼스럽게 깨닫는 순간 등이 그러한 의미를 지닌다. 이처럼 마음 놓고 숨을 쉬는 일도 어떤 매개된 것, 즉 관습적인 세계에 상당히 의존한다는 점을 간과할 수는 없다. 오랜 기간을 거치면서 자연미 감정은 자기 자신에게 내맡겨진 주체가 정리되고 정돈된 세계로 인해 겪는 괴로움과 아울러 증가했다. 그것은 세계고의 흔적을 지닌다. 관습상 자연과 대립하는 예술, 즉 인간이 만든 예술을 칸트도 여전히 어느 정도 불신했다. "형식적으로 볼 때 예술미가 자연미를 능가할지라도 어떤 직접적 관심을 일깨울 수 있다는 점에서 자연미는 예술미보다 우월한데, 이러한 장점은 윤리적 감정을 도야한 모든 인간의 철저하고 정화된 사고방식과도 일치한다."[6] 여기서는 루소[7]의 생각을 엿볼 수 있다. 이는 특히 다음 문장에서 명백히 드러난다. "만일 아름다운 예술 작품들을 극히 올바르고 섬세하게 판단할 줄 아는 미적 취미를 충분히 가진 사람이 허영심이나 기껏해야

---

4 [옮긴이] "Le nozze di Figaro": 상류사회를 풍자하는 보마르셰Pierre-Augustin Caron de Beaumarchais의 희곡을 대본으로 삼아 모차르트Wolfgang Amadeus Mozart가 1786년에 작곡한 오페라.
5 [옮긴이] "Der Freischütz": 베버Carl Maria von Weber가 1821년에 완성한 낭만주의 오페라.
6 Kant, *Sämtliche Werke Bd. 6*, p. 172(*Kritik der Urteilskraft*, § 42).
7 [옮긴이] Jean-Jacques Rousseau(1712~78): 프랑스 철학자. 문명의 진보가 인간을 개선하기보다 타락시킨다고 보았다.

사교적인 기쁨을 주는 아름다움을 접할 수 있는 방에서 기꺼이 나와 자연미를 향해 몸을 돌리고, 여기서 자신이 결코 완전히 펼칠 수 없는 어떤 사고 과정 속에서 자신의 정신을 위한 희열을 찾고자 한다면, 그의 그러한 선택을 우리는 경의를 품고 고찰할 것이며, 예술 감식가 및 애호가가 자신이 다루는 대상들에 대해 갖는 관심으로 인해 요구할 수 없는 어떤 아름다운 영혼을 그가 지니고 있다고 상정할 것이다."[8] 이러한 이론적인 글들도 그 시대의 예술 작품들과 탈피의 제스처를 공유하고 있다. 칸트는 숭고함 혹은 단순한 형식적 유희를 벗어나는 미가 자연에 담겨 있다고 인정했다. 그에 반해 헤겔과 그의 시대는 18세기 사람들이 자명하게 여긴 것처럼 '허영심이나 사교적인 기쁨을 주는' 것이 아닌 예술 개념에 도달했다. 그러나 이로 인해 그들은 칸트가 아직 부르주아혁명 정신을 통해 거침없이 표현하던 경험을 소홀히 하게 되었다. 이 부르주아혁명 정신은 만들어진 것이 틀릴 수 있다고 여기며, 또 그처럼 만들어진 것이 철저히 2차 자연으로 되지는 않았다고 여기기 때문에 1차 자연의 형상을 고수한다.

문화경관에 대해

19세기가 진행되는 가운데 비로소 인공물의 일종으로 처음에는 자연미와 대립한다고 여겨지던 문화경관 분야가 자연미 개념에 포함되었다. 이러한 사실에서 자연미의 개념 자체가 역사적으로 얼마나 심하게 변화하는지 극히 명확히 드러난다. 역사적 조형물들은 예컨대

---

8   Kant, Sämtliche Werke Bd. 6, p. 172.

석재 따위를 사용함으로써 지리적 환경과 유사해지는데, 이러한 관계 속에서 그것들은 아름답다고 느껴진다. 이러한 조형물들에서는 예술에서처럼 형식 법칙이 중심적인 위치를 차지하지는 못한다. 일반적으로 경제적-물질적 조건들이 때때로 예술적 형식을 만들어내기도 하듯이, 교회나 시장을 중심으로 하는 그 조형물들의 질서가 효과의 측면에서는 계획된 듯한 결과를 만들기도 하지만 그것들이 계획적으로 세워지는 일은 거의 없다. 물론 그러한 조형물들은 보통 자연미와 결부되어 있다고 여겨지는 불가침성을 지니지 않는다. 예술 작품들에서도 종종 그러하듯이, 역사는 형식으로서의 역사적 연속성을 자체의 표현으로서 문화경관들에 새겨놓았으며 그것들을 역동적으로 통합했다. 이러한 미적 층을 발견하고 이를 집단의식을 통해 받아들이게 된 것은 낭만주의에서, 아마 무엇보다 폐허에 대한 숭배에서 유래한다고 볼 수 있을 것이다. 낭만주의가 쇠퇴하면서 중간 지대인 문화경관은 오르간 연주회나 새로운 휴양지를 위한 광고 항목으로까지 전락했다. 막강한 도시화 과정은 도시적 본질에 순응하면서도 시장 사회의 낙인을 이마에 붙이고 다니지 않는 것을 그 이데올로기적 보완물로 삼켜버린다. 그로 인해 오래된 작은 담벼락이나 중세 가문의 가옥에서나 얻는 기쁨에는 양심의 가책이 수반되기는 하지만, 그러한 기쁨은 그것을 수상쩍게 만드는 인식보다 더 오래 남는다. 공리주의적으로 기형화된 진보가 지구의 표면에 폭력을 가하는 한, 그러한 경향에 이르지 못하는 과거의 것이 그처럼 뒤처짐으로써 오히려 더 인도적이고 훌륭하다고 지각하는 것을 그 반대 증거들이 아무리 많더라도 완전히 묵살할 수는 없다. 합리화는 아직 합리적이지 않으며 매개의 보편성도 생명력 있는 삶으로 변화하지 못했다. 이로 인해 의심쩍고 낡은 과거의 직접성을 나타내는 흔적들은 어떤 교정적 권한의 계기를 지닌다. 그러한 흔적들을 통해 충족되는 동경은 그로 인해 기만을 당하기도 하고 또 그처럼 그릇된 충족으로 인해 그 자체가 어떤 악한 것이 되기도 하지만, 그것은 기존 질서가 부단히 저지르는 거부로 인해 정당화된다. 그러나 문화경관은 그 가운데 미적으로 설득력 있는 역사의 표현이 과거의 현실적 고난에 의해 유발되었다는 사실에서 그것의 가장 심오한 저항력을 얻는다고 할 수 있다. 제한하는 것의 강압을 망각해서는 안 되기 때문에 제한받는 것의 모습은 기쁨을 주는 것이다. 그러한 형상들은 일종의 경고다. 아직 남아 있기는 해도 이미 폐허가 다 된 건물들과 유사한 문화경관에서는 예로부터 탄식 없는 탄식으로서 침묵하게 된 것이 생명을 얻어 탄식한다. 오늘날 모든 과거에 대한 미적 관계는 그 관계와 묶여 있는 반동적 경향으로 중독되어 있지만, 그 때문에 과거라는 차원을 무슨 쓰레기나 되는 듯이 쓸어버리는 몰역사적 미의식은 이제 더 이상 쓸모없다. 역사적 기억이 없다면 아무 미도 없을 것이다. 해방된 인류, 특히 모든 형태의 국수주의에서 벗어난 인류는 과거와 함께 문화경관도 악의 없이 접할 수 있을 것이다. 자연 가운데 역사에서 멀리 떨어져 있거나 아무 속박도 받지 않는 것처럼 보이는 요인들은 논쟁적으로 말하자면 오히려 사회적 조직망이 극히 긴밀하게 짜여서 생명체들이 질식사할 위험을 느끼게 된 역사적 단계에 속한다. 자연이 인간에게 막강한 존재로 대립하여 등장하는 시기에는 자연미를 위한 공간이 없다. 현상으로 나타나는 자연을 직접적 활동 대상으로 삼는 농업은 흔히 아는 바처럼 경관에 대한 감정과 거리가 멀다. 이른바 비역사적이라는 자연미도 그 역사적 핵을 지니는 것이다. 이로써 자연미가 정당화되는 것과 마찬가지로 그 개념은 상대화된다. 자연이 현실적으로 제어되지 않은 곳에서는 제어되지 않는 상태의 자연 이미지가 끔찍한 것이었다. 그래서 이미 오래전부터 사람들은 자연의 대칭적 질서를 이상할 정도로 편애했다. 감상적인 자연 경험은 유명론의 정신과 공감하는 가운데 불규칙적인 것, 비도식적인 것에서 즐거움을 얻었다. 그렇지만 문명의 진보와 아울러 사람들은 자신이 여전히 얼마나 안전하지 않은 상태에 있는지를 쉽사리 망각한다. 자연에서 느끼는 행복은 주체가 하나의 대자존재자이고 잠재적으로는 자신의 내부에서 무한한 존재라고 하는 생각과 결합되어 있었다. 그래서 주체는 자신을 자연에 투사하며 분열된 상태에서 자연과 자신이 가깝다고 느낀다. 2차 자연으로 경직된 사회 속에서 주체가 처한 무기력 상태는 이른바 1차 자연으로 도피하는 원동력이 된다. 칸트의 경우에는 자연력에 대한 불안이 주체의 자유의식으로 인해 시대착오적인 것으로 되기 시작했다. 그것은 영속화된 부자유에 대한 주체의 불안에 밀려났다. 이 두 가지의 불안은 자연미 경험 속에서 혼합된다. 그러한 경험을 순수하게 토로하는 것이 어려워짐에 따라 예술은 더욱 그러한 경험의 조건이 된다. "대성당들보다는 바다가 더 좋다"는 베를렌의 말은 고도의 문명 단계를 말해준다. 또 그것은 ─인간이 만들었지만 인간의 경험을 말하려 하지 않는 대상과 자연이 연관되어 그것을 조명해 줄 경우 언제나 그렇듯이─치유력 있는 두려움을 야기한다.

예술미와 자연미의 연관성

자연미가 예술미와 어떻게 서로 얽혀 있는지는 자연미 경험을 통해 드러난다. 자연미 경험은 자연과 단지 현상으로서만 관계할 뿐이며, 노동이나 삶의 재생산을 위한 소재로서 관계하지는 않는다. 물론 과학의 기반으로서 관계하지도 않는다. 예술 경험과 마찬가지로 미적 자연 경험은 형상들에 대한 경험이다. 현상으로 나타나는 미로서의 자연은 행위의 대상으로 지각되지 않는다. 특히 예술에서 그렇지만 미적 자연 경험에서도 인간은 자기보존의 목적에서 벗어나 있다. 그런 한에서 자연 경험과 예술 경험 사이의 차이는 그렇게 두드러진 것이 아니다. 양자의 매개는 자연에 대한 예술의 관계에서도 그 반대의 관계에서와 마찬가지로 알 수 있다. 관념론이 설득하려고 했듯이 예술이 곧 자연은 물론 아니지만, 예술은 자연이 약속하는 바를 실현하려고 한다. 예술은 그러한 약속을 깨뜨림으로써만, 즉 그것을 다시 자체로 회수함으로써만 해낼 수 있다. 그런 한에서 예술이 어떤 부정적인 것, 즉 자연미의 궁핍에 의해 고취된다고 하는 헤겔의 주장은 참이다. 실제로 예술은 자연이 사회에 대한 안티테제로서만 정의되는 한 아직 현상으로 나타나는 상태와 같지 않다는 사실을 통해 고취되는 것이다. 자연이 바라지만 이루지 못하는 일, 그것을 예술 작품들이 실현한다. 즉 예술 작품들은 눈을 뜨는 것이다. 현상으로 나타나는 자연 자체는 행위의 대상이 되지 않는 한, 우수Schwermut나 평화 혹은 다른 어떤 것이라도 표현한다. 예술은 상징을 통해 자연을 없애는 가운데 또한 자연을 대변한다. 그러나 자연주의적인 예술은 모두 산업과 유사하게 자연을 원료로 격하시키기 때문에 자연과 기만적으로만 가까울 뿐이다. 자율적 작품에서 이루어지는 경험적 현실에 대한 주체의 저항은 또한 직접 현상으로 나타나는 자연에 대한 저항이기도 하다. 칸트의 장황하고 모순적인 구상에 따르면 물자체가 '현상물들'[9]의 세계 혹은 범주적으로 구성된 대상들과 일치하지 않는 것과 마찬가지로, 현상으로 나타나는 자연에서 떠오르는 것도 경험적 현실과 일치하지 않기 때문이다. 초기 부르주아 시대에 자연미가 예술의 진보 운동 과정에서 생겨났듯이, 예술의 역사적 진보는 자연미를 갉아먹었다. 이 점은 헤겔이 자연미를 과소평가한 점에서도 왜곡된 채 이미 어느 정도 나타난다고 할 수 있을 것이다. 미적인 것으로 된 합리성, 즉 재료들을 내재적으로 처리하여 조형물을 만들어내는 일은 미적 반응에서의 자연적 계기와 유사한 것으로 귀결된다. 상투적 표현들을 비판적으로 포기하고 개별 조형물들을 극단에 이르기까지 자체 내에서 철저히 형상화하는 일 등 예술의 유사 합리적 경향들은 주관화의 산물이다. 모방을 통해서가 아니라 바로 그러한 경향들을 통해서 조형물 자체는 모든 것을 지배하는 주체에 의해 차단된 자연적인 것에 접근한다. 따라서 "근원이 목표다"라는 말이 아무튼 옳다면, 바로 예술의 경우에 그렇다고 하겠다. 자연미 경험이 적어도 그 주관적 의식에 비추어 볼 때 마치 근원과 직접 관련된 듯이 자연 지배의 단계에 이르지 못할 때도 있는데, 그것은 그러한 경험의 강점과 약점을 모두 나타낸다. 그것이 강점인 이유는 아마 이제까지 결코 존재한 적이 없었을, 지배가 없는 상태를 상기시키기 때문이다. 그것이 약점인 이유는 바로 그로 인해 그것이 무정형 상태로 해체되고 말기 때문이다. 그런데 창조 정신은 이 무정형 상태를 넘어서 성장했고 지배가 없는 상태에서 실현될 자유의 이념에 관여하게 되었다. 자연미에서 자유를 기억

9 [옮긴이] 'Phänomen'은 'ein Erscheinendes'와 사전적으로 같은 의미를 지니지만 구분을 위해 '현상물'로 옮긴다. 이 개념은 칸트 철학에서처럼 경험 불가능한 본체noumenon와 대조되는 경험 가능한 대상이라는 의미를 함의한다고 할 수 있다.

해 내는 것은 지난날의 부자유 상태에서 자유를 희망하기 때문에 오류를 초래한다. 자연미는 상상으로 옮겨지고 이로써 어쩌면 보상을 받게 된 신화다. 누구나 새들의 노랫소리를 아름답다고 여긴다. 유럽 전통을 어느 정도 간직하고 있는 사람치고 비 온 뒤의 지빠귀 소리에 감동받지 못한다면 그는 무감각한 사람일 것이다. 그러나 새들의 노래 속에는 어떤 끔찍한 요인이 담겨 있다. 그것은 노래가 아니고, 새들을 사로잡는 속박에 따르는 것이기 때문이다. 그러한 두려움은 새 떼의 위협에서도 나타나는데, 새 떼에서는 늘 재앙을 예고하던 지난날의 예언을 엿볼 수 있을 것이다. 자연미의 다의성은 내용상 신화의 다의성에 기원을 둔다. 그 때문에 창조 정신은 일단 각성하게 되면 더 이상 자연미에 만족할 수 없다. 예술의 산문적 성격이 증가함과 아울러 예술은 신화로부터 완전히 벗어나며, 그에 따라 자연의 속박에서도 벗어난다. 그러나 자연의 속박은 다시 자연에 대한 주체의 지배 속에서 계속된다. 운명으로서의 자연에서 벗어나는 것만이 비로소 자연을 부활시키는 데에 도움을 줄 것이다. 예술은 주체의 객체로서 점차 더 철저히 형상화되고 이 주체의 단순한 의도에서 벗어날수록, 사물처럼 딱딱한 의미를 지니는 것이 아닌 비개념적 언어를 모델 삼아 더욱 명료하게 말을 한다. 그것은 감상주의 시대에 낡았지만 멋진 비유로 '자연의 책'이라고 칭하던 것과 동일한 의미를 지닌다고 할 수 있다. 합리화 과정에서 그리고 이 합리성 자체를 통해 인류는 합리성이 망각하는 것, 또 이 합리성의 2차 반성이 경고하는 바를 예술에서 깨닫는다. 이러한 발전의 귀결은 물론 새로운 예술의 한 측면일 뿐이기는 하지만, 자연이 미로서 모사되지 않는다는 인식이다. 현상으로 나타나는 자연미 그 자체가 이미지이기 때문이다. 자연미를 모사한다는 말은 동어반복의 성격을 띤다. 그것은 현상으로 나타나는 것을 대상화함으로써 동시에 그것을 제거하는 것이다. 연보라색 들판이나 심지어 마터호른[10]을 그린 그림을 키치라고 느끼는 반응은 결코 별난 것이 아니다. 그런 반응은 그처럼 명시적인 소재의 문제를 훨씬 넘어선다. 즉 그 속에서는 단적으로 자연미가 모사되지 않는다는 점이 감지되는 것이다. 극단적인 사람들 사이에서는 그러한 것에 대한 불쾌감이 활성화되는데, 이로써 자연모방이라는 취미 영역은 그만큼 더 방해받지 않을 것이다. 독일 인상주의자들이 선호한 푸른 숲은 호텔에 걸린 그림 속의 쾨니히 호수[11]보다 더 품위 있는 것이 아니다. 프랑스의 인상주의자들은 왜 자신이 순수한 자연을 거의 주제로 삼지 않고, 발레리나나 승마 기수처럼 인공적인 것이나 시슬레[12]가 그린 겨울 풍경처럼 죽은 자연에만 전념하지는 않았어도 풍경화에 문명의 상징물들을 집어넣었는지 잘 알고 있었다. 그러한 것들은 예컨대 피사로의 경우처럼 형식의 구성적 골격 형성에 기여한 것이다. 자연 모사물에 대한 금기의 밀도가 점점 더 높아짐으로써 어느 정도까지 자연의 이미지마저 손상될지는 간파하기 어렵다. 르누아르[13]로 인해 자연에 대한 지각 자체가 변했다고 하는 프루스트의 통찰은 이 문학가가 인상주의에서 얻은 위안을 말해줄 뿐만 아니라, 인간관계의 사물화가 모든 경험에도 전염되고 문자 그대로 절대적인 것이 된다는 끔찍한 사실을 함의하기

---

10 [옮긴이] Matterhorn: 스위스의 체어마트 마을 남쪽에 있는 산봉우리.
11 [옮긴이] Königssee: 독일과 오스트리아 국경 지역의 호수.
12 [옮긴이] Alfred Sisley(1839~99): 프랑스에서 활동한 영국의 인상파 화가.
13 [옮긴이] Pierre Auguste Renoir(1841~1919): 프랑스 화가. 초기 인상파를 주도했으나 1880년대 중반 이후 인상파와 결별했다.

도 한다. 아무리 아름다운 소녀의 모습도 영화배우와 속속들이 닮게 됨으로써 추하게 된다. 궁극적으로 이 소녀의 모습은 사실상 영화배우의 모습을 따라 미리 제작되었다고 할 수 있다. 즉 어떤 자연적인 것에 대한 경험이 마치 관리되지 않을 수 있는 듯이 온전히 개별화된 것으로 나타날 경우, 그것은 속임수가 되는 경향을 띠는 것이다. 자연미가 총체적으로 매개되어 있는 시대의 자연미는 자체의 일그러진 형상으로 변질된다. 무엇보다 자연미에 경외심을 품는다면, 자연미에 상품의 자국들이 덮여 있는 한 자연미 감상에서 금욕적 태도를 취하게 된다. 과거에도 자연을 그린 그림은 단지 정물nature morte로서만 진정한 것이었다. 즉 그것은 역사적인 것이 모두 덧없다는 점에 대한 암호로서는 아닐지라도 어떤 역사적인 것에 대한 암호로서 자연을 파악하는 경우에만 진정한 것이었다. 구약성서의 우상 금지는 신학적 측면과 아울러 미학적 측면도 지닌다. 즉 어떠한 형상도 혹은 어떤 것에 대한 어떠한 형상도 만들어서는 안 된다는 말은 그러한 형상이 결코 만들어질 수 없다는 것을 의미하기도 한다. 자연에서 현상으로 나타나는 것이 예술에서 중복될 때 바로 자연 경험을 충족시키는 즉자 존재가 사라진다. 예술은 경관 그 자체의 부정성을 표현하면서 경관을 보여줄 때에만 현상으로 나타나는 자연에 충실하다. 보르하르트의 시 「풍경화를 감상하면서Verse bei Betrachtung von Landschafts-Zeichnungen geschrieben」[14]는 그 점을 훌륭하게 충격적으로 말해준다. 코로[15]의 경우처럼 그림이 자연과 훌륭하게 화해하고 있는 듯해 보일

---

14 Rudolf Borchardt, *Gedichte*, hg. M. L. Borchardt·H. Steiner, Stuttgart: E. Klett, 1957, pp. 113 이하 참조.
15 [옮긴이] Jean-Baptiste Camille Corot(1796~1875): 프랑스 풍경화가. 바르비종파를 대표하

때에도 그러한 화해는 어떤 순간적인 것을 가리킨다. 영원해진 향기는 역설적이다.

역사적으로 기형화된 자연 체험

직접 현상으로 나타나는 자연 속의 자연미는 자연으로 돌아가라는 루소주의로 인해 명예를 잃는다. 인간의 손길이 전혀 미치지 않은 알프스의 빙퇴석이나 자갈 언덕처럼 아무 보살핌도 받지 못해 거친 상태로 있는 자연은 사회적으로 통용되는 자연에 대한 미적 욕구가 회피하는 산업 쓰레기더미와도 같은데, 이 점에서 기술과 자연이라는 통속적 안티테제가 얼마나 잘못되었는지 드러난다. 무기물의 영역이 얼마나 산업적인 모습을 띠는지는 언젠가 드러날 것이다. 이런 영역이 전 지구에 확장되어 총체적인 기술의 복사본이 된 시대에 아직도 여전히 목가적인 자연 개념은 작은 섬에 한정된 지역주의에 머물 것이다. 궁극적으로 부르주아 성도덕에서 빌려 온 도식으로 말하자면 자연을 능욕했다는 기술도 생산관계가 변하면 자연의 편을 들고 이 가난한 지구 위에서 자연이 어쩌면 원할 만한 방향으로 나아가도록 도울 수도 있을 것이다. 인상주의 회화의 경우와 마찬가지로 의식은 자연의 상흔을 내포하는 경우에만 자연 경험을 감당해 낼 것이다. 이로써 고정적인 자연미 개념은 운동하게 된다. 자연미 개념은 이미 자연이 아닌 것에 의해 확장된다. 그렇지 않을 때 이 자연은 기만적 망상으로 격하된다. 사물처럼 죽은 것에 대해 현상으로 나타나는 자연

며, 인상파의 선구자다.

이 갖는 관계에는 자연에 대한 미적 경험을 통해 접근할 수 있다. 왜냐하면 자연에 대한 어떤 경험에든 본래 전체 사회가 항상 감추어져 있기 때문이다. 이 전체 사회는 지각의 도식들을 제공할 뿐 아니라, 대조나 유사성을 통해 그때그때 자연이라고 부르는 것을 미리 형성한다. 자연 경험은 확정적 부정의 능력을 통해서도 본질적으로 구성된다. 기술의 확장과 함께, 또 그 이상으로 실은 교환 원칙의 총체적 확장과 더불어, 자연미는 점점 더 교환 원칙과 대조되는 기능을 지니게 되고 그것이 맞서 싸우는 사물화된 본질에 통합된다. 지난날 절대주의 시대의 가발이나 인공적 정원 따위에 맞서 형성되었던 자연미 개념은 그 힘을 상실했다. 이른바 인간의 자연권이라는 명분 아래 부르주아계급이 해방된 이후 경험세계가 18세기보다 덜 사물화되었다기보다 더 사물화되었기 때문이다. 직접적인 자연 경험은 비판적인 날카로움을 잃고 교환관계 속에 포괄됨에 따라—관광산업이란 말이 이를 보증해 준다—구속력을 잃고 중립적이고 변론적인 것이 되었다. 즉 자연은 자연보호 공원이 되고 결국 일종의 알리바이가 된다. 자연미는 매개된 것을 통해 직접성을 사칭하는 한 이데올로기다. 심지어 적절한 자연미 경험도 무의식의 보완적 이데올로기에 순응한다. 부르주아 관습에 따라 자연을 느끼는 감성을 가진다는 것이 업적으로 여겨질 경우, 그러한 감성은 이미 대개 도덕적-나르시시즘적인 만족처럼 되어버렸다. 즉 그렇게 은혜를 알고 기뻐할 수 있다니 얼마나 선량한가 하는 것이다. 결혼 광고 따위에서도 온갖 아름다움을 느끼는 일을 비롯하여 그 예는 끝이 없다. 이는 경험이 빈곤하게 위축되었다는 증거들이다. 이로써 자연 경험은 가장 근본적인 면에 이르기까지 기형화된다. 조직적인 관광 여행 속에 자연 경험의 어떤 면이 남아 있기는 어렵다. 자연을 느끼는 일, 특히 자연의 정적을 느끼는 일은 희귀한 특권이 되었고 또 그러한 것은 상업적으로 돈벌이가 될 수 있게 되었다. 그렇다고 해서 자연미 범주가 간단히 유죄판결을 받은 것은 아니다. 자연에 대한 사랑이 남아 있는 곳에서는 특히 자연에 대해 말하기를 꺼리게 된다. 어떤 경치를 보고 "참 아름답다"고 말하면 자연의 말 없는 언어가 손상되며 이로써 자연미도 위축된다. 현상으로 나타나는 자연은 침묵을 원한다. 한편 그러한 침묵으로 인해, 자연을 경험할 수 있는 사람은 단자론적 속박에서 한순간 해방시켜 주는 말을 할 수밖에 없다. 자연의 이미지는 살아남는다. 왜냐하면 자연 이미지를 구제하는 인공물에서 그 이미지가 완전히 부정될 경우, 필연적으로 부르주아사회 너머에, 이 사회의 노동과 상품 너머에 존재할 어떤 것이 은폐되기 때문이다. 자연미는 비록 사회적 내재성에 의해 매개되기는 했어도 여전히 그 너머에 대한 알레고리다. 그러나 이 알레고리가 이미 이루어진 화해 상태로 곡해될 때, 그것은 화해되지 않은 상태를 은폐하고 이 상태에서도 그러한 미가 가능하다고 정당화하는 보조 수단으로 격하된다.

미적 지각의 분석적 성격

"오 참 아름답다"는 말은 헤벨[16]이 쓴 시구절에 따르면 "자연의 축제"[17]를 방해한다. 그런 말은 자연이 아니라 예술 작품들을 접할 때

---

16 [옮긴이] Christian Friedrich Hebbel(1813~63): 독일 시인, 극작가. 범비극주의적 리얼리즘 성향을 띤다.
17 Friedrich Hebbel, *Werke in zwei Bänden*, hg. G. Fricke, München: Carl Hanser, 1952,

의 긴장에 찬 집중에 적합하다. 무의식적 지각이 자연미에 대해 더 많이 안다. 자연미는 때때로 무의식적 지각의 연속성 속에서 갑자기 떠오른다. 자연미를 뜻하지 않게 이미 파악한 경우가 아니라면, 자연을 집중적으로 관찰할수록 그만큼 더 자연미를 제대로 지각할 수 없다. 유명한 명승지 혹은 자연미가 뛰어나다고 하는 곳들을 의도적으로 찾아가는 것은 대개 쓸데없는 일이다. 주의 깊은 고찰을 통해 유발되는 대상화 작용은 자연의 웅변적인 면을 손상한다. 또 궁극적으로 이러한 사실 가운데 어떤 면은 지속적 시간temps durée 속에서만 완전히 지각될 수 있는 예술 작품들에도 적용된다. 아마 베르그송[18]은 지속적 시간의 개념을 예술 경험에서 이끌어냈을 것이다. 그러나 마치 눈먼 상태에서만 자연을 볼 수 있는 듯하지만, 미적으로 불가피한 무의식적 지각이나 기억은 또한 태고 시대의 잔여물로서 점차 증가하는 성숙성과 결합될 수 없다. 순수한 직접성은 미적 경험을 위해 충분하지 않다. 미적 경험에는 비의도적인 면과 아울러 의도적인 면, 즉 의식적 집중이 필요하다. 이러한 모순을 제거할 수는 없다. 모든 미는 일관되게 발전하면서 분석을 통해 드러나며, 이 분석을 통해 미는 다시 비의도적인 것이 된다. 또 비의도적인 계기가 은밀히 포함되지 않은 분석은 쓸모없을 것이다. 미 앞에서 분석적 반성은 지속적 시간의 안티테제를 통해 이 지속적 시간을 다시 형성한다. 분석이 미로 귀결되듯이, 미는 자신을 망각한 무의식적이고 완전한 지각 앞에 나타날 수밖에

Bd. 1, p. 12.
18 [옮긴이] Henri Bergson(1859~1941): 프랑스 철학자. 추상과 개념에 의한 사유에 맞서 공감과 직관을 통해 사물의 본질적 실재에 도달할 수 있다고 보았다. 아도르노는 그러한 대립을 설정하는 것도 사물화의 희생물이 된다고 본다.

없을 것이다. 이로써 분석은 예술 작품이 객관적으로 자체 내에서 묘사하는 과정을 주관적으로 다시 한번 묘사한다. 즉 미에 대한 적합한 인식은 자체의 긴장들을 통해 예술 작품 속에서 이루어지는 객관적 과정들을 자발적으로 수행하는 일이기도 하다. 발생적으로 볼 때 미적 반응에는 유년기에 있었던 자연미와의 친밀한 관계가 필요할 것이다. 물론 미적 반응은 인공물들에 대한 관계에서도 자연미를 구해내기 위해 이 자연미의 이데올로기적 측면에는 등을 돌린다.

중단된 역사로서의 자연미

직접성과 관습의 대립이 첨예해지고 칸트가 숭고하다고 칭하는 것에 대해서도 미적 경험의 지평이 열림에 따라, 장엄하고 압도적인 자연현상들이 아름답다고 의식되기 시작했다. 이러한 반응 방식은 역사적으로 일시적이었다. 그래서 카를 크라우스의 논쟁적 예술 정신은, 예컨대 페터 알텐베르크[19]의 현대적 양식과 어울리게 장대한 경관을 찬양하지도 않았으며, 높은 산악에서 분명히 아무 행복도 얻지 못했다. 아마 그런 행복은 산악 여행가나 온전히 맛볼 수 있을 터인데, 이 문화 비평가는 산악 여행가를 불신했으며 이런 불신에는 근거가 있다. 의심할 바 없이 예술가의 의식에서는 거대한 자연에 대해 그런 회의가 생겨난다. 관념철학은 대체로 거창한 구상 및 범주 들을 작품들의 사상내용과 동일시하는데, 예술가의 의식은 세분화가 진행됨에

19 [옮긴이] Peter Altenberg(1859~1919): 오스트리아 작가. 본명은 Richard Engländer. 즉흥적인 방법으로 빈의 현대적인 삶을 인상주의적으로 그려냈다. 카를 크라우스가 그의 작품을 3권짜리 선집으로 묶어내기도 했다.

따라 그러한 동일시에 대해 냉담해진다. 이제 그 두 가지를 혼동하는 것은 비예술적 반응의 지표가 되었다. 칸트가 경탄하면서 도덕률에 비유한 자연의 추상적 위대함도 부르주아적 과대망상이나 신기록을 세우려는 감각 혹은 수량화 작업, 심지어 부르주아적 영웅 숭배 등이 반영된 것이라는 점을 간파할 수 있다. 그러나 이 경우 자연 속의 그러한 계기가 그와 전적으로 상이한 측면, 즉 인간 지배의 한계나 인간 활동의 무기력 상태를 상기시키는 측면을 관찰자에게 보여주기도 한다는 점이 간과된다. 아마 그래서 니체도 실스 마리아[20]에서 "해발 2천 미터이니, 인간들보다 더 높은 곳임은 물론"이라고 느꼈을 것이다. 예술과 꼭 마찬가지로, 자연미 경험에서 나타나는 그러한 동요는 이론에서의 모든 선천주의[21]를 용납하지 않는다. 자연미를 불변적인 개념으로 고정시키려는 사람은 움직이면서도 잔디의 신록을 지각한다고 말하는 후설[22]처럼 우습게 될 것이다. 자연미에 대해 떠드는 사람은 사이비 문학 언저리에 다가가는 것이다. 현학자만 자연에서 미와 추를 감히 구분한다. 그러나 그런 구분이 전혀 없다면 자연미 개념은 공허해질 것이다. 자연에서의 미를 미시적으로 지각하는 것이 아마 가장 진정한 지각이라고 할 수 있을 터인데, 그것은 형식적 위대성이라는 범주와는 모순될 것이다. 그런데 형식적 위대성이라는 범주만

20 [옮긴이] Sils Maria: 스위스의 작은 마을로 해발 1,800여 미터에 위치해 있다.
21 [옮긴이] Apriorismus: 특정한 지각 경험과 무관하게 정당화될 수 있다거나, 인식이 경험 없이도 가능하다고 보는 인식론적 입장.
22 [옮긴이] Edmund Husserl(1859~1938): 독일 철학자. 심리학주의 및 실증주의를 비판하고 현상학을 창시했다. 하이데거와 사르트르Jean-Paul Sartre 등에게 영향을 끼쳤다. 아도르노는 박사 학위논문에서 후설의 인식론을 비판적으로 다루었다. 아도르노는 특히 후설이 '현상학적 환원'을 통해 확보할 수 있다고 여기는 확실한 인식의 출발점을 헤겔의 관점에서 거부한다.

아니라 예컨대 수학적 대칭 관계 따위도 과거의 미학이 상상하던 것처럼 자연미의 척도가 되지는 못한다. 하지만 보편적 개념들이라는 규준에 따라 자연미를 규정할 수도 없는데, 자연미 자체의 개념이 보편적 개념성에서 벗어나는 것을 실체로 하기 때문이다. 자연미의 본질적 불확정성은 자연의 모든 부분이 자연화된 인공물들 모두와 마찬가지로 내부로부터 빛을 발하는 가운데 아름다워질 수 있다는 사실에서 명백히 나타난다. 그러한 표현은 형식적 배율들 따위와는 별로 관계없거나 아예 관계없다. 그러나 또한 아름답다고 경험된 각각의 개별 자연 대상은 세상에서 유일하게 아름다운 것처럼 나타난다. 이 점은 모든 예술 작품의 경우에도 마찬가지다. 자연에서 아름다운 것과 아름답지 않은 것을 절대적으로 구분할 수는 없어도, 어떤 아름다운 것을 사랑하면서 그 속에 침잠하는 의식은 그러한 구분을 할 수밖에 없다. 자연미에서 질적 구분을 가능하게 해주는 요인이 어딘가에 있다면 그것은 자연의 표현에서, 즉 인간에 의해 만들어지지 않은 것이 무엇인가를 말하는 수준에서 찾을 수 있다. 자연에서 아름다운 것은 문자 그대로 그 자리에 있는 것 이상으로 나타나는 것, 바로 그것이다. 만일 그것을 수용하는 주체가 없다면 그러한 객관적 표현도 없을 것이다. 그러나 그 객관적 표현은 주체에 환원되지 않는다. 자연미는 주체의 경험에서 객체의 우위를 가리킨다. 그것은 구속력을 강요하는 것으로서 지각될 뿐 아니라 물음을 던지면서 해답을 기대하는, 이해하기 힘든 것으로서도 지각된다. 이 이중적 성격만큼 완전하게 자연미로부터 예술 작품들로 옮겨진 것은 별로 없다. 이 이중성의 측면에서 볼 때 예술은 자연의 모방이 아니라 자연미의 모방이다. 자연미는 그것이 풀지 않으면서 제기하는 알레고리적 의도에 따라, 즉 무엇을 의미하는 언어에서처럼 대상화되지는 않는 의미들과 아울러 증대한다. 이런 의미들은 횔덜린이 말한 "하르트 산골Winkel von Hardt"[23]처럼 전적으로 역사적인 본성을 지닌다고 할 수 있다. 어떤 나무들의 군락은 비록 희미하나마 옛 사건의 흔적을 느끼게 하는 점에서 아름다워—다른 군락보다 뚜렷하게 더 아름다워—보이기도 한다. 또 어떤 암벽은 한순간 선사시대의 동물 따위와 유사해 보일 경우, 비록 다음 순간에 그러한 유사성이 다시 사라지기는 해도 그만큼 더 아름다워 보이곤 한다. 낭만주의 철학과 신조를 넘어 타당성을 지니는 낭만적 경험의 한 가지 차원이 바로 그러한 데에 자리 잡고 있다. 자연미에서는 자연적 요인과 역사적 요인이 음악과 비슷하게 주마등처럼 교체되며 상호작용한다. 그중 한 요인은 다른 요인을 대변할 수 있으며, 또 자연미는 그런 관계들의 일의성이 아니라 그 유동 상태 속에 살아 있다. 마치 구름이 셰익스피어의 드라마들을 보여주거나 빛을 받은 구름의 가장자리에서 섬광이 머물고 있는 듯해 보이는 것 등은 실로 장관이다. 예술이 구름을 모사하지는 않지만 드라마들은 구름의 드라마들을 보여주고자 한다. 셰익스피어도 『햄릿Hamlet』에서 이 문제를 궁정 신하들이 등장하는 한 장면에서 건드린다. 자연미는 정지된 역사이며 멈춰 선 과정이다. 자연감정을 담고 있다고 온당하게 인정해 줄 수 있는 예술 작품들은 언제나 바로 그런 상태에 반응하는 것이다. 다만 그런 감정은 알레고리 해석과도 유사하고, 데자뷔déjà vu처럼 덧없지만, 아마 일시적인 것으로서 가장 적합할 것이다.

---

23   Hölderlin, *Sämtliche Werke*, Bd. 2, p. 120.

확정적 불확정성

훔볼트[24]는 자연미를 고수하지만 칸트의 형식주의와는 달리 자연미를 구체화하려고 하는 점에서 칸트와 헤겔의 중간 입장을 취한다. 그래서 그는 괴테의 『이탈리아 여행기 *Italienische Reise*』에서 부당하게도 음울하게 묘사된 바스크족에 대한 글에서 자연을 비판하지만, 이 비판은 150여 년이 지난 후 기대할 수 있는 것처럼 그 진지함 때문에 우습게 여겨지지도 않을 것이다. 훔볼트는 장대한 바위들로 이루어진 경관에 나무가 없다고 비난한다. "그 도시는 아름답게 자리 잡았으나 산이 없구나"라는 구절은 그러한 비난을 무색하게 만든다. 그가 말하는 경관도 아마 50년쯤 후에는 매혹적인 것이 되었을 수 있다. 그러나 인간 외적 자연과 관련해 인간적 판단력의 사용을 폄하하지 않는 이 순진성은 전면적으로 만족스러워하는 감탄과는 비교가 되지 않을 만큼 더 본질적인, 자연에 대한 관계를 증언한다. 어떤 경관 앞에서 이성은 우선 의심할 수 있듯이, 인간 외적 요인도 인간과 조화를 이룬다고 여기는 합리주의적이고 조화론적인 시대적 취미를 전제한다. 이뿐만 아니라 이성은 괴테와 마찬가지로 셸링이 그랬듯이 자연을 그 자체로 의미 있는 것으로 해석하는 자연철학을 받아들임으로써 활기를 띤다. 그런 생각이나 이에 활기를 불어넣는 자연 경험을 되살릴 수는 없을 것이다. 그러나 자연에 대한 비판은 스스로를 절대자라고 자부하는 정신의 오만에 그치는 것이 아니다. 그것은 대상 자체에 어느 정도의 기반을 두고 있다. 자연의 모든 부분이 아름답다는 것도

---

24 [옮긴이] Wilhelm von Humboldt(1767~1835): 독일의 철학자, 언어학자.

참이지만, 토스카나[25]의 경치가 겔젠키르헨[26] 주변의 경치보다 더 아름답다는 판단 역시 참이다. 아마 자연미의 퇴색은 자연철학의 몰락과 어울렸을 것이다. 하지만 자연철학은 정신사적 요소로서만 소멸된 것이 아니다. 자연에서 얻는 행복과 자연철학을 함께 감당한 경험이 심각하게 변했다. 자연미와 교양은 유사한 사정을 겪었다. 즉 자연미는 확장됨에 따라 불가피하게 빈곤해진 것이다. 훔볼트의 자연묘사들은 여전히 비교를 불허한다. 거칠게 움직이는 비스케이만[27]에 대한 묘사는 숭고에 대한 칸트의 극히 힘찬 문장들과 포의 폭풍 묘사 중간에 위치한다. 그러나 그런 묘사는 반복할 수 없는 상태로 역사적인 순간에 묶여 있다. 자연미가 불확정성을 지닌다는 점이 드러난다는 데에서 자연미의 열등성을 추론해 낸 헤겔과 졸거[28]의 판단은 오류였다. 괴테조차 그림으로 그릴 가치가 있는 대상과 그렇지 못한 대상을 구분하려 했고, 이로써 소재를 광적으로 중요시하고 특히 풍경화를 찬양하게 되었다. 이는 그의 탄생 기념판 편집자들의 세련된 취미에 비춰 보아도 불편한 것이었다. 그러나 자연에 대한 괴테의 판단들은 그처럼 자연을 분류해 놓은 점에서 편협하기도 하지만, 구체적인 점에서는 모든 것이 똑같이 아름답다고 하는 교양 있는 자들의 평준화된 주장보다 여전히 뛰어나다. 물론 회화가 필연적으로 발전해 감에 따

---

25 [옮긴이] Toscana: 이탈리아 중부의 주로 피렌체가 주도다. 이탈리아 르네상스의 발상지로 자연환경과 문화유산이 풍부하다.
26 [옮긴이] Gelsenkirchen: 독일 루르 지역의 대도시. 광업 등 중공업이 발달했다.
27 [옮긴이] Biscaisches Meer: 스페인 북부의 만.
28 [옮긴이] Karl Wilhelm Ferdinand Solger(1780~1819): 독일 관념론 철학자. 『에르빈: 미와 예술에 관한 4편의 대화*Erwin: Vier Gespräche über das Schöne und die Kunst*』(1815)에서 특히 상징과 알레고리 및 낭만주의적 반어에 대한 이론을 펼쳤다.

라 자연미에 대한 규정도 뒤바뀌었다. 사람들은 아주 빈번히 값싼 재치를 부려, 키치 그림들이 해 지는 광경 자체를 망쳤다고 평하기도 했다. 자연미의 이론이 순탄하지 못한 것이 그에 대한 성찰에 담긴 수정 가능한 약점이나 대상 자체의 빈곤에 기인한다고 볼 수는 없다. 오히려 자연미는 불확정성, 그 개념의 불확정성 못지않게 객체의 불확정성을 통해 규정된다. 자연미는 제반 규정에 대립하는 불확정적인 것으로서, 규정할 수 없다. 그런 점에서 자연미는 슈베르트의 경우처럼 자연에 대한 비대상적 유사성에서 가장 깊이 있는 효과를 이끌어낸 음악과 친밀하다. 음악에서와 마찬가지로 자연에서도 아름다운 것은 반짝 빛을 발하다가, 그것을 물건처럼 확고부동하게 포착하려 들면 곧 사라진다. 예술은 자연을 모방하지 않으며 개별 자연미를 모방하지도 않지만, 자연미 자체를 모방한다. 이는 자연미의 난점을 넘어서 미학 전체의 난점을 말해준다. 미학의 대상은 규정할 수 없는 것으로 부정적으로만 규정된다. 그 때문에 예술에는 스스로 말하지 못하는 바를 말하기 위해 예술을 해석하는 철학이 필요하다. 그러나 또한 그러한 것은 예술만이 아무 말도 하지 않음으로써 말할 수 있는 것이기도 하다. 미학의 역설들은 그 대상에 의해 야기된 것이다. "미는 아마 사물들 가운데 규정할 수 없는 것을 충실히 모방하도록 요구할 것이다."[29] 자연의 어떤 부분이 다른 부분보다 더 아름답다고 말하는 것은 야만적이다. 그렇지만 구분할 수 있는 것인 자연미 개념은 목적론적으로 그러한 야만을 내포한다. 물론 자연미에 무감각한 사람이 비예

---

29 Paul Valéry, *Windstriche. Aufzeichnungen und Aphorismen*, übertr. B. Böschenstein u. a., Wiesbaden: Insel, 1959, p. 94.

술적 속물의 원형이라는 점은 달라지지 않는다. 이상과 같은 난점의 원인은 자연의 언어 자체가 지니는 수수께끼 같은 성격에 있다. 자연미의 그러한 불완전성은 헤겔의 예술 발전 단계론이 주장하는 바와 같이, 실제로 주요 예술의 동기 유발에 기여했을 수도 있다. 왜냐하면 예술은 덧없이 사라지는 것들을 객관화하여 지속하도록 끌어들이기 때문이다. 그런 점에서 예술은 개념이다. 단지 그것은 논증적 논리학에서와는 다른 개념이다. 자연미에 비춰 볼 때 주체의 약점이기도 한 사유의 약점과 사유의 객관적 강점은, 자연미의 수수께끼 같은 성격이 예술을 통해 반영되고 비록 자체로서는 개념적인 것이 아니더라도 개념을 통해 규정되기를 요구한다.「방랑자의 밤 노래」[30]는 비교할 바 없이 뛰어나다. 이 시에서는 주체가 말을 하는 것이 아니라—모든 진정한 작품에서 그렇듯이 오히려 주체는 이 작품 전체를 관통하며 침묵하고자 한다—주체가 자신의 언어를 통해 자연의 언어가 지니는 말로 할 수 없는 것을 모방하기 때문이다. 시에서 형식과 내용이 일치해야 한다는 규범은 무차별성Indifferenz이라는 상투어를 넘어서야 하는 한에서, 바로 그러한 것을 뜻할 것이다.

화해 상태의 암호인 자연미

자연미는 보편적 동일성의 속박을 받는 사물들 속에 있는 비동일자의 흔적이다. 동일성의 속박이 지배하는 한 어떠한 비동일자도 긍

---

30 [옮긴이] "Wanderers Nachtslied": 괴테가 1780년에 쓴 짧은 시. 우주 속의 인간의 위치를 상징하는 작품으로 해석되기도 한다.

정적으로 현존하지 않는다. 그래서 자연미가 약속하는 바, 즉 인간 내적 요인을 넘어서는 모든 것들과 마찬가지로 자연미는 산만하고 불확실하다. 미를 대면할 때의 고통은 자연 경험에서 가장 절실한데, 그것은 미가 약속하지만 그러는 가운데 드러나지는 않는 것에 대한 동경이자 자연미와 동일해지려고 함으로써 오히려 자연미를 거부하는 현상의 불충분함에서 겪는 고통이기도 하다. 이 점은 예술 작품들에 대한 관계에서도 계속된다. 감상자는 원하지도 의식하지도 않는 가운데 작품이 말을 하도록 작품에 순응할 것을 작품과 계약한다. 훌륭한 수용 자세에서는 자연 속에서 숨을 내쉬는 일, 즉 순수하게 자신을 내맡기는 일이 살아 있다. 자연미는 모든 약속의 불멸성과 취약성을 공유한다. 말이라는 것이 자연 앞에서 반사되고, 자연의 언어를 그것과 질적으로 구분되는 언어에 내맡겨 버리기는 한다. 하지만 자연의 목적론을 아무리 비판하더라도 남쪽 지방의 구름 한 점 없는 날씨는 누군가가 지각하기를 기대하는 듯하다는 사실을 묵살할 수 없다. 여기서는 밝은 날이 찬란하고 조용하게 시작되는 것과 마찬가지로 저물어감으로써, 모든 것이 절망적인 것은 아니며 모두 잘될 수 있다는 생각이 떠오른다. "죽음이 침대에 앉아 있고, 심장은 바깥에 귀 기울인다./ 한 노인이 푸르스름한 첫새벽의 가장자리/ 희미한 빛 속을 가리킨다./ 아직 태어나지 않은 신이여, 나는 그대의 편이니/ 세계여, 그대 아직 그리 고통스러워도/ 세계는 처음부터 다시 돌아가며, 모두가 아직 그대의 것이다!"[31] 자연에서 볼 수 있는 가장 오래된 것의 이미지는 역으로 아직 존재하지 않는 것 혹은 가능한 것의 암호다. 그러한 것이 현

---

31 Borchardt, *Gedichte*, p. 104("Tageslied").

상으로 나타난다는 점에서 자연은 현존하는 것 이상의 것이다. 그러나 자연에 대한 반성은 이미 무례한 짓에 가깝다. 자연이 그런 식으로 말한다는 점에 대해 확실하다고 판단할 수는 없다. 왜냐하면 자연의 말은 판단이 아니기 때문이다. 하지만 그것은 또한 동경으로 말미암은 기만적 위로의 말뿐인 것도 아니다. 자연미에는 불확실성으로 인해 신화의 애매성이 여전히 남아 있다. 그러나 동시에 현상으로 나타나는 자연 속에서 신화의 메아리, 즉 위로의 말은 신화로부터 멀어진다. 동일성 철학자인 헤겔이 생각한 바와 반대로 자연미는 진리와 밀접한 관계를 지닌다. 그러나 자연미는 가장 가까이 다가가는 순간 은폐되고 만다. 예술은 이와 같은 점도 자연미로부터 배웠다. 하지만 끝없는 숙명을 긍정적으로 위장해 줄 뿐인 범신론적 도피 내지 자연의 물신주의와 구분되는 경계선은 아름다운 가운데 부드럽고, 사멸하면서 움직이는 자연이 아직 전혀 존재하지 않는다는 사실을 통해 그어진다. 자연미 앞에서 느끼는 수치심은 존재자에 내재하는 아직 존재하지 않는 것을 붙잡음으로써 그것을 손상하는 데에 기인한다. 자연의 품위는 자체의 표현을 통해 의도적인 인간화를 거부하는, 아직 존재하지 않는 것이 지니는 품위다. 그러한 품위는 예술의 밀폐적 성격으로 변했다. 즉 예술은 횔덜린이 가르쳐준 바처럼, 인간적 의미의 개입을 통해 승화된 것까지 포함해 모든 활용을 거부하게 된 것이다. 왜냐하면 소통이라는 것은 정신이 유용성에 순응하여 상품들 속에 편입된다는 의미를 지니며, 또 오늘날 의미라고 하는 것은 바로 그처럼 해괴한 일에 관여하고 있기 때문이다. 예술 작품들이 빈틈없이 잘 짜여 자체 내에 머무는 상태는 자연이 말하는 유일한 방식인 침묵을 모방한 것이다. 자연미는 지배의 원칙에 대해서도, 또 불명료한 분산 상태에 대해서도 타자다. 화해된 상태가 자연미와 같을 것이다.

헤겔의 자연미 비판에 대한 메타 비판

헤겔은 자연미로부터 예술미로 넘어가는데, 자연미에 대해서는 우선 다음과 같은 점을 인정하고 있다. "진리 내지 이념이 그것과 가장 가까운 자연의 형식 속에서 생명으로서 개별적이고 적절한 현실성을 띠고 직접 현존하는 한, 이제 자연 속의 생명은 감성적으로 객관적인 이념으로서 아름답다."[32] 자연미를 실제 상태보다 미리 빈곤하게 만드는 이 명제는 일관성을 추구하는 미학의 한 가지 본보기다. 그것은 현실적인 것을 이성적인 것과 동일시하는 데에, 좀더 특수하게는 자연을 그 타자 상태의 이념으로 규정하는 데에 기인한다. 그와 같은 규정이 자연미에 위로부터 적용되고 있는 것이다. 그래서 자연의 미가 현실적인 것에 대한 헤겔의 변신론에서 나온다. 즉 실현되는 것으로서 말고 다른 식으로 이념은 존재할 수 없어야 하므로, 이념의 1차적 현상 혹은 '가장 가까운 자연의 형식'은 '적절하고' 따라서 아름답다는 것이다. 그러한 주장은 당장 변증법적으로 제한을 받는다. 즉 셸링을 논박하려는 생각으로 정신으로서의 자연을 더 이상 추적하지 않는데, 왜냐하면 자연은 타자 상태의 정신이어야 하며 직접 정신에 환원될 수 없기 때문이다. 그러한 주장에 담긴 비판 의식의 진보를 간과할 수는 없다. 헤겔이 주장하는 개념의 운동은 부분적이고 한정된 것,

---

32 Georg Wilhelm Friedrich Hegel, *Werke. Vollständige Ausgabe durch einen Verein von Freunden des Verewigten*, Bd. 10. *Vorlesungen über die Ästhetik*, hg. H. G. Hotho, 2. Aufl., Berlin: Duncker und Humblot, 1842~43, 1부, p. 157.

즉 죽은 것이나 거짓된 것을 규정함으로써 직접 말할 수 없는 진리를 추구한다. 이로 인해 자연미는 나타나자마자 곧 사라진다. "살아 있는 자연미는 단지 감성적일 뿐인 이 직접성 때문에 독자적으로 아름다운 것도 아니고, 전적으로 그 자체에 근거해 아름다운 것이 되는 것도 아니며, 아름다운 현상 때문에 만들어지는 것도 아니다. 자연미는 단지 타자에게만, 즉 우리에게만, 미를 파악하는 의식에 대해서만 아름답다."[33] 아마 이로써 자연미의 정수, 즉 단순히 타자에 대해서만 존재하는 것이 아닌 어떤 것에 대한 회상이 소홀히 된다고 할 수 있을 것이다. 자연미에 대한 그러한 비판은 헤겔 미학 전체의 한 가지 고정된 틀, 즉 주관적 감각의 우연성에 대한 객관주의적 반발에 따른다. 주체와 무관해 보이거나 전혀 만들어지지 않은 것으로 나타나는 미는 빈약한 주관적인 것이라는 의심을 받는다. 헤겔은 이것과 자연미에서의 불확정성을 직접 동일시한다. 대체로 헤겔의 미학에는 비의미적으로 말하는 것들을 다루는 어떤 기관도 결여되어 있다. 이는 그의 언어 이론에서도 마찬가지다.[34] 헤겔에게 내재적으로 반론을 제기하자면, 자연을 타자 상태의 정신으로 보는 그의 규정은 정신을 자연과 대비시킬 뿐만 아니라 그 둘을 서로 결합시키는 것이기도 하지만,『미학 강의 Vorlesungen über die Ästhetik』에서나 『철학 체계 System der Philosophie』의 자연철학 부분에서나 그는 그러한 결합적 계기를 더 이상 추적하지 않는다. 헤겔의 객관적 관념론은 미학에서 주관적 정신을 거의 무반성적일 만큼 노골적으로 옹호한다. 이 경우 어떤 지고의 것을 불현

---

33 같은 곳.
34 Adorno, *Drei Studien zu Hegel*, 3. Aufl., Frankfurt a. M.: Suhrkamp, 1969, pp. 119, 123 이하.

듯 약속하는 자연미가 자체로서 머물 수는 없고 그에 맞서는 의식을 통해서만 비로소 구제될 수 있다는 점은 참이다. 헤겔이 적절하게 자연미와 대비하여 제시하는 바는 미학적 형식주의에 대한 그의 비판에 적합하며, 또한 18세기의 해방된 부르주아 정신과 충돌했던 유희적 쾌락주의에 대한 비판에도 적합했다. "한편으로 추상적인 자연미 형식은 특정한 형식이며 따라서 제한된 것이다. 다른 한편으로 그것은 일종의 통일성을 지니면서 자체에 대해 추상적인 관계를 갖는다. … 이런 부류의 형식은 사람들이 규칙성, 대칭 관계, 나아가 합법칙성, 그리고 궁극적으로 조화라고 칭하는 것들이다."[35] 헤겔은 불협화음이 자연미 속에 자리 잡고 있다는 점에 대해서는 둔감하지만 불협화음이 밀려오는 데에 공감하면서 그런 말을 하고 있다. 그와 같은 의도로 인해 미학 이론도 헤겔의 수준에서는 예술을 앞질러 갔다. 헤겔 이후 미학 이론은 현학적인 것으로 중화됨으로써 비로소 예술에 뒤처지게 되었다. 지난날 자연미의 근거가 된다고 여겨졌던 단순한 형식적, '수학적' 비율들은 살아 있는 정신과 대립한다. 저급하고 고루한 것에 대한 심판은 그러한 비율들과 관련된다. 즉 규칙성의 미는 "추상적 이해의 미"[36]다. 그러나 헤겔은 합리주의 미학을 경멸함으로써 자연에서 그러한 미학의 개념망을 빠져나가는 요인을 명확히 보지 못하게 된다. 저급한 것이라는 개념은 자연미에서 예술미로의 전환이 이루어지는 가운데 문자 그대로 등장한다. "(자연미의) 이러한 본질적 결함으로 인해 우리는 자연에서 찾을 수 없는 이상의 필연성에 도달하게 되는데,

---

35 Hegel, *Werke*, Bd. *10*, 1부, p. 170.
36 같은 곳.

그러한 이상과 비교할 때 자연미는 종속적인 것으로 나타난다."[37] 그러나 자연미는 즉자적으로가 아니라 그것을 찬양하는 사람들 사이에서만 종속적이다. 예술의 확정성은 자연의 확정성을 능가하겠지만, 예술의 원형은 자연의 표현에 있을 뿐이지 인간이 자연에 부여하는 정신에 있는 것이 아니다. 예술이 지향해야 할, 어떤 정립된 것인 이상의 개념은 '정화된' 것일 테지만 예술에는 외적이다. 자연에서 자체로서 정신이 아닌 것에 대한 관념론적 오만은 예술에서 그 주관적 정신을 넘어서는 것이라고 할 수 있는 부분에 보복을 가한다. 초시간적 이상은 석고상이 되고 마는 것이다. 헤겔과 전적으로 다른 입장을 취했다고 볼 수 없는 헤벨Hebbel의 극예술이 겪은 운명은 독일 문학사에서 그 점을 가장 단순하게 입증해 준다. 헤겔은 다분히 합리주의적으로, 예술을 기이하게도 그 실제의 역사적 기원으로부터 추상하면서 자연의 불완전성에서 연역해 낸다. "예술미의 필연성은 직접적인 현실의 결함들로부터 추론된다. 그리고 예술미의 과제는 예술미가 생명력 있고 특히 정신적으로 영혼을 불어넣는 것의 현상을 자유로운 상태에서 외적으로도 표현하고, 또 외적인 것들을 그 개념에 적합하게 만드는 소명을 띠는 것이라고까지 확정해야 한다. 그때 비로소 진리는 그 시대적 환경이나 유한한 것들의 계열 속에 빠져들어 가는 일에서 벗어나며, 동시에 자연과 산문의 빈곤한 상태가 아니라 진리에 합당한 현존재가 나타나는 어떤 외적 현상을 얻게 될 것이다."[38] 이러한 구절에서는 헤겔 철학의 실상이 드러난다. 즉 자연미는 단지 소멸됨

---

37 같은 책, 1부, p. 180.
38 같은 책, 1부, p. 192.

으로써만, 다시 말해 그 결함이 예술미의 존재근거로 설정됨으로써만 그 권리를 얻게 된다. 동시에 그것은 자체의 '소명'을 통해 긍정적이고 찬미적인 목적에 통합되며, 최소한 달랑베르[39]와 생시몽[40]에게까지 거슬러 올라가는 부르주아적 상투어에 순응한다. 그러나 헤겔이 자연미의 결함이라고 지적하는 것, 즉 확고한 개념에서 벗어나는 것이야말로 미 자체의 실체다. 이에 반해 헤겔이 자연에서 예술로 넘어가는 과정에서는 그 유명한 '지양'의 다의성을 찾아볼 수 없다. 자연미는 예술미 속에서 다시 인식되지 않은 채 소멸한다. 헤겔은 자연미가 정신에 의해 철저히 지배되지도, 규정되지도 않기 때문에 미의 영역에 이르지 못한 것이라고 본다. 그러나 지배적인 정신은 예술의 도구이지 사상내용이 아니다. 헤겔은 자연미를 산문적인 것이라고 칭한다. 헤겔이 자연미에서 간과하는 비대칭적인 것을 규정하는 공식은, 도처에서 산문이 형식 법칙 자체 속에 파고들게 되었다는 관점에서 고찰될 수도 있는, 근래의 예술 전개 과정에 대해서도 맹목적이다. 산문은 예술이 편협한 유용성에 순응한다는 사실만을 의미하지는 않는다. 그것은 예술 속에 세계의 탈마법화가 무엇으로도 지울 수 없게 반영되어 있다는 점을 의미하기도 한다. 산문을 무조건 회피하는 것은 그저 처방받은 자의적 양식화의 제물이 되는 것일 뿐이다. 그런 발전 경향을 헤겔의 시대에는 아직 완전히 간과할 수 없었다. 그것은 결코 리얼

---

39 [옮긴이] Jean Le Rond d'Alembert(1717~83): 프랑스 수학자이자 철학자. 과학의 대중화를 추구하는 입장에서 백과전서파에 가담했다. 지적인 귀족정치 내지 계몽 군주제를 지지했다.
40 [옮긴이] Claude-Henri de Rouvroy, comte de Saint-Simon(1760~1825): 프랑스 초기 사회주의 이론가. 기독교와 사회주의의 결합을 추구했다. 유산계급이 지배 권력을 유지하기 위해서는 지식의 진보를 후원해야 한다고 보았다.

리즘과 일치하지 않으며, 오히려 대상 영역 및 상투적 수법들에 대한 관계로부터 해방된 자율적 처리 방식과 관련된다. 이 경향에 대해 헤겔 미학은 의고주의적이고 반동적인 상태에 머물렀다. 칸트의 경우 의고주의적인 미 구상은 자연미 구상과 결합될 수 있었다. 헤겔은 자연미를 주관적 정신에 희생시킨다. 그러나 그는 이 주관적 정신을 그것과 결합될 수 없고 그것에 대해 외면적 관계밖에 지니지 않는 의고주의에 종속시킨다. 이는 아마 미의 이념 앞에서도 멈추지 않는 변증법에 대한 두려움에 기인할 것이다. 칸트의 형식주의를 비판하는 헤겔은 형식적이지 않은 구체적인 것을 중요시해야 했을 것이다. 그러나 헤겔에게는 그럴 뜻이 없다. 아마 이 때문에 그는 예술의 재료적 계기들과 대상적 내용을 혼동하는 것 같다. 그는 자연미의 덧없음을 거부하며, 또 비개념적인 것을 모두 거부하는 경향을 띤다. 이로 인해 그는 달아나 버리는 것, 소멸하는 것 속에서 예술의 진리를 탐색한다는, 예술의 중심 모티프에 대해 고루한 태도를 보이며 무관심하다. 헤겔의 철학은 미 앞에서 무산되고 만다. 그는 이성과 현실을 그 매개들의 총괄 개념을 통해 서로 동일시함으로써 모든 존재자를 주관적으로 미리 정리한 것을 절대적인 것이라고 실체화한다. 또 그는 비동일자를 단지 주관성에 대한 속박으로서만 쓸모 있다고 보며, 그것에 대한 체험을 미적 주체의 목적 내지 주체의 해방이라고 규정하지는 않았다. 진전해 가는 변증법적 미학은 필연적으로 헤겔 미학에 대한 비판이 된다.

자연미에서 예술미로의 전환

지배권의 전환인 자연미에서 예술미로의 전환은 변증법적이다. 예술미는 형상을 통해 객관적으로 제어된 것으로서, 자체의 객관성을 통해 지배권을 초월하는 것이다. 예술 작품들은 자연미와 관계하는 미적 반응을 물질적 노동을 모델로 하는 일종의 생산적 노동으로 바꿈으로써 지배권에서 벗어난다. 예술은 인간이 자유로이 처리할 수 있는 언어이자 화해를 이룩한 언어이기도 하다는 점에서, 자연의 언어에서 인간에게 모호하게 여겨지던 것들에 다시 접근하려고 한다. 예술 작품들은 화해를 주체와의 동일성에 옮겨놓는다는 점에서 관념철학과 공통점을 지닌다. 이 점에서 사실상 셸링의 경우에 명백히 드러나는 바와 같이 관념철학은 예술을 본보기로 하지 그 반대가 아니다. 예술 작품들은 인간의 지배 영역을 극단적으로 확장한다. 그러나 그것은 문자 그대로가 아니라 내재성을 정립함으로써 현실적 지배권과 분리되고, 이로써 이 타율적 지배권을 거부하는 독자적 영역을 만들어냄으로써 가능하다. 예술은 자연의 사이비 형태가 됨으로써가 아니라 그처럼 양극 상태를 통해서만 자연과 서로 매개된다. 자연 모사나 자연발생적인 상태에서 엄격히 멀어질수록 성공한 예술 작품들은 그만큼 더 자연에 접근한다. 자연의 즉자존재를 반영하는 미적 객관성은 주관적으로 목적론적인 통일성의 계기를 순수하게 구현한다. 단지 이로써만 작품들은 자연과 유사해진다. 그에 반해 모든 개별적 유사성은 우연적이고 대체로 예술에 대해 이질적이며 사물적이다. 한 예술 작품의 필연성에 대한 감정이란 그러한 객관성을 달리 표현하는 말일 뿐이다. 벤야민이 설명하듯이 통상적 정신사에서는 이 필연성 개념이 오용된다. 사람들은 별다른 관계가 드러나지 않는 현상들, 대개 역사적인 현상들을 필연적이라고 칭함으로써 그것을 파악하거나 정당화하려고 한다. 예를 들어 지루한 음악을 어떤 위대한 음악의 앞 단계로서 필연적이었다고 칭송한다. 그러한 필연성을 증명할 수 있었던 적은 없다. 즉 개별 예술 작품에서도, 예술 작품과 양식 상호 간의 역사적 관계에서도 자연과학적인 부류의 명백한 법칙성은 존재하지 않으며, 심리학적 법칙성의 경우에 사정이 더 나은 것도 아니다. 예술의 필연성을 과학적인 방식으로 논할 수는 없다. 단지 한 작품이 그 완결성의 힘을 통해 마치 그것이 그냥 거기에 존재해야만 하고, 우리가 그것을 묵살할 수는 없는 것처럼, 다름-아니라-바로-그러하다So-und-nicht-anders-Sein는 명증성을 유발하는 한에서만 예술의 필연성에 대해 논할 수 있다. 예술 작품들이 매달리는 즉자존재는 어떤 현실적인 것에 대한 모방이 아니라, 아직 전혀 존재하지 않은 즉자존재 혹은 미지의 것이면서도 주체를 관통하며 규정되는 것을 미리 보여주는 것이다. 예술 작품들은 어떤 것이 즉자적으로 존재한다는 점을 말하지만, 그것에 대해 상술하지 않는다. 실제로 예술은 지난 2세기 동안에 겪은 정신화 과정을 통해 성숙하게 되었는데, 그로써 사물화된 의식이 원하는 바처럼 예술은 자연으로부터 소외된 것이 아니라 오히려 그 자체의 형태에 비춰 보면 자연미에 접근했다. 예술을 주관화하려는 경향을 주관적 이성에 따른 과학의 발전과 간단히 동일시하는 예술 이론은 그럴듯해 보이기 위해 예술운동의 사상내용을 소홀히 했다. 예술은 인간적인 수단을 통해 인간적이지 않은 것이 말하도록 만들고 싶어 한다. 예술 작품들의 순수한 표현은 사물로서 방해가 되는 것들이나 이른바 자연적 소재로부터도 해방되어 자연에 수렴된다. 예를 들어 안톤 베베른의 진정한 작품들은 주관적 감수성을 통해 순수한 음으로 환원되는데, 여기서 그 순수한 음은 자연의 소리로 전환된다. 물론 그것은 웅변적인 자연의 소리이며 자연의 한 부분에 대한 모사물이 되지는 않는다. 예술을 비개념적 언어로서 주관적으로 철저히 조형하는 것이야말로 합리성의 수준에 비춰 볼 때 창조의 언어와 같은 무엇인가가 반영되는 유일한 형태다. 물론 이 경우 그렇게 반영되는 것이 왜곡되어 있기도 하다는 역설이 수반된다. 예술은 투입된 인간의 의도가 아닌 어떤 표현을 모방하고자 한다. 인간의 의도는 단지 예술의 수단일 뿐이다. 예술 작품이 완전해질수록 의도는 예술에서 떨어져 나간다. 간접적인 면에서 자연이라고 할 수 있는 예술의 진리 내용은 직접적인 면에서는 자연의 대립물이 된다. 자연의 언어가 말 없는 것이라면 예술은 그처럼 말 없는 것이 말하도록 만들고자 한다. 이는 그처럼 필사적인 노력을 명하는 이념과 그러한 노력이 적용되는, 단적으로 의도하지 않은 어떤 것이라는 이념 사이의 지양될 수 없는 모순으로 인해 실패할 위험을 무릅쓰는 가운데 이루어진다.

예술미: '현상', 정신화, 직관

가상으로서의 '초월적인 것'

　자연은 그 자체 이상의 것을 말하는 듯해 보임으로써 아름답다. 이 초월적인 것Mehr을 그것의 우연성에서 벗어나게 하고 그것의 가상을 자유로이 처리하며 그것 자체를 가상으로서 규정하면서 또한 비현실적인 것으로서 부정하는 것이 예술의 이념이다. 인간에 의해 이루어진 초월적인 것 자체가 예술의 형이상학적 사상내용을 보장하지는 못한다. 즉 형이상학적 사상내용은 전혀 보잘것없어도 예술 작품들은 초월적인 것을 현상으로 나타나는 것으로 정립할 수도 있다. 예술 작품들이 예술 작품으로 되는 것은 그 초월적인 것을 만들어내기 때문이다. 그러나 예술 작품들은 그처럼 자체의 초월성을 만들어내기는 해도 초월성의 무대는 아니다. 이로써 예술 작품들은 초월성 자체와 다시 구분된다. 예술 작품들 속에서 초월성이 자리 잡는 곳은 작품을 이루는 계기들의 연관 관계다. 예술 작품들은 현상이면서도 그러한 연관 관계를 추구하고 이에 따름으로써 현상을 초월하지만, 이러한 초월은 비현실적일 수 있다. 예술 작품들은 이 초월을 이룩함으로써 어떤 정신적인 것이 되지, 의미들을 통해 비로소 그렇게 되는 것은 결코 아니다. 예술 작품들의 초월성은 그것들의 말하는 요인 혹은 문자이지만, 그것은 의미를 지니지 않는 문자, 좀더 정확히 말하자면 복면한 혹은 가려진 어떤 의미를 지니는 문자다. 주관적으로 매개되어 있는 상태에서 그러한 초월성은 객관적으로 드러나지만, 그만큼 또 산만하다. 그와 같은 초월성에 도달하지 못하면 예술은 예술의 개념에 이르지 못하고 탈예술화된다. 하지만 예술은 또한 효과의 연관 관계로서 초월성을 추구할 때에도 초월성을 배반한다. 이상과 같은 점은 새로운 예술의 한 가지 본질적인 척도를 함의한다. 작곡한 곡들이 음향효과 혹은 단순히 준비된 재료에 머물거나, 그림들이 기하학적 틀로 환원되어 그 환원 상태에 있는 그대로 머문다면, 그것들은 예술이 되지 못한다. 그 때문에 수학적 형식들을 이용하는 모든 작품들에서는 그러한 형식에서 벗어나는 것이 중요해진다. 억지로 전율을 만들어내려고 해도 쓸모없다. 그러한 것은 이루어지지도 않는다. 예술 작품들의 역설 가운데 하나는 그것들이 정립하는 것을 결코 정립해서는 안 된다는 점이다. 예술 작품들의 실체성은 그러한 점에 비추어서 평가된다.

미적 초월성과 탈마법화

초월적인 것을 서술하는 데에는 형태Gestalt에 대한 심리학적 정의, 즉 전체는 그 부분들 이상의 것이라는 정의만으로 충분하지 않다.

왜냐하면 그 초월적인 것은 단순히 연관 관계가 아니라, 그 연관 관계를 통해 매개되면서도 그와는 분리된 어떤 다른 것이기 때문이다. 예술적 계기들은 자체의 연관 관계를 통해, 그 연관 관계에 들어가지 않는 어떤 것을 암시한다. 이 경우 사람들은 역사철학적 이율배반에 부딪히게 된다. 아우라의 개념은 자체의 완결성을 통해 자체를 벗어나는 현상에 상당히 접근하는데, 이 아우라라는 주제를 다루면서 벤야민은 보들레르를 통해 시작되는 예술의 발전 과정에서 예를 들어 '분위기'로서의 아우라가 금기시된다는 점을 지적했다.[1] 이미 보들레르의 경우에도 예술적 현상의 초월성이 유발되기도 하고 동시에 부정되기도 한다. 이런 관점에서 예술의 탈예술화는 예술의 청산 단계로만 아니라 예술의 발전 경향으로도 규정된다. 그렇기는 해도 그사이에 아우라와 분위기에 대한 반역은 사회화되었지만, 현상에 반대하여 그 현상 이상의 것이 나타날 때의 소음은 간단히 사라지지 않았다. 기록 문서들 같아 보이는 브레히트의 훌륭한 시들을 다른 작가들의 조잡한 시들과 비교해 보면 그 점을 확인할 수 있을 것이다. 이들의 경우에는 시화하는 일에 대한 반역이 미적인 것 이전의 상태로 돌아간다. 브레히트가 탈마법화된 서정시에서 단순화해서 말한 것과 근본적으로 다른 어떤 것이 그 서정시의 뛰어난 수준을 이룬다. 이 점은 아마 에리히 칼러[2]가 최초로 간파했을 텐데, 「두 마리 두루미에 관한 시Das Gedicht von den beiden Kranichen」[3]가 가장 훌륭한 증거다. 미적 초월성

1 Benjamin, *Schriften*, Bd. 1, pp. 459 이하 참조.
2 [옮긴이] Erich Kahler(1885~1970): 문화사회학을 이론적 기반으로 하는 독일 문화철학자, 작가. 대표 저서로는 권위주의 문제를 다룬 『유럽 역사 속의 독일적 성격Der deutsche Charakter in der Geschichte Europas』(1937)이 있다.

과 탈마법화는 침묵 속에서, 예를 들어 베케트의 작품에서 서로 일치한다. 의미와 거리가 먼 언어는 아무것도 말하지 않는 언어라는 점으로 인해 침묵과 유사해진다. 아마 초월하는 것에 가장 가까운 표현은 모두 침묵과 밀접하게 관련되어 있을 것이다. 이와 마찬가지로 주요 현대음악에서 밀도 있는 형태로부터 적나라하게 나타나는 음 혹은 소멸해 가는 음보다도 더 많은 것을 표현하는 것은 없다. 이러한 음으로 예술은 그 자체의 운동을 통해 그 자연적 계기와 합류한다.

계몽과 전율

그러나 예술 작품들에서 표현이 이루어지는 순간은 예술 작품들을 일종의 직접적인 것인 그것들의 재료에 환원하는 것이 아니라 오히려 극도로 매개된 것이다. 예술 작품들 자체의 현실성이 지니는 비현실적인 면에 강세가 놓일 때, 예술 작품들은 간결한 의미에서 현상들, 즉 타자의 현상들이 된다. 예술 작품들은 비록 그 재료들을 통해 지속적인 것으로 구현될지라도, 자체에 내재하는 행위적 성격 때문에 어떤 순간적이고 갑작스러운 것이 된다. 중요한 작품을 대할 때마다 받는 엄습당한다는 느낌이 바로 그 점을 말해준다. 모든 예술 작품들은 자연미와 마찬가지로 그러한 느낌으로부터 음악과 유사한 성격을 얻게 되는데, 실제로 한때 뮤즈Muse라는 이름이 그런 성격을 상기시켰다. 예술 작품들은 그것들에 대한 끈질긴 관조 앞에서 운동을 하게 된다. 그런 한에서 예술 작품들은 실로 대상화 시대에 존재하는 선사

---

3   Brecht, *Gedichte II*, Frankfurt a. M.: Suhrkamp, 1960, p. 210("Die Liebenden").

시대 전율의 후예다. 그러한 전율의 두려움은 대상화된 객체들 앞에서 반복된다. 윤곽을 드러내며 서로 구분되는 개별 사물들과 퇴색하는 본질 사이의 분리χωρισμός가 심각해질수록, 그 분리의 피안에 위치하는 것에 대한 유일한 기억이라고 할 수 있는 예술 작품들은 그만큼 더 공허한 눈초리로 우리를 바라본다. 전율은 과거의 것이지만 그래도 잔존하고 있으며, 그래서 전율의 잔상들인 예술 작품들은 그것을 객관화한다. 왜냐하면 사람들은 한때 자연 앞에서 무기력을 느끼면서 전율을 현실적인 것으로서 두려워했을 테지만, 그러한 전율이 사라지게 되는 것을 그에 못지않게 두려워하며, 이에는 그에 못지않은 충분한 이유가 있기 때문이다. 모든 계몽에는 그것이 운동하게 만든 것, 또 그것이 삼켜버릴 수도 있는 것, 즉 진리가 소멸될지 모른다는 불안이 따른다. 자신으로 돌아간 계몽은 자신이 얻고 싶어 하는 실제의 객관적인 것으로부터 멀어진다. 그래서 계몽에는 그 자체의 진리가 요구하는 바에 따라, 진리의 이름으로 심판받은 것을 고수하려는 욕구가 수반된다. 예술은 그러한 기억이다. 그러나 작품들에서 현상의 순간은 소멸하는 것과 보존된 것의 역설적 통일 또는 평형상태다. 예술 작품들은 정지해 있는 것일 뿐만 아니라 역동적인 것이기도 하다. 서커스의 한 장면에 쓰이는 타블로[4]나 레뷰[5] 혹은 이미 17세기에 나온 인공 분수 따위의 기계적인 장르처럼 공식적으로 인정되는 문화의 하부에 속하는 장르들은 진정한 예술 작품들이 그 은밀한 아

---

4 [옮긴이] Tableu: 라틴어 tabula에서 유래하며 본래 그림을 뜻하지만, 인상적인 장면 혹은 인물들의 효과적 배치를 나타내는 말.
5 [옮긴이] Revue: 줄거리 없이 특정 주제로 춤과 노래, 촌극, 시사 풍자 등 다양한 볼거리를 만든 버라이어티쇼.

프리오리로서 자체 내에 감추고 있는 요인들을 솔직히 드러내는 것이다. 이 경우 그러한 것들도 계몽적인 것임에는 변함이 없다. 왜냐하면 그러한 것들은 마술이 지배하던 선사시대에는 인간과 함께할 수 없던 전율을 상기시켜, 그것을 인간과 어우러지는 것으로 만들고 싶어 하기 때문이다. 낯선 것을 제거하려는 노력이 예술이라고 하는 헤겔의 주장은 그 점을 건드렸다.[6] 인공물 속에서는 전율이 즉자존재라고 하는 신화적 허위에서 벗어나게 되지만, 그렇다고 그것이 주관적 정신으로까지 평준화되지는 않는다. 예술 작품들이 인간에 의해 객관화되고 자립성을 얻음에 따라 인간은 전율을 온건해지지 않은 것 혹은 아직 존재하지 않은 것으로서 대면한다. 이러한 객관화 과정에서 모든 예술 작품이 수행하는 소외의 행위는 교정의 의미를 지닌다. 예술 작품들은 중화되고 이로써 질적으로 변한 에피파니Epiphanien다. 고대의 신들이 그 성지에 언뜻 현상으로 나타나거나 적어도 선사시대에 나타났다면, 현상으로 나타나는 것의 육체적 성격을 대가로 치르면서 그처럼 현상으로 나타나는 일이 예술 작품들의 영속성이라는 법칙으로 변했다. 현상으로서의 예술 작품에 가장 접근하는 것은 환영apparition 혹은 천체 현상이다. 인간을 초월하여 인간의 의도나 사물의 세계로부터 멀리 떨어지는 그러한 것에 예술 작품들은 동의한다. 환영이 흔적도 없이 사라진 예술 작품들은 단지 껍질일 뿐이다. 이는 아무 쓸모도 없으므로 단순한 현존재보다도 더 나쁘다. 예술 작품들은 특히 초자연력Mana과 극단적으로 대립할 때, 즉 불가피한 것을 주체적으로

---

6   Hegel, *Werke*, Bd. 10, 1부, p. 41. "인간은 자유로운 주체로서 외부 세계로부터 불쾌한 이질성을 제거하여, 사물의 형태에서 단지 자신의 외적 실재성을 즐기기 위해 이런 일을 행한다[즉 외부 사물들에 자신의 내면적 도장을 찍고는 외부 사물들을 변화시킨다]."

구성할 때 초자연력을 가장 잘 상기하게 된다. 예술 작품들을 이루는 순간은, 적어도 전통적 예술 작품들에서는, 예술 작품들이 그 개별 계기들로부터 총체적인 상태로 되는 곳에서 응결되었다. 그러한 계기들이 객관화되는 생산적 순간은 결코 예술 작품들 위에 산재해 있는 표현적 성격들에 그치는 것이 아니라, 그 계기들을 현상으로 집약하는 순간이다. 예술 작품들은 그 자체의 사물적 성격을 통해, 즉 그것의 인공적 객관화를 통해 사물의 세계를 넘어선다. 사물과 현상이 함께 불붙음으로써 예술 작품들은 웅변적으로 된다. 예술 작품들은 현상으로서 나타나게끔 되어 있는 사물들이다. 예술 작품들의 내재적 과정은 인간이 그것들에 행한 것으로서가 아니라, 또 단지 인간을 위한 것으로서만이 아니라, 그 자체의 행위로서 외부를 향해 나타난다.

예술과 예술에 이질적인 요인

불꽃놀이라는 현상물은 금방 사라져 버리고 공허한 오락으로 여겨져 이론적인 관심을 거의 끌지 못했지만, 예술 작품들의 원형이라고 할 수 있다. 발레리만이 적어도 그것에 접근하는 사고 과정을 따라갔다. 그것은 탁월한 κατ' ἐξοχήν 환영이라고 할 수 있다. 즉 그것은 지속이라는 경험계의 부담에서 벗어나지만 경험적 현상으로 나타나는 것, 하늘의 기호이면서 동시에 제작된 것이자 경고이기도 하고, 순간적으로 빛나면서 사라지는 문자라서 그 의미를 추적하여 읽을 수 없는 것이기도 하다. 미 영역을 전적으로 일시적인 것이 완전히 목적과 멀어지게 된 상태로 분리한다는 것은 미 영역에 대한 형식적 규정에 머물지 않는다. 예술 작품들이 결함 있는 존재자와 구분되는 것은 그것들이 좀더 완전하기 때문이 아니라, 불꽃놀이와 마찬가지로 빛을 발하면서 표현적 현상으로서 현실화되기 때문이다. 예술 작품들이 단지 경험계의 타자일 뿐인 것은 아니다. 예술 작품들 속의 모든 것이 타자로 된다. 예술 이전의 의식은 예술 작품들에서 그러한 것에 가장 강하게 감응한다. 그러한 의식은 예술과 경험계를 매개하면서 예술로 이끌어가는 유혹에 따른다. 예술 이전의 층은 예술 작품들에서 이용되면 변질되고 결국 예술 작품들 속에 용해되지만, 그러한 층은 승화된 상태로 예술 작품들 속에 남아 있다. 예술 작품들은 이상적 성격을 지닌다기보다는 오히려 정신화 과정을 통해, 차단된 혹은 거부된 어떤 감성적인 것을 약속한다. 이런 특성은 미적 경험이 탈피한 현상물들에서, 즉 예술과 다소 거리가 먼 듯하고 또 정당하게 혹은 부당하게 저급하다는 평을 받는 서커스 같은 예술에서 파악할 수 있다. 프랑스에서는 입체파 화가들과 이론가들이, 독일에서는 베데킨트가 서커스에 관심을 기울였다. 베데킨트가 말하는 육체적 예술körperliche Kunst은 그저 정신화된 예술의 뒤에 머물 뿐인, 정신화된 예술의 보완물이 아니다. 그것은 오히려 비의도적 예술이라는 점에서 정신화된 예술의 본보기이기도 하다. 각각의 예술 작품은 그저 실존한다는 것만으로도 소외된 것에 대해 낯선 예술 작품으로서 서커스를 불러내지만, 서커스를 따라가려고 애쓰면 당장 실패하고 만다. 예술은 직접 환영을 통해서가 아니라 단지 이 환영과 대립하는 경향을 통해서만 형상으로 된다. 예술의 예술 이전 층은 동시에 예술의 반문화적 특성이 제기하는 경고이기도 하다. 즉 경험세계에 대한 예술의 안티테제는 경험세계를 그대로 놓아두고 있는데, 그러한 것에 대한 예술의 불신이 제기하는 경고이기도 한 것이다. 중요한 예술 작품들은 그래도 그처럼 예술에 적대적인 층을 자체 내에 동화하려고 한다. 유치한 것이라고 의심받기도 하는 그 층이 없다면, 예를 들어 정신적인 실내악에 거리 악사의 흔적이 전혀 없거나 환각을 배제하는 드라마에 무대 마술의 흔적이 아무것도 없다면 예술은 실패한 것이다. 베케트의 「막판」[7]에서도 기대 속에서 막이 올라간다. 막을 생략하는 극작품이나 연출 활동은 무기력한 속임수를 써서 자신의 그림자를 뛰어넘는 것이다. 하지만 막이 올라가는 순간은 환영을 기대하는 순간이기도 하다. 베케트의 연극들은 해가 지고 세계가 몰락한 뒤처럼 음울한 분위기 속에서 서커스의 다채로움을 몰아내려 한다. 그러나 그것도 무대 위에서 공연되고 있다는 사실을 통해 서커스에 충실하다. 또 그 연극들의 반주인공들은 광대나 영화의 그로테스크한 장면에서 영감을 얻었다는 점을 알 수 있다. 그의 연극들은 아무리 금욕적이더라도 의상이나 배경을 완전히 무시하지는 않는다. 즉 떠나려고 하지만 떠나지 못하는 하인 클로브는 영국인 여행자의 우스꽝스럽고 낡은 의상을 입고 있으며, 『행복한 나날Happy Days』[8]의 모래언덕은 미국 서부극의 배경과 유사하다. 일반적으로 아무리 추상적인 회화 작품들도 그 재료나 시각적 조직으로 인해, 그것이 무효화하는 대상적 성격의 잔재를 여전히 수반하지 않는가 하는 물음은 그대로 남을 것이다. 축하나 위안을 철저히 거부하는 예술 작품들도 그러한 광채를 완전히 지워버리지는 않

7 [옮긴이] "Endgame": 베케트가 1956년에 쓴 단막극. 대파국 이후의 세계를 그린다. 햄Hamm과 클로브Clov는 주종 관계다. 클로브는 햄을 떠날 태세이지만 떠나지 못한다.
8 [옮긴이] 베케트의 1960년 작 2막 부조리극. 1막에서 주인공 위니Winnie는 허리까지 모래 속에 묻혀 있으며, 2막에서는 머리만 내민 채 입과 눈만 움직인다. 그녀의 남편 윌리Willie 역시 무기력하다. 가망 없는 상황에서 그들은 행복한 날을 경험하리라고 상상한다.

으며, 오히려 성공적일수록 더 광채를 얻는다. 오늘날 그러한 광채는 바로 아무 위안도 주지 않으려는 예술 작품들로 옮겨갔다. 이러한 예술 작품들은 목적과는 이질적인 성격을 띰으로써 시대들 사이의 깊은 간극을 넘어서, 확고한 소유와 정착 문명에 전적으로 순응하지 않는 쓸모없는 방랑자들과 공감한다. 오늘날의 예술이 안고 있는 난점들 가운데에는 우선 그것이 환영을 내팽개칠 수도 없으면서 그것을 부끄러워한다는 점을 생각할 수 있다. 본질구성적 가상에 이르기까지 투명하게 자신을 의식하게 된 예술은 그처럼 투명한 상태에서 그 가상을 허위로 받아들이고 자체의 가능성을 갉아먹는데, 그런 예술은 헤겔의 말처럼 이제 더 이상 실체적이지 않다. 빌헬름 시대[9]의 군인들이 하던 싱거운 이야기가 있다. 어느 화창한 일요일에 한 장교가 당번병을 동물원으로 보낸다. 당번병은 흥분한 채 돌아와서 "중위님, 그런 동물들은 없는데요"라고 말한다. 이와 같은 반응 방식은 미적 경험에 필요하지만 예술 개념에는 이질적이다. 젊은이처럼 놀라는 태도 θαυμζειν와 함께 예술 작품도 제거되었다. 클레의 「새로운 천사」[10]는 인도 신화에 나오는 반인반수 형상들과 마찬가지로 그러한 놀라움을 불러일으킨다. 진정한 예술 작품에서는 언제나 존재하지 않는 어떤 것이 나타난다. 이는 예술 작품들이 존재자의 산재된 요소들로부터

9 [옮긴이] Wilhelminische Zeit: 빌헬름 1세는 1871년에 황제로 즉위했고 비스마르크Otto von Bismarck가 정치를 주도하였다. 그의 사후 1888년에 황제에 오른 빌헬름 2세는 비스마르크를 해임하고 제국주의적 팽창정책을 추진했다. 빌헬름 시대는 비스마르크가 해임된 1890년부터 빌헬름 2세가 퇴위한 1918년 11월혁명까지를 지칭한다.
10 [옮긴이] "Angelus Novus": 클레의 1920년 작 수채화. 1915년부터 1940년 사이에 천사를 모티프로 그린 일군의 회화 작품들 가운데 하나다. 벤야민이 「역사의 개념에 대하여Über den Begriff der Geschichte」에서 다룸으로써 널리 알려졌다.

환상을 통해 결합해 내는 것이 아니다. 예술 작품들은 그 산재된 요소들로부터 어떤 짜임관계를 만들어내며 이는 또한 암호가 되지만, 예술 작품들이 이 암호화된 것을 환상의 경우처럼 직접 현존하는 것으로 눈앞에 제시하지는 않는다. 여기서 그처럼 암호화된 것은 예술 작품들에 나타나는 환영의 한 측면이다. 그것은 자연미와 마찬가지로 판단의 일의성을 거부하지만 자체의 형태를 통해, 즉 예술 작품들을 변형된 것으로 만드는 방법Wie을 통해 최대한 확정성을 띰으로써 자연미와 구분된다. 이로써 예술 작품들은 자체의 화해 불가능한 적수라고 할 수 있는 의미적 사유의 종합을 본받으려 애쓴다.

비존재자

어떤 비존재자가 마치 존재하는 듯이 나타난다는 데에서 예술의 진리에 대한 물음은 자극을 받는다. 단지 형식만으로 예술은 존재하지 않는 어떤 것을 약속하며, 비록 굴절되기는 했지만 그것이 현상으로 나타나므로 가능할 수밖에 없다는 주장을 객관적으로 표명한다. 미 앞에서 느끼는 채울 수 없는 동경을 플라톤은 '최초의 것이 지닌 신선함'이라고 표현했는데, 그것은 약속의 실현에 대한 동경이다. 관념론적 예술철학은 행복의 약속promesse du bonheur이라는 공식을 받아들이지 못했다고 비판받을 수 있다. 관념론적 예술철학은 예술 작품을 그것이 상징하는 것에 이론적으로 묶어놓음으로써 예술 작품 자체 내부의 정신에 손상을 입힌다. 예술에서 감성적 계기는 감상자의 만족이 아니라 그 정신이 약속하는 것에 자리 잡고 있다. 낭만주의는 환영에서 나타나는 것을 예술적인 것과 전적으로 동일시하고자 했다.

그로써 낭만주의는 어떤 본질적인 것을 포착했지만 이를 부분적인 것에, 즉 자체로서 무한하다고 자처하는 예술의 특수한 반응 방식을 찬양하는 데에 한정시켰다. 그러면서 낭만주의는 예술의 영기를, 다름 아니라 존재자도 보편적 개념도 아니어서 확고히 못 박아놓을 수 없는 까닭에 불가항력적이라고 할 수 있는 이 영기를 반성을 통해 주제로 삼음으로써 다룰 수 있다고 망상했다. 이 영기는 특수화와 유착되어 있으며 포괄되지 않는 요인을 대변한다. 그것은 현실의 지배적 원칙인 교환 가능성의 원칙에 도전한다. 현상으로 나타나는 것은 교환될 수 없다. 왜냐하면 그것은 다른 것들로 대체되는 무감각한 개별성도 아니고, 특성의 통일체로서 그것에 포착된 특수한 것을 동일한 것으로 만드는 공허한 보편도 아니기 때문이다. 현실에서는 모든 것이 대체될 수 있게 되었지만, 예술은 모든 것이 대타적인 것으로 되는 상황에 맞서 외부에서 부과된 동일시의 도식들에서 벗어나 그 자체로 존재하는 것의 형상들을 제시한다. 그러나 예술은 교환 불가능한 것의 이마고이지만, 이 세계 속에서도 모든 것이 다 교환 가능하지는 않다고 암시함으로써 이데올로기로 넘어간다. 교환 불가능한 것을 위해 예술은 자체의 형태를 통해 교환 가능한 것이 비판적 자의식을 갖도록 해야 한다. 예술 작품의 목표는 어떤 스펙트럼에 따르지 않는 말들로 이루어진 언어, 미리 정해진 보편성에 사로잡혀 있지 않은 언어에서 찾을 수 있다. 레오 페루츠[11]는 어느 중요한 서스펜스 소설에서 트

---

11 [옮긴이] Leo Perutz(1882~1957): 유대계 오스트리아 작가. 특히 카를 크라우스의 영향을 받았으며, 러시아혁명 이후에는 사민주의를 지지했다. 시오니즘 및 이스라엘 국수주의와는 거리를 두었다. 『셋째 탄환Die dritte Kugel』(1915), 『스웨덴의 기사Der schwedische Reiter』(1936) 등의 소설을 썼다. 그의 작품들은 마술적 리얼리즘으로 평가되기도 한다.

럼펫 적색Drommetenrot[12]이라는 색깔을 다룬다. 과학소설 따위의 예술 이하 장르들은 소재를 맹신하여 무기력하게 그것에 매달린다. 예술 작품들에서 언제나 비존재자가 갑자기 등장한다고 해도 마술을 써서 간단히 비존재자를 실제로 장악하는 것은 아니다. 비존재자는 존재자의 단편들을 통해 예술 작품들과 매개되어 있으며, 예술 작품들은 이 단편들을 결합해 환영을 이룩한다. 그처럼 현상으로 나타나는 비존재자가 현상으로 나타나는 것인 한 실존하는지 아니면 가상에 머무는지를 예술의 실존을 통해 결정하는 것은 예술의 몫이 아니다. 예술 작품들의 권위는, 존재자의 형상들이며 비존재자를 현존하게 만들 수 없는 예술 작품들이 비존재자 자체는 아니면서 비존재자의 압도적인 형상으로 될 수 있는 근거가 무엇인지 반성하게 만드는 데에 있다. 플라톤의 존재론은 변증법보다는 실증주의와 더 화해하기 쉽다. 그는 개념을 통해 확인하고 싶어 한 이데아와 존재의 실증적 편재가 예술의 약속으로 인해 의심스러워지기라도 하는 듯이, 예술의 가상적 성격에 대해 화를 낸다. 그가 말하는 이데아들이 즉자존재자라면 예술은 필요 없을 것이다. 고대의 존재론자들은 예술을 실용주의적으로 통제하려고 하지만 예술을 불신한다. 그들은 실체화된 보편개념이 곧 미가 약속하는 바는 아니라는 점을 내심 알고 있었기 때문이다. 그러나 예술에 대한 플라톤의 비판은 엄밀하지 못하다. 예술은 자체의 소재내용들이 문자 그대로 현실성을 지닌다는 생각을 부인하는데, 플라톤은 그런 현실성을 이유로 예술의 허위를 비난하기 때문이다. 개념을 이데아로 승격시키는 것은 예술에서 중심을 이루는 형식의 계기에 대한

---

12 Leo Perutz, *Der Meister des jüngsten Tages*, München: Albert Langen, 1924, p. 199 참조.

비예술적 맹목성과도 연결된다. 물론 그렇더라도 예술에서 허위의 오점을 지워버릴 수는 없다. 예술이 자체의 객관적 약속을 지키리라고 보장해 주는 것은 아무것도 없다. 그래서 모든 예술 이론은 동시에 예술에 대한 비판이 될 수밖에 없다. 심지어 극단적인 예술의 경우에도 그것이 가상으로서 만들어내는 가능한 것을 실제로 구현하는 일을 소홀히 하는 한에서 허위가 존재한다. 예술 작품들은 아직 시작되지 않은 실천에 어음을 발행한다. 그 실천이 예술 작품들의 어음을 지불할지는 아무도 말할 수 없을 것이다.

형상적 성격

예술 작품은 모사물이 아니라 환영이나 현상이라는 점에서 형상들이다. 세계가 탈마법화됨에 따라 의식은 지난날의 전율에서 벗어났지만, 이 전율은 주체와 객체의 역사적 적대 관계 속에서 영원히 재생산된다. 객체는 한때 초자연력만이 그랬던 것처럼 경험과 아무 공통점도 없고 이질적이며 불안을 자아내게 되었다. 이는 형상적 성격에도 영향을 준다. 형상적 성격에서는 사물처럼 소외된 것을 경험할 수 있도록 만들려는 노력이 이루어지지만, 그에 못지않게 그러한 이질성이 드러나기도 한다. 예술 작품들의 과제는 존재자를 특수화함으로써 관리되는 세계의 지배적 보편성을 은폐하는 것이 아니라, 존재자의 연관 관계를 말해주면서도 존재자에 의해 은폐되어 있기도 한 보편을 특수 속에서 인식하는 것이다. 총체성은 초자연력의 일그러진 후예다. 예술 작품들의 형상적 성격은 개별적인 것들의 종합에서보다 개별적인 것 속에서 더 충실하게 나타나는 총체성으로 넘어갔다. 예술은 계몽된 시대에 도전하지만, 바로 논증적 개념구성을 통해 접근할 수는 없어도 현실 상황의 객관적 상태와 관계함으로써 계몽에 충실하다. 예술에서 현상으로 나타나는 것은 결코 이상도 조화도 아니다. 예술의 화해적 요인은 오직 모순적인 것, 불협화음적인 것 속에만 자리 잡고 있을 뿐이다. 계몽은 언제나 또한 그것이 아무 위장 없이 파악하고자 하는 것이 사라진다는 점에 대한 의식이기도 했다. 계몽은 사라져 가는 것 혹은 전율 속에 침투함으로써 그것을 비판하기도 하지만, 현실 자체에서 전율을 불러일으키는 것에 비춰 볼 때 전율을 구제해 내기도 한다. 예술 작품들은 이러한 역설을 자체의 문제로 받아들인다. 개별적이고 가장 본질적인 면에서 비합리적인 주관적 목적-수단-합리성에는 조야한 비합리적 고립 영역이 필요하며, 또 그러한 합리성이 예술을 만들어낸다는 것도 사실이다. 그렇더라도 진정한 예술의 산물들에서 합리적인 세계의 비합리성이 밖으로 드러나는 한에서 예술은 사회에 관한 진리다. 예술 속에서는 탄핵과 기대가 서로 연결된다. 환영이 빛을 발하는 것 혹은 감동받는 것을 의미한다면, 형상은 이처럼 극히 덧없는 것을 사로잡으려는 역설적 시도다. 예술 작품들 속에서는 하나의 순간적인 것이 초월적인 것으로 된다. 예술 작품은 객관화 과정을 통해 순간으로 된다. 이 경우 벤야민이 변증법적 형상이라는 구상의 맥락 속에서 제시한 정지 상태의 변증법[13]이라는 말을 생각할 수 있다. 형상들로서의 예술 작품들은 덧없는 것의 지속인 것처럼, 또한 순간적인 것으로서의 현상 속에 집약된다. 예술을 경험한

---

13 [옮긴이] 벤야민은 과거의 연속성을 깨는 각성의 순간 과거는 시간이 아니라 이미지로서 현재와 관계를 갖는다고 본다. 이때 그는 특히 메시아가 도래하는 순간 혹은 혁명의 순간을 염두에 둔다.

다는 말은 예술의 내재적 과정이 멈추는 듯한 순간에 그 과정을 깨닫는다는 것이다. 아마 생산적 순간이라는 레싱[14] 미학의 중심 개념은 그러한 것을 자양분으로 삼았을 것이다.

'파열'

예술 작품들은 상상들imagines을 지속적인 것으로 만들어놓는 데에 머물지 않는다. 예술 작품들이 예술 작품으로 되는 것은 그 자체의 영상을 파괴함으로써 가능하다. 그래서 이 파괴는 파열Explosion과 지극히 유사하다. 베데킨트의 『깨어나는 봄』[15]에서 모리츠 슈티펠Moritz Stiefel은 물총으로 자결하면서 "이제 다시는 집에 돌아가지 않을 테다"[16]라고 말하는데, 이 순간 막이 내리며 저녁 어둠이 깔리는 도시 앞에 흐르는 강물 풍경의 말할 수 없는 슬픔을 통해 표현되는 것이 밖으로 나온다. 예술 작품들은 알레고리일 뿐만 아니라 알레고리의 파국적 구현이기도 하다. 최근의 예술 작품들이 보여주는 충격은 예술 작품들의 현상이 파열되는 것이다. 그런 예술 작품들에서는 지난날 자명한 아프리오리였던 현상이 파국과 함께 소멸하며, 이런 파국을 통해 비로소 현상의 본질이 완전히 드러난다. 이는 아마 어느 경우보다

---

14 [옮긴이] Gotthold Ephraim Lessing(1729~81): 독일의 대표적인 계몽주의 극작가, 평론가. 시민비극을 주창했고 『라오콘 Laokoon』(1766), 『함부르크 극작법 Hamburgische Dramaturgie』(1767~69) 등의 예술론을 남겼다.
15 [옮긴이] Frühlings Erwachen: 베데킨트의 1891년 작 비극. 여러 개의 짤막한 장면으로 이루어졌으며, 3명의 청소년들이 성에 눈을 떠가는 과정을 다룬다.
16 Frank Wedekind, Gesammelte Werke, Bd. 2, München/Leipzig: Georg Müller, 1912, p. 142.

볼스[17]가 만들어낸 형상들에서 분명하게 나타날 것이다. 미적 초월의 증발도 미적인 것이 된다. 이처럼 예술 작품들은 자체의 안티테제와 신화적으로 연결되어 있다. 현상이 불타는 가운데 예술 작품들은 생명체의 대립물인 경험계와 확연히 구분된다. 오늘날의 예술은 묵시록을 기다리는 반응 방식으로서 말고는 거의 생각할 수 없다. 면밀히 살펴보면, 안정적 제스처를 취하는 작품들에서도 예술가의 응집된 정서들보다는 그 속에서 갈등하는 힘들이 폭발하고 있다는 사실을 알 수 있다. 그 결과로 생겨나는 평형상태에서는 그 힘들을 화해시키는 것이 불가능해진다. 이 힘들의 이율배반들은 인식의 이율배반들과 마찬가지로 화해되지 않은 세계 속에서는 해소되지 않는다. 그 힘들이 형상으로 되는 순간, 그것들의 내적인 면이 외적인 것으로 나타나는 순간, 내적인 것을 위하여 외적인 것의 껍질이 파열된다. 그것들을 형상으로 만들어주는 환영은 언제나 또한 그것들의 형상적 본질을 파괴한다. 벤야민이 해석한,[18] 자신의 후광을 잃은 남자에 관한 보들레르의 우화는 우선 아우라의 종말이 아니라 아우라 자체를 서술하고 있다. 예술 작품들이 빛을 발하면, 예술 작품들의 객관화 과정은 그 자체를 통해 무너진다. 예술은 현상으로 규정됨으로써 자체에 대한 부정을 목적론적으로 내포하게 되었으며, 현상의 갑작스러운 출현은 미적 가상을 부정한다. 그러나 예술 작품에서 현상과 그것의 파열은 본질적으로 역사적이다. 예술 작품은 그 자체로서 형성 과정과 동떨어진 존재가 아니라 존재자로서 형성되어 가는 것이지, 역사주의가 흔히 주

---

17 [옮긴이] Wols(1913~51): 본명은 Alfred Otto Wolfgang Schulze. 독일 사진작가이자 화가. 타시즘과 앵포르멜informel의 선구자.
18 Benjamin, *Schriften*, Bd. 1, pp. 456 이하.

장한 것처럼 현실적인 역사 속의 위치에 의해서 비로소 그런 것은 아니다. 예술 작품에서 현상으로 나타나는 것은 그것의 내적 시간이다. 현상의 파열은 그러한 시간의 연속성을 폭파한다. 예술 작품은 자체의 단자론적 핵을 통해 실제 역사와 매개되어 있다. 역사야말로 예술 작품들의 사상내용이라고 할 수 있다. 예술 작품들을 분석하는 것은 바로 그 속에 축적되어 있는 내재적 역사를 파악하는 것이다.

형상내용의 집단적 성격

적어도 전통적인 예술에서 작품들의 형상적 성격은 아마 생산적 순간의 기능일 것이다. 이 점은 베토벤 교향곡에서도, 대체로 소나타 형식의 악장들에서 입증할 수 있을 것이다. 순간적으로 정지해 있는 운동이 영원한 것으로 되며, 이 영원해진 것은 순간으로 환원됨으로써 소멸한다. 이런 점 때문에 예술의 형상적 성격은 클라게스[19] 및 융[20]의 형상 이론들과 엄격히 구분된다. 인식이 형상과 기호로 나뉜 다음에 분리된 형상적 계기가 사고를 통해 간단히 진리와 동일시되면, 분리의 허위는 전혀 교정되지 않고 오히려 더 큰 허위로 뒤덮일 뿐이다. 왜냐하면 개념 못지않게 형상도 분리의 영향을 받기 때문이다. 미적

19 [옮긴이] Ludwig Klages(1872~1956): 독일 심리학자, 철학자. 성격학, 필적학, 우주 창조론적 에로스 등에 대한 연구서들이 있다. 합리적, 분석적 사유를 비판하고 생철학을 추구하고, 반유대주의적 성향을 보이기도 한다. 영혼과 정신의 근본적 대립을 강조하며, 영혼은 신체의 의미이고 신체의 형상은 영혼의 현상이라고 주장했다.
20 [옮긴이] Carl Gustav Jung(1875~1961): 스위스 심리학자. 집단 무의식과 원형 이론을 주장했다. 살아 있는 상징은 무의식과 의식의 가교이며 의미를 잉태하고 있는 데에 반해, 기호는 명확히 한정된 사태를 가리킬 뿐이라고 보았다.

형상들을 설득력 있게 개념들로 바꾸어놓을 수는 없다. 또 그것들은 결코 '현실적인' 것도 아니다. 상상적인 것이 없다면 아무런 이마고도 없을 것이다. 형상들은 그 역사적 사상내용으로 인해 현실성을 지니게 된다. 그것들은 역사적인 것일지라도 실체화되어서는 안 된다. 미적 형상은 부동적인 것도, 태고 시대부터 존재해 온 불변 요인도 아니다. 예술 작품들은 그 속에서 객관적인 상태로 귀결된 과정들 자체가 말을 함으로써 형상이 된다. 그런데 딜타이[21] 계열의 부르주아 예술종교는 예술의 영상을 그 반대되는 것, 즉 예술가들의 심리적 표상 자료와 혼동한다. 이 자료는 예술 작품 속에 용해되어 들어간 원료 가운데 한 요소일 뿐이다. 오히려 예술 작품들에 잠재하다가 한순간에 터져 나오는 과정들, 그것들의 내적 역사성은 외적 역사가 쌓인 것이다. 예술 작품들의 객관화가 지닌 설득력이나 예술 작품들의 생명을 이루는 경험들은 집단적이다. 예술 작품들의 언어는 다른 언어들이 모두 그렇듯이 그 밑바닥의 집단적 흐름을 통해 본질구성된다. 특히 문화적 상투어로, 고독하게 상아탑 속에 갇혀 있는 것으로 분류되는 예술 작품들의 언어가 그러하다. 예술 작품들의 집단적 실체는 그것들의 형상적 성격 자체로부터 나타나지, 상투적인 이야기처럼 예술 작품들이 어떤 집단을 직접 겨냥해 말하고자 하는 바로부터 나타나지는 않는다. 예술 특유의 성과는 주제 설정이나 영향 관계를 통해 예술 작품의 포괄적 구속력을 사취하는 것이 아니라, 예술 작품들의 바탕이 되는 경험들 속에 침잠함으로써 단자의 피안에 존재하는 것을 단자론적으

---

[21] [옮긴이] Wilhelm Dilthey(1833~1911): 독일 철학자. 자연과학과 대조되는 인문과학 내지 정신과학 고유의 방법론을 추구하며, 그 근거를 체험과 삶 자체의 확실성에서 찾고자 했다.

로 보여주는 것이다. 작품의 결과는 작품이 자체의 이마고에 도달하기 위해 거쳐 가는 행로이기도 하고 또한 목적인 그 이마고이기도 하다. 그것은 정적인 동시에 동적이다. 주관적 경험은 어떤 것에 대한 형상이 아닌 형상들을 끌어들인다. 그리고 바로 이러한 형상들은 집합적 본질을 지닌다. 다른 방식이 아니라 그런 식으로 예술은 경험과 매개된다. 예술 작품들은 흔히 생각하는 고정이나 형식화를 통해서가 아니라 그러한 경험내용을 통해 경험적 현실에서 벗어난다. 즉 경험적 변형에 의해 이루어진 경험계가 예술 작품들이다. 비록 예술 작품들은 그 형식 법칙 때문에 꿈과 거리가 멀지만, 그런 점에서는 꿈과 유사하다. 이는 다름 아니라 예술 작품들의 주관적 계기가 그것들의 즉자존재에 의해 매개되어 있다는 사실을 의미한다. 이 즉자존재의 잠재적 집단성으로 인해 단자론적 예술 작품은 그 개별화의 우연성에서 벗어난다. 경험의 결정 요인인 사회는 작품의 진정한 주체로서 작품을 본질구성한다. 이 점은 좌파에서나 우파에서나 모두 유행하고 있는, 주관주의에 대한 비난에 맞서 지적해야 할 것이다. 이마고의 비현실성과 현상으로 나타나는 역사적 사상내용의 현실성 사이의 적대 관계는 모든 미적 단계에서 새로 되풀이된다. 그러나 미적 형상들은 그 자체의 비현실성에 따름으로써 신화적 형상들로부터 해방된다. 바로 이것이 형식 법칙이다. 이로써 예술은 계몽에 관여한다. 참여적 혹은 교육적 예술 작품이라는 생각은 그 뒤로 퇴행하는 것이다. 그러한 생각은 미적 형상들의 현실성에 무관심한 채, 현실에 대한 예술의 안티테제를 적절히 다듬어서 예술이 저항하는 현실 속에 예술을 통합시킨다. 경험계에 대해 철저히 거리를 둠으로써 올바른 의식을 입증하는 예술 작품들은 계몽적이다.

정신적인 것으로서의 예술

예술 작품들이 현상Erscheinung으로 됨으로써 그 자체 이상의 것이 되도록 하는 것은 바로 예술 작품들의 정신이다. 정신을 통해 예술 작품들을 규정하는 일은 그것들이 맹목적 현상blinde Erscheinung이 아니라 현상으로 나타나는 것ein Erscheinendes, 현상물Phänomen이라고 규정하는 일과 밀접히 관련되어 있다. 예술 작품들에서 현상으로 나타나는 것은 현상과 구분되지 않지만 이와 동일하지도 않다. 그것은 예술 작품들의 사실성에 수반되는 비사실적인 것, 예술 작품들의 정신이다. 정신은 여러 사물 가운데 한 가지 사물인 예술 작품들을 사물적인 것과는 다른 어떤 것으로 만든다. 하지만 예술 작품들은 사물인 한에서만 그러한 것이 될 수 있다. 이는 예술 작품들이 공간과 시간 속에서 어떤 위치를 차지함으로써가 아니라, 예술 작품들을 자체와 같은 어떤 것, 자체와 동일한 것으로 만드는, 예술 작품들에 내재하는 사물화 과정을 통해 가능하다. 그렇지 않다면 전혀 사물적인 것이 아닌 예술 작품들의 정신에 대해 논하는 일은 거의 불가능할 것이다. 정신은 예술 작품들이 현상물로 나타나도록 영혼을 불어넣는 원기spiritus 내지 입김일 뿐만 아니라, 작품들의 힘이나 내면 또는 작품들의 객관화 능력이다. 정신은 이 능력에 대립하는 현상상태Phänomenalität 못지않게 그 능력에도 관여한다. 예술 작품들의 정신은 예술 작품들을 내재적으로 매개하는 것이다. 이 매개는 예술 작품들의 감성적 순간들 및 객관적 형상화 과정에서 일어난다. 그것은 예술 작품 속의 이러한 계기들 각각이 명백히 그 자체와 다른 것으로 된다는 엄밀한 의미에서 매개다. 정신의 미학적 개념은 관념론 때문만이 아니라 칸딘스키[22]의 글처럼 극단적 현대 예술 초기에 나온 글들 때문에도 심히 불신을 받게 되었다. 예술에서 감성적 만족을 주는 요인에 지나친 비중을 두는 태도는 유겐트 양식에서도 볼 수 있는데, 이러한 감각주의에 대해 칸딘스키는 근거 있는 반론을 제기했다. 그러나 그는 그러한 원칙에 대립하는 요소를 추상적으로 분리하여 사물화했고, 이로써 '그대는 정신을 믿어야 마땅하다'는 생각을 다소 고상한 것에 대한 공예적 도취 및 미신과 구분하기가 어려워졌다. 예술 작품들의 정신은 그것들의 사물적 측면이나 감성적 현상물을 초월하지만, 이와 같은 계기들이 존재하는 한에서만 존재한다. 이 점을 부정적으로 말하면, 예술 작품들에서는 아무것도, 특히 예술 작품들에 나오는 말도 문자 그대로 받아들일 수 없다. 정신은 예술 작품들의 영기, 예술 작품들을 통해 말하는 것, 좀더 엄밀하게 말하면 예술 작품들을 문자로 만드는 것이다. 예술 작품들의 감성적 계기들이 이루는 결합 형태로부터 생겨나지 않은 정신적인 것이 중요하지 않은 것과 마찬가지로— 예술 작품들 속의 다른 정신, 특히 철학적으로 주입되어 표현되었다고 하는 정신이나 사상적 요인들은 모두 색채나 음과 마찬가지로 그속에서 소재들일 뿐이다—자체로서 정신에 의해 매개되지 않은 작품들 속의 감성적 요인은 예술적이지 않다. 감성적으로 지극히 매혹적인 프랑스 작품들도 의도하지는 않더라도 그 감각적 계기들을 정신의 매체로 만듦으로써 그 수준에 도달하는데, 이때 그러한 매체의 경

---

22 [옮긴이] Vasilii Kandinskii(1866~1944): 러시아 태생 추상화가. 1921년 독일로 이주했고, 바우하우스에서 응용미술을 가르치며 구성주의 추상미술론을 내놓았다. 1933년 나치가 바우하우스를 폐쇄하자 파리에서 활동했다. 색과 선의 근원적인 관계, 작품과 관람자 사이의 정신적 교감을 중시했다.

험내용은 죽어가는 감성적 현존재에 대한 슬픈 체념이다. 그 작품들은 결코 달콤한 맛에 완전히 빠져들지는 않는다. 언제나 형식감정이 그러한 것을 차단한다. 예술 작품들의 정신은 객관적 혹은 주관적 정신철학과 아무 상관 없이 객관적이며, 예술 작품들 자체의 사상내용이다. 또 그것은 현상을 통해 나타나는 사태 자체의 정신으로서 예술 작품들을 결정한다. 정신의 객관성은 정신이 현상 속에 파고드는 힘을 척도로 한다. 이러한 정신은 작가의 정신과 그다지 동일하지 않으며, 작품 속에서 기껏해야 한 가지 계기일 뿐이다. 이 점은 정신이 작품에 의해 혹은 작품의 문제들이나 재료에 의해 일깨워진다는 사실에서 알 수 있다. 예술 작품의 현상이 전체로서 예술 작품의 정신은 아니며, 또 예술 작품을 통해 구현되었다거나 상징되었다고 하는 이념도 예술 작품의 정신은 아니다. 정신을 그 현상과 직접 동일시함으로써 고정시킬 수는 없다. 하지만 예술 작품의 정신이 현상의 아래나 위에 어떤 층을 형성하는 것도 아니다. 그러한 층을 상정하는 것은 앞의 경우 못지않게 경직된 것이다. 예술 작품의 정신은 현상하는 것의 결합 형태 속에 위치한다. 현상이 정신을 형성하듯이 정신은 현상을 형성한다. 그것은 현상물이 빛을 발하게 하고 간명한 의미에서 아무튼 현상물이 되게 하는 광원과도 같은 것이다. 예술에서 그 감성적 요인은 단지 정신화되고 굴절된 상태로만 존재한다. 이 점은 과거의 주요 예술 작품들에서 볼 수 있는 주요국면Ernstfall이라는 범주에 비추어 생각할 수 있다. 이 주요국면을 인식하지 못한다면 작품에 대한 분석은 아마 별 성과가 없을 것이다. 예를 들어 톨스토이가 매우 육감적이라고 험담한 바 있는 「크로이처 소나타」[23]의 제1악장 재현부가 시작되기 전에 나오는 제2 버금딸림화음은 무시무시한 효과를 만들어낸다.

그러나 만일 그 화음이 「크로이처 소나타」가 아닌 다른 곳에 등장했다면 다소 그 중요성을 잃었을 것이다. 그 대목은 오직 그 악장을 통해, 그 속에서 그것이 차지하는 기능이나 위치를 통해 그 의미를 얻는다. 그것은 자체의 지금 여기hic et nunc를 통해 그 이상의 것을 가리킴으로써 진지해지며, 또 그에 앞서거나 뒤따르는 부분에 주요국면의 감정을 확산한다. 그것을 특이한 감성적 자질이라고 파악할 수는 없다. 하지만 그것은 결정적인 대목에서는 몇 가지 화음들의 감성적 짜임관계를 통해, 각각의 감성적 요인만이 그러하듯이 부정할 수 없는 것이 된다. 지난날 유령들이 자신의 배회 장소를 떠날 수 없었던 것처럼, 미적으로 나타나는 정신은 현상물 속의 자기 위치에 묶여 있다. 정신이 현상으로 나타나지 않는 한, 정신과 마찬가지로 예술 작품들도 존재하지 않는다. 정신은 정신사적 도식에 따를 때 관념론적이라고 할 수 있는 예술과 감성적 경향을 띠는 예술 사이의 차이에 무관심하다. 감성적 예술이 존재한다면 그런 예술은 감성적인 상태의 정신을 구현하며, 따라서 단순히 감성적인 것이라고만 할 수는 없다. 살의 정신Fleischgeist이라는 베데킨트의 구상은 그러한 것을 기록했다. 예술의 생명소인 정신은 그 진리내용과 일치하지 않지만 이것과 결합되어 있다. 작품들의 정신은 허위일 수 있다. 왜냐하면 진리내용은 그 실체로서 현실적인 것을 요청하지만, 어떤 정신도 결코 직접 현실적인 것은 아니기 때문이다. 정신은 점점 더 가차 없이 예술 작품들을 결정하며, 예술 작품들 속의 단순한 감성적 요인이나 사실적 요인 모두를 자

23 [옮긴이] "Kreutzersonate": 베토벤의 1803년 작 바이올린 소나타 9번. 톨스토이는 같은 제목으로 1889년에 간통 사건을 다루는 소설을 썼다.

신의 영역 속으로 끌어들인다. 이로써 예술 작품들은 세속화되며, 신화에 대해, 즉 정신 혹은 예술 작품들 자체의 정신이 현실성을 지닌다고 보는 환각에 대해, 더욱 적대적인 관계에 놓인다. 그로 인해 근본적으로 정신에 의해 매개된 예술 작품들은 그 자체를 소모하게 된다. 그러나 정신의 현실성에 대한 확정적 부정에서는 예술 작품들이 정신과 여전히 관련을 맺고 있다. 즉 예술 작품들은 정신을 거짓으로 내보이지 않지만, 예술 작품들이 정신에 맞서서 동원하는 힘은 정신의 편재를 의미한다. 오늘날에는 다른 어떤 형태의 정신도 상상할 수 없다. 예술은 그런 형태의 원형을 제공한다. 예술 작품의 정신은 단순히 특유한 현존재가 아니고, 예술 작품을 이루는 요소들 간의 긴장인 점에서 과정이며, 따라서 예술 작품도 과정이다. 예술 작품을 인식한다는 것은 바로 그러한 과정을 포착하는 것이다. 예술 작품들의 정신은 개념이 아니다. 그러나 예술 작품들은 정신을 통해 개념과 공통점을 지니게 된다. 비평은 예술 작품들 속의 결합 형태들로부터 예술 작품들의 정신을 읽어내며, 그 계기들을 서로 대질하거나 여기서 현상으로 나타나는 정신과 대질함으로써 미적 결합 형태 너머에 있는 정신의 진리에 다가간다. 그 때문에 비평은 작품들에 필수적이다. 비평은 작품들의 정신에서 작품들의 진리내용을 인식하거나 그것을 작품들로부터 분리해 낸다. 예술의 정신이 무엇이어야 한다는 것을 예술에 지시하는 예술철학을 통해서가 아니라 바로 그와 같은 행위를 통해서 예술과 철학은 서로 접근한다.

작품의 내재성과 이질적 요인

　물론 예술 작품들에서 나타나는 정신의 엄격한 내재성과 그에 못지않게 내재적인 반대 경향, 즉 예술 작품들 자체의 조직이 이루는 완결성에서 벗어나고 현상의 총체성을 더 이상 허용하지 않는 단절들을 예술 작품들 자체 내에 설정하려는 경향은 서로 모순을 이룬다. 작품들의 정신은 작품들과 동화되지 않기 때문에, 정신을 본질구성하게 해주는 객관적 형태를 파괴한다. 이러한 돌출이 바로 환영이 나타나는 순간이기도 하다. 예술 작품들의 정신이 그 감성적 계기들 및 이것들의 조직과 문자 그대로 동일하다면, 정신은 현상의 요체에 지나지 않을 것이다. 이를 거부하는 것이 미학적 관념론과 대립하는 경계선이다. 예술 작품들의 정신이 그 감성적 현상 속에서 빛을 발한다면, 이는 단지 감성적 현상에 대한 부정으로서만 가능하다. 즉 정신은 현상물과의 통일 속에서 동시에 현상물에 대한 타자로서만 빛을 발한다. 예술 작품들의 정신은 예술 작품들의 형태에 달라붙어 있지만, 그 형태를 초월하여 어떤 것을 가리키는 한에서만 정신이다. 명료한 표현과 표현된 것 사이에 혹은 내재적 형태와 사상내용 사이에 이제 아무 차이도 없다는 주장은 특히 현대 예술에 대한 변론으로서 매혹적이지만 고수하기는 어렵다. 이 점은 한 작품의 정신을 파악하기 위해서는 테크놀로지적인 분석의 요체만 아니라 그 이상의 반성이 필요하다는 점에서 명백하다. 설혹 그러한 분석이 각각의 요소로 작품을 둔감하게 환원하는 데에 그치지 않고 작품의 맥락이나 합법칙성 혹은 실제적이거나 추정적인 출발 요인들을 강조하고 있더라도 마찬가지다. 예술은 단지 정신으로서만 경험적 현실과 모순을 이루는데, 이 모순은 기존의 세계 질서에 대한 확정적 부정을 향해 운동한다. 예술은 절대적인 것으로서 정신을 소유하지 않으며 또 정신 역시 예술에 어떤 절대적인 것을 보장해 주지 않지만, 예술에 정신이 내재하는 한 예술은 변증법적으로 본질구성될 수 있다. 예술 작품들은 비록 존재자처럼 보일지라도 그러한 정신과 그 타자 사이에서 결정체를 이룬다. 헤겔 미학에서 예술 작품의 객관성은 자체의 타자 상태로 이행하여 이 타자 상태와 동일해진 정신의 진리를 의미했다. 그에게는 정신이 총체성과 동일한 것, 미적 총체성과도 동일한 것이 되었다. 그러나 예술 작품들에서 정신은 의도적 개별성이 아니지만, 그 속의 다른 모든 개별자, 모든 구성 요인들과 마찬가지로 하나의 계기다. 물론 바로 이 계기를 통해 인공물이 예술로 되는 것이기는 하지만, 그것은 또한 그것과 대립하는 요인이 없다면 어디에도 존재할 수 없다. 실제로 역사상 비정신적인 것과 정신 사이의 순수한 동일성을 이룩한 예술 작품들이 존재한 적은 거의 없다. 작품들 속의 정신은 그 자체의 개념상 순수하지 않으며 오히려 그 출현의 기반이 되는 요인들의 기능이다. 그러한 동일성을 구현하는 듯해 보이고 또 이에 만족하는 작품들이 특히 중요해지기는 어렵다. 물론 예술 작품들 속의 정신과 대립하는 요인은 정신의 재료들 및 객체들 속의 자연적 요인이 결코 아니다. 오히려 그것은 예술 작품들 속의 어떤 한계치다. 이 재료들 및 객체들은 그것을 처리하는 방식들과 마찬가지로 역사적, 사회적으로 미리 형성되어 있으며, 또한 작품들 속에서 그것들에 일어나는 바를 통해 결정적으로 변화한다. 작품들의 이질적 요인은 내재적이다. 그것은 작품들에서 작품들의 통일에 대립하는 요인이지만, 이 통일이 아무 저항도 없는 것에 대한 허망한 승리 이상의 것이 되기 위해 필요한 요인이기도 하다. 예술 작품들의 정신을 예술 작품들의 내재적 연관 관계 혹은 예술 작품들의 감성적 계기들의 통합과 간단히 동일시할 수는 없다. 이 점은 예술 작품들이 결코 미학적 반성을 통해 적절히 양식화된 형태나 자체로서 아무 단절도 없는 통일을 형성하지는 않는다는 사실에서 확인된다. 예술 작품들은 그 자체의 조직으로 보아 유기체들이 아니다. 극히 높은 수준의 작품들은 환각적이고 긍정적인 자체의 유기적 측면에 대해 무감각하다. 모든 장르의 예술에는 지적 계기들이 스며들어 있다. 이 점은 위대한 음악 형식들도 이러한 지적 계기들 없이는, 즉 미리 예측하여 듣거나 이미 들은 것을 다시 기억하는 일, 기대와 회상 혹은 분리되어 있는 요인들의 종합이 없다면 본질구성되지 않는다는 점을 보면 충분히 알 수 있을 것이다. 그러한 기능들은 어느 정도 감성적 직접성에 속하는 것이라고 생각할 수도 있다. 즉 현재의 부분적 복합체들이 지나간 것과 다가오는 것의 형태에 담긴 성질들을 지닐 수도 있다. 그러나 예술 작품들은 그러한 직접성이 그치는 곳에서, 즉 예술 작품들에 외적인 반성을 통해서가 아니라 예술 작품들 자체에 근거해 '사유'되어야만 하는 곳에서 비로소 한계치에 도달한다. 즉 지적 매개는 예술 작품들 자체의 감성적 통합에 포함되며, 또한 예술 작품들의 지각을 조건 짓기도 한다. 만일 예술가들의 위대한 후기 작품들이 지니는 포괄적 특성이라는 것이 있다면, 이는 작품의 형태를 뚫고 정신이 분출되는 데에서 찾을 수 있을 것이다. 그러한 것은 예술의 탈선이 아니라 예술의 치명적 교정 수단이다. 최고의 작품들은 단편적인 것das Fragmentarische이 될 수밖에 없다. 즉 그런 작품들도 그 내재적 형태를 통해 지니고 있다고 주장하는 것을 실제로는 지니고 있지 않다는 점을 인정할 수밖에 없는 것이다.

헤겔의 정신미학

객관적 관념론은 최초로 예술의 감각적 계기에 맞서 정신적 계기를 지극히 열성적으로 강조했다. 이때 객관적 관념론은 예술의 객관성을 정신과 결합했다. 즉 전통적 견해를 무비판적으로 받아들여 감각적인 것을 우연적인 것과 같다고 보았다. 칸트에 따르면 보편성과 필연성은 미적 판단에 규준을 마련해 주는 것이지만, 그런 점에서 여전히 문제적이다. 헤겔의 경우 모든 것을 지배하는 범주인 정신을 통해 보편성과 필연성은 구성할 수 있는 것이 된다. 그러한 미학이 그 이전의 어떠한 미학보다도 진보한 것이라는 점은 명백하다. 예술의 개념이 봉건적 오락의 마지막 흔적들에서 벗어남에 따라, 예술을 본질적으로 규정하는 예술의 정신적 사상내용은 그 성향상 단순히 어떤 것을 의미하는 일이나 어떤 의도들로부터 떨어져 나온다. 헤겔의 경우 정신은 즉자 및 대자로서 존재하는 것이다. 그래서 예술에서 정신은 예술 위에서 추상적으로 희미하게 떠돌아다니는 것이 아니라 예술의 실체로서 인식된다. 이념의 감성적 가상이라는 미의 정의에도 그런 의미가 들어 있다. 그러나 철학적 관념론은 구성이라는 말에서 기대할 수 있는 것처럼 미적 정신화에 대해 그렇게 호의적이지는 못했다. 오히려 철학적 관념론은 정신화가 이루어짐으로써 쇠퇴한다는 감성적 요인의 옹호자 노릇을 했다. 이념의 감성적 가상이라는 미의 이론은 직접적인 것을 어떤 의미 있는 것으로서 옹호하는데, 이는 헤겔 자신의 말로 긍정적affirmativ이었다. 극단적 정신화는 그와 반대다. 하지만 그러한 진보는 비싼 대가를 치르게 된다. 왜냐하면 예술의 정신적 계기는 관념론적 미학이 정신이라고 부르는 요인이 아니라, 오히려 총체성으로서 확고히 포착된 미메시스적 충동이기 때문이다. "감성적인 것은 아무것도 숭고하지 않다"[24]는 칸트의 수상쩍은 명제가 나온 이래 성숙성에 대한 요구를 사람들은 의식하게 되었지만, 그러한 성숙성을 위해 예술이 치른 희생은 현대 예술에서 아마 확실히 인식할 수 있을 것이다. 회화와 조각에서 모사 원칙이, 또 음악에서 장식적인 성격이 제거됨에 따라 색채, 음향, 절대적인 단어의 짜임새 등의 자유로워진 요소들이 마치 그 자체로 어떤 것을 표현하는 듯이 등장하는 것은 거의 불가피해졌다. 그러나 그것은 환각적이다. 그와 같은 요소들은 단지 그것들이 나타나는 맥락 속에서만 의미심장해진다. 표현주의는 원초적이고 매개되지 않은 것에 대한 미신을 신봉했고, 이러한 미신은 공예와 철학에도 전파되었다. 그러나 그러한 미신에는 재료와 표현 사이의 관계에서 나타나는 우연성이나 자의성이 본질적으로 상응한다. 빨간색이 자체로서 표현가치를 지닌다는 주장은 이미 속임수다. 또한 복합적이고 다성적인 음향들의 표현가치 속에는 그 조건으로서 전통적 음향들에 대한 확고부동한 부정이 살아 있다. 그런 것들은 '자연적 재료'에 환원될 경우 모두 공허해진다. 또 그것을 신비화하는 이론들에는 색채음 실험Farbtonexperiment 따위의 사기 이외에 아무 실체도 없다. 예컨대 음악에서 최근의 물리주의[25]에 이르면 문자 그대로 요소들로의 환원을 꾀하는데, 이는 수미일관하게 정신을 몰아내는 정신화라고 할 수 있다. 여기서 정신화의 자기 파괴적 측면이 밖으로 드러난다. 철학적으로 정신화의 형이상학은 의심스럽게 되

24 Kant, *Sämtliche Werke Bd. 6*, p. 105(*Kritik der Urteilskraft*, § 23).
25 [옮긴이] Physikalismus: 현실은 전적으로 물질적이며, 따라서 의식, 생명, 도덕을 포함한 모든 현상들은 물질적 요소들의 결합으로 이루어진다고 보는 철학적 입장이다.

었지만, 다른 한편으로 정신화는 예술에서의 정신을 합당하게 다루기에는 너무 일반적인 규정이다. 이제 정신을 무조건 실체로 전제할 수 없게 된 경우에도, 사실상 예술 작품은 본질적으로 정신적인 것으로 나타난다. 헤겔 미학은 예술 작품의 객관성을 절대적 동일성으로서 실체화하지 않고도 어떻게 예술 작품을 규정하는 정신에 대해 논할 수 있느냐 하는 문제를 미해결 상태로 남겨놓는다. 이로써 이 논쟁은 어떤 의미에서 칸트의 단계로 다시 밀려나게 된다. 헤겔의 경우 예술에서의 정신은 정신의 현상 방식 가운데 한 단계로서 체계로부터 연역될 수 있었으며, 또한 모든 예술 장르에서, 잠재적으로는 모든 예술 작품에서 일의적이었다. 이로써 다의성이라는 미적 속성이 희생된다. 그러나 미학은 결코 응용철학이 아니고, 그 자체로 철학적이다. "따라서 예술의 학이 예술 자체보다 우리에게 더 필요하다"[26]는 헤겔의 생각은 정신 영역들 상호 간의 관계를 위계적으로 보는 그의 관점에서 야기된 확실히 문제적인 결론이다. 한편으로 이 명제는 예술에 대한 이론적 관심이 증가하게 된 점에 비추어 볼 때, 예술 자체의 사상내용이 전개되기 위해 예술에는 철학이 필요하다는 점에서 예언적 진리를 지닌다. 역설적으로 헤겔의 정신형이상학은 예술 작품 속의 정신을 고정 가능한 이념으로 만드는 사물화 같은 것을 초래하는 데 반해, 필연에 대한 감정과 필연의 부재 혹은 개방성 사이의 칸트적 이중성은 예술을 그 주관적 본질구성을 통해 외부로부터 생각하지 않고 내부로부터 생각한다는 헤겔의 훨씬 더 현대적인 야심보다 좀더 미적 경험에 충실하다. 물론 그와 같은 헤겔의 전환이 정당하다면, 그 전환은

---

26   Hermann Lotze, *Geschichte der Aesthetik in Deutschland*, München: Cotta, 1868, p. 190.

결코 체계적 상위개념에 근거하는 것이 아니라 예술 특유의 영역에 근거한다. 모든 존재자가 정신은 아니다. 그러나 예술은 그 결합 형태들을 통해 어떤 정신적인 것이 되는 존재자다. 관념론이 무조건 예술을 자신의 전유물인 듯이 다룰 수 있었던 것은, 예술만이 그 특성상 관념론의 구상에 부합하기 때문이었다. 아마 셸링의 예술 모델이 없었다면 관념론은 결코 그 객관적 형태로 발전할 수 없었을 것이다. 내재적으로 관념론적인 이 계기, 즉 정신을 통한 모든 예술의 객관적 매개는 예술과 떼어놓고 생각할 수 없다. 그것은 또한 미적 리얼리즘이라는 어리석은 강령에 제동을 걸기도 한다. 물론 리얼리즘이라는 이름으로 요약되는 계기들은 예술이 관념론의 쌍둥이가 아니라는 점을 상기시켜 주기도 한다.

정신화의 변증법

어떤 예술 작품에서도 정신이라는 계기는 존재자가 아니다. 그것은 생성되고 구성되는 것이다. 헤겔이 최초로 인식한 것처럼 그로써 예술 작품들의 정신은 포괄적 정신화 과정, 즉 의식의 진보 과정에 따른다. 예술은 그처럼 정신화가 진행되어 자연으로부터 분리됨에 따라, 예술에 영감을 가져다주기도 하지만 예술을 괴롭히기도 하는 그러한 분리를 철회하고자 한다. 정신화가 이루어짐에 따라 예술은 고대 그리스 이래 감성적으로 만족을 주지 못하거나 혐오스러운 것으로서 예술 활동에서 배제된 요인들을 다시 다루게 되었다. 보들레르는 이러한 운동을 예술의 강령으로 만든 셈이다. 헤겔은 자신이 낭만주의적이라고 칭한 예술 작품들에 관한 이론에서 정신화 과정의 불가항력성을 역사철학적으로 간파했다.[27] 그 이후로 감성적으로 만족스러운 요인을 넘어 소재적 매력까지도 모두 예술 이전적인 것으로 추락했다. 정신화 과정은 미메시스의 고향이라고 할 수 있는 예술의 영역에서 미메시스에 대한 금기를 끊임없이 확장하는 과정으로서, 예술의 자체 해체 작업을 수행한다. 그러나 그것은 또한 미메시스적인 힘으로서 작품에 이질적인 요인을 삭제하고 이로써 작품의 형상적 성격을 강화함으로써, 작품의 자체동일성을 향한 방향으로 작용한다. 정신이 예술에 침투하지는 않는다. 오히려 정신은 예술 작품들이 지향하는 방향을 마찬가지로 지향하면서 예술 작품들의 내재적 언어를 해방시킨다. 그러나 정신화는 불가피하게 그 자체에 대한 비판을 강요하는 어떤 그림자에서 벗어나지 못한다. 즉 예술에서 정신화가 실질적인 것이 되면 될수록, 베케트의 문학 활동에서와 마찬가지로 벤야민의 이론에서도 보는 바와 같이, 그것은 정신 혹은 이념을 더욱 거부하게 되었다. 그렇기는 해도 정신화는 모든 것이 형식으로 되어야 한다는 요구와 결합함으로써 예술과 그 타자 사이의 긴장을 제거하는 경향에 연루된다. 단지 극단적으로 정신화된 예술만 아직 가능하다. 다른 것은 모두 유치하다. 그런데 이 유치한 면은 예술의 단순한 실존에까지 부단히 전염되는 듯하다. 감성적으로 만족스러운 요인은 이중으로 공격을 받는다. 우선 예술 작품의 정신화와 아울러 점차 외적인 것이 어떤 내적인 것의 현상으로 되고 정신을 관통해야 한다. 다른 한편으로

---

[27] 예술 작품을 정신적인 것으로 보는 헤겔의 학설은 역사적 관점에서 이루어지며 이는 타당성 있다. 그런데 헤겔 철학 전체가 그렇듯이 그러한 강령도 자체 내에서 철저히 반성된 칸트의 입장이다. 무관심적 만족은 정신의 대립물을 부정함으로써 미적인 것을 정신적인 것으로서 통찰하게 된다는 점을 함의하기도 한다.

다루기 힘든 재료들과 소재층들을 흡수하는 일은 판에 박힌 소비에 반대하는 작용을 한다. 저항적 요인까지도 자체 내에 통합해 버리는 이데올로기적 전체 경향 속에서는 그러한 소비 활동이 심지어 소름 끼치는 일까지 삼켜버릴 태세이기는 해도 그 점은 마찬가지다. 인상주의 초기에 마네의 경우에도 정신화의 논쟁적 창끝은 보들레르의 경우 못지않게 예리했다. 예술 작품들이 단순한 향락물의 유아적인 상태에서 멀어지면 멀어질수록, 그만큼 예술 작품들 자체의 비중, 즉 그것들이 어떤 감상자에게, 그가 설혹 관념적일지라도, 제시하는 것이 차지하는 비중은 더 커진다. 또 그럴수록 감상자의 반응들은 아무래도 좋은 것이 된다. 칸트의 숭고 이론은 예술이 비로소 수행하는 정신화를 자연미에서 기대한다. 그의 경우 자연에서 숭고한 것은 감성적 현존재의 막대한 힘 앞에서 정신이 지니는 자율성일 뿐이다. 그런데 이러한 자율성은 정신화된 예술 작품 속에서만 비로소 구현된다. 물론 예술의 정신화에는 어떤 불순한 침전물이 섞여 있다. 미적 구조물의 구체화 속에서 정신화가 완전히 이루어지지 않을 경우, 유리된 정신적 요인은 부차적 소재층으로서 자리 잡는다. 감각적 계기와 맞서면서 정신화는 자체로서 정신적인 것이라고 할 수 있는 그 감각적 계기의 세분화에 흔히 맹목적으로 대립하고 추상적인 것이 된다. 정신화가 이루어지던 초기 단계에서는 원시성을 지향하는 성향이 정신화에 수반되며, 감성적 문화에 맞서 야만적인 것으로 기울기도 한다. 야수파라는 명칭은 그 점을 강령으로 선정했다. 퇴행은 긍정적 문화에 맞선 저항의 그림자다. 예술에서 정신화는 그와 같은 문제를 극복하고, 억압된 세분화를 다시 이루어낼 수 있느냐 하는 시험을 통과해야 한다. 그렇지 않으면 그것은 정신의 폭력 행위로 타락한다. 그렇더라도 그것은 예술을 통해 문화를 비판한다는 점에서 정당하다. 이런 예술은 문화의 일부이지만, 실패에 그친 이 문화에 만족하지 못하는 것이다. 새로운 예술에서 야만적 특성들이 지니는 위상은 역사적으로 변한다. 「아비뇽의 아가씨들」[28]이나 쇤베르크의 초기 피아노 작품들[29]에 나타나는 환원에 아연실색하는 예민한 사람은 자신이 두려워하는 야만상태보다 언제나 더 야만적이다. 예술에서 새로운 층들이 나타나면 그것들은 곧 과거의 층들을 거부하며, 이로써 우선 빈곤화를 원한다. 즉 거짓된 풍요와 심지어 발전된 반응 방식들을 거부하려고 한다. 예술의 정신화 과정은 결코 직선적 진보가 아니다. 그 척도는 시민사회에서 배척된 것을 예술이 자신의 형식언어를 통해 받아들일 수 있느냐, 또 그로써 이미 낙인찍혀 있는 요인들 속에서 실로 억압해서는 안 될 자연을 다시 발견할 수 있느냐 하는 것이다. 온갖 문화 사업이 번창해도 현대 예술의 추한 성격에 대해 분격하는 사람들은 여전히 남아 있는데, 이들은 어떤 이상에 대해 아무리 떠벌리더라도 정신에 적대적이다. 그들은 그러한 추, 특히 거북한 비난을 정신화의 힘을 확인할 시금석 내지 이 정신화의 타당성을 입증해 주는 저항의 암호로서 이해하지 못하고, 그것을 문자 그대로 받아들인다. 극단적 현대 예술에 대한 랭보의 요청은 우울과 이상spleen et idéal 혹은 정신에 극히 이질적인 요인으로 인한 강박증과 정신화 사이의 긴장 속에서 움직이는 예술에 대한 요청이다. 예술에서 정신이 우위를 지니게 된 것과 과거에 금기시된 요인들이 예술 속에 파고들게 된 것은 동일한 사태의

---

28 [옮긴이] "Demoiselles d'Avignon": 1907년에 나온 피카소의 그림. 최초의 입체파 작품으로 평가된다.
29 [옮긴이] 「3개의 소품 op. 11」(1909), 「6개의 소품 op. 19」(1911) 등이 있다.

양면이다. 이는 아직 사회적으로 승인되지 않은 것, 미리 형식화되지 않은 것에 적용되며, 이로써 확정적 부정의 성격을 띠는 어떤 사회적 관계가 된다. 정신화는 예술이 표명하는 이념들을 통해 이루어지는 것이 아니라 무의도적이고 이념과 거리가 먼 부분 속으로 예술이 파고드는 힘에 의해 이루어진다. 무엇보다 그 때문에 예술적 재능이 있는 사람들은 배척된 것과 금지된 것에서 매력을 느낀다. 정신화가 이루어진 새로운 예술은 속물적 문화가 요구하는 바와 같이 진, 선, 미 따위로 혼탁하게 되는 것을 피한다. 사람들이 흔히 예술에서의 사회 비판이나 참여라고 칭하는, 예술의 비판적 혹은 부정적 요인은 가장 본질적인 부분에 이르기까지 정신 내지 예술의 형식 법칙과 유착되어 있다. 오늘날 고집스럽게 그러한 계기들을 서로 대립시키는 것은 의식의 퇴화를 나타내는 징후다.

정신화와 카오스 상태

예술이 질서를, 특히 분류법적이고 추상적인 질서가 아닌 감각적으로 구체적인 질서를 현상으로 나타나는 것 혹은 자연 자체의 카오스적 다양성 속에 끌어들여야 한다고 보는 이론은 미적 정신화의 목적을 관념론적으로 은폐한다. 미적 정신화의 목적은 자연적인 것의 역사적 형태들 및 자연적인 것의 종속화 과정을 정당하게 대하는 데에 있다. 이에 따르면 카오스 상태에 대한 정신화 과정의 위치는 그 나름의 역사적 지표를 지닌다. 카를 크라우스가 아마 최초로 이야기 했을 텐데, 총체적인 사회 속에서는 예술이 카오스를 질서 속에 끌어들여야 그 반대는 아니라는 말들을 흔히 한다. 질적으로 새로운 예술의 카오스적 특성들은 단지 언뜻 보기에만 질서 혹은 질서의 정신과 모순을 이룬다. 그것들은 나쁜 2차적 자연에 대한 비판의 암호다. 즉 질서라는 것이 실제로 그렇게 카오스적인 것이다. 카오스적 계기와 극단적 정신화는 은밀히 받아들여진 삶의 관념들이 매끄럽게 통용되는 데에 반대한다는 점에서 서로 일치한다. 극단적으로 정신화된 예술은 말라르메에게까지 거슬러 올라가는데, 이러한 예술과 초현실주의의 꿈속 같은 혼란은 그 점에서 그 유파들이 의식했던 것 이상으로 유사하다. 아무튼 청년기의 브르통[30]과 상징주의 사이나 독일 초기 표현주의자들과 이들의 도전을 받은 게오르게 사이에는 교차되는 결합들이 존재한다. 정신화의 지배를 받지 않는 것들에 대한 관계에 비춰 볼 때 정신화는 이율배반적이다. 정신화는 감성적 계기들을 언제나 제한하는데, 이 때문에 정신은 그러한 정신화 과정에 대해 특유한 존재가 될 수밖에 없으며, 이로써 또한 자체의 경향으로 인해 예술에도 대립하는 작용을 한다. 예술의 위기는 예술 작품들이 매력적 가치를 지니는 것으로서 팔리는 데에 반대하는 정신화 과정에 의해서도 촉진된다. 정신화는 유랑 배우들이나 악사, 순회 극장 혹은 사회적으로 추방된 자들에 맞서는 대항력이 된다. 그러나 예술이 쇼와 같은 요소 혹은 지난날의 사회적 불명예로부터 벗어나야 한다는 요구는 극히 강력하지만, 그러한 요소가 완전히 제거된다면 예술도 더 이상 존재하지 않을 테고, 그런 요소를 위해 어떤 보호구역을 마련할 수도 없을 것이다. 자체 내에 승화되는 요인을 보존하지 않는 승화는 성공할 수

---

30 [옮긴이] André Breton(1896~1966): 초현실주의를 대표하는 프랑스 시인이자 미술 이론가. 초기에는 말라르메풍의 시를 쓰기도 했다.

없다. 예술의 정신화가 그러한 일을 해낼 것이냐에 따라 예술이 계속 존재할 것인지, 아니면 예술의 종말에 대한 헤겔의 예언이 실현될 것인지, 그리하여 예술이 현재의 세계 속에서 있는 그대로의 것을 무반성적으로, 또 혐오스러운 의미에서 리얼리즘적으로 확정하고 반복하는 것으로 되고 말 것인지 결정된다. 이런 관점에서 예술의 구제는 대단히 정치적이다. 그러나 그것은 자체로서도 불확실하고 세계의 흐름에 의해서도 위협을 받는다.

예술적 직관성의 아포리아

예술의 개념 못지않게 사회에 대한 예술의 입장이 발전함으로써 증대한 예술의 정신화에 대한 통찰은 부르주아 미학 전체를 관통하는 예술의 직관성이라는 교의와 충돌한다. 이미 헤겔의 경우에도 그 두 가지는 서로 결합될 수 없었다. 그 결과 그는 최초로 예술의 미래에 대해 암울한 예언을 했다. 칸트는 직관성이라는 규범을 이미 『판단력비판』의 §9에서 "개념 없이 보편적으로 만족을 주는 것은 아름답다"[31]고 정리했다. "개념 없이"라는 말은 이미 헤겔 철학 이전부터도 개념이 부과했던 노동 및 노고에서 벗어난다는 점에서 만족스러운 것과 결부될 수 있을 것이다. 이미 오래전부터 예술은 만족이라는 이상을 고루한 것으로서 물리쳤지만, 예술 이론은 낡은 미학적 쾌락주의의 기념비인 직관성 개념을 포기할 수 없었다. 한편으로 오래전부터 모든 예술 작품은 상당히 오래된 것들까지도 모두 직관성의 교리가

---

31 Kant, *Sämtliche Werke* Bd. 6, p. 73.

회피하려는 고찰의 노동을 요구한다. 지난날 미리 주어진 형식들을 통해 이루어지던 것들이 대체로 지적 매개를 통해 이루어질 수밖에 없게 됨으로써 예술 작품들의 구조 내에서도 그러한 지적 매개의 비중이 커지게 되며, 이로써 감각적으로 직접적인 것이 위축되는데, 이 직접적인 것의 요체가 예술 작품들의 순수한 직관성이었다. 하지만 부르주아 의식은 그와 같은 직관성을 통해서만 작품들의 파손되지 않고 완전한 면모가 반영된다고 느끼며, 또 그러한 면모를 어떤 우회로를 거치든 간에 작품들이 대응하는 현실에도 부여하기 때문에 그처럼 감성적으로 직접적인 것 속에 안주한다. 물론 직관적 계기가 전혀 없다면 예술은 이론과 전적으로 동일해질 것이다. 그리고 예술이 예컨대 과학의 유사품이 되어 논증적 개념과 자체의 질적 차이를 무시한다면, 그 자체로 무기력하게 되리라는 점은 명백하다. 예술적 처리 방식의 우위를 의미하는 정신화를 통해 예술은 무반성적 개념 상태 및 어떤 이해 가능한 것이라는 흔한 관념에서 멀어진다. 직관성이라는 규범은 논증적 사유와의 대립을 강요하지만, 비개념적 매개, 즉 감성적 조직에 담긴 비감성적 요인을 은폐한다. 이 비감성적 요인은 감성적 조직을 본질구성하면서도 또한 언제나 그것을 이미 깨뜨리며, 직관성 속에서 나타나지만 직관성으로부터 멀어진다. 작품들에 함의된 범주적 요인을 부인하는 직관성 규범은 직관성 자체를 어떤 불투명한 것, 파고들 수 없는 것으로 사물화하고, 또한 순수한 형식에 비춰 볼 때 작품들을 경직된 세계의 모사물로 만들며, 이로써 작품이 내보이는 조화를 저해할 수도 있게 만드는 요인들 모두를 경계한다. 사실상 작품들의 구체화는 그러한 조화를 방해하며 번쩍 스치고 지나가는 환영 속에서, 흔히 개념의 보편성에 맞서 제시되지만 불변적인 것과도 잘 어울리는 직관성을 넘어선다. 세계가 점점 더 무자비하게 불변적으로 보편에 의해 지배되면 될수록 그만큼 더 쉽사리 직접적인 것 혹은 특수한 것의 잔재들이 구체화와 혼동되지만, 이러한 잔재들의 우연성은 추상적 필연성의 복제품인 것이다. 하지만 예술의 구체화는 순수한 현존재 내지 비개념적 개별화를 의미하지도 않지만, 이른바 전형이라는 이념이 뜻하는 보편에 의한 매개를 의미하지도 않는다. 진정한 예술 작품은 그 자체의 규정상 어떠한 것도 전형적이지 않다. 전형적이고 '정상적인' 작품들과 비전형적이고 그래서 그릇된 작품들을 대비시키는 루카치는 예술과 이질적으로 생각하는 셈이다. 그렇지 않다면 예술 작품은 아직 이루어지지 않은 과학을 앞질러 실행하는 것이라고 할 수 있을 것이다. 관념론을 따라 예술 작품이 보편과 특수의 현재적 통일이라고 단언하는 것은 전적으로 독단적이다. 그러한 주장은 모호하게나마 신학적 상징 이론에서 차용한 것으로서, 오늘날까지도 성숙한 예술 작품이라면 결코 벗어날 수 없었던 직접적인 것과 간접적인 것 사이의 아프리오리한 간극으로 인해 허위라는 비판을 받는다. 그러한 간극에 몰입하지 않고 그것을 은폐하는 작품은 이미 실패한 것이다. 다름 아니라 극단적인 예술은 리얼리즘의 욕구를 거부하지만 상징에 대해서는 긴장 관계를 갖는다. 언어의 측면에서 은유라고 할 수 있는 상징들이 새로운 예술에서는 그 상징 기능에서 벗어나 자립하는 경향이 있으며, 이로써 또한 경험계 및 이 경험계의 의미들과 대립하는 영역의 본질구성에 나름으로 기여한다는 점을 증명할 수도 있을 것이다. 예술은 아무것도 상징하지 않음으로써 상징을 흡수한다. 따라서 전위적 예술가들은 상징적 성격 자체에 대한 비판을 수행했다. 현대 예술의 암호 및 성격 들은 완전히 절대화된, 그 스스로를 망각한 기호들이다. 그러한 것들이 미적 매체에 파고들게 된 사실과 그것들이 예술가의 의도와 무관하다는 사실은 동일한 것의 두 측면이다. 불협화음이 작곡의 재료로 된 점도 그와 유사하게 해석할 수 있다. 문학에서는 그러한 전환이 비교적 일찍 일어난 편이다. 예컨대 입센[32]에 대한 스트린드베리[33]의 관계에서도 그와 같은 점을 볼 수 있지만, 이미 입센의 후기 단계에서도 그러한 일은 시작된다. 전에는 상징적이었던 것이 문자 그대로의 것을 의미하게 됨에 따라, 2차 반성을 통해 자립한 정신적 계기가 충격적으로 자립성을 얻는다. 이 자립성은 스트린드베리의 작품에 나타나는 신비론의 영역에서 불길한 모습으로 표현되며, 또 모든 모사적 성격과 단절을 이루는 가운데 생산적인 것이 된다. 어느 작품도 상징이 아니라는 사실은 어느 작품에서도 절대적인 것이 직접 드러나지는 않는다는 사실을 해명해 준다. 그렇지 않다면 예술은 가상도 유희도 아닌 현실적인 어떤 것이라고 할 수 있다. 예술 작품들에 순수한 직관성을 부여하는 것은 예술 작품들에 본질구성적인 굴절 상태 때문에 불가능하다. 예술은 미리 가상적 성격Als ob을 통해 매개되어 있다. 만일 예술이 전적으로 직관적이라면 예술은 자신이 반발하는 경험계로 돌아가고 말 것이다. 그러나 예술의 매개 상태는 결코 추상적 아프리오리가 아니다. 그것은 각각의 구체적인 미적 계기와 관계한다. 그래서 극히 감성적인 계기들도 작

---

32 [옮긴이] Henrik Johan Ibsen(1828~1906): 노르웨이 문학가. 주로 사회비판적인 문제작들을 썼으나, 『물오리Vildanden』(1884) 이후에는 내면적 회의와 잠재의식을 드러내는 상징주의 경향을 띠게 된다.

33 [옮긴이] Johan August Strindberg(1849~1912): 스웨덴 작가. 입센의 영향을 받았으나 『죽음의 무도Dödsdansen』(1901), 『유령 소나타Spöksonaten』(1907) 등은 상징주의와 표현주의 성향을 지니며 부조리극에 영향을 끼쳤다.

품들의 정신과 관계를 지님으로써 언제나 또한 비직관적이기도 하다. 어떤 중요한 작품들을 분석해도 그것의 순수한 직관성을 증명할 수는 없다. 모든 작품은 개념적 요인과 뒤엉켜 있는 것이다. 언어예술에서는 문자 그대로 그러하며, 개념과 거리가 먼 음악에서조차 간접적으로 그러하다. 음악의 경우 심리적 기원을 고려하지 않더라도 명료한 것과 둔탁한 것이 아주 확연하게 구분된다. 직관성에 대한 욕구는 예술의 미메시스적 계기를 보존하고 싶겠지만, 이때 이 미메시스적 계기가 그 안티테제를 통해, 즉 작품들이 자체에 대해 이질적인 것을 모두 합리적으로 처리함으로써 보존된다는 사실은 도외시된다. 그러지 않으면 직관성은 물신이 된다. 오히려 미 영역에서 미메시스적 충동은 매개, 즉 개념 내지 비현재적인 것도 촉발한다. 개념적인 것은 언어에서와 마찬가지로 예술에서도 혼입된 것으로서 불가피하다. 그러나 예술에서 그것은 경험적 대상들의 특성을 통일하는 것들인 개념들과 질적으로 다른 것이 된다. 개념들을 두드려 박아 넣는 것은 예술의 개념성과 동일하지 않다. 예술은 개념도 직관도 아니다. 또 바로 그 때문에 그러한 구분에 이의를 제기한다. 예술의 직관적 요인은 항상 예술의 정신과 관계를 가짐으로써 감성적 지각과 다르다. 예술은 비직관적인 것에 대한 직관이며, 개념 없이 개념과 유사하다. 그러나 예술은 개념들에서 그 비개념적, 미메시스적 계층을 해방시킨다. 아무튼 현대 예술은 반성을 통해서든 무의식적으로든 직관성이라는 도그마를 구멍투성이로 만들었다. 직관성의 교리도 예술에서 통분되지 않는 계기, 즉 논증적 논리학과 동화되지 않는 계기를 강조하는 점에서 참이다. 그것은 실제로 모든 예술 현상들의 필수 조건이기도 하다. 예술은 지배권에 대해서와 마찬가지로 개념에도 저항한다. 그러나 그러한 대립을 위해 예술에는 철학과 마찬가지로 개념들이 필요하다. 이른바 예술의 직관성이라는 것은 아포리아적 구성이다. 즉 그것은 예술 작품들 속에서 서로 갈등을 일으키고 있는 이질적 요인들을 마술처럼 간단히 동일한 것으로 만들고자 하며, 그 때문에 또한 예술 작품들의 반발을 받는다. 예술 작품들은 어느 하나도 그러한 동일성으로 귀착되지 않기 때문이다. 직관성이라는 말은 논증적 인식에 대한 이론에서 차용해 온 것이다. 여기서 그것은 이른바 형식화되는 내용을 나타낸다. 그것은 예술의 합리적 계기를 증명해 주기도 하지만, 예술로부터 현상적 계기를 분리하여 실체화함으로써 그것을 은폐하기도 한다. 미적 직관이 한 가지 아포리아적 개념이라는 점은 『판단력 비판』에서도 드러난다. 미에 대한 분석론은 "취미판단의 계기들"을 다룬다. §1의 각주에서 칸트는 그러한 계기들에 대해 자신이 "논리적 기능들이 이끌어가는 대로… 판단력의 반성 과정에서 이 판단력이 존중하는 바가 무엇인가를 판단하고자 했다(왜냐하면 취미판단에도 여전히 오성에 대한 어떤 관계가 존재하기 때문이다)"[34]는 말을 한다. 이는 개념 없는 보편적 만족이라는 테제와 현격히 모순을 이룬다. 칸트 미학이 이러한 모순을 분명히 반성하고도 그것을 설명하지 않고 그대로 놓아둔 점은 기이하다. 한편으로 칸트는 취미판단을 논리적 기능으로 다루고, 이로써 그 논리적 기능을 미적 대상에도 부여한다. 물론 이 미적 대상에 그러한 판단이 적합해야 할 것이다. 다른 한편으로 예술 작품은 '개념 없이,' 단적으로 논리 외적인 듯이 직관으로만 나타나야 하는 것이다. 그런데 이러한 모순은 예술의 정신적 본질과 미메시스

---

34 Kant, *Sämtliche Werke* Bd. 6, p. 53.

적 본질의 모순으로서 예술 자체에 실제로 고유한 성격이다. 하지만 어떤 보편적인 것을 포함하고 또 어느 예술 작품에서나 나타나기도 하는 진리에 대한 요구는 순수한 직관과 결합될 수 없다. 예술이 전적으로 직관적 성격을 지닌다는 주장이 얼마나 불길한 것인지는 그 귀결들에서 나타난다. 그러한 주장은 헤겔적 의미에서 추상적으로 정신과 직관을 구분하는 데에 이용된다. 작품이 순수하게 그 직관성과 동화될수록, 작품의 정신은 '이념'으로서 그 자체로 사물화되어 현상 뒤의 불변적 요인이 된다. 이 경우 정신적 계기들 가운데 현상물의 구조에서 벗어나는 것이 현상물의 이념으로 실체화된다. 이는 대개 의도들을 사상내용으로 격상시키는 결과를 초래하며, 이에 상응하여 직관은 감성적 만족을 주는 것으로 간주된다. 그러나 그것이 아무 구분도 없는 통일을 형성한다는 공식적 주장은 바로 그러한 주장의 근거로 여겨지는 의고주의 작품들 가운데 어느 것으로도 반박할 수 있을 것이다. 이 작품들에서야말로 통일의 가상은 개념적으로 매개되어 있는 것이다. 흔히 통용되는 모델은 편협한 부르주아적 성격을 띤다. 즉 대체로 자유 시간과 노동의 경직된 이분법에 따라 현상은 순수하게 직관적이고 사상내용은 순수하게 개념적이어야 한다는 것이다. 양가성은 용납되지 않는다. 이상과 같은 점들이 직관성이라는 이상에서 벗어나기 위해 필요한 논쟁적 공격 지점이다. 미적 현상으로 나타나는 것이 직관과 동화되지 않는 것과 마찬가지로 작품들의 사상내용도 개념과 동화되지 않는다. 미적 직관을 통한 정신과 감각의 가짜 종합에는 그와 마찬가지로 거짓된 그 두 가지의 양극성이 숨어 있다. 직관미학의 기반을 이루는 관념, 즉 작품의 종합에서 작품의 본질인 긴장이 본질적 안정상태에 길을 내준다는 관념은 경직된 것이다.

직관성과 개념성; 사물적 성격

　직관성은 예술의 보편적 특성characteristica universalis이 아니다. 그것은 간헐적인 것이다. 미학자들은 이 점에 대해 별로 주의하지 않았다. 이제 거의 잊힌 테오도어 마이어[35]는 보기 드문 예외다. 그는 문학작품들이 말하는 바를 감성적으로 직관하는 일과 문학작품들 자체는 결코 일치하지 않는다는 사실을 증명했다. 또 그는 문학작품들의 구체화가 문학작품들이 유발하게 될 지극히 문제적인 시각적 표상이 아니라 문학작품들의 언어적 형태를 본질로 한다는 점도 증명했다.[36] 문학작품들에 감성적 표상을 통한 충족이 필요한 것은 아니다. 비감성적 직관이라는 모순어법에 어울리게, 문학작품들은 언어 속에서 구체적이며 언어를 통해 비감성적인 것과 상호 침투되어 있다. 개념과 거리가 먼 예술에서도 비감성적 계기가 작용한다. 자신이 증명해야 할 주제를 위해 이 점을 부인하는 이론은 마음에 드는 음악을 귀의 향연이라고 말할 태세가 되어 있는 비예술적 태도를 옹호한다. 음악은 바로 그 위대하고 중요한 형식들 속에 감성적으로 현존하지 않고 기억이나 기대를 통해서만 이해될 수 있는 복합체들을 포함한다. 이러한 복합체들은 자체의 구성 속에 그와 같은 범주적 규정들을 지니고 있다. 예를 들어「영웅 교향곡」제1악장 전개부와 도입부 사이의 다소

35　[옮긴이] Theodor Alexander Meyer(1859~1936): 독일 문학 이론가.『시가의 양식 법칙Das Stilgesetz der Poesie』(1901),『학교에서의 독일 시인과 작가Deutsche Dichter und Schriftsteller in der Schule』(1914),『프리드리히 피셔와 괴테의 파우스트 제2부Friedrich Vischer und der zweite Teil von Goethes Faust』(1927) 등을 썼다.

36　Theodor A. Meyer, Das Stilgesetz der Poesie, Leipzig: Hirzel, 1901, 여러 곳 참조.

분리되어 있는 관계나, 새로 등장하는 주제와 이 도입부가 이루는 극단적 대조를 이른바 연속 형태로서 해석하는 일은 불가능하다. 즉 이 작품은 자체로서 지적이지만 그렇더라도 이는 수치스러운 일이 아니며, 또 통합으로 인해 작품의 법칙이 손상되는 것도 아니다. 시각적인 작품들에서도 사정이 그와 다르지 않을 만큼 그동안 여러 가지 예술들은 점차 예술이라는 자체의 통일성을 지향해 왔다고 할 수 있다. 예술 작품은 정신적 매개를 통해 경험계와 대조를 이루는데, 예술 작품의 정신적 매개는 예술 작품 속에 논증적 차원을 끌어들이지 않는 한 실현될 수 없다. 엄격한 의미의 예술 작품이 직관적이라면, 그것은 감성적으로 직접 주어진 것의 우연성에 사로잡힐 수밖에 없다. 그런데 예술 작품은 그러한 우연성에 맞서 그 나름의 논리성을 내세운다. 예술 작품의 수준은 예술 작품의 구체화가 철저한 조형을 통해 우연성을 벗어나느냐 마느냐에 따른다. 청교도적으로, 또 그런 한에서 합리주의적으로 직관과 개념적인 것을 분리하면, 사회적으로 남용되고 또 이데올로기적으로 강요되고 있는 합리성과 감각성이라는 이분법에 따르는 것이다. 오히려 예술은 객관적으로 자체에 내재하는 비판을 통해 상징적으로 그러한 구분에 반대해야 할 것이다. 예술을 전적으로 감성적인 극단으로 몰아간다면 단지 그러한 구분을 승인할 뿐이다. 예술이 반대하는 허위는 합리성 자체가 아니라, 특수에 대한 합리성의 경직된 대립이다. 예술이 특수라는 계기를 직관성으로서 분리해 낸다면 그처럼 경직성을 인정하고, 사회적 합리성에서 관심을 돌리기 위해 이 합리성이 남겨놓은 쓰레기를 이용하는 것이다. 미학적 지침에 따라 작품이 점점 더 빈틈없이 직관적인 것으로 되어야 한다면, 그만큼 더 작품의 정신적 측면은 현상과 분리되고, 현상으로 나타나는 것의 형식화를 벗어나 사물화된다. 직관성 숭배 뒤에는 육체는 안락의자 위에 있고 영혼은 허공으로 날아간다고 보는 고루한 부르주아적 통념이 감추어져 있다. 즉 현상은 아무 힘도 들지 않는 이완 혹은 노동력 재생산이어야 하며, 정신은 확실하게 작품이 개념적으로 진술한다고 일컫는 것이 된다. 논증적 요인의 총체성 요구에 대한 본질구성적 항의를 뜻하는 예술 작품들은 바로 그 때문에 해답과 해결을 기대하며, 불가피하게 개념들을 끌어들인다. 이제까지 어떠한 작품도 전통적 미학이 자체의 아프리오리로서 상정하는, 구속력 있는 보편성과 순수직관성의 일치 상태에 도달하지는 못했다. 직관론은 예술이 실행하지 않는 일을 현상학적으로 예술에 부여하기 때문에 허위다. 직관의 순수성이 예술 작품들의 평가 기준은 아니다. 평가 기준은 예술 작품들이 자체에 내재하는 지적 계기들과 직관의 긴장을 얼마나 깊이 있게 감당해 내는가 하는 것이다. 그렇더라도 예술 작품들의 비직관적 요소들에 대한 금기에 아무 근거도 없는 것은 아니다. 작품들에서 개념적인 것은 판단의 연관 관계들을 내포하는데, 판단한다는 것은 예술 작품과 상반된다. 예술 작품 속에 판단이 등장할 수도 있다. 그러나 작품은 판단하지 않는다. 이는 아마 아티카의 비극[37] 이래 작품이 어떤 심리 과정Verhandlung이기 때문일 것이다. 논증적 계기가 우위를 차지할 경우 외부 세계에 대한 예술 작품의 관계는 너무 직접적인 것이 되며 이 외부 세계에 편입되고 만다. 브레히트의 경우처럼 외부 세계에 대립한다는 데에서 자부심을 느끼는 경우조차도 그렇다.

---

37 [옮긴이] attische Tragödie: BC 6세기에 시작된 것으로 합창단과 배우가 등장하여 대화한다. 테스피스Thespis가 그 원조로 알려져 있다.

즉 그 관계가 실제로 실증주의적으로 되는 것이다. 예술 작품은 논증적 계기가 야기하는 외부 지향적, 진술적 운동과 반대되는 운동 속에서 그러한 논증적 성분들을 자체의 내재적 연관 속에 끌어들여야 한다. 발전한 서정시의 언어가 그런 일을 수행하는데, 이러한 데에서 서정시 고유의 변증법이 드러난다. 분명히 예술 작품들은 추상으로 인해 얻은 상처를 단지 더 높은 단계의 추상, 즉 개념적 효소들이 경험적 현실에 의해 오염되는 것을 방해하는 추상을 통해서만 치유할 수 있다. 이때 개념은 '매개변수'가 되는 것이다. 그러나 예술은 본질적으로 정신적인 것이어서 결코 순수하게 직관적일 수 없다. 예술은 언제나 사유되어야 하며, 예술 자체가 사유한다. 직관론이 커다란 세력을 갖게 된 점은 예술 작품들에 대한 모든 경험과 모순되는데, 이는 사회적 사물화의 한 가지 반영이다. 직관론은 직접성의 특수 영역을 만들어내는 것으로 귀결되며, 예술 작품들의 사물적인 층들을 도외시하지만, 이 사물적인 층들이야말로 예술 작품들에서 사물적인 것 이상의 것에 대해 본질구성적이다. 하이데거가 관념론에 맞서 지적했듯이 예술 작품들은 사물들을 통해 존재하는 데에 그치지 않는다.[38] 예술 작품들 자체의 객관화가 예술 작품들을 2차적인 사물들로 만든다. 예술 작품들 각각의 내재적 논리에 따르는 내적 조직, 혹은 예술 작품들 그 자체가 이루어진 상태는 순수직관을 통해 도달할 수 없다. 예술 작품들에서 직관할 수 있는 것은 그런 조직에 의해 매개되어 있다. 이런 조직에 비할 때 예술 작품들의 직관적 요인은 비본질적이며, 예술 작

---

38 Martin Heidegger, *Holzwege*, 2. Aufl., Frankfurt a. M.: Vittorio Klostermann, 1952, pp. 7 이하 참조.

품들에 대한 경험은 언제나 그 직관적 요인을 넘어서야 한다. 예술 작품들이 단지 직관적일 뿐이라면, 예술 작품들은 저급한 효과, 즉 리하르트 바그너의 말로 원인 없는 효과일 것이다. 사물화는 작품들에 본질적인데, 이는 또한 현상으로 나타나는 것이라는 작품들의 본질과 모순을 이룬다. 작품들의 사물적 성격은 그 직관적 성격과 마찬가지로 변증법적이다. 그러나 피셔[39]가 헤겔에 대해 이미 확신하지 못하면서 생각한 바와 같이 예술 작품의 객관화가 그것의 재료와 동일한 것은 결코 아니다. 오히려 그것은 작품 내부 힘 작용의 결과이며, 종합이라는 점에서 사물적 성격과 유사하다. 이는 칸트가 주장하는 초월적 즉자로서의 사물과 주관적으로 본질구성된 대상 혹은 이의 현상 법칙으로서의 사물이라는 양면성과도 어느 정도 유사성을 띤다. 우선 예술 작품들은 공간과 시간 속의 사물이다. 물론 이미 소멸했다가 다시 부활한 즉흥연주처럼 경계선상에 있는 음악 형식에도 그 점을 적용해야 할지 결정하기는 어렵다. 예술 작품들의 사물 이전적 계기는 반복해서 사물적 계기에 파고든다. 즉흥적 공연에서도 그 점을 증명해 주는 특성들은 여러 가지 있다. 즉흥적 공연도 경험적 시간 속에서 이루어진다는 점, 나아가 그것에서는 객관화된 본보기, 대개 인습적인 본보기를 알아볼 수 있다는 점이 그런 특성이다. 이는 예술 작품들이 예술 작품인 한 그 자체로서 고유한 형식 법칙을 통해 대상화된 사물들이기 때문이다. 예컨대 드라마의 경우 인쇄된 텍스트보다는 공연을 작품 자체로 간주하거나 음악의 경우에도 악보보다는 생생히 울리

---

39 [옮긴이] Friedrich Theodor von Vischer(1807~87): 독일 리얼리즘 미학자. 헤겔 좌파 성향을 띠고 문필 및 정치 활동을 했다.

는 소리를 작품 자체로 간주하는 것은 예술에서의 사물적 성격이 불확실하다는 점을 증명해 준다. 그러나 그렇다고 해서 예술 작품이 사물의 세계에 가담하고 있다는 사실을 피할 수는 없다. 악보는 거의 언제나 연주보다 훌륭하며, 그것은 연주를 위한 지침일 뿐만 아니라 작품 자체이기도 하다. 그런데 예술 작품의 그러한 두 가지 사물 개념이 서로 무조건 분리되어 있는 것은 아니다. 적어도 얼마 전까지만 해도 음악을 연주한다는 것은 악보에 감추어진 의미를 읽는 일을 뜻했다. 문자나 악보를 통한 정착 작업은 작품에 대해 외적인 일이 아니다. 그로써 예술 작품은 그 발생에 맞서서 자립한다. 그래서 텍스트는 이를 공연한 것보다 우월하다. 예술에서 정착되지 않은 요인은 물론 대개 가상적으로 미메시스적 충동에 더 접근하지만, 대체로 정착된 것 이상이 아니라 이하이며, 낡은 공연의 잔재이며 극히 퇴행적이다. 최근에는 작품의 정착이 사물화를 의미한다는 점에서 정착에 반대하여, 소절로 된 악보 체계를 음악 행위에 대한 노이메적[40]-그래프적 모방 방식으로 가상적으로 대체하기도 한다. 그러나 이러한 반항은 음악 행위와 비교할 때 여전히 기의적signifikativ이며 낡은 단계의 사물화다. 물론 예술 작품이 자체의 내적인 사물적 성격으로 인해 난관에 처하지 않는다면 그와 같은 반항이 그렇게 확장되지는 않았을 것이다. 단지 현학적이고 고집스러운 예술가 신앙만이 예술의 사물적 성격과 사회의 사물적 성격이 연루되어 있는 상태를 간과하고, 이로써 또한 그런 사물적 성격의 허위, 즉 그 자체로 과정인 계기들 간의 관계가 물

---

40 [옮긴이] neumisch: Neume의 형용사. Neume는 중세 초기의 악보. 9세기경부터 멜로디 형태와 그레고리오 성가의 바람직한 해석을 표시하는 데에 쓰였다. 대개는 텍스트 위쪽에 표시했다.

신화되는 것을 간과한다. 예술 작품은 과정인 동시에 순간이다. 미적 자율성의 조건인 예술 작품의 객관화는 또한 경직화이기도 하다. 예술 작품 속에 감추어져 있는 사회적 노동이 더욱 대상화되고 철저히 조직될수록, 예술 작품은 그만큼 더 눈에 띠게 공허한 소란을 피우며 자체에 대해서도 이질적인 상태가 된다.

가상과 표현

가상의 위기

　조화 개념으로부터의 해방은 가상에 대한 반란임이 드러난다. 구성이 그것과 극단적으로 대립하는 표현에 동어반복적으로 내재하는 것이다. 그러나 벤야민도 생각했을 테지만 유희를 위해 가상에 반역하는 것은 아니다. 예컨대 허구적 전개들을 대신하는 순열들[1]의 유희적 성격을 간과할 수 없다고 해도 그렇다. 전체적으로 가상의 위기는 유희까지도 끌어들일 것이다. 즉 가상이 만들어내는 조화에 적합한 것은 유희의 천진한 성격에도 합당한 것이다. 유희를 통해 가상으로부터 벗어나고자 하는 예술은 스포츠가 되고 만다. 그러나 가상의 위기가 얼마나 강력한지는 언뜻 보아 환각적 요인을 꺼리는 음악도 그

1　[옮긴이] Permutation: 12음 기법에서 중요시되는 기법. 하나의 12음계로부터 특정한 수적 선정 양식에 따라 또 다른 완전한 12음계가 생겨날 때까지 개별 음들을 끌어내는 방식. 알반 베르크가 오페라 「룰루」에서 사용했다.

러한 위기를 겪고 있다는 사실에서 드러난다. 음악에서는 승화가 이루어진 형태에서도 허구적 계기들이 소멸하고 있다. 실존하지 않는 감정들의 표현만 아니라, 실현 불가능한 것임이 간파된 어떤 총체성 따위와 같은 구조적 허구도 소멸하는 것이다. 베토벤의 음악처럼 위대한 음악에서는 물론이지만, 어쩌면 시간예술을 넘어서 작품을 분석할 때 부딪치는 이른바 근원적 요소들은 여러모로 보아 대체로 공허하다. 그러한 것들은 단지 무에 점점 접근하는 한에서만 순수한 형성 과정으로서 전체에 융합된다. 하지만 구분된 부분적 형태들로 되면 그것들은 이미 어떤 것, 즉 모티프나 테마가 되는 경향을 띤다. 통합적 예술은 그 기본 규정들의 내재적 공허함으로 인해 무정형 상태에 빠진다. 특히 예술이 고도로 조직화될수록 그처럼 무정형 상태로 향한 중력은 커진다. 무정형 상태를 통해서만 예술 작품은 통합을 이룰 수 있다. 완성을 통해, 즉 형식화되지 않은 자연으로부터 멀어짐에 따라, 자연적 계기 내지 아직 형식화되지 않고 명료하게 표현되지 않은 요인들이 회귀한다. 예술 작품들을 아주 가까이서 바라보면, 아무리 객관화가 잘 이루어진 작품들도 어떤 요소들의 혼잡한 상태로 변한다. 예를 들어 텍스트들이 그 단어들로 변하는 것이다. 예술 작품들의 세부 요인들을 직접 손에 움켜쥐고 있다고 여기면, 그것들은 불확정적이고 구분되지 않은 것 속으로 달아나 버린다. 그만큼 그것들은 매개되어 있다. 이것이 예술 작품들의 조직을 통한 미적 가상의 발현이다. 미시론적 시선[2] 아래 예술 작품들의 생명 요소인 특수한 것이 사

---

2   [옮긴이] mikrologischer Blick: 개별 요인의 운동을 집중해서 면밀히 파악함으로써 구속력 있는 인식에 도달하려는 방법. 아도르노는 결정적으로 미시론적 모티프로 인해 변증법에 관여했다고 주장한다.

라지며 그것의 구체화는 증발해 버린다. 모든 예술 작품에서 어떤 대상적인 것으로 굳어버린 과정은 '여기 이것Dies da'으로 고정되는 데에 저항하며 다시 본래의 상태로 녹아버린다. 예술 작품들의 객관화에 대한 요구는 예술 작품들 자체에서 훼손된다. 이처럼 환각은 무엇을 모사하지 않는 예술 작품들 속에도 깊이 파고들어 가 있다. 예술 작품들의 진리는 개념과 동일하지 않은 것, 개념에 비추어 볼 때 우연적인 것을 예술 작품들이 자체의 내재적 필연성 속에 흡수해 들일 수 있느냐에 달려 있다. 예술 작품들의 합목적성에는 비합목적적인 것이 필요하다. 이로써 예술 작품들 자체의 일관성 속에는 환각적 요인이 파고든다. 그래서 가상은 여전히 예술 작품들의 논리인 것이다. 예술 작품들의 합목적성은 존속하기 위해 그 타자를 통해 유보될 수밖에 없다. 니체는 이 점을 물론 문제가 있는 명제, 즉 예술 작품 속에서는 모든 것이 달라져도 똑같이 좋을 수 있다는 명제로 건드렸다. 그의 이 명제는 아마 어떤 변동 폭을 보장하는 '양식Stil'이나 통용되는 관용어 내부에서만 타당할 것이다. 그러나 작품들의 내재적 완결성이라는 말을 엄격하게 받아들이지 않는다면, 작품들이 가상의 영향을 가장 덜 받는다고 여기는 경우에도 가상은 그러한 작품들을 따라다닌다. 작품들은 스스로 만들어놓은 객관성을 파손함으로써 그러한 완결성이 허위임을 드러낸다. 작품들이 일깨우는 환각보다는 작품들 자체가 미적 가상이다. 예술 작품들의 환각적 성격은 예술 작품들이 하나의 전체적인 것이라는 주장으로 수렴되었다. 예술 작품이 열성적으로 본질적인 것이 되고자 하는 한, 미학적 유명론은 가상의 위기로 귀결될 것이다. 가상에 대한 민감한 거부감은 실제 사태에 자리 잡고 있다. 미적 가상의 모든 계기는 오늘날 언제나 미적 비일관성, 즉 예술 작품 자체와 그것이 등장하는 모습 사이의 모순들을 수반한다. 예술 작품의 등장은 본질적 성격을 요구하지만, 예술 작품은 단지 부정적으로만 본질적 성격을 존중한다. 그러나 예술 작품 자체가 등장한다는 실증성 Positivität 속에는 언제나 그 이상의 것을 나타내는 제스처도 들어 있다. 즉 격정Pathos을 극단적으로 배격하는 작품조차 버릴 수 없는 어떤 격정이 들어 있는 것이다. 예술의 미래에 대한 물음이 무용한 것이 아니거나 기술 관료주의의 의심을 받는 것이 아니라면, 그것은 아마 예술이 가상의 소멸 이후에도 잔존할 수 있느냐 하는 물음으로 집약될 것이다. 햄릿이 프록코트를 입고 등장하거나 로엔그린[3]이 백조를 데리고 다니지 않는 등 무대에서 의상을 거부했던 40년 전의 사소한 일들이야말로 가상의 위기를 말해주는 전형적 사례다. 아마 이러한 것은 그 당시 주도적이었던 리얼리즘적 신조에 대한 예술 작품들의 위반에 반발하는 것이라기보다, 오히려 예술 작품들이 더 이상 지닐 수 없었던 예술 작품의 내재적 영상에 대한 반발이었을 것이다. 프루스트의 『잃어버린 시간을 찾아서』의 첫 부분은 가상적 성격을 교묘히 넘어서려는 노력이라고 해석할 수 있다. 즉 그것은 무리하게 예술 작품의 형식적 내재성을 설정하지 않으면서 은밀히 예술 작품이라는 단자 속으로 독자를 안내하고, 또 어디에나 존재하는 전지적 화자를 만들어내지 않으려는 노력이라고 할 수 있다. 이제 어떻게 시작하고 끝을 맺느냐 하는 문제는 미학에서 포괄적이면서 실질적인 어떤 형식론의 가능성을 암시한다. 이 이론은 계속, 대비, 이행, 발전, '분기점' 등의 범주들도 다루어야 할 것이며, 무엇보다 오늘날 모든 것이 중심부

---

3 [옮긴이] Lohengrin: 북유럽의 민담에 기원을 두는 바그너의 오페라 주인공. 백조의 기사.

와 같은 거리에 있어야 하느냐 아니면 서로 상이한 밀도를 지녀야 하느냐 하는 문제를 다루어야 할 것이다. 미적 가상은 19세기에 환각술 Phantasmagorie로 발전했다. 예술 작품들은 이제 그 생산의 흔적을 지워버렸다. 이는 아마 예술이 사실이어야 하고 또 그 긴밀한 직접성이 매개되어 있다는 점을 드러내준 요인들을 예술이 수치로 여기는 한에서, 밀려드는 실증주의 정신이 예술에도 옮겨졌기 때문일 것이다.[4] 현대 예술의 깊숙한 곳에 이르기까지 작품들은 그러한 정신에 순응했다. 작품들의 가상적 성격은 작품들의 절대성에 대한 가상으로까지 강화되기도 했다. 그것은 쇼펜하우어 학도인 바그너의 작품이 문자 그대로 받아들인 예술종교라는 헤겔의 용어 뒤에도 숨어 있다. 그 후 현대 예술은 가상을 가상이 아니라고 보는 가상의 가상에 반대했다. 작품들의 밀폐적인hermetisch 내재적 연관에 노골적으로 개입하여 구멍을 내놓고 작품의 생산과정을 작품 속에서 드러내고, 어느 정도까지는 생산과정으로 그 결과물을 대체하는 등의 노력 전체가 그런 점에 수렴한다. 그런데 이는 관념론 시대의 주요 대표자들에게도 그다지 낯설지 않았던 생각이다. 예술 작품들을 불가항력적인 것으로 만든 예술 작품들의 환각술적 측면은 이른바 신즉물주의 조류나 기능주의에 이르러 비로소 예술 작품들에서 의심스러워지는 것이 아니다. 그에 못지않게 그것은 장편소설처럼 친숙한 형식들에서도 의심스러웠는데, 이 형식들에서는 만화경식 환각Guckkastenillusion이나 화자의 허구적 편재성이 현실적인 듯이 제시되지만 어디까지나 허구인 점에

---

4 Adorno, *Versuch über Wagner*, 2. Aufl., München/Zürich: Droemer/Knaur, 1964, pp. 90 이하 참조.

서 비현실적인 것들에 대한 요구와 결합한다. 서로 대립했던 게오르게와 카를 크라우스는 그러한 화자를 거부했다. 그러나 프루스트나 지드[5]의 경우처럼 소설가가 주석을 가함으로써 소설의 순수한 형식적 내재성을 파괴하는 일도 결코 낭만주의에 반대하는 일반적 시대 분위기가 아니라 위의 경우와 동일한 불만을 증명해 준다. 오히려 작품들을 즉자존재로 여기는 환각을 테크놀로지적으로 강화하는 환각술적 관점은 반어를 통해 미리부터 환각술적 관점을 거부하는 낭만주의 예술 작품의 반대편이라고 할 수 있다. 그러한 관점은 난처한 것이 되었다. 순수한 예술 작품이 추구하는 완전한 즉자존재는 예술 작품이 인간에 의해 만들어진 것이고 따라서 또한 아프리오리하게 사물의 세계와 섞여 있는 것이라는 예술 작품에 대한 규정과 결합될 수 없기 때문이다. 현대 예술의 변증법은 상당한 정도로 마치 다 자란 뿔을 떼어버리는 짐승들처럼 예술이 가상적 성격을 떨쳐버리려고 한다는 것이기도 하다. 예술의 역사적 운동 속의 이러한 난관들은 예술의 가능성 전체에 그림자를 던진다. 표현주의처럼 리얼리즘에 반대하는 조류들도 가상에 대한 반역에 가담했다. 그러나 표현주의는 외적인 것을 모사하는 데에 반대했지만, 실제의 심적 사실들을 왜곡되지 않게 알리고자 했으며 그 결과 심리기술Psychogramm에 접근했다. 하지만 그러한 반역의 결과로 예술 작품들 스스로를 예술 이상의 것이라고 여기는 오만에 대한 처벌인 듯이, 단순한 사물 상태로 다시 떨어지는 경향이 있다. 최근에 볼 수 있는 대체로 유치하고 어리석은 과학의 유사품은

---

[5]   [옮긴이] André Gide(1869~1951): 프랑스 문학가. 다양한 문학적 실험을 통해 현대 소설에 영향을 끼쳤다. 1930년대에 한동안 공산주의 운동에 동조했으나 소련에 대해서는 비판적이었다.

그러한 퇴행의 가장 명백한 징후다. 적지 않은 현대음악과 회화 작품들이 비록 비구상적이고 표현과 거리가 멀기는 해도 2차적 자연주의라는 개념으로 총괄될 수 있을 것이다. 재료상의 조잡한 물리주의적 처리 방식, 변수들 사이의 계산 가능한 관계들 따위가 미적 가상을, 즉 그러한 것들이 정립된 것이라는 점에 대한 진실을 대책 없이 몰아낸다. 그와 같은 변수들의 자율적 연관 속에서 미적 가상이 사라지면서, 그것은 그 속에서 객관화되는 인간적 요소의 반사로서 아우라를 남겨놓았다. 오늘날 어떠한 예술도 피할 수 없는 아우라에 대한 거부 반응은 분출하는 비인간성과 분리된 것이 아니다. 근래의 그와 같은 사물화, 즉 예술 작품들이 야만스럽게 미적 사실을 문자 그대로 보여주는 것으로 퇴행하는 현상과 환각술로 인한 책임은 서로 불가분의 상태로 얽혀 있다. 예술 작품들이 아주 광신적으로 자체의 순수성을 걱정하여 이 순수성과 관련해 혼란을 일으키고, 예술이 될 수 없는 것들, 예를 들어 캔버스나 단순한 음향 따위를 작품이라고 내놓는다면, 예술 작품은 자체의 적수가 된다. 즉 목적을 위한 합리성을 직접 거짓되게 계승하는 것이 된다. 실제로 그러한 경향은 해프닝[6]으로 귀착되고 말았다. 그러나 환각으로서의 가상에 대한 반역의 정당한 면과 그것의 환각적인 면, 즉 미적 가상이 자신의 머리채를 잡아끌어 늪에서 빠져나올 수 있으리라는 희망은 서로 결합되어 있다. 작품들에 내재하는 가상적 성격은 설혹 잠재적일지라도 분명히 현실 모방의 한 부분이라는 사실에서 벗어날 수 없고, 따라서 환각에서 벗어날 수 없다.

---

6   [옮긴이] happening: 1950년대부터 미국, 서유럽, 일본 등지에서 확산된 비재현적이고 일회성이 강한 공연이나 전시 등을 총칭.

왜냐하면 예술 작품들에 포함된 형식이나 재료들 혹은 정신이나 소재 등은 모두 현실로부터 예술 작품들 속에 옮겨져 그 속에서 현실성을 잃은 것이기 때문이다. 따라서 그것은 언제나 또한 현실의 잔상이 된다. 가장 순수한 미학적 규정인 현상으로 나타난다는 것도 현실에 대한 확정적 부정으로서 현실과 매개되어 있다. 경험계와 예술 작품들의 차이 혹은 예술 작품들의 가상적 성격은 경험계에 근거해서, 또 그것에 반대하는 경향 속에서 본질구성된다. 예술 작품들이 자체의 개념을 위해 그와 같은 역관계Rückbeziehung를 절대적으로 제거하려고 하면 예술 작품들 자체의 전제 조건이 제거될 것이다. 예술은 자체의 개념을 충족하기 위해 자체의 개념을 초월해야 한다는 점에서, 또 이 경우 예술이 실제 사물들과 유사해진다면 자신이 저항하는 사물화에 순응하게 된다는 점에서 무한히 까다롭다. 그래서 오늘날 참여예술은 불가피하게 미학적 양보가 된다. 환각에 포함되어 있는 말로 표현할 수 없는 것das Ineffabile은 절대적 현상이라는 개념으로 미적 가상의 이율배반을 해소하는 데에 방해가 된다. 가상이 그런 것을 드러낸다고 해서 가상을 통해 예술 작품들이 문자 그대로 에피파니Epiphanie가 되는 것은 아니다. 물론 진정한 예술 작품들을 진정 미적으로 체험할 때에는, 예술 작품들 속에 절대적인 것이 현존한다고 기대하지 않기가 어렵기는 해도 그렇다. 또 예술 작품들의 위대성 속에는 이러한 기대를 불러일으키는 요인이 내재한다. 그러나 예술 작품들을 진리의 전개 과정으로 만드는 요인은 동시에 예술 작품들의 죽을죄이기도 하다. 예술이 스스로 그러한 죄에서 벗어날 수는 없다. 예술은 마치 사면이라도 받은 듯한 태도를 취함으로써 그러한 죄악을 끌고 다닌다. 그렇더라도 가상에 담긴 하늘의 잔재Himmelsrest를 감당해야 하는 점이 괴롭게도 남아 있는데, 이는 가상을 거부하는 예술조차 다다이즘의 경우처럼 원래 그러한 구상을 고무한 실제의 정치적 효과와 단절되어 있다는 사실과 떼어놓을 수 없다. 밀폐적 작품들은 미메시스적 반응 방식을 통해 부르주아사회의 대타존재에 맞선다. 그러나 이 미메시스적 반응 방식조차 순수 즉자라는 가상으로 인해 공범이 되고 만다. 또 이 가상을 깨는 작품도 이로부터 벗어나지 못한다. 관념론적 오해를 걱정하지 않아도 된다면, 작품이—결코 예술가의 이상이 아닌—그 자체의 객관적 이상과 유사해지는 것을 모든 작품의 법칙이라고 칭할 수 있으며, 이로써 또 미적 법칙성에 상당히 접근하게 될 것이다. 예술 작품들의 미메시스는 자체와의 유사성이다. 일의적으로든 다의적으로든 이러한 법칙은 모든 작품 각각의 성향에 의해 설정된다. 즉 각각의 작품은 그 본질구성을 통해 그와 같은 것을 이룩할 의무를 지닌다. 이로써 미적 형상들은 예배적 형상들과 구분된다. 예술 작품들은 그 형태의 자율성을 통해, 상징의 경우처럼 절대적인 것을 자체 내부에 들여놓기를 거부한다. 미적 형상들은 우상 금지령에 따른다. 그런 한에서 미적 가상과 밀폐적인 작품들에서 보는 그 최상의 귀결은 다름 아니라 진리다. 밀폐적 작품들은 자체를 초월하는 요인을 어떤 더 높은 영역 속의 존재라고 주장하지 않는다. 오히려 경험 세계 속에서 그것들이 무기력하고 불필요하다는 점을 통해 자체의 사상내용에 포함된 덧없는 계기를 강조한다. 민주주의 국가들의 기만당한 대중이나 전체주의 국가들의 지도자들은 상아탑을 추방하려는 점에서 일치한다. 그러나 이 상아탑은 자체와의 동일성을 뜻하는 미메시스적 충동을 확고부동하게 고수하는 점에서 대단히 계몽적이다. 그러한 태도의 우울증spleen은 참여적 예술 작품이나 교육적 예술 작품이라는 교의들Doktrinen보다 더 올바른 의식이다. 이 교의들의 퇴행적 성격은 그것들이 전달했다고 하는 지혜가 사소하고 어리석기까지 하다는 점에서 확연히 드러난다. 그 때문에 극단적 현대 예술은 정치적 관심을 가진 사람들이 도처에서 그것에 대해 내리는 일괄적 판결과는 달리, 그 속에서 발달한 기술들만이 아니라 진리내용의 측면에서도 진보적이라고 할 수 있을 것이다. 그러나 현존하는 예술 작품들을 현존재 이상의 것으로 만드는 것은 다시 어떤 현존재자가 아니라 예술 작품들의 언어다. 진정한 예술 작품들은 환각술적 환각부터 최후의 아우라적 입김에 이르기까지의 가상을 모두 거부하는 경우에조차 무엇인가를 말한다. 단지 우연적 주관성이 예술 작품들을 통해 말하는 바를 예술 작품들에서 정화하려는 노력은, 원하지 않아도 예술 작품들 자체의 언어를 그만큼 더 두드러지게 부각시킨다. 예술 작품들 속의 표현이라는 용어는 바로 그러한 언어를 뜻한다. 이러한 용어는 음악 연주 부호로서 가장 오래전부터 또 가장 엄격하게, 즉 기술적인 의미로 사용되고 있는데, 여기서 그것은 특별히 표현된 것이나 특수한 심적 내용들을 요구하지 않는다. 그럴 만한 근거는 충분하다. 만일 그렇지 않다면 에스프레시보[7]라는 용어는 그때그때 특정하게 표현해야 할 것들을 지칭하는 명칭들로 대신할 수 있을 것이다. 작곡가 아르투어 슈나벨[8]이 그것을 시도했지만 실현할 수는 없었다.

7 [옮긴이] espressivo: '표정을 담아서'라는 뜻의 음악 지시 용어.
8 [옮긴이] Arthur Schnabel(1882~1951): 오스트리아의 피아니스트, 작곡가, 음악 교수. 베토벤과 슈베르트 등 주로 고전음악을 깊이 있게 연주했다고 평가받지만, 작곡 방법은 무조음악 쪽에 기울어 있다. 쇤베르크와 가까운 관계였다.

가상, 의미, '곡예'

어떠한 예술 작품도 완전한 통일성을 이루지는 못한다. 모든 작품은 그런 통일성을 단지 존재하는 듯이 내보여야 하며 이로써 자체와 충돌한다. 적대적 현실과 마주할 때, 이 현실에 맞서는 미적 통일성은 내재적으로도 가상이 된다. 예술 작품들의 철저한 형상화는 예술 작품들의 생명이 그 계기들의 생명과 하나라는 가상으로 귀결된다. 그러나 그 계기들은 이질적인 것을 예술 작품들 속에 끌어들이며 그래서 그러한 가상은 허위가 된다. 실제로 다소 철저히 분석하기만 하면, 각 부분이 비의도적으로 통일성에 적합해지는 것이 아니라 각 부분에 그러한 통일성이 부과될 뿐이라는 의미에서든, 계기들이 미리 통일성에 맞게 재단되어 있어서 진정한 의미의 계기들이 전혀 아니라는 의미에서든, 미적 통일성에서는 허구들을 발견하게 된다. 예술 작품들 속의 여러 요소들은 과거의 상태로 머물지 않고 예술 작품들의 공간에 들어서자마자 변형된다. 바로 이 때문에 미적 화해는 미적으로 부적절한 것이 될 수밖에 없다. 예술 작품은 현존재에 대한 안티테제라는 점에서만 아니라 예술 작품 자체가 지향하는 바에 비추어 보아도 가상이다. 예술 작품은 비일관성으로 인해 타격을 입는다. 예술 작품들은 그 의미의 연관을 통해 즉자존재인 척한다. 이 의미의 연관이야말로 예술 작품들에서 가상의 수단이다. 그러나 그것을 통해 예술 작품들이 통합됨에 따라 통일성을 형성하는 의미 자체가 예술 작품들을 통해 현존한다는 주장을 하게 된다. 물론 그것이 실제로 존재하지는 않는다. 가상을 만들어내는 의미는 최상의 것으로서 가상적 성격에 관여한다. 그럼에도 의미의 가상이라는 것은 의미에 대한 완전한 규정이 아니다. 왜냐하면 한 예술 작품의 의미는 동시에 사실적인 것 속에 감추어지는 본질이기도 하기 때문이다. 의미는 다른 경우에 현상이 차단하는 것을 현상으로 나타나게 만든다. 예술 작품이 그 계기들을 서로 연관성 있게 말하도록 결합하는 데에는 그러한 목적이 있다. 비판의 예봉으로 철학적 개념구성에 편리할 만큼 그 목적을 긍정적 요인 혹은 의미의 현실성이라는 가상에서 깨끗이 분리해 내기는 쉽지 않다. 예술은 은폐된 본질을 현상으로 나타나게 만들면서 이 본질을 재앙이라고 비난하지만, 이러한 부정 속에는 그 척도로서 현존하지 않는 본질 혹은 가능성의 본질이 함께 설정된다. 의미는 의미의 부정에도 내재한다. 의미가 예술 작품 속에서 명백하게 드러나더라도 의미에는 여전히 가상이 따라다닌다. 이로 인해 모든 예술은 우울해질 수밖에 없다. 연관이 훌륭하게 이루어져서 의미가 완전하게 암시될수록 예술은 더욱 고통스럽다. 그 우울함은 '오 제발 그랬으면' 하는 소망을 통해 더 커진다. 그것은 예술이 축출하려고 하는, 모든 형식과 이질적인 것 혹은 단순한 현존재의 그림자다. 성공적인 예술 작품들에서도 이 우울함을 통해 혼란스러운 예술 작품들 속에서 나타나는 의미의 부정, 즉 동경의 뒤집힌 형상을 예감할 수 있다. 예술 작품들에서는 구현될 수 없는 문법적 주어 '그것es'이 존재하지 않는다는 사실과 대비를 이루면서, 또한 '그것'이 존재한다는 점이 말없이 밝혀진다. 하지만 그것은 이 세계 속에 현존하는 무엇과도 명시적으로 관련지을 수 없는 것이다. 예술은 예술로서 경험계로부터 떨어져 나오지만, 그 형식의 유토피아 속에서도 경험계의 부담스러운 무게에 복종한다. 그렇지 않으면 예술의 완전성은 공허한 것이다. 예술 작품들은 통합의 진전을 스스로에게 요구할 수밖에 없었으며 또한 이를 통해 예술 작품들의 사상내용은 직접 현존하는 것처럼 여겨지기도 하는데, 예술 작품들에서의 가상은 그러한 통합의 진전과 유사하다. 예술의 신학적 유산은 계시Offenbarung의 세속화인데, 계시는 모든 작품의 이상이자 한계이기도 하다. 예술을 계시로 오염시키는 것은 예술에 불가피한 물신적 성격을 이론에서도 무반성적으로 반복하는 것이라고 할 수 있다. 그러나 계시의 흔적을 예술에서 근절한다면, 예술은 단순히 존재하는 것을 아무 차이 없이 반복하는 일로 격하될 것이다. 의미의 연관 내지 통일성은 스스로 존재하는 것이 아니므로 예술 작품들에 의해 구현된다고 할 수 있으며, 이처럼 구현된 것으로서 그것은 즉자존재를 위한 것이지만 즉자존재를 부정하고 이로써 궁극적으로 예술 자체를 부정한다. 모든 인공물은 자체에 맞서는 작용을 한다. 곡예tour de force 혹은 줄타기로서 구상된 작품들은 모든 예술의 어떤 특성, 즉 불가능한 것의 실현이라는 특성을 드러내 보인다. 각 예술 작품의 불가능성 때문에 아무리 단순한 예술 작품도 사실상 곡예로 규정된다. 헤겔은 로시니[9]에게 매료되었으면서도 기교적 완숙성을 비난한다.[10] 이런 비난은 피카소에 대한 원한으로까지 계속되는데, 이는 예술과 모든 예술 작품들에 따라다니는 이율배반적 성격을 은폐하는 긍정적 이데올로기에 은밀히 따르는 셈이다. 긍정적 이데올로기에 따르는 작품들은 거의 언제나 위대한 예술이 단순해야 한다는 상투어를 지향한다. 그러나 곡예적 성격은 이러한 상투어에 도전한다. 미학적-기술적 분석이 효과 있는 것이냐 아니냐를 결정하는 기준으로는 어떻

---

9 [옮긴이] Gioacchino Antonio Rossini(1792~1868): 19세기 전반기에 이탈리아 벨칸토 낭만주의를 꽃피운 작곡가. 「세비야의 이발사」(1816), 「빌헬름 텔」(1829) 등을 남겼다.
10 Hegel, *Werke, Bd. 10*, 3부, pp. 215 이하.

게 한 작품이 곡예로 되는가를 찾아내는 것도 충분히 생각해 볼 수 있다. 예술 활동이 그것의 문화적 개념에 대해 치외법권 상태에 있는 단계에서만 곡예의 이념은 은폐되지 않은 채 밖으로 드러날 수 있다. 바로 이 때문에 지난날 전위예술과 뮤직홀[11]이나 바리에테[12] 사이에 공감대가 형성될 수 있었을 것이다. 이는 내면성에 만족하는 어중간한 예술 영역에 반대하는 양극단이 서로 접하게 된 것이라고 볼 수 있다. 이런 예술은 그 문화적 성격으로 인해 예술의 본분을 배반한다. 예술의 기술적인 문제들이 원칙적으로 해결될 수 없다는 사실로 인해 미적 가상은 예술에서 고통스럽게 느껴질 수 있게 된다. 이는 음악이나 연극의 공연과 같은 예술의 재현 문제에서 아마 가장 현저하게 나타날 것이다. 그것들을 올바르게 해석한다는 것은 그것들을 문제로서 명시한다는 것이다. 즉 그것은 사상내용과 그 현상의 관계에서 작품들이 공연자에게 제시하는 결합 불가능한 요구들을 인식한다는 것이다. 예술 작품들을 재현할 경우 그것들 속의 곡예를 발견함으로써 불가능한 것의 가능성이 감추어져 있는 일치점을 찾아내야 한다. 작품들의 이율배반 때문에 그것들을 완전히 적절하게 재현하는 일은 본래 불가능하며, 언제나 어떤 모순적인 계기를 억압할 수밖에 없다. 재현에 대한 최상의 평가 기준은 그처럼 억압을 하지 않고도 그것이 곡예 속에서 첨예화된 제반 갈등의 무대가 될 수 있느냐 하는 것이다. 곡예로서 구상된 작품들은 가상이다. 왜냐하면 본질적으로 그것들은 자체로서는 본질상 불가능한 상태로 나타나야 하기 때문이다. 그런 작품

---

11 [옮긴이] music hall: 레스토랑이나 바 등과 결합된 화려한 무대 시설 또는 이곳에서 이루어지는 프로그램. 관객들이 춤을 출 수도 있다.

12 [옮긴이] variété: 화려하게 변화해 가는 춤, 곡예, 음악 등의 공연을 위한 오락 프로그램.

들은 자체의 불가능성을 강조함으로써 스스로를 수정한다. 고루한 내면성 미학이 경시하는 예술 속의 노련함이라는 요인도 이 점에서 정당하다. 곡예, 즉 실현 불가능한 것을 실현하는 일의 증거는 최고의 진정한 작품들에서 찾을 수 있을 것이다. 속류 내면성을 추구하는 사람들이 독차지하고 싶어 하는 바흐는 결합 불가능한 것을 결합하는 일에 특히 노련했다. 그가 작곡한 것은 협화음상의 통주저음적[13] 사유와 다성적[14] 사유를 종합하는 것이었다. 그것은 또한 화음 진행의 논리에 단절 없이 어우러지지만, 화음의 진행은 개별 성부 진행의 순수한 결과로서 그 부담스러운 이질적 무게를 떨쳐버린다. 이로 인해 바흐의 작품은 특이하게 허공으로 날아가는 듯한 성격을 지닌다. 베토벤의 경우에도 그와 마찬가지로 엄밀하게 곡예의 역설을 서술할 수 있다. 즉 헤겔 논리학의 첫 단계들에 대한 생생한 미적 견본으로서, 무로부터 어떤 것이 이루어진다는 역설이 나타나는 것이다.

가상의 구제; 조화와 부조화

예술 작품들의 가상적 성격은 그것들 자체의 객관성을 통해 내재적으로 매개되어 있다. 한 편의 텍스트나 그림 혹은 음악이 일단 정착되면 그 작품은 실제로 현존하며, 그것이 포함하는 형성 과정과 그 사상내용을 단지 속임수로만 눈앞에 내보이게 된다. 미적 시간 진행상

---

13 [옮긴이] generalbaßhaft: 17~18세기 유럽 음악에서 건반악기 연주자가 주어진 저음 외에 즉흥적으로 화음을 곁들이면서 반주 성부를 완성하는 기법.
14 [옮긴이] polyphonisch: 독립적인 멜로디가 둘 이상의 라인에 동시에 구성되어 단성음악이나 화성음악과 구분된다. 중세 및 르네상스 후기 음악.

의 극단적 긴장들도 작품 속에서 이미 완전히 결정되어 있는 한 허구적이다. 실제로 미적 시간은 그것이 중화시키는 경험적 시간과 어느 정도 무관하다. 그러나 불가능한 것을 가능하게 만든다는 곡예의 역설 속에는 미적 역설 자체가 감추어져 있다. 즉 어떻게 제작되지 않은 것이 제작을 통해 현상으로 나타날 수 있는가, 또 자체의 개념상 참이 아닌 것이 어떻게 참일 수 있는가 하는 역설이 감추어져 있는 것이다. 이는 단지 가상과 상이한 것인 사상내용을 통해서만 생각할 수 있다. 하지만 어떤 예술 작품도 가상을 통하지 않고, 즉 자체의 형태 속에서가 아니고는 사상내용을 가질 수 없다. 그 때문에 미학의 중심 문제는 가상의 구제일 것이다. 또 예술의 특히 중요한 권리, 즉 예술적 진리의 정당화는 가상의 구제에 달려 있다. 미적 가상은 가상을 담당하기도 하고 인공물을 만들어내기도 한 활동적 정신이 자신의 재료 혹은 어떤 대타적인 것으로 격하해 놓은 것에서 떼어낸 것을 구제하고자 한다. 그러나 이 경우 그처럼 구제되어야 하는 것 자체는 비록 가상에 의해 생산된 것은 아니더라도 가상의 지배를 받는 것이 된다. 가상을 통한 구제는 그 자체로 가상적이다. 그리고 예술 작품은 자체의 가상적 성격을 통해 그러한 구제의 무기력 상태를 받아들인다. 가상은 예술 작품들의 형식적 성격 characteristica formalis이 아니다. 그것은 실제적 기반을 가지는 것이다. 즉 그것은 예술 작품들이 철회하고자 하는 손상의 흔적이다. 단지 예술 작품의 사상내용이 실제로 참인 경우에만, 만들어진 것인 예술은 그처럼 만들어졌기 때문에 생겨나는 가상을 떨쳐버릴 수 있다. 그에 반해 예술이 모사적 성격을 지향하는 경향으로 인해, 마치 그것이 가상으로 나타나는 바와 동일한 것인 듯한 형상을 취하게 되면 예술은 바로 자신이 감춰놓고 싶어 하는 계기의 희생물 혹은 눈속임이 된다. 한때 사람들이 즉물성이라고 칭하던 것은 바로 그와 같은 것에 근거를 둔다. 즉물성의 이상은 예술 작품이 어떤 식으로든 그 자체와 다른 것처럼 보이려 하지 않으면서 자체 내에서 철저히 형상화됨으로써, 그것이 현상으로 나타나는 모습과 지향하는 바가 잠재적으로 일치하는 것이라고 할 수 있다. 예술 작품에서 가상적 성격이 궁극적 요인이 되지 못하는 것은 결코 환각 때문이거나 예술 작품이 그 가상적 성격의 테두리를 벗어나고자 헛되이 노력하기 때문이 아니라, 그것이 형식화된 것이라는 점 때문이다. 그러나 예술 작품들을 즉물화하는 경우에도 그 가상의 껍질을 벗어버릴 수는 없다. 예술 작품들의 형식이 실제적인 목적들에 대한 적합성과 단순히 동일하지 않은 한 제작물에서 아무것도 가상으로서 나타나지 않게 된다고 해도, 예술 작품들은 예술 작품으로 규정되는 한 이미 현실과 구분되며, 현실에 비추어 볼 때 여전히 가상이다. 예술 작품들이 자체에 달라붙는 가상적 계기들을 제거하면, 예술 작품들 자체의 현존재로부터 생겨나는 가상적 계기가 강화된다. 예술 작품들의 현존재는 그 통합 과정을 통해 일종의 즉자로 응축되지만, 예술 작품들은 정립된 것인 한 즉자는 아니다. 예를 들어 이제는 미리 주어진 형식에서 출발해서도 안 되고, 포괄적 형식 체계의 잔재인 장식이나 미사여구 따위는 포기해야 하며, 예술 작품은 아래로부터 조직되어야 한다고 생각할 수 있다. 그러나 예술 작품의 내재적 운동이 그 포괄적인 상태를 일단 깨뜨린 다음에는, 이미 흩어진 요소들membra disiecta이 어떤 식으로든 결합하여 아무튼 그 포괄적인 상태가 이루어지리라고 보장해 주는 것은 아무것도 없다. 이로 인해 예술적 처리 방식에서는 무대장치 뒤에서—연극에서 쓰는 말이 여기서도 적합할 것이다—모든 개별 계기들을 미리 형식화하고 이로써 전체로 이행할 수 있도록 만들기에 이르렀다. 그렇지 않으면 미리 규정된 것을 모두 제거한 뒤 절대적인 것으로 받아들인 세부 요인의 우연성으로 인해 그러한 이행이 이루어질 수 없을 것이다. 이로써 가상은 자체의 철천지원수를 자기편으로 끌어들일 수 있게 된다. 즉 이제 가상을 속임수가 아니라고 주장하는 속임수가 생겨나는 것이다. 조화 자체가 인위적으로 만들어지고 있는데도, 눈앞의 산만한 것들 혹은 자아와 이질적인 것이 인위적으로 설정된 총체성과 아프리오리하게 조화를 이루고 있다는 속임수가 생겨난다. 그뿐만 아니라 그 과정에서는 예술 작품들이 정신적인 것으로 규정된다는 사실과 떼어놓고 생각할 수 없는 지난날의 낡은 규정이 여전히 위로부터 아래로 가해지고 있는데도, 그 과정이 아래로부터 위로 이루어지는 것으로 제시된다. 전통적으로 예술 작품들의 가상적 성격은 예술 작품들의 감성적 계기와 관련된다. 이는 특히 이념의 감성적 가상이라는 헤겔의 공식에서 잘 나타난다. 가상에 대한 이러한 견해는 한쪽의 감성세계는 가상이고 다른 쪽의 본질 혹은 순수한 정신이 진정한 존재라고 보는 전통적 플라톤-아리스토텔레스적 견해의 속박에서 벗어나지 못하고 있다. 그러나 예술 작품들의 가상은 그 정신적 본질에서 생겨난다. 정신이 그 타자와 분리되고, 타자에 맞서 자립하는 것, 또 그러한 독자적 존재로서 손에 잡을 수 없는 것인 한, 정신 자체에 이미 어떤 가상적인 면이 따라다닌다. 육체적인 것과 구분되는 모든 정신은 비존재자 혹은 추상적인 것을 존재자로 끌어올리는 측면을 자체 내에 지닌다. 이것이 유명론의 진리계기다. 예술은 정신이 존재자라고 하는 요구를 문자 그대로 받아들이고 그것을 존재자로서 보여줌으로써 특유한 존재인 정신의 가상적 성격을 검증한다. 미적 감성 요인을 통해 감성세계를 모방하기 때문이라기보다 오히려 바로 그 때문에 예술은 가상이 될 수밖에 없다. 예술은 이미 그러한 모방을 포기하도록 배운 것이다. 그러나 정신은 단순한 가상이 아니라 진리이기도 하다. 정신은 어떤 즉자존재자라는 허위이기만 한 것이 아니라, 그와 마찬가지로 거짓된 즉자존재 모두에 대한 부정이기도 하다. 정신의 비존재와 부정성이라는 계기는 정신을 직접 감성적인 것으로 만들어 고정시키는 것이 아니라 단지 그 감성적 요소들의 상호 관계를 통해서만 정신이 되는 예술 작품들 속으로 들어간다. 그 때문에 예술의 가상적 성격은 동시에 예술이 진리에 관여하는 부분이기도 하다. 오늘날의 수많은 예술 현상들이 우연 속으로 도피하게 된 것은 가상이 어디에나 존재한다는 사실에 대한 절망적 응답이라고 해석할 수 있다. 즉 예정조화라는 허위 없이도 우발적 요인이 전체 속으로 넘어가야 하는 셈이다. 그러나 이로써 예술 작품은 한편으로 위로부터 내려진 총체적 결정과 구분될 수 없는 어떤 맹목적 합법칙성에 내맡겨진다. 또 다른 한편으로 전체는 우연에 내맡겨지며, 이로써 개별과 전체의 변증법은 가상으로 격하된다. 즉 어떤 전체적인 것이 전혀 나오지 않는 것이다. 완전히 아무 가상도 없게 되면 무질서한 법칙의 상태로 돌아가며, 그 속에서는 우연과 필연이 불행하게 새로 결탁한다. 예술이 가상을 제거함으로써 가상을 마음대로 처리할 수 있는 것은 아니다. 예술 작품들의 가상적 성격으로 인해 예술 작품들의 인식은 칸트의 『순수이성 비판』의 인식 개념과 대립한다. 예술 작품들은 그 내면 내지 정신을 밖으로 내놓음으로써 가상이 된다. 또 다의성 문제를 다루는 장에서 칸트가 금지한 바와 달리 예술 작품들의 내면이 인식되는 만큼만 예술 작품들 자체도 인식된다. 칸트의 미적 판단력 비판은 극히 주관적인 형태를 띠기 때문에 미적 객체의 본질에 대해 언급하지 않는다. 그러나 그것은 목적론 개념에서 잠재적으로는 이미 다루어지고 있다. 칸트는 예술 작품들을 즉자로서 또 자체 내에서 목적에 부합되는 것이라는 이념에 종속시키며, 인식하는 사람에 의한 주관적 종합에만 예술 작품들의 통일성을 떠넘기지는 않는다. 그처럼 합목적적인 것에 대한 경험으로서의 예술 경험은 주체를 통해 무질서한 상태를 단지 범주적으로 형식화하는 일과 구분된다. 미적 객체들의 특성에 자신을 내맡기고 그 주관적 효과들을 우연적 요인으로서 도외시하는 헤겔의 방법은 객관적 목적론이 미적 경험의 규준이 된다는 칸트의 테제를 검증한다. 예술에서 객체의 우위와 예술 작품들을 내부로부터 인식한다는 것은 동일한 일의 양 측면이다. 사물과 현상이라는 전통적 구분에 따르면 예술 작품들은 자체의 사물적 성격에 대한, 궁극적으로 사물화 일반에 대한 반대 경향으로 인해 현상들의 편에 선다. 그러나 예술 작품들에서는 현상 자체가 본질의 현상이며, 본질과 무관하지 않다. 예술 작품들에서는 현상 자체가 본질의 편에 속하는 것이다. 헤겔의 경우 실재론과 유명론을 서로 매개하는 명제, 즉 예술 작품들의 본질은 현상으로 나타나야 하고 예술 작품들이 현상으로 나타나는 것은 본질적이며, 이는 어떤 타자에 대한 것이 아니라 예술 작품들의 내재적 규정이라는 명제가 실로 예술 작품들을 특징짓는다. 이에 따르면 예술가가 예술 작품에 대해 어떻게 생각하는가와 무관하게 어떠한 예술 작품도 어떤 감상자를 목표로 하여 만들어지지는 않는다. 물론 선험적으로 통각하는 주체transzendentales apperzipierendes Subjekt를 염두에 두고 만들어지는 경우도 결코 없다. 따라서 어떠한 예술 작품도 소통이라는 범주로 서술하거나 설명할 수 없다. 예술 작품들은 그 자체와 같은 것이 될 수 없는 어떤 것을 일종의 2차적이고 수정된 현존재가 되도록 돕는다는 점에서 가상이다. 또한 예술 작품들은 어떤 비존재자를 위해 존재하는데, 이 비존재자가 예술 작품들에서는 미적 실현을 통해 비록 굴절된 상태로나마 어떤 현존재에 도달한다는 점에서, 예술 작품들은 현상이다. 그러나 예술은 현실적인 것에 대한 인식의 경우와 마찬가지로 본질과 현상의 동일성을 이룩하지는 못한다. 본질은 현상으로 넘어가 이를 규정하지만 또한 그것을 부단히 깨뜨리기도 한다. 현상으로 나타나는 것은 그것이 현상으로 나타나는 것 앞에서 현상으로 나타나는 것이라는 규정으로 인해 여전히 껍질일 뿐이다. 미학적 조화 개념과 이를 중심으로 하는 범주들은 그 점을 부인하고자 했다. 그 범주들은 마치 어떤 요령을 발휘해서 본질과 현상의 균형을 이루고 싶어 하는 듯했다. 이미 오래전부터 쓰이던 솔직한 말로 '예술가의 능숙함'이라는 용어는 그 점을 가리킨다. 미적 조화가 이루어진 적은 없다. 단지 우아함이나 평형이 이루어졌을 뿐이다. 예술에서 타당성 있게 조화롭다고 칭할 수 있는 것의 내부에는 언제나 절망적인 것, 서로 모순을 이루는 것이 잔존한다.[15] 예술 작품들의 본질구성에 비추어 볼 때, 예술 작품들 속에서는 그 형식에 대해 이질적인 요인이 모두 용해되어야 한다. 하지만 예술 작품들은 단지 그것들이 소멸시키고 싶어 하는 것과의 관계 속에서만 형식이 된다. 예술 작품들은 자체의 아프리오리를 통해 예술 작품들 속에서 현상으로 나타나려고 하는 것을 방해한다. 예술 작품들은 그것을 감

---

15 Adorno, "Zum Klassizismus von Goethes Iphigenie," *Neue Rundschau* 78(1967), pp. 586 이하 참조.

취야 하는데, 예술 작품들의 진리 이념은 예술 작품들이 조화를 버릴 때까지 이에 저항한다. 모순과 비동일성에 대한 기억이 없다면 조화는 미적으로 중요하지 않을 것이다. 그와 유사하게, 헤겔의 「피히테와 셸링 철학 체계의 차이Differenz des Fichteschen und Schellingschen System der Philosophie」에서 얻은 통찰에 의하면, 단지 동일하지 않은 것과 더불어서만 동일성을 동일성으로 생각할 수 있다. 예술 작품들은 조화 혹은 현상으로 나타나는 본질이라는 이념 속에 깊이 빠져들면 빠져들수록 그 이념에 만족하기 힘들어진다. 미켈란젤로나 후기 렘브란트 혹은 만년의 베토벤 등이 보여주는 조화에 반대하는 제스처를 주관적으로 고통스러운 발전이 아니라 조화 개념 자체의 역동성, 궁극적으로는 그것의 결함으로부터 추론한다고 해도, 너무 상이한 것을 역사철학적으로 부적당하게 일반화했다고 말할 수는 없다. 부조화는 조화에 관한 진리다. 조화를 엄밀한 의미로 받아들이면 그 자체의 척도에 비추어 볼 때 이루어질 수 없다. 조화에 대한 욕구들은 그러한 도달 불가능성이 일종의 본질로서 나타날 때 비로소 충족된다. 이는 예컨대 주요 예술가들의 이른바 후기 양식에서 볼 수 있는 현상이다. 그 양식은 개별 작품을 훨씬 초월하여 어떤 본보기로서 힘을, 즉 미적 조화 전체를 역사적으로 중지시키는 힘을 지닌다. 의고주의적 이상을 거부하는 것은 결코 양식이 변했거나 수상적은 생활감정이 변했기 때문이 아니다. 그것은 실제와 달리 실질적으로 화해가 이루어진 듯이 상상하고, 그로써 바로 조화의 이상이 목표로 하는, 본질이 현상으로 나타나야 한다는 요구를 위반하는 조화의 마찰계수에 의해 유발되었다. 그런 이상에서 벗어나는 것은 예술의 진리내용이 확장되는 것이다.

표현과 부조화

가상에 대한 반역 혹은 예술의 자체에 대한 불만은 진리에 대한 예술의 요구라는 계기로서 아주 오래전부터 간헐적으로 예술 속에 포함되어 있었다. 온갖 부류의 예술이 예로부터 부조화를 요구했다는 것과 이 요구가 단지 미적 가상과 결합한 사회의 긍정적 압력에 의해서만 억제되었다는 것은 같은 것을 말해준다. 부조화는 표현과 같은 것인데, 화음을 이루는 것 혹은 조화로운 것은 그러한 표현을 진정시키면서 제거하려고 든다. 표현과 가상은 1차적으로 서로 대립한다. 표현은 고난의 표현으로서 말고는 달리 생각하기 어렵다. 기쁨은 모든 표현에 대해 냉담해 보였다. 이는 아마 아직 기쁨이라는 것이 전혀 존재하지 않기 때문일 것이다. 또 행복에는 아무 표정도 없을 것이다. 이와 마찬가지로 표현을 통해 예술은 형식 법칙에 따라 내재적으로 자체의 내재성에 반대하는 계기를 자체의 본질구성 요인들 가운데 하나로서 지닌다. 생명체의 표현이 고통의 표현인 것처럼, 예술의 표현은 미메시스적으로 반응한다. 예술 작품들에 새겨진 표현의 특징들은 그것이 둔탁한 것이 아니려면 가상과 대립하는 경계선들이다. 그러나 예술 작품들은 예술 작품인 한 가상으로 남아 있기 때문에, 가장 넓은 의미의 형식인 가상과 표현 사이의 갈등은 해소되지 않고 역사적으로 변동한다. 미메시스적 반응 방식은 주체와 객체의 확고한 대립에 이르지 못한, 현실에 대한 한 가지 태도다. 미메시스를 금기시하게 된 이래로 미메시스의 기관이 된 예술을 통해 그것은 가상에 사로잡혔으며, 형식의 자율성을 보완하고 다름 아닌 가상을 떠맡게 되었다. 예술의 전개는 어떤 보상quid pro quo의 전개다. 즉 표현을 통해 미적이지 않은 경험은 작품들 속으로 가장 깊이 파고드는데, 이 표현은 예술에서 허구적인 모든 요인의 원형이 된다. 이는 예술이 실제 경험을 상대로 가장 느슨해지는 곳에서 문화가 예술과 실제 경험 사이의 경계를 훼손하지 않으려 가장 엄격하게 감시한 것과도 마찬가지다. 예술 작품들의 표현가치들은 더 이상 직접적으로 생명체의 표현가치들이 아니다. 그것들은 굴절되고 변형됨으로써 예술 작품 자체의 표현이 된다. 무지카 픽타[16]라는 용어는 이를 최초로 증명해 주는 것이라고 할 수 있다. 위에서 지적한 보상은 미메시스를 중화시키기만 하는 것이 아니다. 그것은 미메시스로부터 나오는 것이기도 하다. 미메시스적 반응이 어떤 것을 모방하지 않고 자체와 동일해지는 것이라면, 예술 작품들은 바로 그러한 것을 수행해 내고자 한다. 예술 작품들이 표현을 통해 개인적 충동들, 특히 그 작가들의 충동들을 모방하는 것은 아니다. 예술 작품들이 그와 같은 것을 통해 본질적으로 규정된다면, 예술 작품들은 모사물로서 바로 미메시스적 충동이 반발하는 대상화에 빠진다. 그러나 이와 동시에 예술적 표현에서는 미메시스를 일종의 태고적인 반응이라고 보는 역사적 판결이 이루어진다. 즉 미메시스가 직접 이루어지면 그것은 인식이 아니며, 자체와 동일해지고자 하는 것이 동일해지지 않으며, 미메시스를 통한 개입은 실패했다는 판결이 이루어지는 것이다. 이로써 미메시스는 미메시스적으로 반응하는 예술 속으로 추방되며, 예술은 그러한 충동을 객관화함으로써 이 충동에 대한 비판을 흡수한다.

---

16 [옮긴이] musica ficta: 가상의 음악. 중세 음악 이론에서 온음계적 음렬 외에 존재하는 음. 오늘날 악보에 나타나지 않는 반음계적 변화.

주체-객체와 표현

표현이 예술의 본질적 계기라는 점을 의심하는 일은 별로 없었다. 오늘날의 표현에 대한 두려움도 표현의 중요성을 증명해 준다. 이 점은 실제로 예술 일반에 적용된다. 그러나 표현의 개념은 미학에서 중심적인 대부분의 개념들과 마찬가지로 그것에 이름을 붙이려는 이론에 대해 고분고분하지 않다. 질적으로 개념과 반대되는 것을 개념으로 끌고 가기는 어려운 것이다. 어떤 것을 사유하기 위한 형식은 사유되는 것과 무관하지 않기 때문이다. 역사철학적으로는 예술의 표현을 타협이라고 해석해야 할 것이다. 표현은 초주관적인 것das Trans-subjektive을 목표로 한다. 그것은 한때 주체와 객체가 양극으로 분리되기 이전 단계의 인식 형태이며 따라서 그러한 양극을 최종적인 것으로 인정하지 않는다. 그러나 이 인식 형태는 주체와 객체의 양극 상태에서 대자적으로 존재하는 정신의 행위로서 그러한 인식을 수행하려고 한다는 점에서 세속적이다. 미적 표현은 비대상적인 것을 대상화하는 것이지만, 그 대상화를 통해 다시 2차로 비대상적인 것이 되며, 주체의 모방으로서가 아니라 작품 자체에 근거해 말하는 것이 된다. 다른 한편 예술과 일치하는 표현의 객관화에는 객관화를 이루어내며 자신의 미메시스적 충동들을, 부르주아식으로 말해서, 활용하는 주체가 필요하다. 주체에 의해 매개된 상태에서 예술로부터 어떤 객관적인 것, 예를 들어 슬픔, 에너지, 동경 등이 말로 나타날 때 예술은 표현적이다. 표현은 작품들의 탄식하는 얼굴이다. 작품은 즐거운 음조로 작곡된 경우나 로코코[17] 시대의 운 좋은 삶vie opportune을 찬양하는 경우조차 작품의 눈초리에 응답하는 사람에게 그 얼굴을 보여준다. 표현이 주관적으로 느낀 것의 단순한 중복이라면 그것은 공허한 상태에 머물 것이다. 어떤 작품을 보고 충분히 느끼기는 했으나 잘 고안해 내지 못한 작품이라고 비웃는 예술가는 바로 그러한 점을 정확하게 알고 있다. 그의 본보기는 그와 같은 감정이라기보다 예술 외적 사물과 상황 들의 표현이다. 이것들 속에는 이미 역사적 과정과 기능들이 침전되어 있으며 그것들을 통해 말을 한다. 이 점에서 카프카는 예술의 제스처를 위한 본보기가 된다. 또 그는 그와 같은 표현을 사건 속으로 다시 변형시키고 이 사건은 그 속에서 암호가 되는데, 그는 이로부터 불가항력적인 힘을 끌어낸다. 다만 그러한 표현은 이중으로 수수께끼처럼 되는데, 그처럼 침전된 것 혹은 표현된 의미가 다시 무의미해지기 때문이다. 그것은 실로 무기력하게 표현될 수 있을 뿐 아무것도 벗어날 수 없는 자연사Naturgeschichte다. 예술은 모든 심리와 동떨어진 객관적 표현의 예술일 때만 모방이다. 그러한 표현을 아마 예전에는 사람들이 세계 속에서 감지했겠지만, 이제 그것은 작품 속에만 남아 있다. 표현을 통해 예술은 이 표현을 게걸스럽게 삼켜버리는 대타존재와 차단되며 즉자적으로 말한다. 이러한 것이 예술의 미메시스적 활동이다. 예술의 표현은 어떤 것을 표현하는 일과 반대되는 것이다.

---

17 [옮긴이] Rokoko: 18세기 프랑스를 중심으로 나타난 사교계 예술로, 귀족과 부르주아계급의 사치스럽고 우아한 성격, 유희적이고 변덕스러운 매력과 함께 부드럽고 내면적인 성격을 띤다.

언어적 성격으로서의 표현

그와 같은 미메시스는 예술의 이상이지 실제 처리 방식도 아니고 표현적 성격을 지향하는 태도도 아니다. 모방은 예술가로부터 표현으로 옮겨지며, 예술가의 내면에서 표현된 것을 풀어놓는다. 이 표현된 것이 쉽사리 파악될 수 있는 예술가 영혼의 내용이고 예술 작품이 그것의 모사물이라면, 작품은 불명확한 사진으로 타락할 것이다. 슈베르트의 체념은 이른바 그의 음악적 분위기에 혹은 작품이 그와 관련해 무엇인가를 드러내는 것처럼 그가 느끼는 데에 있지 않다. 오히려 그것은 그의 음악이 마치 쓰러지는 듯한 제스처로 드러내 보이는 '현실성 So ist es'에 자리 잡고 있다. 이러한 제스처가 슈베르트 음악의 표현이다. 그것의 요체가 예술의 언어적 성격인데, 이는 물론 예술의 매체인 언어와는 근본적으로 다르다. 예술의 언어적 성격과 예술의 매체인 언어가 서로 결합될 수 없는 것은 아닌지 생각해 볼 수도 있을 것이다. 새로운 예술은 소통적 언어를 미메시스적 언어로 변화시키고자 한다. 조이스 이래의 산문에서 나타나는 바와 같이, 논증적 언어의 작용을 멈추게 하거나 적어도 그것의 구성을 알아볼 수 없을 때까지 형식 범주에 종속시키려는 노력은 그러한 사실을 통해 다소 해명될 것이다. 언어는 그 이중적 성격으로 인해 예술의 본질구성 요소이기도 하고 예술의 철천지원수이기도 하다. 빌라 줄리아에 있는 에트루리아 항아리들은 상당히 많은 것을 말하지만 무엇을 전달하는 모든 언어와 공약수를 지니지 않는다. 예술의 진정한 언어는 말 없는 것이다. 음악에도 기의적 signifikativ 계기가 전혀 없는 것은 아니지만, 아무튼 문학의 기의적 계기에 비해 예술의 무언적 계기는 좀더 우월하다.

꽃병에서 언어와 유사한 요인은 '내가 여기 있다' 혹은 '이것이 나다'라는 자체성Selbstheit과 가장 먼저 접하는데, 이러한 자체성이 동일시를 수행하는 사유에 의해 비로소 존재자의 상호 의존성으로부터 분리된 것은 아니다. 말 없는 짐승인 무소가 그처럼 '나는 무소다'라고 말하는 듯하다. 벤야민이 위대하다고 생각한 "그대를 바라보고 있지 않는 부분은/ 아무것도 없으니"[18]라는 릴케의 시구는 예술 작품들의 그러한 비기의적 언어를 더할 나위 없이 뛰어난 방법으로 기록하고 있다. 즉 표현은 예술 작품들의 시선이다. 예술 작품들의 언어는 기의적 언어보다 더 오래되었지만 충족되지 않은 것이다. 즉 예술 작품들은 그 짜인 상태를 통해 주체에 따름으로써 주체가 생겨나고 자립하는 과정을 반복하는 듯하다. 예술 작품들은 주체에 대해 말해줄 때가 아니라 주관성의 근원적 역사, 영혼을 불어넣는 일의 근원적 역사로 인해 전율할 때 표현을 얻는다. 그 대용품이 되는 어떤 형태의 트레몰로Tremolo도 참기 어렵다. 이러한 것은 주체와 예술 작품의 유사성을 달리 말하는 것이다. 주체 속에 그러한 근원적 역사가 잔존하기 때문에 그와 같은 유사성도 잔존한다. 이 근원적 역사는 모든 역사에서 처음부터 다시 시작되는 것이다. 스스로를 직접적이라고 망상하는 주체 자신이 비록 매개된 존재이기는 해도, 주체만이 표현의 도구로서 쓸모 있다. 표현된 것이 주체와 유사하고 충동들이 주관적일 때에도, 그것들은 동시에 비개인적이며 자아의 통합 속에 파고들지만 이 통합과 동화되지는 않는다. 예술 작품들의 표현은 주체에서 주관적이지 않은

---

18 Rainer Maria Rilke, *Sämtliche Werke*, hg. E. Zinn, Bd. 1, Wiesbaden: Insel, 1955, p. 557("Archaische Torso Apollos").

것으로서, 주체의 복제품도 아니고 주체 자신의 표현도 아니다. 인간이 아니라는 사실에 대해 객관적으로 슬퍼하는 듯해 보이는 동물들——특히 유인원——의 눈처럼 표현이 풍부한 것은 없다. 통합을 통해 충동들을 자신의 것으로 만드는 작품들 속에 충동들이 옮겨지면, 그것들은 미적 연속체 속에서 미 영역 바깥 자연의 대리자로 남아 있다. 그러나 자연의 복사물이 되면 그것은 더 이상 살아 있는 것이 아니다. 진정한 미적 경험은 모두 이러한 양가성을 기록한다. 특히 자연과 자유 사이에서 내적으로 전율하는 것이 숭고의 감정이라고 하는 칸트의 설명에서 그 점은 비할 바 없이 잘 나타나고 있다. 정신적인 것에 대해 아무 반성을 하지 않더라도 그와 같은 변경은 모든 예술에서 이루어지는 정신화라는 본질구성적 행위다. 추후의 예술은 단지 그것을 전개할 뿐이다. 그것은 정신의 생리학적 초기 형태라고 할 수 있는 미메시스 자체를 통해 이루어지지 않는 한, 작품들을 통한 미메시스의 수정 속에 이미 정립되어 있다. 이 수정은 예술의 긍정적 본질에 대해 함께 책임을 져야 한다. 왜냐하면 그것은 상상을 통해 고통을 완화하기도 하고, 그러한 고통을 사라지게 하는 정신적 총체성을 통해 고통을 통제 가능한 것으로 만들면서도, 실제로는 불변 상태로 내버려두기 때문이다.

지배와 개념적 인식

예술은 보편적 소외에 의해 규정되기도 하고 또 그것을 통해 고양되기도 한다. 그러나 예술에서는 모든 것이 정신을 거쳐 가며 폭력 없이 인간화되어 있는데, 이 점에서 예술은 가장 덜 소외되어 있다.

예술은 헤겔이 정신의 고향이라고 장담한 자기 확신의 진리[19]와 이데올로기 사이를 진동한다. 예술 속에서도 정신은 여전히 지배권을 행사할 수 있지만, 스스로를 객관화하는 과정에서 정신은 자신의 지배적 목적들에서 해방된다. 미적 조형물들은 전적으로 정신적인 어떤 연속체를 만들어냄으로써 폐쇄된 즉자의 가상이 되는데, 주체의 의도들은 이 즉자의 현실성을 통해 충족되고 해소될 것이다. 예술은 비형상적 주체-객체-관계에서 개념적 인식이 헛되이 기대하는 일, 즉 주관적 작업을 통해 어떤 객관적인 것을 드러내는 일을 분리된 상태에서 수행하기 때문에 개념적 인식을 교정한다. 예술이 그러한 작업을 무한히 연기하지는 않는다. 예술은 자체의 가상적 성격을 대가로 자체의 유한성에 그와 같은 것을 요구한다. 예술은 스스로를 지배한다는 점에서 극단적인 자연 지배라고 할 수 있는 정신화를 통해 타자에 대한 지배로서의 자연 지배를 수정한다. 예술 작품에서 주체에 맞서서 불변적인 것 혹은 퇴화된 물신으로서 낯설게 다시 나타나는 것은 소외되지 않은 상태를 대변한다. 그러나 이 세계에서 마치 비동일적 자연으로서 잔존하는 듯한 모습을 취하는 것은 자연 지배의 재료가 되고 사회적 지배의 수단이 되어 오히려 더 소외된다. 표현을 통해 자연은 예술 속에 가장 깊숙이 파고든다. 그와 동시에 표현은 또한 예술에서 문자 그대로의 상태가 아닌 것 혹은 표현 자체는 아니지만 표현의 방법을 통하지 않고는 구체화될 수 없는 것에 대한 기억이다.

---

19 [옮긴이] 헤겔은 『정신현상학 Phänomenologie des Geistes』의 '자의식: 자기 확신의 진리' 장에서 "자의식과 더불어 우리는 이제 진리의 고향에 들어섰다"고 주장한다.

표현과 미메시스

예술 작품들의 정신화를 통한 표현의 매개는 표현주의 초기에 그 주요 대표자들에게는 당면 과제였다. 그러한 매개는 전통적 미학이나 심지어 여러 진정한 예술가들이 의식적으로 지향하는 형식과 표현의 어리석은 이원론을 비판한다는 의미도 포함한다.[20] 물론 그러한 이분법에 아무 근거도 없는 것은 아니다. 특히 충동들에 하나의 틀을 제공한 지난날의 예술에서 어떤 경우에는 표현이 우세하고 어떤 경우에는 형식이 우세하다는 점을 묵살하기는 어렵다. 그러나 그 두 가지 계기는 서로 내적으로 매개되어 있다. 작품들을 철저히 형상화하지 않거나 형식화하지 않을 경우 표현성을 위해 형식을 만드는 노동과 노고를 소홀히 하면서도 바로 그 표현성을 잃어버린다. 또 표현을 부정하는 이른바 순수한 형식이라는 것은 삐걱거리게 된다. 표현은 일종의 간섭현상이며, 미메시스적인 만큼이나 처리 방식의 기능이기도 하다. 기술적 처리의 내재적 합리성은 표현과 대립하는 듯해 보이지만, 미메시스 자체가 기술적 처리의 긴밀성을 통해 유발된다. 완전한 작품들이 행사하는 강압은 단순한 암시적 효과가 아니라 작품들의 언어적 특성, 웅변적 특성과 등가 관계를 지닌다. 더욱이 암시도 그 나름으로 미메시스적 진행 과정들과 친화적이다. 이러한 사실로 인해 예술의 한 가지 주관적 역설, 즉 반성으로부터—형식을 통해—맹목적인 것을—표현을—만들어낸다는 역설이 야기된다. 이는 맹목적인 것을 합리화하는 것이 아니라 미적으로 비로소 산출해 내는 것이다. 즉

---

20 Adorno, Berg. *Der Meister des kleinsten Übergangs*, Wien: Lafite, 1968, p. 36.

"우리가 무엇인지 모르는 것들을 만들어내는 것이다." 이처럼 오늘날 갈등으로까지 첨예화된 상황에는 오랜 전사前史가 있다. 괴테는 모든 예술 생산 속의 비교 불가능한 요인인 부조리의 찌꺼기에 대해 언급했다. 이로써 그는 의식과 무의식의 현대적 짜임관계에 도달했다. 또한 보들레르 이래의 후기 낭만주의 시대에는 예술이 우울증으로 이해되었는데, 괴테는 의식에 의해 무의식적인 것으로 간주되는 예술의 영역이 그러한 우울증으로 되리라는 점, 즉 합리성 속에 흡수되고 그로써 잠재적으로는 지양되는 예외 영역으로 되리라는 점도 전망했다. 그러나 그런 것들을 지적한다고 해서 예술이 끝나는 것은 아니다. 그런 식으로 현대 예술에 반론을 제기하는 사람은 기계적으로 형식과 표현의 이원론을 고수한다. 이론가들에게 단순히 논리적 모순일 뿐인 것이 예술가들에게는 친숙하며 이들의 작업에서는 그러한 것들이 전개된다. 즉 예술가들은 미메시스적 계기를 처리함으로써 그러한 계기의 비의도성을 유발하기도 하고 파괴하기도 하며 구제하기도 한다. 비의도적인 것 속의 의도성이 예술의 생명소다. 또 그러한 것을 해내는 힘은 그와 같은 운동의 불가피성이 은폐되지 않는 한 예술적 능력의 믿을 만한 척도다. 예술가들은 그러한 능력을 자신의 형식감정이라고 생각한다. 이 형식감정은 칸트의 문제에 이르는 매개 범주다. 즉 칸트에게 예술은 극히 비개념적인 것이며 『순수이성 비판』에 의하면 보편성과 필연성은 논증적 인식에만 가능한데, 예술이 비록 주관적으로라도 어떻게 보편성과 필연성을 지니느냐 하는 문제로 이어지는 매개 범주가 형식감정인 것이다. 형식감정은 작품을 기반으로 할 수밖에 없는, 또 작품 자체 내에서 이루어지는 맹목적이면서도 구속력 있는 반성이다. 그것은 주체의 미메시스적 능력을 통해 다루어지는, 자체로서 폐쇄된 객관성이다. 이 미메시스적 능력은 그와 대립하는 합리적 구성을 통해 그 나름으로 힘을 얻는다. 형식감정의 맹목성은 작품 속의 필연성에 상응한다. 예술은 모든 미적 합리성의 목적을 표현적 계기의 비합리성에 둔다. 예술은 지시받은 모든 질서에 반대하는 가운데, 출구 없는 자연의 필연성과 마찬가지로 카오스적 우연성에서도 탈피할 의무를 안고 있다. 우연을 통해 예술의 필연성은 자체의 허구적 계기를 감지한다. 그러나 예술이 의도적으로 우연적인 것을 허구적으로 자체 내에 받아들이고 이로써 자체의 주관적 매개들을 약화시킬 때 우연을 존중하는 것은 아니다. 오히려 예술은 자체의 필연적 노정을 따라 어둠 속을 더듬어 나아감으로써 우연의 문제를 정당하게 다룬다. 예술은 그러한 필연성을 충실히 따르면 따를수록 그만큼 더 자체에 대해 불투명해진다. 예술이 모호해지는 것이다. 예술의 내재적 과정은 마치 마술 지팡이를 들고 광맥을 찾아 헤매는 듯하다. 그처럼 손길이 가는 대로 따라가는 과정은 객관을 실행하는 일로서의 미메시스다. 예컨대「기대」를 작곡할 당시의 쇤베르크를 포함해서 자동기술법을 활용한 예술가들은 그러한 미메시스의 유토피아에 고무되었다. 물론 곧 그들은 표현과 객관화 사이의 긴장이 동일성으로 해소되지 않는다는 문제에 부딪혔다. 표현 욕구의 자체 검열과 구성의 느슨함 사이의 어떤 중간적인 것도 충분하지 못하다. 객관화는 양극단을 관통하며 진행된다. 어떤 취미나 예술적 분별력에 의해서도 억제되지 않은 표현 욕구는 적나라한 합리적 객관성과 접한다. 한편으로 예술 작품의 자체에 대한 사유, 즉 예술 작품의 사유에 대한 사유 noesis noeseos를 어떤 명령으로 제시된 비합리성을 통해 조종할 수는 없다. 미적 합리성은 예술 작품에 대한 반성으로서 외부로부터 작품의 형상화를 조종해서는 안 되고, 오히려 눈을 가린 채 형상화에 몰두해야 한다. 예술 작품들은 작가가 그것들에 대해 스스로 생각하는 바가 아니라, 그 처리 방식에 따라 현명하거나 어리석다. 표면적 합리성과 엄밀히 유리되어 있는 베케트의 예술은 매 순간 그처럼 내재적으로 사태와 관련된 이성Sachvernunft을 지닌다. 그러나 그것은 결코 현대 예술의 특권이 아니다. 그것은 후기 베토벤에게서 보는 간소화 작업들과 같이 쓸데없고 비합리적인 부가물을 포기하는 데에서도 확인할 수 있다. 반면에 저급한 예술 작품들, 특히 소란스러운 음악은 무엇보다도 현대 예술에 내재하는 성숙성의 이상이 거부하는 내재적 어리석음에 빠져 있다. 미메시스와 구성의 난관으로 인해 예술 작품들은 허위의 보조 가설들을 덧붙여 생각하지 않고 극단주의와 신중한 태도를 결합할 수밖에 없다.

내면성의 변증법

그러나 신중한 태도를 취한다고 해서 난관에서 벗어날 수 있는 것은 아니다. 역사적으로 볼 때 표현에 대한 거부반응은 가상에 대한 반역의 한 가지 근원이다. 예술에서 세대 관계가 중요해진다면 바로 이 경우에 그렇다. 표현주의는 아버지 이마고가 되었다. 경험적으로 확인할 수 있었던 것처럼, 부자유스럽고 관습주의적이며 공격적-반동적인 사람들은 모든 형태의 '방해' 혹은 자각을 거부하고 이로써 표현 자체도 너무 인간적인 것이라고 보아 거부하는 경향을 보인다. 바로 이 사람들은 일반적으로 예술과 이질적인 상태를 배경으로 특별한 원한을 지닌 채 현대 예술에 반대한다. 심리학적으로 보자면 그들은 어떤 거부 기제에 따른다. 그것은 나약하게 형성된 자아가 자신의 힘겨운 기능적 능력을 흔들고 특히 자신의 나르시시즘에 손상을 가할 수도 있는 것을 축출할 때 써먹는 거부 기제다. 여기서 논의되고 있는 태도는 '애매성에 대한 비관용,' 양가감정 혹은 깨끗이 포괄할 수 없는 것에 대한 편협성이다. 그것은 결국 열려 있는 것, 어떤 제도 장치에 의해 미리 결정되지 않은 것, 나아가 경험 자체에 대한 편협성이다. 미메시스에 대한 금기의 바로 뒤에는 성적 금기가 있다. 즉 아무 것도 축축해서는 안 되며 예술은 위생적으로 되는 것이다. 수많은 예술 조류들이 그러한 금기에 공감하며 표현에 대한 마녀사냥에도 공감한다. 현대 예술의 반심리주의는 자체의 기능을 바꾼다. 그것은 한때 유겐트 양식이나 내면으로까지 확장된 리얼리즘에 반대한 아방가르드의 특권이었으나, 이제는 사회화되어 기존 상황에 봉사할 수 있게 되었다. 막스 베버의 테제에 따르면 내면성이라는 범주는 업적보다 신앙을 우위에 두는 프로테스탄티즘에까지 거슬러 올라간다. 칸트의 경우에만 해도 내면성은 타율적으로 주체들에 부과된 질서에 대한 저항을 뜻했지만, 처음부터 그것은 그 질서에 대한 무관심 혹은 그 질서를 있는 그대로 놓아두고 그에 따르려는 태도를 수반했다. 이는 내면성이 노동과정에서 유래한다는 사실과도 부합했다. 즉 내면성은 새로운 생산방식에 필요하고 또 사회적 생산관계로 인해 강요된 임금노동을 의무적으로, 그러나 마치 자발적인 듯 수행하는 인간학적 유형을 육성하는 데에 이용된다. 독자적으로 존재하는 주체가 점차 무기력해짐에 따라 필연적으로 내면성은 완전히 이데올로기로 변했다. 즉 그것은 어떤 내면적 왕국이라는 허상이 되며, 이 영역에서 조용한 생활을 누리는 사람들은 사회적으로 거부당하는 바를 대가로 아무 탈 없이 지닐 수 있다. 이로써 내면성은 점점 더 그림자 같은 상태로 되며 자체로도 아무 내용이 없는 것이 된다. 예술은 더 이상 그러한 내면성에 만족하려 하지 않는다. 그러나 내면화라는 계기가 예술에 없는 것처럼 생각할 수는 없다. 벤야민은 언젠가 내면성에는 관심이 없다고 말했다. 이는 키르케고르와 그를 중심으로 한 '내면성의 철학'을 겨냥한 것이었다. 물론 존재론이라는 말과 마찬가지로 내면성의 철학이라는 말도 이 신학자에게는 부적당했을 것이다. 벤야민은 스스로를 무기력하게 실체인 척하는 추상적 주관성을 의중에 두었다. 그러나 추상적 주체라는 것과 마찬가지로 그의 주장도 전적으로 참이라고 할 수는 없다. 정신은——물론 벤야민 자신의 정신도——자체 내적인 것 das In sich을 부정할 수 있으려면 자체 내부로in sich 들어가야 한다. 이미 수많은 음악가들의 귀도 식별하지 못하기 시작한 재즈와 베토벤 사이의 차이점에서 그와 같은 점을 미학적으로 명백히 설명할 수 있다. 음악의 매체인 시간이 내적 감성인 것과 마찬가지로, 베토벤의 음악은 비록 변형되었지만 규정할 수 있게 내면에서 다시 나타나는 외적 삶에 대한 완전한 경험이다. 그러나 모든 부류의 대중음악은 그러한 승화의 단계에 이르지 못하며 육체적 자극일 뿐이고, 따라서 미적 자율성에 비추어 볼 때 퇴행적이다. 내면성도 키르케고르의 경우와 다르지만 변증법에 관여한다. 내면성의 제거를 통해 이데올로기로부터 치유된 인간 유형이 떠오른 것은 결코 아니다. 오히려 자아를 우선으로 생각하지 않는 인간, 즉 데이비드 리스먼[21]이 '외향적'이라고 칭

---

21 [옮긴이] David Riesman(1909~2002): 미국 사회학자. 대표작 『고독한 군중The Lonely Crowd』(1950)에서 내부 지향적 인간과 외부 지향적 인간 유형을 구분한다.

한 인간 유형이 이루어졌다고 할 수 있다. 이로써 예술에서의 내면성 범주에는 화해의 반사광이 비친다. 실제로 예를 들어 극단적으로 표현적인 작품들을 이른바 과장된 후기 낭만주의로 이단시하는 일은 복고를 추구하는 모든 사람들의 잡담거리가 되었다. 대상, 즉 예술 작품에 미적으로 자신을 맡기는 데에는 순응적인 나약한 자아보다 오히려 강한 자아가 필요하다. 단지 자율적인 자아만이 자신을 비판적으로 대할 수 있으며 자신의 환각적 편견을 깨뜨릴 수 있다. 이는 미메시스적 계기가 객관화 과정에서 그에 대립하는 요인들과의 긴장 속에서 소멸함으로써 보존되는 대신, 외면화된 일종의 미적 초자아에 의해 외부로부터 억압되는 한 생각할 수 없는 일이다. 그렇지만 가상은 표현에서 가장 두드러지게 나타난다. 왜냐하면 표현은 가상 없는 것으로 등장하면서도 미적 가상에 통합되기 때문이다. 그래서 겉치레로서의 표현을 놓고 중요한 비판이 불붙기도 했다. 관리되는 세계에서는 부르주아 존재론에서 한 가지 핵심을 이루는 미메시스에 대한 금기가 미메시스에 대해 관용적이었던 영역에도 확장되었는데, 미메시스에서 인간적 직접성이 허위임을 감지한 것은 다행스러운 일이었다. 그러나 그 점을 넘어 그러한 알레르기는 주체에 대한 증오에도 이용되었다. 하지만 주체가 없다면 상품세계에 대한 비판은 의미 없을 것이다. 이 경우 주체는 추상적으로 부정된다. 주체는 무기력해지고 기능적으로 되면 될수록 그에 대한 보상으로서 그만큼 더 과장된 형태를 취한다. 자신을 표현하는 주체는 자신이 잃어버린 중요성을 거짓으로 나타내 보임으로써 표현에서 이미 허위의식이 된다. 그러나 생산관계의 주도권으로부터 사회가 해방된다는 것은 생산관계가 이제까지 방해해 온 주체의 현실적 회복을 목표로 한다. 또한 표현은 주체의 단순한 오만이 아니라 주체의 가능성에 대한 암호로서 자신의 실패에 대한 탄식이다. 아마 표현에 대한 알레르기는 모든 미적 준비 작업 이전에 표현 속의 어떤 것이 허위로 되는 경향이 있다는 사실에서 가장 근본적으로 정당화될 것이다. 표현은 아프리오리하게 하나의 모방 행위다. 잠재적으로 표현에 내재하는, 말하거나 외침으로써 상태가 더 나아질 것이라는 믿음은 환각적이며, 마술의 잔재로서 프로이트가 논쟁적으로 명명한 '사고의 전능Allmacht des Gedankens'에 대한 신앙이기도 하다. 그러나 표현이 전적으로 마술 영역에만 머물지는 않는다. 어떤 것을 말함으로써 고통에 사로잡힌 직접적인 상태로부터 거리를 획득하게 되면, 소리를 지름으로써 견딜 수 없는 통증을 완화하는 경우와 동일한 변화가 일어난다. 언어로 객관화된 표현은 전적으로 지속성을 띤다. 선이든 악이든, 최종해결[22]이라는 구호든 화해의 희망이든 일단 말로 나타낸 것이 완전히 사라지는 일은 별로 없다. 언어를 획득한 것은 아직 존재하지 않고 무기력하기에 언어를 추구하며 움직이는 어떤 인간적인 것의 운동에 들어선다. 주체는 자신의 사물화 과정을 따라 더듬어가면서 미메시스적 흔적기관을 통해 이 사물화를 한정한다. 그 흔적기관은 주체를 이데올로기로 만든 손상된 삶의 한가운데에서 손상되지 않은 삶의 대변자다. 그 두 가지 계기의 불가분성은 예술적 표현의 난관을 다른 말로 표현하는 것이다. 모든 표현을 백지상태로 만드는 사람이 사물화된 의식의 대변인인지 아니면 사물화된 의식을 탄핵하는 무언의 표현 혹은 표현 없는 표현을 추구하는 사람인지 일반적으로 판단할 수는 없다. 진정한 예술은 표현 없는 것의 표

---

22   [옮긴이] Endlösung: 1941년부터 유대인을 말살하기 위해 쓰인 나치의 구호.

현, 눈물 없는 울음을 알고 있다. 그에 반해 노골적이고 신즉물주의적인 표현 제거는 보편적 순응에 따르고, 기능성만을 근거로 삼을 수 있는 원칙에 반기능적 예술을 종속시킨다. 그러한 반응 방식은 표현에서 은유적이지 않은 것, 장식적이지 않은 것을 간과한다. 예술 작품이 거리낌 없이 표현에 대해 개방적일수록, 더욱더 표현의 기록 문서가 되고 즉물성을 내면화한다. 표현에 대해 적대적이고 몬드리안의 경우처럼 스스로를 실증적이라고 표명하는 수학화된 예술 작품들의 경우에도 적어도 그것이 표현에 대한 심판에서 최종 판결을 내렸다고 볼 수 없다는 것만큼은 명백하다. 이제 주체가 직접 말을 해서는 안 된다면——절대적 구성을 신봉하지 않는 현대 예술의 이념에 비추어 볼 때——사물들을 통해서, 사물의 소외되고 손상된 형태를 통해서 말해야 할 것이다.

수수께끼적 성격, 진리내용, 형이상학

신화의 비판과 구제

　미학은 예술 작품들을 해석학적 대상들로 파악할 수 없다. 현재 상태에서는 아마 예술 작품들의 파악 불가능성만을 파악할 수 있을 것이다. 부조리라는 구호가 상투어로서 아무 저항 없이 팔리도록 만든 상황은 그 상황의 진리에 대해 생각하는 이론을 통해 비로소 따라잡을 수 있을 것이다. 그 상황은 예술 작품들의 정신화에 대한 대위법으로서 정신화와 분리되지 않는다. 헤겔의 말로 그것은 예술 작품들의 영기이며 어디에나 존재하는 정신 자체지 어떤 수수께끼의 의도 같은 것이 아니다. 왜냐하면 자연을 지배하는 정신을 그처럼 부정하는 예술 작품들의 정신은 정신으로서 등장하지 않기 때문이다. 정신은 정신과 대립적인 것, 즉 소재의 영역에서 불붙는다. 가장 정신적인 예술 작품들에서 정신이 가장 잘 나타나는 것은 결코 아니다. 예술에서 정신이 스스로를 내던지는 행위를 통해 비로소 예술은 구원의 성격을 띤다. 예술은 결코 전율로 돌아감으로써 전율에 충실한 것이 아니다. 오히려 예술은 전율의 유산이다. 예술 작품들의 정신은 사물들로 객관화됨으로써 전율을 만들어낸다. 이로써 예술은 실제 역사 진행에 참여한다. 즉 한때 실재라고 여겨지던 요인이 창작 정신의 자각을 통해 상상으로 옮겨지고, 또한 자체의 비현실성을 의식하는 가운데 상상 속에 잔존한다는 계몽의 법칙에 따르는 것이다. 정신화이기도 한 예술의 역사적 행로는 신화에 대한 비판 과정이자 신화의 구제 과정이다. 즉 상상을 통해 기억되는 것은 그 가능성의 측면에서 상상에 의해 힘을 얻는 것이다. 예술에서 정신이 보여주는 이 양면적 운동은 예술의 경험적 역사보다 오히려 개념에 내재하는 예술의 근원적 역사를 나타낸다. 예술에서 정신은 자체로부터 떨어져 나간 것을 향해 부단히 움직임으로써 가장 오래된 것들로부터 사라져 버린 것을 옹호한다.

미메시스적 요인과 어리석음

예술에서 미메시스는 정신 이전의 것이며 정신에 반대되는 것이지만, 정신은 또한 그것에서 불붙기도 한다. 예술 작품들에서 정신은 예술 작품들의 구성 원칙이 되었다. 그러나 정신은 구성되어야 할 것 즉 미메시스적 충동들로부터 떠오르고, 우월한 입장에서 그것들에 부과되는 것이 아니라 그것들에 따르는 경우에만 자신의 목적을 충족한다. 형식은 개별 충동들이 스스로 지향하는 바에 따를 때에만 그러한 충동들을 객관화한다. 바로 이런 점에서만 예술 작품은 화해에 관여한다. 예술 작품들의 합리성은 합리성에 극단적으로 대립하는 것 속에서 소멸하는 한에서만 정신이 된다. 어떤 예술 작품으로도 무마할 수 없는 구성적 요인과 미메시스적 요인의 차이는 미적 정신의 원죄와도 같은데, 그것에는 어리석고 어릿광대 같은 요인이 상응한다. 이러한 요인은 최고로 중요한 예술 작품들 속에도 담겨 있으며, 또 이러한 요인을 꾸며내지 않는 것도 그런 예술 작품들이 중요해지는 한 요인이다. 모든 부류의 의고주의에서 느끼는 불만은 의고주의가 그런 계기를 배제하는 데에 기인한다. 예술은 이를 불신할 수밖에 없다. 성숙성의 이름으로 예술이 정신화됨에 따라 이 어리석은 요인에는 그만큼 더 엄격히 강세가 놓인다. 예술 작품들 자체의 구조가 그 일관성 덕분에 논리적 구조에 접근하면 접근할수록, 그만큼 더 명백히 이 논리성과 외부에서 통용되는 논리성 사이의 차이는 후자에 대한 패러디가 된다. 또한 작품이 그 형식적 본질구성에 비춰 보아 이성적으로 되면 될수록 현실세계의 이성에 비춰 볼 때 그만큼 더 어리석어진다. 그러나 작품의 어리석음은 현실의 합리성에 대한 일종의 심판이기도 하다. 즉 합리성이 사회적 실천에서 자체목적으로 되었으며, 그리하여 비합리적이고 광적인 것 내지 목적을 위한 수단으로 뒤바뀐다는 사실에 대한 심판이다. 순진하게 예술 속에서 사는 사람보다 비예술적인 사람들이 오히려 예술에 내재하는 어리석은 측면을 더 잘 알아차리는데, 이 어리석은 측면과 절대화된 합리성의 어리석음은 서로를 비난한다. 그런데 자체보존을 위한 실천의 영역에서 본다면 행복이나 성도 그와 마찬가지로 어리석은 면을 지닌다. 성적 충동에 끌려다니지 않는 사람은 그 점을 심술궂게 지적할 수 있을 것이다. 어리석음은 예술 속의 미메시스적 잔재이며 예술이 예술로 응축하게 된 데에 대한 대가다. 고루한 사람은 늘 그것에 반대하는 가운데 조금 부끄러울 만큼 타당성을 지니기도 한다. 그러한 계기는 일종의 잔재로서 형식에 이질적인 채로 작품화되지 않고 야만적인 것으로서 예술 속에서 형상화 과정을 통해 반성되지 않을 때, 조야한 것이 된다. 그것이 유치한 상태에 머물면서 그대로 보존되면 계산적인 문화산업의 재밋거리와 다를 바 없는 것이 되기도 한다. 예술의 개념에는 예술이 그 어리석음이라는 계기를 승화해야 하는 가운데 교양적 특권 및 계급 관계를 전제한다는 사회적 측면과 함께 키치도 포함되어 있다. 이 때문에 예술은 곧 재밋거리라는 비난을 받는다. 그러나 예술 작품들의 어리석은 계기들은 예술 작품들의 비의도적 층들에 가장 접근하며, 그래서 위대한 작품들에서는 그 비밀에도 접근한다. '마술피리'나 '마탄의 사수'와 같이 우스운 주제들도 음악이라는 매체를 통해, 심각한 의식으로 전체적인 것을 추구하는 '고리'[1] 따위보다 더 많은 진리내용을 지닌다. 어릿광대 같은 요소에서 예술은 짐승들만 살았던 선사시대의 역사를 기억하고 위안을 받는다. 동물원의 유인원은 어릿광대가 하는 짓과 똑같은 짓을 한다. 어릿광대에 대한 아이들의 공감은 예술에 대한 공감과 같은 것이다. 어른들은 짐승들에 대한 공감과 마찬가지로 그러한 공감을 아이들이 느끼지 못하게 만들어놓는다. 인류는 짐승과의 유사성을 완전히 없애버리지 못했다. 그래서 인류는 이러한 유사성을 갑자기 재발견할 수 있으며 그럴 때 행복에 잠기곤 한다. 어린이들의 언어는 짐승들의 언어와 같아 보인다. 어릿광대가 짐승과 유사하다는 점에서는 원숭이가 인간과 유사하다는 점이 순간적으로 드러

---

1 [옮긴이] 슈테판 게오르게의 연시집 『일곱째 고리』는 상징주의와 유미주의에서 탈피해 종교적, 생활 혁신적, 시대 비판적 영향을 추구했다.

난다. 짐승/바보/어릿광대라는 짜임관계는 예술의 한 가지 기본층이다.

누구에게 유익한가

모든 예술 작품은 사물세계를 부정하는 사물로서 사물세계 앞에서 스스로를 정당화해야 할 경우 아프리오리하게 무기력해지지만, 그처럼 아프리오리한 상태 때문에 그 정당화의 문제를 간단히 거부할 수는 없다. 예술에 대한 문외한처럼 예술을 어떤 만족스러운 것으로 여기거나 예술 감식가들처럼 예술을 어떤 예외 상태로 받아들이는 것이 아니라, 예술을 고유한 경험의 실체로 삼는 사람이 수수께끼적 성격 때문에 놀라기는 어렵다. 하지만 그러한 실체는 예술 경험으로 인해 예술이 뒤흔들리는 경우에도 예술의 계기들을 포기하지 말고 확인할 것을 그에게 요구한다. 이른바 공약수가 없는 낯선 문화적 맥락들이나 환경 속에서 예술 작품들을 경험하는 사람은 그 점을 예감하게 된다. 이 경우 예술 작품들은 자국 문화라는 구멍투성이 지붕으로만 보호받는 가운데 누구를 위한 것인가cui bono 하는 시험 앞에 적나라하게 있다. 이런 상황에서는 미의 영역과 관련한 금기를 무시하는 그 불손한 질문이 여러모로 작품들의 질에 숙명처럼 따라다닌다. 작품들을 전적으로 외부로부터 고찰하면 전적으로 내부로부터 고찰할 때와 마찬가지로 그 수상쩍은 성격이 잘 드러난다. 예술 작품들의 수수께끼적 성격은 언제나 역사와 유착되어 있다. 역사를 통해 예술 작품들은 어느 한 시대에 수수께끼가 되었으며, 또 역사를 통해 언제나 다시 수수께끼가 되기도 한다. 또한 반대로 예술 작품들에 권위를 부여한 역사만이 예술 작품들의 존재근거에 대한 괴로운 물음을 그것들과 멀리 떼어놓는다. 작품들의 수수께끼적 성격의 조건은 그것들의 비합리성이라기보다 오히려 합리성이다. 작품이 계획적으로 제어되면 될수록 수수께끼적 성격은 더욱 두드러지게 된다. 작품들은 형식을 통해 언어와 유사해지며, 또 그것의 모든 계기 가운데 단지 이 하나의 계기만을 표명하는 듯해 보이지만, 또한 이 계기는 사라져 버린다.

수수께끼적 성격과 이해

모든 예술 작품들과 예술 전체가 수수께끼다. 이 점이 예로부터 예술 이론을 자극해 왔다. 예술 작품들이 무엇인가를 말하면서 동시에 그것을 감추는 것, 바로 이 점이 언어적 측면에서 본 수수께끼적 성격이라고 할 수 있다. 그것은 어릿광대처럼 사람을 조롱한다. 예술 작품 속에서 그것을 함께 완성해 가면 수수께끼적 성격은 눈에 띄지 않는다. 반면에 예술 작품에서 벗어나 그 내재적 연관과의 계약을 깨뜨리면 그것은 다시 유령처럼 나타난다. 그 때문에 또한 비예술적인 사람들의 연구도 성과가 있을 것이다. 이들의 경우 예술의 수수께끼적 성격은 명백히 드러나 예술에 대한 총체적 부정에까지 이르며, 이는 부지불식간에 예술에 대한 극단적 비판이 되지만, 또한 흠 있는 반응으로서 예술의 진리를 뒷받침하기도 한다. 비예술적인 사람들에게 예술이 무엇인지 설명하기는 불가능하다. 그들은 예술에 대한 생생한 경험 속에 지적 통찰을 끌어들일 수 없을 것이다. 이들에게는 현실원칙이 과도하게 중요한데, 현실원칙은 미적 반응을 전적으로 금기시한다. 예술이 문화적으로 승인되는 현상에 자극받아 종종 비예술적 태도는 공격성을 띠게 된다. 특히 이런 현상은 오늘날의 일반적 의식에서 예술의 탈예술화를 유발한다. '음악의 언어'를 이해하지 못하고 단지 황당한 소리만을 느끼고 이 소음이 도대체 무엇인지 의아해하는 소위 비음악적인 사람도 초보적인 단계에서는 음악의 수수께끼적 성격을 확인할 수 있을 것이다. 즉 그가 듣는 것과 교육받은 사람이 듣는 것 사이의 차이가 수수께끼적인 성격을 말해준다. 음악에서는 그 비개념성 때문에 수수께끼적 성격이 특히 두드러지게 나타나지만, 수수께끼적 본질이 음악에만 한정되는 것은 아니다. 하나의 그림이나 시도 작품의 규칙에 따라 그것을 따라가지 못하는 사람을 음악이 비음악적인 사람을 바라볼 때와 마찬가지로 공허한 눈초리로 바라본다. 작품에 대한 경험과 해석이 작품에서 빗나가지 않으려면, 바로 그 공허하고 무엇을 묻는 듯한 눈초리를 이 경험이나 해석에서 간파해야 한다. 지옥을 모른다고 해서 지옥에서 벗어나기는 어려운 것이다. 의식이 어떤 식으로든 잘못에 빠지지 않게 하려는 것도 의식의 한 가지 숙명적 잠재력이다. 왜 어떤 것을 모방하는가 혹은 왜 어떤 것이 사실이 아니고 현실을 왜곡할 뿐인데 사실인 듯이 말하는가 하는 물음에 대해서는, 이렇게 묻는 사람을 확신시킬 만한 답을 제시할 수 없다. 그러한 것들이 도대체 모두 무엇을 위한 것이냐 하는 물음 혹은 예술 작품들이 실제로 무목적적이라는 비난 앞에서 예술 작품들은 무기력하게 침묵한다. 예를 들어 충실한 기록보다 허구적인 이야기가 사회의 본질에 더 접근할 수 있다고 대답한다면, 그것이야말로 이론의 과제이고 그 일을 위해 허구가 필요하지는 않다고 반박할 수 있을 것이다. 물론 그릇된 여러 원칙적 문제들 앞에서 느끼는 무기력감인 수수께끼적 성격의 그러한 현상은 좀더 포괄적인 사정에 포함된다. 예를 들어 이른바 삶의 의미가 무엇이냐 하는 물음도 그와 마찬가지로 사람을 당황하게 만든다.² 그런 물음이 야기하는 당혹감은 불가항력성과 쉽사리 혼동된다. 그런 물음의 추상 수준은 그 속에 아무 저항 없이 포괄된 것과는 완전히 거리가 멀며, 이로써 물음의 핵심은 사라져 버린다. 예술의 수수께끼적 성격을 이해하는 것은 예술 작품들을 이해하는 것과 같지 않다. 예술 작품들을 이해하는 것은 그것을 객관적으로 내부로부터의 경험을 통해 다시 한번 산출해 내는 것이다. 예컨대 음악 용어상으로 한 작품을 해석한다는 것은 그것을 의미에 맞게 연주한다는 것이다. 이해 자체가 수수께끼적 성격에 비추어 보면 문제적인 범주다. 예술 작품들을 의식의 내재성을 통해 그 내부에서 이해하는 사람은 또한 예술 작품들을 이해하지 못한다. 이때에는 이해가 커질수록 이해가 부족하다는 감정도 커지며, 예술 자체의 진리내용과 대립하는 예술의 한계 내에 맹목적으로 머물게 된다. 그러나 예술 작품 밖으로 나오거나 아예 그 속에 들어간 적도 없는 사람이 적개심을 지니고 수수께끼적 성격을 기술할 때에도 수수께끼적 성격은 예술 경험에서 기만적으로 사라진다. 한 예술 작품을 잘 이해하면 할수록 어느 한 차원에서는 그 수수께끼가 더 많이 해명되지만, 그 예술 작품의 본질구성적인 수수께끼적 측면은 오히려 그만큼 더 해명되지 않는다. 그것은 특히 절실한 예술 경험에서 다시 명백히 드러난다. 한 작품이 완전히 해명되면, 그 작품의 물음 형태에 도달하게 되고 반성도 불가피해진다. 그 경우 그 작품은 더욱 멀어지며, 결국 그 작품에 대해 확신을 느끼는 사람도 다시 이것이 무엇이냐 하는 생각에 사로

---

2 Adorno, *Negative Dialektik*, 2. Aufl., Frankfurt a. M.: Suhrkamp, 1967, pp. 352 이하 참조.

잡히게 된다. 그러나 수수께끼적 성격이 본질구성적이라는 점은 그것이 결여되어 있는 경우에 인식할 수 있다. 즉 고찰과 사유를 통해 완전히 해명되는 예술 작품들은 예술 작품이 아니다. 이 경우 수수께끼는 결코 어디에나 쓰이는 상투어가 아니다. 예컨대 문제라는 말은 대개 그런 상투어가 되었는데, 이 문제라는 말도 미학적으로는 엄밀한 의미에서 작품들의 내재적 구성에 의해 제기된 과제라는 뜻으로만 사용해야 할 것이다. 그에 못지않게 엄밀한 의미에서 예술 작품들은 수수께끼다. 예술 작품들은 잠재적으로 해결을 내포하며, 해결이 객관적으로 정립되어 있는 것은 아니다. 모든 예술 작품은 일종의 알아맞히기 그림Vexierbild이다. 다만 그 감상자의 패배가 예정되어 있어서 예술 작품은 놀리기Vexieren로 남아 있을 뿐이다. 예술 작품들이 진지하게 행하는 바를 알아맞히기 그림은 장난으로 반복한다. 예술 작품들이 감추어놓은 것은 포의 편지처럼 드러나 있지만 이렇게 나타남으로써 다시 감추어진다는 점에서, 예술 작품들은 특유하게 알아맞히기 그림과 유사하다. 철학 이전의 방식으로 미적 경험을 묘사하는 말, 즉 우리는 예술을 이해하는 것이 아니라 예술의 어떤 면을 이해한다는 말은 근거 있는 것이다. 전문 지식이란 작품에 대한 적절한 이해와 수수께끼에 대한 고루한 몰이해가 공존하는 상태로서, 감추어진 것에 대해서는 중립적이다. 충분히 이해하면서 예술 속에서만 움직이는 사람은 예술을 어떤 자명한 것으로 만드는데, 예술은 결코 그렇게 자명한 것이 아니다. 무지개에 너무 가까이 가면 무지개는 사라진다. 어떤 예술보다도 음악이야말로 그 점을 전형적으로 보여준다. 음악은 전적으로 수수께끼이기도 하고 동시에 전적으로 자명하기도 하다. 그러한 수수께끼를 풀 수는 없으며, 단지 그 형태의 암호를 해독할 수 있을 뿐이다. 바로 이러한 것이 예술철학의 과제이기도 하다. 비음악적인 사람처럼 낯설게 음악을 듣고, 또 지크프리트[3]가 새들의 말을 들을 때처럼 친숙하게 음악을 듣는 사람만 비로소 음악을 이해할 것이다. 그러나 이해를 통해 수수께끼적 성격이 소멸된 것은 아니다. 훌륭하게 해석된 작품도 그 본질구성적 모호성을 사라지게 만들 해결의 말을 기다리는 듯이 여전히 다시 이해되고 싶어 한다. 예술 작품들에 대한 상상은 이해의 가장 완전하고 기만적인 대용품이다. 물론 그것은 이해에 이르는 한 단계이기도 하다. 음악 소리가 직접 들리지 않아도 그것을 적합하게 상상하는 사람은 이해의 분위기를 형성하는 음악과의 교감을 이룬 것이다. 최상의 의미에서 이해는, 즉 수수께끼적 성격을 포함하면서도 해소하는 일은, 예술 및 예술 경험의 정신화와 밀접한 관계를 지니는데, 이를 위한 첫째 매체는 상상이다. 그러나 예술의 정신화는 개념적 설명을 통해 직접 예술의 수수께끼적 성격에 접근하는 것이 아니라, 수수께끼적 성격을 구체화함으로써 그것에 접근한다. 수수께끼를 푼다는 것은 수수께끼가 해결될 수 없는 근거를 제시하는 것과 같다. 그것은 예술 작품들이 관찰자를 바라보는 시선과도 같다. 예술 작품들의 사상내용이 파악됨으로써 이해되어야 한다는 예술 작품들의 요구는 그것들에 대한 특수한 경험과 결부되어 있다. 그러나 그것은 단지 그 경험을 반성하는 이론을 통해서만 충족될 수 있다. 예술 작품들의 수수께끼적 성격이 가리키는 바는 단지 매개된 상태로만 생각할 수 있다. 본질을 직접 장악할 수 있다고 망상하는 모든 형태의 현상학에 대한 반론과 마찬가지로 예술의 현상학에 대한 반론은, 그

---

3 [옮긴이] Siegfried: 바그너의 동명 오페라의 주인공으로 산새의 말을 알아듣는 능력을 얻는다.

것이 반경험주의적이라는 것보다 오히려 반대로 그것이 사유에 의한 경험을 중단시킨다는 것이다.

'변하지 않은 것은 아무것도 없다'

밀폐적인 예술 작품들을 이해할 수 없다는 비난은 모든 예술의 수수께끼적 성격에 대한 고백이기도 하다. 그에 대한 분노는 그런 작품들이 전통적인 작품들의 이해 가능성까지도 뒤흔들어 놓는다는 데에도 기인한다. 전통적으로 흔히 이해되었다고 받아들여진 작품들조차 그 표층 아래에서 다시 자체 내로 움츠러들고 완전히 이해할 수 없는 상태로 되는 일도 일반적으로 가능하다. 명백히 이해할 수 없는 작품, 수수께끼적 성격을 강조하는 작품은 그래도 잠재적으로 가장 잘 이해할 수 있는 작품이다. 예술이 개념을 사용하고 또 표면적으로는 이해가 되는 경우에도 엄밀한 의미의 예술에는 개념이 결여되어 있다. 어떠한 개념도 결코 있는 그대로 예술 작품 속에 들어가지는 않으며, 각각의 개념은 모두 완전히 변하여 그 자체의 범위도 바뀌고 의미도 기능을 달리할 수 있다. 트라클[4]의 시에 나오는 '소나타'라는 말은 그 음과 시가 유발하는 연상들로 인해 단지 그 시에만 해당되는 위상을 얻는다. 여기서 암시되는 산만한 음들을 통해 특정한 소나타를 상상하려 한다면 소나타라는 말이 이 시에서 의미하는 바를 그르칠 것이며, 또 그 시가 불러내는 이마고는 그 소나타 혹은 소나타 형식 일

---

4 [옮긴이] Georg Trakl(1887~1914): 오스트리아 시인으로 표현주의적 성향을 띠는 음울한 작품들을 썼다.

반에 적합하지 않을 것이다. 그러나 이 소나타라는 말은 합당하게 쓰였다. 왜냐하면 그것은 소나타들의 단편들 혹은 부분들로 이루어졌고, 소나타라는 명칭 자체가 의도적으로 작품에서 일깨워지는 음향을 상기시키기 때문이다. 소나타라는 용어는 고도로 명료하게 표현되고, 모티프와 테마에 의해 이루어진, 자체 내에서 역동적인 작품을 의미한다. 그것의 통일은 명백히 구분되는 다양한 요인들의 통일이며, 이에는 전개부와 재현부가 포함된다. "그 방들은 화음들과 소나타들로 가득 차 있다"⁵는 시구는 그런 특성을 별로 지니지 않는다. 그러나 여기에는 어떤 이름을 붙일 때 어린이들이 느끼는 감정이 따르고 있다. 이 시구는 작곡의 문제보다는 '월광 소나타'라는 잘못된 제목과 더 깊은 관계를 지닌다. 그렇다고 그것이 우연적인 것은 아니다. 만일 그때의 그 아가씨가 연주한 그 소나타가 없었다면 이 시인의 우수가 안식처를 찾는 외로운 소리들도 존재하지 않을 것이다. 의사소통을 위한 말에서 빌려 온 극히 단순한 말도 시에서는 그런 특성을 지닌다. 따라서 자율적인 예술은 이미 존재하는 어떤 것을 단지 반복할 뿐이라는 브레히트의 비판은 자율적 예술을 제대로 파악하지 못하는 것이다. 트라클의 경우 도처에 등장하는 '이다ist'라는 계사도 예술 작품에서는 그 개념적 의미로부터 멀어진다. 즉 그것은 존재판단을 표현하는 것이라기보다, 질적으로 변화하여 부정으로까지 된 존재판단의 퇴색한 잔상이다. 어떤 것이 있다고 하는 말은 그의 작품 속에서 그 이상을 의미하기도 하고 그 이하를 의미하기도 하며, 그것이 없다는 뜻을

---

5   Georg Trakl, *Die Dichtungen*, hg. W. Schneiditz, 7. Afl., Salzburg: Otto Müller, o. J., p. 61 ("Psalm").

수반한다. 브레히트나 카를로스 윌리엄스[6]는 시에서 시적 요인을 거부하고 시를 단순히 경험계에 대한 보고문에 접근시키지만, 시는 결코 그런 것이 되지 않는다. 즉 그들은 고양된 서정적 음조를 논쟁적으로 경멸하지만, 경험적인 문장들도 미적 단자 속에 옮겨지면 이 단자와의 대비로 인해 어떤 상이한 성격을 띤다. 가요에 적대적인 그 음조의 성격과 포착된 사실들의 소격화는 동일한 사태의 두 측면이다. 예술 작품에서는 판단도 변화를 겪는다. 예술 작품들은 종합이라는 측면에서 판단과 유사하다. 그러나 예술 작품들 속에서 종합은 무판단적이다. 즉 예술 작품들과 관련해서는 그것이 무엇을 판단하는지 말할 수 없을 것이며, 어떠한 예술 작품도 이른바 메시지가 되지는 않는다. 그로 인해 예술 작품들이 자체의 현실 참여를 강조하는 경우조차도 도대체 예술 작품들에서 참여가 이루어질 수 있는지 의심스러워진다. 예술 작품들의 책임이나 그 통일의 기초를 어떤 판단으로 끌고 갈 수는 없다. 그것을 작품 자체가 말과 문장 들로 내리는 판단으로도 끌고 갈 수 없다. 뫼리케[7]는 「쥐덫-격언Mausfallen-Sprüchlein」이라는 짧은 시를 썼다. 만일 이 시의 논증적 내용에 만족한다면, 문화인의 관습에 따라 기생충 같은 동물로 박해받는 쥐에 대한 폭력과의 사디즘적 동일시밖에 나오는 것이 없을 것이다.

---

6   [옮긴이] William Carlos Williams(1883~1963): 미국 시인이자 의사. 에즈라 파운드Ezra Pound와 친교를 맺으며 미국의 일상 세계를 다루는 단순하면서 전위주의적인 시를 썼다.

7   [옮긴이] Eduard Friedrich Mörike(1804~75): 독일 시인. 고전주의, 낭만주의, 사실주의의 요소를 공유하는 서정시와 전원시를 썼다.

쥐덫-격언

아이는 쥐덫을 세 바퀴 돌고 말한다.

작은 손님들, 작은 집.
사랑스런 쥐야,
그저 용감하게 나오렴
오늘 밤 달빛이 비치거든!
하지만 들어올 때는 문을 잘 닫으렴.
내 말 듣고 있니?
그때는 네 작은 꼬리를 조심하렴!
식사 후에 우리는 노래를 하지
식사 후에 우리는 뛰어놀지
그리고 춤도 추지.
조심조심!
아마 우리 집 늙은 고양이도 함께 춤을 출 거야.[8]

"아마 우리 집 늙은 고양이도 함께 춤을 출 거야"라는 아이의 조롱이 일단 시로 표현된 이상, 단순히 조롱일 뿐이고 뜻하지 않게도 정다운 모습, 즉 고양이와 쥐가 두 발로 선 채 아이와 함께 춤을 추는 모습이 아니라면, 그것은 아이의 말이 담고 있는 궁극적 의미라고 할 수

8   Eduard Mörike, *Sämtliche Werke*, hg. J. Perfahl u. a., Bd. I. München: Winkler, 1968, p. 855.

없을 것이다. 이 시를 조롱에 국한하면 시 자체만 아니라 그 사회적 내용도 그르친다. 이 시는 사회적으로 주입된 혐오스러운 관례에 대한 무판단적 언어 반응으로서, 그러한 관례에 따름으로써 그것을 넘어선다. 다른 식으로는 전혀 불가능한 듯이 그러한 관례를 암시하는 제스처는 그 자명성을 통해 있는 그대로의 현실을 고발한다. 즉 관례의 빈틈없는 내재성이 그 관례를 심판한다. 예술은 단지 판단을 멀리함으로써만 판단한다. 이런 점이 위대한 자연주의를 옹호해 준다. 시를 어떤 신탁의 메아리로 만드는 형식을 통해 시에 담긴 신조는 지양된다. 메아리는 화해를 이룬다. 예술 작품들의 내부에서 이루어지는 그 과정들로 인해 예술 작품들은 실로 내적으로 무한한 것이 된다. 예술 작품들이 기의적 언어와 구분되는 것은 그것들이 아무 의미도 지니지 않기 때문이 아니라, 의미들이 작품 속에 흡수되어 변하면 우발적인 것으로 격하되기 때문이다. 이러한 과정이 이루어지게 만드는 운동들은 각각의 미적 조형물에 의해 구체적으로 이미 규정되어 있다.

수수께끼, 문자, 해석

수수께끼와 마찬가지로 예술 작품들은 확정적인 면과 불확정적인 면이라는 양 측면을 지닌다. 예술 작품들은 의문부호이며, 결코 종합을 통해 일의적인 것이 되지는 않는다. 그러나 예술 작품들의 형태는 극히 엄밀하며, 그래서 그것은 예술 작품이 중단되는 지점으로 넘어가는 과정을 규정한다. 수수께끼에서와 마찬가지로 해답은 누가 말해주는 것이 아니라 구조를 통해 필연적으로 나오는 것이다. 작품의 내재적 논리 혹은 법칙성이 그런 일에 기여한다. 이는 또한 예술에서의 목적 개념을 위한 변론이기도 하다. 예술 작품의 목적은 불확정적인 것의 확정성이다. 작품은 그 자체의 통합상태Komplexion를 벗어나는 실제 목적을 지니지 않더라도 자체로서 합목적적이다. 그러나 작품의 합목적성은 수수께끼에 대한 해답의 형태로서 정당화된다. 작품들은 조직을 이룸으로써 그 자체 이상의 것이 된다. 특히 조형예술에 대한 근래의 논쟁에서는 문자écriture라는 개념이 중요해졌는데, 이는 아마 낙서해 놓은 글씨와 비슷한 클레의 작품에서 고무되었을 것이다. 현대 예술의 그러한 범주는 탐조등처럼 과거의 예술에 빛을 던져 준다. 문자로서 등장하는 경우만 아니라 모든 예술 작품들이 문자들이다. 더욱이 그것들은 코드를 잃어버린 상형문자와 같은 것인데, 그 사상내용에는 특히 그 코드가 사라졌다는 점도 기여한다. 예술 작품들은 단지 문자인 한에서만 언어다. 어떤 예술 작품도 판단은 아니지만, 모든 예술 작품은 판단에서 유래하는 계기들, 즉 옳으냐 그르냐, 혹은 참이냐 거짓이냐 하는 계기들을 감추고 있다. 그러나 예술 작품들의 은밀하면서 확정적인 해답이 해석을 통해 단숨에 새로운 직접성으로서 드러나지는 않는다. 그것은 사상이나 철학 혹은 작품들의 규율 등 모든 형태의 매개를 통해 비로소 드러난다. 해석을 통해 해답을 얻어도 수수께끼적 성격은 사라지지 않는다. 예술 작품들의 수수께끼적 성격은 예술 작품들에서 경험되는 내용 혹은 미학적 이해 속에 자리 잡는 것이라기보다 거리를 유지함으로써 비로소 나타난다. 그러나 예술 작품들 속에 깊이 빠짐으로써 명증성을 얻는 예술 경험도 그 나름으로 수수께끼적이다. 즉 다의적으로 얽혀 있는 것이 또한 일의적이기도 하고 따라서 이해될 수도 있는 것이다. 예술 작품들에 대한 내재적 경험은 그것이 어디서 시작되느냐와 무관하게, 칸트가 지적하듯이 실제로 필연적이며 가장 미묘한 세부 사항에 이르기까지 투명하기 때문이다. 자신의 악보를 이해하는 연주가는 이 악보의 가장 미세한 움직임까지도 따라가지만, 어떤 의미에서는 자신이 무엇을 연주하는지 모른다. 연극배우의 경우에도 마찬가지다. 바로 이 때문에 미메시스적 능력은 재현된 작품의 운동 곡선에 대한 모방인 예술적 재현 활동에서 가장 현격하게 나타난다. 이런 활동은 수수께끼적 성격에 도달하지 못한 이해의 요체다. 그러나 예술 작품들에 대한 경험이 조금이라도 느슨해지면 곧 예술 작품들은 자체의 수수께끼를 일그러진 모습으로 보여준다. 예술 작품들에 대한 경험은 부단히 수수께끼적 성격의 위협을 받는다. 경험에서 수수께끼적 성격이 완전히 사라지고 작품을 완전히 이해했다고 생각하는 순간, 수수께끼는 다시 갑자기 눈을 뜬다. 그 속에는 예술 작품들의 진지함이 남아 있다. 태고 시대 조각품들에서는 그러한 진지함이 마치 사람들을 노려보듯이 발산되는데, 전통적 예술에서는 그것이 습관적 언어를 통해 은폐되고 총체적 소외에 이르기까지 강화된다.

모방으로서의 해석

예술 작품들에 내재하는 과정, 즉 모든 개별 계기들의 의미를 초월하는 것이 수수께끼를 본질적으로 구성한다. 하지만 예술 작품이 고정된 것으로 지각되지 않고 또 그래서 헛되이 해석되지 않으면, 그리하여 그 객관적 본질구성 상태로 다시 한번 산출되면, 그러한 내재적 과정은 동시에 수수께끼를 완화하기도 한다. 이와 같은 일을 하지 않는 재현 혹은 해석하지 않는 재현에서는, 설혹 작품들 자체를 위해 그처럼 해석하지 않는다고 주장하더라도, 작품들의 즉자가 그 침묵의 제물이 된다. 해석하지 않는 재현은 모두 무의미하다. 예술의 어떤 유형들, 예를 들어 드라마나 어느 한계까지는 음악도 그 본연의 것이 되려면, 공연 혹은 연주와 해석이 필요하다. 이는 극장이나 무대 일에 친숙하고 여기서 요구되는 것과 악보나 연극 대본 사이의 질적 차이를 아는 사람이라면 무시할 수 없는 규범이다. 그러한 유형들은 재현을 요구하지 않는 예술 작품까지도 포함하는 모든 예술 작품의 반응 방식, 즉 자체 반복이라는 반응 방식을 드러내줄 뿐이다. 예술 작품들은 동일성의 강압에서 벗어난 자체동일성이다. 단지 동일한 것만이 동일한 것을 인식할 수 있다는 소요학파[9]적 명제는 합리성이 진보함에 따라 어떤 한계치만 지니는 것으로 축소되었는데, 그것은 예술적 인식을 개념적 인식과 구분해 준다. 즉 본질적으로 미메시스적인 것은 미메시스적 반응을 기대하는 것이다. 예술 작품들이 단지 자체만을 모방한다면, 단지 그것을 모방하는 사람만이 그것을 인식할 수 있다. 드라마의 대본이나 악보는 연주자나 연기자를 위한 지침의 요체가 아니라 그와 같은 것으로서만 고찰해야 할 것이다. 그 속에 언제나 기의적 요인들이 스며들기는 해도, 그것들은 자체와 동일한 작품들의 응결된 모방이며, 그런 한에서 그것들은 본질구성적이다. 그것들이 연주되거나 공연되는 일은 그것들 자체와 무관하다. 그러나 그것들에 대한 경험, 즉 무언의 내적 경험을 이상으로 하는 그 경험이 그것들을

---

9   [옮긴이] Peripatetiker: 아리스토텔레스학파. 아리스토텔레스가 학도들과 산책하며 강의하고 토론한 산책길 Peripatos에서 유래한다.

모방한다는 사실은 그것들과 무관하지 않다. 그러한 모방은 예술 작품들의 기호들로부터 그 의미의 연관을 간파해 내고 그것을 추적할 뿐 아니라, 예술 작품이 그리는 곡선들을 따라 움직이기도 한다. 서로 상이한 매체들은 자체의 통일성 혹은 예술의 통일성이 그 모방의 법칙임을 알게 된다. 칸트의 경우 논증적 인식은 사물들의 내부에 이르지 못한다고 하는데, 예술 작품이라는 객체의 진리는 이 내부의 진리로서 말고는 달리 생각할 수 없다. 모방은 이러한 내부에 이르는 길이다.

'장벽'

작품은 동화 속의 요정들처럼 말한다. "너는 꼭 필요한 것을 원하는구나. 그것을 네게 주겠지만, 아무도 모르게 주마." 논증적 인식의 진리는 은폐되어 있지 않지만, 그 대신 논증적 인식은 진리를 지니지 못한다. 반면에 예술적 인식은 진리를 지니지만 예술과 통분할 수 없는 상태로만 지닌다. 예술 작품들은 그 속에 담긴 주체의 자유로 인해 논증적 인식보다 덜 주관적이다. 칸트는 틀리지 않은 방향감각을 갖고 오성이 목적론 개념을 긍정적으로 사용할 수는 없다고 보면서, 예술 작품들을 목적론 개념에 종속시켰다. 그런데 칸트의 교의에 따르면 인간과 즉자를 차단하는 장벽 때문에, 그 교의의 본래 영역이자 즉자와 우리에 대한 것Für uns의 구분이 없는 영역이기도 한 예술 작품들에서 즉자는 수수께끼적 형상들이 된다. 즉 예술 작품들은 다름 아니라 차단된 것으로서 즉자존재의 형상들이다. 수수께끼적 성격을 통해 예술은 활동 대상들의 확실한 현존재와 가장 혹격하게 대립하며,

결국 수수께끼적 성격 속에는 예술 자체의 수수께끼가 여전히 살아남는다. 단순한 존재자의 경우 수수께끼가 존재자 자체의 압도적 경직화로 인해 망각되었는데, 예술은 현존재의 수수께끼를 해결한 듯이 나타나기 때문에 수수께끼가 된다. 인간은 주관적 정신과 다른 것들을 범주의 그물로 촘촘히 얽어놓을수록, 더욱더 그 타자에 대한 경외심을 철저히 떨쳐버리고, 점점 더 친숙해짐에 따라 낯선 것을 망각했다. 예술은 나약하고 쉽사리 피곤해지는 듯한 표정을 지으며 그러한 것을 보상하려 한다. 이미 오래전에 플라톤이 철학에 요구했던 바와 같이, 예술은 아프리오리하게 인간을 놀라게 한다. 철학은 그와 반대의 길을 택했다.

파손된 초월성

예술 작품들의 수수께끼적 요소는 예술 작품들의 파손된 상태 Abgebrochensein다. 만일 예술 작품들에 초월성이 내재한다면 예술 작품들은 불가사의일 뿐이지 수수께끼는 아닐 것이다. 예술 작품들이 수수께끼인 것은 그것들이 파손된 것으로서 그래도 되고자 하는 바를 부정하기 때문이다. 근래에야 비로소 카프카의 손상된 우화들에서 그러한 것이 예술의 주제로 다루어지게 되었다. 돌이켜 보면 모든 예술 작품들은 묘지나 파손된 비석에 관한 초라한 알레고리들과 유사하다. 예술 작품들은 설혹 완성된 듯한 모습을 보여도 어딘가가 잘려 있다. 예술 작품들이 의미하는 바가 그것들의 본질적 요인이 아니라는 점은 그것들 자체에서 명백히 드러난다. 마치 예술 작품들의 의미가 차단되어 있는 듯한 것이다. 어떤 연관이라는 것을 근거로 삼으면서도 그 연관을 명백하게 보여주지는 않는 점성술적 미신과 예술의 유사성은 쉽사리 제거할 수 없을 만큼 뚜렷하다. 예술의 오점은 그것이 미신과 결합되어 있다는 것이다. 예술은 기꺼이 그러한 오점을 비합리주의적으로 자신의 장점이라고 재평가한다. 흔히들 좋아하는 다층성은 수수께끼적 성격에 대한 잘못된 긍정적 명칭이다. 그러나 예술에서 수수께끼적 성격은 카프카가 돌이킬 수 없게 열어놓은 반유미적 측면을 지닌다. 예술 작품들은 신화로부터 어렵사리 벗어났지만, 그것들에 고유한 합리성의 계기 앞에서 파산함으로써 다시 신화로 추락할 위험을 안고 있다. 그러나 정신이 수수께끼를 생각해 내는 것처럼, 예술은 미메시스적으로 수수께끼를 만들어냄으로써 그러한 합리성의 계기인 정신과 매개되어 있다. 다만 예술은 수수께끼를 풀어주지 못한다. 그처럼 정신은 의도들이 아니라 수수께끼적 성격을 통해 작용한다. 사실상 주요 예술가들의 실제 활동은 수수께끼와 친화적이다. 작곡가들이 수백 년 동안 수수께끼 카논[10]을 즐겨 써먹었다는 사실이 그 점을 증명해 준다. 예술의 수수께끼적 형상은 미메시스와 합리성의 결합 형태다. 수수께끼적 성격은 일종의 생성물이다. 예술은 지난날의 마술적 기능 혹은 그 후의 예배적 기능을 수행하던 요인을 상실하고도 사라지지 않고 남았다. 예술은 그 목적 ― 역설적으로 말해서 예술의 태고적 합리성 ― 을 잃어버리고 그것을 예술적 즉자의 한 계기로 변형한다. 이로써 예술은 수수께끼가 된다. 예술이 자체의 목적으로서 의미를 부여한 바 있는 것을 위해 존재하지 않는다면 도대체 예술 자

10 [옮긴이] Rätselkanon: 카논의 한 종류. 음악적 소재를 수수께끼처럼 한 줄 정도로 메모해 놓고, 연주자가 구체적인 방식을 고안해 낸다. 카논은 13세기 이래 20세기까지 활용된 음악 기법이다.

체는 무엇이어야 하는가? 예술의 수수께끼적 성격은 자체의 극히 무의미한 요인을 형상화함으로써 의미를 얻게 하는 방식으로, 예술이 내재적으로 명료하게 표현되도록 자극한다. 그런 한에서 작품들의 수수께끼적 성격은 그것들의 궁극적 요인이 아니다. 오히려 진정한 작품은 모두 자체의 풀 수 없는 수수께끼의 해답을 제안하기도 한다.

수수께끼적 성격, 진리내용, 절대적인 것

예술 작품들은 그 최고 단계에서 볼 때 그것들의 구성이 아니라 진리내용의 측면에서 수수께끼적이다. 예술 작품을 꿰뚫고 지나가 본 사람이라면 누구에게나 떠오르는 질문, 즉 이것들은 다 무엇인가 하는 물음은 끊임없이 반복되면서 이것이 참인가 하는 의문 혹은 절대적인 것에 대한 물음으로 넘어간다. 이런 물음에 대해 각각의 예술 작품은 모두 논증적 응답의 형식을 떨쳐버림으로써 대응한다. 논증적 사유의 최종 방책은 응답에 대한 금기다. 예술은 이 금기에 대한 미메시스적 거부로서 응답을 내놓으려 하지만, 또한 무판단적인 것으로서 응답을 주지 않는다. 이로써 예술은 사라지지 않고 단지 변형되었을 뿐인 태고 시대의 두려움과 마찬가지로 수수께끼적이다. 모든 예술은 그 두려움의 지진계로 남아 있다. 멸망한 수많은 민족들의 문자들과 마찬가지로 그러한 수수께끼를 풀 열쇠는 없다. 수수께끼적 성격에 대해 생각할 수 있는 가장 극단적인 형태는 의미 자체가 존재하느냐 존재하지 않느냐 하는 것이다. 왜냐하면 설혹 정반대되는 것으로 변형된 상태로나마 자체의 연관이 없다면 아무런 예술 작품도 존재할 수 없기 때문이다. 그러나 이러한 연관은 작품의 객관성을 통해 의미 자체의 객관성까지도 요구한다. 이 요구는 이루어질 수 없을 뿐 아니라 경험과도 모순된다. 각각의 예술 작품으로부터 수수께끼적 성격은 상이하게 눈길을 보낸다. 그러나 그 응답은 수수께끼가 어쩌면 기만적으로 약속할 수도 있는 통일을 통해서가 아니라 단지 그처럼 다양한 것을 통해서이기는 하지만, 스핑크스가 요구한 해답과 마찬가지로 언제나 동일할 것이다. 그러한 약속이 기만인지 아닌지, 그것이야말로 수수께끼다.

예술 작품들의 진리내용

예술 작품들의 진리내용이란 개별 예술 작품의 수수께끼를 객관적으로 해결하는 것이다. 개별 예술 작품은 풀이를 요구함으로써 진리내용을 가리켜 보인다. 이 진리내용은 단지 철학적 반성을 통해서만 얻을 수 있다. 다름 아니라 이로써만 미학은 정당화된다. 어떠한 예술 작품도 합리주의적 규정들 내지 예술 작품 자체가 판단하는 바와 동화되지 않지만, 그 수수께끼적 성격의 필요로 인해 해석을 수행하는 이성을 지향한다. 『햄릿』에서 어떤 메시지를 억지로 짜낼 수는 없을 것이다. 그렇다고 『햄릿』의 진리내용이 줄어들지는 않는다. 위대한 예술가들, 예를 들어 『동화』[11]를 쓸 당시의 괴테나 베케트가 모두 다 해석들과 관련을 맺고 싶어 하지 않지만, 이러한 사실은 단지 진리내용과 작가의 의식 및 의지 사이의 차이를, 더구나 작가 자신의 자의식을 통해 강조해 주는 것이다. 전적으로 최상의 품위를 지닌 작

---

11   [옮긴이] *Märchen*: 1795년에 발표된 괴테의 창작 동화로 다양한 해석을 유발했다.

품들은 해석을 기대한다. 작품에서 해석할 바는 아무것도 없다든지, 작품은 그저 단순히 존재할 뿐이라는 말은 예술의 경계선을 지워버릴 것이다. 궁극적으로는 심지어 양탄자나 장식품 혹은 비형상적인 것들이 모두 해명을 가장 간절히 기대할지도 모른다. 진리내용을 파악하는 데에는 비판이 필요하다. 진리 혹은 비진리가 파악되지 않았다면 아무것도 파악되지 않은 셈이다. 그리고 이를 파악하는 일은 비판적 업무다. 비판에 의한 작품들의 역사적 전개와 그 진리내용의 철학적 전개는 상호작용한다. 예술 이론은 그러한 상호작용의 피안에 위치해서는 안 되고, 그 상호작용의 운동 법칙에 따라야 한다. 물론 예술 작품들은 이러한 의식에 맞서 밀폐된 상태로 응축된다. 예술 작품들은 어떤 객관적 정신의 골상학인 점에서 수수께끼적이다. 이 객관적 정신은 현상으로 나타나는 순간 결코 투명하지는 않다. 지극히 해석하기 어려운 부조리라는 범주는 정신 속에 들어 있고, 정신에 근거해 해석되어야 한다. 또한 작품들의 진리내용을 산출하는 일인 해석이 작품들에 필요하다는 사실은 작품들의 본질구성적 결함을 보여주는 낙인이기도 하다. 작품들은 그 속에서 객관적으로 의도한 바를 달성하지 못한다. 달성할 수 없는 것과 실현된 것 사이의 불확정적 영역이 작품들의 수수께끼를 형성한다. 작품들은 진리내용을 지니면서 또한 지니지 못하기도 한다. 실증과학과 이로부터 이끌어낸 철학은 그 진리내용에 도달하지 못한다. 진리내용은 작품들 속의 사실도 아니고 작품들 자체에 의해 중단될 수도 있는 작품들의 허약한 논리성도 아니다. 또 위대한 전통 철학이 원했듯이 예술 속의 진리내용이 이념인 것도 아니다. 그 이념이 유한과 무한의 갈등이나 비극성의 이념처럼 매우 광범위한 경우에도 마찬가지다. 아마 이러한 이념은 그 철학적 구성을 통해 단순한 주관적 의도를 벗어날 것이다. 그러나 그것은 어떻게 적용되는가와 무관하게 예술 작품들에 대해 외적이며 추상적이다. 관념론에서 중요한 이념 개념도 예술 작품들을 어떤 불변적인 것인 이념의 본보기로 격하시킨다. 이로 인해 관념론은 철학적 비판을 더 이상 감당해 낼 수 없게 된 것과 마찬가지로 예술에서도 심판받는다. 사상내용은 이념과 동화될 수 있는 것이 아니라, 동화될 수 없는 것을 추론해 내는 것이다. 강단 미학자들 가운데에는 단지 프리드리히 테오도어 피셔만이 그 점을 감지했을 것이다. 진리내용이 주관적 이념 내지 예술가의 의도와 얼마나 일치하지 않는지는 조금만 생각해도 알 수 있다. 예술가가 의도한 것이 흠잡을 데 없이 순수하게 이루어진 작품도 있겠지만 그것은 그가 말하고자 한 바에 대한 부호가 되고, 이로써 암호화된 알레고리로서 빈곤해질 뿐이다. 이 알레고리는 예술가가 작품 속에 퍼 담은 바를 문헌학자가 다시 퍼내면 사멸한다. 이는 동어반복의 유희인데, 예를 들어 수많은 음악 분석들이 그러한 도식에 따르고 있다. 의도가 나름으로 허위를 겨냥할 때, 즉 대개 신화를 반복할 뿐인 영원한 진리들을 겨냥할 때 비판적 의식은 예술 작품들 속의 진리와 의도 사이의 차이를 파악할 수 있게 된다. 그러한 허위는 불가피하다는 이유로 부당하게 진리의 자리를 차지하기도 한다. 수많은 예술 작품들이 자체로서 형성되어 가는 것 내지 부단히 변화하고 진보해 가는 것으로서 표현되면서도 불변적인 것의 초시간적 계열에 머물고자 애쓴다. 그처럼 단절된 자리에서 테크놀로지적 비판은 어떤 허위에 대한 비판으로 넘어가며, 이로써 진리내용의 편에 선다. 여러모로 볼 때 예술 작품들에서 형이상학적 허위는 기술적 실패임이 드러난다. 확정적 부정이 없다면 예술 작품들의 진리도 있을 수 없다. 오늘날의 미학은 이러한 부정을 설명해야 한다. 예술 작품들의 진리내용은 직접 식별될 수 있는 것이 아니다. 그것은 매개된 상태로만 인식될 뿐 아니라, 자체로도 매개되어 있다. 예술 작품에서 사실적인 것을 초월하는 것, 즉 작품의 정신적 사상내용을 감성적 개별 사실들에 못 박아놓을 수는 없다. 그것은 이 사실들을 통해 본질구성되는 것이다. 진리내용의 매개된 성격은 바로 그러한 데에 있다. 정신적 사상내용은 예술적 구성의 피안에서 떠돌아다니지는 않는다. 오히려 예술 작품들은 자체의 구성을 통해, 그것들의 철저한 형상화가 이루는 일관성을 통해 그 사실적 측면을 초월한다. 예술 작품들을 덮고 있는 입김이라는 것은 예술 작품들의 진리내용과 가장 가까운 것으로서 사실적이면서도 동시에 비사실적이기도 하다. 그것은 예술 작품들이 표현한 분위기와 근본적으로 다르다. 오히려 형식을 이루는 과정은 그러한 입김을 위해 이 분위기를 잠식한다. 즉물성과 진리는 예술 작품들 속에서 서로 얽혀 있다. 예술 작품들은 자연의 모방을 통해서가 아니라 그것들에 내재하는 입김을 통해——작곡가들에게는 어떤 곡의 '숨결'이 친숙하다——자연에 접근한다. 분위기는 그러한 모방의 영역에 포함된다. 예술 작품들은 철저히 형식화되면 될수록 그것들을 통해 만들어진 가상에 대해 냉담해진다. 그리고 이 냉담성은 예술 작품들이 지닌 진리의 부정적 현상이다. 그것은 작품들의 환각술적 계기와 대립한다. 철저히 형상화된 작품들은 형식주의적이라고 비난을 받고 있지만, 그것들은 자체로 현실화되어 있고 또 이 현실화를 통해서만 그 진리내용 내지 정신적인 면을 구현하며 그것을 단순히 의미하는 데에 그치지 않는다는 점에서 리얼리즘적인 작품들이다. 그러나 예술 작품들이 그 현실화를 통해 자체를 초월한다고 해서 그것들의 진리가 보장되지는 않는다. 매우 높은 수준의 예술 작품들이 자체로서는 허위인 의식의 표현으로서 참인 경우도 많다. 이는 예를 들어 바그너에 대한 니체의 비판[12]과 같이 초월적 비판을 통해서만 적절히 다루어질 수 있다. 그러나 초월적 비판은 대상과 씨름하지 않고 단지 대상에 대해 판결을 내릴 뿐이라는 점에서 결함을 지닌다. 그뿐만 아니라 그것은 진리내용 자체에 대해 진부한 생각을 품고 있다. 즉 대개의 경우 미적 진리에 내재하는 역사적 계기를 고려하지 않으면서 어떤 문화철학적 관념을 품고 있는 것이다. 자체로 참인 것과 단지 허위의식을 적절히 표현했을 뿐인 것을 구분하는 일은 고수할 수 없다. 왜냐하면 그러한 구분을 마치 조감도처럼 가능하게 해주는 어떤 작품 속에도 오늘날까지 올바른 의식은 존재하지 않기 때문이다. 허위의식에 대한 완전한 서술이라는 것은 올바른 의식을 가리키는 명칭이며, 그 자체가 진리내용이다. 그 때문에 작품들은 해석과 비판만이 아니라 구제Rettung를 통해서도 전개된다. 이는 미적 현상에 담긴 허위의식의 진리를 목표로 한다. 위대한 예술 작품들은 거짓말을 할 수 없다. 예술 작품들의 사상내용이 가상일 때에도 이 가상은 필연적인 것으로서 예술 작품을 통해 증명되는 어떤 진리를 지닌다. 단지 실패한 작품만이 허위다. 예술은 현실의 속박을 반복하면서 그것을 이마고로 승화시킴으로써 동시에 그와 같은 속박으로부터 벗어나는 경향을 띤다. 그래서 승화와 자유는 서로 일치한다. 예술이 그 통일성을 통해 현실의 산재해 있는 요소들에 가하는 속박은 현실로부터 빌려 온 것이다.

---

12 [옮긴이] 젊은 시절 바그너에게 열광했던 니체는 바그너가 기독교 쪽으로 기울어짐에 따라 그를 퇴폐적이라고 비판했다. 아도르노는 대상 자체의 논리에 근거해 대상을 비판하는 내재적 비판과 달리 외적인 척도를 근거로 대상을 비판하는 것을 초월적 비판이라고 규정한다.

또 그 속박으로 인해 예술은 유토피아의 부정적 현상으로 변형된다. 예술 작품들은 그 조직을 통해, 그처럼 조직된 것만 아니라 조직의 원칙까지도 넘어서는데,—예술 작품들은 조직된 것이면서도 만들어지지 않은 것이라는 가상을 얻기 때문이다—이러한 점이 예술 작품들에 대한 정신적 규정이다. 이 규정은 인식된 것으로서 사상내용이 된다. 예술 작품이 이 사상내용을 단지 그 조직을 통해서만 말하는 것은 아니다. 그와 마찬가지로 조직이 그 함축된 의미로서 전제하는 파괴를 통해서도 말하는 것이다. 이러한 사실에 근거해 근래에 초라하고 더러운 대상을 즐겨 다루게 된 사실이나 화려함과 온화함에 대해 거부반응을 보이게 된 현상을 조명할 수 있을 것이다. 자기만족의 껍질 아래 존재하는 문화의 더러움에 대한 의식이 그 기반을 이루고 있다. 현실적으로 인류에게 주어지지 않고 있는 다채로움의 행복과 아울러 감성에서 모든 감성적 흔적을 거부하는 예술은 정신화된 예술이다. 하지만 그것은 그 유아적인 행복을 철저히 거부하는 가운데 아무런 가상 없이 현존하는 행복의 알레고리이기도 하다. 물론 이 경우 그것이 존재하지 않는다는, 허상이라는 치명적 유보 조건이 따른다.

예술과 철학; 예술의 집단적 사상내용

철학과 예술은 그 진리내용에서 서로 일치한다. 진전해 나아가면서 전개되는 예술 작품의 진리는 다름 아니라 철학적 개념의 진리다. 역사적으로 볼 때 관념론은 셸링에 이르러 자체의 진리 개념을 예술로부터 이끌어냈는데, 그것은 그 나름으로 근거 있는 일이었다. 자체로 역동적이면서 완결되어 있는 관념론 체계들의 총체성은 예술 작품들로부터 추론된 것이다. 그러나 철학이 현실 영역에 관여하고, 예술 작품들과 같은 정도로 자족적으로 철학 저술들로 결합될 수 없게 됨에 따라, 체계들의 위장된 미적 이상은 파괴되었다. 그 대가로 그 체계들은 사상예술 작품들Gedankenkunstwerke이라는 수치스러운 찬사를 듣게 된다. 명확하게 드러나는 관념론의 허위는 이제 돌이켜 보면 예술 작품들에도 악영향을 끼친다. 예술 작품들이 예술 작품으로서 특유하게 규정되는 것은 예술 작품의 자체동일성에 기반을 두는데, 예술 작품들은 자족적이면서도 바로 이러한 자족 상태를 통해 자체의 영역 밖에 존재하는 타자에 관여함으로써, 그러한 자체동일성에서 벗어난다. 예술 작품의 자율성이 파괴된 것은 결코 숙명적 몰락이 아니다. 그것은 예술과 철학이 너무 똑같아진 부분에 대한 판결에 따라 일종의 의무가 된다. 작품들의 진리내용은 그것들이 의미하는 바가 아니라, 작품이 그 자체로 참이냐 거짓이냐를 결정하는 것이다. 그리고 바로 작품 자체의 이러한 진리가 비로소 철학적 해석과 공약수를 지니며, 아무튼 그 이념상 철학적 진리와 일치한다. 확고부동한 것과 매개되지 않은 것에 집착하고 있는 현대의 의식에는 예술과 이러한 관계를 맺는 일이 분명 가장 어려운 일인데, 그러한 관계가 없이는 예술의 진리내용이 드러나지 않는다. 즉 진정한 미적 경험은 철학이 되어야 하며, 그렇지 못하면 그것은 존재하지 않는다. 철학과 예술이 일치할 수 있는 조건은 예술이—독자적 언어로서—특수화되면서 지니는 보편성의 계기에서 찾을 수 있다. 이러한 보편성은 집단적이다. 이는 한때 선험적 주체라는 말로 표시되던 철학적 보편성이 집단적 주체를 돌이켜 암시해 주는 것과 마찬가지다. 그러나 미적 형상들에서는 다름 아니라 자아를 벗어나는 것이 그 집단적 요인이다. 따라서 사회는 진리내용에 내재한다. 현상으로 나타나는 요인은 예술 작품의 집단적 본질이 분출되는 것이며, 그것을 통해 예술 작품은 단순한 주체를 훨씬 능가한다. 모든 예술 작품이 추구하는 미메시스에 대한 기억의 흔적은 또한 언제나 개인과 타인들 사이의 괴리를 넘어선 상태에 대한 기대이기도 하다. 그러나 예술 작품들 속의 그러한 집단적 기억은 주체와 분리되어 있지 않으며 이 주체를 통해 이루어진다. 주체의 개인 성벽적 충동 속에서 집단적 반응 형식이 나타나는 것이다. 무엇보다 이 때문에 진리내용에 대한 철학적 해석은 진리내용을 반드시 특수한 것 속에서 구성해야 한다. 예술 작품들은 주관적으로 미메시스적이며 표현적인 계기를 통해 자체의 객관성에 도달한다. 예술 작품들은 순수한 충동도 그 형식도 아니고 양자 사이에서 굳어진 과정이며, 또 이 과정은 사회적이다.

가상 없는 것의 가상으로서의 진리

오늘날의 예술형이상학은 어떤 정신적인 것, 즉 만들어진 것 혹은 철학의 언어로 '단순히 정립된' 것이 어떻게 참일 수 있느냐 하는 물음을 중심으로 정리된다. 여기서 논의되는 바는 직접 현존하는 예술 작품이 아니라 그것의 사상내용이다. 그러나 만들어진 어떤 것의 진리에 대한 물음은 다름 아니라 가상에 대한 물음과 가상을 진리의 가상으로서 구제하는 일에 대한 물음이기도 하다. 진리내용은 만들어진 것일 수 없다. 예술에서 만드는 행위 전체는, 언제나 만들어진 것 자체가 아닌 것이자 예술이 알지 못하는 것을 말하고자 하는 유일한 노력이다. 바로 그것이 예술의 정신이다. 억압된 상태로 역사적 역동성 속에 얽혀 들어간 자연을 부활시킨다는 예술의 이념은 그와 같은 데에 자리 잡고 있다. 예술은 자연의 이마고에 집착하지만, 아직 그런 자연은 결코 없다. 예술에서 참인 것은 어떤 비존재자다. 예술의 경우 그것은 동일성을 정립하는 이성이 재료로 격하시켜 놓고 자연이라고 칭하는 타자에서 드러난다. 이 타자는 통일성 및 개념이 아니라 어떤 다수ein Vieles다. 그래서 예술에서 진리내용은 예술 작품들의 추상적 상위개념으로서가 아니라 어떤 다수로서 나타난다. 예술의 진리내용이 예술 작품들과 결합하고 있다는 점과 동일시에서 벗어나는 요인의 다수성은 서로 상응한다. 예술은 제작을 통해서만, 즉 자체로 특유하게 철저히 형상화된 특수한 작품들을 만들어냄으로써만, 만들어지지 않은 것 혹은 진리를 포착할 수 있을 뿐 그것을 직접 바라봄으로써 그럴 수는 없다. 이 점이 예술의 모든 역설 가운데 가장 본질적일 것이다. 예술 작품들은 그 진리내용에 대해 극단적 긴장 관계에 있다. 진리내용은 만들어진 것에서만 개념 없이 나타나면서도 만들어진 것을 부정한다. 각각의 예술 작품은 조형물로서 그 진리내용 속에서 소멸한다. 즉 예술 작품은 진리내용을 통해 중요하지 않은 상태로 떨어진다. 물론 이는 극히 위대한 예술 작품들의 경우에만 가능하다. 예술이 몰락할 수 있으리라는 역사적 전망은 개별 작품 모두의 이념이다. 놀라운 미뇽의 노래[13]가 예언하듯이, 예술 작품의 진리내용이 예술 작품 속에 현존하는 것으로 단순히 나타나면, 그것이 곧 실현되어 순수한 껍질과도 같은 예술 작품을 벗어나리라고 약속하지 않는 예술 작품은

---

13   [옮긴이] 괴테의 소설 『빌헬름 마이스터의 수업시대 Wilhelm Meisters Lehrjahre』에 등장하는 인물 미뇽Mignon이 부르는 노래.

없다. 예술 작품들에서 가상으로 나타나는 것은 거짓일 수 없는 듯이 나타난다는 점이야말로 진정한 예술 작품의 징표이지만, 논증적 판단은 예술 작품의 이러한 진리에 도달하지 못한다. 그러나 그렇게 나타나는 것이 진리라면 그것은 가상과 아울러 예술 작품까지 지양한다. 예술을 미적 가상이라고 규정하는 것은 충분하지 못하다. 즉 예술은 가상 없는 것의 가상으로서 진리를 지닌다. 예술 작품들에 대한 경험은 예술 작품들의 진리내용이 공허하지 않다는 사실로 귀결된다. 각각의 예술 작품, 특히 단호하게 부정적 성격을 띤 예술 작품은 무언중에 혼란에 빠지지 않겠다non confundar고 말한다. 동경이 없으면 어떤 예술 작품도 설득력을 지닐 수 없겠지만 단순한 동경만으로는 예술 작품들이 무기력할 것이다. 하지만 예술 작품들은 역사적 존재자 속에 형상으로서 새겨져 있는 곤궁을 통해 그러한 동경을 초월한다. 예술 작품들은 그러한 형상을 뒤따라 그려냄으로써 단순히 존재하는 것을 넘어설 뿐만 아니라, 그처럼 곤궁한 것이 자체의 보충과 변화를 유발하는 만큼 객관적 진리를 지닌다. 존재하는 것은 대자적으로, 즉 그 의식에 비추어서는 아닐지라도 즉자적으로 타자를 원한다. 그리고 예술 작품은 그러한 의지를 말해주는 언어이며, 예술 작품의 사상내용은 이 의지와 마찬가지로 실체적이다. 그 타자의 요소들은 현실 속에 집적되어 있으며, 단지 그 위치를 조금 옮겨 새로운 짜임관계 속에 들어가기만 하면 그 올바른 자리를 찾게 될 것이다. 예술 작품들은 현실을 모방한다기보다 오히려 현실에 앞서 이러한 위치 변화를 보여준다. 결국 모방 이론은 뒤집어 놓아야 할 것이다. 즉 어떤 승화된 의미에서 현실이 예술 작품들을 모방해야 하는 것이다. 그런데 예술 작품들이 현존한다는 사실은 비존재자가 존재할 수도 있으리라는 점을 암시한다. 예술 작품들의 현실성은 가능한 것의 가능성을 증언해 준다. 예술 작품들에서 동경이 지향하는 바는——존재하지 않는 것의 현실성은——현실에서 기억으로 변한다. 기억 속에서 존재하는 것은 존재한 것Gewesenes으로서 비존재자와 결합한다. 왜냐하면 존재한 것은 이제 존재하지 않기 때문이다. 플라톤의 상기설 이래로 기억 속에서는 아직 존재하지 않는 상태를 꿈꾸게 되었는데, 단지 그러한 것만이 유토피아를 현존재에 떠넘기지 않으면서도 구체화할 수 있다. 그러한 기억에도 가상이 따라다닌다. 그 당시에도 그런 상태는 존재하지 않았던 것이다. 그러나 베르그송과 프루스트의 테제에 따르면, 예술의 형상적 성격 혹은 예술의 이마고는 바로 비의도적 기억이 경험계에서 불러일으키고자 하는 것이다. 물론 이런 점에서 그들은 진정한 관념론자들임이 증명된다. 그들은 자신이 구제하고자 하는 것들을 현실에 전가하는데, 그것들은 그 현실성을 잃고 단지 예술 속에만 존재하는 것이다. 그들은 미적 가상의 성질을 현실 속에 옮겨놓음으로써 미적 가상의 저주에서 벗어나고자 한다. 예술 작품들의 '혼란에 빠지지 않겠다'는 말은 예술 작품들의 부정성이 이루는 한계다. 이는 마르키 드 사드[14]의 소설들에서 그림의 더할 나위 없이 아름다운 미동美童들을 보고 "천사처럼 아름답다"고 칭할 수밖에 없는 장면에서 설정되는 한계와 비교할 수 있다. 이처럼 예술의 진리가 가상을 초월하는 예술의 수준에서 예술은 가장 치명적으로 위험에 노출된다. 다른 어떤 인간적인 것과 달리 예술은 자체가 거짓일 수 없다고 표현함으로써 거짓

---

14 [옮긴이] Donatien Alphonse François, comte de Sade(1740~1814): 프랑스의 귀족 작가로 장기간 감옥과 정신병원에 갇힌 상태에서 무신론적, 유물론적 논의와 잔인하면서 자유주의적인 내용을 담은 소설들을 썼다.

말을 할 수밖에 없는 것이다. 그러나 결국 모든 것이 아무것도 아닐 수 있다는 가능성에 대해 예술은 아무 힘도 지니지 못하며, 또한 예술의 실존을 통해 그 한계를 넘어섰다고 상정함으로써 허구적 성격을 지닌다. 예술 작품들의 진리내용은 예술 작품들의 현존재에 대한 부정으로서 예술 작품들을 통해 매개되어 있지만, 예술 작품들이 아무튼 언제나 그 진리내용을 전해주는 것은 아니다. 진리내용이 예술 작품들에 의해 정립된 바를 넘어서는 것은 예술 작품들이 역사에 관여하고 자신의 형태를 통해 역사에 확정적 비판을 가함으로써 이루어진다. 작품들 속의 역사는 만들어진 것이 아니다. 또 그것은 실제 역사를 통해 비로소 단순한 정립이나 제작에서 벗어난다. 즉 진리내용은 역사의 외부에 존재하는 것이 아니라 역사가 작품들 속에서 결정체를 이룬 것이다. 작품들의 정립되지 않은 진리내용이 작품들의 이름이라고 할 수 있을 것이다.

치명적인 것에 대한 미메시스와 화해

그러나 그 이름은 작품들 속에서 하나의 부정적인 것일 뿐이다. 예술 작품들은 존재자를 단지 '있는 그대로Comment c'est' 짜임관계로 이끌어감으로써 그 존재자 이상의 것을 말한다. 예술의 형이상학은 예술의 기원이 되는 종교와 예술을 확연히 구분하고자 한다. 예술 작품들 자체는 어떤 절대적인 것도 아니며, 또 절대적인 것이 예술 작품들 속에 직접 현존하지도 않는다. 그 절대적인 것에 관여하기 위해 예술 작품들은 일종의 맹목성을 띠게 되며, 이로 인해 진리의 언어인 예술 작품들의 언어도 곧 애매해진다. 즉 예술 작품들은 절대적인 것을 지니기도 하고 지니지 않기도 하는 것이다. 진리를 향한 예술 작품들의 운동에서 예술 작품들의 진리를 위해 그것들이 멀리하는 바로 그 개념이 그것들에 필요하다. 부정성이 예술에 대한 속박이냐, 아니면 그 나름으로 진리냐 하는 문제는 예술에 의해 결정되는 것이 아니다. 예술 작품들은 그 객관화의 법칙으로 인해 아프리오리하게 부정적이다. 즉 예술 작품들은 그것이 객관화하는 것을 그 직접적인 생명과 떼어냄으로써 죽인다. 예술 작품 자체의 생명은 죽음을 먹고 산다. 이 점이 현대 예술로 넘어가는 문턱을 규정한다. 현대 예술 작품들은 사물화에, 그 죽음의 원칙에 미메시스적으로 따른다. 이로부터 도피하는 것은 예술에서의 환각적 계기인데, 보들레르 이래로 예술은 체념적으로 여러 가지 사물들 가운데 하나가 되지 않으면서도 그러한 계기를 떨쳐버리고자 노력한다. 현대 예술의 선구자인 보들레르와 포는 예술가로서는 최초로 예술의 테크노크라트였다. 독소가 섞이지 않는다면, 잠재적으로 생명체에 대한 부정이 없다면, 문명적 억압에 대한 예술의 항의는 위로에 그치고 무기력할 것이다. 현대 예술이 시작된 이래 예술은 자체의 형식 법칙 속에 완전히 변형되어 들어가지 않는, 예술과 이질적인 대상들을 흡수했다. 이 경우 몽타주에 이르기까지도 예술의 미메시스는 자체와 반대되는 것에 스스로를 맡긴다. 사회 현실을 통해 예술은 그런 일을 할 수밖에 없다. 예술은 사회에 반대하지만 사회의 피안에 위치하는 입장을 취할 수는 없다. 예술은 자체가 반대하는 것과의 동일시를 통해서만 그것을 반대할 수 있다. 이러한 것이 이미 보들레르의 악마주의가 지니는 사상내용이었다. 이로써 그것은 시민적 도덕에 대한 직접적 비판을 훨씬 넘어선다. 이런 비판은 현실로 인해 무색해지고 유치하고 어리석게 되었다. 예술이 빈틈없는 사회의 그물에 직접 항의하고자 한다면 우선 스스로 그 그물에 얽히고 말 것이다. 그 때문에 예술은 베케트의 「막판」이 본보기로 보여주는 것처럼, 자체가 관여하는 자연을 자체로부터 제거하거나 그것을 공격해야 한다. 예술에 아직 가능한 고정관념parti pris은 죽음에 관한 것인데, 이는 비판적인 동시에 형이상학적이다. 예술 작품들은 미리 형식화된 재료 및 자체의 처리 방식을 통해 사물세계에서 나온다. 예술 작품들 속에 있는 것 가운데 사물세계에 속하지 않는 것, 또 죽음을 대가로 하여 그로부터 떨어져 나오지 않은 것은 아무것도 없다. 예술 작품들은 단지 자체의 치명적인 면을 통해서만 화해에 관여한다. 그러나 이런 점에서 예술 작품들은 동시에 신화에 속하기도 한다. 이 점이 모든 예술 작품에 담긴 이집트적 요인이다. 작품들은 덧없는 것 ―생명―을 지속시키고 죽음으로부터 구제하고자 함으로써 그것을 죽인다. 예술 작품들의 화해적 요인을 그것의 통일성 속에서 찾는 데에도 근거는 있다. 이는 옛말로 상처를 만든 창으로 상처를 치료하는 일과도 같다. 미적 통일성을 이룬 최상의 위대한 작품들에서도 사회적 폭력의 메아리를 들을 수 있기는 하지만, 이성은 와해를 의도할 때조차 예술 작품들에 통일성을 불러일으키고 현실에 대한 개입이나 실제 지배권을 포기함으로써 천진한 면을 지니게 된다. 그러나 그러한 포기를 통해 정신은 또한 죄를 짓는다. 예술 작품 속에서 미메시스적 요인과 산만한 요인을 묶어놓고 정지시키는 행위가 무정형의 자연에 해악을 끼치기만 하는 것은 아니다. 미적 형상은 카오스 상태로 소멸된다는 자연의 불안에 대한 항의다. 다양한 것의 미적 통일성은 이 다양한 것에 아무 폭력도 가하지 않은 채 그 다양한 것 자체로부터 추론되어 나온 것처럼 나타난다. 이로 인해 늘 그랬듯이 오늘날에도 실제로 분열을 유발하기도 하는 통일성이 화해로 넘어간다. 예술 작품들 속에서는 신화의 파괴적 폭력이 약해진다. 즉 예술 작품들의 특수한 상태에서는 현실에서 신화에 의해 자행되는 반복의 신화가 약화되는 것이다. 그런데 이 반복을 통해 예술 작품은 가장 가까이 있는 것들에 시선을 돌리고 그로써 특수한 것으로 된다. 예술 작품들 속에서 정신은 더 이상 자연의 오랜 적수가 아니다. 정신은 화해를 이루는 것으로 부드러워진다. 의고주의적 처방처럼 예술이 화해를 의미하지는 않는다. 화해는 비동일자를 감지하는 예술 고유의 반응 방식이다. 정신은 비동일자를 동일시하지 않는다. 오히려 스스로를 비동일자와 동일시한다. 예술은 자체동일성을 추구함으로써 비동일자와 같아진다. 이것이 예술이 지니는 미메시스적 본질의 현 단계다. 오늘날 예술 작품이 취하는 반응 방식으로서의 화해는 다름 아니라 예술이 화해의 이념을 거부하는 경우에, 즉 형식을 통해 무자비한 면모를 지니는 작품들 속에서 이루어진다. 그러나 이처럼 형식을 통해 이루어지는 비화해적 화해도 예술의 비현실성에 근거한다. 이로써 예술은 영속적으로 이데올로기의 위협을 받는다. 그러나 예술이 전적으로 이데올로기로 떨어지는 것도 아니고, 또 이데올로기로 인해 어떤 예술이든 아무런 진리도 지니지 못한다고 판결을 받는 것도 아니다. 예술은 그것의 진리 자체를 통해서도, 즉 경험적 현실이 거부하는 화해를 통해서도, 실제로 화해가 이미 이루어진 것처럼 속임으로써 이데올로기의 공범자가 된다. 예술 작품들은 그 아프리오리에 비춰 볼 때 혹은 그 이념이라고 할 수 있는 것에 비추어 볼 때 채무 관계 속에 빠져들어 간다. 성공적인 예술 작품은 어느 것이든 그것을 초월하지만 그로 인해 속죄를 해야 한다. 또 바로 그 때문에 예술 작품의 언어는 침묵 속으로 되돌아가고자 한다. 이는 베케트의 말로 침묵의 신성모독 desecration of silence이다.

어둠과의 연관

예술은 아직 존재한 적이 없는 것을 원하지만, 예술을 이루는 모든 요인은 이미 존재한 것이다. 예술은 이미 존재한 것의 그림자를 뛰어넘을 수 없다. 그러나 아직 존재하지 않은 것은 구체적인 것이다. 유명론은 구체화를 주어진 것 내지 의심의 여지 없이 현존하는 것으로서 다룬다는 점에서, 또 이로써 세계의 진행 과정에 의해 존재자가 그처럼 평화로운 확정 상태에 머물 수 없게 되며, 그러한 상태는 단지 주어진 것이라는 개념에 의해 남용될 뿐이고 그 자체로 추상성에 빠진다는 것을 스스로도 착각하고 사람들을 기만한다는 점에서, 이데올로기에 가장 깊이 사로잡혀 있다고 할 수 있다. 구체적인 것은 예술 작품들을 통해서도 부정적으로 말고 다른 식으로 언급되기는 어렵다. 예술 작품은 특수한 내용을 통해서가 아니라 단지 그 자체의 실존이 교환될 수 없다는 점을 통해서만, 추상적, 보편적 기능의 연관인 경험적 현실에 제동을 건다. 어떤 예술 작품이든 그 형식을 통해, 결국 예술 작품 자체에 지나지 않는 상태를 미리 보여준다는 점에서 유토피아다. 그리고 이는 주체에 의해 확산된 자체존재 Selbstsein의 속박을 떨쳐버려야 한다는 요구와 접한다. 어떤 예술 작품도 다른 예술 작품에 양도될 수 없다. 이런 점에서 예술 작품들에 불가피한 감성적 계기는 정당성을 지닌다. 이 계기를 통해 예술 작품들은 현장성 Jetzt und Hier을 지니며, 그 점에서 비록 여러 가지 매개를 통하기는 해도 감성적 계기는 또한 어느 정도 자립성을 유지한다. 언제나 그 계기에 집착하는 순진한 의식도 전적으로 허위라고만 볼 수는 없는 셈이다. 물론 교환 불가능성은 매개가 보편적이지 않다는 믿음을 강화하는 기능도 지닌다. 예술 작품은 그 철천지원수인 교환 가능성도 흡수해야 한다. 즉 구체화 속으로 물러서는 것이 아니라 그 자체의 구체화를 통해 총체적 추상의 연관을 보여주고 그로써 이에 저항해야 한다. 진정한 새 예술 작품들에서 나타나는 반복들이 언제나 태고적인 반복 강압에 순응하는 것은 아니다. 그런 반복들은 여러 작품들에서 그런 강압을 탄핵하며, 이로써 하크[15]가 반복할 수 없는 것이라고 칭한 것을 옹호한다. 재현부가 악무한에 빠지는 듯한 베케트의 연극은 이를 가장 완벽하게 말해주는 모델이다. 새로운 예술의 검고 음울한 면, 색채에 대한 금욕은 부정적으로 색채를 찬양하는 것이다. 셀마 라겔뢰프[16]의 뛰어난 전기체 글 『모르바카』에서는 이제까지 본 적이 없는 박제된 낙원의 새가 지체장애 아이를 치료해 주는데, 그러한 모습으로 나타나는 유토피아의 효과는 사라지지 않고 있다. 그러나 이제 그런 유토피아 같은 것은 더 이상 가능하지 않을 것이다. 그 대리자가 어둠이다. 그렇지만 예술에는 아직 존재하지 않는 것, 즉 예술의 유토피아가 검게 숙명처럼 따라다닌다. 그 때문에 예술은 아무리 매개되어 있을지라도 가능한 것을 몰아낸 현실적인 것에 반대하는, 그 가능한 것에 대한 기억임

---

15 [옮긴이] Karl Heinz Haag(1924~2011): 독일 철학자. 『믿음과 앎의 변증법Zur Dialektik von Glauben und Wissen』(1971), 『철학 속의 진보Der Fortschritt in der Philosophie』(1983), 『비판철학Kritische Philosophie』(2012) 등의 저서를 썼다.
16 [옮긴이] Selma Lagerlöf(1858~1940): 스웨덴 작가. 1909년 노벨문학상 수상. 종교적이고 환상적인 작품을 썼다. 『모르바카Mårbacka』(1922)는 작가 자신의 유년기를 다룬 전기적인 글이다.

에 변함이 없다. 그것은 파국적 세계사에 대한 상상적 보상이기도 하며, 필요성의 속박 속에서 아직 이루어지지 않고 있고 또 이루어질지 확실하지도 않은 자유이기도 하다. 영속적 파국에 대한 예술의 긴장 속에는 예술의 부정성, 즉 어둠과 예술의 연관이 함께 자리 잡고 있다. 현존하면서 현상으로 나타나는 어떤 예술 작품도 실증적으로 비존재자를 지배할 수 없다. 이로써 예술 작품들은 종교의 상징들과 구분된다. 종교의 상징들은 현상을 통해 직접적 현재를 초월한다고 주장하기 때문이다. 예술 작품들 속의 비존재자는 존재자의 어떤 짜임 관계다. 예술 작품들은 총체적 부정에 이르는 그 부정성을 통해 약속이 된다. 이는 예전에 이야기를 처음 시작할 때 취하는 제스처나 현악기에서 나는 최초의 음이 설혹 가장 두려운 것일지라도, 아직 듣지 못하거나 보지 못한 것을 약속해 주었던 점과도 같다. 또한 우리의 눈길을 사로잡는 문학작품을 덮고 있는 각각의 책 겉장은 어둠상자의 약속과 유사하다. 모든 새로운 예술의 역설은 그와 같은 것을 내던짐으로써 다시 얻는다는 점이다. 예를 들어 프루스트의 『잃어버린 시간을 찾아서』의 시작 부분은 어둠상자의 소음이나 전지적 화자를 통한 요지경Guckkasten 없이 아주 교묘하게 이루어지는데, 이는 마술을 포기함으로써만 마술을 실현하는 것이다. 미적 경험은 정신이 세계로부터만 아니라 자신으로부터도 아직 얻지 못하는 어떤 것에 대한 경험이다. 그것은 그 불가능성을 통해 약속된 가능성이다. 예술은 행복에 대한 약속이지만, 그 약속은 깨어진다.

일관성과 의미

논리성

　예술 작품들은 개념적이지도 않고 판단하지도 않지만 논리적이다. 예술 작품들은 언제나 논증적 사유의 기준들에는 어긋나고 말 테지만, 만일 예술 작품들의 내재적 논리성이 논증적 사유에 부합하지 않는다면 예술 작품들에서 수수께끼 같은 요인은 아무것도 없을 것이다. 예술 작품들은 추론의 형식과 사실적 사유에 들어 있는 추론의 본보기에 극히 가깝다. 시간예술들에서 이러저러한 것이 어떤 것에서 나온다는 말은 단순히 은유적인 것이 아니다. 한 작품에서 어느 사건이 다른 사건에 의해 유발된다는 사실에서는 적어도 경험적 인과관계가 분명히 드러나게 된다. 시간예술에서만 한 가지가 다른 것으로부터 나와야 하는 것은 아니다. 시각예술들에서도 그에 못지않게 일관성이 필요하다. 자체와 같아져야 한다는 예술 작품들의 의무, 이로써 예술 작품들이 그 내재적 계약의 기초에 대해 갖는 긴장, 나아가 평형상태가 이루어져야 한다는 전통적 이념에는 일관성 논리의 원칙이 필요하다. 이러한 것이 예술 작품들의 합리적 측면이다. 예술 작품의 내재적 필연성이 없다면, 어떠한 예술 작품도 객관화되지 못한다. 이는 예술의 반미메시스적 충동으로서 외부로부터 차용해 온 것이지만, 예술은 그것을 어떤 내적인 것으로 결합해 놓는다. 예술의 논리는 여타의 논리 규칙으로 볼 때 역설적으로 개념과 판단이 없는 추론 방법이다. 예술은 물론 정신에 의해 이미 매개되어 있고 그런 한에서 어느 정도 논리화된 현상물들에서 귀결들을 이끌어낸다. 예술의 논리적 방법은 주어진 여건들에 비추어 볼 때 논리 외적인 영역 속을 움직인다. 이를 통해 예술 작품들이 얻는 통일성 때문에 예술 작품들은 경험의 논리와 유사해진다. 예술 작품들의 처리 방식, 그 요소들, 이들의 관계들 등이 실천적 경험계 속의 그것들과 아무리 거리가 멀더라도 그렇다. 수학에 대한 예술의 관계는 예술이 해방되기 시작하던 시대에 형성되었고 오늘날 예술의 관용적 표현법들이 와해되는 시대에 다시 등장하고 있는데, 그것은 예술의 일관성 논리 차원에 대한 예술의 자의식이었다. 수학도 그 형식적 성격으로 인해 무개념적이다. 수학의 기호들은 어떤 것에 대한 기호들이 아니며, 또 예술과 마찬가지로 수학도 존재판단을 내리지는 않는다. 사람들은 종종 수학의 미적 본질을 거론하곤 했다. 물론 예술이 과학에 의해 고무되거나 위축되어 자체의 일관성 논리를 실체화하고 자체의 형식들을 수학적 형식들과 직접 같다고 보고, 자체가 언제나 수학적 형식들에 대립하여 작용하기도 한다는 점을 염두에 두지 않는다면, 이는 착각이다. 그렇더라도 예술의 논리성은 예술을 어떤 고유의 존재 혹은 2차 자연으로 구성하는 예술의 힘들 가운데 가장 강력한 것이다. 그것은 예술 작품들을 그 영향에 근거해 파악하려는 모든 노력을 방해한다. 즉 예술 작품들은 일관성을 통해 수용과 관계없이 자체로서 객관적으로 규정된다. 그렇지만 예술의 논리성을 문자 그대로 받아들여서는 안 된다. 니체는 예술 작품들에서는 모든 것이 마치 꼭 그래야만 하고 다르게 될 수는 없는 듯이 나타난다고 말했는데—물론 이는 예술의 논리성을 아마추어처럼 과소평가하는 것이긴 하다—이러한 지적은 그와 같은 문제를 염두에 둔다. 작품들의 논리는 다른 논리와 비교가 안 될 정도로 더 넓은 변역을 모든 개별 사건들과 해결들에 허용한다는 점에서 본래적이지 않다고 할 수 있다. 이 경우 그와 마찬가지로 강제적이고 필연적인 것에 대한 감정이 우연성의 계기와 결합하고 있는 꿈의 논리를 어쩔 수 없이 상기하게 된다는 점을 부인할 수 없다. 예술 속의 논리는 경험적 목적들에서 물러섬으로써 확고부동하면서도 동시에 느슨한 상태에서 그림자 같은 면을 지니게 된다. 그러한 논리는 기존 양식들이 그 자체로 인해 논리성의 가상을 유발하는 일이 모호해지고 개별 작품들도 그와 같은 것을 수행할 필요가 없게 될수록, 더욱 구속력을 잃게 될 것이다. 흔히 고전이라고 부르는 작품들에서는 논리성이 가장 거리낌 없이 지배권을 행사하지만, 오히려 그러한 작품들이 전적으로 더 많은 가능성, 때로는 수많은 가능성을 허용한다. 예컨대 통주저음 음악이나 민중들의 코메디아 델라르테¹처럼 이미 정해진 유형 속에서 이루어지는 작품들은 나중에 개인에 의해 철저히 조직된 작품들보다 오히려 더 위험 없이 즉흥적 연주나 연기를 허용했다. 개인에 의해 철

---

1   [옮긴이] commedia dell'arte: 16~18세기 이탈리아에서 발달한 극 형식. 틀이 잡힌 전형적 극 상황과 가면을 사용하는 즉흥적 연기로 대중들의 취향에 호소했다. 몰리에르Molière와 셰익스피어 등에게 영향을 끼쳤다.

저히 조직된 작품들은 표면상 더 비논리적이며, 일반적으로 제시된 개념과 유사한 도식과 공식에 비춰 본다면 덜 명확하지만, 내적으로는 더 논리적이며 일관성을 훨씬 더 엄격히 받아들인다. 그러나 예술 작품의 논리성이 증가하고 그 요구들이 점차 말 그대로의 상태로 되어 완전히 결정된 작품 혹은 최소한의 기본 재료로부터 연역된 작품이라는 패러디에 이르게 되면 논리성의 가상적 성격이 드러나고 만다. 오늘날 부조리하다고 여겨지는 것은 완전한 논리성의 부정적 기능이다. 예술에는 개념과 판단 없이 추론도 없다는 보복이 따른다.

논리, 인과성, 시간

예술 속의 논리는 본래적이지 않은 것으로서 인과성과 구분되기 어렵다. 왜냐하면 예술에서는 순수하게 논리적인 형식들과 대상적인 것에 관여하는 형식들 사이의 차이가 사라지기 때문이다. 예술 속에는 논리와 인과성의 태고적인 미분화 상태가 잠복해 있다. 쇼펜하우어가 말하는 개별화 원칙principia individuationis, 즉 공간, 시간, 인과성은 극단적으로 개별화된 것의 영역인 예술에서 다시 나타난다. 그러나 그것은 굴절된 상태로 나타나며, 가상적 성격에 의해 강요된 이 굴절은 예술에 자유의 양상을 부여한다. 이 자유를 통해, 혹은 정신의 개입을 통해 사건들의 연관 및 연속이 정해진다. 정신과 맹목적 필연성이 분화되지 않은 상태에서 예술의 논리는 다시 역사에서 나타나는 실제적 계열의 합법칙성을 상기시킨다. 쇤베르크는 음악을 테마들의 역사로서도 논할 수 있었다. 예술이 매개되지 않은 채 조잡하게 공간, 시간, 인과성 등을 내포하지는 않는다. 그와 마찬가지로 예술은 관념철학 전체가 주장하듯이 이상의 영역으로서 전적으로 그러한 규정들 너머에 머무는 것도 아니다. 그러한 규정들은 마치 멀리서 다가오듯이 예술 속에 파고들며, 그 속에서 곧 어떤 다른 것이 된다. 그래서 예를 들어 음악에서의 시간은 그 자체로 명백하지만 경험적 시간과는 거리가 멀기 때문에, 집중해서 음악을 들을 경우 음악적 연속체 외부의 시간적 사건들은 이 음악적 연속체에 외적인 것으로 머물며 이 연속체와 별 관계가 없다. 연주자가 어떤 악절을 반복하거나 다시 시작하려고 중단하면, 한동안 음악적 시간은 그와 무관한 상태로 전혀 아무렇지도 않은 듯이 어느 정도 멈추어 있다가, 음악이 진행되기 시작하면 비로소 계속 진행된다. 아무튼 경험적 시간은 그 이질성으로 인해 음악적 시간을 방해하며 양자가 합류하지는 않는다. 이때 예술의 조형적 범주들은 외부 세계의 범주들과 간단히 질적으로 구분되지는 않으며, 수정이 이루어지기는 해도 그 성질을 질적으로 다른 매체 속에 끌어들인다. 외적 현존재에서는 그와 같은 형식들이 자연 지배의 척도가 되는 형식들인 데 반해, 예술에서는 그것들이 나름으로 제어되며 자유로이 처리된다. 예술은 지배하는 자를 지배함으로써 자연 지배를 극히 본질적으로 수정한다. 그러한 형식들 및 재료들에 대한 이 형식들의 관계를 자유로이 처리함으로써, 현실에서 그러한 것들에 따라다니는 불가피성의 가상과 비교하면, 그것들 자체의 자의성이 명백해진다. 하나의 음악작품이 시간을 압축하고 한 편의 그림이 공간을 겹쳐놓으면, 사정이 달라질 수도 있으리라는 가능성이 구체화된다. 실제로 공간이나 시간을 고수하고 그 힘을 부정하지도 않으나, 이것들은 구속성을 잃어버린다. 그런 한에서 다름 아니라 예술을 경험계와 떼어놓는 형식적 본질구성 요인들의 측면에서 볼 때, 역설적으로 예술은 경험적 인식보다 덜 가상적이며 또 주관적으로 규정된 합법칙성에 의해 덜 혼란에 빠진다. 예술 작품들의 논리는 일관성 논리에서 파생되기는 했어도 그것과 동일하지 않다. 이 점은 예술 작품들이——또한 이로 인해 예술은 변증법적 사고에 접근한다——자체의 논리성을 중지시키고 궁극적으로는 그러한 중지를 자체의 이념으로 만들 수도 있다는 사실에서 나타난다. 모든 현대 예술 속의 파손된 것이라는 계기는 그와 같은 문제를 겨냥한다. 완전한 구성의 성향을 드러내는 예술 작품들도 논리성에 대해 이질적이면서 해소되지 않는 미메시스의 흔적을 통해 논리성을 부정한다. 구성은 그와 같은 것에 의지한다. 작품들의 자율적 형식 법칙은 형식을 원칙이라고 정의하는 논리성에도 이의를 제기한다. 예술이 논리성 및 인과성과 전혀 아무 관계도 없다면, 예술은 그 타자에 대한 관계를 그르칠 것이며 아프리오리하게 공허해질 것이다. 그러나 인과성 및 논리성을 문자 그대로 받아들인다면 예술은 속박에 굴복할 것이다. 부단한 갈등을 야기하는 자체의 양면성을 통해서만 예술은 그런 속박에서 약간 벗어난다. 개념과 판단이 없는 추론들은 처음부터 자명성을 잃는다. 물론 그것들은 개념과 판단에 의해 오히려 은폐될 수 있는 객체들 사이의 어떤 소통을 상기시킨다. 반면에 미적 일관성은 그러한 소통을 동일시되지 않은 계기들의 친화성으로서 보존한다. 그러나 인식적 본질구성 요인들과 미적 본질구성 요인들의 통일성은 이성으로서의 정신이 이루는 통일성이다. 미적 합목적성에 대한 이론은 그러한 점을 표현했다. 예술이 또 하나의 세계라고 하는 쇼펜하우어의 테제도 어떤 점에서는 옳다. 하지만 그러한 세계는 그 구성Komposition을 통해 1차 세계의 요소들로부터 옮겨놓은 것이다. 이는 구원 상태에서는 모든 것이 익숙한 상태와 같고 단지 조금만 다르다고 하는 유대인들의 설명에도 부합된다. 다만 그 또 하나의 세계는 1차 세계에 대한 부정적 경향을 띠는 것으로서, 현존재의 산만한 특징들이 의미를 지니도록 집약한다기보다는, 친숙한 의미들을 통해 가짜로 나타나는 것들을 오히려 파괴한다고 할 수 있다. 아무리 승화가 잘 이루어진 경우에도 예술에서는 이 세계에 근원을 두지 않는 요인은 아무것도 없다. 또한 변화되지 않은 채 그대로 있는 것도 없다. 모든 미적 범주들은 세계와 연관을 가진다는 점과 아울러 그로부터 벗어나 있다는 점을 통해 규정될 수 있다. 그 두 가지의 경우 예술은 모두 인식이다. 우선 예술에서 현세적 내용과 현세적 범주들이 다시 나타나고 또 보통 인식의 대상이라고 칭해지는 것들과 예술이 묶여 있다는 점에서 그렇다. 그러나 그보다는 오히려 아마 예술이 자연을 지배하는 이성을 비판하는 경향을 지닌다는 점에서 그럴 것이다. 예술은 이 이성을 통한 고정적 규정들에 수정을 가함으로써 그 규정들이 운동하게 만드는 것이다. 예술은 억압받는 요인들을 정당하게 대하고자 한다. 그러나 예술이 이성을 추상적으로 부정하거나 사물의 본질을, 불길한 표현을 쓰자면, 직접 직관하기 때문이 아니라 경험계에서 합리성이 자체의 불가피한 재료로 간주하는 것으로부터 이 합리성을 해방하고, 합리성의 폭력 행위를 철회함으로써 그와 같은 일을 해낼 것이다. 예술은 흔히 생각하는 것처럼 종합이 아니며, 오히려 종합을 이룬 바로 그 힘으로 종합을 토막내버린다. 예술에서 초월적인 것은 자연을 지배하는 정신의 2차 반성과 동일한 경향을 띤다.

무목적의 합목적성

예술 작품들의 반응 방식은 유비Analogie 이상의 방식으로 경험적 현실의 폭력과 지배권을 반영한다. 예술 작품들에서 다양성의 통일을 뜻하는 예술 작품들의 완결성은 자연을 지배하는 반응 방식을 현실에서 떨어져 나온 예술 작품들의 어떤 상태에 직접 적용하는 것이다. 이는 아마 자체보존 원칙이 외부에서의 그 실현 가능성 너머를 가리키며, 그곳에서 결국 죽음에 의해 자체가 부정되는 것을 보고 이에 만족할 수 없다는 데에 기인할 것이다. 자율적 예술은 불멸성, 유토피아, 오만함을 모두 하나로 묶어놓은 것이다. 만일 다른 별에서 예술을 바라본다면 아마 모두가 이집트적인 모습일 것이다. 예술 작품들은 합목적성을 통해 예술 작품임을 주장하는데, 이 합목적성은 외부에 존재하는 합목적성의 그림자일 뿐이다. 예술 작품들은 단지 형식에 의해서만 그러한 합목적성과 유사해지며——적어도 예술 작품들은 그렇게 망상한다——그로써만 해체를 면할 수 있다. 목적 없이 합목적인 것을 아름답다고 칭해야 한다는 칸트의 역설적 정식은 그러한 사정을 주관적 선험철학의 언어로 충실히 표현하고 있다. 이러한 충실성으로 인해 칸트의 정리들은 그것이 제기되는 방법적 연관에서 언제나 떨어져 나온다. 예술 작품들은 역동적 총체로서 합목적적이었다. 이 총체 속에서는 모든 개별 계기들이 그 목적, 즉 전체를 위해 존재하며, 마찬가지로 전체는 그 목적, 즉 개별 계기들의 실현을 위해 혹은 그것들의 부정을 통한 실행을 위해 존재한다. 반면에 예술 작품들은 경험적 현실의 목적-수단 관계에서 벗어났기 때문에 무목적적이었다. 경험적 현실과 떨어져 있다는 점에서 예술 작품들의 합목적성은 어떤 공상적인 면을 지닌다. 현실적 합목적성에 대한 미적 합목적성의 관계는 역사적이었다. 즉 예술 작품들의 내재적 합목적성은 외부로부터 예술 작품들에 옮겨진 것이었다. 대체로 은연중에 집단적으로 이루어진 미적 형식들은 무목적 상태로 된 목적형식들이다. 장식들이 특히 그러한데, 그것들이 공연히 수학과 천문학을 끌어들인 것은 아니다. 이러한 행로는 예술 작품들의 마술적 근원에 의해 미리 규정되어 있다. 즉 예술 작품들은 자연에 작용을 가하려고 한 실천의 일부였으나, 합리성이 형성되기 시작하면서 그로부터 분리되었고, 현실적 영향을 끼친다는 속임수를 포기한 것이다. 예술 작품들에 특유한 것, 즉 그 형식은 침전되고 변형된 내용으로서 그 근원을 완전히 부인할 수는 없다. 미적 성공은 형식화된 것이 형식 속에 침전된 내용을 불러일으킬 수 있느냐에 본질적으로 달려 있다. 그래서 또한 예술 작품들에 대한 해석학은 일반적으로 그것들의 형식 요인들을 내용들로 번역하는 것이기도 하다. 그러나 예술 작품들이 현실로부터 내용을 간단히 받아들이기만 하는 듯이 내용들이 곧장 예술 작품들의 요소가 된다고 볼 수는 없다. 내용은 어떤 반대 운동 속에서 본질구성된다. 내용은 이 내용에서 멀어져 가는 작품들에 새겨진다. 예술적 진보에 대해 적절하게 말할 수 있는 한, 그것은 이러한 운동의 요체라고 할 수 있다. 이 운동은 내용에 대한 확정적 부정을 통해 내용에 관여한다. 이 운동이 강력하게 이루어지면 이루어질수록 그만큼 예술 작품들은 내재적 합목적성에 따라 조직되며, 또 바로 그로써 예술 작품들을 통해 부정된 것들에 점점 더 익숙해진다. 유기체들 및 예술의 목적론에 대한 칸트의 구상은 이성의 통일성에 뿌리를 두고 있었으며, 궁극적으로는 물자체 속에 존재한다는 신적 이성에 근원을 두었다.

그러한 구상은 무너질 수밖에 없었다. 그러나 예술에 대한 목적론적 규정은 예술의 발달로 인해 부정된 상투어, 즉 예술가의 의식과 환상이 그의 작품들에 유기적 통일성을 부여한다는 상투어를 넘어서는 진리를 지닌다. 실천적 목적들을 포기한 작품들의 합목적성은 그것들의 언어와 유사한 요인이다. 또 무목적적이라는 것은 작품들의 비개념적 요인 혹은 기의적 언어와 작품들의 차이다. 예술 작품들은 단지 자체의 언어를 통해서만, 즉 괴리되어 있는 자체의 계기들을 조직함으로써만 사물들의 언어라는 이념에 접근한다. 그것은 자체 내에서 구문적으로 명료하게 표현되면 표현될수록 그 자체의 계기들과 함께 더욱 더 언어적 성격을 띤다. 미적 목적론 개념은 예술의 언어를 통해 그 객관성을 얻는다. 전통적 미학은 일반적 선입견에 따라 전체와 부분의 관계에서 미리 전체 쪽을 택했기 때문에 객관성을 그르친다. 그러나 변증법은 예술을 다루기 위한 지침이 아니라 예술에 내재하는 것이다. 반성적 판단력은 상위개념 혹은 보편에서 출발할 수 없고, 그 결과 결코 '주어져 있는' 것이 아닌 전체적 예술 작품에서 출발할 수 없으며, 개별 계기들을 따라야만 하고 또 그 자체의 필요성에 의해 이 계기들을 넘어서야 한다. 이 점에서 반성적 판단력은 예술 작품들의 자체 내 운동을 주관적으로 뒤따라 그려낸다. 예술 작품들은 자체의 변증법을 통해 신화에서, 즉 맹목적, 추상적으로 지배권을 행사하는 자연의 연관에서 벗어난다.

형식

예술 작품들에 담긴 논리성이나 나아가 일관성의 계기들 모두의 요체가 예술 작품들의 형식이라고 할 수 있다는 데에는 논란의 여지가 없을 것이다. 미학이 이 형식 범주에 대해 얼마나 반성하지 않았는지, 또 예술을 구분해 주는 이 범주를 얼마나 아무 문제 없이 주어진 것처럼 여겨왔는지를 생각하면 놀랍다. 형식을 확인하기 어려운 것은 모든 미적 형식이 내용과 연루되어 있기 때문이기도 하다. 미학을 반동적 예술과 종종 결합해 주는 추상성에 희생되지 않으려면, 형식은 내용과 대립시켜서만 아니라 내용을 통해서도 생각해야 한다. 그뿐 아니라 발레리에 이르기까지도 형식 개념은 미학의 맹점을 이룬다. 왜냐하면 모든 예술이 형식 개념을 신봉함으로써 이 개념을 개별 계기로서 분리하기 어렵기 때문이다. 물론 예술을 다른 어떤 한 가지 계기를 통해 정의할 수도 없지만, 예술이 형식과 단순히 동일한 것도 아니다. 미적 통일성 혹은 형식의 이념처럼 어떤 전체적인 것으로서의 예술 작품 및 예술 작품의 자율성을 비로소 가능하게 해준 계기까지도 모두 예술 속에서는 부정될 수 있다. 고도로 발달한 현대의 작품들에서는, 표현을 위해서든 긍정적 본질에 대한 비판으로서든 형식이 작품의 통일성을 해체하는 경향이 있다. 예술의 위기가 곳곳에서 나타나기 오래전에도 열린 형식이 없었던 것은 아니다. 모차르트의 경우 종종 통일성을 느슨하게 만듦으로써 유희적으로 통일성을 시험했다. 누구보다도 형식의 문제에서 확실하다고 평가받는 이 작곡가는 상대적으로 구속력 없는 요소들 혹은 대조적 요소들을 병렬시킴으로써 형식 개념 자체를 가지고 능숙하게 곡예를 벌인다. 그는 형식의 힘을 극히 확신하기 때문에 마치 고삐를 놓아주는 듯하며, 구성의 확실성을 기반으로 원심적 경향들을 허용한다. 과거 전통의 유산에서는 형식으로서의 통일성 이념이 아직 확고부동해서 극단적인 부담도 견더낸다. 반면에 베토벤의 경우에는 유명론의 공격으로 통일성이 실체성을 잃어버렸고, 그래서 그는 통일성을 훨씬 더 엄격히 유지한다. 즉 그의 경우 통일성이 다양한 요인들을 아프리오리하게 미리 형식화하며 그만큼 그것을 더욱 성공적으로 제어한다. 오늘날에도 예술가들은 통일성을 살려놓고 싶어 하지만, 이때 열려 있고 완결되지 않은 것이라고 믿어온 작품들이 그러한 계획적 성격에서 다시 불가피하게 통일성과 같은 어떤 것을 얻는다는 점이 수반된다. 대체로 이론에서는 형식이 대칭 및 반복과 등치된다. 만일 형식의 개념을 불변 요인들로 끌고 가고자 한다면, 한편으로는 동등성, 반복 등의 개념이, 또 그 대립하는 것으로서 부등성, 대조, 발전 등의 범주들이 제기되리라는 점에는 논란의 여지가 없다. 그러나 그러한 범주들을 설정한다고 해도 별로 도움이 되지는 않는다. 예컨대 음악적 분석에서는 심하게 이완되고 반복을 극히 싫어하는 작품들에도 유사성이 존재하며, 많은 부분이 어떤 특징들에서는 다른 부분과 서로 일치한다는 점, 또 그처럼 동일한 것에 대한 관계를 통해서만 작품이 추구하는 비동일성이 실현된다는 점이 드러난다. 아무 동등성도 없다면 카오스 자체가 불변 상태에 머물 것이다. 그러나 같은 것의 어떤 잔여분을 통해 같지 않은 것을 불가피하게 규정하는 일과 특유의 요인에 의해 전혀 매개되지 않은 채 외부로부터 규정된 명시적 반복 사이의 구분은 모든 불변성을 결정적으로 능가한다. 불변성에 대한 공감 때문에 그 점을 간과하는 형식 개념은 독일어에서 '형식적으로 완성된formvollendet'이라는 말을 거리낌 없이 받아들이는 야만적 관용법과도 그다지 멀리 떨어져 있지 않다. 미학은 그 중심인 형식 개념을 예술의 주어진 상태에서 언제나 이미 전제하기 때문에, 그 개념에 대해 생각하려면 전력을 기울일 필요가 있다. 미학이 동어반복에 얽히지 않기 위해서는 형식 개념에 내재하지 않는 요인에 의지한다. 그런데 형식 개념은 미학적으로 자체의 외부에 있는 어떤 것과도 관여하지 않으려고 한다. 형식의 미학은 형식의 속박을 받는 것들의 총체성에 대한 미학을 타파함으로써만 가능하다. 그런데 예술이 일반적으로 아직도 가능한지는 그러한 것에 달려 있다. 경험적인 삶에서는 예술의 존재 권리가 불확실하게 되었는데, 형식 개념은 이 경험적 삶에 대한 예술의 날카로운 대립을 표시해 준다. 예술은 형식과 같은 정도로 기회를 가질 뿐 그보다 더 많은 기회를 갖지는 않는다. 루카치는 현대 예술에서 형식의 의미가 너무 과대평가된다고 말한다.[2] 이런 말에서도 예술의 위기에 형식이 관여하고 있음이 드러난다. 루카치의 속물적 선언문에는 문화적으로 보수적인 그가 예술 영역에 대해 느끼는 무의식적 불쾌감이 응축되어 있다. 또 거기서는 그가 사용한 형식 개념이 예술에 부적합하다는 점도 알 수 있다. 형식이 본질적인 것이며 예술의 내용과 매개되어 있다는 점을 오해하는 사람만이 예술에서 형식이 과대평가받는다고 주장할 수 있다. 형식은 비록 적대적이고 파손된 것이기는 하지만 예술품들의 일관성으로서, 그것을 통해 각각의 성공한 작품은 단순한 존재자와 구분된다. 형식주의에 대한 모든 호통 속에서 메아리치고 있는 무반성적 형식 개념은 형식을 시로 쓰인 것, 작곡된 것 혹은 그림으로 그려진 것과 구분되는 조직으로서 그것들과 대립시킨다. 따라서 그런 사고에 대해 형식은 부과된 것, 주관적으로 자의적인 것으로 나타난

---

2   Georg Lukács, *Wider den mißverstandenen Realismus*, Hamburg: Claassen, 1958, pp. 15 이하 참조.

다. 반면에 형식은 형식화된 것에 아무런 폭력을 가하지 않고 그로부터 만들어져 나올 때에만 실체적이다. 형식화된 것, 즉 내용도 결코 형식에 외적인 대상들이 아니라, 형식이기도 한 형상들의 세계로 작품이 이끌고 가는 미메시스적 충동들이다. 형식 개념이 여러 가지 의미로 애매하게 쓰임으로써 해악을 초래하게 된 원인은 그것이 어디에나 다 나타남으로써 예술에서 예술적인 것을 모두 형식이라고 칭하게 된 데에서 찾을 수 있다. 아무튼 형식 개념은 예술 작품 속에서 모든 '재료'가ㅡ의도의 객체들이나 음 또는 색채 등의 재료들 각각에 따라ㅡ매개되어 있고 단순히 현존하지는 않는다는 진부한 일반론에 머무는 한 별 성과가 없다. 형식 개념을 주관적으로 부여되고 새겨진 것이라고 규정하는 일도 마찬가지로 쓸모없다. 예술 작품들에서 근거 있게 형식이라고 부를 만한 것은 주관적 활동의 기반을 이루는 요인들의 요구들을 충족할 뿐 아니라 주관적 활동의 산물이기도 하다. 미학적으로 볼 때 예술 작품들에서 형식은 본질적으로 일종의 객관적 규정이다. 형식은 바로 작품이 생산품과 분리되는 곳에 위치한다. 그렇다고 해서 그것을 예컨대 인상주의에 의해 밀려나게 된 화면구성의 견해에 따라, 미리 주어진 요소들을 배치하는 데에서 찾을 수도 없다. 그렇지만 수많은 작품들, 심지어 고전으로 받아들여지고 있는 작품들도 집요하게 바라보면 그와 같은 배치에 지나지 않는다는 점이 드러나는데, 이는 전통적 예술에 대한 치명적 반론이라고 할 수 있을 것이다. 형식 개념은 종종 차이징[3] 같은 지난날의 미학자들이 생각했듯이

---

3 [옮긴이] Adolf Zeising(1810~76): 독일 작가로 『새로운 인간 신체의 배율론 Neue Lehre von den Proportionen des menschlichen Körpers』(1854)에서 황금분할을 주창했다.

수학적 관계들로 환원할 수 없다.[4] 그러한 관계들은 르네상스 시대에 그랬듯이 명시적인 원칙들로서든, 바흐의 경우에 종종 볼 수 있듯이 잠재적이면서 신비주의적인 구상들과 결합되고 있는 것으로서든 예술적 처리 방식에서 그 나름의 역할을 한다. 그러나 그것은 형식이 아니라 형식의 도구로서, 처음으로 해방되어 자립하게 된 주체가 무질서하고 아무 성질도 없다고 생각하는 재료의 형태를 미리 조형하기 위해 사용한 수단이다. 수학적 조직 및 이와 유사한 것들이 미적 형식과 별로 일치하지 않는다는 점은 근래에 이르러 12음 기법에서 명백히 확인할 수 있게 되었다. 12음 기법은 수적 관계를 통해—즉 다른 음이 나오기 전에 한 음이 나타나서는 안 되고 또 치환되기도 하는 수열을 통해—재료를 실제로 미리 형식화한다. 이처럼 미리 형식화하는 일도 "새로운 형식 원칙들"[5]이라는 제목을 붙일 만한 에르빈 슈타인[6]의 계획에서 기대할 수 있을 만큼 형식을 이루는 작용을 하지는 못했다는 사실이 곧 드러났다. 쇤베르크 자신은 12음 기법과 작곡을 거의 기계적으로 구분했으며 그러한 구분 때문에 그 기발한 기술을 별로 탐탁하게 여기지 않았다. 그러나 그다음 세대는 수열적 방법과 본래적 작곡 간의 차이를 없앰으로써 다소 중요한 결과를 초래했다. 즉 통합의 대가로 음악적 자기소외만 아니라 형식과 거의 분리하여 생각할 수 없는 명료한 표현의 결여를 초래한 것이다. 마치 아무 간섭도

---

4   Adolf Zeising, *Aesthetische Forschungen*, Frankfurt a. M.: Meidinger, 1855.
5   Erwin Stein, "Neue Formprinzipien," *Von neuer Musik*, Köln: F. J. Marcan, 1925, pp. 59 이하 참조.
6   [옮긴이] Erwin Stein(1885~1958): 오스트리아 작곡가, 지휘자, 음악 이론가. 1900년대 초에 쇤베르크의 강의를 듣고 그의 영향을 받았다.

없이 순수하게 자체에 내맡겨진 작품의 내적 연관이, 그리고 이질적 요인으로부터 형식적 총체성을 간파해 내려는 노력이 다시 조잡하고 모호한 상태로 돌아간 듯하다. 실제로 음렬주의[7] 단계의 완전히 조직화된 작품들은 그것을 가능하게 한 세분화의 수단 자체를 거의 모두 포기했다. 수학화를 형식의 내재적 객관화를 위한 수단으로 생각하는 것은 망상적이다. 그것의 결함은 다음과 같이 설명할 수 있을 것이다. 그러한 것은 형식들의 전통적 자명성이 무너지고 예술가에게 어떠한 객관적 규범도 미리 제시되지 않은 단계에서 추구하게 된다. 이때 예술가는 수학에 관여하는데, 수학은 예술가가 처해 있는 수준의 주관적 이성을 보편성과 필연성 같은 범주들에 따라 객관성의 가상과 결합시킨다. 이것이 가상인 이유는 조직, 즉 형식을 이루는 계기들 상호간의 관계가 작품 특유의 형태에서 나오지는 않으며, 또 그것이 개별성 앞에서 쓸모없게 되기 때문이다. 그 때문에 수학화는 그것이 비합리적이라고 비난하는 전통적 형식들 쪽으로 기운다. 예술에 대한 수학적 관점은 스스로 해석하듯이 존재의 견실한 법칙성을 구현하지는 못한다. 오히려 그것은 형식 개념의 객관성이 요구되기도 하고 의식 수준에 의해 방해받기도 하는 어떤 역사적 상황 속에서 예술의 가능성을 보장하려고 필사적으로 노력한다.

---

7 [옮긴이] serielle Musik: 1947년경부터 시작된 현대음악의 한 조류. 12음 기법을 계승하여 음의 고저만이 아니라 음의 지속, 강약, 음색 등도 미리 확정된 배율에 따라 순열에 맞게 구성하는 등 엄격한 규칙에 따라 작곡한다. 대표적 작곡가로는 메시앙Olivier Messiaen, 슈토크하우젠, 노노Luigi Nono, 불레즈Pierre Boulez, 베리오Luciano Berio 등이 있다.

형식과 내용

　흔히 형식 개념은 형식을 사정에 따라 어느 한 차원에 옮겨놓고 다른 차원을 고려하지 않는 점에서 제한되어 있다. 예를 들어 음악에서는 동시성이나 다성음이 형식에 별 도움이 되지 않는 듯이 형식을 시간적 연속에 국한시키기도 하며, 회화에서는 색채의 형식 형성 기능을 무시한 채 공간과 면의 비율들을 형식이라고 간주하기도 한다. 그와 달리 미적 형식은 한 예술 작품 내에서 현상으로 나타나는 요인들 각각을 일관성 있게 말하도록 객관적으로 조직하는 것이다. 그것은 산만한 것을 폭력 없이 종합하고 있지만, 그런 것을 있는 그대로 분열 상태로 모순들 속에서 보존한다. 또 그 때문에 형식은 실제로 진리의 전개이기도 하다. 정립된 통일성인 형식은 정립된 것으로서 늘 중지된다. 즉 형식에는 형식의 타자를 통해 중단되는 것이 본질적이며, 또 형식의 일관성에는 일관되지 않다는 점이 본질적이다. 형식은 타자의 이질성을 완화시키면서도 보존하는데, 타자에 대한 이 관계 속에서 형식은 예술의 반야만적 요인이다. 예술은 자체의 실존을 통해 문명을 비판하지만, 그 형식을 통해 문명에 관여한다. 존재자의 변형 법칙인 형식은 이 존재자에 대립하여 자유를 대변한다. 형식은 신과의 동형성이라는 신학적 모델을 세속화하는 것으로서, 창조는 아니지만 이 창조를 모방하는 인간의 객관화된 반응이다. 물론 이는 무로부터의 창조가 아니라 창조된 것으로부터의 창조다. 예술 작품들의 형식은 손길이 스쳐 간 것, 손길이 그 흔적을 남겨놓은 것 모두라고 하는 은유적 표현은 매우 적절해 보인다. 형식은 경험적 형상화 과정과는 근본적으로 다른, 사회적 노동의 징표다. 예술가들에게 형식으로 여겨지는 것은 무엇보다 부정적으로 설명할 수 있다. 즉 그것은 예술 작품에서 정제되지 않은 것, 예를 들어 자체로 명료하게 표현되어 생명을 얻지 못한 채 단순히 존재하는 색채 복합체, 기본적으로 알고 있는 음의 연속, 판에 박힌 표현법, 비판 이전의 것 등에 대한 반대 의지로서 설명된다. 형식은 비판에 접근한다. 예술 작품들에서 예술 작품들 자체가 비판적인 것임을 입증할 수 있게 해주는 것이 바로 형식이다. 작품에서 특히 유별나게 튀는 잉여 부분에 반대하는 것이 실제로 형식의 매체다. 또 예를 들어 악사적 요인이니 희극배우적 요인이니 하는 명칭으로 예술에 남아 있는 형식화되지 않은 요인들을 변론하면 예술은 부정되고 만다. 형식은 그 속에 내포된 비판적 의미를 통해 과거의 작품들 및 단순한 연습 활동에 지나지 않는 것들을 제거한다. 형식은 예술 작품을 직접적인 것으로 보는 견해와 대립한다. 예술 작품들에서 그것들을 예술 작품으로 만드는 요인이 바로 형식이라면, 형식은 예술 작품들의 매개 상태 혹은 그것들의 객관적 반성 상태와 같아진다. 형식은 부분들의 상호 관계 및 전체에 대한 부분들의 관계인 점에서, 또 세부 요인들의 철저한 형상화라는 점에서 매개다. 따라서 흔히 칭송받는 예술 작품들의 순진성이라는 것도 그런 측면에서 본다면 예술에 적대적이라는 점이 드러난다. 아무튼 예술 작품들에서 직관적이고 순진한 것으로 나타나는 것, 자체로서 일관성 있고 아무런 단절이 없으며 그래서 직접 나타나는 듯한 예술 작품들의 본질구성은 예술 작품들이 자체로 매개되어 있음으로써 가능하다. 그로써만 예술 작품들은 기호와 같은 것이 되며, 그 요소들도 기호가 된다. 예술 작품들에서 언어와 유사한 측면은 모두 형식으로 집약되며, 이를 통해 예술 작품들은 형식에 대한 안티테제, 즉 미메시스적 충동으로 넘어간다. 형식은 개별자로 하여금 전체를 통해 말하게 만들고자 한다. 그러나 이는, 특히 형식을 중시하는 예술가들의 경우 형식의 우울증이다. 언제나 형식은 형식화되는 요인들을 제한한다. 그렇지 않다면 형식의 개념은 형식화된 것과의 특유한 차이를 잃어버릴 것이다. 이는 항상 선별하고 잘라내고 포기하는 등의 예술적 형식화 작업을 통해 확인된다. 즉 거부 없이는 형식도 없다. 그런 점에서 예술 작품들은 죄를 지으며 지배권을 행사하는 힘을 떨쳐버리고 싶어 하지만, 이 힘은 예술 작품들 속으로 파고들어 간다. 형식은 예술 작품들의 비도덕성인 것이다. 예술 작품들은 형식화된 것에 따름으로써 형식화된 것에 불의를 가한다. 니체 이래의 물활론이 끝도 없이 되뇌어 온 형식과 생명의 안티테제는 적어도 이와 관련해 무엇인가를 감지했다. 예술은 생명체와 거리를 둠으로써 생명체 자체의 죄를 내버려둔다는 점에서만 아니라, 또한 생명체로 하여금 말을 하게 만들기 위해 그것을 단절하고 토막토막 잘라버린다는 점에서도 생명체에 대한 죄에 빠져들어 간다. 프로크루스테스Prokrustes의 신화에서는 예술의 철학적 근원사Urgeschichte 가운데 어떤 것이 이야기되고 있다. 그러나 예술의 그러한 죄로부터 예술에 대한 저주의 판결이 나오는 것은 아니다. 이는 총체적 죄의 한가운데에서 이루어지는 어떤 부분적 죄로부터도 그런 저주 판결이 나올 수 없는 것과 마찬가지다. 이른바 형식주의를 욕하는 사람들은——즉 예술이 예술이라는 점을 비난하는 사람들은——형식주의를 비인도적이라고 비난하지만 오히려 자신이 비인도성을 옹호한다. 즉 지배받는 사람들을 더 잘 통제하기 위해 그것에 순응하도록 명령하는 패거리들의 이름으로 비인도성을 옹호하는 것이다. 또한 정신의 비인도주의를 비난하면서 언제나 인도주의에 반대한다. 현재까지 이루어진 인간들의 상태에 만족하지 않고, 그들이 잘 모르는 인간 자신의 문제에 깊이 파고드는 정신만이 인간을 존중한다. 형식주의에 반대하는 선전 활동은 내용과 마주치는 형식이 자체로서 또한 침전된 내용이라는 점을 무시한다. 예술 이전의 내용 영역으로 퇴행함으로써가 아니라, 바로 그러한 점을 통해 예술에서는 객체의 우위가 존중된다. 개별성, 모순의 전개와 해결, 심지어 평형상태를 통한 화해의 기대 등과 같은 미적 형식 범주들은 경험적 대상들과 분리된 경우에조차, 특히 분리되어 있는 경우에, 그 내용과 관련해 볼 때 투명하게 드러난다. 예술은 다름 아니라 경험계에 거리를 둠으로써 경험계에 대해 입장을 취한다. 그런데 경험계 속에서는 모순들이 직접적이며 그저 서로를 배척할 뿐이다. 경험계 속에 즉자적으로an sich 포함된 모순들의 매개는 예술에 의해 이루어지는, 뒤로 물러서는 행위를 통해 비로소 의식의 대자Für sich로 된다. 이 점에서 그러한 행위는 일종의 인식 행위다. 극단적 예술을 형식주의라고 흔히 배척하게 만든 극단적 예술의 특징들은 예외 없이 그것들 속에서 내용이 통상적 조화에 의해 미리 지지되지 않는 상태로 살아 꿈틀거린다는 데에서 유래한다. 새로운 예술의 모든 형식들은 해방된 표현으로부터 나왔는데, 이 해방된 표현은 형식들과 대립하는 기록 문서적 요인을 통해 낭만주의적 표현에 저항했다. 이로써 그러한 형식들은 실체성을 지니게 되었다. 그래서 칸딘스키는 두뇌행위들Gehirnakte이라는 용어를 만들기도 했다. 역사철학적으로 볼 때 일반적으로 형식의 해방은, 형식이 형상을 통해 소외를 완화시키는 데에 반대하지만 소외된 것을 있는 그대로 규정함으로써 그것을 받아들인다는 데에 그 내용적 계기를 지닌다. 손쉬운 사회비판을 위해 형식적 온건함을 추구하여 암암리에

도처에서 번창하고 있는 소통 사업을 승인하는 작품들보다는, 오히려 밀폐적인 작품들이 기존 질서를 더 많이 비판한다. 헤겔의 미학이 특히 구제하려고 하는 내용은 이제 헤겔 이론상 예술의 비판 대상인 사물화의 결과물 내지 실증주의적 사실로 타락했으며, 이로 인해 형식과 내용의 변증법에서는 헤겔의 생각과 반대로 형식의 무게가 더 커진다. 알아볼 수조차 없는 상태로까지 경험된 내용이 형식 범주로 점점 더 깊이 전환되면 될수록, 그만큼 더 승화되지 않은 소재들은 예술 작품들의 사상내용과 공약수를 갖지 못한다. 예술 작품 속에서 현상으로 나타나는 것은 잠재적으로 모두 내용이기도 하고 형식이기도 하다. 그러나 형식은 현상으로 나타나는 것으로 하여금 규정되도록 만드는 요인이며, 내용은 규정되는 요인이라는 점에는 변함이 없다. 미학이 일반적으로 어떤 강력한 형식 개념을 애써 추구하는 한, 예술에 대한 예술 이전적 견해와 반대로 정당하게 미 특유의 요인을 형식에서만 찾았고 형식의 변화들을 미적 주체의 반응 방식상의 변화로서 파악했다. 예술사를 정신사로서 구상하는 경우에는 그와 같은 점이 자명했다. 그러나 해방적으로 주체의 힘을 길러주리라고 약속하는 요인은 동시에 주체의 분열을 통해 주체를 약화시키기도 한다. 미적 과정들이 언제나 그 내용적 측면을 지닌다는 점에서 헤겔은 타당하다. 예를 들어 조형예술 및 문학의 역사에서는 항상 외부 세계의 새로운 층들이 눈에 띄고 발견되어 동화되는 반면, 다른 층들은 사멸하거나 예술적 능력을 상실함으로써 아무리 보잘것없는 화가조차 잠시도 그러한 것을 화폭에 담아놓고 싶어 하지 않게 된다. 모티프 분석을 통해 예술적 사상내용의 중심부에까지 파고든 바르부르크 연구소의 수많은 연구물들을 상기할 필요가 있다. 시학에서는 벤야민의 바로크 연극 연구서가 그와 유사한 경향을 띤다. 이는 아마 주관적 의도들과 미적 사상내용 간의 혼동을, 또 궁극적으로는 미학과 관념철학의 동맹을 거부하는 데에서 기인할 것이다. 내용적 계기들은 주관적 의도의 압력에 맞서 사상내용을 뒷받침해 준다.

명료한 표현 개념(1)

예술 작품은 명료한 표현을 통해 그 형식을 얻게 되지만, 명료한 표현은 언제나 또한 어떤 의미에서는 형식의 패배를 인정하기도 한다. 만일 형식의 이념에 따라 형식과 형식화된 것 사이에 아무런 굴절이나 무리가 없는 통일이 이루어진다면 동일자와 비동일자의 통일이 실현될 테지만, 그런 통일이 이루어지지 못함으로써 예술 작품은 단지 독자적으로 존재하는 동일성의 상상 영역에 갇힌다. 어떤 전체적인 것을 그 복합상태에 따라 배치하는 작업은 명료한 표현의 주요 요소인데, 여기에는 용암 덩어리 하나를 작은 주말농장들에 나누는 식이기 때문이든 상이한 것을 결합하는 데에 포함된 외적 요인의 잔재 때문이든 그 나름의 결함이 늘 포함되어 있다. 통합적인 교향곡의 악장이 이어질 때 조곡 형식으로 처리되지 않은 채 남아 있는 우연적 특성들이 그 본보기다. 클라게스 이래 필적학Graphologie에서 통용되는 용어로 작품의 형식 수준이라고 칭할 수 있는 것은 한 작품의 명료한 표현 정도에 좌우된다. 형식 수준이라는 개념은 리글의 '예술의지'에 담긴 상대주의에 제동을 가한다. 어떤 예술 유형들이나 예술사 속의 어느 단계에서는 명료한 표현을 추구하지 않거나, 인습적 처리 방식들로 인해 명료한 표현이 저해되기도 한다. 이 전통적 처리 방식들이 그런 방식을 사용하게 된 객관적-역사적 형식 관련 신조나 예술의지에 적합하다고 해도 저급한 것이라는 점은 달라지지 않는다. 즉 그런 방식들은 그것들을 포괄하는 아프리오리의 강압으로 인해, 그 자체의 논리에 따른다면 해결해야 할 문제를 해결하지 못한다. "그런 일이 있어서는 안 되는 것이다." 사무원들과 마찬가지로 형식 수준에서 뒤처진 예술가들에게는 그들의 무의식이 그처럼 극단적인 일은 그들처럼 보잘것없는 사람들이 할 일이 아니라고 속삭인다. 사실 그런 예술가들이야말로 사무원의 조상이기도 했다. 그러나 그처럼 극단적인 것이야말로 그들이 관여했던 것의 형식 법칙이다. 우스운 일이 아무것도 없어도 사람들이 웃곤 하듯이, 예술은 개인적으로나 집단적으로나 그 자체의 개념, 즉 예술의 내부에서 전개되는 개념을 전혀 원하지 않는다는 점에 대해 비평에서도 해명이 이루어지는 일은 드물다. 수많은 예술 작품들이 처음부터 은밀히 체념적이며, 그 분야의 예술사가들과 수용자들에게 별다른 요구를 하지 않음으로써 행복을 선사하고 그 보상을 받는다. 이러한 계기가 예로부터 고급 예술과 저급 예술을 구분하는 데에 어느 정도 기여했는가 하는 문제도 언젠가는 분석해야 할 것이다. 물론 그러한 구분의 결정적 근거는 문화가 바로 문화를 만들어낸 인류의 손안에서 실패했다는 사실에 있다. 아무튼 명료한 표현처럼 겉으로 보아 형식적인 범주도 그 실질적 측면을 지닌다. 즉 그것은 자율성에 이르지 못한 상태로 예술에 축적된, 정리되지 않은 원재료rudis indigestaque moles에 개입한다는 측면을 지닌다. 이 경우 예술의 형식들조차 역사적으로 2차적 소재들이 되는 경향을 띤다. 형식을 위해 필수 불가결한 수단들이 형식 자체를 위태롭게 한다. 자체의 통일성을 해치지 않기 위해 다소 중요한 부분적 전체들을 포기하는 작품들은 그러한 난관을 회피할 뿐이다. 이는 베베른의 외연 없는 강도[8]에 대한 가장 적절한 반론이라고 할 수 있다. 그에 반해 평범한 작품들은 형식의 얄팍한 껍질 속에 그 부분적 전체들을 건드리지 않고 놓아두며, 그것들을 용해하기보다 오히려 은폐한다. 형식의 한 가지 본질적 측면인 전체에 대한 부분들의 관계는 간접적으로, 즉 우회로를 거쳐서만 이루어진다. 이 점은 거의 규칙으로 삼을 수 있을 것이다. 이는 또한 형식과 내용이 얼마나 깊이 연관되어 있는지를 말해준다. 예술 작품들은 발견되기 위해 사라진다. 이를 나타내는 형식 범주는 삽화Episode다. 1차 대전 전 표현주의 단계의 쇤베르크가 발표한 잠언 시리즈에는 예술 작품의 내부로 인도해 줄 아리아드네의 끈 따위는 없다는 말이 나온다.[9] 그러나 이러한 주장이 미학적 비합리주의를 초래하지는 않는다. 예술 작품들에서는 그 계기들 혹은 내용이 전체를 갈구하는 것과 마찬가지로, 예술 작품들의 형식, 전체, 그리고 논리는 예술 작품들에 대해 감추어져 있다. 최상의 것을 요구하는 예술은 총체성으로서의 형식을 넘어서 단편적인 것으로 나아간다. 형식의 난관은 시간예술에서 끝맺는 문제가 지극히 어렵다는 사실에서 가장 명백하게 드러난다. 예를 들어 음악에서 이른바 종악장의 문제나 문학에서 종결의 문제가 그와 같은 것인데, 이 문제는 브레히트에 이르기까지 첨예화된다. 일단 관습에서 벗어나면 의심할 나위 없이 어떠한 예술 작품도 설득력 있게 끝을 맺을 수 없다. 반면에 전래의 종결들에서

---

8 [옮긴이] Intensität ohne Extension: 베베른은 1924년경 쇤베르크의 12음 기법을 받아들여 이를 극히 압축적인 짧은 곡에 적용한다. 다이아몬드를 연마하는 것처럼 고도로 집중적인 소규모 형식으로 곡의 완성도를 높이는 그의 작곡 방식을 칭한 듯하다.

9 Arnold Schönberg, "Aphorismen," *Die Musik* 9(1909~10), pp. 159 이하 참조.

는 마치 개별 계기들이 시간상의 종결점에 이르면 또한 형식의 총체성과 결합되는 것처럼 보인다. 그러나 근래에 널리 수용된 여러 현대 예술의 작품들에서는 형식이 정교하게 열린 상태를 유지했다. 이는 형식의 통일이 현대 예술 작품에서 이제 허용되지 않는다는 점을 그 작품이 형상화하고자 하는 데에 기인한다. 악무한, 즉 끝을 맺을 수 없다는 점이 자유로이 선정된 처리 방식의 원칙이 되며 또한 표현이 된다. 베케트는 한 연극을 끝맺는 대신 그것을 문자 그대로 반복하는데, 이는 그에 대한 반응이다. 「세레나데 행진곡」이 나온 지 곧 50년이 되는데, 여기서 쇤베르크도 그와 유사한 방식을 사용했다. 즉 재현부를 없앤 후 그것을 필사적으로 되풀이한다. 언젠가 루카치가 '의미에서 벗어나기'라고 칭한 것은 예술 작품이 그 내재적 규정을 확인함으로써 살 만큼 살다가 늙어 죽는 사람을 모델로 하여, 끝을 맺을 수 있도록 해주는 힘이었다. 예술 작품들에는 그러한 일이 허용되지 않는다는 것, 예술 작품들은 사냥꾼 그라쿠스[10]처럼 죽을 수 없다는 것, 이 점을 예술 작품들은 끔찍한 상황의 표현으로서 직접 흡수한다. 예술 작품들의 통일은 그것이 필연적으로 그래야 하는 상태, 즉 다양한 것의 통일일 수 없다. 즉 그것은 종합을 이룸으로써 종합된 것을 손상하며 이로써 그것의 종합에도 해를 끼친다. 작품은 그 직접성만 아니라 매개된 총체성 때문에도 괴로움을 겪는다.

---

10 [옮긴이] Jäger Gracchus: 카프카의 1917년 작 동명 단편소설의 주인공으로 죽었지만 죽지 못하는 상태로 떠돌아다닌다.

재료 개념

    예술을 비예술적으로 형식과 내용으로 분리하는 데에 맞서 양자의 통일을 주장하고 예술 작품 속에서 형식과 내용이 서로 구분되지 않는다는 감상적 견해에 대해서는, 매개된 가운데에도 또한 그 둘의 차이점이 남아 있다는 점을 지적해야 할 것이다. 양자가 완전히 동일하다는 생각은 망상이며, 또 그러한 동일성은 작품들에도 축복이 되지 않을 것이다. 오히려 작품들은, 칸트의 말을 응용하자면, 공허해지거나 맹목적으로 될 것이다. 즉 자족적 유희가 되거나 조야한 경험계가 될 것이다. 우선 내용 측면에서 그처럼 매개되어 있는 구분을 나타내는 데에는 재료 개념이 적합하다. 여러 분야의 예술에서 점차 거의 일반적으로 통용되기에 이른 전문용어에 의하면, 형식화되는 것이 바로 재료다. 그것은 내용과 같은 것이 아니다. 헤겔은 그 두 가지를 불행하게도 혼동했다. 이 문제는 아마 음악을 예로 설명할 수 있을 것이다. 음악의 내용은 아무튼 이루어지는 것, 부분적 사건들, 동기들, 주제들, 변주들 등등이다. 즉 변화하는 제반 상황들이다. 내용은 음악적 시간의 외부에 존재하는 것이 아니고 그것에 본질적이며, 음악적 시간은 내용에 본질적이다. 내용은 시간 속에서 이루어지는 것 모두다. 그에 반해 재료는 예술가들이 처리하는 것, 즉 말들, 색채들, 음향들, 나아가 모든 방식의 그 결합들이나 이 모두를 위해 그때그때 발전한 처리 방식들에 이르기까지 예술가들에게 제시되는 것들이라고 할 수 있다. 그런 한에서 형식들도 재료가 될 수 있다. 말하자면 재료란 예술가들이 결정을 내려야 할 것으로서 그들에게 다가오는 것 모두다. 재료의 선택 가능성이라는 관념은 무반성적 예술가들 사이에 널리 퍼져 있지만, 그것은 처리 방식들 및 이의 진보 과정에 존재하는 재료의 강제성 및 특수한 재료를 택해야 할 강제성을 무시하는 점에서 문제적이다. 재료 선정과 사용, 그리고 그 적용의 제한 등은 생산의 한 가지 본질적 계기다. 미지 영역으로 확장되거나 기존 재료 상태에서 벗어나는 일도 대체로 이 재료 상태의 기능이며, 또한 나름으로 재료 상태를 조건으로 하는 이 상태에 대한 비판의 기능이다. 어떤 작곡가가 음계 속에 자리 잡고 있는 음이나 아무튼 그 파생물로 알려진 음들을 가지고 작업을 하느냐, 아니면 그것들을 극단적으로 제거하느냐 하는 양자택일에서도 재료 개념이 전제된다. 이 점은 구상과 비구상, 원근법적인 것과 비원근법적인 것 사이의 양자택일과도 유사하다. 재료 개념은 자신의 수상쩍은 음악성을 감지하여 괴로워하면서 자신의 재료를 자랑하는 가수들이 습관적으로 쓰는 말을 논외로 하면 1920년대에 의식하게 되었다고 할 수 있을 것이다. 낭만적 예술 작품에 대한 헤겔의 이론 이래, 포괄적 형식들이 미리 결정된 상태와 아울러 그러한 형식들이 다루게 될 재료들의 구속성도 사라지게 되었다고 보는 오류는 여전히 남아 있다. 처리 가능한 재료들이 확장됨으로써 예술 장르들 간의 경계선들이 무의미해진 것은 무엇보다도 예술적 형식 개념이 역사적으로 해방된 결과다. 그러한 확장은 외부로부터 매우 과대평가된다. 이 확장은 미적 취미만 아니라 재료 상태 자체 때문에도 예술가들이 어쩔 수 없이 그것을 거부함으로써 조정된다. 추상적으로 처리 가능한 재료 가운데에는 극히 적은 부분만 구체적으로, 즉 정신의 상태와 충돌하는 일 없이도 이용될 수 있다. 재료는 예술가들에게 마치 자연 재료인 듯이 나타날 때조차도 자연 재료가 아니고 철두철미 역사적이다. 예술가들의 절대적 위치라고 여겨지는 것은 예술의 존재론이 모두 붕괴된 결과다. 또 재료들도 그러한 붕괴의 영향을 받는다. 재료들은 기술의 변화들에 의존하며 그와 마찬가지로 기술은 그때그때 그것이 다루는 재료들에 의존한다. 예컨대 음계상의 재료를 처리하는 작곡가가 어느 정도로 그것을 전통으로부터 받아들이는지는 명백하다. 그러나 그가 그러한 재료에 대해 비판적으로 어떤 자율적 재료, 즉 협화음이니 불협화음이니 혹은 3화음이니 온음계니 하는 개념들에서 벗어난 재료를 사용한다고 해도 그러한 부정 속에는 부정된 것이 남아 있다. 그와 같은 작품들은 그것이 발산하는 금기를 통해 말한다. 이 점은 그런 작품들이 받아들이는 어떤 3화음의 허위 혹은 적어도 이의 충격적 성격을 통해 드러나게 된다. 극단적 현대 예술은 단조로운 성격으로 인해 안이하다는 비난을 받기도 하는데, 그런 성격은 객관적으로 볼 때 이상과 같은 문제에 기인한다. 근래의 발전 과정에서 나타나는 엄숙주의는 마침내 해방된 재료 속에서조차 음악이나 회화 작품의 감추어진 세부에 이르기까지, 전해 내려오는 것 혹은 부정된 것의 잔재를 모두 지워버리며, 재료가 아무 성질도 없이 순수하게 주어져 있다는 환각 속에서 그만큼 더 무분별하게 역사적 경향에 따를 뿐이다. 재료의 탈성질화는 표면상 재료의 탈역사화로 나타나는데, 이 탈성질화 자체가 주관적 이성의 경향인 재료의 역사적 경향이다. 이 경향의 한계는 재료 속에 그 역사적 규정들을 남겨놓는 데에 있다.

소재 개념; 의도와 사상내용

지난날의 용어로 소재Stoff라고 부르던 것, 또 헤겔의 경우 주제

Sujet라고 하던 요인을 재료 개념과 자명하게 분리할 수는 없다. 소재 개념은 아직도 여전히 예술에서 쓰이지만, 그것은 외부 세계로부터 끌어들여 변형해야 할 직접적인 상태에 머무는 점에서 칸딘스키, 프루스트, 조이스 이래 논란의 여지 없이 중요성을 잃었다. 이질적으로 미리 주어진 것 혹은 미적으로 동화할 수 없는 것에 대한 비판과 병행하여, 헤겔이나 키르케고르 및 근래의 여러 마르크스주의 이론가나 드라마 작가들까지도 상당히 중시한 이른바 위대한 소재들에서 느끼는 불쾌감도 증가한다. 반 고흐가 그린 의자나 해바라기 그림들이 온갖 감정의 폭풍으로 광란하고, 이에 대한 경험을 통해 처음으로 그 시대의 개인이 역사적 파국을 기록한 이래 어떤 숭고한 사건들을 다루는 작품들에서 그 숭고함은 대개 이데올로기의 산물, 즉 힘과 위대함에 대한 존경의 산물이며 그러한 작품의 위엄이라는 것도 그와 같은 것을 통해 얻게 된 것이라는 점이 드러났다. 이러한 일이 일단 명확해짐에 따라, 그 이전의 예술에서도 예술의 진정성은 다루어진 대상들의 허구적 혹은 심지어 현실적 중요성에 그다지 의존하지 않는다는 사실을 보여줄 수 있게 되었다. 페르메이르[11]의 경우 델프트시 자체가 어떤 의미를 지니겠는가. 크라우스의 말을 빌린다면, 잘 그린 하수구가 잘못 그린 궁궐보다 더 쓸모없겠는가. "좀 맑은 눈으로 본다면, 일련의 느슨한 과정들로부터… 여러 전망과 분위기와 충격들의 세계가 형성될 것이다. 그리하여 저속한 소설은 단지 잘 그린 하수구보다 잘못 그린 궁궐을 더 좋아하는 공인된 백치들이나 비난할 수 있는 저속

---

11 [옮긴이] Jan Vermeer(1632~75): 네덜란드의 화가. 델프트Delft시에서 태어나 평생을 그곳에서 살았다.

한 것에 대한 소설이 된다."¹² 일종의 소재미학이라고 할 수 있는 헤겔의 내용미학은 그가 의도한 여러 가지 일에서와 동일한 정신으로, 예술을 그 대상들과 조야하게 관련지음으로써 예술의 대상화에 비변증법적으로 동의한다. 사실상 그는 미학에 미메시스적 계기가 접근하는 것을 거부했다. 독일 관념론에서는 객체로의 전환이 언제나 속물근성과 결부되어 있었다. 이 점은 아마『의지와 표상으로서의 세계Die Welt als Wille und Vorstellung』제3권에 나오는 역사회화에 대한 명제들에서 가장 두드러지게 나타날 것이다. 관념론적 영원성이란 것은 예술에서 키치라는 점이 드러난다. 예술의 양도할 수 없는 범주들에 매달리는 자는 그런 키치에 빠진다. 브레히트는 이러한 문제에 둔감해졌다. 「진리 기록의 다섯 가지 어려움Fünf Schwierigkeiten beim Schreiben der Wahrheit」이라는 글에서 그는 다음과 같이 썼다. "따라서 예컨대 의자에는 앉기 위한 평평한 면이 있고 비는 위에서 아래로 떨어진다는 말은 거짓이 아니다. 여러 시인이 이런 종류의 진리를 쓰고 있다. 이들은 가라앉는 배의 벽들을 정물화로 가득 채우고 있는 화가들과 같다. 이들에게는 우리가 본 첫째 어려움이 없다. 하지만 이들은 양심에 거리끼는 바도 없다. 그들은 권력자들 때문에 흔들리는 일도 없지만, 또한 박해받는 자들의 비명 때문에 흔들리는 일도 없이 자신의 그림을 그린다. 이들의 행동 방식이 지닌 비합리성 때문에 그들의 마음속에서는 일종의 '깊은' 염세주의가 생겨나는데, 이를 그들은 좋은 가격으로 팔아먹는다. 그러나 이 대가들이나 이들의 판매 행위에 비추어 본다면, 그 염세주의는 오히려 다른 사람들에게 합당할 것이다. 이 경우

---

12 Karl Kraus, *Literatur und Lüge*, hg. H. Fischer, München: Kösel, 1958, p. 14.

그들의 진리라는 것들이 의자나 비 따위에 관한 진리라는 점을 인식하기는 결코 쉬운 일이 아니다. 보통 그것은 전혀 다르게, 마치 중요한 일들에 대한 진리들인 것처럼 들린다. 왜냐하면 예술적 형상화의 본질은 바로 어떤 대상에 중요성을 부여하는 일이기 때문이다. 면밀하게 바라볼 때 비로소 그런 것이 단지 '의자는 의자다' 혹은 '아무도 비가 아래로 떨어지는 것을 막을 수는 없다'고 말할 뿐이라는 점을 인식하게 된다."[13] 이 주장은 허풍이다. 그것은 어느 정도의 근거를 가지고 반 고흐의 의자를 일종의 가구로서 통합해 버린 공식적 문화 의식을 자극한다. 그러나 그로부터 하나의 규범을 이끌어내고자 한다면 그 주장은 단지 퇴행적인 것이 될 뿐이다. 위협은 통하지 않는다. 여기서 과장된 중요성이라는 말을 너무 경멸하지 않는다면, 그림으로 그린 의자도 실제로 매우 중요한 것일 수 있다. 장군이나 혁명 영웅들을 충실하게 그려낸 초상화보다도 그림을 그리는 방식 속에 오히려 그것과는 비교할 수 없을 정도로 깊이 있고 사회적으로도 더 중요한 경험들이 침전될 수 있다. 역사적인 포즈로 영구화된 장군들이 붉은 군대를 지휘하고 혁명이 일어나지 않은 나라들을 점령하게 될지라도, 돌이켜 보면 이러한 일들은 모두 1871년의 베르사유 궁전 거울의 방에서 있었던 일로 돌아간다.[14] 자체의 중요성을 현실에서 끌어들이는 소재들의 그런 문제점은 작품들 속에 들어가는 의도들에도 적용된다. 의도들은 대자적으로 일종의 정신적인 것일 수 있다. 그러나 그것이 예술 작품에 들어가면 그것은 예를 들어 바젤 시장 마이어Meier와 마

---

13 Brecht, *Gesammelte Werke*, Bd. 18, p. 225.
14 [옮긴이] 1871년 프로이센은 프랑스와의 전쟁에서 승리한 후 베르사유 궁전 거울의 방에서 독일제국 수립을 선포했다.

찬가지로 소재적이다. 예술가는 자신이 말할 수 있는 것을——이 점 또한 헤겔은 알고 있었다——단지 형상화를 통해 말할 뿐이지, 형상화로 하여금 그 메시지를 전달하도록 만드는 것은 아니다. 예술 작품들에 대한 비평 및 해석에서 오류를 초래하는 원인들 가운데에는, 의도——흔히들 이야기하는 바와 같이 예술가가 말하고자 하는 바——와 사상내용을 혼동하는 일이 가장 심각한 것이다. 이에 대한 반작용으로 점점 더 사상내용은 예술가의 주관적 의도들에 의해 점유되지 않은 것 속에 자리 잡는다. 반면에 교훈적 이야기로서든 철학적 테제로서든 작품의 의도가 전면에 나올 경우 사상내용은 차단된다. 어떤 예술 작품이 너무 반성적이라는 말은 이데올로기다. 또한 그것의 진리는 너무 반성적이지 못하다는 점에 있다. 즉 그런 예술 작품은 자체의 의도가 집요하다는 점에 대해 반성하지 않는 것이다. 의도를 파악하면 확고부동하게 사상내용을 파악하는 것이라고 상상하는 문헌학적 방법은 작품 속에 이미 집어넣은 것을 다시 동어반복적으로 끄집어내는 데 그침으로써 내재적으로 심판을 받는다. 토마스 만[15]에 대한 참고 문헌들이 이에 대한 가장 혐오스러운 본보기다. 물론 문학에서 그 나름으로 진정성 있는 경향이 그러한 관례를 부추기기는 한다. 즉 문학에서는 환각적 성격과 아울러 순진한 직관성이라는 것이 진부하게 되었다는 사실과, 문학이 반성을 부인하지 않으며 불가피하게 의도의 층을 강화한다는 점이 그와 같은 일을 부추기는 것이다. 이는 정신과 거리가 먼 고찰에 쉽사리 정신의 대용품을 제공해 준다. 현대 예술의

15　[옮긴이] Thomas Mann(1875~1955): 독일 소설가. 장편소설 『부덴부르크가 사람들Buddenbrooks』(1901), 『마의 산Der Zauberberg』(1924) 등을 썼고, 음악가를 다룬 소설 『파우스투스 박사Doktor Faustus』(1947)에는 아도르노의 이론도 기여했다.

가장 중요한 성과들에서 이루어진 바와 같이, 예술 작품들에서는 반성적 요인을 소재적 재고품으로서 허용하기보다 작품 자체에 대한 또 한 번의 반성을 통해 받아들이는 일이 필요하다.

의도와 의미

그러나 예술 작품의 의도가 그것의 사상내용은 아니지만——의도가 아무리 깔끔하게 준비된 작품도 그것을 실현하리라는 보장은 없기 때문이다——의도가 계기로서 자격이 있다는 사실을 부인할 수 있는 것은 단지 완고한 엄숙주의뿐일 것이다. 의도는 예술 작품들의 미메시스적 극단과 계몽에 대한 예술 작품들의 관여 사이에서 이루어지는 변증법 속에 자리 잡고 있다. 주체적으로 움직이고 조직하며 또 작품 속에서 소멸하는 힘으로서만 아니라, 작품 자체의 객관성 측면에서 보더라도 그러하다. 작품에서 순수한 무관심은 불가능하기 때문에 의도는 다른 계기들과 마찬가지로 부분적 자립성을 지닌다. 비록 역사적으로 변하기는 해도 예술 작품들의 의미가 의도와 관계있다는 점을 부인하고자 한다면, 증명해야 할 주제thema probandum를 위해 주요 예술 작품들의 복합상태를 간과할 수밖에 없다. 재료가 실로 예술 작품에서 그것의 온전한 동일성에 저항하는 것이라면, 예술 작품 자체에서 이루어지는 동일성 형성의 과정은 본질적으로 재료와 의도 사이의 과정이다. 동일성을 이루는 원칙의 내재적 형태인 의도가 없다면 미메시스적 충동이 없을 때와 마찬가지로 형식도 있을 수 없을 것이다. 의도들의 잉여 부분은 작품들의 객관성이 순수하게 미메시스로 환원될 수 없다는 점을 말해준다. 작품들 속의 의도들을 객관적으로 담아내고, 각 작품의 개별 의도들을 종합하는 것이 작품의 의미다. 의미를 규정하는 여러 가지 문제점이나 의미가 예술 작품들에서 궁극적인 것은 아니라는 사실이 명백하다는 점과 관계없이 의미는 여전히 중요하다. 괴테의 『이피게니Iphigenie』[16]의 의미는 인도주의다. 만일 이 인도주의가 단순히 의도된 것, 문학적 주체가 추상적으로 생각한 것, 혹은 실러의 경우처럼 헤겔의 말로 '격언Spruch'일 뿐이라면, 그것은 실제로 작품에 대해 아무 상관 없을 것이다. 그러나 그것은 언어를 통해 자체로서 미메시스적인 것이 되고 비개념적 요인을 통해 객관화되면서도 그로 인해 개념적 요인을 희생시키지 않기 때문에 사상내용 혹은 문학화된 것에 대해 생산적 긴장 관계를 지니게 된다. 베를렌의 시 「달빛Clair de lune」과 같은 작품의 의미를 하나의 뜻한 바로 확정할 수는 없다. 그러나 그 의미는 비교할 수 없는 소리로 울리는 시의 음향을 넘어선다. 그 속에 포함된 감각성 또한 의도다. 즉 성이 자체에 몰입하고 정신을 금욕적인 것이라고 부정할 때, 그러한 성에 수반되는 행복과 슬픔은 사상내용이다. 의미와 거리가 먼 감각성을 완벽하게 묘사한 이념이 그 의미다. 이러한 특성은 드뷔시를 포함한 19세기 후반과 20세기 초반 프랑스 예술 전체의 중심 특징인데, 그 속에는 극단적 현대 예술의 잠재력이 감추어져 있다. 여기에는 역사적 관계들이 없지 않다. 반면에 의도가 작품으로 객관화되느냐 마느냐 하는 문제는 비판의 목적은 아니라도 개입 지점이 될 수는 있다. 근래의 예술 작품에서는 의도와 이루어진 작품 사이에 단층이 형성되는 일이 드물지 않은데, 이루어진 작품 못지않게 그러한 단층들도 예술 작품의 사

---

16 [옮긴이] 괴테의 1787년 작 드라마. 자율과 솔직함, 인도주의를 주제로 한다.

상내용에 대한 암호다. 그러나 다소 고차적인 비판, 즉 사상내용의 진리나 비진리에 대한 비판은 작품으로 이루어진 시나 그림 혹은 음악과 의도의 관계를 인식함으로써 여러모로 보아 내재비판이 된다. 의도가 언제나 주관적 형상화의 약점 때문에 무산되는 것만은 아니다. 의도의 비진리가 객관적 진리내용을 손상하기도 한다. 진리내용이어야 할 것이 자체로서 허위라면, 그것은 내재적 일관성을 방해한다. 바그너 음악의 경우와 같은 최상의 형식 수준에서도, 그러한 진리내용의 허위는 종종 의도의 허위에 의해 매개되곤 한다. 예술 작품의 총체성을 하나의 의미 관계로 규정하는 일은 미학적 전통에만 아니라 상당 정도는 전통적 예술에도 부합되었다. 전체와 부분들의 상호작용을 통해 예술 작품은 의미 있는 것이 되어야 하며, 이로써 그러한 의미의 요체가 형이상학적 사상내용과 일치한다는 것이다. 의미 관계는 어떤 감성적 여건 속에서 원자적으로가 아니라 계기들 간의 관계를 통해 본질로 구성되기 때문에, 합당하게 예술 작품들의 정신이라고 칭할 수 있는 것은 그 관계 속에서 파악될 수 있어야 한다. 한 예술 작품의 정신적 요인이 그 계기들의 짜임관계와 다름없다는 말은 그저 마음에 드는 말에 그치는 것이 아니다. 그것은 작품의 정신과 사상내용을 서툴게 사물화하거나 소재화하는 일에 비할 때 그 나름의 진리를 지닌다. 현상으로 나타나는 모든 것이 같은 무게를 지녀야 하는 것은 아니지만, 직접적으로 혹은 간접적으로 그와 같은 의미에 기여한다. 그 무게들을 세분화하는 일은 명료한 표현을 위해 극히 효과적인 수단 중 하나였다. 예컨대 증명해야 할 중심 사건과 이행 과정의 구분, 혹은 본질적인 것과 비록 필요하기는 해도 우연적일 뿐인 것의 구분 등이 그러한 것이다. 전통 예술에서는 그러한 세분화들이 대체로 도식들로 제시되었다. 이 도식들에 대한 비판과 아울러 그러한 세분화들도 의심스럽게 된다. 즉 예술은 이제 그 속에서 이루어지는 것들 모두가 중심에서 같은 거리에 있도록 하는 처리 방식을 지향한다. 이때 우연적인 것은 모두 불필요한 장식적 요소라는 의심을 불러일으킨다. 이러한 문제가 새로운 예술의 명료한 표현에서 가장 두드러진 어려움 가운데 하나라고 할 수 있다. 예술의 끊임없는 자체비판과 군더더기 없는 형상화의 계율은 이 형상화에 반대되는 작용을 하고, 모든 예술 속에 그 조건으로서 잠재하는 카오스적 계기를 부추기는 듯해 보인다. 세분화 가능성의 위기는 대체로 고도의 형식 수준에 이른 작품들에서조차 어떤 구분되지 않은 상태를 유발한다. 그에 반대하려는 시도들은 거의 예외 없이, 종종 잠재적이기는 해도 바로 그것들이 반대하는 기반 자체를 끌어들일 수밖에 없다. 이런 점에서도 또한 재료에 대한 총체적 제어와 산만한 것을 향한 운동은 서로 접근한다.

의미의 위기

예술 작품들은 칸트의 훌륭한 역설적 공식에 따르면 '무목적적'이다. 즉 경험적 현실과 분리되어 있으며, 자체보존이나 생활에 유익한 의도에 따르지 않는다. 이로 인해 의미는 내재적 목적론과 친화적이어도 목적이라고 부르기 어렵다. 그러나 예술 작품들이 의미의 관계로서 결합되는 일은 점차 더 어려워진다. 이에 대해 예술 작품들은 결국 그러한 의미의 이념을 거부함으로써 대응한다. 주체가 점점 더 해방됨에 따라 이미 존재하며 의미를 부여하는 질서라는 관념들이 모두 파괴될수록, 퇴색하는 신학의 도피처인 의미 개념은 그만큼 더 수상스럽게 된다. 아우슈비츠 이전에도 이미 역사적 경험들에 비추어 본다면 어떻게든 현존재에 긍정적 의미를 부여하는 것은 그것을 옹호하는 거짓말이었다. 그것은 예술 작품들의 형식에까지 영향을 끼쳤다. 이데올로기와 관계없이 예술 작품들이 자체의 외부에 의지할 것은 이제 아무것도 없다고 해서, 이처럼 예술 작품들에 결여된 것을 주관적 행위를 통해 정립할 수는 없다. 그러한 것은 예술 작품들의 주관화 경향을 통해 제거되었다. 그런데 이 주관화 경향은 결코 정신사적 재난이 아니며, 오히려 진리의 상태에 부합된다. 전통적으로 의미를 강화해 주는 예술 작품 속의 모든 계기에 대립하는 예술 작품의 감수성은 각각의 예술 작품에 내재하는 비판적 자체반성을 통해 날카로워진다. 이로써 또한 작품들의 내재적 의미와 의미를 구성하는 범주들에 대립하는 감수성도 날카로워진다. 왜냐하면 예술 작품이 종합을 통해 이루는 의미는 결코 단순히 예술 작품에 의해 만들어져야 하는 것 혹은 이의 요체일 수 없기 때문이다. 작품의 총체성은 그러한 의미를 표상하고 미적으로 생산하면서, 그것을 재생산하기도 한다. 그러한 작품의 총체성에 담긴 의미는 객관적으로 그 총체성 자체의 의미 이상의 것인 한에서만 정당하다. 예술 작품들은 점차 의미를 구성하는 연관을 가차 없이 떨쳐버림으로써 이 연관 및 의미 일반과 대립한다. 실체적이며 생산적인 것이라고 할 수 있는 작품의 의미에 예술적 창의력이 가하는 무의식적 작업은 그 의미를 지양한다. 지난 수십 년간의 진보적 생산은 그러한 사태에 대한 자의식으로 되었으며, 그것을 주제로 삼고 작품들의 구조 속에 옮겨놓았다. 최근의 네오다다이즘[17]이 정치적 연관성을 결하고 있다는 점을 설복하고 이를 이중적 의미에서 무의미하고 무목적적인 것으로서 거부하기는 쉽다. 이 경우 그 작품들이, 그 자체도 예술 작품들임을 고려하지 않은 채, 의미가 겪어온 바를 가차 없이 드러내고 있다는 점을 망각하게 된다. 베케트의 작품은 그러한 경험을 마치 자명한 듯이 이미 전제한다. 그러나 그의 작품은 자체의 구성을 통해 그 과정을 예술의 전통적 범주들 속에 끌어들이고 이를 구체적으로 지양하며 무無로부터 다른 범주들을 추론해 내는데, 그런 한에서 의미를 추상적으로 부정하는 경우보다 그러한 경험을 한 걸음 더 밀고 간다. 이때 이루어지는 급격한 변화는 세계가 지옥으로 묘사되고 있기는 해도 그러한 형이상학적 무의미성의 터널 끝에는 마침내 빛이 비쳐 들어오기라도 하는 듯이, 자신의 문제가 다루어지기만 하면 그에 대한 판단이야 어떠하든 상관없이 일단 안심하게 되는 신학 유형이 아니다. 귄터 안더스[18]는 베케트를 긍정적인 작가로 만들려는 자들에 맞서 그를 옹호하는데, 이는 정당하다.[19] 베케트의 연극들이 부조리한 까닭은 그것이 아무 의미도 지니지 않기 때문이 아니라—만일 그렇다면 그의 작품들은 별로 중요하지 않을 것이다—의미에 대해 심리를 하고 있기 때문이다. 그의 연극들은 의미의 역사를 전개한다. 그의 작품을 지배하는 것은 일종의 긍정적 무에 대한 강박관념이며, 형성 과정을 통해 마땅한 것으로 되었지만 그렇다고 긍정적으로 의미 있는 것이라고 광고해서는 안 될 어떤 무의미성에 대한 강박관념이다. 하지만 예술 작품들이 자체의 의미로부터

---

17 [옮긴이] Neodadaismus: 1950년대 말에서 1960년대까지 전개된, 예술을 삶과 결합하려는 운동. 예술 창작을 의식 확장과 사회비판의 보조 수단으로 보았다.

18 [옮긴이] Günther Anders(1902~92): 독일-오스트리아 철학자, 작가. 자기 시대의 윤리적, 기술적 문제들, 특히 인도주의 파괴 문제를 집중적으로 다루었다. 반핵운동에도 적극적이었다.

19 Günther Anders, *Die Antiquiertheit des Menschen, Über die Seele im Zeitalter der zweiten industriellen Revolution*, 2. Aufl., München: C. H. Beck, 1956, pp. 213 이하 참조.

해방되는 것은 이 해방이 미적 재료를 통해 실현되기만 하면 미적으로 의미가 있다. 이는 미적 의미가 신학적 의미와 직접적으로는 동일하지 않기 때문이다. 예술 작품들이 의미심장하다는 가상을 포기한다고 해서 언어와 유사한 특성을 잃어버리는 것은 아니다. 그러한 예술 작품들은 전통적인 예술 작품들이 그 긍정적 의미를 말할 때와 똑같이 특정하게 무의미성을 자체의 의미로서 말한다. 오늘날의 예술은 그와 같은 힘을 지니고 있다. 즉 의미를 일관성 있게 부정함으로써 현대 예술은 지난날 작품들의 의미를 본질구성했던 요구들을 존중하는 것이다. 무의미하거나 혹은 의미와 거리가 멀지만 최상의 형식 수준을 갖춘 작품들은 의미를 부정하는 가운데 사상내용을 얻게 됨으로써 그저 무의미하지만은 않다. 일관성 있게 의미를 부정하는 작품은 그러한 일관성을 통해 지난날 의미를 구현했던 것과 동일한 밀도와 통일성을 지닐 수밖에 없다. 예술 작품들은 의미를 부정하는 한, 자체의 의지에 반할지라도 의미의 연관들이 된다. 의미의 위기는 모든 예술의 한 가지 문제점, 즉 예술이 합리성 앞에서 좌절한다는 사실에 뿌리를 내리고 있다. 그러나 예술이 의미의 파괴를 통해, 바로 일상적 의식에 대해 부조리하다고 여겨지는 것을 사물화된 의식 혹은 실증주의에 내맡기게 되느냐 하는 물음은 어떤 반성을 통해서도 묵살할 수 없다. 의미의 위기를 받아들이는 진정한 예술과, 말 그대로의 의미에서, 또 비유적 의미에서 기록 명제들로 이루어진 체념적 예술 사이의 경계선은 주요 작품들에서 의미의 부정이 부정적인 모습으로 형상화되는 데에 반해, 그렇지 못한 작품들에서는 그것이 단조롭게 긍정적으로 모사된다는 데에 있다. 모든 것은 예술 작품에서 이루어지는 의미의 부정에 의미가 내재하느냐, 아니면 그러한 부정이 기존 상태에 순응하느냐에 달려 있다. 또 의미의 위기가 작품 속에서 반성되었느냐, 아니면 그것이 직접적이고 따라서 주체에 이질적인 상태에 머무느냐에 달려 있다. 케이지[20]의 피아노협주곡 같은 음악작품은 철저한 우연성을 법칙으로 받아들이며 이로써 의미와 같은 어떤 것, 즉 경악의 표현을 얻는데, 이는 주요 현상이라고 할 수 있다. 물론 베케트의 경우에도 공간, 시간, 줄거리의 통일이 패러디 상태로 존재하며, 이에는 잘 선정된 삽화들이 기술적으로 삽입되어 있고, 나타나지 않는 것을 본질로 하는 파국도 따른다. 이른바 부조리한 요인을 포함한 모든 극단적 일관성이 의미와 유사한 것으로 귀착된다는 점이야말로 실로 예술의 수수께끼 가운데 하나이자 그 논리성이 지니는 힘의 증거다. 그러나 그것은 철저히 형상화된 작품을 사로잡는다는 형이상학적 실체성에 대한 증거는 아니며 오히려 작품의 가상적 성격에 대한 증거다. 즉 예술은 무의미한 것 가운데에서 의미를 암시하는 일에서 벗어나지 못하므로 궁극적으로 가상이다. 그러나 의미를 부정하는 예술 작품들은 통일성을 이루면서도 혼란스러운 것일 수밖에 없다. 이와 같은 것이 바로 몽타주의 기능이다. 몽타주는 점차 확연해지는 부분들 간의 불일치를 통해 통일성을 거부하면서 형식 원칙으로서는 통일성을 다시 불러일으키기도 한다. 몽타주 기술과 사진술 간의 연관성은 잘 알려져 있다. 몽타주 기술은 영화에서 적절히 활용된다. 일련의 사건들을 불연속적, 충격적으로 병렬시키는 작업이나 예술적 수단으로서 다루어진 단편적 이미지들이 영화에서 관건이 되는 단순한 현존재의 무의

---

20 [옮긴이] John Cage(1912~92): 미국의 작곡가, 음악 이론가. 1933년경 쇤베르크에게서 음악을 배웠다. 선불교와 『주역』의 영향으로 '우연성의 원리'를 음악에 도입했다.

도성을 파손하는 일 없이, 여러 의도들에 활용된다. 몽타주 원칙은 사진술 및 그 파생물이 비록 경험적 현실에 제한적으로 종속되어 있기는 하지만, 그것을 예술에 통합하려는 일종의 속임수가 결코 아니다. 오히려 몽타주는 사진술에 엉터리 마술을 끌어들이거나 사진술의 사물적 성격을 규범으로 인준하지 않으면서 사진술을 내재적으로 넘어선다. 그것은 사진술의 자체수정인 셈이다. 몽타주는 분위기를 지니는 예술, 우선 인상주의에 대한 안티테제로서 등장했다. 인상주의는 대상들을 극히 미세한 것들로 분해한 뒤 요소들을 다시 종합해 역동적 연속체 속에 아무 비약 없이 집어넣었다. 여기서 다루어지는 대상들은 주로 기술 문명의 산물들이거나 이와 자연의 융합물이다. 인상주의는 소외된 것, 이질적인 것을 모사를 통해 미적으로 구제하려고 했다. 이러한 구상은 사물적이고 산문적인 요인의 막대한 힘이 살아있는 주체를 점차 능가하게 됨에 따라 효력을 잃었다는 점이 입증되었다. 즉 대상 영역의 주관화는 유겐트 양식이나 진정한 인상주의의 후기 작품들에서 명백하게 느껴졌듯이 낭만주의로 돌아갔다. 입체파의 영웅적인 시대에 신문 조각을 작품에 붙여 넣는 일이나 그와 유사한 것에서 고안된 몽타주는 그와 같은 경향에 반대한다. 작품은 아무 가상도 없는 실제 경험계의 파편들을 받아들이고 이때의 단절을 인정하고 이를 미적으로 작용하도록 기능 전환함으로써, 이질적 경험계의 형상화를 통해 예술이 경험계와 화해한다고 하는 예술의 가상을 파괴하려는 것이다. 예술은 후기 자본주의의 총체성에 대한 자신의 무기력을 인정하고 이러한 총체성을 제거하기 시작한다. 몽타주는 미 영역 내부에서 예술이 자체에 이질적인 것에 굴복하는 것이다. 종합에 대한 부정이 형상화의 원칙으로 된다. 이때 몽타주는 무의식적으로 유명론적 유토피아에 따른다. 즉 순수한 사실들을 형식이나 개념을 통해 매개하지 않으며 불가피하게 그 사실성을 포기한다는 생각에 따르는 것이다. 사실들 자체가 인식론에서 지시적deiktisch이라고 부르는 방법을 통해 제시되고 보여져야 하는 셈이다. 예술 작품은 그 사실들 자체가 작품 속에서 말을 함으로써, 그것들이 말하도록 만들고자 한다. 이로써 예술은 의미 관계로서의 예술 작품에 대한 재판을 시작한다. 몽타주된 폐품들이 예술의 전개 과정에서 최초로 의미에 눈에 띄는 상처를 입힌다. 이로 인해 몽타주는 훨씬 더 포괄적인 연관 속에 들어간다. 인상주의 이후의 모든 현대 예술은, 아마 표현주의의 극단적인 표현들까지도, 주관적 경험의 통일 내지 '체험의 흐름Erlebnisstrom'에 근거를 두는 연속체라는 가상을 거부한다. 서로 묶여 있는 상태, 유기론적으로 결합된 상태는 단절되며, 상호 관계가 너무 긴밀하고 혼란스러워서 의미를 실로 모호하게 만드는 경우가 아닌 한, 어느 한 요소가 생명을 지니면서 다른 요소에 적응한다는 믿음은 파괴된다. 세부 사항이나 이것들이 미시 구조 속에서 지니는 연관에 대해 계획적인 전체가 엄격히 우위를 차지한다는 원칙, 즉 미적 구성의 원칙이 그 보완물을 이룬다. 아마 미시 구조에 비춰 볼 때 새로운 예술은 모두 몽타주라고 할 수 있을 것이다. 결합되지 않은 요인들이 좀더 높은 수준의 전체에 의해 집약되고, 이로써 총체성이 각 부분들에 결여된 연관을 강제로 만들어낸다. 또 물론 그로 인해 총체성은 새로 의미의 가상이 된다. 이렇게 강요된 통일성은 새로운 예술에 담긴 세부 요인들의 경향들을 통해 수정된다. 즉 색채나 '음들의 충동적 생명'을 통해서 혹은 음악적으로 처리 가능한 반음계 스케일상의 모든 음을 보완적으로 사용하라는 화음 및 멜로디상의 요구를 통해 통일성이 수정된다. 물론 이러한 경향 자체도 재료의 총체성 혹은 스펙트럼으로부터 파생되는 것으로서, 본래 자생적이라기보다는 오히려 체계적 조건을 지니는 것이다. 몽타주 이념 및 이와 깊이 연관된 테크놀로지적 구성의 이념은 종종 극단적으로 철저히 형상화된 예술 작품의 이념과 동일한 것으로 간주되기도 했지만, 그것들은 서로 결합될 수 없게 된다. 몽타주 원칙은 은밀히 통용되는 유기적 통일성에 맞서는 행위로서 충격을 목표로 했다. 이 충격이 둔화된 후 몽타주된 것은 단지 무미건조한 소재로 돌아간다. 이 방법은 미적인 것과 미 외적인 것의 소통에 불을 붙이는 데에 이제 충분하지 못하며, 그런 관심은 하나의 문화사적인 것으로 중화된다. 그러나 상업영화에서처럼 몽타주의 의도들을 고집한다면, 그것은 빗나가는 의도가 될 것이다. 몽타주 원칙에 대한 비판은 이 원칙을 은밀히 감추고 있는 구성주의와도 관계한다. 그것은 구성주의적 형상화가 개별 충동들, 궁극적으로는 미메시스적 계기를 희생하며 이루어지고, 이로써 또한 삐걱거릴 위험도 있기 때문이다. 구성주의는 목적에 얽매이지 않은 예술의 영역에서 즉물성을 대변하는데, 이 즉물성 자체도 가상에 대한 비판을 면하지 못한다. 즉 순수하게 즉물적인 척하는 것도 형상화를 통해 그 형상화되는 것이 지향하는 바를 재단하는 한에서, 또 합목적성이 아닌 것, 개별 계기들의 목적론을 위축시키는 것을 내재적 합목적성으로 내세우는 한에서 즉물적이지 않다. 즉물성은 이데올로기로 떨어진다. 즉 즉물적 혹은 기술적 예술 작품은 군더더기 없는 통일성을 띠는 것으로 등장하지만, 실제로 그러한 통일성은 이루어지지 않은 것이다. 구성주의적 작품 속의 모든 개별 요인들 사이의 ─ 최소 ─ 공간 속에서는 통일성을 형성했던 것들이 서로 분열된다. 이는 총체적 관리가 이루어지는 곳에서 억압되는 개인들의 사회적 이해관계와도 유사하다. 전체와 개별자 사이의 소송은 상급심이 실패한 후 하급심으로 돌아갔다. 즉 유명론적 상황에 어울리게 세부의 충동들로 돌아갔다. 이제는 미리 주어진 포괄적 요인을 아무것도 멋대로 상정하지 않는 경우에만 아무튼 예술에 대해 생각할 수 있다. 순수하게 표현적이고 유기적인 작품들 속에 남아 있는 지워지지 않는 얼룩들이야말로 반유기적 몽타주 작품의 유사물이다. 이로써 한 가지 이율배반의 윤곽이 드러난다. 아마 미적 경험이 가능한 예술 작품들은, 예술 작품에서 모든 요인이 중요하다는 미적 명령법을 따름으로써 의미 있게 될 것이다. 이러한 이상 자체에 의해 유발된 발전 과정은 이와 반대 방향으로 진행된다. 모든 요인이 중요하고 궁극적으로 모두가 다 같은 정도로 중요하며, 연관 바깥에 머무는 것은 아무것도 없다고 하는 절대적 결정은 죄르지 리게티[21]가 인식한 바와 같이 절대적 우연성과 일치한다. 돌이켜 보면 그것은 전적으로 미적 합법칙성을 괴롭히는 문제다. 미적 합법칙성에는 언제나 정립된 것이라는 점, 유희 규칙, 우발성 등의 계기가 따라다닌다. 근세 초 이래 특히 17세기 네덜란드 회화나 초기 영국 소설에서 확연히 드러나는 것처럼, 예술은 자연경관과 운명 등의 우연적 계기들을 이념에 근거해 구성할 수 없고 어떤 질서로도 보호되지 않는 삶의 계기들로서 받아들이며, 자유를 기반으로 하는 미적 연속체 내에서 그러한 계기들에 의미를 부여했다. 그리하여 주체를 통한 의미의 객관성이 불가능하다는 사실은 처음에, 또 시민계급이 상승하는 오랜

---

21 [옮긴이] György Ligeti(1923~2006): 오스트리아-헝가리 작곡가. 신음악의 대표적인 인물로, 파시즘과 스탈린주의의 체험으로 인해 모든 독재에 반대하는 입장을 취했다.

기간 은폐되어 있지만, 그러한 사실로 인해 마침내 의미 관계 자체도 우연적인 것임이 드러나게 되었다. 한때 형상화는 그러한 우연성을 명시하려 들기도 했다. 의미의 부정을 향하는 발전 과정은 의미에 그 대가를 지불한다. 그러한 발전 과정은 불가피하며 그 나름의 진리를 지닌다. 하지만 그에는 그와 같은 정도로 예술에 적대적이지는 않고 편협하게 기계적인 측면, 그 발전 경향을 재사유화하는 측면이 수반된다. 이러한 변화는 미적 주관성이 그 자체의 논리에 의해 근절되는 과정과 결합된다. 미적 주관성은 미적 가상에서 이 주관성 때문에 생겨난 허위에 대해 대가를 치를 수밖에 없다. 이른바 부조리 문학도, 최상의 대표작들의 경우 자체로서 목적론적으로 조직된 의미 연관으로서, 아무 의미도 없다는 점을 표현하고, 또 이로써 확정적 부정을 통해 의미의 범주를 보존하는 변증법에 관여한다. 바로 이 때문에 그러한 작품들에 대한 해석은 가능하며 또 필요하다.

조화 개념과 완결성 이데올로기

의미에 대한 비판을 통해 통일성이나 심지어 조화의 범주가 흔적도 없이 사라진 것은 아니다. 단순한 경험계에 대한 각 예술 작품의 확정적 대립에는 예술 작품의 일관성이 필요하다. 그렇지 않다면 몽타주의 경우와 같이 작품의 빈틈들 사이로 그것이 차단하고자 하는 요인들이 부적절하게 파고들 것이다. 그런 한에서 전통적 조화의 개념도 참이다. 조화 개념 가운데 아직 남아 있는 요인은 향락적 요인을 부정함에 따라 첨예한 것 내지 전체적인 것으로 옮겨가지만, 이제는 이 전체가 세부 요인들보다 더 앞서는 것이라고 할 수 없다. 예술이 명상적 상태로 중화되는 데에 반대하여 극단적으로 일관성 없는 것과 불협화음적인 것을 주장하는 경우에도, 예술에 대해서는 그러한 계기들이 또한 통일성의 계기들이기도 하다. 이 통일성이 없다면 그것들은 결코 불협화음도 이룰 수 없을 것이다. 예술이 아무런 의식적 유보조건 없이 착상에만 의존하는 경우에도 알아볼 수 없을 만큼 변화된 상태로 조화의 원칙은 작용하고 있다. 왜냐하면 착상들이 어떤 가치를 지니려면 예술가들이 쓰는 말로, 자리를 잡아야 하기 때문이다. 따라서 착상이라는 것을 생각할 때에는 적어도 그 귀결점으로서 철저히 조직된 것 혹은 일관성 있는 것을 함께 생각하게 된다. 이론적 경험에서도 그렇지만 미적 경험에서도 정착되지 않은 착상이 무기력하게 사라지는 현상은 친숙한 일이다. 예술의 병렬적 논리성parataktische Logizität은 병렬된 것들의 균형 내지 평형상태를 본질로 하는데, 미적 조화는 그 평형상태라는 개념에서 최종적인 것으로서 승화된다. 그와 같은 미적 조화는 그것의 요소들에 대해 일종의 부정적인 것이며 그것들과 불협화음을 이룬다. 즉 이 경우 그 요소들은 지난날 음악에서 순수한 협화음, 예컨대 3화음 속에서 개별 음들이 부딪쳤던 바와 유사한 문제에 부딪치는 것이다. 이로써 미적 조화는 그 나름으로 계기로서의 자격을 얻는다. 전통적 미학은 부분들에 대한 전체의 관계인 그 계기를 절대적 전체 혹은 총체성으로까지 과장하는 점에서 오류에 빠진다. 이러한 혼동으로 인해 조화는 이질적인 것에 대한 승리 혹은 환각적 긍정성의 지배권을 나타내는 표지가 된다. 완결성, 의미, 긍정성을 동의어로 생각하는 문화철학적 이데올로기는 보통 과거 예찬laudatio temporis acti으로 귀결된다. 지난날 폐쇄적인 사회들에서는 모든 예술 작품이 그 위치와 기능과 정당성을 지녔고 그로써 완결성의 축복을 받았는데, 이제는 그러한 것들이 공허해졌고 예술 작품은 자체로서도 실패하도록 결정되었다는 것이다. 예술에 대해 항상 확실한 거리를 유지하고 또 부당하게도 미 영역 내부의 필요성들보다 스스로를 더 우월하다고 여기는 그러한 생각들의 논지는 명백하다. 하지만 그러한 생각의 역할 때문에 그것을 추상적으로 제거하고 그것과 관여하지 않음으로써 그것을 보존하게 되는 경우보다는, 오히려 그것을 그 자체의 인식 척도에 비추어 평가하는 편이 더 나을 것이다. 예술 작품을 받아들이고 보호하고 수용해 줄 어떤 아프리오리한 질서가 예술 작품에 필요한 것은 결코 아니다. 오늘날 이제 일관성 있는 것이 아무것도 없다면, 이는 지난날의 일관성이라는 것이 허위였기 때문이다. 미적 연관 체계, 또 궁극적으로는 미 영역 외부 연관 체계의 완결성과 예술 작품 자체의 품위가 상응하지는 않는다. 완결된 사회라는 이상이 의심스러운 것과 마찬가지로 완결된 예술 작품이라는 이상도 의심스럽다. 반동적인 사람들이 집요하게 되풀이하여 주장하듯이 예술 작품들은 의심의 여지 없이 그 구속성을 상실했다. 열린 상태로의 이행은 예술 작품이 익명 상태를 향해, 궁극적으로는 허공을 향해 말하는 것 아닌가 하는 공소 공포증 horror vacui이 되지만, 그것은 예술 작품에 내재적으로도, 즉 예술 작품의 진정성이나 중요성에도 축복이 되기만 하는 것은 아니다. 미의 영역에서 문제적으로 되는 것들은 모두 그러한 데에서 나온다. 그 이외의 나머지는 지루한 상태에 빠지고 말았다. 새로운 예술 작품은 모두 예술 작품이 되기 위해 완전히 실패할 위험을 무릅쓴다. 지난날 헤르만 그라프[22]는 17세기와 18세기 초

---

22 [옮긴이] Hermann Grab(1903~49): 체코 출신의 유대인 음악가이자 작가로 아도르노와도

피아노 음악의 경우 양식이 미리 형성되어 있어서 두드러지게 나쁜 것은 나타나지 않았다고 찬양했다. 이에 대해서는 그와 마찬가지로 특별히 좋은 것도 가능하지 않았다고 응수할 수 있을 것이다. 바흐는 그 이전이나 자기 시대의 음악보다 비교할 수 없이 탁월했다. 그것은 그가 그처럼 미리 형성되어 있는 상태를 깨뜨렸기 때문이다. 루카치조차『소설의 이론』[23]에서 이른바 의미심장한 시대들이 끝난 후의 예술 작품들이 무한한 풍요와 깊이를 획득했다는 점을 인정해야 했다.[24] 수학적 조화의 이상 및 대칭 관계들에 대한 요구에 반대하여 절대적 비대칭을 추구하는 예술 작품들도 대칭에서 완전히 벗어나지는 못하는데, 이는 계기로서의 조화 개념이 존속한다는 점을 말해준다. 비대칭은 그것의 예술언어적 가치에 비춰 볼 때 대칭과의 관계 속에서만 파악된다. 이에 대한 근래의 증거로는 칸바일러[25]가 피카소에게서 지적한 왜곡 현상을 생각할 수 있다. 이와 유사하게 새로운 음악은 음계의 잔재에 극히 민감한 거부반응을 보임으로써 이미 폐기된 음계를 존중했다. 무조음악 초기의 쇤베르크는「달에 홀린 피에로」속의〈달의 반점〉에 대해 반어적으로 다음과 같이 말한다. 즉 이 작품은 엄격한 악장의 규칙에 따라 이루어졌고 협화음들이 마련되었으나 부적절

교류했다.
23 [옮긴이]『소설의 이론Die Theorie des Romans』은 루카치가 아직 마르크스주의에 들어서기 전인 1915년에 헤겔주의적 관점에서 썼다.
24 Georg Lukács, *Die Theorie des Romans. Ein geschichtsphilosophischer Versuch über die Formen der großen Epik*. 2. Aufl., Neuwied a. Rh/Berlin: Luchterhand, 1963, 여러 곳 참조.
25 [옮긴이] Daniel-Henry Kahnweiler(1884~1979): 독일과 프랑스를 오가며 활동한 예술사가. 피카소와 다년간 공동 작업을 했으며, 그의 대표작『입체파로 가는 길Der Weg zum Kubismus』(1920)은 현대 예술에 영향을 끼쳤다.

한 박자에 따라 사용되었을 뿐이라는 것이다. 현실적 자연 지배가 진행될수록, 예술 자체에서 이루어지는 자연 지배의 필연적 진보를 인정하는 일이 예술에는 더 괴로운 문제가 되었다. 예술은 조화의 이상에서 관리되는 세계에 대한 순응적 태도를 감지한다. 그러나 자율성이 증가함에 따라 그러한 세계에 대한 반대는 자연 지배를 계승한다. 자연 지배는 예술 자체의 일이기도 하고 예술에 대립하는 일이기도 하다. 그와 같은 예술의 신경 분포들이 예술의 현실적 위상과 얼마나 깊이 유착되어 있는지는 2차 대전 직후 폭격으로 폐허가 된 독일 도시들에서 느낄 수 있었다. 몸으로 느낄 수 있는 카오스 앞에서는 이미 오래전에 미적 의식이 거부한 시각적 질서도 갑자기 축복처럼 매력을 지니게 되었다. 그러나 급속히 자연이 부각되고 폐허 속에서 식물들이 무성해짐에 따라 여가를 위한 자연 위주의 낭만주의는 당연하게도 끝나갔다. 전통적 미학이 조화롭고 대칭적인 관계들의 '만족스러운 면'이라고 칭한 것은 단지 역사적인 한순간에만 다시 나타났던 것이다. 헤겔을 포함한 전통적 미학은 자연미에서 조화를 찬양할 수 있었으며, 이로써 지배권의 자기만족을 지배받는 대상에 투사했다. 예술의 최근 발전은 조화를 이루려는 데에 대한 거부반응으로서 부정된 형태의 조화까지 제거하고자 한다는 점에서 질적으로 새로운 면을 지닌다고 할 수 있을 것이다. 그것은 전후 수십 년간의 수많은 그림과 음악작품에서 긴장이 사라진 것처럼, 사실상 일종의 부정의 부정으로서, 자기만족적으로 새로운 긍정성으로 넘어가는 치명적 결과를 수반하는 것이다. 거짓 긍정성은 의미 상실이 테크놀로지적으로 자리 잡는 곳이다. 새로운 예술의 영웅적인 시대에 예술의 의미로서 지각된 것은 질서의 계기를 확정적으로 부정된 것으로서 고수했다. 그러한 것을 제거하면 결과적으로 아무 마찰 없는 공허한 동일성으로 귀결된다. 조화와 대칭을 추구하는 관념들에서 벗어난 예술 작품들도 유사성과 대비, 정태성과 역동성, 제시부, 전환부, 전개, 동일성, 회귀 등에 따라 형식적으로 특징지어진다. 이러한 요소들 가운데 하나가 처음 나타나는 경우와 아무튼 변형되어 다시 나타나는 경우의 차이를 예술 작품들은 지워버릴 수 없다. 조화 및 대칭 관계를 그것의 극히 추상적인 형태 속에서 감지하고 사용하는 능력은 점점 더 섬세해진다. 예컨대 과거 음악에서는 다소 확고부동한 재현부가 대칭을 담당했는데, 때로는 상이한 대목들에서 음색들의 모호한 유사성만으로도 대칭성을 위해 충분하다. 모든 정태적 관계에서 벗어난 역동성은 그와 대립하는 어떤 확고부동한 상태에서 더 이상 파악될 수 없게 되면, 진보하는 것이 아니라 오히려 공허하게 떠다니는 상태로 전환된다. 슈토크하우젠의 「박자」[26]는 그 현상 방식으로 볼 때 철저히 작곡된 카덴차[27]를, 혹은 세밀히 작곡되었으면서도 정태적인 딸림화음을 상기시킨다. 이러한 불변 요인들은 오늘날 단지 변화의 맥락 속에서만 그것의 현재 상태로 된다. 그것을 역사나 개별 작품의 역동적 복합상태로부터 추출해 내면, 그것은 당장 왜곡된다.

긍정

정신적 질서라는 개념 자체는 쓸모없으며, 그래서 또한 그것을

26 [옮긴이] "Zeitmaße": 슈토크하우젠의 1955~56년 작품. 이 시기에 슈토크하우젠은 음렬주의 내부에서 시간을 적합하게 조직하는 문제에 관심을 집중했다.
27 [옮긴이] cadenza: 악장이 끝날 무렵 등장하는 독주 악기의 기교적인 부분.

문화에 대한 논의로부터 예술에 이식해서는 안 된다. 예술 작품의 완결성이라는 이상 속에는 작품이 일관성 있어야 한다는 불가피한 요구, 형상을 통해 화해를 이룬다는 늘 깨어지기 쉬운 유토피아, 그리고 독일 이데올로기의 주요 요인인 객관적으로 나약해진 주체의 타율적 질서에 대한 동경 따위의 이질적 요인들이 섞여 있다. 의미를 보장해 준다는 절대적으로 완결된 문화의 이마고 속에서는 당분간 직접 충족되지 않는 권위주의적 본능들이 날뛴다. 진리내용 및 완결되는 것의 조건들과 무관한 완결성 자체를 위한 완결성이야말로 실제로 형식주의라는 불길한 비난을 받을 만한 범주다. 물론 그렇다고 해서 실증적, 긍정적 예술 작품들——거의 모든 전통적 예술 작품들——을 일소해 버릴 수는 없다. 또는 이와 반대로 그러한 예술 작품들도 경험계와 엄격히 대립하므로 비판적이고 부정적이라는 극히 추상적인 주장을 통해 성급하게 그런 예술 작품들을 변호해서도 안 될 것이다. 무반성적 유명론에 대한 철학적 비판은 부정성의 점진적 과정을——객관적으로 구속력 있는 의미의 부정을——무조건 예술의 진보 과정이라고 광고하려 하지 않는다. 베베른의 가곡이 그 자체로 아무리 철저하게 형상화되어 있더라도, 슈베르트의 「겨울 나그네」는 그 언어의 보편성을 통해 어떤 우월한 계기를 지닌다. 유명론의 도움으로 비로소 예술은 완전히 그 언어를 얻을 수 있었다. 하지만 아무리 특수화가 필요하다고 해도 순수한 특수화 너머의 보편이라는 매개체 없이는 어떤 언어도 극단적이지 않다. 이 포괄적 요인은 어떤 긍정적인 면을 내포한다. 이 점은 동의라는 말에서도 파악할 수 있다. 긍정과 진정성은 서로 상당한 수준으로 융합되어 있다. 이는 어떤 개별 작품에 대한 논박은 아니지만, 아무튼 예술의 언어 자체에 대한 논박이긴 하다. 어떤 예술이든 그 순수한 실존을 통해 단순히 실존하는 것의 궁핍과 굴욕을 넘어서는 한, 예술에는 언제나 긍정의 흔적이 따라다닌다. 예술이 자체로 구속력 있을수록, 그리고 그 작품들이 풍부하고 긴밀하고 완결성 있게 형상화될수록, 예술은 더욱더 긍정을 지향한다. 왜냐하면 예술은 어떤 신조를 취하느냐와 무관하게, 예술의 피안에 즉자로서 존재하는 것의 특성들이 예술 자체의 특성이라고 암시하기 때문이다. 예술이 아프리오리하게 긍정성을 지닌다는 점은 예술의 이데올로기적 이면이다. 예술은 실존하는 것을 확정적으로 부정하면서도 그것에 어떤 가능성의 반사광을 던져준다. 이 긍정의 계기는 예술 작품들의 직접성 및 예술 작품들이 말하는 것에서 멀어져서, 예술 작품들이 아무튼 말을 한다는 사실 자체 쪽으로 넘어간다.[28] 세계정신은 자신이 약속한 바를 이행하지 않았다. 이로 인해 과거의 긍정적인 작품들은 오늘날 실로 이데올로기적이라기보다는 오히려 감동적인 면마저 지닌다. 오늘날 완전한 작품들에서 그것들 자체의 완전성은 저항을 야기하기에는 너무 뻔해진 찬양적 성격보다 오히려 폭력의 기념비로서 사악해 보인다. 상투어로 험담을 하자면, 위대한 작품들은 강압적이다. 그래서 위대한 작품들은 폭력을 중화하기도 하지만 폭력을 계승하기도 한다. 그 작품들의 죄는 그것들이 죄 없다는 점이다. 오염되기 쉽고 오점도 많으며 잘못을 범하기도 쉬운 새로운 예술은 여러 면에서 그보다 더 강하고 성공적인 전통적 예술에 대한 비판이다. 즉 그것은 성공에 대한 비판인 것이다. 새로운 예술은 충분해 보이는 것의 불충분성에 그 기반을 둔다. 그처럼 충분해 보이는 것의 긍정적 본질에만 아니

---

28 Adorno, "Ist die Kunst heiter?" *Süddeutsche Zeitung*, 1967(Jg. 23, Nr. 168).

라, 그것이 이 긍정적 본질을 위해 스스로 원하는 것이 되지는 않는다는 사실에도 기반을 두는 것이다. 이는 예를 들어 의고주의 음악의 수수께끼 같은 측면, 바흐의 처리 방식에 파고든 기계적 요인의 개입, 위대한 회화에서 수 세기간 콤포지션이라는 명칭으로 주도적이었던 요인이 위로부터 정리된 측면 등을 의미한다. 물론 이는 발레리가 지적했듯이 인상주의와 함께 갑자기 아무래도 상관없는 것이 된다.

의고주의 비판

긍정적 계기는 자연 지배의 계기와 같다. 손을 댄 것은 좋다는 것이다. 예술은 상상의 공간에서 다시 한번 자연을 지배함으로써 그것을 자신의 것으로 만들고 승리의 노래가 된다. 어리석다는 점 못지않게 그런 점에서도 예술은 서커스를 승화하는 것이다. 이로써 예술은 억압된 자연을 구제한다는 이념과 해소될 수 없는 갈등에 빠진다. 아무리 느슨한 작품도 제어되어 작품화되는 지배의 정신 자체에 반대하는, 지배적 긴장의 결과물이다. 그 본보기는 고전das Klassische이라는 개념이다. 모든 고전성의 모형이라고도 할 수 있는 그리스 조각을 경험하면 그것에 대한 신뢰만 아니라 그 역작용으로 그 후의 예술에 대한 신뢰마저 흔들릴 것이다. 태고 시대의 조형물들이 경험적 현존재와 거리를 유지했던 것과 달리, 그리스 고전 예술은 이러한 거리를 상실했다. 전통적 미학 테제에 따르면 고전적 조각은 보편 또는 이념과 특수 또는 개성의 동일성을 추구한다. 그러나 이는 고전적 조각이 이미 이념의 감성적 현상을 더 이상 신뢰할 수 없었다는 데에 기인한다. 이념이 감성적으로 나타나기 위해서는 경험적으로 개별화된 현상세계를 자체 속에, 또 그 형식 원칙 속에 통합해야 할 것이다. 하지만 이 경우 또한 완전한 개별화는 제한된다. 아마 이러한 개별화는 그리스 고전 예술에서는 아직 전혀 이루어지지 않았다고 할 수 있을 것이다. 그것은 사회적 경향과 상응하여 헬레니즘 시대의 조형 세계에서야 비로소 이루어졌다. 의고주의가 이루려는 보편과 특수의 통일은 아티카 시대에도 이루어지지 않았으며 하물며 그 후에 이루어졌을 리가 없다. 그 때문에 고전적 조형물들은 감상적인 시대가 그것에 투사한 고결한 단순성과 고요한 위대성[29]으로 빛나기보다 오히려 공허한 눈초리로 바라보며— 태고적으로[30]— 두려움을 자아낸다. 고대 예술 가운데 오늘날 눈에 띄게 부각되는 것은 프랑스혁명기나 나폴레옹 혹은 보들레르 시대 유럽 의고주의에 상응하는 것과 근본적으로 다르다. 고대 예술과 협약을 맺는다는 것이 인문주의 시대 이래로는 물론 무시할 수 없는 일이 되었지만, 문헌학자나 고고학자로서 그러한 협약을 체결하지 않은 사람에게는 고대 예술의 규범적 요구 사항이 아무 의미도 없게 된다. 지루한 교양의 도움이 없다면 거의 말할 것도 없겠지만, 작품 자체의 질도 의심의 여지가 없는 바는 결코 아니다. 여기서 압도적인 것은 형식 수준이다. 통속적이고 야만적인 것은 거의 전해지지 않는 듯하다. 이는 매뉴팩처를 통한 대량생산의 단초들이 분명히 드러나는 제정 시대에도 마찬가지다. 세를 놓으려고 만든 듯한 오스티아[31]의 건물들 바닥에 있는 모자이크는 일종의 형식을 이룬다.

29 [옮긴이] 요아힘 빙켈만Joachim Winckelmann이 「그리스 회화와 조각의 모방에 대한 의견Gedanken über die Nachahmung der griechischen Werke in der Malerei und Bildhauerkunst」(1755)에서 밝힌 그리스 예술의 특징.
30 [옮긴이] archaisch: 시대착오적이고 잔인하다는 부정적 의미로도 쓰인다.

고대의 실제 야만, 즉 노예제도나 학살 혹은 인간 생명에 대한 경멸 등은 아티카 고전 예술 이래 예술에 별로 흔적을 남기지 않았다. 예술이 그 밖의 '야만적인 문화들' 속에서도 그랬듯이, 그러한 것의 영향을 별로 받지 않고 존속했다는 사실은 예술의 명예가 아니다. 고대 예술에서는 아직도 감성의 세계가 그러한 세계의 직접적 영역을 넘어서서 확장되는 성적 금기에 의해 비하되지 않았는데, 이러한 사실을 통해 고대 예술의 형식적 내재성을 설명할 수 있을 것이다. 보들레르의 의고주의적 갈망은 바로 그러한 면과 밀접히 관련되어 있었다. 자본주의하에서 예술 가운데 예술에 맞서 저열함과 연루되는 것이 모두 훼손된 성을 우려먹는 상업적 이해관계의 기능일 뿐인 것은 아니고, 그와 마찬가지로 기독교적 내면화의 어두운 면이기도 하다. 그러나 헤겔과 마르크스가 아직 경험하지 못한, 고전이 구체적으로 소멸할 수 있는 상태에서는, 고전의 개념 및 이로부터 나오는 규범들도 소멸할 수 있다는 사실이 드러난다. 진정한 고전성과 석고상을 대비하는 것은 진부한 의고주의와 작품의 일관성에 대한 요구 사이의 딜레마를 피해 가는 듯하다. 그러한 대비는 현대 예술과 모더니즘적인 것 사이의 대비와 마찬가지로 별 성과가 없다. 이른바 어떤 진짜를 위해 그것의 몰락 형태로서 배척당하는 요인은 대개 그 진짜 속에 자체의 효소로서 들어 있다. 또 그런 요인을 깨끗이 잘라내 버린다면 그 진짜는 그저 무균상태로 무해해질 뿐이다. 고전성 개념은 좀더 세분화되어야 한다. 그것은 괴테의 『이피게니』와 실러의 『발렌슈타인』[32]을 나란히

---

31 [옮긴이] Ostia: 로마의 테베르강 남동 지역.
32 [옮긴이] *Wallenstein*: 실러의 1799년 작. 내면적 자유를 주제로 한다.

안치해 놓는 것인 한 아무 쓸모도 없다. 흔히 쓰이는 말에서 그것은 대개 경제적 통제 메커니즘을 통해 얻어낸 사회적 권위를 의미한다. 브레히트에게도 바로 이런 의미가 낯선 것은 아니었다. 이와 같은 고전성은 오히려 작품들에 반대되는 것이지만, 물론 작품들에 대해 극히 외적이기 때문에 또한 온갖 매개 과정을 통해 실제로 진정한 작품들에도 적용될 수 있다. 나아가 고전에 대한 논의는 양식의 양태와도 관계하지만, 이때 의고주의에 반대하여 고전성을 내세우는 상식에 어울릴 정도로 어떤 본보기 내지 합당한 계승과 덧없는 사이비 형태를 설득력 있게 구분할 수는 없다. 모차르트는 18세기 말의 의고주의나 고대로 돌아가려는 신조가 없었다면 상상할 수도 없을 것이다. 그러나 이때 끌어들인 규범들의 흔적이 고전적 모차르트 특유의 질에 대한 적절한 항의의 근거가 되지는 못한다. 결국 고전성이라는 것은 내재적인 성공 혹은 일자와 다양한 것의 깨어지기 쉽지만 강제적이지 않은 화해를 의미한다. 그것은 양식 및 신조와는 아무 관계도 없고 전적으로 성공과 관계할 뿐이다. 그것에는 성공적 낭만주의 예술 작품은 성공을 통해 모두 고전적인 것이 된다는 발레리의 말이 적용된다.[33] 이러한 고전성 개념은 극도로 긴장에 차 있으며, 그러한 것만이 비판할 가치가 있다. 그러나 고전성은 역사적으로 대개 형식적 원칙들로 등장했지만, 고전성에 대한 비판은 형식적 원칙들에 대한 비판 이상의 것이다. 의고주의와 동일시되곤 하는 형식의 이상은 다시 내용으로 번역되어야 할 것이다. 형식의 순수성은 자신의 동일성을 의식하게 되고 비동일자를 버리는 가운데 형성되어 가는 주체의 순수성

---

33 Valéry, Œuvres, éd. J. Hytier, tom. 2, Paris: Gallimard, 1966, pp. 565 이하 참조.

을 모방하여 이루어졌다. 그것은 비동일자에 대한 일종의 부정적 관계다. 그러나 이는 의고주의의 이상이 감추고 있는, 내용과 형식의 구분을 함의한다. 형식은 단지 구분된 것으로서만, 또 비동일자와의 차이로서만 본질구성된다. 형식 자체의 의미 속에는 형식이 지워버리는 이원론이 여전히 남아 있다. 절정기의 그리스 철학과 의고주의는 다같이 신화에 반대했는데, 신화에 대한 이 반대 운동은 미메시스적 충동에 대한 직접적 안티테제였다. 이 운동은 대상화에 의한 모방으로 미메시스적 충동을 대체했다. 또한 그로써 이 운동은 예술을 그대로 그리스적 계몽 속에 통합했으며, 예술이 위로부터 부과된 개념의 지배에 맞서 억압된 것 혹은 개념의 그물 사이로 빠져 달아나는 것을 대변하도록 해주는 요인도 금기시했다. 의고주의에서는 미학적으로 주체가 정립되지만, 이 주체, 즉 말 없는 보편에 맞서 말하는 특수에 폭력이 가해진다. 흔히들 경탄하는 고전 작품들의 보편성 속에서는 신화들의 파멸적 보편성이, 즉 속박의 불가피성이 형상화의 규범으로서 영속화된다. 예술적 자율성의 근원인 의고주의에서 처음으로 예술은 스스로를 부인한다. 그 이래 모든 의고주의들이 과학과 결탁하게 된 것은 우연이 아니다. 오늘날까지도 과학주의적 신조는 질서를 추구하는 생각이나 깨끗한 구분에 대한 욕구를 따르지 않는 예술에 대해 적개심을 품고 있다. 마치 아무 이율배반도 없는 듯한 태도를 취하는 것은 이율배반적이며, 또 그러한 것은 상투적인 부르주아 용어를 쓰자면 '형식적으로 완성된' 것으로 구제 불가능하게 타락한다. 이 용어는 위의 문제에 대해 모든 것을 말해준다. 질적으로 현대적인 운동들은 비합리주의적 신조 때문이 아니라 오히려 보들레르적인 의미에서 태고적인 것, 고전 이전의 것과 상응한다. 해방된 주체는 태고적 형상물들에서 나타나는 태도에서 탈피했지만, 현대적 운동들은 물론 역사를 고려하지 않으면서 그러한 태도를 다시 받아들여야 한다고 망상한다는 점에서 의고주의 못지않게 반동에 노출되어 있다. 태고적인 것에 대한 현대 예술의 공감은 의고주의의 노선에 머물고 있던 것을 지향하면서, 의고주의가 탈피한 더 나쁜 압력에 매몰되지 않을 때에만 억압적 이데올로기에서 벗어날 수 있다. 그러나 어느 한쪽 없이는 다른 쪽도 얻기 어렵다. 고전적인 작품들은 보편과 특수의 동일성 대신에 특수화를 헛되이 기대하는 공허한 형식과도 같은 것, 즉 그 동일성의 추상적인 논리적 외연을 제시할 뿐이다. 본보기의 허약성으로 인해 본보기로서의 수준과 아울러 의고주의적 이상 자체도 허위라는 비판을 받게 되는 것이다.

주체와 객체

주관 및 객관의 애매성; 미적 감정에 대해

근대 미학에서는 주관적 형태의 미학이냐 아니면 객관적 형태의 미학이냐에 대한 논쟁이 결정적 의미를 지닌다. 이때 그런 용어들은 애매하다. 우선 예술 작품들에 대한 주관적 반응에서 나오는 결론을 생각할 수 있다. 이는 통상적 인식비판의 도식으로 비판 이전의 것이라고 할 수 있는, 예술 작품들에 대한 직접적 파악 intentio recta과 대립한다. 나아가 그 두 개념은, 예를 들어 고전적인 것과 낭만적인 것에 대한 정신사적 구분 방식에서처럼 예술 작품들 자체 속의 객관적 혹은 주관적 계기의 우위에 대한 문제와 관련될 수 있다. 끝으로 미적 취미판단의 객관성에 대해 묻기도 한다. 그러한 의미들은 구분되어야 할 것이다. 첫째 문제가 논의될 때 헤겔의 미학은 객관적인 방향을 취한다. 반면에 둘째 관점에서 헤겔 미학은 주체의 역할을 관념적 혹은 선험적 관찰자에 대한 영향에 제한한 그의 선배들보다 훨씬 더 단호하게 주관성을 강조했다고 볼 수 있다. 헤겔의 경우 주체-객체-변증법은 작품 자체 속에서 이루어진다. 예술 작품이 대상들과 관계하는 한, 예술 작품 속의 주체와 객체의 관계에 대해서도 생각해야 한다. 이 관계는 역사적으로 변하지만 비구상 작품들 속에도 남아 있다. 즉 비구상 작품들도 대상을 금기시함으로써 대상에 대해 입장을 취하는 것이다. 그러나 『판단력 비판』의 출발점도 객관적 미학에 대해 적대적인 것만은 아니었다. 칸트의 이론이 언제나 그렇듯이, 『판단력 비판』도 체계의 전략에 의해 미리 제시된 위치들 속에서 편안하게 이루어지지 않았다는 점에서 힘을 지녔다. 그의 학설상 미학이 일반적으로 주관적 취미판단을 통해 본질구성되는 한, 이 주관적 취미판단은 필연적으로 객관적인 작품들의 본질구성 요인이 될 뿐만 아니라, 보편적 개념들로 표현하기 어려워도 자체로서 객관적 필요성을 수반한다. 칸트는 주관에 의해 매개되면서도 객관적인 미학을 염두에 두었다. 칸트의 판단력 개념은 주체와 관련해 제기된 재질문 차원에서, 객관적 미학의 핵심인 예술 작품에서 좋다 나쁘다 혹은 참이다 거짓이다 하는 질의 문제에도 적용된다. 그러나 그러한 주체 관련 재질문은 미학적으로 볼 때 인식론적인 간접적 파악 intentio obliqua 이상의 의미를 지닌다. 예술 작품의 객관성은 다른 인식과는 질적으로 다르게 주체에 의해 좀더 특유하게 매개되어 있기 때문이다. 한 예술 작품이 예술 작품이냐 아니냐에 대한 결정은 그것에 대한 판단에 달려 있다는 말은 거의 동어반복이다. 그런데 그러한 판단들의 메커니즘이—'능력'으로서의 판단력보다 훨씬 더 본래적으로—『판단력 비판』의 주제를 이룬다. "여기서 근거로 설정되는 취미에 대한 정의는, 그것이 미에 대한 판정 능력이라는 것이다. 그러나 하나의 대상을 아름답다고 칭하는 데에 필요한 것이 무엇인지는 취미판단에 대한 분석을 통해 발견해야 한다."[1] 보장된 것은 아니지만 엄밀한 것이라고 하는 취미판단의 객관적 타당성이 『판단력 비판』의 규준이다. 이로써 모든 유명론적 예술의 상황이 시작된다. 칸트는 『순수이성 비판』에서와 유사하게 미적 객관성의 근거를 주체에서 찾지만 미적 객관성을 주체로 대체하지는 않는다. 그의 경우 암묵적으로 객관과 주관의 통일성을 이루는 계기는 이성이다. 이성은 주관적 능력이지만 필연성과 보편성이라는 그 속성으로 인해 모든 객관성의 원형이기도 한 것이다. 칸트의 경우 미학 역시 논증적 논리학의 지배를 받는다. "이러한 판단력이 반성을 통해 주목하는 계기들을 나는 논리적 기능들의 인도에 따라 판단하고자 했다(왜냐하면 취미판단에도 여전히 오성에 대한 관계가 남아 있기 때문이다). 나는 우선 질의 계기들을 고찰했다. 왜냐하면 미에 대한 미적 판단은 이 질의 계기들을 제일 먼저 염두에 두기 때문이다."[2] 주관적 미학의 가장 강력한 지지물인 미적 감정Gefühl 개념이 객관성에서 추론되어 나오는 것이지, 그 반대는 아니다. 그것은 어떤 것이 어떠하다고 말한다. 칸트라면 단지 미적 대상을 판별할 줄 아는 사람만이 '취미'로서의 미적 감정을 가진다고 말했을 것이다. 미적 감정을 아리스토텔레스처럼 연민과 공포 등 감상자의 마음속에서 일깨워지는 격정들Affekte을 통해 규정할 수는 없다. 미적 감정을 흥분Erregen이라는 개념에 따라 직접적인 심리적 정서들Emotionen과 뒤섞으면 예술적 경험을 통한 현실적 경험의 수정을 간과하게 된다. 그렇지 않다

---

[1] Kant, *Sämtliche Werke* Bd. 6, p. 54(*Kritik der Urteilskraft*, §1).
[2] 같은 곳.

면 도대체 왜 인간이 미적 체험을 추구하는지 설명할 수 없다. 미적 감정은 흥분된 감정이 아니다. 오히려 그것은 중요하다고 직관된 대상 앞에서 느끼는 경탄이다. 미적 경험에서는 유발된 주관적 격정이 아니라 비개념적이면서도 확정적인 어떤 것에 압도된 상태야말로 아무튼 감정이라고 할 수 있다. 그것은 대상을 지향하며, 대상에 대한 감정이지 관찰자의 반사작용이 아니다. 그뿐만 아니라 감상하는 주관과 객체 속의 주관적 계기, 즉 객체의 표현 및 주관적으로 매개된 객체의 형식 등도 엄밀히 구분되어야 한다. 그러나 어떤 것이 예술 작품이냐 아니냐 하는 것은 판단력, 즉 좋으냐 나쁘냐에 대한 물음과 분리되지 않는다. 나쁜 예술 작품이라는 개념은 어떤 부조리한 면을 지닌다. 즉 예술 작품이 나쁜 것이 되어 그 내재적 본질구성이 실패할 경우 예술 작품의 개념을 그르치게 되며 예술의 아프리오리 이하로 떨어지게 되는 것이다. 예술에서는 상대적인 가치판단, 공평성에 대한 호소, 반쯤 성공한 것의 묵인, 혹은 건전한 상식이나 심지어 인도주의라는 구실도 왜곡된 것이다. 이러한 관용은 암암리에 예술 작품의 진리에 대한 요구를 제거함으로써 예술 작품에 해를 끼친다. 현실과 예술의 경계선이 지워지지 않은 한, 불가피하게 현실에서 이식된 나쁜 작품에 대한 관용은 예술을 모독한다.

칸트의 객관성 개념 비판

그러나 왜 어떤 예술 작품이 아름다운지, 왜 참이고 일관성 있고 정당한지를 근거 있게 말하는 것은 칸트가 바라마지않았고 또한 논란을 제기한 것처럼 설혹 가능한 일이라고 하더라도 예술 작품을 그것의 보편적 개념들로 축소하는 작업을 의미하지는 않을 것이다. 반성적 판단력의 난관 속에서만 아니라 모든 예술 작품 속에서는 보편과 특수의 매듭이 맺어진다. 칸트의 인식은 미를 "개념 없이 보편적으로 만족스러운 것"[3]으로 규정함으로써 그 점에 다가간다. 그러한 보편성은 칸트의 필사적인 노력에도 불구하고 필연성과 분리할 수 없을 것이다. 어떤 것이 '보편적으로 만족스럽다'는 말은 그것이 누구에게나 만족스러운 것이어야 한다는 말과 같은 의미다. 그렇지 않다면 그것은 단지 하나의 경험적 확인일 뿐이다. 그러나 보편성과 암묵적 필연성은 불가피하게 개념에 머물며, 그것의 칸트적 통일인 만족은 예술 작품에서 외적이다. 어떤 한 가지 특성단위Merkmaleinheit 아래 통합하라는 요구는 『판단력 비판』의 1부와 2부에 걸쳐 목적 개념을 통해 분류법적 방법을, 즉 대상에 대한 내부로부터의 인식을 단호히 거부하는 '이론적', 자연과학적 이성의 방법을, 수정하게 될 내부로부터의 파악이라는 이념을 위반한다. 그런 한에서 칸트의 미학은 양면적이며, 그 때문에 사정없이 헤겔의 비판을 받는다. 그의 행보는 절대적 관념론에서 해방되어야 하며, 이는 현대 미학의 당면 과제이기도 하다. 그런데 칸트 이론의 양가성은 그의 철학에 기인한다. 그의 철학에서 목적 개념은 이 범주를 규제적인 것[4]으로까지 확장할 뿐이며, 또 그런 점에서 제한하기도 한다. 그는 예술이 논증적 인식과 공통으로 지니는 특성을 알지만, 예술이 어떤 점에서 논증적 인식과 질적으로 다른지는 모른다. 이 차이는 유사 수학적 차이, 즉 유한과 무한의 차이가

---

3   같은 책, p. 73(*Kritik der Urteilskraft*, § 9).
4   [옮긴이] Regulativ: 특정한 실증적 인식을 구성하지 않고, 경험내용에 대한 일관되고 제한 없는 고찰 방식에 기여하는 이성적 규칙.

된다. 취미판단을 포괄해야 할 어떠한 개별 규칙도, 심지어 그 총체도 한 작품의 품격에 대해 무엇을 말해주지는 않는다. 미적 판단의 본질 구성 요인인 필연성 개념은 자체로서 반성되지 않는 한, 단순히 그림자처럼 작품 속에서 수정되어 반복되는, 경험적 현실의 결정 메커니즘을 반복할 뿐이다. 그러나 보편적 만족은 인정하지 않는 가운데 사회적 약속에 복종하는 일종의 동의를 상정한다. 하지만 그 두 가지 계기들이 예지계das Intelligible로 확장되면 칸트의 학설은 그 내용을 상실한다. 단순히 추상적인 가능성으로서가 아니라 실제로도 그가 말하는 취미판단의 계기들을 충족시키지만 충분하지 못한 예술 작품들을 생각할 수도 있다. 반대로 어떤 다른 예술 작품들은——아마 새로운 예술 전체가 그럴 것이다——그런 계기를 위배해 결코 보편적 만족을 주지는 않지만, 그렇다고 객관적으로 작품으로서의 자격을 잃지는 않을 수도 있다. 칸트는 보편적 개념에 의한 공식화를 통해 윤리학의 객관성과 마찬가지로 자신이 추구하는 미학의 객관성에 도달한다. 이는 본질구성적으로 특수한 것인 미적 현상물과 대립한다. 어떤 예술 작품에서도 그 순수 개념에 따라 필연적으로 되어야 하는 상태는 그 작품에 본질적인 것이 아니다. 칸트는 예술을 단순한 주관적 영역, 궁극적으로 우연성으로부터 탈피시키고자 했고 예술 자체도 우연성과 대립하지만, 주관적 이성의 행위인 형식화는 예술을 바로 그러한 주관적 영역 내지 우연성으로 되돌려 놓는다. 주관적 미학과 객관적 미학은 대립하면서도 다 같이 변증법적 미학의 비판을 받는다. 주관적 미학은 추상적-선험적 상태에 머물거나 각 개인의 취미에 따라 우연적이기 때문이며, 객관적 미학은 예술이 주체에 의해 객관적으로 매개되어 있다는 점을 간과하기 때문이다. 작품에서는 주체가 감상자도 창작자도 혹은 절대정신도 아니다. 오히려 주체는 사태와 결합된 정신이며, 사태에 의해 미리 형성되어 있고 그 나름으로 객체를 통해 매개되어 있다.

위태로운 평형

예술 작품에서, 따라서 이론에서도 주체와 객체는 예술 작품 자체의 계기다. 예술 작품을 이루는 것들, 즉 재료, 표현, 형식 등은 각각 주체이기도 하고 객체이기도 하다는 점에서 변증법적이다. 재료들은 예술 작품에서 그것을 사용한 사람들의 손에 의해 규정된다. 표현은 작품 속에서 객관화되며 또 자체로서 객관적이지만 주관적 충동으로서 작품 속에 들어간다. 형식은 형식화된 것을 기계적으로 대하지 않으려면 객체의 필요성들에 따라 주관적으로 유발되어야 한다. 인식론에서 어떤 주어진 것을 구성하는 일과 유사하게, 대체로 재료처럼 예술가들에게 객관적으로 파악하기 어려운 상태로 다가오는 것은 동시에 침전된 주체이기도 하다. 외관상 가장 주관적인 요인, 즉 표현도 예술 작품이 그것에 전념하고 또 그것을 동화하는 점에서는 객관적이다. 궁극적으로 어떤 주관적 반응 속에는 객관성이 새겨져 있다. 그러나 작품에서 주체와 객체의 상호 관계는 결코 동일성일 수 없다. 그것은 단지 위태롭게 평형을 이룰 뿐이다. 주관적 제작 과정은 그 사적인 측면을 감안할 때 아무래도 상관없는 것이다. 그러나 그 과정은 내재적 법칙성이 실현되기 위한 조건으로서 어떤 객관적 측면을 지닌다. 예술에서 주체는 전달 행위가 아니라 노동으로서 그 본연의 역할을 해낸다. 예술 작품은 평형을 완전히 제어할 수는 없지만 평형을 추구할 수밖에 없다. 이는 미적인 가상적 성격의 한 측면이다. 개별 예술가는 또한 그러한 평형을 실현하는 기관으로서 기능한다. 그는 생산 과정에서 자신이 그것만을 떠맡았을 뿐인지 단언하기 어려운 어떤 과제에 직면한다. 대리석 덩어리 속에서 하나의 조각이, 피아노 건반들 속에서 한 편의 곡이 탄생을 기다리고 있다는 것은 그러한 과제에 대해 아마 은유 이상의 의미를 지닐 것이다. 그러한 과제들은 비록 등식과 같은 일의성을 지니지는 않지만, 적어도 어느 정도의 변동 폭 이내에서는 그 자체 속에 객관적 해답을 담고 있다. 예술가의 행위는 자신이 대면하고 있고 자체로 이미 규정되어 있는 문제와, 그와 마찬가지로 잠재적으로 재료 속에 들어 있는 해답을 매개하는 최소치다. 흔히 도구를 연장된 팔이라고 부르기도 했는데, 이와 마찬가지로 예술가를 연장된 도구, 즉 잠재성에서 현실성으로 이행하기 위한 도구라고 칭할 수도 있을 것이다.

언어적 성격과 집단적 주체

예술의 언어적 성격은 예술에서 무엇이 말을 하느냐에 대한 반성으로 이어진다. 제작자나 수용자가 아니라 바로 그처럼 말하는 것이 엄밀한 의미에서 예술의 주체다. 서정시의 자아Ich der Lyrik는 수 세기 동안 인정되어 왔고 또 문학적 주관성이 자명하다는 가상을 유발했는데, 예술의 주체는 이 서정시의 자아에 의해 은폐된다. 그러나 문학적 주관성은 시에서 말하고 있는 자아와 결코 동일하지 않다. 이를 주관적 표현과 작곡가의 상태가 직접 일치하는 일이 거의 없는 음악 및 서정시의 문학적 허구성에 기인한다고만 볼 수는 없다. 그러한 문제를 훨씬 넘어서서 원칙적으로 시의 문법적 자아는 작품을 통해 잠재적으로 말하는 자아에 의해 비로소 정립된다. 즉 경험적 자아가 정신적 자아의 기능이지 그 반대는 아니다. 경험적 자아의 영역은 진짜Echtheit에 대한 상투어가 바라듯이 진정성Authentizität이 자리 잡은 곳이 아니다. 말을 하는 자아 내지 잠재적 자아가 예술의 장르들에서 동일한 자아인지 아니면 변하는 것인지는 불확정적이다. 예술들의 재료들과 아울러 그것은 질적으로 변할 수도 있다. 그러나 예술들을 '예술'이라는 의심스러운 상위개념으로 통합하면 그런 문제가 은폐된다. 아무튼 그러한 자아는 작품의 언어 행위를 통해 작품 속에서 본질구성되며 작품에 내재적이다. 현실적으로 작품을 만드는 사람은 작품에 대한 관계에서 볼 때 다른 계기들과 마찬가지로 현실의 한 계기다. 예술 작품들의 실제 생산에서 사적 개인이 결정적인 경우는 결코 없다. 예술 작품은 암암리에 분업을 요구하며 개인은 작품 속에서 처음부터 분업적으로 기능한다. 생산은 재료에 전념함으로써 극단적 개별화 속에서 어떤 보편적인 것에 이른다. 사적 자아가 작품을 통해 그와 같이 객관화를 이루는 힘은 사적 자아 속에 있는 집단적 본질이다. 이러한 본질이 작품의 언어적 성격을 본질구성한다. 예술 작품에서의 노동은 개인을 관통함으로써 사회적인 것이다. 그렇다고 이때 개인이 사회를 의식해야 하는 것은 아니다. 아마 의식하지 않을수록 더 사회적일 것이다. 이 경우 그때그때 개입하는 개인적 주체는 예술 작품이 결정체를 이루기 위해 필요한 한계치 혹은 최소치에 지나지 않는다. 예술 작품이 예술가에 맞서 자립한다는 것은 결코 예술을 위한 예술의 과대망상에서 나왔다고 할 수 없다. 그것은 스스로를 대상화하는 법칙을 내포하는 한 가지 사회적 관계인 예술 작품의 특성을 가장 단순하게 표현해 주는 것이다. 즉 예술 작품들은 단지 사물들로서만 사물적 비본질에 맞선 안티테제가 된다. 이른바 개인적인 예술 작품들의 경우에도 예술 작품들에서는 결코 '나'가 아니라 일종의 '우리'가 말하는데, 이 점은 그것이 외적으로 '우리'나 이의 관용적 용법에 순응하지 않을수록 그만큼 더 순수하게 적용된다. 이러한 주요 사실은 위에서 논한 것에도 상응한다. 이상과 같은 점에서도 음악은 예술적인 것의 어떤 성격들을 극단적으로 드러낸다. 그렇다고 음악이 우월성을 지닌다는 말은 물론 아니다. 음악은 그 의도와는 무관하게 '우리'를 직접 말한다. 표현주의 단계의 기록 문서와 유사한 작품들도 구속력 있는 경험들을 기록한다. 또 그러한 작품들 자체의 구속력 내지 형상력도 그 경험이 실제로 작품들로부터 말을 하느냐 하는 문제와 뗄 수 없는 관계를 지닌다. 서양음악에서는 그 주요 발견물인 대위법이나 다성법을 포함한 화음의 심층 차원이 합창을 사용하는 의례로부터 작품으로 파고들어 간 '우리'라는 점을 설명할 수 있을 것이다. 그것은 문자 그대로의 것으로 되고 내재적 동인으로 변하면서도 언어적 성격을 그대로 지닌다. 문학은 의사소통적 언어에서 완전히 벗어날 수 없으며 그것과 직접 관여함으로써 일종의 '우리'와 연관되어 있다. 문학은 자체의 언어적 성격을 위해 그처럼 문학에 외적인 전달을 위한 언어에서 탈피하고자 해야 한다. 그러나 이 과정은 겉으로 나타나듯이 혹은 문학가들 자신이 생각하듯이 순수한 주관화의 과정이 아니다. 주체는 문학에서 언어로 대상화된 표현에 대해 냉담하면 할수록 그만큼 더 내적으로 그러한 과정을 통해 집단적 경험에 따른다. 조형예술은 통각 방법das Wie der Apperzeption을 통해 말할 수 있을 것이다. 조형예술의 '우리'는 바로 그 역사적 상태에 따르는 감각기관인데, 이것은 자체의 형식언어 형성을 통해 이제까지 변화해 온 대상 영역에 대한 관계를 깨뜨리기에 이르렀다. 그림들이 말하는 바는 '한번 보라는 것ein Seht einmal'이다. 이때 그림들의 집단적 주체는 그것이 가리키는 바에 있는데, 그것은 음악에서처럼 내부로 향하지 않고 외부로 향한다. 예술의 역사는 예술의 진전하는 개별화와 동일시되기도 하지만, 예술의 언어적 성격이 증대하는 가운데 그와 반대되는 것이 되기도 한다. 그러나 이러한 '우리'는 사회적으로 일의적이지 않다. 즉 그것은 어느 한 특정 계급이나 사회적 지위들을 나타내는 '우리'가 아니다. 이는 강력한 요구를 하는 예술이 오늘날까지 부르주아 예술로서만 존재해 왔다는 데에 기인할 수 있다. 트로츠키[5]의 주장에 따르면 부르주아 예술 이후에는 결코 프롤레타리아 예술이라는 것을 생각할 수 없고, 단지 사회주의 예술을 생각할 수 있을 뿐이다. 미적 '우리'는 사회 전체로 볼 때 어느 정도 불확정성의 지평 속에 놓여 있으나, 물론 한 시대의 지배적 생산력과 생산관계만큼 확정적인 것이기도 하다. 예술은 실존하지 않는 전체사회와 그 사회의 실존하지 않는 주체를 기대하고 싶어 하며, 이 점에서 예술을 그저 이데올로기일 뿐이라고 할 수는 없지만, 동시에 예술에는 그러한 주체나 전체사회가 실존하지 않는다는 오점이 따라다닌다. 그래도 예술 속에는 사회의 적대 관계들이 남아 있다. 예술에서 말하는 요인과 예술 자체가 분열적이고 화해되지 않는 한에서 예술은 참이다. 하지만 예술은 그처럼 분열되어 있는 것을 종합하고 이로써 그것을 화해되지 않은 상태로 규정할 때 그러한 진

---

5 [옮긴이] Leon Trotsky(1879~1940): 러시아의 사회주의 혁명가. 『문학과 혁명Literatura i Revoliutsiia』(1924)에서 문학과 예술에 대해 풍부하게 논한다. 프롤레타리아 예술에 대한 그의 부정에 대해서는 논란이 분분하다.

리를 지닌다. 역설적이게도 예술은 화해되지 않은 것을 증언해야 하지만 그것을 화해시키는 경향을 지녀야 한다. 이는 단지 예술의 비논증적 언어를 통해서만 가능하다. 그 과정에서만 예술의 '우리'는 구체화된다. 그러나 예술에서 말하는 요인은 그것이 예술에 의해 묘사되는 것이 아니라 예술에서 말을 하는 한에서 예술의 진정한 주체다. 표현주의 음악의 최초 모델 가운데 하나인 슈만[6]의 「어린이의 정경」 마지막 작품 제목은 다른 무엇과도 비교할 수 없다. "시인은 말한다"라는 이 제목은 그 점에 대한 의식을 말해준다. 그러나 미적 주체가 모사되지 않는 것은 아마 그것이 사회적으로 매개되어 있기는 해도 철학에서의 선험적 주체만큼이나 비경험적이기 때문일 것이다. "예술 작품의 객관화를 위해서는 생명체의 모사를 포기해야 한다. 예술 작품들은 인간과의 유사성을 포기할 때 비로소 생명을 얻는다. '솔직한 감정의 표현은 언제나 진부하다. 솔직할수록 그것은 더 진부해진다. 그렇지 않으려면 노력을 기울여야 한다.'"[7]

주체-객체의 변증법

철두철미 만들어진 것인 예술 작품은 그 모든 계기들이 주체에 의해 매개됨으로써 객관적인 것이 된다. 주관성과 사물화의 몫이 상호 보완적이라는 인식비판적 통찰은 미의 영역에서 비로소 입증된다.

---

6 [옮긴이] Robert Schumann(1810~56): 독일 낭만주의 음악가. 「어린이의 정경」은 그가 1838년에 작곡한 13곡의 소품을 묶은 소곡집으로 〈시인은 말한다〉는 열세 번째 곡이다.

7 Adorno, *Noten zur Literatur II*, Frankfurt a. M.: Suhrkamp, 1965, p. 79. 인용문 속의 인용은 Valéry, *Windstriche*, p. 127.

예술 작품들의 가상적 성격, 즉 예술 작품들을 즉자존재라고 보는 환각은 예술 작품들이 주체에 의해 매개된 상태의 총체를 통해 사물화의 보편적 기만 관계에 관여한다는 사실, 마르크스식으로 말하면 예술 작품들이 살아 있는 노동의 관계를 필연적으로 마치 사물들의 관계인 것처럼 반영한다는 사실을 다시 보여주는 것이다. 예술 작품들은 일관성을 통해 진리에 관여하지만, 그 일관성은 예술 작품들의 허위를 포함하기도 한다. 예술은 노골적인 표현들을 통해 예로부터 그러한 것에 반대하기도 했다. 오늘날 이러한 반대는 예술 자체의 운동 법칙으로 변했다. 예술의 진리와 허위 사이의 이율배반으로 인해 헤겔은 예술의 종말을 예언하게 되었을 수도 있다. 부분들에 대한 전체의 우위에는 본질구성상 다수 요인이 필요하다는 점, 그리고 이 전체의 우위가 위로부터 단순히 설정되는 경우 실패한다는 점을 전통적 미학이 통찰하지 못한 것은 아니다. 그러나 어떠한 예술 작품도 그 점에서 충분하지 못하다는 것도 그에 못지않게 본질구성적이다. 물론 다양한 것은 미적 연속체 속에서 종합되기를 원한다. 그러나 그것은 동시에 미 영역 외부에서 규정된 것으로서 그러한 종합에서 벗어난다. 다수 속에 잠재해 있으면서 다수로부터 추론되는 종합은 불가피하게 다수에 대한 부정이기도 하다. 형상을 통한 화해는 외부에, 즉 메타 미적으로, 화해가 부재하기 때문에 내부에서도 실패한다. 현실적으로 해소되지 않은 적대 관계들은 상상을 통해서도 해소되지 않는다. 이 적대 관계들은 상상 속에 파고들며 상상 자체의 비일관성 속에서 재생산된다. 더욱이 적대 관계들이 자체의 일관성을 추구하는 정도에 비례해서 그렇다. 예술 작품들은 불가능한 것도 가능하게 할 것처럼 등장할 수밖에 없다. 어떤 작품도 스스로 하찮은 것이 될 위험을 무릅쓰지 않는 한 작품의 완전성이라는 이념에서 결코 벗어날 수 없지만, 그 이념은 의심스러운 것이었다. 예술가들은 예나 지금이나 세계 속에서 불확실한 운명에 처해 있기 때문만 아니라, 미적 진리에 몰두하지만 어쩔 수 없이 스스로 노력해서 그에 반대되는 행동을 하기 때문에도 난관에 봉착한다. 역사적 현실에서 주체와 객체가 분리된 이상 예술은 단지 주체를 거쳐 간 것으로서만 가능하다. 왜냐하면 주체에 의해 제작되지 않은 것에 대한 미메시스는 생명체로서의 주체 속에 말고는 존재하지 않기 때문이다. 이는 역사적 주체를 필요로 하는 예술의 내재적 실현을 통해 예술이 객관화되는 경우에도 계속된다. 예술 작품이 그 객관화를 통해 주체에 은폐되어 있는 진리가 나타나기를 희망한다면, 그것은 주체 자신이 궁극적인 존재가 아니기 때문이다. 예술 작품의 객관성이 객체의 우위와 맺는 관계는 깨어졌다. 예술 작품의 객관성은 주체 속에서만 즉자가 아직 피난처를 얻을 수 있게 된 보편적 속박 상태에서 객체의 우위를 증언한다. 반면에 이런 부류의 객관성은 주체에 의해 야기된 가상으로서 객관성에 대한 비판이다. 예술 작품의 객관성은 그러한 객체의 세계로부터 단지 흩어진 요소들membra disiecta만을 받아들인다. 분해된 것으로서만 객체의 세계는 형식 법칙과 공약수를 지닌다.

천재

주관성은 예술 작품의 필수 조건이지만 그 자체로는 미적 질이 아니다. 그것은 객관화를 통해 비로소 미적 질이 된다. 그런 한에서 예술 작품 속의 주관성은 그 자체에 대해 외화되고 은폐된 것이다. 리글의 예술의지 개념은 이 점을 간과한다. 그러나 이 개념은 내재비판에 본질적인 것을 한 가지 말해준다. 즉 예술 작품들의 수준을 그것들에 외적인 요인이 결정하지는 않는다는 점을 말해주는 것이다. 예술 작품들이—물론 그 작가들이 아니라—바로 그것들 자체의 척도이며, 바그너의 공식에 따르면 그것들 스스로 정립한 규칙이다. 예술 작품들 자체의 정당화에 대한 물음은 그것들의 실현 너머에 있는 것이 아니다. 어떠한 예술 작품도 그것이 원하는 바인 것만은 아니지만, 그것이 무엇인가를 원하지 않을 때에는 더 이상 예술 작품이 아니다. 이 점은 실로 자발성에 접근하는데, 바로 이 자발성이 비의도적 요소를 포함하더라도 그렇다. 자발성은 작품 자체로부터 명백히 알아볼 수 있는 작품의 초안, 즉 작품의 구상 속에서 처음부터 명백히 나타난다. 구상이라는 것도 결코 최종 범주는 아니다. 오히려 작품들 자체가 실현됨에 따라 그것도 변화한다. 내재적 논리의 압력에 의해 구상이 변동한다는 사실은 객관화를 확인해 주는 징표나 다름없다. 이처럼 이른바 예술의지라는 것에 대립하는 자기소외적 계기는 때때로 예술가들이나 이론가들에게 끔찍한 것이지만, 그들은 그것을 잘 알고 있다. 니체는 이 문제를 『선악의 저편 Jenseits von Gut und Böse』 끝부분에서 언급했다. 사태의 강압으로 인한 자기소외의 계기는 아마 '천재적'이라는 용어의 의미를 나타내는 징표일 것이다. 천재 개념 가운데 아직도 무엇인가를 고수해야 한다면 그것을 창조적 주체와 어설프게 동일시해서는 안 될 것이다. 그 두 가지를 동일시하면 허황된 과장으로 인해 예술 작품이 그 작가의 기록문으로 둔갑하고 이로써 사소한 것이 된다. 교환사회 속에서 사람들은 예술이 소외를 완화해 주리라고 잘못 기대한다. 그로 인해 작품의 객관성이 사람들에게는 일종의 고통이며, 그러한 객관성은 작품 뒤에 존재한다고 하는 인물에게 다시 옮겨진다. 대개 그러한 인물은 작품을 소비재로서 팔려고 하는 사람들의 성격가면[8]일 뿐이다. 만일 천재 개념을 간단히 낭만주의의 잔재로서 제거하려 들지 않는다면, 그것을 그 역사철학적 객관성과 관련지어야 할 것이다. 주체와 개인의 괴리는 칸트의 반심리주의에서 미리 형성되고 피히테에게서 성문화되는데, 그것은 예술에도 영향을 끼친다. 진정성 있고 구속력 있는 성격과 해방된 개인의 자유는 서로 멀어진다. 천재 개념은 그 두 가지를 마술로 간단히 결합하여, 예술이라는 특수 영역에서 개인에게 포괄적으로 진정성 있는 것을 감당할 능력을 직접 부여하려고 시도한다. 그러한 신비화의 경험내용은 예술에서 사실상 진정성 내지 보편적 계기가 개별화 원칙을 통해서 말고는 더 이상 가능하지 않으며, 또 반대로 보편적인 부르주아적 자유는 특수한 것 혹은 개별화를 추구할 자유라야 한다는 것이다. 그러나 천재 미학에서는 맹목적, 비변증법적으로 이런 관계가 동시에 주체이기도 해야 하는 개인 속에 옮겨진다. 또 근원적 지성intellectus archetypus 또는 인식론에서 명백히 이념으로 여겨지는 것이 천재 개념에서는 예술의 한 가지 사실인 듯이 다루어진다. 천재라는 개인의 자발성은 절대적 주체의 행위와 일치해야 한다는 것이다. 이 경우 자발성을 통해 매개되는 예술 작품들의 개별화가 바로 예술 작품들의 객관화를 가능하게 만드는 것인 한에서는 그것도 참이다. 그러나 작품들은 결코 피조물이 아니며 인간은 창조자가 아니기 때문에 천재 개념은 허위다. 이 점

---

8 [옮긴이] Charaktermaske: 자본주의 속의 경제적 관계들을 의인화하는 인간들을 지칭하는 마르크스주의 사회학의 개념.

으로 인해 천재 미학도 허위가 된다. 천재 미학은 예술 작품들의 절대적 근원성 내지 유사 능산적 자연[9]을 위해 유한한 제작의 계기 혹은 예술 작품들의 테크네[10]를 은폐하며 그 결과 예술 작품을 유기적이고 무의식적인 것으로 보는 이데올로기를 퍼뜨린다. 그리고 이 이데올로기는 비합리주의의 혼탁한 조류로까지 확산된다. 개인에 강세를 두는 천재 미학은 잘못된 보편성에 아무리 반대한다고 해도 개인을 절대화하기 때문에 처음부터 사회로부터 관심을 돌려놓는다. 그러나 천재 개념은 여러 가지로 악용되더라도, 예술 작품에서 주체가 완전히 객관화 과정에 환원되지 않는다는 점을 상기시켜 준다.『판단력 비판』에서 천재 개념은 쾌락주의로 인해 칸트 미학에서 배제된 모든 것의 도피처였다. 다만 그는 주체에게만 천재성을 인정하며 이 계기의 자기소외에 대해서는 무관심한데, 이로써 간과할 수 없는 결과를 초래한다. 그러한 자기소외는 추후 과학적, 철학적 합리성과 천재를 대비하는 가운데 이데올로기적으로 남용되었다. 천재 개념을 유리된 혹은 헤겔의 용어로 추상적인 주관성으로서 물신화하는 일은 칸트에게서 시작되는데, 그것은 실러의「봉납 현판」[11]에서 이미 심히 엘리트주의적인 특징들을 얻게 되었다. 그것은 잠재적으로 예술 작품들에 적대적인 것이 된다. 즉 괴테를 곁눈질하는 가운데 예술 작품들 뒤에 존재하는 인간이 예술 작품들 자체보다 더 본질적이라고 하는 것이다. 천재 개념에서는 관념론적 오만으로 인해 창조성의 이념이 선험적 주체

---

9 [옮긴이] natura naturans: 자연을 자연답게 만드는 힘. 창조적 자연. 창조된 자연, 즉 소산적 자연natura naturata과 대조되는 개념.
10 [옮긴이] τέχνη: 손작업, 기교, 계교, 예술 작품 등을 뜻한다.
11 [옮긴이] "Votivtafeln": 실러의 1797년 작품. 여기서 그는 특히 아마추어적 태도를 비판한다.

로부터 경험적 주체, 즉 생산적 예술가들에게 양도된다. 부르주아적 통속 의식은 그러한 것에서 편안함을 느낀다. 이는 목적에 대해 생각하지 않으면서 인간의 순수한 창조성을 찬양하는 노동 윤리 때문이기도 하고, 감상자가 작품 자체를 대하면서 노력할 필요가 없게 되기 때문이기도 하다. 즉 감상자는 예술가의 인격에, 결국 예술가들의 저속한 전기물에 만족하는 것이다. 중요한 예술 작품들의 생산자들은 결코 반신이 아니다. 그들은 오류를 범할 수 있고 종종 신경질적이며 상처받은 사람들이기도 하다. 그러나 천재를 백지상태로 보는 미학적 신조는 단조롭고 까다로운 수공업품이나 틀에 박힌 것을 뒤따라 그려내는 일로 타락한다. 천재 개념 속의 진리계기는 사태 자체에서, 즉 반복에 사로잡혀 있는 것이 아니라 열린 상태에서 찾아야 한다. 그뿐만 아니라 18세기 후반에 천재 개념이 유행하게 되었을 때에도 그것은 결코 카리스마적인 것이 아니었다. 그 시대의 이념에 따르면 누구라도 인습에서 벗어나 자신을 자연스럽게 표현하는 자는 모두 천재가 될 수 있었을 것이다. 천재는 태도, 즉 '천재적 추구'였고 신조에 가까웠다. 그 후 아마 작품들에서 단순한 신조만으로 불충분하다는 사실에 직면함으로써 비로소 그것은 다소 변형되었다. 현실적 부자유의 경험으로 인해 만인을 위한 주관적 자유의 과잉은 파괴되어 한 전문분야처럼 된 천재에게만 남겨졌다. 세계가 점점 더 비인간화되고 세계에 대한 의식인 정신이 점점 더 중립화됨에 따라 그것은 그만큼 더 이데올로기가 된다. 현실에서 사람들이 일반적으로 할 수 없는 일들을 특권화된 천재는 대표로서 떠맡는다. 천재 개념에서 아직 살려낼 수 있는 것은 예술 작품을 위한 도구적 측면이다. 천재적인 것이라는 범주는 어떤 부분에 대해 근거를 가지고 천재적이라고 말하게 되는 경우 가장 간단히 입증할 수 있다. 환상만으로는 그것을 규정하기에 충분하지 않다. 천재적인 것은 하나의 변증법적 매듭이다. 즉 그것은 모형에 따르지 않는 것, 반복되지 않는 것, 자유로운 것, 그러면서 필연의 감정을 수반하는 것으로서, 예술의 역설적 곡예이며 예술의 특히 믿을 만한 평가 기준들 가운데 하나이기도 하다. 천재적이라는 것은 어떤 짜임관계에 부딪치는 것, 주체적으로 어떤 객관적인 것과 마주치는 것이며, 예술 작품이 언어와 관여하여 인습을 우연적 요인으로 보고 탈피하는 순간을 의미한다. 예술 속의 천재적인 면을 나타내는 징표는 새로운 것이 그 새로움을 통해 이미 항상 존재한 듯이 나타난다는 점이다. 낭만주의도 이 점을 지적했다. 환상이 이룩하는 일은 예술에 이질적인 예술종교가 기대하는 무로부터의 창조creatio ex nihilo라기보다, 오히려 이미 존재하는 듯한 작품들의 연관성 내부에서 이루어지는 진정한 해결들에 대한 상상이다. 경험 많은 예술가들은 한 대목에 대해 '이 부분에서 그는 천재적으로 된다'고 조롱하듯이 말할 수도 있다. 이때 그들은 작품의 논리에 통합되지 않은 채, 환상이 그러한 논리에 끼어드는 점을 비판하는 것이다. 그와 같은 계기들은 무례하기 짝이 없었던 대천재들[12]의 경우만 아니라 슈베르트 정도의 형식 수준을 이룬 경우에도 나타난다. 자유로이 고안된 것과 필연적인 것이 본래 완전히 융합되는 일은 결코 없기 때문에, 천재적인 것은 역설적이고 위태로울 수밖에 없다. 예술 작품들에서는 눈앞의 몰락 가능성이 없다면 아무것도 천재적이지 않다.

---

12   [옮긴이] Kraftgenies: 18세기 후반 독일의 질풍노도 시대(1765~85년경)는 천재 시대라고도 할 만큼 '독창적 천재'를 강조했다. '대천재'는 이러한 흐름에 반대하는 쪽에서 특히 헤르더 Johann Gottfried von Herder나 실러를 공격하기 위해 만든 개념이다.

독창성

    아직 현존하지 않은 것이라는 계기 때문에 천재적인 것은 독창성 개념과 결합되었고, '독창적 천재'라는 말도 나왔다. 독창성 범주가 천재 시대 이전에는 아무 권위도 행사하지 못했다는 점은 잘 알려져 있다. 또 17세기와 18세기 초의 작곡가들은 자신의 작품들에서 유래하는 것이든 타인의 작품들에서 유래하는 것이든 그 전체를 자신의 작품에서 다시 이용하기도 했으며, 화가와 건축가 들은 자신이 구상한 것을 제자들이 실행하도록 맡기기도 했다. 이런 사실은 쉽사리 특유하지 않은 것이나 틀에 박힌 것을 옹호하는 데에 혹은 주관적 자유를 비난하는 데에 악용된다. 아무튼 예전에 독창성에 대해 비판적으로 반성하지 않았다는 것이 예술 작품들 속에 그런 요인이 없었다는 점을 증명하는 것은 결코 아니다. 이 점은 바흐와 그 시대 다른 인물들의 차이점을 생각해 보면 충분히 알 수 있다. 특정한 작품의 특유한 본질인 독창성이 어떤 보편적 요인을 함의하는 작품들의 논리성과 자의적으로 대립하지는 않는다. 오히려 독창성은 평범한 재능으로는 감당할 수 없는, 논리적 일관성을 띠는 철저한 형상화를 통해 입증된다. 그러나 다소 오래된 작품들, 특히 태고 시대의 작품들과 관련해서는 그것의 독창성에 대한 물음이 무의미하다. 왜냐하면 지배권을 비호하는 집단의식의 강압이 극히 강력했기 때문에, 해방된 주체와 같은 것을 전제하는 독창성은 시대착오적인 것이었을 터이기 때문이다. 근원적인 것으로서의 독창성 개념은 낡은 것보다는 오히려 작품들에 담긴 아직 존재하지 않은 것, 그 속의 유토피아적 흔적을 불러낸다. 모든 작품의 객관적 명칭이 다름 아닌 독창성이라고 할 수 있다. 그러나 독창성이 역사적으로 생겨난 것이라면, 그것은 또한 역사적인 불의와도 연루되어 있다. 그것은 시장에서 소비재들이 우월성을 지닌다는 부르주아사회의 특성, 즉 손님을 끌기 위해 동일한 것을 항상 새로운 것이라고 속여야 하는 특성과 연루되어 있는 것이다. 그러나 예술의 자율성이 증가함에 따라 독창성은, 비록 시장에서 차지하는 어떤 위상을 벗어날 수 있었던 적은 없어도, 시장에 대립하게 되었다. 독창성은 이제 작품들 속으로, 즉 작품들을 더할 나위 없이 철저하게 형상화하는 일로 후퇴했다. 그것은 개인이라는 범주에서 파생했고 이 범주의 역사적 운명과 관련되어 있다. 독창성에 대해 심사숙고하게 된 이후 사람들은 언제나 이른바 개별 양식을 연상했는데, 이제 더 이상 독창성은 그러한 것에 따르지 않는다. 개별 양식을 통해 그 나름으로 관습화된 상품들을 옹호하는 전통주의자들은 이 개별 양식이 소멸했다고 한탄한다. 그러나 진보적인 작품들에서는 개별 양식이 마치 구성적 요구들에 속아 넘어간 듯이, 어떤 오점이나 결함 혹은 최소한 타협적인 면을 지닌다. 특히 그 때문에 전위적 생산은 개별 작품의 독창성보다 새로운 유형들의 생산을 추구한다. 독창성은 이러한 것을 고안해 내는 일로 변하기 시작한다. 독창성은 자체로서 질적으로 변하지만, 이 때문에 독창성이 사라지는 것은 아니다.

환상과 반성

독창성의 실체는 착상이나 뒤바꿀 수 없는 세부 묘사로 여겨졌는데, 그러한 것들과 독창성을 구분해 주는 독창성의 변화는 그 수단인 환상Phantasie을 조명해 준다. 주체가 창조자의 후예라는 믿음에 얽매여 있던 시대에는 환상이 특정한 예술품을 마치 무에서 만들어내는 능력처럼 여겨졌다. 절대적 고안이라는 통속적 환상 개념은 이미 존재하는 것의 엄격한 재생산이라는 근대 과학의 이상에 정확히 상응하는 개념이다. 여기서 부르주아적 분업은 현실에 대한 모든 매개로부터 예술을 분리할 뿐 아니라 그러한 현실을 어떻게든 초월하는 모든 것으로부터 인식을 분리하는 하나의 심연을 파놓았다. 아마 중요한 예술 작품들에서 그러한 환상 개념이 본질적인 적은 결코 없었을 것이다. 예컨대 근대의 모든 조형예술에서 환상적인 것을 고안해 내는 일은 부차적인 문제다. 또 우발적인 음악적 착상도 계기로서는 부인할 수 없지만, 그것은 그로부터 구성된 바를 통해 자체의 순수한 기존 상태를 넘어서지 못하는 한 무기력하다. 예술 작품들에서는 모든 것이, 심지어 가장 숭고한 요소조차 예술 작품들이 맞서는 현존재자와 결합되어 있다. 그 때문에 환상은 비존재자를 마치 실존하는 듯이 설정함으로써 현존재자로부터 벗어나는 싸구려 능력이 될 수 없다. 오히려 환상은 예술 작품들이 현존재로부터 받아들이는 것을 짜임관계들 속에 끌어들이며, 이로써 예술 작품들은 오직 현존재에 대한 확정적 부정을 통해서일지라도 현존재의 타자가 된다. 인식론이 명시한 것처럼, 환상적 허구를 통해 전혀 존재하지 않는 어떤 대상을 표상하려고 해도, 그 요소들이나 심지어 그 연관의 계기들 가운데 어떤 존재자에 환원할 수 없는 것을 만들어내지는 못할 것이다. 총체적 경험계의 속박 속에서만 이 경험계와 질적으로 대립하는 것이 나타나지만, 그것은 1차 질서의 모델에 따르는 2차 질서의 한 가지 현존재자로서만 나타난다. 단지 존재자를 통해서만 예술은 비존재자로 초월한다. 그렇지 않으면 예술은 이미 존재하는 것의 무기력한 투사Projektion가

될 뿐이다. 따라서 예술 작품들에서 환상은 결코 갑작스러운 몽환 Vision에 한정되지 않는다. 환상에서 자발성을 떼어놓고 생각할 수도 없지만, 무로부터의 창조에 가장 가까운 환상이 예술 작품의 모든 것은 아니다. 특히 아래로부터 위로 작품을 만들어가는 예술가들의 경우, 예술 작품에서는 1차적으로 어떤 구체적인 것이 환상에 번뜩이며 나타날 수도 있다. 그러나 그와 마찬가지로 환상은 선입견을 갖고 보면 추상적이라고 여겨지는 차원, 마치 공허한 듯한 윤곽, 그러한 선입견에 의하면 환상과 반대되는 노동을 통해 채워지고 충족되는 윤곽 속에서도 작동한다. 특유하게 테크놀로지적인 환상도 오늘에야 비로소 나온 것은 아니다. 슈베르트의 현악 5중주에 나오는 아다지오의 작곡 방식이나 터너의 해양화에서 보는 빛의 소용돌이 등이 그 예다. 환상은 또한, 그리고 본질적으로, 한 예술 작품 내에서 결정체를 이루는 해결의 여러 가능성들에 대한 제약 없는 처리 능력을 의미하기도 한다. 그것은 존재자로서, 또 한 존재자의 잔재로서 우리에게 떠오르는 것 속에만 아니라, 어쩌면 오히려 그것의 변화 속에 더 감추어져 있다고 할 수 있다. 「열정 소나타」 제1악장 코다[13]에 나오는 주 테마의 화음 변조는 감7화음[14]의 파국적 효과를 내는데, 이것은 악장을 시작하는 초기 형태의 3화음 테마 못지않게 환상의 산물이다. 발생적 측면에서도 전체를 결정해 주는 그 변조가 1차적 착상이었고, 1차적 형식을 취하는 테마가 마치 역으로 작용한 듯이 그로부터 유도되지 않았는가 하는 생각을 배제할 수 없다. 「영웅 교향곡」 제1악장의 긴 전개부 후

13 [옮긴이] Coda: 한 악장의 종결 악구.
14 [옮긴이] 근음+단3도(3음)+단3도(5음)+단3도(7음)로 이루어지며 우울하고 어두운 느낌을 만든다.

반부에서는 이제 세분화 작업을 할 시간이 없다는 듯이 간결한 화음부로의 전환이 이루어지는데, 이 역시 중요한 환상의 산물이다. 구성이 점점 더 주도권을 잡게 됨에 따라 개별 고안의 현실성은 줄어들 수밖에 없었다. 노동과 환상이 얼마나 밀접하게 서로 연루되어 있는지는— 그것들이 서로 괴리되어 있다는 것은 언제나 실패의 표시다— 환상도 예술가의 지휘에 따른다는 예술가들의 경험으로 증명된다. 예술가들은 비의도적인 것을 다루는 의도를 통해 자신이 취미 활동과 멀어진다고 느낀다. 또 인식에서와 마찬가지로 미적으로도 직접성과 간접적 요인은 주체에 의해 서로 매개되어 있다. 예술은 발생적 측면에서가 아니라 그 특성으로 볼 때 감각성과 오성의 인식론적 구분에 대한 가장 단호한 항의다. 반성은 특히 환상 작업을 수행할 능력을 지닌다. 즉 어떤 위치에서 한 예술 작품이 필요로 하는 바에 대한 확정적 의식은 그러한 환상 작업을 끌어들인다. 의식이 생명체를 죽인다는 말은 그에 대한 공범 증인이라고 할 수 있는 예술에서도 다른 모든 경우와 마찬가지로 진부한 상투어다. 반성의 비판적 계기, 즉 문제를 해결하는 반성의 특성도 예술 작품의 자각으로서, 부족하거나 형식화되지 않은 것 혹은 일관성 없는 것 등을 삭제하거나 변형함으로써 성과를 얻게 된다. 역으로 미적 무감각이라는 범주는 작품들의 내재적 반성 결핍, 예를 들어 정제되지 않는 반복들의 어리석음에 대한 반성의 결핍에 그 실제 기반을 둔다. 예술 작품들에서는 외부로부터 그것들을 좌우하고 그것들에 폭력을 가하는 반성이 잘못된 것이다. 그러나 작품이 자체에 근거해 지향하는 바는 주관적으로 반성을 통하지 않고는 전혀 추적할 수 없으며 그러한 것을 추적하는 힘은 자발적이다. 각각의 예술 작품은 어떤— 아마 아포리아적인— 문제의 연관 관계를 내포할 텐데, 이로부터 얻어낼 수 있는 것이 환상에 대한 최악의 정의는 아닐 것이다. 예술 작품 속에서 그 출발점들이나 해결책들을 고안해 내는 능력인 환상은 결정의 한가운데에 존재하는 자유의 미분Differential이라고 할 수 있다.

객관성과 사물화

예술 작품들의 객관성은 다른 진리와 마찬가지로 잔여 규정이 아니다. 신의고주의[15]는 구속력 있다고 여겨지는 지난날의 양식들을 통해 생각한 객관성이라는 소망상에 도달한다고 망상함으로써 난관에 부딪쳤다. 왜냐하면 신의고주의는 그 나름으로 주체에 의해 규정되고 수행되는 방법을 통해 작품 속의 주체를 추상적으로 부정하고 주체 없는 즉자의 이마고를 만들어내는데, 이러한 이마고는 어떤 의지를 통한 행위로도 제거할 수 없는 주체를 단지 손상된 모습들에서만 알아볼 수 있게 만들기 때문이다. 이미 오래전에 사라진 타율적 형식들을 모방하는 엄밀한 제한은 바로 그러한 방식을 통해 제어해야 할 주관적 자의에 복종한다. 발레리는 이러한 문제를 요약하지만 해결하지 못한다. 발레리 자신도 때때로 옹호하는 단순히 선별되고 정립된 형식은 그가 경멸하는 무질서한 것 혹은 '살아 있는 것'만큼이나 우연적이다. 현대 예술의 아포리아가 임의로 권위와 결탁함으로써 해결되는

---

15   [옮긴이] Neoklassizismus: 건축에서는 1930년대에 고대 건축을 모델로 다양한 형태로 발전한다. 음악에서는 1920년대 인상주의나 표현주의에 대립하여 명확성과 단순성을 추구한다. 예컨대 장 콕토는 "개인으로부터 분리된 예술, 듣는 사람이 명확한 의식 상태에 머물게 하는 객관적 예술"을 요구했다.

것은 아니다. 유명론이 완화되지 않은 상태에서 무리하지 않고 어떻게 형식의 객관성과 같은 어떤 것에 도달할 수 있을지는 미지수다. 완결성을 억지로 만들어낸다면 그와 같은 것을 오히려 해칠 것이다. 이러한 경향은 정치적 파시즘과 동시에 이루어졌다. 파시즘의 이데올로기도 그와 마찬가지로 후기 자유주의하의 주체가 겪는 곤궁이나 불확실성에서 벗어난 상태를 주체의 소멸에서 기대할 수 있으리라고 속였다. 실제로 그러한 주체의 소멸은 좀더 막강한 주체들의 지시에 따라 이루어졌다. 감상의 주체는 비록 오류를 범할 수 있고 나약하기는 해도 객관성에 대한 요구 앞에서 간단히 물러서서는 결코 안 된다. 그렇지 않다면 아무런 연관도 없는 백지상태로서 예술 작품의 영향을 받는 예술에 대한 문외한이나 속물이 예술 작품을 이해하고 판단하는 데에 가장 자질 있는 사람이 될 것이며, 음치가 가장 뛰어난 음악 비평가가 되리라고 적절히 반론을 제기할 수 있다. 예술 자체와 마찬가지로 예술에 대한 인식도 변증법적으로 이루어진다. 감상자가 몰두하면 할수록 그가 예술 작품 속에 파고드는 힘은 더욱 강해지며, 그는 작품 내부에서 객관성을 인식하게 된다. 예술 작품 속에서 잘못된 주관적 '투사'의 힘까지 포함한 감상자의 힘이 소멸할 때, 감상자는 예술 작품의 객관성에 참여한다. 주관적으로 길을 잘못 들면 예술 작품을 전적으로 그르칠 수도 있다. 그러나 그러한 잘못이 없다면 객관성도 보이지 않을 것이다. 예술 작품들의 완전성을 향한 한 걸음 한 걸음은 그것들의 자기소외를 향한 한 걸음이다. 그 결과 어떤 종류의 것이든 아무튼 형식주의에 대한 주관성의 반항이라고 극히 피상적으로 규정되는 반란이 변증법적으로 항상 새로이 이루어진다. 예술 작품들의 내재적 요구인 그것들의 점증적 통합은 또한 그것들의 내재적 모순이기도 하다. 자체의 내재적 변증법을 견뎌내는 예술 작품은 그처럼 변증법을 견뎌내는 가운데 또한 그것이 해결된 듯이 기만한다. 이러한 점이 미적 원칙에 담긴 미적 허위다. 미적 사물화의 이율배반은 작품들이 제기하는, 비록 굴절되기는 했지만 형이상학적인 요구, 즉 시간에서 벗어나 있다는 요구와, 시간 속에서 지속적인 것으로 정립되는 모든 것의 덧없음 사이의 이율배반이기도 하다. 예술 작품들은 자체가 절대적인 것이라고 주장할 수밖에 없기 때문에 상대적인 것이 된다. 벤야민이 언젠가 대화 중에 한 말, 즉 예술 작품은 구제되지 않는다는 말은 그러한 점을 암시한다. 예술에 대한 예술의 영속적 반역은 실제적인 문제에 그 기반을 둔다. 사물들이라는 점이 예술 작품들에 본질적이라면, 자체의 사물적 성격을 부인하는 것도 그에 못지않게 예술 작품들에 본질적이다. 또한 이로써 예술은 예술에 반대한다. 완전히 객관화된 예술 작품은 단순한 사물로 굳어버릴 것이며, 자체의 객관화에서 벗어나는 예술 작품은 무기력한 주관적 충동으로 퇴화해 경험세계 속에 빠지고 말 것이다.

예술 작품의 이론

미적 경험의 과정적 성격; 작품들의 과정적 성격

　예술 작품들에 대한 경험이 오직 살아 있는 것으로서만 적합하다는 주장은 감상자와 감상 대상 사이의 관계 혹은 미적 지각의 조건으로서의 심리적 집중Kathexis에 관한 문제 이상의 것을 말해준다. 미적 경험은 객체에 근거할 때, 즉 미적 경험의 시선 아래 예술 작품들이 자체로서 살아나는 순간에만 살아 있다. 게오르게의 시 「양탄자Der Teppich」[1]는 그의 시집 제목이면서 또한 일종의 시학이기도 한데, 여기서 그는 그러한 것을 상징주의적으로 주장했다. 감상자의 몰입을 통해 작품에 내재하는 과정적 성격이 해방된다. 작품은 말을 함으로써 자체로서 역동적인 것이 된다. 어떤 식으로든 인공물에서 그 의미의 통일이라고 할 수 있는 것은 정태적이지 않고 과정적이며, 모든 작품

1　George, *Werke Ausgabe in zwei Bände*, Bd. 1, p. 190.

이 자체 내에 필연적으로 지니는 적대 관계들의 해결이다. 그래서 분석은 분해를 통해 예술 작품을 이른바 근원적 요인들에 환원함으로써가 아니라, 예술 작품의 계기들 상호 간의 관계를 과정적으로 파악함으로써 비로소 예술 작품에 도달한다. 예술 작품들이 존재가 아니라 일종의 형성 과정이라는 점은 테크놀로지적으로도 파악할 수 있다. 예술 작품들의 연속성은 목적론적으로 개별 계기들이 요구하는 것이다. 이 계기들에는 그 불완전성 때문에, 또 대체로 그것이 중요하지 않다는 점 때문에 연속성이 필요하며, 또 그것들은 연속성을 이룰 수 있다. 이 개별 계기들은 자체의 특성 덕분에 그것들의 타자로 넘어갈 수 있으며, 그 속에 계속 남아 있다가 사라지면서 그러한 소멸을 통해 그 뒤를 잇는 요인을 결정하기도 한다. 이러한 내재적 역동성은 예술 작품들이 이루는 좀더 높은 질서의 한 요소와도 같다. 미적 경험은 다름 아니라 이러한 점에서 성적 경험, 그것도 절정의 성적 경험과 유사하다. 성적 경험에서는 사랑받는 형상이 변화하고 응결 과정이 가장 생명력 있는 것과 결합하는데, 이러한 것은 미적 경험의 생생한 근원적 형상인 듯하다. 그러나 개별 작품들만 내재적으로 역동적인 것이 아니다. 그와 마찬가지로 다른 작품들에 대한 그것들의 관계도 역동적이다. 예술의 관계는 특히 작품들이 서로 끼치게 될 영향 따위의 외적 관계를 통해서가 아니라, 단지 자체 내에서 정지된 개별 작품들을 통해서만 역사적이다. 그래서 예술을 말로 정의하기는 어렵다. 예술을 존재로서 본질구성하는 것은 그 나름 반응으로서, 즉 객관적 상황에 대한 반응으로서 역동적이다. 그것은 객관적 상황에서 물러설 뿐만 아니라 이 상황에 대해 입장을 취하기도 하고 이런 입장을 통해 변형된 상태로 객관적 상황을 고수하기도 하는 반응이다. 예술 작품들은 서로 마찰을 일으키고 결합될 수도 없고 동일하지도 않은 계기들을 종합한다. 예술 작품들은 실로 동일한 것과 동일하지 않은 것의 동일성을 과정적으로 추구한다. 왜냐하면 예술 작품의 통일성도 계기일 뿐이지 결코 전체를 위한 마술 주문이 아니기 때문이다. 예술 작품들은 인공물, 즉 인간이 만든 것으로서 본래부터 '정신의 고향'에 자리 잡고 있지만, 아무튼 자체와 동일해지기 위해서는 그것들의 비동일자, 이질적인 것, 이미 형식화되지는 않은 것 등이 필요하다. 이를 통해 예술 작품들의 과정적 성격이 본질구성된다. 예술 작품들은 물론 타자 상태 Andersheit에 의존하지만, 예술 작품들에 대한 이 타자 상태의 저항으로 인해, 자체의 형식언어를 명료하게 하고, 형식화되지 않은 부분은 아무것도 남기지 않으려 한다. 이런 상호작용이 예술 작품들의 역동성을 형성한다. 이 역동성이 어떠한 존재를 통해서도 중단되지 않는다는 점이야말로 그 대립에서 해소될 수 없는 부분이다. 예술 작품들은 단지 현실태[2]로서만 예술 작품이다. 왜냐하면 예술 작품들의 긴장이 어느 쪽 극단과의 순수한 동일성의 결과물로 귀착되지는 않기 때문이다. 한편 예술 작품들은 완성되고 굳어진 객체들로서만 그 적대 관계들의 활동 무대가 된다. 그렇지 않다면 그렇게 내재된 힘들은 나란히 병존하거나 서로 분리되고 말 것이다. 예술 작품들의 역설적 본질인 정지 상태는 자체를 부정한다. 예술 작품들의 운동은 멈추어야 하고 그 중단을 통해 보일 수 있게 되어야 하는 것이다. 그러나 예술 작품들이 자체에 대해 외적인 것, 즉 단순한 기존 상태에 대

---

2 [옮긴이] in actu: 잠재태 in potentia와 대조되는 아리스토텔레스의 개념. 한편으로 아직 완성되어 가는 것이면서, 다른 한편으로 이미 완성된 것이기도 하다.

항하여 추구하는 과정인 예술 작품들의 내재적인 과정적 성격은 예술 작품들이 어느 편을 들기 전에 이미 객관적이다. 모든 예술 작품들은, 심지어 긍정적인 것들조차도 아프리오리하게 논쟁적이다. 보수적 예술 작품이라는 이념에는 부조리한 면이 달라붙어 있다. 예술 작품들은 그것들의 타자인 경험세계와 분명히 구분됨으로써 이 경험세계 자체가 달라져야 한다는 점을 표명하며, 이로써 현실세계의 변화를 위한 무의식적 도식들이 된다. 모차르트처럼 겉으로 보아 아무 논쟁도 불러일으키지 않고, 상투어에 따르면 순수한 정신 영역에서 활동한다고 볼 수 있는 예술가의 경우에도, 그가 자신의 대규모 무대 작품들을 위해 선정한 문학적 소재들을 논외로 하더라도, 논쟁적 계기가 중심적 역할을 한다. 그의 작품이 거리를 두고 있는 대상의 초라함과 허위를 무언중에 판결하는 거리 설정의 힘이 그러하다. 모차르트의 경우 형식은 그런 힘을 확정적 부정으로서 얻게 된다. 그것을 통해 나타나는 화해는 고통에 찬 달콤함을 지닌다. 왜냐하면 현실은 오늘날까지도 그런 화해를 거부하고 있기 때문이다. 아마 공허하게 자체와 유희하지 않고 대상에 적극적으로 관여하는 어떤 의고주의라도 취하게 될 이 단호한 거리 설정을 통해, 거부 대상에 대한 비판도 구체화된다. 예술 작품들에서 나는 바스락 소리는 예술 작품이 결합하고자 하는 적대적 계기들의 마찰음이다. 언어적 기호에서와 마찬가지로 그것들의 객관화에는 과정적 성격이 감추어져 있으며, 무엇보다 이로 인해 예술 작품은 문자다. 예술 작품들의 과정적 성격은 다름 아니라 그것의 시간적 핵심 Zeitkern이다. 예술 작품들이 덧없다고 여겨지는 요인들을 멀리하고, 순수하고 오염되지 않는 형식이나 혹은 불길하기 짝이 없는 보편적 인간성이라는 것을 통해 자체를 영원한 존재로 간주함으로써 지속을 의도할 때, 예술 작품들의 생명은 오히려 짧아진다. 또 그로써 예술 작품들은 충족의 정도는 변화하지만 그 규모상 일정한 것으로서, 또 그 형식상 예술 작품의 긴장에 찬 성격이 거부하는 초시대적 정태성을 추구하는 개념의 유사 형태 노릇을 한다. 사멸해 가는 인간의 조형물인 예술 작품들은 그처럼 사멸해 가는 요인을 완강히 거부할수록 분명히 그만큼 더 빠르게 사멸한다. 아마 예술 작품들의 존속은 그 형식 개념과 분리할 수 없을 것이다. 그러나 그것은 예술 작품의 본질이 아니다. 자체를 드러내 놓고 과감하게 나서며 겉으로 보아 몰락을 향해 서둘러 가는 듯한 작품들이, 오히려 안전의 우상을 위해 시간적 핵심을 소홀히 함으로써 가장 본질적인 면에서 공허하고 보복이라도 받듯이 시간의 희생물이 되는 작품들보다 살아남을 기회가 더 많다. 이 점이 의고주의의 저주다. 어떤 사라지기 쉬운 것을 덧붙임으로써 지속을 추구해도 별 도움이 되지 않는다. 아마 오늘날에는 시간적 핵심을 통해 자체를 불태우는 작품들이 필요하다고 생각할 수 있을 것이다. 그러한 작품들은 진리가 나타나는 순간을 위해 자체의 생명을 내던지고 흔적도 없이 사라지지만, 그렇다고 그 생명이 조금이라도 줄어들지는 않을 것이다. 예술의 고결함이 단순한 태도나 이데올로기로 타락한 후에도 그러한 반응 방식의 기품은 예술에 어울릴 것이다. 작품의 지속이라는 이념은 소유의 범주들을 모방하여 형성되었으며, 부르주아적이고 일시적이다. 수많은 시대에 특히 위대한 작품들에서는 그러한 이념이 낯선 것이었다. 베토벤은 「열정 소나타」를 완성했을 때 이 소나타가 10년 후에도 연주되리라고 말했다고 한다. 전래적 의미의 악보를 만들지 않고 그 재료를 통해 즉각 '실현되는' 전자음악이 재료와 함께 소멸할 수도 있다고 보는 슈토크하우젠의 구상은 자신을 내던질 태세가 되어 있는, 강력한 요구를 제기하는 예술의 구상으로서 훌륭하다. 지난날 현재 상태의 예술을 만들어낸 여타의 본질구성 요인들과 마찬가지로 예술의 시간적 핵심도 외부로 나타나 예술의 개념을 깨뜨리는 것이다. 사멸하는 것을 무가치한 것과 동일시하여 유행에 반대하는 통상적 장광설들은 내면성이라는 그 대립상과 결합되지만, 이 내면성이란 것은 정치적으로뿐만 아니라 미적으로도 객관화의 능력이 없고 개인적 특성상 완고하다는 점으로 인해 웃음거리가 된다. 유행은 상업적으로 조작될 수 있지만 예술 작품들의 깊숙한 곳에까지 파고들며, 예술 작품들을 단순히 싸구려로 팔아넘기기만 하는 것은 아니다. 피카소의 광선화[3]와 같은 착상들은 옷을 전통적인 의미에서 재단하지 않고 하루 저녁만 바늘로 꿰어 몸에 걸치는 오트 쿠튀르[4]의 실험에서 볼 수 있는 전환과 같은 성격을 띤다. 유행은 감각기관의 역사적 운동을 촉발하고, 또한 이 감각기관을 통해, 대개 예술 작품들 자체에 대해 은폐된 특성들, 특히 최소 특성들의 측면에서, 예술 작품들을 촉발하는 한 가지 형태다.

소멸성

예술 작품은 본질적으로 전체와 부분들의 관계에서 과정이다. 작품을 어느 한쪽 계기로 축소할 수 없다는 점에서 이 관계는 그 나름으

---

3 [옮긴이] Lichtmalerei: 장시간 노출을 사용하는 사진 기술. 대개 어두운 공간에서 카메라나 광원의 운동을 통해 효과를 낸다. 19세기 말에 시작되었고, 피카소는 1949년에 이 기법을 통해 작품을 만들었다.

4 [옮긴이] haute couture: 파리 쿠튀르 조합 가맹점에서 봉제하는 맞춤 고급 의류.

로 하나의 형성 과정이다. 예술 작품에서 아무튼 총체성이라고 할 수 있는 것은 그 부분들 모두를 통합하는 틀이 아니다. 그것은 언제나 예술 작품의 객관화 과정에서도 예술 작품 속에서 작용하는 경향들 덕분에 비로소 산출되는 것이다. 반대로 부분들은 분석 작업에서 거의 불가피하게 오해되는 것처럼 주어진 상태들이 아니다. 오히려 그것들은 전체를 향해 나아가는 힘의 중심들이며, 물론 필요에 따라 작품 전체에 의해 미리 형식화된 것이기도 하다. 이러한 변증법의 소용돌이는 마침내 의미의 개념을 삼켜버린다. 역사의 심판에 비춰 볼 때 과정과 결과의 통일이 이루어지지 않고, 특히 개별 계기들이 어떤 식으로든 잠재적으로 미리 생각한 총체성에 순응하지 않을 경우, 이때 벌어지는 차이로 인해 의미가 파괴되는 것이다. 예술 작품이 자체로 확고부동한 것 혹은 결정적인 것이 아니라 역동적인 것이라면, 부분과 전체의 관계가 시간 속에서 전개되고 그것들이 이러한 관계를 해체할 수도 있다는 점에서 예술 작품의 내재적 시간성은 부분 및 전체에 다같이 나타난다. 예술 작품들이 그 과정적 성격으로 인해 역사 속에서 살아 있다면 또한 역사 속에서 소멸할 수도 있다. 종이 위에 그려놓은 것, 캔버스 위의 색이나 석재 따위를 통해 형상으로서 지속하는 것의 제거 불가능성은 결코 본질적인 면에서, 즉 자체로 역동적인 정신의 측면에서 예술 작품의 제거 불가능성을 보장해 주지 않는다. 예술 작품들은 결코 사물화된 의식이 역사적 상황에 따라 변화하는, 예술 작품들에 대한 사람들의 입장이라고 간주하는 바에 따라 변하는 것이 아니다. 그러한 변화는 작품 자체의 내부에서 이루어지는 변화에 비하면 외적이다. 즉 나타나는 순간에는 알 수 없던 한 층과 다른 층들의 교체, 점차 드러나며 분화되는 작품들의 형식 법칙에 의한 그런 변화의 결정, 투명해진 작품들의 경직, 그것들의 노화, 그것들의 침묵 등에 비할 때 그렇다. 결국 작품들의 전개는 그것들의 와해와 같은 것이다.

인공물과 발생의 문제

'예술 작품' 개념으로 번역되는 인공물Artefakt 개념으로는 한 편의 예술 작품이 무엇인지 완전히 파악하지 못한다. 한 편의 예술 작품이 만들어진 것이라는 점을 안다고 해서 그것이 예술 작품이라는 점을 아는 것은 결코 아니다. 만들어진 존재라는 사실을 지나치게 강조하면, 예술을 인간의 기만 술책이라고 비난하든 예술을 직접적 자연이라고 보는 망상과 반대로 예술을 조야한 인위적 산물 혹은 작위적인 것이라고 비난하든, 곧잘 속물근성과 공감한다. 예술을 단순하게 정의하는 것은 모든 현상들에 적절한 자리를 마련해 주고 그것들을 처리하려 드는 철학 체계들이나 감행할 수 있을 것이다. 실제로 헤겔은 미를 정의하지만 예술은 정의하지 않았는데, 이는 아마 그가 예술과 자연의 통일성 및 차이를 인식했기 때문일 것이다. 예술에서는 만들어진 작품과 그것의 발생 혹은 제작의 구분이 특히 두드러진다. 즉 예술 작품들은 단순히 만들어진 것 이상으로 된, 만들어진 것이다. 예술이 덧없다는 것을 알게 된 후에야 이러한 사실이 흔들리게 되었다. 마치 형성 과정이 형성된 것의 비밀을 모두 열 수 있는 열쇠인 듯이 예술 작품을 그 발생과 혼동하는 것이야말로 예술과학들이 예술과 이질적인 상태에 빠지는 본질적 원인이다. 왜냐하면 예술 작품들은 그 발생사를 먹어치움으로써 자체의 형식 법칙을 따르기 때문이다. 고유한 미적 경험, 즉 예술 작품들에 몰입하는 것은 그것들의 발생에 무관심하다. 「영웅 교향곡」의 헌정에 얽힌 이야기가 이 곡에서 음악적으로 이루어지는 일에 대해 외적인 것처럼, 발생에 대한 지식은 미적 경험에 대해 외적이다. 미의 영역 바깥의 객관적 상황에 대한 진정한 예술 작품들의 입장을 그 객관적 상황이 생산과정에도 개입했다는 데에서 찾기는 어렵다. 예술 작품은 자체로서 그러한 객관적 상황에 등을 돌리면서도 대응하는 한 가지 반응 방식이다. 여러 차례 오페라로 만들어진 유명한 안데르센 동화의 모티프, 즉 『판단력 비판』에서 다루어지고 있는 실제의 나이팅게일 소리와 흉내 낸 나이팅게일 소리의 문제를 상기해 보자.⁵ 칸트는 이 문제를 고찰하면서 있는 그대로의 현상에 대한 경험을 현상의 발생에 대한 지식으로 대체한다. 어떤 상상 속의 아이가 실제로 나이팅게일 소리를 아주 잘 흉내 내서 아무 차이도 들을 수 없다고 한다면, 어떤 현상의 진짜 가짜를 따지는 것은 별 의미 없는 일이 될 것이다. 물론 그와 같은 것을 알게 되면 미적 경험에 어떤 작용을 하리라는 사실, 즉 화가의 이름을 알 경우 그림을 다르게 본다는 점을 칸트와 마찬가지로 인정해야 할 것이다. 어떠한 예술도 전제 조건이 없는 경우는 없다. 또 그 전제 조건들을 예술에서 제거하는 일도 불가능하다. 이와 마찬가지로 예술이 그러한 전제 조건으로부터 필연적인 것으로 따라 나오는 것도 아닐 것이다. 뛰어난 감각으로 안데르센은 칸트식의 재주꾼 대신 장난감을 다루었다.⁶ 스

---

5 Kant, *Sämtliche Werke* Bd. 6, pp. 175 이하(*Kritik der Urteilskraft*, § 42) 참조.
6 [옮긴이] 안데르센의 동화 「나이팅게일Nattergalen」에서는 중국 황제가 아름답게 노래하는 나이팅게일을 찾아 궁전에 데려온다. 황제는 일본 황제에게서 인조 나이팅게일을 받고 진짜 나이팅게일을 버린다.

트라빈스키의 오페라에서는 이때 울리는 음이 단조로운 기계적 음이라고 규정한다.[7] 자연적인 새소리와 인공적인 새소리의 차이는 울리는 소리 자체에서 들을 수 있다. 인공물이 자연적인 듯한 환각을 불러일으키려고 하면 곧 실패한다.

단자로서의 예술 작품과 내재 분석

과정의 결과 내지 중단 상태에 있는 과정 자체가 예술 작품이다. 그것은 합리주의 형이상학이 그 절정기에 이르렀을 때 세계의 원칙으로서 선언한 것, 즉 힘의 중심이면서도 동시에 사물이기도 한 단자다. 예술 작품들은 서로를 상대로 폐쇄되어 있고 맹목적이지만, 그 폐쇄 상태 속에서 외부에 있는 것을 표상한다. 그래서 아무튼 예술 작품들은 괴테가 단자의 동의어로 '엔텔레키'[8]라고 칭하기를 좋아했던, 살아 있는 자족 상태로서 전통 속에 등장한다. 목적 개념은 유기적 자연 속에서 문제적인 것이 되면 될수록 그만큼 더 집중적으로 예술 작품들 속으로 수렴되었다고 할 수 있다. 예술 작품들은 역사 및 사회와 얽혀 있으면서 한 시대정신의 포괄적 연관의 계기로서 창문 없이도 그 단자적 성격을 넘어선다. 예술 작품을 자체 속에서 중단되고 결정체를 이룬 내재적 과정으로 해석하면 단자 개념에 접근하게 된다. 작품들이 단자론적 성격을 지닌다는 테제는 참이면서 문제적이다. 작품들은 자체의 엄밀성과 내적 조직 상태를 현실에 대한 정신적 지배에서 차

---

7   [옮긴이] 스트라빈스키는 안데르센의 동화 「나이팅게일」을 1914년 오페라로 개작했다.
8   [옮긴이] Entelechie: 어떤 것이 목적을 자체 내에 지니고 있는 특성. 아리스토텔레스가 형이상학에서 사용하기 시작한 개념으로, 질료 속에서 실현되는 형상을 나타낸다.

용해 왔다. 그런 한에서 작품들이 내재적 연관을 이루도록 해주는 것은 작품에 대해 초월적이며 외부로부터 작품에 부여된다. 그러나 이 경우 그와 같은 범주들은 상당히 수정되어 단지 구속성의 그림자만 남아 있다. 미학은 불가피하게 개별 작품 속에 침잠하는 일을 전제한다. 심지어 대학가의 예술과학조차 점점 더 내재 분석을 요구하고, 예술에서 예술 자체를 제외한 온갖 문제들을 고려하는 처리 방식에서 멀어지게 되었다는 데에는 논란의 여지가 없다. 하지만 내재 분석에는 자기기만이 따른다. 어떤 예술 작품의 특수한 면에 대한 규정치고 보편이라는 그 형식에 비추어 볼 때, 단자에서 벗어나지 않는 경우는 없을 것이다. 단자를 내부로부터 해명하고 또한 그것을 깨뜨리기 위해 외부로부터 단자에 적용해야 하는 개념이 단지 단자 자체로부터 만들어졌다는 주장은 착각일 것이다. 예술 작품들 자체의 단자론적 본질구성은 그 자체를 벗어난 어떤 것을 가리킨다. 이 본질구성이 절대화되면, 내재 분석은 작품들부터 세계관을 끌어내는 대신 작품 속에 파고들고자 할 때 이데올로기를 거부하고도, 오히려 이데올로기의 제물이 된다. 내재 분석은 한때 속물근성에 맞서는 예술적 경험의 무기였는데, 오늘날에는 이미 절대화된 예술로부터 사회적 각성을 멀리 떼어놓기 위한 구호로 악용되고 있다는 점을 알 수 있다. 그러나 내재 분석 없이는 현실 속에서 하나의 계기를 이루는 예술 작품을 그 현실에 대한 관계 속에서 이해할 수도 없고 그 자체의 사상내용에 따라 해독할 수도 없다. 예술 작품의 맹목성은 자연을 지배하는 보편을 교정하는 수단이기도 하지만 그것의 상관개념이기도 하다. 이는 맹목적인 것과 공허한 것이 추상적으로 볼 때 언제나 서로 얽히는 것과도 마찬가지다. 예술 작품 속의 특수한 것은 그 특수화를 통해 또한 보편적인 것이 되지 않는 한 정당성을 지니지 못한다. 물론 미적 사상내용이 어떤 포괄의 제물이 되지도 않지만, 포괄하는 수단 없이는 미적 사상내용도 생각할 수 없다. 그런 경우에 미학은 예술 작품 앞에서, 마치 적나라한 사실 앞에서처럼 항복할 수밖에 없을 것이다. 그러나 미적으로 확정적인 요인은 단지 그것의 단자론적 폐쇄 상태를 통해서만 그 보편성의 계기와 연관될 수 있다. 내재 분석은 작품과의 교감이 충분히 긴밀하다면, 구조적인 것이 보여주는 규칙성을 띠면서 극단적 특수화 속에서 보편적 규정들에 도달한다. 이는 의심할 바 없이 분석적 방법으로 이루어지는 것이기도 하다. 즉 설명한다는 것은 이미 알려진 것으로 환원하는 것이며, 또 이미 알려진 것과 설명해야 할 것의 종합에는 불가피하게 어떤 보편적인 것이 포함된다. 그러나 특수가 보편으로 전도되는 것은 그에 못지않게 작품에 의해서도 결정된다. 작품은 극단적으로 자체로 응축되면 장르에서 유래하는 강압을 구현한다. 안톤 베베른의 음악작품에서는 소나타의 악장들이 경구와 같은 상태로 응축되는데, 이는 그러한 현상의 본보기다. 미학은 마치 그 대상의 속박 때문인 듯이 개념들을 지워버려서는 안 된다. 미학은 작품에 대한 개념들의 외적 성격으로부터 개념들을 해방시켜야 하며 개념들을 작품 속에까지 끌어들여야 한다. 개념의 운동이라는 헤겔의 말이 어딘가에서 적절하다면, 바로 미학에서 그렇다. 예술 작품들 속에서 무의식적으로 이루어지고 미학을 통해 의식화되어야 하는 보편과 특수의 상호작용으로 인해, 실로 변증법적 예술관이 필요해진다. 이 경우 독단론적 믿음의 잔재가 작용하고 있다고 항의할 수도 있을 것이다. 헤겔 체계 외부에서는 어느 영역에서도 개념의 운동이 생존권을 지니지 못하며, 단지 객관의 총체가 정신과 일치하게 될 경우에만 대상이 개념의 생명으로서 파악될 수 있다고 주장할 수도 있을 것이다. 이에 대해서는 단자들, 즉 예술 작품들이 그 자체의 특수화 원칙을 통해 보편에 이른다고 응수할 수 있을 것이다. 예술에 대한 보편적 규정들은 예술에 대한 개념적 반성의 필요에 그치는 것이 아니다. 그것들은 일반화 원칙과 마찬가지로 결코 존재론화할 수 없는 개별화 원칙의 한계를 말해준다. 예술 작품들은 아무 타협 없이 개별화 원칙을 추구할수록 그러한 한계에 더욱 가까이 다가간다. 보편적인 것으로 등장하는 예술 작품에는 그 장르의 본보기라는 우연적 성격이 달라붙는다. 즉 그것은 단지 개별적일 뿐이다. 순수한 '이것'을 지시하는 몸짓인 다다Dada도 지시대명사와 마찬가지로 보편적이었다. 표현주의는 그 작품들보다 이념으로서 더 강력했는데, 이는 순수한 이것τόδε τι이라는 표현주의의 유토피아가 일종의 허위의식이었다는 데에 기인할 것이다. 그러나 예술 작품들에서 보편은 단지 그 자체가 변화함으로써만 실체적으로 된다. 예컨대 베베른의 경우 전개부라는 보편적 음악 형식이 '매듭들Knoten'로 변하며 그 발전적 기능을 잃어버린다. 그 대신 상이한 밀도를 지니는 단락들이 나열된다. 이로써 매듭의 성격을 띠는 부분들이 지난날의 어떠한 전개부보다도 더 현재적이고 덜 관계적인 것, 완전히 다른 것으로 변한다. 보편과 특수의 변증법은 보편의 수직갱도 속으로만이 아니라 특수의 한가운데로도 내려간다. 그와 마찬가지로 이 변증법은 보편적 범주들의 불변성을 파손한다.

예술과 예술 작품들

예술의 보편적 개념이 예술 작품들에 별로 접근하지 못한다는 사실은, 발레리의 말처럼 단지 소수의 예술 작품들만이 엄밀한 예술 개념을 충족한다는 점에서 명백히 드러난다. 이때 그 책임을 예술가들이 자신이 다루는 대상의 거창한 개념 앞에서 취약하다는 사실에서만 찾을 수는 없다. 오히려 그 개념 자체가 그 원인이다. 예술 작품들이 점차 부각되는 예술 이념에 점점 더 순수하게 매달릴수록, 나름으로 그것들의 개념에 필요한, 그 타자와 그것들의 관계가 더욱 위태로워진다. 그러나 이 관계는 단지 비판 이전의 의식 내지 극심한 순진성을 대가로 치러야만 유지될 수 있다. 이는 오늘날 예술의 아포리아들 가운데 하나다. 최상의 작품들이 가장 순수한 것은 아니며, 오히려 그런 작품들이 예술 외적 잉여 부분, 특히 변형되지 않은 소재적 요인을 지님으로써 그 내재적 구성에 부담을 갖기도 한다는 점은 명백하다. 또 그에 못지않게 예술 작품들의 철저한 형상화가 예술의 피안에 존재하는 반성되지 않은 요인에 기반을 두지 않은 채 예술의 규범으로서 일단 이루어지면, 그처럼 순수하지 않은 것을 의도적으로 다시 도입할 수는 없다는 사실도 명백하다. 유럽의 파국 이후에 순수한 예술 작품이 겪은 위기는 예술 외적 소재들 속으로 뛰어든다고 해서 해소될 수 있는 것이 아니다. 이 경우 단지 도덕적 격정을 통해 손쉬운 해결책을 찾는다는 점이 은폐될 뿐이다. 그러나 최소 저항의 노선은 규범에 별로 쓸모없다. 예술에서 순수와 비순수의 이율배반은 예술이 그 장르들의 상위개념은 아니라고 하는 좀더 일반적인 문제에 포함된다. 이 장르들은 특유하게 분화되는 만큼이나 혼선을 빚는다.[9] 모든 수준의 전통주의적 변호론자들이 즐겨 제기하는 '그것도 음악인가?' 하는 따

---

9 Adorno, *Ohne Leitbild*, pp. 168 이하 참조.

위의 질문은 생산적이지 않다. 그러나 예술의 탈예술화가 무엇이냐 하는 문제, 즉 예술을 무반성적으로 그 자체의 변증법에 이르지 못한 채 미 영역 바깥의 실천에 접근시키는 활동은 구체적으로 분석해야 할 것이다. 이에 비할 때 위의 규준적인 물음은 예술에서 본질적인, 분리되어 서로 대조되는 계기들의 운동을 그 추상적 상위개념으로 방해한다. 하지만 오늘날 예술은 그 상위개념을 파괴할 때 가장 활기차게 움직인다. 예술은 그러한 파괴를 통해 자체에 충실해지며, 순수하지 않은 것을 잡종이라고 보는 미메미스에 대한 금기를 훼손한다. 예술의 개념이 예술에 부적절하다는 점은 언어의 측면에서, 예컨대 언어예술 작품Sprachkunstwerk이라는 표현에 의식적으로 기록된다. 이 표현은 어느 문학사가가 문학작품들을 지칭하기 위해 선정한 것으로, 일관성이 없는 것도 아니다. 그러나 이 표현은 예술 작품이면서도 비교적 자립적인 담론적 요인으로 인해 예술 작품에 머물지 않고, 또 철저한 예술 작품도 아닌 문학작품들에 폭력을 가한다. 예술가들이 작품들만 아니라 언제나 예술을 다루기도 한다는 점에서, 예술은 결코 예술 작품들과 동화되지 않는다. 예술이 무엇이냐 하는 문제는 심지어 예술 작품들 자체의 의식과도 무관하다. 어떤 목적을 위한 형식들이나 예배의 대상들도 역사를 통해 비로소 예술이 될 수 있다. 그러한 점을 인정하지 않는다면 예술의 자체 이해에 의존하게 될 텐데, 예술 자체의 개념 속에는 예술의 형성 과정이 살아 있는 것이다. 벤야민이 촉구한 예술 작품과 기록문의 구분은 자체로서 형식 법칙에 의해 결정되지 않은 형상물을 배제하는 한에서 타당하다.[10] 그러나 결코 예술

---

10   Benjamin, *Schriften*, Bd. 1, pp. 538 이하.

로서 등장하지 않더라도 많은 것들이 객관적으로 예술 작품이다. '도쿠멘타'[11]라는 이름의 전시회들은 상당한 공헌을 했지만, 그러한 난점을 비켜 가며 이로써 현대의 박물관인 그것들이 반대하려는 미의식의 역사화를 부추긴다. 이른바 '현대 예술의 고전' 같은 개념은 전적으로 그와 같은 성격을 띠는데, 그러한 개념들은 대체로 나타나는 순간 이미 느슨해지는 2차 대전 이후 예술의 긴장 상실에 너무 잘 어울린다. 그것들은 또한 스스로를 원자 시대라고 칭하는 시대의 본보기에 순응한다.

역사의 본질구성적 성격; '이해 가능성'

역사적 계기는 예술 작품들에 본질구성적이다. 진정한 예술 작품들은 그 시대를 초월하고 있다는 주제넘은 주장을 하지 않고 아무런 유보 없이 그 시대의 역사적 소재내용에 자신을 내맡기는 것들이다. 그러한 예술 작품들은 스스로를 의식하지 못하는 그 시대의 역사 기술이다. 무엇보다도 그로 인해 예술 작품들은 인식과 매개된다. 바로 이 때문에 그러한 예술 작품들은 그것들 자체의 역사적 사상내용을 추적하는 대신 그것들을 그 외부의 역사에 환원하는 역사주의와 공통점을 지닐 수 없다. 예술 작품들의 역사적 실체가 그것을 경험하는 사람의 실체로 되면 될수록 예술 작품들은 더욱 진정한 것으로 경험된다. 자기 시대의 예술 작품들보다 충분히 오래된 과거의 예술 작품들

---

11   [옮긴이] Documenta: 1955년 A. 보데Arnold Bode가 시작하여 대체로 5년 간격으로 100일 동안 독일의 카셀에서 열리는 현대 예술 전시회. 처음에는 나치 시대에 '퇴폐예술'이라는 딱지를 붙여 추방했던 예술 작품 전시에 비중을 두었다.

을 더 잘 이해할 수 있다고 가정하는 점에서도 부르주아 예술 사업은 이데올로기적으로 혼란에 빠져 있다. 오늘날의 수준급 예술 작품들이 지니는 경험의 층들, 즉 그러한 예술 작품들 속에서 말하고자 하는 요인은 객관적 정신으로서, 현실적 의식으로부터 소외된 역사철학적 전제 조건들을 지니는 작품들보다는 비교할 수 없을 만큼 더 많은 공통점을 현대인들과 지닌다. 바흐를 철저하게 파악하고자 하면 할수록 그는 그만큼 더 수수께끼처럼 온 힘을 다해 감상자를 돌아다본다. 양식을 추구하는 의지로 인해 타락하지 않은 오늘의 작곡가들이 음악학원의 교재나 평균율 피아노곡의 패러디 혹은 빈약한 복사본보다 더 낫다고 할 만한 푸가를 떠올리는 일은 별로 없을 것이다. 현대 예술의 극단적 충격들과 소격 효과를 만드는 제스처들, 혹은 보편적이고 불가피한 반응 방식에 대한 지진기록들은 그저 역사적 사물화로 인해 가까워 보이는 것보다 실제로 더 가깝다. 모든 사람이 이해할 수 있다고 간주하는 것들은 이해할 수 없는 것이 되었다. 반면에 조작당하는 사람들이 멀리하는 것들은 알지 못하는 가운데 그들에게 너무 잘 이해될 수 있다. 이는 섬뜩한 것이 섬뜩한 이유는 그것이 은밀하게 너무 친숙한 것이기 때문이라는 프로이트의 격언과도 상응한다. 그 때문에 사람들은 그것을 멀리한다. 처리될 수 있고 조종되는 경험들만 장막 저편에서는 문화유산으로, 이편에서는 서양 전통으로 세례받은 것들로 받아들여진다. 그러한 경험들은 인습에 너무 친숙하다. 그런데 너무 친숙한 것은 활성화되기 어렵다. 그것들은 직접 접근할 수 있어야 하는 순간 사멸한다. 즉 그것들에 아무 긴장 없이 접근할 수 있다는 것은 그것들의 종말을 의미한다. 이 점은 모호하여 의심의 여지 없이 이해도 되지 않은 작품들이 고전의 판테온에 올라 집요하게 반복된다는 사실에서 드러난다.[12] 또 공공연한 전위예술에 한정된 극소수 예외를 제외하고는 전통적인 작품들에 대한 해석이 잘못되어 터무니없다는 점, 즉 객관적으로도 이해할 수 없게 된다는 점에서도 그것은 명백히 나타난다. 물론 이를 인식하는 데에는 우선 그런 작품들과 해석들을 녹처럼 덮고 있는 이해 가능성이라는 가상에 저항할 필요가 있다. 예술 소비자는 이에 대해 지극히 거부적이다. 예술 소비자는, 어느 정도 타당하게, 자신이 소유물로서 보관하는 것들을 빼앗긴다고 느낀다. 다만 그는 자신이 그것을 소유물이라고 광고하자마자 그것은 이미 빼앗긴 것이 된다는 사실을 알지 못한다. 세계에 대해 낯선 상태는 예술의 한 계기다. 세계를 낯선 것으로 지각하지 않는 사람은 세계를 전혀 지각하지 못한다.

객관화와 분해의 필요성

예술 작품들 속의 정신은 외부로부터 작품에 부가되는 것이 아니라, 작품의 구조에 의해 정립되는 것이다. 예술 작품들의 물신적 성격은 적지 않게 그 점에 기인한다. 즉 예술 작품들의 정신은 그것들의 특성에서 나오는 것이기 때문에 필연적으로 즉자존재자로 나타나며, 또 정신이 그렇게 나타나는 한에서만 그것들은 예술 작품이다. 그렇더라도 예술 작품들은 그 정신의 객관성과 아울러 하나의 만들어진 것이다. 반성은 이 물신적 성격을 파악하고 예술 작품들의 객관성에

---

12 Adorno, *Moments musicaux. Neu gedruckte Aufsätze 1928~1962*, Frankfurt a. M.: Suhrkamp. 1964. pp. 167 이하 참조.

대한 표현으로서 그것을 인정할 뿐 아니라 비판적으로 해체하기도 해야 할 것이다. 그런 한에서 미학에는 예술도 감지하는, 예술에 이질적인 요인이 섞여 있다. 예술 작품들은 조직되지 않은 것을 조직한다. 예술 작품들은 그러한 것을 옹호하며 또 그것에 폭력을 가하기도 한다. 예술 작품들은 인공물이라는 자체의 성격에 따름으로써 예술과 충돌한다. 각각의 예술 작품 모두가 자체 내에 감추고 있는 역동성이야말로 그것의 언어적 요인이다. 작품들의 한 가지 역설은 그것들이 자체 내에서 역동적이면서 일반적으로 정착되어 있다는 점, 그리고 단지 그러한 정착을 통해서만 예술 작품들로 객관화된다는 점이다. 예술 작품들을 집요하게 고찰하면 할수록 그것들은 더욱 역설적인 것이 된다. 즉 각각의 예술 작품은 모두 결합 불가능한 상태의 체계다. 그것의 형성 과정 자체는 정착되지 않는 한 표현될 수 없다. 즉흥적인 행위들은 단순히 병렬되어 제자리걸음처럼 되곤 한다. 활자와 악보를 외부에서 한번 바라보면, 그것이 그 의미로 보아 형성 과정인 어떤 현존재자라는 역설 때문에 놀라게 된다. 예술 작품을 작동시키고 예술 작품 속에서 통합되고 다시 예술 작품을 해체하기도 하는 미메시스적 충동들은 사라지기 쉬운 무언의 표현이다. 그것들은 예술로서 객관화됨으로써 언어가 된다. 자연의 구제인 예술은 자연의 덧없음에 저항한다. 예술 작품은 그 요소들의 결합이 이루어지는 과정에서 언어와 유사해진다. 그것은 언어적 작품들의 경우에도 말이 없는 구문Syntax이다. 작품들이 말하는 바는 작품에 쓰인 말들이 말하는 바가 아니다. 무의도적 언어에는 그것을 통해 종합되는 전체에 대한 미메시스적 충동들이 여전히 남아 있다. 음악에서는 하나의 사건이나 상황이 그 이전의 발전 과정에 사후적으로 작용하여, 그 앞선 것이 자체로서는 전혀 그렇지 않았더라도 그것을 어떤 엄청난 것으로 만들 수 있다. 이처럼 역으로 이루어지는 변화는 작품들의 정신에 의한 변화의 본보기다. 심리학 이론의 기초가 되는 형태들과 예술 작품들이 서로 구분되는 것은, 예술 작품들 속에서 전자의 경우에도 그렇듯이 요소들이 다소 자립성을 지니기 때문만은 아니다. 또한 그것들이 현상으로 나타나는 한 심적 형태들처럼 직접 주어진 것은 아니기 때문이기도 하다. 정신적으로 매개된 그 요소들은 서로 예술 작품들 속에서 나타나는 모순에 찬 관계를 이루며, 예술 작품들은 이 관계를 해소하고자 한다. 그 요소들은 병렬 상태를 이루지 않고 서로 마찰하거나 끌어당기며, 한 요소는 다른 요소들을 원하거나 밀쳐낸다. 이러한 것만이 다소 야심찬 작품들에 나타나는 연관이다. 예술 작품들의 역동성은 그것들 속에서 말하는 요인이다. 예술 작품들은 1차로 그 정신에 지배되는 미메시스적 특성들을 정신화에 의해 얻어낸다. 낭만주의 예술은 미메시스적 계기를 형식에 의해 매개하지 않으면서 보존하려고 한다. 그리하여 개별 요인들이 거의 말할 수 없는 것을 전체를 통해 말한다. 그렇지만 낭만주의 예술은 객관화의 필요성을 간단히 무시하지 못한다. 낭만주의 예술은 객관적으로 종합을 거부하는 요인을 결합되지 못한 것이라고 비하한다. 반면에 낭만주의 예술을 세부적으로 분해해 보면 그것은 그 표면적 성질들과는 반대로 그에 못지않게 추상적으로 형식적인 면을 지향한다. 로베르트 슈만과 같이 위대한 작곡가의 경우 이러한 성질은 와해의 경향과 본질적으로 결합하고 있다. 그의 작품은 화해되지 않은 적대 관계를 순수하게 나타냄으로써 표현의 힘을 얻으며 그처럼 높은 수준에 이른다. 낭만주의 예술 작품은 의고주의적 이상을 형식주의적이라고 비난하지만, 형식의 추상적 독자존재 때문에 의고주의적 이상에 못 미친다. 의고주의는 전체와 부분의 매개를 훨씬 더 강력히 추구했다. 이때 물론 어떤 유형들을 지향하는 전체 및 이 전체에 맞게 재단된 개별자의 체념적 특성들도 없지 않다. 낭만주의의 타락한 형식들은 도처에서 아카데미즘으로 기운다. 이상과 같은 측면에서 예술 작품들을 다루는 확고한 유형론이 강력히 등장한다. 한 가지 유형은 위로부터, 즉 전체로부터 아래로 움직이고, 다른 유형은 그 반대 방향으로 움직인다. 그 두 가지 유형이 어느 정도 명백하게 존속한다는 사실에서 그러한 유형을 만들어내고 또 어떤 유형으로도 해소될 수 없는 이율배반, 즉 통일과 특수화의 화해 불가능성을 확인할 수 있다. 베토벤은 그 이전 시대의 음악에서 주로 그랬던 것처럼 개별자를 도식적으로 소멸시키지 않고, 부르주아의 성숙한 자연과학 정신과 친화적인 방식으로 개별자의 성질을 없앰으로써 그와 같은 이율배반에 대처했다. 이로써 그는 음악을 형성되어 가는 것의 연속체로서 통합하고 형식이 점차 공허하게 추상화되는 위험을 막았다. 개별 계기들은 사라져 가면서 다른 계기로 넘어가며 그렇게 사라짐으로써 형식을 결정한다. 베토벤의 경우 개별자는 전체를 향하는 충동으로서 존재하고 또 그렇지 않기도 한다. 즉 그것은 전체 속에서만 그 실제의 상태로 되고, 자체로서는 음계의 단순한 기본 관계 속에서 상대적 불확정성 혹은 무정형의 상태로 변하는 경향을 띤 어떤 것일 뿐이다. 극단적으로 명료하게 표현된 그의 음악을 충분히 면밀하게 듣거나 악보를 읽으면 그것은 어떤 무의 연속체와 유사해진다. 그의 위대한 작품들 모두에서 나타나는 절묘한 곡예는, 문자 그대로 헤겔적으로 그의 작품에서 무의 총체성이 존재의 총체성으로 규정되지만, 절대적 진리를 주장하지 않으면서 가상으로서만 그런다는 점이다. 그러나 절대적 진리에 대한 요구가 내재적 엄밀성을 통해 최상의 사상 내용으로서 적어도 암시되기는 한다. 잠재적으로 산만하고 파악할 수 없는 요인은 그것을 무엇인가로 묶어놓는 강제력 못지않게 대립적으로 자연적 계기를 대변한다. 각 악장은 최소 단위들의 구분되지 않은 상태로 해체되며, 이는 궁극적으로 이제 재료가 아니라 오히려 음계적인 기본 관계상의 적나라한 연관 체계인데, 이러한 요인이 마적인 존재Dämon, 즉 작품의 각 부분들을 다듬어 내놓는 작곡 주체와 대립한다. 그러나 또한 예술 작품들의 변증법은 문자 그대로의 것이 아니라는 점에서, 즉 예술의 은밀한 모델인 역사와 같이 이루어지지는 않는다는 점에서 역설적이다. 예술 작품들은 과정이기도 하면서 이 과정과 대립하여 존재하는 형상물들이기도 한데, 이 형상물들을 통해 예술의 변증법은 인공물의 개념에 따라 재생산된다. 이것이 예술이 지니는 환각적 계기의 본보기다. 베토벤의 경우를 생각하면 기술적 실제 활동에 비춰 볼 때 진정한 작품들은 모두 다 곡예라는 결론을 이끌어낼 수 있을 것이다. 라벨[13]이나 발레리 등 후기 부르주아 시대의 많은 예술가들은 이러한 곡예를 자신의 과제로서 인식했다. 그리하여 곡예사Artist 개념이 제자리를 찾게 된다. 곡예는 결코 예술 이전의 형태나 일탈 혹은 타락이 아니다. 그것은 예술의 비밀이다. 예술은 그에 대해 침묵함으로써 결국 그것을 희생시킨다. 예술이 고급스러운 익살이라는 토마스 만의 도발적인 주장도 그 점을 암시했다. 테크놀로지적 분석 및 미학적 분석은 작품들 속의 곡예를 인식함으로써 생산적

---

13 [옮긴이] Maurice Ravel(1875~1937): 프랑스 음악가. 인상주의 음악을 대표하지만, 환상적이라기보다 정교하고 치밀한 음악을 작곡했다.

인 것이 된다. 최상의 형식 수준에서는 흔히 경멸받는 서커스 행위, 즉 중력을 극복하는 일이 반복된다. 그리고 서커스의 공공연한 부조리, 즉 그러한 노력은 모두 무엇을 위한 것이냐 하는 문제는 실제로 이미 미적 수수께끼다. 이 모두는 예술 해석에 관한 물음들에서 활성화된다. 한 편의 드라마나 음악작품을 올바르게 공연한다는 말은 그것을 올바르게 문제로서 정식화하여, 그 작품이 해석자에게 제기하는 결합 불가능한 요구들을 인식한다는 의미를 지닌다. 작품에 합당한 재현의 과제는 원칙상 무한하다.

통일성과 다자

각각의 예술 작품은 모두 경험계와 대립함으로써 마치 계획적인 듯이 자체의 통일성을 이룬다. 정신을 거쳐 이루어진 작품은 우연적이고 카오스적인 것의 조잡한 자연발생적 성격에 맞서 일자Eines로 규정된다. 통일성은 단순히 형식적인 것에 그치지 않는다. 즉 예술 작품들은 통일성 덕분에 치명적 분리 상태에서 벗어난다. 예술 작품들의 통일성은 그것들이 신화를 중지시키는 것이다. 예술 작품들은 자체로서, 그 내재적 규정에 따라, 합리적 인식의 경험적 대상들에 각인된 통일성을 얻는다. 즉 통일성은 예술 작품들 자체의 요소들 혹은 다자 das Viele로부터 형성되며, 따라서 신화를 제거한다기보다 진정시킨다. 어느 화가가 조화로운 통일성을 이루도록 한 장면의 인물들을 구성할 수 있었다느니, 바흐의 어느 전주곡에서는 적시 적소에 배치된 지속음[14]이 훌륭한 효과를 만든다느니 하는 표현들은—괴테조차 종종 이런 표현을 거부하지 않았다—낡은 면을 지닌다. 그런 표현들은 내재적 통일성의 개념에 이르지 못하고, 물론 각 작품 속의 과도한 자의성도 인정하기 때문에 편협하다. 그런 말들은 많은 작품들의 결함을, 본질구성적 결함은 아니더라도, 찬양하는 것이다. 예술 작품들의 실제 통일성은 그 형식들이나 계기들이 개별 작품의 복합상태에서 직접 나오지 않고 점점 더 어떤 상투적인 것들이 되어감에 따라 더욱 가상적인 것이 된다. 새로운 예술이 내재적 가상에 저항하고 비현실적인 것의 현실적 통일성을 고집하는 데에는, 새로운 예술이 어떠한 보편도 자체로서 반성되지 않은 직접적 상태로 허용하지 않는다는 측면이 있다. 그러나 통일성이 전적으로 작품들의 개별 충동들에서 나오는 것은 아닌데, 이는 단지 그 개별 충동들이 조작된 것이기 때문만은 아니다. 가상은 그러한 충동들에 의해서도 야기된다. 이 충동들은 그것들이 충족하고 진정시킬 수 있는 통일성을 동경하고 갈구하는 눈으로 바라보는 한편, 언제나 그로부터 멀어지려고 한다. 통일성과 종합을 추구하는 관념론적 전통의 선입관은 이 점을 소홀히 했다. 통일성은 무엇보다 개별 계기들이 그 지향성으로 인해 바로 그 통일성으로부터 멀어진다는 점에 의해 유발된다. 인식론의 카오스적 질료가 아무 성질 없는 상태로 형식화되기를 기대하지도 않고 형식화의 그물을 빠져나가지도 않는 것처럼, 산만한 다양성은 미적 종합에 중립적으로 나타나는 것이 아니다. 예술 작품들의 통일성이 불가피하게 다자에 가해지는 폭력이기도 하듯이,—미학적 비평에서 어떤 재료에 대한 지배 따위의 표현들이 되풀이해서 나타나는 것이 그 징후다—다자는

---

14 [옮긴이] Orgelpunkt: 지속적이거나 특정한 리듬으로 반복되는 동일한 음으로, 이에 대해 다른 소리들은 자유로이 조화를 이루며 변해간다.

고대 신화들 속의 덧없고 매혹적인 자연 형상들처럼 그 통일성을 두려워할 수밖에 없다. 로고스의 통일성은 그것들을 잘라내는 것으로서, 신화적 죄의 연관 속에 얽혀 있다. 밤이면 낮 동안에 짜놓은 것을 다시 풀어버리는 호메로스의 페넬로페 이야기는 예술 자체가 의식하지 못하는 예술의 알레고리다. 꾀 많은 페넬로페가 자신이 짜놓은 것에 행하는 일은 본래 예술이 자체에 대해 행하는 일이다. 이 에피소드는 쉽사리 오해받듯이 첨가물이나 잔여물이 아니라, 호메로스의 서사시 이래 예술의 본질구성적 범주다. 예술은 그러한 범주를 통해 일자와 다자의 동일성이 불가능하다는 점을 그 통일성의 계기로서 자체 내에 받아들인다. 이성 못지않게 예술 작품들도 나름의 간계를 지닌다. 예술 작품들의 산만한 요인, 예술 작품들의 개별 충동들이 예술 작품들의 직접성 혹은 예술 작품들 자체에 내맡겨지면, 그것들은 흔적도 없이 소멸할 것이다. 다른 경우에 덧없이 사라져 버리는 것들이 예술 작품에는 그 흔적을 남긴다. 통일성을 통해 충동들은 어떤 비자립적인 것으로 격하된다. 그 충동들은 단지 은유적으로만 아직 자발적이다. 이로 인해 매우 위대한 예술 작품들도 비판할 필요가 있게 된다. 위대성의 관념은 때때로 비동일자에 대한 관계를 대가로 치르면서 통일성의 계기 자체에 수반되곤 한다. 이 때문에 예술에서도 위대성 개념은 의심스럽다. 특히 건축물을 비롯한 위대한 예술 작품들의 권위적 효과는 그것을 정당화하기도 하고 탄핵하기도 한다. 통합적 형식은 비록 지배권을 승화시키기는 해도 지배권과 얽힌다. 이에 맞서는 본능은 특히 프랑스적이다. 위대성은 작품들의 죄다. 그러나 그 죄를 짓지 않고는 어떠한 작품도 충분하지 못하다. 주요 단편들 Fragmente 혹은 완성된 어떤 다른 작품들의 단편적 성격이 완결된 작품들보다 우월한 것은 그러한 점에 기인할 것이다. 최상의 것이라고 여겨지지 않는 수많은 형식 유형은 예로부터 그와 같은 것을 기록했다. 음악에서 혼성곡[15]이나 접속곡[16] 등이 등장한 사실, 혹은 문학에서 역동적 통일성이라는 이상이 서사적으로 외견상 편안한 형태로 이완된 점 등은 그와 같은 욕구를 증명한다. 이때 언제나 형식 원칙으로서의 통일성에 대한 포기는 아무리 낮은 수준에서일지라도 그 나름으로 여전히 특유의 통일성이다. 그러나 이런 통일성은 구속력을 지니지 못한다. 그리고 그러한 비구속성의 한 계기는 예술 작품들에 아마 구속력이 있을 것이다. 통일성은 안정되자마자 이미 쓸모없어진다.

강도의 범주

예술 작품 속에서 일자와 다자가 서로 얽혀 있다는 점은 예술 작품들의 강도Intensität에 대한 물음에서도 파악할 수 있다. 강도는 통일성에 의해 야기된 미메시스로서, 다자로부터 총체성으로 옮겨진 것이다. 물론 총체성이 강도의 크기로서 지각될 수 있을 만큼 직접 현존하는 것은 아니다. 그러나 총체성 속에 축적된 힘은 총체성에 의해 세부로 되돌아가는 듯하다. 예술 작품이 그 여러 계기 속에서 강도를 얻게 되어 조이고 풀리는 것은 상당 정도 예술 작품 자체의 목적으로서 작용한다. 콤포지션Komposition이나 구성Konstruktion의 중요한 통일들은

---

15 [옮긴이] Quodlibet: 원래 독립적인 몇 가지 멜로디가 하나로 결합된 곡. 접속곡과 달리 차례로 이어지는 것이 아니라 동시에 나옴으로써 다성악 또는 대위법 형식을 취한다.

16 [옮긴이] Potpourri: 기존의 곡들을 결합해 새롭게 만든 곡. 기존의 멜로디들이 차례로 이어져 나오는 점에서 혼성곡과 구분된다.

단지 그러한 강도를 위해서만 존재하는 듯하다. 이에 따른다면 통용되고 있는 미학적 견해와 반대로 전체가 사실상 부분들을 위해, 즉 그것의 카이로스[17] 혹은 순간을 위해 현존하는 것이지 그 반대는 아니다. 그래서 미메시스에 대립하여 작용하는 요인이 결국 미메시스에 봉사하게 된다. 예술 이전적으로 반응하는 사람, 예를 들어 형식을 고려하지 않고 아마 알아채지도 못하면서 음악의 어떤 부분들을 좋아하는 사람은 미학 교육에서 무슨 이유로든 배척된, 그러면서도 음악에서 본질적인 것으로 남아 있는 어떤 것을 감지한다. 아름다운 부분들을 파악할 기관을 갖지 못한 사람은——회화에서도, 예를 들어 프루스트의 베르고트Bergotte는 죽기 직전에 페르메이르가 그린 한 그림 속의 작은 담벼락에 매료된다——통일성을 체험하지 못하는 사람과 마찬가지로 예술 작품과 거리가 멀다. 그렇더라도 그 세부 요인들은 단지 전체를 통해서만 빛을 발할 힘을 얻는다. 베토벤 음악의 여러 소절은 『친화력Die Wahlverwandtschaften』에 나오는 "희망이 별처럼 하늘에서 내려온다"는 말처럼 울려 퍼진다. 「d단조 소나타 op. 31-2」의 느린 악장이 그 좋은 예다. 단지 이 부분을 이 악장의 연관 속에서 연주할 경우, 또 그럴 경우에만 이 부분에서 다른 무엇과도 통분될 수 없는 것 혹은 구조 위에서 빛을 발하는 것이 바로 그 구조에 기인한다는 점을 들을 수 있다. 이 부분의 표현은 성악적이고 자체로 인간화된 멜로디의 집약을 통해 그 앞부분을 넘어서며, 이로써 이 부분은 엄청난 것이 된다. 그것은 총체성에 대한 관계 속에서 또 이 총체성을 통해 개별화되며, 그래서 총체성의 산물이기도 하고 그 중단이기도 하다. 예

17   [옮긴이] καιρός: 결단에 유리한 결정적 순간.

술 작품들이 빈틈없이 짜여 있는 상태라고 할 수 있는 총체성도 결코 최종적인 범주가 아니다. 그것은 퇴행적-원자적 지각에 비춰 볼 때 불가결하지만 상대화된다. 그것의 힘은 그것의 빛이 파고드는 개별자 속에서만 입증되기 때문이다.

'어떤 작품을 아름답다고 칭하는 근거는 무엇인가'

예술 작품의 개념은 성공의 개념을 내포한다. 실패한 예술 작품들은 예술 작품이 아니다. 근사치라는 말은 예술에 이질적이며, 어중간한 것은 이미 나쁜 것이다. 그런 것은 특수화의 매체와 결합될 수 없다. 어중간한 예술 작품들은 이와 친화적인 정신사가들이 높이 평가하는 군소 대가들의 기름진 토양이라 할 수 있는데, 이는 루카치가 '규범적 예술 작품'이라고 거리낌 없이 옹호한 작품과 유사한 이상을 상정한다. 그러나 예술은 규범의 그릇된 보편을 부정하는 것으로서, 규범적인 작품들을 허용하지 않는다. 또한 그 때문에 규범에 부합하는 것이든 혹은 그러한 규범으로부터의 거리에 따라 그 위상을 얻게 되는 것이든 간에 아무튼 예술은 어중간한 작품들을 허용하지 않는다. 예술 작품의 등급을 매길 수는 없다. 즉 예술 작품의 자체동일성 때문에 더 낫다 혹은 더 못하다는 차원은 무의미해진다. 성공을 위해서는 일관성이 한 가지 본질적인 계기다. 그러나 그것이 유일한 계기는 아니다. 예술 작품이 무엇인가를 다룬다는 사실, 통일성 속에서 개별자의 풍부함이 나타난다는 사실, 극히 냉담한 작품들에조차 무엇인가를 주는 듯한 제스처가 있다는 사실 등은 일관성이라는 좌표에 귀착되지 않더라도 예술에 현존하는 요구 사항들의 본보기다. 아마 이론적 보편성을 매체로 삼을 경우, 그러한 것들의 풍요로움에는 도달할 수 없을 것이다. 그러나 이상과 같은 요구 사항들로 인해 일관성 개념과 아울러 성공 개념도 의심스럽게 된다. 그렇지 않아도 이미 성공 개념은 필사적으로 노력하는 모범생을 연상시킴으로써 훼손되기는 한다. 그렇지만 성공 개념은 예술이 통속적 상대주의에 빠지지 않으려면 불가피하다. 또 그것은 어느 예술 작품에나 내재하여 예술 작품을 비로소 예술 작품으로 만드는 자체비판 속에 살아 있다. 일관성에는 일관성이 예술의 전부는 아니라는 점이 내재한다. 이를 통해 철저한 일관성 개념과 고루한 개념은 구분된다. 단지 전적으로 일관성만 지니는 것은 일관성을 지니지 못한다. 단지 일관성 있을 뿐이고 형식화되어야 할 것이라곤 아무것도 없다면, 자체로서 어떤 것이기를 그치고 대타적인 것Für anderes으로 변질하고 만다. 이것이 고루한 유려함이다. 고루한 작품들은 쓸모없다. 왜냐하면 그것들의 논리성이 종합해야 할 계기들은 아무런 반대 충동도 만들어내지 않으며, 또 엄밀히 말해 전혀 존재하지도 않기 때문이다. 그런 작품들의 통일성을 이루는 작업은 불필요하고 동어반복적이며, 또 이 통일성은 어떤 것의 통일성으로 등장함으로써 일관성도 없다. 이런 유형의 작품들은 무미건조하다. 일반적으로 무미건조함이란 사멸한 미메시스의 상태다. 슈베르트처럼 특히 뛰어난 미메시스적 예술가는 기질 이론에 따르면 다혈질이고 다습질이다. 예술은 미메시스적으로 산만한 것일 수 있다. 왜냐하면 예술은 산만한 것에 공감하기 때문이다. 산만한 것을 받아들이지 않고 예술의 명예를 위해 그것을 말살하는 통일성은 그러한 일을 할 수 없다. 그러나 자체의 진리내용으로부터 형식이 나오는 예술 작품은 특히 성공한 것이다. 그런 예술 작품은 그것이 형성된 존재 혹은 인공적인 것이라는 흔적을 떨쳐버릴 필요가 없다. 환각술적인 예술 작품은 그 대립물이다. 이런 예술 작품은 어쩌면 그것을 성공하도록 만들 수도 있는 요인을 견뎌내지 못하고, 자체의 현상을 통해 성공한 듯한 모습을 취하는 점에서 그렇다. 그러한 것만이 예술 작품들의 도덕이다. 이 도덕에 따르면 예술 작품들은 사람들이 어느 정도 정당하게 예술에서 요구하는 자연스러운 것에 접근한다. 반면에 예술 작품들이 자연스러운 것의 형상을 자체의 지배 아래 두면 당장 그것과 멀어진다. 성공 이념은 조작을 용납할 수 없다. 성공 이념은 객관적으로 미적 진리를 요구한다. 물론 작품의 논리성이 없다면 미적 진리도 없다. 그러나 미적 진리를 깨닫기 위해서는, 각 작품의 문제를 통해 첨예화되는 전체 과정에 대한 의식이 필요하다. 객관적인 질 자체도 이 과정에 의해 매개되어 있다. 예술 작품들은 오류를 포함하며 이로 인해 소멸할 수도 있다. 그러나 실로 그 과정에 대한 의식으로서 그런 판결을 무효화하는 어떤 올바른 것은 개별 오류를 정당화할 수도 있다. 작곡 경험을 근거로 쇤베르크의 「올림바단조 현악 4중주」 제1악장에 이의를 제기한다고 해서 꼭 고지식한 음악 선생이어야 할 필요는 없을 것이다. 여기서는 제1주제가 비올라를 통해 직접 계속되면서 음에 충실하게 미리 제2주제의 동기와 연결된다. 이로써 그것은 경제성을 훼손하는데, 아직도 통용되는 주제상의 이원론에서는 그러한 경제성이 의무적인 대조를 요구한다. 그러나 전체 악장을 하나의 순간으로 함께 생각하면, 그러한 유사성은 다가올 부분을 미리 암시하는 것으로서 의미심장하다. 또 다른 예를 들면, 말러의 「교향곡 9번」 마지막 악장에 대해서는 악기 편성 논리상 이의를 제기할 수 있을 것이다. 주악절이 다시 등장할 때 그 멜로디가 같은 성격의 음색으로,

즉 호른 독주로 두 번 계속해서 나타나며, 이로써 그것은 음색 변조의 원칙을 지키지 않는다고 할 수 있다. 그러나 그 음이 처음 나타날 때 너무 절실하고 본보기가 되는 것이어서 음악 자체가 그것에서 벗어나지 못하고 그것을 따른다. 이 점에서 그 음은 올바른 것이 된다. 어떤 작품을 아름답다고 칭하는 근거는 무엇인가 하는 구체적 미학 물음에 대한 답은 그처럼 자기반성적 논리를 꼼꼼히 실행하는 데에 있다. 그러한 반성들을 경험적으로 종결지을 수 없다고 해도, 이 반성들이 염두에 두고 있는 문제의 객관성은 변하지 않는다. 상식은 내재비판의 단자론적 엄밀성과 미적 판단의 절대적 요구가 결합될 수 없다고 주장한다. 모든 규범이 작품 구조의 내재성을 벗어나는데, 작품의 구조는 규범이 없으면 우연에 머문다는 이유에서다. 그러나 이런 주장은 예술 작품들에서 거부되는 보편과 특수의 추상적 구분을 영속화한다. 단자 속에서 보편성의 구체적 효력을 가능케 해주는 계기들을 통해, 우리는 한 작품의 올바른 면과 잘못된 면을 작품 자체의 척도에 따라 지각할 수 있다. 자체로 구조를 이룬 것 혹은 서로 결합될 수 없는 것 속에는 어떤 보편적 요인이 감추어져 있다. 그렇다고 해서 이것을 그 특유의 형태로부터 떼어내어 실체화할 수는 없을 것이다.

'깊이'

성공한 예술 작품 개념에 담긴 긍정적 요소, 즉 이데올로기적 요소는 완전한 작품들이란 존재하지 않는다는 사실을 통해 수정된다. 완전한 작품들이 실존한다면 예술을 포함하는 화해되지 않은 상태에서 실제로 화해가 가능할 것이다. 완전한 작품들에서는 예술이 자체의 개념을 지양할 것이다. 파손된 것과 단편적인 것으로의 전환은 사실상 그 작품들이 될 수는 없지만 그래도 되고자 해야 하는 어떤 것이라는 요구를 해체함으로써 예술을 구제하려는 시도다. 단편은 그 두 계기를 지닌다. 한 예술 작품의 수준은 그것이 결합 불가능한 문제와 맞서느냐 그로부터 도피하느냐에 따라 본질적으로 결정된다. 형식적이라는 계기들 속에도 결합 불가능한 것에 대한 그 계기들의 관계를 통해, 그것들의 법칙으로 인해 파손된 내용이 다시 나타난다. 형식 속의 그러한 변증법이 작품들의 깊이를 만들어낸다. 이 변증법이 없다면 형식은 실제로 속물들이 생각하는 바와 마찬가지로 공허한 유희일 것이다. 이 경우 깊이를 예술 작품에서 열린다는 주관적 내면성의 심연과 동일시해서는 안 된다. 깊이는 오히려 작품들의 객관적 범주다. 깊이에서 나오는 피상성이라는 재치 있는 수다는 깊이에 바치는 찬사와 마찬가지로 저급하다. 피상적인 작품들에서는 종합과 관련되는 이질적 계기들까지 종합이 이루어지지는 않는다. 즉 이 두 가지가 결합되지 않은 채 서로 나란히 진행된다. 산만한 요인 혹은 모순에 찬 요인을 은폐하지 않고, 또 그것을 화해되지 않은 상태로 내버려두지도 않는 예술 작품들은 깊이가 있다. 그런 예술 작품들은 그 요인을 화해되지 않은 상태로부터 알아볼 수 있는 현상으로 나타나게 강제함으로써 화해의 가능성을 구현한다. 적대 관계들은 형상화된다고 해서 사라지거나 화해되지 않는다. 그것들은 현상으로 나타나 예술 작품들에서의 모든 작업을 규정함으로써 본질적인 것이 된다. 그것들이 미적 형상 속에서 주제로 되면, 그것들의 실체적 성격은 그만큼 더 확연히 드러난다. 물론 여러 역사적 국면에는 화해를 극단적으로 거부하는 현대보다 좀더 많은 화해의 가능성이 존재하기도 했다. 그러나 예술 작품은 서로 분리되는 요인을 폭력 없이 통합한다는 점에서, 적대 관계들이 더 이상 존재하지 않는다는 속임수를 쓰지 않으면서 현존재의 적대 관계들을 초월하기도 한다. 예술 작품들의 가장 내적인 모순, 가장 위협적이면서 생산적인 모순은 그것들이 화해를 통해 화해 불가능하게 되지만, 그 본질구성적 화해 불가능성으로 인해 예술 작품들 자체에서도 화해가 제거된다는 점이다. 그러나 예술 작품들은 그 종합적 기능, 즉 결합되지 않은 요인들의 결합으로 인해 인식과 접한다.

명료한 표현 개념(2)

한 예술 작품의 수준이나 질에서 그것이 명료하게 표현된 정도를 떼어버리고 생각할 수는 없다. 일반적으로 예술 작품들은 명료하게 표현될수록 그만큼 더 훌륭할 것이다. 즉 죽어 있는 것, 형식화되지 않은 것이 남아 있지 않고, 형상화 과정을 통과하지 않은 영역이 아무 것도 없을수록 더 훌륭할 것이다. 이 형상화가 깊이 이루어질수록 그만큼 작품은 더 성공적이다. 명료한 표현은 일자 속에서 다자를 구제하는 일을 의미한다. 예술 활동을 위한 지침으로서 명료한 표현에 대한 요구는 각각의 특유한 형식 이념을 극단까지 추구해야 한다는 것과 같은 의미를 지닌다. 내용상으로 명확성에 반대되는 모호성을 추구하는 형식 이념의 경우에도 예술 작품을 통해 실현되기 위해서는, 예컨대 드뷔시의 경우처럼 형식화되는 과정에서 극단적인 명확성이 필요하다. 명확성을 큰소리치고 흥분하는 제스처와 혼동해서는 안 된다. 오히려 그와 반대로 흥분 상태는 비판적 의식보다는 불안에서 나온다. '불꽃무늬 양식'[18]처럼 아직도 여전히 불신을 받고 있는 양식도,

표현되어야 하는 대상의 척도에 따른다면 고도로 적합하고 '즉물적
일' 수 있다. 온건한 것, 무표현적인 것, 억제된 것, 어중간한 것을 추
구할 때에도 극단적인 에너지를 통해 그것을 수행해야 한다. 우유부
단하고 어중간한 중용은 부적절한 수단을 선정함으로써 과장을 일삼
는 광대극이나 선동극과 마찬가지로 조야하다. 작품이 명료하게 표현
될수록 작품의 구상은 작품 자체에 근거해 말한다. 즉 미메시스가 그
반대 극단에서 도움을 얻는 셈이다. 개별화의 원칙과 상관관계를 갖
는 명료한 표현의 범주는 근대에 와서야 비로소 반성되기에 이르렀지
만, 그 이전의 작품들에 대해서도 객관적으로 역작용하는 힘을 지닌
다. 즉 과거 작품들의 수준은 그 후의 역사 진행과 분리될 수 없는 것
이다. 수많은 과거의 작품들이 어떤 모형 때문에 명료한 표현을 이루
지 못하게 되어 소멸할 수밖에 없었다. 처음 보기에는 명료한 표현의
원칙을 처리 방식의 하나로서 진보해 가는 주관적 이성과 유사한 것
으로 설정할 수 있으며, 또 예술을 변증법적으로 다룸으로써 하나의
계기로 격하되는 형식적 측면에서 그것을 받아들일 수도 있다. 그러
나 그러한 명료한 표현 개념은 너무 진부할 것이다. 왜냐하면 명료한
표현의 본질은 단순히 통일성의 수단인 구별에 있다기보다, 횔덜린의
말처럼 좋은 것이면서 구분된 것을 구현하는 데에 있기 때문이다.[19]
미적 통일성은 다양한 것 자체를 통해 그 품위를 얻는다. 그것은 이질
적 요인을 정당하게 다루는 것이다. 예술 작품들의 내재적-규율적 본
질의 안티테제라 할 수 있는 예술 작품들의 넉넉함은 그것들의 풍부

18 [옮긴이] style flamboyant: 후기 고딕 건축양식으로, 불꽃을 연상시키는 창문과 독특한 장식이
특징적이다.
19 Hölderlin, Sämtliche Werke, Bd. 2, p. 328.

함에 따라다닌다. 이 풍부함이 설혹 금욕적으로 은폐되어 있더라도
그렇다. 충만함을 통해 작품들은 같은 것을 되새김질하는 치욕에서
벗어난다. 그것은 현실이 거부하는 바를 약속하지만, 이러한 약속은
작품이 대접해 주는 것으로서가 아니라 형식 법칙에 종속된 계기들
중 하나로서 이루어진다. 통일성에 대한 추상적 적대감으로 인해 다
양성 속에 녹아들어 가고자 하는 작품들은 구분된 것을 아무튼 그처
럼 구분된 것으로 만드는 요인을 상실한다. 이 점에서 미적 통일성도
나름으로 다양한 것의 기능임이 드러난다. 절대적 변화를 추구하는
작품들, 즉 일자에 대해 아무 관련 없이 다자성을 추구하는 작품들은
바로 그로써 분화되지 않은 것, 단조로운 것, 천편일률적인 것이 된다.

진보 개념의 세분화

예술 작품들의 수준은 궁극적으로 그것들의 진리내용에 의존하
는데, 이 진리내용은 가장 본질적인 면에 이르기까지 역사적이다. 진
리내용은, 또 그와 아울러 예술 작품들의 수준은 단순히 시간과 아울
러 변화하는 식으로 역사에 대해 상대적인 관계를 지니는 것이 아니
다. 물론 그러한 변화도 일어난다. 또 예컨대 훌륭한 질을 지니는 예
술 작품들이 역사를 통해 쇠락할 수도 있다. 그러나 그렇다고 해도 진
리내용 혹은 예술 작품들의 질이 역사주의의 소유물이 되는 것은 아
니다. 역사는 작품들에 내재적이며, 외적 운명이나 변화하는 평가 따
위가 아니다. 작품 속에서 올바른 의식이 객관화됨에 따라 진리내용
은 역사적인 것이 된다. 이 올바른 의식은 모호한 의미에서 시대에 적
합한 상태 혹은 카이로스 따위가 결코 아니다. 만일 그런 것이라면 결

코 진리의 전개 과정이라고 할 수 없는 세계의 진행 과정이 정당성을 얻을 것이다. 오히려 자유의 잠재력이 확연해진 이후 올바른 의식은 모순들이 화해할 수 있는 지평 속에서 나타나는, 모순들에 대한 가장 진보적인 의식이다. 가장 진보적인 의식의 척도는 작품에서 생산력의 수준이다. 그러한 생산력 수준이 본질구성적으로 반성되고 있는 시대에는 작품이 사회적으로 취하는 입장도 그 생산력에 포함된다. 예술작품들의 진리내용은 그때그때 존재하는 미적 혹은 미 외적 상태에 대한 생산적 비판을 포함하는 가장 진보적인 의식의 구현으로서, 오늘날에도 여전히 지배받고 있는 사람들과 결합한 무의식적 역사 서술이다. 물론 무엇이 가장 진보적이냐 하는 문제를 유행 감각을 통해 확정하고 싶을지도 모르지만, 그것이 언제나 그렇게 명확하지는 않다. 실제로 이 유행 감각에 대해서도 반성할 필요가 있다. 진보된 상태를 결정하는 데에는 이론의 전체 수준도 관여한다. 그것을 고립된 계기들을 통해 확정할 수는 없다. 모든 예술은 수공업적 차원 때문에 어떤 맹목적 제작의 측면을 지닌다. 이런 부분의 시대정신은 언제나 반동적 성격을 지닌다는 의심을 받는다. 예술에서조차 조작적 요인은 비판의 칼끝을 무디게 만든다. 기술적 생산력이 가장 진보적인 의식과 동일하다는 자신감은 그러한 데에서 한계에 부딪친다. 현대의 어떤 수준급 작품도, 설혹 주관적으로나 양식적 외양으로 보아 회고적일 경우에조차 결코 이 점을 피할 수 없다. 안톤 브루크너의 작품들은 신학적 부활을 얼마나 의도했느냐 하는 문제와 무관하게, 이른바 이 의도라는 것 이상의 의미를 지닌다. 그의 작품들은 온갖 난관을 무릅쓰고 바로 그 시대의 화음 및 악기 편성상의 발견들을 받아들였기 때문에 진리내용과 관계한다. 그의 작품들이 영원한 것으로서 추구했던 바는 단지 현대적인 것으로만, 그리고 현대 예술에 대한 모순 관계 속에서만 실체적인 것이 된다. 그 자체로 이미 현대적인 랭보의 "절대적으로 현대적이어야 한다il faut être absolument moderne"는 말은 여전히 규범적이다. 그러나 예술은 소재상의 시의성보다 내재적으로 철저한 형상화를 통해 그 시간적 핵심을 지닌다. 그래서 그러한 규범은 철저히 반성된다면 어떤 의미에서 무의식적인 것 내지 신경 분포, 즉 김빠진 것에 대한 역겨움을 지향한다. 이를 위한 수단은 문화적 보수주의에 대해 저주와도 같은 유행과 밀접한 관계를 지닌다. 유행은 예술의 시간적 핵심에 대한 무의식적 의식으로서 진리를 지닌다. 또 그것은 관리Verwaltung와 문화산업에 의해 조작되거나 객관적 정신에서 분리되지 않는 한에서 규범적 권한을 지닌다. 보들레르 이후의 위대한 예술가들은 유행과 공모했다. 그들이 유행을 비난할 경우 그들의 작업에 나타나는 충동들로 인해 그들 자신이 허위임이 드러났다. 유행이 타율적으로 예술을 평준화하려고 하면 예술이 유행에 저항한다. 그러나 시대를 따라잡는 본능의 측면에서 볼 때 편협성에 대해 혐오를 느끼는 점에서, 또 유일하게 인간의 품위에 어울리는 예술적 수준의 개념을 얻기 위해 피해야 하는 저급한 것에 혐오를 느끼는 점에서 예술과 유행은 서로 일치한다. 리하르트 슈트라우스나 아마 어쩌면 모네[20] 같은 예술가조차 역사적 감각이나 진보적 재료들을 받아들일 힘을 잃어버리자 겉보기에 자신에 대해, 또 이미 이룩한 업적에 대해 기뻐하는 듯하지만, 그 자질을 잃어버렸다.

20 [옮긴이] Claude Monet(1840~1926): 프랑스 인상파 화가. 1870년대에 명성을 얻고 영향력을 발휘했지만, 1880년대 중반 이후 인상파 화풍을 고수하는 가운데 급진적 화가들의 등장으로 힘을 잃었다.

생산력 발전

그러나 이제 마침내 실현되어야 할 일을 기록하는 주관적 충동은 그 뒤에서 이루어지는 객관적인 일, 즉 생산력 발전이 현상으로 나타난 것이다. 예술은 이 생산력을 가장 본질적인 면에서 사회와 공유하면서 동시에 그 자체의 생산력 발전을 통해 사회와 대립하기도 한다. 예술에서 생산력 발전은 다의적이다. 그것은 예술의 자족 상태에서 결정체를 이루는 수단들 가운데 하나다. 나아가 그것은 예술의 외부에서 사회적으로 생성되어, 때로는 예술에 진보만을 초래하는 것이 아닌 이질적이고 적대적인 기술들을 흡수하는 일이기도 하다. 끝으로 예술에서도 인간적 생산력, 예를 들어 주관적 세분화 상태가 확장되기도 한다. 물론 그러한 진보가 종종 다른 차원에서 퇴보를 수반하기도 한다. 진보적 의식은 작품이 해답을 제시하는 순간에 이르기까지 역사가 침전되는 재료의 수준을 확인한다. 그러나 바로 그러한 점에서 그것은 또한 처리 방식에 가해지는 가변적 비판이다. 그것은 기존 상태를 넘어서 미지의 영역에까지 들어간다. 그와 같은 의식에서 자발성의 계기는 제거할 수 없다. 이 자발성을 통해 시대정신은 특유한 것이 되며, 그 단순한 재생산은 극복된다. 그러나 기존 방식들을 단순히 반복하지 않는 일도 역사적으로 이루어진다. 이는 각 시대가 자신에게 부여되는 과제를 해결한다는 마르크스의 말에도 부합된다.[21] 실제로 각 시대에는 마치 2차적 자연에 근거해 기술 수준에 반응하고

---

21   Karl Marx·Friedrich Engels, *Werke, Bd. 13*, 2. Aufl., Berlin: Dietz, 1964, p. 9(Marx, *Zur Kritik der politischen Ökonomie*, "Vorwort").

일종의 부차적 미메시스를 통해 그러한 수준을 계속 밀고 나아가는 미적 생산력 내지 재능들이 성장하는 듯하다. 그처럼 시간 외적인 것 내지 천부적 소질이라고 여겨지는 범주들도 시간적으로 매개되어 있다. 예를 들어 영화적으로 사물을 보는 시선이 천부적인 것으로 등장하는 것이다. 미적 자발성은 미 영역 외부 현실에 대한 관계를 통해 이루어진다. 그것은 현실에 대한 순응을 통한, 현실에 대한 특정한 저항이다. 전통적 미학에서 창조적인 것으로서 시간과 무관하다고 여겨지던 자발성은 자체로서 시간적이며, 또한 개별자를 통해 개별화되는 시간에 관여한다. 이로써 자발성은 작품들 속에서 객관적인 것이 될 수 있다. 의지라는 관념에 들어 있는 것과 같은 하나의 주관적 공약수로 작품들을 통분할 수는 없지만, 작품들 속에 시간적 요인이 파고든다는 생각은 예술의지 개념에서 합당한 것이다. 「파르지팔」에서처럼 예술 작품들에서는, 이른바 시간예술들의 경우에도 시간이 공간으로 된다.

작품의 변화

자발적 주체는 예술 작품들의 논리성에까지 옮겨지는 그 자체의 이성적 성격 못지않게 그 내부에 저장된 것을 통해서 어떤 보편적 존재면서, 현재적이고 현장적인 것을 만들어내는 점에서 시간적으로 어떤 특수한 존재다. 과거의 천재론도 이러한 점을 기록하기는 했지만, 부당하게 그러한 특성을 어떤 카리스마에 전가했다. 이러한 일치는 예술 작품들에도 파고든다. 이 일치를 통해 주체는 미적으로 객관적 존재가 된다. 그 때문에 작품들은 결코 수용적 측면에서만이 아니라 객관적으로도 변화한다. 즉 작품 속에 고정된 힘은 계속 살아 있다. 물론 이 경우 수용을 도식적으로 간과해서는 안 될 것이다. 언젠가 벤야민은 관찰자의 수많은 눈이 여러 그림에 남긴 흔적들이라는 말을 한 적 있다.[22] 또 어떤 중요한 영향이 한때 해놓은 일이 무엇인지 판정하기는 어렵다는 괴테의 말도 단순히 이미 이루어진 견해를 존중하는 데에 머물지 않는다. 작품들이 석재나 캔버스 혹은 서적이나 악보 등을 통해 정착된다고 해서 작품들의 변화가 중단되지는 않는다. 설혹 작품들을 시간으로부터 끌어내 정지시키려는 신화적 편견에 사로잡힌 의지가 그러한 정착 과정에 관여하더라도 그렇다. 정착된 것은 작품들 자체가 아니라 부호 또는 기능이다. 이러한 요인과 정신 사이의 과정이 작품들의 역사다. 각각의 작품은 모두 정지 상태에 이른 것이지만 그것은 또한 다시 운동할 수 있다. 정지하는 계기들은 서로 화해할 수 없다. 작품들의 전개란 그것들의 내재적 역동성이 다시 살아나는 것이다. 작품들이 그 계기들의 결합 형태를 통해 말하는 바는 시대에 따라 객관적으로 서로 다른 것을 의미한다. 또 바로 그러한 것이 궁극적으로 작품들의 진리내용에 작용한다. 작품들은 해석될 수 없어 침묵할 수도 있다. 또 종종 망가지기도 한다. 일반적으로 작품들의 내적 변화는 대개 어떤 타락, 즉 작품들이 이데올로기로 추락하는 현상도 내포한다. 과거의 작품 가운데 훌륭한 작품은 점점 더 줄어들고 있다. 문화의 재고량이 축소되는 것이다. 작품들이 일종의 재고품으로 중화되는 현상은 작품들의 내적 와해를 나타내는 외적 측면이다. 작

---

22 [편집자] Benjamin, *Schriften*, Bd. 1, p. 462. 벤야민은 이 책에서 프루스트의 『되찾은 시간*Le Temps retrouvé*』을 재인용한다.

품들의 역사적 변화는 형식 수준에도 작용한다. 오늘날 가장 높은 형식 수준을 요구하지 않는 주요 예술을 생각할 수는 없지만, 그러한 형식 수준도 존속을 보장하지는 않는다. 반면에 자체로서는 별로 큰 야심을 품지 않았을지도 모르는 작품들에서도, 그 당시에는 그 작품들이 지니기 어려웠던 성질들이 때때로 나타나기도 한다. 클라우디우스[23]나 헤벨Hebel은 그들보다 더 뛰어난 능력을 지녔던 헤벨Hebbel이나 『살랑보』[24]를 쓸 당시의 플로베르보다 더 끈질긴 힘을 보이고 있다. 다소 높은 형식 수준에 비해 비교적 낮은 형식 수준에서도 그런대로 번창하는 패러디 형식은 그러한 관계를 성문화한다. 작품들의 수준은 고수하면서 또한 상대화해야 할 것이다.

해석, 주석, 비평

완성된 작품들이 그처럼 완성된 작품일 수 있는 것은 그것들의 존재가 일종의 형성 과정이기 때문이지만, 그것들은 또한 나름으로 이 과정을 결정체로 만들어놓는 형식들, 즉 해석, 주석, 비평 등에 의존한다. 이 형식들을 단지 작품들을 다루는 사람들이 작품들에 부여한 것일 뿐이라고 볼 수는 없다. 그것들은 작품들 자체의 역사적 운동 무대이며 그래서 고유한 권리를 지니는 형식들이다. 이 형식들은 작품들을 넘어서는 작품들의 진리내용에 기여하며 이 진리내용을 그 허

---

23 [옮긴이] Matthias Claudius(1740~1815): 독일 시인. 합리주의에 대립하여 순박하고 경건한 정신을 추구했다.
24 [옮긴이] *Salammbô*: 1862년에 발표된 플로베르의 역사소설. 기원전 241~기원전 283년에 벌어진 제1차 포에니전쟁을 배경으로 이국적이고 극적인 묘사를 구사했다.

위의 계기들과 구분하는데, 이것이 비평의 과제다. 그러한 형식들을 통해 작품들이 훌륭하게 전개되기 위해서는 그 형식들이 철학으로까지 첨예화되어야 한다. 내부로부터, 즉 예술 작품들의 내재적 형태가 만드는 운동 속에서, 또 예술 개념에 대한 예술 작품들의 관계가 지니는 역동성 속에서 명백히 드러나듯이, 예술은 그 단자론적 본질에도 불구하고, 또 바로 이 본질 때문에 궁극적으로 정신운동 및 사회적 현실운동의 계기다. 과거 예술에 대한 관계와 마찬가지로 과거 예술을 통각할 가능성의 한계들도 긍정적으로 혹은 부정적으로 지양된 상태인, 의식의 현재 수준 속에 자리 잡고 있다. 다른 것은 모두 교양에 지나지 않는다. 예술의 과거를 목록으로 만들어놓는 의식은 모두 허위다. 아마 해방되고 화해된 인류에 대해서만 언젠가 과거의 예술도 아무 치욕 없이, 또 악명 높은 현대 예술에 대한 원한 없이 나타나 죽은 이들을 위한 보상이 될 것이다. 작품들 자체의 사상내용이라고 할 수 있는 작품들의 역사적 측면에 대한 진정한 관계와 반대되는 것은 작품들을 성급하게 역사 속에 통합하고 역사적 위치에 할당하는 것이다. 아이들의 관념 속에서 절대적인 산인 마터호른이 체어마트[25]에서는 마치 전 세계의 유일한 산인 듯이 나타난다. 반면에 고르너그라트[26]에서는 거대한 사슬의 한 고리로 나타난다. 그러나 체어마트에서 출발해야 고르너그라트 정상에 다다를 수 있다. 작품들을 조망할 때에도 사정은 다르지 않다.

25 [옮긴이] Zermatt: 스위스의 알프스산맥 마터호른산 기슭에 있는 마을.
26 [옮긴이] Gornergrat: 마터호른에서 동쪽으로 약 3킬로미터 떨어진 스위스의 산등성이. 이곳 전망대에서는 4천 미터 이상의 봉우리 20여 개를 볼 수 있다.

진리내용의 역사성; 자연과 예술 속의 숭고

  속류 정신과학의 집요한 상투어에 따라 역사가 작품의 수준을 결정한다는 식으로 작품의 수준과 역사의 상호 의존성을 생각해서는 안 된다. 그럴 경우 단지 지금 이 자리에서 작품의 수준을 근거 있게 판정하는 일이 불가능하기라도 한 듯이, 자신의 무능을 역사철학적으로 합리화할 뿐이다. 그와 같은 겸손은 가톨릭교 예술 판정관의 태도보다 하나도 나을 바 없다. 신중하고 작위적인 중립성은 지배적인 생각에 복종할 태세가 되어 있다. 그것의 타협주의는 미래에도 확장된다. 그런 중립성은 세계정신의 진행 과정을 신뢰하며, 진정한 작품을 결코 저버리지 않을 후세를 신뢰하지만, 세계정신은 부단한 속박 아래 과거의 허위를 확증하고 전승한다. 때때로 그레코, 뷔히너, 로트레아몽[27] 등을 발견하거나 발굴해 낸 중요한 일들이 강력한 의미를 지니는 것은, 바로 역사의 진행 과정 자체가 결코 선의 편은 아니라는 점 때문이다. 중요한 예술 작품들을 감안하더라도 벤야민의 말처럼 역사의 진행을 거스르는 것이어야 한다.[28] 또한 예술사에서 중요한 작품들이 말살되거나 너무 철저히 망각되어 다시는 발견될 수 없다거나, 극히 이단시되어 다시는 호출될 수 없으리라고 말할 수 있는 사람은 아무도 없다. 역사적 현실의 폭력이 정신적 수정들만을 용납하는 일조차 드물기는 하다. 그렇지만 역사의 심판이라는 생각도 그저 공허하기만 한 것은 아니다. 수 세기 전부터 동시대인들의 이해를 받지 못한 작품

---

27 [옮긴이] Lautréamont(1846~70): 프랑스 시인. 본명은 Isidore Lucien Ducasse. 초현실주의에 영향을 끼쳤다.
28 Benjamin, *Schriften*, Bd. 1, p. 498.

들의 사례들은 넘쳐난다. 봉건적 전통주의가 끝난 이래 새롭고 독창적인 것에 대한 요구는 그때그때 통용되는 견해들과 필연적으로 충돌을 일으킨다. 당대의 예술을 수용하는 일은 점점 더 어려워진다. 심지어 손에 닿는 것은 모두 파헤쳐 놓은 역사주의 시대에조차 최상급의 예술 작품들 가운데 극소수만이 빛을 보게 되었다는 사실이 아무튼 눈에 띈다. 가장 유명한 대가의 가장 유명한 작품들은 상품사회의 물신이 되었지만, 그것들이 질적으로도 항상 그렇지는 않더라도 소홀히 다루어진 작품들보다 대개 더 우월하다는 점을 물론 거북해도 인정해야 할 것이다. 역사의 심판에서는 지배적 견해로서의 지배권이 작품의 전개되어 가는 진리와 얽힌다. 기존 사회에 대한 안티테제로서 작품들의 진리는 사회의 운동 법칙들로 모두 해명되지 않으며, 이 운동 법칙들과는 반대되는 고유의 법칙을 지닌다. 또 실제 역사에서는 억압만 아니라 자유의 잠재력도 증가하는데, 이는 예술의 진리내용과 연대하고 있다. 한 작품의 장점, 형식 수준, 내적 조직 상태 등은 재료가 낡게 되거나 극히 두드러진 표면적 특성들에 대한 반감이 둔화된 후에야 비로소 인식될 수 있곤 한다. 베토벤이 만들어내는 1차 효과, 즉 거인적 제스처는 베를리오즈 같은 젊은 세대의 좀더 두드러진 효과에 눌리게 되는데, 그 후에야 비로소 베토벤은 진정한 작곡가로서 이해될 수 있었을 것이다. 고갱에 대한 주요 인상주의자들의 우월성은 고갱의 혁신이 그다음 세대의 혁신들로 무색해진 뒤에야 비로소 부각된다. 그러나 작품의 질이 역사적으로 전개되기 위해서는 질 자체만 아니라 그 뒤에 나타나서 앞의 작품을 두드러지게 부각해 주는 작품들이 필요하다. 아마 심지어 작품의 질과 소멸 과정 사이에도 어떤 관계가 있을 것이다. 수많은 예술 작품들에는 그것들이 부딪치게 된 사회의 한계를 깨뜨릴 힘이 내재한다. 카프카의 글들은 경험적으로 명백히 불가능한 이야기 내용 때문에 소설 독자들의 합의를 훼손하지만, 바로 그 훼손 때문에 모든 사람이 이해할 수 있게 되었다. 서구인들과 스탈린주의자들이 이구동성으로 떠들어대는, 새로운 예술의 이해 불가능성이라는 견해도 현상을 기술하는 면에서는 상당히 타당하다. 그러나 그런 견해는 수용의 크기를 고정적인 것으로 다루고, 비교 불가능한 작품들이 해낼 수 있는 의식 속으로의 개입 문제를 은폐하기 때문에 허위다. 관리되는 세계에서 예술 작품들이 받아들여지는 적절한 형태는 사물화된 의식의 타파 혹은 소통 불가능한 것의 소통이라는 형태다. 어떤 작품들에서는 진리내용의 압력으로 인해 미적 형태가 그 자체를 초월하는데, 이런 작품들은 한때 숭고 개념이 의미했던 자리를 차지한다. 그런 작품들에서는 정신과 재료가 하나가 되려고 노력하는 가운데 서로 멀어진다. 이 작품들의 정신은 감성적으로 표현할 수 없는 것으로서 경험된다. 또 그것들의 재료, 즉 그 작품들이 자체의 한계 외부에서 결합하는 요인은 작품의 통일성과 화해할 수 없는 것으로 경험된다. 카프카에게는 예로부터 종교적인 것이라는 개념과 마찬가지로 예술 작품이라는 개념이 부적절하다. 재료가—벤야민의 주장에 따르면 특히 언어가—그대로 적나라하게 눈에 띈다. 정신은 그것으로부터 2차적 추상성이라는 질을 얻는다. 숭고 감정에 대한 칸트의 학설은 가상 없는 진리를 위해 스스로 중단되면서도 예술로서 그 가상적 성격을 없애버리지 못하고 자체 내에서 전율하는 예술을 특히 잘 묘사한다. 숭고가 예술 속에 파고들게 된 데에는 한때 계몽주의의 자연 개념도 기여했다. 자연을 격렬하고 거칠고 비천한 것으로서 금기시하는 절대주의적 형식 세계에 대한 비판과 아울러,

18세기 말경 유럽의 전체 운동에서는 칸트가 숭고한 것으로서 자연에만 인정해 준 것 그리고 미적 취미와 점차 갈등을 일으키게 된 것이 예술 활동 속에 들어오게 되었다. 기본 요소의 해방은 주체의 해방 및 정신의 자의식과 동일했다. 이 정신의 자의식은 자연으로서 예술을 정신화한다. 예술의 정신은 정신 자체의 자연적 성격에 대한 자각이다. 예술이 점차 비동일자를, 즉 직접 정신에 대립하는 요소를 자체 내에 받아들이면 받아들일수록 그만큼 더 예술은 정신화될 수밖에 없다. 반면에 정신화를 통해 예술에는 감성적으로 유쾌하지 않은 것, 혐오스럽고 또 예술에서 처음에는 금기였던 것이 등장했다. 감각적으로 유쾌하지 않은 요인은 정신과 친화성을 띤다. 예술 속의 주체 해방은 예술 자체의 자율성이 해방되는 것이다. 예술이 수용자를 고려하지 않아도 될수록 그만큼 더 예술에서 감성적 표면은 아무래도 상관없게 된다. 이 감성적 표면은 사상내용의 한 가지 기능으로 변한다. 사상내용은 아직 사회적으로 인정받지 못하고 있는 요인, 미리 형식화되지 않은 요인에서 힘을 얻는다. 예술은 스스로 표방한 이념들이 아니라 기본 요소를 통해 정신화된다. 그것은 정신을 자체 내에 받아들일 수 있는 무의도적 요소다. 이 둘의 변증법이 진리내용이다. 미적 정신성은 예로부터 문화적으로 점령된 것보다는 '야수적인 것fauve,' 야생적인 것과 더 잘 어울린다. 정신화된 것인 예술 작품은 그 자체로 사람들이 흔히 타인의 정신에 대한 작용 내지 카타르시스로서 예술 작품에 부여한 것, 즉 자연의 승화다. 칸트가 자연에만 인정해 준 숭고는 칸트 이후 예술 자체의 역사적 본질구성 요인이 되었다. 숭고는 그 후에 공예품이라고 불리게 된 것들과 경계선을 그어놓는다. 예술에 대한 칸트의 관념은 암암리에 예술을 일종의 봉사 도구로 보는 것이었다. 예술은 봉사에서 떨어져 나오는 순간 비로소 인간적으로 된다. 예술의 인도적 성격은 인간에 대한 봉사라는 모든 종류의 이데올로기와 결합될 수 없다. 예술은 그런 이데올로기에 맞서는 비인간성을 통해서만 인간에게 충실하다.

숭고와 유희

숭고에 대한 칸트의 규정은 예술에 이식됨으로써 그 자체를 넘어선다. 그의 규정에 따르면 정신은 자연에 대한 자신의 경험적 무기력 상태에서 자연을 벗어나 있는 자신의 예지적 측면을 경험한다. 그러나 주관적 본질구성 이론에 의하면 자연에 직면하여 숭고를 느낄 수 있기 때문에 자연 자체도 숭고해지며, 자연의 숭고 앞에서 이루어지는 자각은 자연과의 어떤 화해를 예상한다. 정신의 억압을 더 이상 받지 않는 자연은 자연발생 상태와 주체의 지배권 사이의 악명 높은 연관에서 해방된다. 이러한 해방은 자연의 회귀일 것이다. 또 그것은 단순한 현존재의 대립상인 숭고이기도 하다. 그것은 현존재의 힘과 위대함 속에 각인된 지배적 특성들을 통해 지배권에 반대한다. 유희할 때만 인간은 완전해질 수 있다는 실러의 격언은 그와 같은 문제에 접근한다. 즉 인간은 지배권을 완성함과 아울러 이 지배권이라는 목적의 속박에서 벗어나는 것이다. 경험적 현실이 그러한 일을 어렵게 만들수록 예술은 그만큼 더 숭고의 계기 속으로 수렴해 들어간다. 세심히 이해하자면, 형식미가 무너진 이후 현대 예술 전체를 통틀어서 전통적인 미적 이념들 가운데 단지 숭고의 이념만 남게 되었다고도 할 수 있다. 예술 자체를 절대적 위치로까지 올려놓은 예술종교라는 오만도 예술에서 숭고하지 않은 요인 혹은 정신의 지배권을 그대로 인정하는 유희에 대해 거부반응을 보이는 점에서 진리내용을 지닌다. 키르케고르가 주관주의적으로 미적 진지함이라고 부르는 것은 숭고의 유물인데, 그것은 작품들이 그 사상내용을 통해 일종의 진리로 전환되는 것을 의미한다. 숭고의 계보는 기본적인 모순들을 은폐하지 않고 자체 내에서 철저히 극복해야 할 예술의 필요성과 일치한다. 그러한 모순들에서 갈등의 결과는 화해가 아니다. 단지 갈등은 언어를 찾게 될 뿐이다. 그러나 이로써 숭고는 잠재적인 것이 된다. 부정의 긍정성은 전통적 숭고 개념을 눈앞의 무한으로서 고무했는데, 모순들의 화해되지 않은 측면을 포함하는 진리내용을 강력히 추구하는 예술은 그러한 부정의 긍정성을 제어할 수 없다. 이에는 유희 범주들의 몰락이 상응한다. 19세기까지만 해도 어느 유명한 의고주의 이론은 바그너와 반대로, 음악을 소리로 작동하는 형식들의 유희라고 규정한다. 사람들은 곧잘 음악의 진행 과정과 비더마이어 시대[29]의 음울한 발명품인 만화경의 시각적 진행 과정이 유사하다고 강조하곤 했다. 이 유사성을 문화에 대한 신앙 때문에 부인할 필요는 없다. 예를 들어 말러의 작품과 같은 교향악 속의 와해 영역들은 쉽게 변화하는 일련의 그림들이 끼어들어 질적으로 바뀐 짜임관계를 드러내는 만화경의 상황들과 아주 유사하다. 다만 음악에서는 개념적으로 규정되지 않은 것, 음악적 변화 혹은 명료한 표현 등이 음악 자체의 수단에 의해 고도로 규정되어 있으며, 또 음악은 자체에 가하는 규정들의 총체를 통

---

29 [옮긴이] Biedermeier: 1815~48년경 독일에서 소시민적이고 자족적인 생활감정을 드러내던 문학 양식.

해 형식유희 개념이 무시하는 내용을 얻을 뿐이다. 숭고한 것으로 등장하는 것은 공허하게 울리며, 끝없이 유희하는 것은 그것이 이미 탈피한 천박함으로 다시 퇴행한다. 물론 예술이 역동화됨에 따라, 또 그것이 하나의 행위로서 내재적으로 규정됨에 따라 예술의 유희적 성격도 은밀히 증가한다. 베케트보다 이미 반세기 전에 나온 드뷔시의 가장 중요한 관현악 작품 명칭은 '유희Jeux'였다. 깊이와 진지함에 대한 비판은 한때 편협한 내면성을 지나치게 강조하는 데에 반대하는 일을 목표로 했으나, 이제 그러한 강조 못지않게 이데올로기가 되었다. 즉 그것은 분주하고 무의식적인 참여나 활동을 위한 활동을 옹호하는 것이다. 물론 숭고는 결국 그 대립물로 전도된다. 구체적 예술 작품들과 관련해서는, 문화종교에 대한 지루한 이야기 없이는 숭고함에 대해 전혀 논할 수 없을 것이다. 그리고 이는 숭고 범주 자체의 역동성에 기인한다. 나폴레옹이 운수가 변하자 한 말, 즉 숭고한 일이 우스꽝스러운 것으로 되는 데에는 단지 한 발짝이면 된다는 말을 역사는 따라잡았을 뿐 아니라 아주 잔인하게 그것을 실현했다. 당시 그 말은 그것이 요구하는 바와 실현할 수 있는 것 사이의 부적절한 관계로 인해, 대개 은밀히 파고드는 평범한 것을 통해 희극성을 야기하는 장중한 문체나 비장한 말투를 뜻했다. 그러나 그러한 어긋남에서 드러난 특성은 숭고 개념 자체에서 이루어진다. 자연을 제어하는 정신적 존재인 인간의 위대함은 숭고하다고 볼 수도 있을 것이다. 그러나 숭고 경험이 인간의 자연적 성격에 대한 인간의 자의식이라는 점이 드러나게 되면 숭고 범주의 구성이 바뀐다. 그것은 이미 칸트의 경우에도 인간이 무가치하다는 색조를 띤다. 즉 그러한 무가치성 또는 경험적 개별 존재의 덧없음에 비추어 인간의 보편적 규정 내지 정신의 영원성이 명확히 나타나게 된다는 것이다. 그러나 정신 자체를 그 자연적 척도에 비춰 본다면 정신 속에서 개인의 말살이 긍정적으로 지양된 것은 아니다. 정신적으로 죽음을 견뎌내는 개별자 속의 예지적 요인이 승리함에 따라, 정신을 지니는 개별자는 아무튼 자신이 절대적인 듯이 뽐낸다. 이로써 그는 희극적으로 된다. 전위예술은 비극적인 것 자체에 대해 희극을 쓰며, 그래서 숭고와 유희가 일치한다. 숭고는 신학이 예술 작품을 직접 장악하고 있다는 것을 표시해 준다. 신학은 결국 현존재의 몰락을 통해 현존재의 의미를 요구한다. 이에 대한 판결에 맞서 예술이 스스로 할 수 있는 일은 아무것도 없다. 칸트의 숭고 구성 중 어떤 부분은 단지 칸트가 아직 위대한 주관적 예술을 경험하지 못했기 때문에 숭고를 자연감정에 국한했을 뿐이라는 반론과 대립한다. 그의 이론은 숭고가 예술의 가상적 성격과 결합될 수 없다는 점을 무의식적으로 표현한다. 이는 아마 베토벤을 무굴 대제[30]라고 부른 하이든[31]이 베토벤에게 보인 반응과도 유사할 것이다. 부르주아 예술이 숭고를 향해 손을 뻗고 그로써 그 본연의 자리를 찾게 되었을 때, 이미 부르주아 예술에는 자체부정을 향한 숭고의 운동이 각인되었던 셈이다. 신학은 그 나름으로 부르주아 예술의 미적 통합에 대해 냉담하다. 가상으로서의 숭고도 나름의 부조리한 면을 지니며 진리를 중화하는 데에 기여한다. 톨스토이의 『크로이처 소나타』는 예술의 부조리를 비난했다. 아무튼 주관적 감정미학에 맞서 그것이 기반으로 삼는 감정

---

30 [옮긴이] Großmogul: 무굴제국의 기틀을 다진 아크바르Akbar(1542~1605)를 지칭한다. 무굴제국은 16세기 초반부터 19세기 중반까지 인도 북부, 파키스탄, 아프가니스탄을 지배했다.
31 [옮긴이] Joseph Haydn(1732~1809): 오스트리아의 작곡가. 모차르트, 헨델Georg Friedrich Händel, 베토벤 등과 교류했으며, 고전파음악 발전에 기여했다.

들이 가상이라는 논박이 제기된다. 그러나 감정들은 가상이 아니라 실재적인 것이다. 가상은 미적 조형물들에 달라붙는다. 미적 숭고에 대한 칸트의 금욕적 태도는 영웅적 의고주의와 이에서 파생된 열정적 예술에 대한 비판을 객관적으로 미리 말해주고 있다. 그러나 그는 숭고를 압도적으로 거대한 것에 옮겨놓고 권력과 무기력의 안티테제를 설정함으로써, 자신과 지배권의 의심할 여지 없는 공범 관계를 고스란히 시인했다. 예술은 지배권을 수치로 여기고, 숭고 이념이 원했던 지속적인 것을 뒤집어 놓을 수밖에 없다. 이미 칸트도 양적 거대함 자체가 숭고를 의미하지는 않는다는 점을 간과하지 않았다. 그가 숭고 개념을 막대한 힘에 대한 정신의 저항이라고 규정한 것은 극히 정당하다. 숭고 감정은 현상으로 나타나는 것에 직접 적용되지 않는다. 높은 산들은 아무 압박도 가하지 않는 가운데 속박과 한정으로부터 해방된 공간의 이미지, 또 그것에 관여할 가능성의 형상들로서 말을 한다. 숭고의 유산은 한때 숭고의 가상이 약속한 바와 같이 적나라하고 가상 없는 부정성, 완화되지 않은 부정성이다. 그러나 이는 또한 희극의 유산이기도 하다. 즉 으스대지만 중요하지 않은 사소한 존재의 감정을 자양분으로 하면서 대개 기존 지배권을 옹호한 희극의 유산이기도 한 것이다. 아무것도 아닌 것이 그 단순한 현존재를 통해 중요한 듯한 모습을 띠고, 이로써 적수의 편이 될 때 희극적으로 된다. 적수, 권력, 위대함 자체도 일단 간파된 후에는 그처럼 아무것도 아닌 것이다. 새로운 예술에서는 비극성과 희극성이 소멸해 가며, 그렇게 소멸해 가는 상태로 이 예술 속에 남아 있다.

보편과 특수

유명론과 장르들의 쇠퇴

　비극성과 희극성이라는 범주들이 겪은 일은 미학적 장르들이 장르로서 쇠퇴했다는 점을 증명해 준다. 중세 질서가 파괴된 이래 예술도 점차 밀려오는 유명론의 전체 과정에 휘말려 들어갔다. 예술은 어떤 유형들을 통해 보편적인 것을 지닐 수 없게 되었으며, 지난날의 유형들은 유명론의 소용돌이에 말려들었다. 각각의 작품을, 영어로 표현하자면 'on its own merits(그 자체의 장점에 의거해)' 판단해야 한다는 크로체[1]의 예술 비판 경험은 그러한 역사적 경향을 미학 이론에까지

---

1 [옮긴이] Benedetto Croce(1866~1952): 이탈리아 철학자. 비코Giambattista Vico의 역사 철학과 헤겔 및 생철학의 영향을 받았다. 『정신의 철학Filosofia dello spirito』(1902), 『미학 Estetica』(1902), 『헤겔 철학에서 산 것과 죽은 것Ciò che è Vivo e ciò che è Morto della Filosofia di Hegel』(1907), 『역사 서술의 이론과 역사Teoria e storia della storiografia』(1915) 등의 저서를 썼다.

옮겨놓았다. 아마 중요한 예술 작품이 자체의 장르에 완전히 부합하는 일은 결코 없었을 것이다. 흔히 바흐에게서 푸가의 기본 규칙을 이끌어내지만, 바흐 자신이 이중대위법doppelte Kontrapunkt에서 반복진행[2]의 본보기에 따라 중간악절을 쓴 적은 없다. 또 궁극적으로 기계적인 본보기에서 벗어날 필요성이 기본 규칙 자체에 포함되기에 이르렀다. 미학적 유명론은, 비록 헤겔 자신은 소홀히 했지만, 추상적 총체성보다 변증법적 단계들이 우월하다는 헤겔 학설의 귀결이었다. 그러나 크로체가 뒤늦게 끌어낸 귀결은 보편성의 계기를 진지하게 지양하는 대신, 장르들과 아울러 그 계기를 단순히 제거함으로써 변증법을 무력화한다. 이는 재발견된 헤겔을 다소 실증주의적인 발전 이론을 통해 그 당시의 시대정신에 적용하는 크로체의 전체 경향에 포함된다. 여러 예술들 자체가 '예술' 속에서 흔적도 없이 사라지지 않듯이, 장르들이나 형식들도 어떤 개별 예술 속에서 소멸하지 않는다. 의심할 나위 없이 아티카의 비극은 신화적 화해와 같은 보편적인 것이 정착된 것이기도 했다. 위대한 자율적 예술은 정신의 해방에 동의함으로써 발생했고, 정신과 마찬가지로 보편적인 것이라는 계기가 없었다면 있을 수 없었다. 그러나 미적으로 특수한 것을 요구하기도 하는 개별화 원칙은 그 나름으로 원칙이기 때문에 보편적일 뿐만 아니라, 해방적 주체에 고유한 것이기도 하다. 주체의 보편적 요소인 정신은 그 자체의 의미상 정신을 지니는 특수한 개별자의 피안에 존재할 수 없다. 주체와 개인의 분리는 주체를 절대적 위치로 끌어올리기 위해 생각해낸 것으로, 극히 근래에야 이루어진 철학적 반성 단계에 속한다. 장르

2 [옮긴이] Sequenzierung: 같은 성격을 띠는 악절을 연속해서 상이한 음높이로 진행하는 방법.

들과 형식들의 실체적 계기는 그 재료들의 역사적 요구들 속에 담겨 있다. 따라서 푸가는 음계적 관계들과 결부되어 있으며, 반복적 진행에서 그 음향적 양상이 제거된 후 유일하게 주도권을 잡게 된 음계에 의해 그 목적으로서 요구되는 듯하다. 전통적 다성법은 음계의 단성적 중력을 지양하고 음계를 다성적 공간에 통합시킬 뿐만 아니라 대위법적이고 화성적인 단계적 사유를 받아들인다는 새로운 과제에 직면하는데, 이때에야 비로소 푸가의 테마에 대한 실재적 응답 혹은 음계적 응답[3]과 같은 특수한 처리법들이 음악적으로 의미 있게 된다. 푸가 형식의 모든 특성은 작곡가들도 전혀 의식하지 못한 그러한 필요성으로부터 유추할 수 있을 것이다. 푸가는 음계화되고 철저히 합리화된 다성법의 조직 형식이다. 그런 한에서 푸가는 그 개별 작품들 이상의 의미를 지니지만 개별 작품 없이는 존재할 수 없다. 그 때문에 도식으로부터의 해방은 도식 속에 보편적으로 미리 규정되어 있다. 음계가 이제 아무 구속력도 가지지 않는다면 주제dux와 반복주제comes의 구분이나 응답부의 규범화된 구조, 주음조가 다시 나타나는 데에 기여하는 반복적 요소 등과 같은 푸가의 기본 범주들은 아무 기능도 없고 기술적으로 허위가 된다. 푸가는 자유의식이 생각하는 것보다 훨씬 더 세분화되어 있었지만, 개별 작곡가들의 세분화되고 역동화된 표현 욕구가 푸가를 더 이상 바라지 않게 되자 동시에 그것은 객관적으로도 형식으로서는 불가능해졌다. 그렇더라도 이제 곧 케케

---

3   [옮긴이] 푸가에서는 주제가 반주 없이 먼저 등장하고, 이어서 4도, 5도, 옥타브 음정 관계를 지니는 두 번째 주제가 등장하는데, 이 부분이 '응답'이다. 주제와 함께 등장하는 주제가 대對주제다. 대주제가 함께 나타나는 푸가가 이중 푸가다. 응답은 음정 변화에 따라 실재적 응답과 음계적 응답으로 구분된다.

묶은 것이 되는 이 형식을 사용하는 사람은 그것을 '억지로 구성해 낼' 수밖에 없으며, 그것을 구체화한다기보다 그것의 노골적인 이념을 부각할 수밖에 없다. 다른 형식에서도 그와 유사한 점이 나타난다. 미리 주어진 형식을 구성하는 것은 가상적인 것Als ob이 되며 형식의 파괴에 기여한다. 역사적 경향은 그 나름으로 보편의 계기를 지닌다. 푸가들은 역사를 통해 비로소 속박으로 변했다. 형식들은 때때로 고무적인 역할을 한다. 음계적 모티프 작업과 아울러 음악의 구체적 형식화는 푸가 형식의 보편성을 전제했다. 「피가로의 결혼」도 만일 그 음악이 오페라가 요구하는 바에 따르지 않았다면 결코 그와 같은 작품이 되지 못했을 것이다. 이는 또한 오페라가 무엇이냐 하는 물음을 내포한다. 또 쇤베르크는 의도적으로든 아니든 어떻게 하면 올바른 방식으로 4중주곡을 작곡하느냐 하는 베토벤의 성찰을 계승함으로써 대위법을 확장했는데, 이로써 음악 재료 전체가 변혁을 겪었다. 예술가를 창조자라고 찬양하는 것은 사실과 달리 예술가를 자의적으로 고안이나 하는 사람이라고 폄하함으로써 부당하게 대한다. 진정한 형식들을 만드는 사람은 형식들을 충족한다. 작품들은 스콜라철학과 진부한 합리주의의 잔재를 일소한 크로체의 통찰을 따랐다. 의고주의자인 그는 스승인 헤겔과 마찬가지로 그러한 것에 동의하지 않았을 것이다. 그러나 유명론을 추구할 필요성은 반성으로부터 나온다기보다 작품의 성향으로부터 나오며, 그런 한에서 예술의 한 가지 보편적 측면에서 나온다. 예술은 태고 시대 이래 특수한 것을 구제하려고 했다. 점차 특수화되는 과정은 예술에 내재적이었다. 예로부터 성공적인 작품은 바로 특수화가 가장 잘 이루어진 작품이었다. 항상 규범적인 것으로서 자리 잡곤 했던 보편적 미학 장르 개념들은 언제나 교육적 반성으로 오염되었다. 교육적 반성은 주요 작품들을 특성의 통일체들에 환원하고, 그것들이 필연적으로 작품의 본질적 요인인 것은 아닌데도 그것들을 기준으로 작품을 평가함으로써, 특수화 과정에 의해 매개된 작품의 질을 처리할 수 있기를 바랐다. 장르는 개별 작품들의 진정성을 자체 내에 집적한다. 그렇더라도 유명론을 추구하는 경향이 간단히 개념에 적대적인 예술 개념을 향해 예술이 전개된 사실과 동일한 것은 아니다. 하지만 보편과 특수의 변증법은 모호한 상징 개념처럼 양자의 차이를 없애지 않는다. 예술에서 개별화 원칙, 즉 예술의 내재적 유명론은 눈앞에 존재하는 사실이 아니라 하나의 지침이다. 그것은 개별 작품들의 특수화와 아울러 극단적으로 철저한 형상화를 촉진하는 데에 머물지 않는다. 그것은 작품들의 방향을 설정해 주는 보편적 성격들을 열거하는 동시에, 충분히 형식화되지 않은 조야한 경험계에 대한 경계선을 지워버리며, 작품들의 철저한 형상화를 야기하는 것 못지않게 위협하기도 한다. 특히 유명론적이고 그래서 역설적 형식인 소설이 부르주아 시대에 부상한 것은 그런 사실을 전형적으로 말해준다. 근대 예술의 진정성 상실은 모두 여기에 기원을 둔다. 보편과 특수의 관계는 유명론적 경향이 상정하듯이 그렇게 단순하지도 않으며, 보편적인 것이 특수해져야 한다는 전통적 미학의 주장처럼 그렇게 진부하지도 않다. 유명론과 보편론을 대립시키는 것은 타당하지 않다. 수치스럽게도 잊힌 아우구스트 할름[4]이 음악에서 강조한 것, 즉

---

4   [옮긴이] August Halm(1869~1929): 독일 작곡가, 음악 이론가, 음악 교육자. 「음악의 두 가지 문화Von zwei Kulturen der Musik」(1913), 「우리 시대와 바흐Unsere Zeit und Bach」(1915), 「합리적 음악Rationale Musik」(1928), 「음악 분석의 가치Über den Wert musikalischer Analysen」(1928) 등을 썼다.

객관적 장르들 및 유형들이 실존하며 목적론적이라는 것도 참이지만, 그것들을 신뢰할 수 없으며 그 실체적 계기를 입증하기 위해서는 공격을 받아야 한다는 것도 참이다. 형식들의 역사에서는 그 형식들을 유발한 주관성이 질적으로 전환되고 그것들 속에서 사라지기도 한다. 확실히 바흐는 선배들의 작곡법을 단초 삼아 푸가 형식을 만들어냈다. 그와 마찬가지로 푸가 형식은 그의 주관적 산물이며 형식으로서는 사실상 그 이후에 침묵하게 되지만, 그가 그것을 만들어내는 과정은 또한 객관적으로 결정되어 있었다. 즉 그것은 완성되지 않은 채 미발달된 요인이나 완전히 형상화되지 않은 부분을 제거하는 것이었다. 바흐가 이룩한 일은 과거의 칸초네[5]와 리체르카레[6]에 일관성 없이 잠재하면서 실현을 요구하던 바로부터 결론을 끌어낸 것이다. 장르들도 특수한 것 못지않게 변증법적이다. 장르는 생겨난 것이고 또 사라질 수도 있지만 플라톤의 이념들과도 어떤 공통점을 지닌다. 작품들이 진정성 있는 것일수록 그만큼 더 객관적으로 요구되는 것, 즉 과제의 일관성을 따르며 이는 언제나 보편적이다. 주체의 힘은 주체의 단순한 선언 따위가 아니라 그러한 일에 관여하는 데에 있다. 작품들의 일관성이 형식들과 더 이상 일치하지 않는 단계에 이를 때까지 형식들은 주체보다 우세하다. 주체는 객관성에 근거해 일관성을 위하여 형식들을 파괴한다. 개별 작품은 장르들에 포괄됨으로써 그것들에 합당해지는 것이 아니라, 오히려 장르를 장시간 정당화하고 자체로부터 만들어내고 결국 제거하게 되는 갈등을 통해 합당해졌다. 작품이 특

5 [옮긴이] canzone: 13세기경에 생겨난 음악 장르. 원래 단성적이었으나 다성음악으로 발전한 서정적 가곡.
6 [옮긴이] ricercare: 16세기에 발전한 르네상스의, 특히 건반악기를 위한 기악곡.

수할수록 그것은 자체의 유형을 더 충실히 충족한다. 특수가 보편이라는 변증법적 명제는 예술을 그 본보기로 한다. 칸트는 이 점을 최초로 감지했지만 이미 날카로움을 잃었다. 그의 경우 이성은 목적론의 관점 아래 미학에서 총체적인 것으로서 동일성을 정립하는 기능을 한다. 그가 보기에 순수하게 만들어진 것인 예술 작품은 결국 비동일자를 전혀 알지 못한다. 선험철학은 주체가 논증적 인식으로 예술 작품의 합목적성에 도달할 수 없다고 보고 그것을 금기시하지만, 예술에서는 그것을 다룰 수 있게 된다. 즉 특수 속의 보편성이 마치 예정된 것처럼 기술된다. 천재 개념이 그러한 보편성을 보장하는 데 도움이 되어야 하지만, 엄밀히 말해 보편성은 명시적인 것이 되기 어렵다. 개별화는 그 단순한 의미로 보아 예술을 우선 보편으로부터 떼어놓는다. 예술이 무조건 à fond perdu 개별화되어야 한다는 사실로 인해 보편성은 문젯거리가 된다. 칸트는 이 점을 알고 있었다. 만일 보편성이 완전히 가능하다고 가정하면, 그것은 미리부터 실패에 그친다. 또 보편성을 얻기 위해 그것을 내던진다면 결코 되돌아오지 않을 것이다. 또한 개별화된 것이 기계신[7] 없이 자체에 근거해 보편으로 넘어가지 않는 한 보편성은 사라질 것이다. 예술 작품들의 성공을 위해 유일하게 남은 길은 또한 점진적 불가능성을 향한 길이기도 하다. 장르들이라는 미리 주어진 보편에 호소하는 일이 이미 오래전부터 별 도움이 안 되었듯이, 극단적으로 특수한 것은 우연성의 가장자리에 접근하며 또 전적으로 아무래도 좋은 상태에 접근하기도 한다. 그렇다고 어중

---

7 [옮긴이] deus ex machina: 신이 내려오는 모습을 재현하기 위한 기계장치. 예기치 못한 적시에 나타나 난관을 해결해 주는 존재.

간한 것이 그 해결책을 만들어주지도 않는다.

고대의 장르 미학

고대에는 장르 미학적인 생각의 기원을 이루는 예술에 대한 존재론적 견해가 오늘날에는 거의 따라갈 수 없는 방식으로 미학적 실용주의와 결합했다. 흔히 알고 있는 것처럼 플라톤은 예술을 그때그때 상정된 국가정책상의 유용성을 곁눈질하며 평가한다. 아리스토텔레스의 미학은 영향미학에 머물러 있었다. 물론 그것은 헬레니즘의 사유화 경향에 맞춰 예술의 영향을 개인들의 격정들에서 찾는 한에서 부르주아적 관점으로 보면 좀더 계몽적이고 휴머니즘적이다. 이 두 사람이 상정하는 영향들은 아마 이미 그 당시에도 허구적이었을 것이다. 그렇지만 장르 미학과 실용주의의 동맹은 언뜻 보는 것처럼 그렇게 부조리하지 않다. 예로부터 이미 모든 존재론에 잠복해 있는 관습주의는 보편적 목적 규정인 실용주의와 합의할 수 있었다. 개별화 원칙은 장르들에만 아니라 지배적 실천 아래의 포괄에도 대립한다. 장르들과 대립하여 개별 작품에 몰입하면 작품의 내재적 법칙성에 이른다. 작품들은 단자들이 되며, 이로써 작품들은 외부로 향한 훈육 효과에서 멀어진다. 작품들이 실행하거나 뒷받침하는 훈육이 작품들 자체의 합법칙성으로 되면, 작품들은 사람들을 상대로 하는 조야한 권위적 특징들을 잃는다. 권위주의적 신조와 가능한 한 순수하고 혼합되지 않은 장르들에 대한 강조는 서로 잘 어울린다. 아무 규제도 받지 않는 구체화는 권위주의적 사유에 비추어 볼 때 더럽고 불순하다. '권위주의적 성격authoritarian personality'[8] 이론은 그러한 태도를 애매성에 대한 비관용이라고 칭했는데, 그것은 모든 위계적 예술과 사회에서 찾아볼 수 있다. 물론 실용주의 개념을 왜곡하지 않고 고대에 적용할 수 있는지는 미지수다. 실용주의는 정신적인 작품을 그 현실적 영향에 비춰 측정할 수 있다고 하는 학설로서 외부와 내부, 개인과 집단의 단절을 상정하는데, 이 단절은 고대사회를 점차 파헤쳤지만 부르주아 세계처럼 그렇게 완전히 파헤치지는 못했다. 집단적 규범들이 현대와 동일한 위상을 언제나 지녔던 것은 아니다. 그러나 이미 오늘날에는 연대기적으로 멀리 떨어져 있는 주장들의 변함없는 지배적 특성들에 개의치 않고, 그 주장들의 견해차들을 역사철학적으로 덮어놓으려는 유혹이 다시 증대한 듯하다. 예술에 대한 플라톤의 판결은 그러한 지배적 특성들과 명백히 연루되어 있다. 그래서 그러한 것이 모두 전적으로 다른 의도에서 나왔다고 단언함으로써 해석으로 적당히 얼버무리기 위해서는 일종의 존재론적 고집이 필요하다.

관습의 역사철학

예술에서 장르들이나 장르의 요구 사항이 인위적이고 사라지기 쉬운 관습들 혹은 생명 없는 형식적인 것으로 나타나기 오래전부터, 점차 철학적 유명론이 발전함에 따라 보편개념들은 소멸했다. 장르 미학이 유명론 시대에도 독일 관념론 전체에서 중요시되었던 것은 단지 아리스토텔레스의 권위 때문만은 아니었을 것이다. 과학주의에서

---

8 [옮긴이] 1943년부터 반유대주의와 선입견에 대한 연구에서 시작되어 1950년 같은 제목으로 미국에서 출간되었다. 아도르노와 프렝켈-브룬스비크Else Frenkel-Brunswik, 레빈슨Daniel J. Levinson, 샌포드R. Nevitt Sanford의 공동 연구물.

떨어져 나온 것이 모두 밀려 들어가는 비합리적 특별 영역이 바로 예술이라는 생각도 그러한 시대착오에 관여했을 것이다. 그러나 아마 그 이상으로 그것은 이론적 반성에서, 비변증법적 관점으로 볼 때 극단적 개별화와 결합되는 미학적 상대주의를 단지 장르 개념들을 통해서만 피할 수 있으리라고 믿었기 때문일 것이다. 관습들 자체도—진보의 대가prix du progrès로—힘을 잃은 상태에서는 유혹적이다. 관습들은 예술이 체념하는 진정성의 잔상들처럼 보이지만 예술에 의무를 부과하지는 않는다. 관습들이 진지하게 받아들여질 수 없다는 사실은 이제 이룰 수 없는 유쾌함의 대용품이 된다. 그리고 미적으로 쇠퇴하고 있는 유희의 계기는 의도적으로 끌어들인 그러한 유쾌함 속으로 달아나는 것이다. 아무 기능도 발휘하지 못하게 된 관습들은 가면들로 기능한다. 그런데 가면들은 예술의 선조에 포함된다. 즉 모든 작품은 그것을 작품으로 만든 응고 현상을 통해 가면과 같은 면을 환기한다. 그렇게 끌어들여서 비틀어놓은 관습들은 마술적 가면들을 유희로 반복함으로써 그 가면들의 죄를 씻는 한에서 계몽의 일부다. 물론 그 관습들은 언제나 대체로 긍정적으로 정립되고 예술을 억압적인 과정에 통합하는 경향을 띤다. 아무튼 관습들과 장르들은 사회에 대해 고분고분하기만 한 것은 아니었다. 그래도 하녀가 주인마님으로 등장하는 등의 상투적인 이야깃거리는 이미 날카로운 맛을 잃어버린 반역이기는 했다. 예술의 자율성은 조야한 경험계로부터 성장해 나왔는데, 전체적으로 볼 때 조야한 경험에 예술이 거리를 두게 된 것은 관습들 없이 이루어질 수 없었을 것이다. 아무도 코메디아 델라르테를 자연주의적인 것으로 오해하지는 않을 것이다. 코메디아 델라르테는 아직 폐쇄적인 사회에서만 성행할 수 있었다. 폐쇄적인 사회는 현존재에 예술이 저항하기 위한 조건을 조성했는데, 그러한 저항에는 예술의 사회적 저항이 감추어져 있다. 니체는 유명론의 진행 과정에 부단히 반대하고 미적 재료 극복의 진보에 원한을 가짐으로써 관습들을 옹호한다. 이때 그의 오류는 그가 관습들을 단순한 단어의 뜻에 따라 문자 그대로 합의, 자의적으로 만들어진 것, 혹은 자의성에 따르는 것으로 오해했다는 점이었다. 그는 관습들에 담긴 침전된 역사적 강제성을 간과하고 관습을 순수한 유희로 간주하기 때문에, 관습들을 경시하면서 또한 "바로 그렇게Justament"라는 제스처를 취하며 옹호할 수도 있었다. 이로써 그 시대의 누구보다도 섬세했던 그의 천재적 자질이 미학적 반동의 영역으로 잘못 들어서며, 마침내 그는 형식 수준들을 구분할 수 없었다. 특수에 대한 요구는 미적 거리를 과소평가하는 데에 기여하고 이로써 기존 상태와 결탁한다는 부정적 계기를 지닌다. 기존 상태 속에서 통속적인 것으로서 불쾌감을 불러일으킨 요인은 사회적 위계질서를 손상하기도 하지만, 예술과 이질적인 야만상태에 대한 예술의 타협에도 적합하다. 관습들은 작품들의 형식 법칙이 됨에 따라 작품들을 가장 본질적인 면에서 고착시켰고 외적 삶의 모방에 무관심하도록 만들었다. 관습들은 주체에 대해 외면적이고 이질적인 것을 포함하지만, 주체에게 자신의 한계, 즉 자신의 우연성에 담긴 말로 표현할 수 없는 것을 상기시킨다. 주체가 점점 더 강해지고 이를 보완하여 사회적 질서의 범주들과 이로부터 파생된 정신적 질서의 범주들이 구속력을 잃음에 따라, 그만큼 주체와 관습들 사이를 중재하기는 어려워진다. 외부와 내부가 점점 단절됨에 따라 관습들은 무너지게 된다. 그런 다음 분열된 주체가 자발적으로 자유로이 관습들을 정립하면, 그러한 모순으로 인해 관습들은 단순한 행사 따위로 격하된다.

즉 선별된 것 또는 명령에 따른 것으로서, 그러한 관습들은 주체가 그
것들에서 기대하는 바를 이루어주지 못하는 것이다. 예술 작품들에서
추후에 그 특유의 질로서, 즉 각 개별 작품의 대체 불가능한 요소 또
는 혼동 불가능한 요소로서 등장하여 중요성을 지니게 된 것은 장르
에서 벗어나고 마침내 새로운 질로 전환된 것이었다. 그러나 이 새로
운 질은 장르에 의해 매개되어 있다. 예술에서 보편적 계기들이 불가
피하고 또한 예술이 그것들에 저항하기도 한다는 사실은 예술이 언어
와 유사하다는 점에 근거해 이해할 수 있다. 왜냐하면 언어는 특수한
것에 대해 적대적이면서 특수한 것의 구제를 추구하기 때문이다. 언
어는 보편성을 통해 보편적인 것의 짜임관계 속에서 특수한 것을 매
개했다. 그러나 언어는 경직되게 자체의 보편개념들이 즉자존재인 듯
한 가상과 친숙해지기보다, 특유하게 표현되어야 할 것에 극단으로
집중하는 경우에만 그 보편개념들을 정당하게 대한다. 언어의 보편개
념들은 그와 대립하는 과정을 통해 진리를 얻는다. "글이 지니는 치유
작용, 실로 가장 본질적인 면에서 비파괴적인 작용은 그것(말, 언어)
의 비밀에 근거한다. 언어가 아무리 다양한 형태로 작용한다는 점이
입증될지라도, 언어는 내용들의 매개를 통해서가 아니라 자체의 품위
와 본질을 가장 순수하게 드러냄으로써 그러한 일을 해낼 것이다. 그
리고 작용의 다른 형식들을ㅡ문학과 예언으로서ㅡ이 자리에서 논
외로 한다면, 자꾸 내게는 언어에서 말할 수 없는 것을 수정처럼 순수
하게 제거하는 것이야말로 언어의 내부에서 또 그런 한에서 언어를
통해 작용하는, 우리에게 주어진 가장 가까운 형식인 것처럼 보인다.
이처럼 말할 수 없는 것의 제거는 엄밀히 말해 객관적이고 냉정한 글
쓰기 방식과 일치하고, 바로 언어 마술의 내부에서 인식과 행위의 관

계를 암시하는 듯해 보인다. 나의 객관적이고 고도로 정치적인 문체와 글쓰기 개념은 말로 표현할 수 없는 것에 도달하는 것이다. 이 무언의 영역이 말할 수 없는 순수한 힘을 통해 열리는 경우에만 말과 운동 행위 사이의 마술적 불꽃을 뛰어넘을 수 있다. 이때는 양자 사이의 통일성이 마치 현실적인 통일처럼 된다. 말들은 단지 가장 내적인 침묵의 핵심을 강렬히 지향할 때만 영향을 발휘하게 된다. 나는 '현실적인' 행위보다 말이 어디서든 신적인 것과 더 멀리 떨어져 있다고 생각하지 않는다. 따라서 말은 자체를 통해서, 그리고 그 자체의 순수성을 통해서 말고는 신적인 것에 이를 수 없을 것이다. 말은 수단으로 받아들여지면 무성해진다."[9] 벤야민이 '말할 수 없는 것의 제거'라고 칭한 바는 특수에 언어를 집중하는 것일 뿐이며, 또 언어의 보편개념들을 직접 형이상학적 진리로서 정립하기를 포기하는 것일 뿐이다. 극단으로 객관주의적이고 또 그런 한에서 보편주의적인 벤야민의 언어형이상학과 5년 뒤에 출판되어 벤야민이 알지 못했던 비트겐슈타인[10]의 유명해진 정식과 거의 문자 그대로 일치하는 위의 주장 사이의 변증법적 긴장은 예술에도 적용할 수 있다. 물론 이 경우 말로 할 수 없는 것을 그래도 말하기 위한 유일한 길은 언어의 존재론적 금욕이라는 결정적 사실을 첨언해야 할 것이다.[11] 예술에서는 예술이 언어에 가장

9   Benjamin, *Briefe*, hg. G. Scholem·Th. W. Adorno, Frankfurt a. M.: Suhrkamp, 1966, Bd. 1, pp. 126 이하.
10 [옮긴이] Ludwig Josef Johann Wittgenstein(1889~1951): 오스트리아 출신의 철학자. 『논리철학 논고』(1921)에 나오는 "말할 수 없는 것에 대해서는 침묵해야 한다"는 명제가 잘 알려져 있다. 이에 맞서 아도르노는 "말할 수 없는 것을 말하려는 필사적이고 영속적인 노력"이 철학이라고 주장한다.
11 [옮긴이] 아도르노는 비개념적인 것을 개념으로 파악하되 양자를 동일시하지 않는 것이 중요하

가까워질 때 보편개념들이 가장 강력해진다. 즉 이야기됨으로써 그것의 '지금 여기'를 초월하는 어떤 것을 말할 때 가장 강해지는 것이다. 그러나 예술은 극단적 특수화 경향을 통해서만 그러한 초월을 이룩할 수 있다. 즉 자체의 철저한 형상화를 통해 내재적 과정 속에서 말할 수 있는 것만을 말함으로써 초월을 이룰 수 있다. 언어와 유사한 예술의 계기는 예술의 미메시스적 요인이다. 보편과 떨어져 있는 특유한 충동 속에서만 예술은 확연히 보편적인 것이 된다. 예술은 미메시스적 요인을 통해 보편적인 것을 말하는데, 이 요인은 불투명하고 특수한 것으로서 말하는 일에 반대하는 것이기도 하다. 바로 이러한 까닭에 예술은 보편을 말하기도 하고 동시에 말하지 않기도 한다는 역설이 생겨난다.

양식 개념

관습들이 이미 동요하면서 주체와 평형을 이루고 있는 상태가 양식Stil이다. 양식 개념은 예술을 언어로 만드는 포괄적 계기와 관계할 뿐 아니라―예술에서 모든 언어의 요체가 예술의 양식이다―특수화 과정과 아무튼 아직도 타협하고 있는 속박의 요인과도 관계한다. 그러한 평화 상태가 환각이라는 점이 드러나면 곧 양식들은 흔히들 탄식하는 바와 같이 쇠퇴해도 당연하다. 예술이 양식들을 추구한다는 점이 한탄스럽다기보다, 양식의 권위가 만드는 속박 아래 양식들을 거짓으로 보여주는 것이 한탄할 일이다. 19세기의 양식 부재 상태는

다고 본다.

모두 그런 상황으로 귀결되었다. 양식의 소멸에 대한 탄식은 물론 대개 개별화 능력의 취약함에 지나지 않지만, 객관적으로 그것은 예술의 집단적 구속력 혹은 이의 가상이 와해된 후에——그 이유는 예술의 보편성이 늘 계급적 성격을 지녔고, 그런 한에서 부분적이었기 때문이다——초기의 자동차가 마차라는 본보기로부터, 초기의 사진이 초상화로부터 별로 벗어날 수 없었던 것처럼, 작품들도 극단적으로 철저하게 형상화되지 못했다는 데에 기인한다. 전래의 규준은 파괴되고 자유에 기반을 두는 예술 작품들은 영속적인 사회적 부자유 속에서 번창할 수 없게 되며, 설혹 그런 예술 작품들이 감연히 만들어진다고 해도 그러한 부자유의 상처들이 그것들에 새겨져 있는 것이다. 그러나 19세기 미적 근원 현상 중 하나인 양식 복사Stilkopie에서는 자유를 약속하기도 하고 동시에 차단하기도 하는 부르주아 특유의 요인을 찾아야 할 것이다. 모든 것을 손에 잡으면 마음대로 처리할 수 있어야 마땅한데, 그것이 처리할 수 있는 것을 반복하는 일로 퇴행하며 그처럼 처리할 수 있는 것이 실은 전혀 없다. 실제로 일관되게 자율적인 부르주아 예술은 부르주아 사회 이전의 양식 이념과 결코 결합될 수 없을 것이다. 부르주아 예술이 집요하게 그러한 귀결을 회피했다는 사실은 부르주아적 자유 자체의 이율배반을 나타낸다. 이러한 이율배반은 양식 부재 상태로 귀결된다. 즉 브레히트의 말처럼 의지할 수 있는 것이라곤 아무것도 없지만, 시장과 순응의 강압 아래서는 진정한 것을 자유로이 자발적으로 이룩할 가능성도 없다. 그 때문에 이미 심판받은 것을 다시 불러내게 된다. 바덴Baden 지역의 외관을 망쳐놓는 빅토리아식 연립주택은 슬럼에 이르기까지 고급 별장의 패러디들이다. 그러나 흔히 양식 없는 시대 탓으로 보고 미적으로 비판하는 황폐화 과정들은 결코 어떤 저속한 시대정신의 표현이 아니다. 그것은 예술 외적 요인, 즉 이익에 조종되는 산업의 그릇된 합리성이 만들어낸 것들이다. 자본은 자체의 목적을 위해 예술의 비합리적 계기들로 여겨지는 부분을 동원함으로써 예술을 파괴한다. 미적 합리성과 비합리성은 똑같이 사회의 저주에 의해 파손된다. 양식에 대한 비판은 양식의 논쟁적-낭만적 소망상에 의해 축출되었다. 그러나 비판을 더욱 밀고 간다면, 아마 전통 예술 전체가 비판받게 될 것이다. 쇤베르크처럼 진정한 예술가들은 격렬하게 양식 개념에 저항했다. 이 양식 개념을 버리느냐 그러지 못하느냐가 극단적 현대 예술의 한 가지 평가 기준이다. 양식 개념이 직접 작품들의 질에 다가갔던 적은 없다. 자체의 양식을 가장 정확하게 대변하는 듯해 보이는 작품들은 언제나 양식과 갈등을 겪어왔다. 양식 자체가 양식과 그 중단의 통일체였다. 각각의 작품은 모두 양식에 대한 관계에서도 힘의 장이다. 이는 현대 예술에서도 마찬가지다. 즉 현대 예술의 등 뒤에서, 바로 현대 예술이 양식의지를 거부하는 곳에서 철저한 형상화의 필요성으로 인해 양식과 같은 어떤 것이 구성된 것이다. 예술 작품은 더 많은 야심을 품을수록 그만큼 더 열정적으로 그러한 갈등을 견뎌낸다. 더구나 예술 작품들이 성공에서 긍정Affirmation을 감지하고 성공을 아예 포기하더라도 그렇다. 물론 양식은 억압적 특성을 지니기는 해도 예술 작품들에 단순히 외부로부터 각인된 것이 아니라, 헤겔이 고대 예술을 염두에 두고 곧잘 지칭한 바와 같이 어느 정도 실체적인 것이었으며 단지 그 때문에 사후적으로 칭송을 받았다. 양식은 객관적 정신과 같은 어떤 것을 통해 작품에 스며든다. 양식은 심지어 특유화의 계기들조차 유발했으며 자체의 실현을 위해 특유한 것을 요구하기도 했다. 그러한 객관적 정신이 완전히 통제되지는 않고 지난날의 자발성을 총체적으로 관리하지 않았던 시기에는 양식에도 행운이 따랐다. 베토벤의 주체적 예술에 대해서는 자체 내에서 철저히 역동적인 소나타 형식이나 베토벤의 철저한 작곡을 통해 정립된 빈고전파의 후기 절대주의 양식이 본질구성적이었다. 이제는 그러한 것이 더 이상 가능하지 않으며 양식은 사라졌다. 이에 반대하여 천편일률적으로 카오스 상태라는 개념이 부각된다. 이 개념은 전적으로 사태 특유의 논리를 따르지 못하는 무능력을 사태에 투사할 뿐이다. 새로운 예술에 대한 비방들은 당혹스러울 정도로 예외 없이 규정할 수 있는 이해의 결여, 종종 아주 단순한 지식의 결여와 결부되어 있다. 양식들의 강제성은 인류가 간헐적으로, 또 끊임없이 위협적인 퇴행을 겪으면서 떨쳐버리고자 하는 사회적 강압성의 반영이라는 사실이 돌이킬 수 없게 드러났다. 폐쇄적이고 따라서 또한 억압적인 사회의 객관적 구조가 없다면 강제력 있는 양식은 생각할 수 없다. 양식 개념은 기껏해야 그 언어적 계기들의 요체로서 개별 예술 작품들에 적용할 수 있다. 어떠한 양식에도 포괄되지 않는 작품도 자체의 양식 혹은 베르크가 말한 바와 같이 자체의 '음조Ton'를 지녀야 한다. 이 경우 최근의 발전 과정에서는 자체로 철저히 형상화된 각각의 예술 작품들이 서로 접근하고 있다는 점을 부인할 수 없다. 강단 역사학이 개인양식Personalstil이라고 칭하는 것은 쇠퇴하고 있다. 이런 양식이 그와 같은 경향에 저항하며 생명을 부지하고자 한다면, 거의 불가피하게 개별 작품의 내재적 합법칙성과 충돌한다. 양식의 완전한 부정은 양식으로 전도되는 듯하다. 하지만 비타협주의에서 타협주의적 성격을 찾아내는 일은 이제 진부한 것이 되었다.[12] 그것은 단지 타협주의로 인해 양심의 가책을 느끼는 사람들이

다른 상태를 원하는 것에서 알리바이를 구하는 데에만 유용할 뿐이다. 이로써 보편을 향한 특수의 변증법이 약화되는 것은 아니다. 유명론적으로 전위적인 예술 작품들에 보편적인 것이, 때로는 관습적인 것이, 되풀이하여 나타난다는 사실은 결코 원죄가 아니다. 그것은 예술 작품들의 언어적 성격에 기인한다. 언어적 성격은 각 단계에 따라, 또 창문 없는 단자 속에서 하나의 어휘 체계를 만든다. 예컨대 마우츠[13]의 지적에 따르면,[14] 표현주의 문학은 색채 값Farbvaleur에 대한 어떤 관습들을 이용한다. 이 색채 값은 칸딘스키의 책에서도 확인할 수 있다.[15] 추상적 보편성의 가장 두드러진 안티테제인 표현에도 그 개념 자체에 함축된 바와 같이, 말을 하기 위해서는 그러한 관습들이 필요할 것이다. 표현이 절대적 충동이라는 점적인 상태에 머문다면, 그것은 이 충동으로 하여금 예술 작품에서 말을 하도록 규정할 수 없을 것이다. 표현주의의 모든 미적 매체들 속에 표현주의의 이념에 반하여 양식과 유사한 것이 초래될 때, 이는 저급한 표현주의 대표자들의 경우에만 시장에 대한 순응이었다. 다른 경우에는 표현주의 이념 자체로부터 그와 같은 것이 초래되었다. 표현주의 이념은 실현되기 위해

12 Adorn, *Minima Moralia. Reflexionen aus dem beschädigten Leben*, 2. Aufl., Frankfurt a. M.: Suhrkamp, 1962, pp. 275 이하 참조.
13 [옮긴이] Kurt A. Mautz(1911~2000): 독일 문예이론가, 작가. 아도르노에게서도 잠시 수강했으며, 막스 슈티르너Max Stirner에 대한 연구로 박사 학위를 취득했다. 특히 표현주의에 대해 연구했고, 구체시의 선구자 가운데 한 명이다.
14 Kurt Mautz, "Die Farbensprache der expressionistischen Lyrik," *Deutsche Vierteljahrsschrift für Literaturwissenschaft und Geistgeschichte* 31(1957), pp. 198 이하 참조.
15 [옮긴이] 『점, 선에서 면으로*Punkt und Linie zu Fläche*』(1926)를 지칭하는 듯하다. 칸딘스키는 대상 없는 상태로 작업하기 위해 악보를 통해 감정을 표현할 수 있는 음악을 본보기로 일종의 문법을 만들었다. 이때 그는 색채와 음향의 결합 감각을 출발점으로 삼았다.

'여기 이것τόδε τι'을 벗어나는 것의 관점들을 받아들일 수밖에 없고, 이로써 다시 자체의 실현을 방해한다.

예술의 진보

양식에 대한 순진한 믿음은 예술 진보의 개념에 대한 원한과 어울린다. 문화철학적 추론들은 예술적 극단주의로 나아가는 내재적 경향에 무관심한 채 현명하게도 진보 개념 자체가 낡았으며 19세기의 그릇된 유산이라는 생각을 근거로 삼곤 한다. 이로써 그러한 추론들은 전위주의 예술가들의 테크놀로지적 집착에 대해 정신적 우월성을 지닌다는 인상을 얻으며, 어느 정도의 선동적 효과도 얻는다. 즉 그것들은 문화산업 수준으로 타락하고 문화산업으로 훈육된 광범한 반지성주의에 지적 축복을 내려주는 것이다. 그러나 그러한 노력들의 이데올로기적 성격이 진보와 예술의 관계에 대한 반성을 면제해 주지는 않는다. 헤겔과 마르크스가 알았듯이 예술에서 진보 개념은 기술적 생산력의 경우처럼 그렇게 아무 굴절 없이 적용되지는 않는다. 가장 본질적인 부분에 이르기까지 예술은 점증하는 적대 관계들의 역사적 운동과 연루되어 있다. 예술에도 사회에서와 마찬가지로 많게 또는 적게 진보가 존재한다. 헤겔 미학은 전체 체계와 마찬가지로 불변 요인을 통한 사유와 제약 없는 변증법적 사유 사이를 동요하면서 누구보다도 먼저 예술의 역사적 계기를 '진리 전개'의 한 계기로 이해했지만, 고대 예술의 규준을 고수함으로써 특히 난관에 부딪친다. 그는 미적 진보에 변증법을 끌어들이는 대신 오히려 미적 진보에 제동을 걸었다. 그에게 예술은 그 원래의 형태들보다 더 덧없는 것이었다. 그가

1백 년 후 공산국가들에서 드러난 결과들을 예측할 수는 없었다. 즉 이곳의 반동적 예술 이론은 마르크스의 격려하는 말을 다소 끌어들이기는 하지만 헤겔의 의고주의를 자양분으로 삼고 있다. 헤겔에 따르면 한때 예술은 정신의 적절한 단계였으나 이제는 그렇지 못하다. 이는 자유의식의 실제 진보에 대한 신뢰를 드러내 주는 것이지만, 그러한 신뢰는 쓰라린 환멸을 겪게 되었다. 예술이 궁핍에 대한 의식이라는 헤겔의 주장이 근거 있는 것이라면, 예술 또한 아직 낡지 않았다. 실제로 그가 예언한 예술의 종말은 그 후 150년이 지난 지금까지도 이루어지지 않았다. 이미 심판을 받은 것이 공허하게 계속되었다고 볼 수는 없다. 이 시대의 가장 중요한 작품들, 특히 퇴폐적이라고 이단시된 작품들의 수준을 외부로부터, 따라서 아래로부터 무효화하고 싶어 하는 사람들과 이 문제에 대해 논할 수는 없다. 예술 자체를 궁핍에 대한 의식이라고 보는 입장 속의 극단적 환원주의조차, 침묵하고 사라지는 듯한 예술의 제스처조차, 미분에서처럼 계속 움직인다. 이 세계에는 아직 아무런 진보도 존재하지 않기 때문에 예술에는 진보가 존재한다. 즉 "계속되어야 한다il faut continuer." 물론 예술은 헤겔이 세계정신이라고 칭한 것 속에 얽혀 들어가 있으며 그 때문에 공동의 책임이 있다. 예술은 사라짐으로써만 이 책임을 면할 수 있을 테고, 이로써 우선 무언의 지배를 지지하고 야만상태에 굴복할 것이다. 자체의 책임에서 벗어나려는 예술 작품들은 예술 작품으로서 나약해진다. 세계정신을 단지 지배의 개념으로만 몰아갈 경우, 다시 너무 충실하게 세계정신의 의미를 한 가지로만 받아들이게 될 것이다. 역사적 순간을 벗어나는 여러 해방의 국면들에서 세계정신과 친화적인 예술 작품들은 이 세계정신 덕분에 숨을 쉴 수 있고 신선함을 얻게 되며, 유용하게 정리되거나 불변으로 머무는 상태를 넘어서게 된다. 그러한 작품들 속에서 눈을 뜨는 주체를 통해 자연은 깨어나게 되며, 또한 역사적 정신 자체가 자연의 각성에 관여한다. 예술의 모든 진보는 자체의 진리내용과 대면해야 하며 어떠한 진보도 물신화할 수 없지만, 모범적인 훌륭한 진보와 제멋대로 이루어진 잘못된 진보를 구분하는 일은 하찮은 일일 것이다. 숲을 좋아하는 사람이 사냥에 동의하듯이 자연을 편들면서 실제로는 자연 지배에 동의하는 신중한 작품들보다, 기술적 생산력의 수준에 비춰 볼 때 극단적 진보를 이루어 인공적인 것이라고 비난받는 작품들에서 오히려 억압된 자연이 더 순수하게 목소리를 내곤 한다. 예술의 진보는 천명할 수도 부인할 수도 없다. 베토벤의 최후 4중주곡들의 재료나 정신 혹은 처리 방식에 비추어 그것의 입장을 다시 한번 받아들이지 않고는 그 후의 어떤 작품도, 아무리 뛰어난 재능을 갖추었더라도, 그 4중주곡들의 진리내용에 필적할 수는 없을 것이다.

예술사의 비동질성

예술의 진보에 대해 일반적으로 판단하기 어려운 점도 예술사의 한 가지 구조다. 예술사는 비동질적이다. 기껏해야 순차적-연속적 계열들이 형성되지만, 이 계열들은 대개 적응을 지향하는 압력일 수도 있는 사회적 압력으로 인해 중단된다. 오늘날까지 연속적인 예술 발달에는 상대적으로 불변적인 사회 조건들이 필요했다. 장르의 연속 상태는 사회적 연속성 및 동질성과 나란히 이루어진다. 나폴리악파[16]에서 베르디[17]와 어쩌면 푸치니[18]에 이르기까지 오페라에 대한 이탈리아 청중의 반응 방식은 별로 변하지 않았다고 생각할 수 있다. 또 자체로 다소 일관성 있는 수법과 금지 규율의 발전에서 나타나듯이, 그와 유사한 장르의 연속성은 중세 후기의 다성법에서도 확인할 수 있을 것이다. 예술에서의 폐쇄적 역사 진행과 정태적이라고 할 수 있는 사회구조들 사이의 일치는 장르사의 제한성을 보여준다. 사회구조가 급격히 변동하여 예컨대 강력해진 부르주아계급이 수용자로서 요구를 제기하면, 장르들과 양식 유형들도 급격히 변한다. 통주저음 음악은 초기에 퇴행적인 듯해 보일 정도로 초보적이었는데, 고도로 발달한 네덜란드와 이탈리아의 다성법을 밀어냈으며 바흐도 열성적으로 그것을 다시 이용했지만, 그가 죽은 후에는 수십 년간 흔적도 없이 밀려났다. 한 작품에서 다른 작품으로 넘어가는 과정은 일관성 없이 논의될 수 있을 뿐이다. 그렇지 않다면 예술에서 떼어놓고 생각할 수 없는, 파악되지 않은 요인 속으로 파고들려는 충동, 즉 자발성은 존재할 공간이 없을 것이며, 예술의 역사는 기계적으로 결정되어 있을 것이다. 이 점은 개개의 중요 예술가들의 생산과정에까지 적용된다. 이들의 계보는 종종 단절되어 있다. 이는 이른바 변덕스러운 천성으로 인해 그때그때 다른 모형들에 의지하려는 예술가들의 경우만 아니라 지극히 까다로운 예술가들의 경우에도 마찬가지다. 그들은 자신이 이미

16 [옮긴이] Neapolitaner: 나폴리에서 1650년경부터 1세기가량 오페라 역사에 결정적인 역할을 한 악파. 이 악파를 대표하는 주요 작곡가로는 프로벤찰레Francesco Provenzale, 스카를라티 Alessandro Scarlatti, 포르포라Nicola Porpora 등이 있다.
17 [옮긴이] Giuseppe Fortunino Francesco Verdi(1813~1901): 이탈리아 작곡가. 19세기 중후반에 활동했다.
18 [옮긴이] Giacomo Puccini(1858~1924): 이탈리아 작곡가. 19세기 후반기에서 20세기 초까지 오페라를 작곡했다.

이루어놓은 것에 때때로 엄격히 대립하기도 하는데, 이는 그들이 자신의 생산과정에서 한 가지 유형의 가능성이 고갈되었다고 보기 때문이거나, 경직과 반복의 위험을 예방하기 위해서다. 많은 예술가의 경우 어떤 작품을 구체화하고 이로써 그것을 제한함으로써 포기할 수밖에 없는 것을 새 작품으로 만회하고자 하는 식으로 생산과정이 진행된다. 어떤 개별 작품도 전통적인 관념론 미학이 찬양하는 것, 즉 총체성이 아니다. 각각의 작품은 모두 부족하고 불완전하며 또한 그 자체의 잠재력에서 잘려 나온 것이다. 또 이는 직접적 계승에 대립하는 작용을 하는데, 예를 들어 특히 화가들이 하나의 구상을 그 발전 가능성에 따라 시험할 때 이루어지는 어떤 연작물을 논외로 할 때 그렇다. 하지만 이 비연속적 구조는 인과적으로 필연적이지도 않지만 우연적이고 괴리되어 있는 것도 아니다. 한 작품에서 다른 작품으로 넘어가지는 않더라도 문제의 통일성 아래 그 작품들의 계승이 이루어진다. 진보, 즉 새로운 단초들을 통해 기존의 것을 부정하는 일은 그러한 통일성 속에서 이루어진다. 과거의 작품들이 해결하지 못하고 남아 있는 것이든, 작품들 자체의 해결을 통해 제기된 것이든, 문제들은 다루어지기를 기다리며, 그것들을 다루는 데에는 때때로 일종의 단절이 필요하다. 그러나 문제의 통일성도 결코 예술사에서 일반적인 구조는 아니다. 문제들도 망각될 수 있으며, 테제를 지양하지 못한 안티테제들이 역사적으로 형성될 수도 있다. 예술의 진보가 계통발생적으로 굴절 없이 이루어지는 경우가 별로 없다는 점은 개체발생적으로 배울 수 있다. 앞 세대 예술가들보다 뒤 세대가 옛것을 더 잘 처리하는 경우는 드물며 종종 그만 못하다. 어떤 망각 없이는 미적 진보도 없으며, 따라서 아무 퇴행 없이는 진보도 없다. 브레히트는 정신의 전통을 이데올로기의 황금 사슬이라고 근거 있게 의심하는 문화비판적 동기에서 망각을 강령으로 천명했다. 망각의 단계들 그리고 이를 보충하며 브레히트의 교육적 문학에서처럼 이미 오래전에 금기시된 것이 다시 등장하는 단계들은 명백히 개별 작품보다 장르에 적절히 적용된다. 이는 한때 해방의 표현이었던 주관적 서정시, 특히 에로틱한 서정시가 오늘날 겪고 있는 것과 같은 금기들에도 마찬가지로 해당된다. 연속성은 일반적으로 상당히 먼 거리를 두고 구성할 수 있을 뿐이다. 오히려 예술의 역사는 분기점들을 지닌다. 여전히 부분적 장르사에 대해, 즉 풍경화, 초상화, 오페라 등의 역사에 대해 논할 수는 있으나, 그것에 지나친 비중을 둘 수는 없다. 이 점은 과거의 음악에서 실제로 활용되는 패러디나 개작곡들[19]에서 특히 확연하게 증명된다. 바흐의 작품에서는 그가 세속음악으로 작곡하느냐 교회음악으로 작곡하느냐, 또 성악곡으로 작곡하느냐 기악곡으로 작곡하느냐 하는 문제보다 그의 처리 방식, 작곡한 곡의 밀도와 통합상태 등이 실로 진보적이며 더 본질적이다. 그런 한에서 유명론은 과거 예술에 대한 인식에까지 역으로 작용한다. 일의적인 예술사 구성의 불가능성과 존재하기도 하고 존재하지 않기도 하는 진보에 대한 모든 논의의 불길함은 예술의 이중성에 근거한다. 즉 예술은 자율성을 지니더라도 사회적으로 결정된 자율적 존재이면서 사회적 존재이기도 하다는 이중성에 근거하는 것이다. 예술의 사회적 성격이 자율적 성격을 압도할 때, 또 예술의 내재적 구조가 사회적 상황과 명백히 모순될 때, 자율성은 희생되며 그와 아울러 연속성도 희생된다. 이러한 문제를 관념론적으로 묵살한

---

19 [옮긴이] Kontrafakturen: 특정한 형식 요소를 유지하면서 가곡이나 시가를 개작한 작품들.

다는 점이 정신사의 한 가지 약점이다. 연속성이 깨질 경우 대개 생산관계가 생산력에 승리를 거둔다. 그러한 사회적 승리에 동의할 이유는 물론 전혀 없다. 예술은 사회 전체에 의해, 즉 그때그때 지배적인 사회구조에 의해 매개된다. 예술사는 개별 인과성들에 근거해 정렬되지는 않으며, 일의적 필연성들이 한 현상물에서 다른 현상물로 이끌어가지도 않는다. 예술사는 사회의 전체 경향에 비추어 보아서만 필연적이라고 칭할 수 있으며, 그 개별 증상들 차원에서 필연적인 것이 되지는 않는다. 예술사를 위로부터 구속력 있게 구성한다는 생각과 마찬가지로, 예술사를 통해 필연의 왕국에서 떨어져 나오는 개별 작품들의 천재적 비교 불가능성에 대한 믿음도 허위다. 아무 모순이 없는 예술사의 이론을 구상할 수는 없다. 예술사의 본질은 그 자체로 모순적이다.

진보와 재료 처리 능력

의심할 나위 없이 역사적 재료들과 그것을 다루는 능력, 즉 기술은 진보한다. 회화에서 원근법과 음악에서 다성법을 고안해 낸 것 등이 가장 두드러진 본보기일 것이다. 그뿐만 아니라 일단 정립된 처리 방식들 내부에서도 진보가 이루어지고 있다는 점, 그것들이 일관성 있게 완성되어 간다는 점 역시 부인할 수 없다. 예컨대 새로운 음악의 문턱에 이르기까지 통주저음 음악 시대의 화성적 의식이 세분화된다거나, 인상주의가 점묘 화법으로 넘어가게 된 것을 생각할 수 있다. 그러나 그처럼 의심할 여지가 없는 진보도 무조건 질의 진보는 아니다. 무분별한 사람들이나 회화에서 조토[20]와 치마부에[21]에서 피에로 델라 프란체스카[22]에 이르는 과정에서 기법상 이루어진 바를 부인할 수 있을 것이다. 그러나 그로부터 피에로의 그림이 아시시의 프레스코보다 더 낫다고 추론하는 것도 고리타분한 일일 것이다. 개별 작품에 대해서는 질에 관한 물음을 제기할 수도 있고 결정을 내릴 수도 있으며, 그래서 또한 다양한 작품들에 대한 판단에는 상호 관계도 함의되어 있다. 그러나 '보다 더 나은'이라는 형식 아래 비교가 이루어질 경우, 그러한 판단들은 예술과 이질적인 현학이 되고 만다. 그러한 논쟁들은 교양적 수다의 폐해를 피할 수 없다. 작품은 그 질에 비춰 볼 때 서로 구분되지만 동시에 또한 서로 비교될 수도 없다. 작품들은 단지 대립적으로만 의사소통한다. "한 작품은 다른 작품의 철천지원수다." 작품들은 단지 말살됨으로써만, 자체의 생명을 통해 자체의 덧없음을 실현함으로써만 비교될 수 있다. 태고적이고 원시적인 특성들 중 어느 것이 처리 방식상의 특성이고, 어느 것이 작품의 객관적 이념에서 나오는지를 결정하기는 거의 불가능하며, 아무튼 가능하다면 단지 구체적으로만 가능하다. 그 두 가지는 자의적으로만 구분된다. 결함들 자체가 의미심장할 수 있으며, 역사적 발전 과정에서 장점들이 진리내용을 해칠 수도 있다. 그처럼 예술사는 이율배반적이다. 바흐

---

20 [옮긴이] Giotto di Bondone(1267?~1337): 중세 말, 르네상스 초기 이탈리아 피렌체 출신의 화가, 건축가. 살아 있는 모습을 정확히 그리는 기술을 활용했다.
21 [옮긴이] Giovanni Cimabue(1240?~1302?): 이탈리아 화가. 조토를 포함한 피렌체파 화가들의 스승으로, 그의 그림들은 자연스러운 현실감을 살려낸다. 대표작으로 아시시의 산프란체스코 성당의 프레스코화로 신약성서의 내용을 그린 작품이 있다.
22 [옮긴이] Piero della Francesca(1415?~1492?): 르네상스 시대의 이탈리아 화가. 기하학적 형식과 원근법을 사용했다. 「회화에서 원근법에 관하여 De Prospectiva pingendi」라는 논문을 썼다.

의 특히 중요한 기악곡들의 피하 구조는 의심할 바 없이 그가 활용할 수 없었던 오케스트라 배치를 통해서만 실현될 수 있다. 그러나 중세의 그림에서 원근법의 숙련된 활용을 기대한다면 어리석은 일이다. 그러한 기법을 쓰면 중세 회화 특유의 표현이 사라질 것이다. 진보는 진보로 인해 낡은 것이 될 수 있다. 현대회화는 원근법을 축소하고 마침내 제거함으로써 원근법 이전의 그림들과 일치하게 된다. 이로써 그러한 과거의 그림들이 그 사이에 있는 그림들보다 더 높은 위치에 놓이기도 한다. 그러나 현대에도 다소 원시적이고 낡은 처리 방식을 원하고, 재료 처리 능력의 진보를 현대의 창작 과정에서 이단시하고 철회한다면, 그와 같은 일치 현상들은 그 나름 속물근성으로 뒤집힌다. 심지어 진보하는 재료 처리 능력이 재료 처리 능력상의 손실을 대가로 치러야 할 때도 있다. 지난날 원시적인 것으로 처리된 이국적 음악을 조금 상세히 알게 되면, 서양음악의 다성적 성격과 합리화가―서로 뗄 수 없는 상태로―서양음악을 풍부하고 깊이 있게 만들기도 했지만, 또한 단성적 멜로디나 리듬에서 나타나는 최소한의 변형들에 살아 있는 세분화 능력을 둔화시켰다는 점을 확인할 수 있을 것이다. 유럽인의 귀에 이국적인 음악들의 단조로운 음이나 경직된 요인이야말로 분명히 그러한 세분화의 조건이었다. 의례의 압력으로 인해 세분화의 능력은 그것이 허용된 작은 영역에서만 강화되었다. 반면에 유럽 음악에는 압력이 적었기 때문에 그와 같은 교정 수단이 덜 필요했다. 그 대신 유럽 음악은 유일하게 완전한 자율성에, 곧 예술에 이르게 되었다. 또 그것에 내재하는 의식은 임의로 그로부터 벗어나 확장될 수 없다. 어느 경우든 미적 재료 처리 능력의 일부인 좀더 섬세한 세분화 능력이 정신화 과정과 결합하고 있다는 점을 부인할 수는 없다. 이는 객관적 제어 능력에 대한 주관적 상관물이며, 가능해진 것을 감지하는 능력이다. 그리고 이를 통해 예술은 자체의 업무를, 즉 재료 처리 능력 자체에 대한 반박을 좀더 자유로이 대하게 된다. 비의도적인 것 속의 의도성은 미적 지배권의 이율배반을 해결할 수 있는 한 가지 역설적 공식이다. 재료 처리 능력은 정신화를 함의하는데, 물론 이는 자체의 타자에 대한 정신의 자립으로서 당장 다시 위태로워진다. 지배권을 가진 미적 정신은 작품으로 하여금 말하게 하는 것 이상으로 스스로 말하려는 성향을 띤다. 또한 그와 같은 것만이 정신화의 완전한 이념을 충족시킬 것이다. 진보의 대가는 진보 자체에 내재한다. 그 대가의 가장 두드러진 징후인, 진정성과 구속력의 저하나 우연 감정의 증가는 개별 작품을 점점 더 철저히 형상화하는 일인 재료 처리 능력의 진보와 직접 동일하다. 그러한 손실이 사실이냐 가상이냐 하는 점은 불확실하다. 순진한 의식에 대해서만 아니라 음악가의 의식에 대해서도 「겨울 나그네」의 어느 한 곡이 베베른의 가곡보다 더 진정한 것으로 여겨질 수 있다. 즉 「겨울 나그네」에서는 어떤 객관적인 것이 다루어지고 있는데, 후자의 경우에는 단지 개인적 경험에 사상내용이 한정된 듯해 보일 수 있다. 그러나 이러한 구분은 의심스럽다. 베베른처럼 품위 있는 작곡가의 작품에서는 잘 모르는 사람이 듣기에 사상내용의 객관성에 해를 끼치는 듯한 세분화가 작품을 좀더 명확히 형상화하고 도식적인 것의 잔재에서 해방되는 점진적 능력과 동일하다. 그리고 바로 이러한 일이 객관화인 것이다. 진정한 새 예술을 내밀하게 경험하면, 단순히 주관적 표현 욕구로 인해 파손되지 않고 오히려 그것을 통해, 하나의 언어가 객관화 과정에서 필연적인 것으로 느껴지며, 그런 한에서 새 예술에 수반되는 우연성의 감정은 사라진다. 물론 예술 작품들은 자체의 구속력 있는 요소를 단자로 변형하는 일에 무관심하지 않다. 예술 작품들이 그러한 문제에 대해 점차 무관심해지는 듯해 보이는 현상을 단순히 사회적 영향이 적어지게 된 사실에 근거해 설명할 수는 없을 것이다. 작품들이 그 순수한 내재성으로 방향을 돌림으로써 그것들의 한 가지 본질적 계기인 마찰계수를 상실하고, 또 자체로서도 점점 더 아무래도 상관없는 상태로 된다는 것을 말해주는 근거도 있다. 그러나 극단적 추상화가 분노를 일으키지 않으면서 전시장들에 걸릴 수 있다고 해서, 아프리오리하게 마음 편하게 해주는 구상화의 복고가 정당화되는 것은 아니다. 이는 대상과의 화해를 목적으로 체 게바라Ché Guevara를 소재로 삼는다고 해도 마찬가지다. 그러나 궁극적으로 진보는 재료 처리 능력 및 정신화의 진보일 뿐 아니라 헤겔이 생각한 정신의 진보, 즉 정신의 자유에 대한 의식의 진보이기도 하다. 베토벤의 경우 재료 처리 능력이 바흐를 능가하여 진보했느냐에 대해서는 끝없이 논쟁을 벌일 수 있다. 이들은 각기 상이한 차원에서 더 완전하게 재료를 처리해 내고 있다. 둘 중에 누가 더 뛰어난가 하는 물음은 쓸데없는 것이다. 그러나 주체 성숙의 목소리, 신화로부터의 해방, 신화와의 화해, 즉 진리내용이 바흐의 경우보다 베토벤에게서 더 확장되었다는 인식은 쓸데없는 것이 아니다. 이 평가 기준은 다른 모든 기준을 능가한다.

'기술'

재료 처리 능력을 나타내는 미학적 명칭, 즉 기술은 예술을 수공예 활동으로 간주한 고대의 관례에서 차용한 것인데, 그것이 현재의 의미로 쓰이게 된 것은 근래의 일이다. 그것은 과학과 유사하게 대상에 대해 방법이 자립적인 것으로 나타나게 된 단계의 특징들을 지닌다. 재료를 형상화하고 재료에 이끌리기도 하는 모든 예술적 처리 방식들은 테크놀로지의 관점에서 돌이켜 보면 서로 접근한다. 이 점은 중세의 상품생산을 위한 수공업 활동과 아직 분리되지 않은 처리 방식의 경우에도 마찬가지다. 자본주의적 통합에 대한 저항으로 인해, 예술은 그러한 방식과의 결속을 완전히 끊어버린 적이 없다. 예술에서 손작업과 기술의 구분은 물질적 생산에서처럼 처리 방법의 엄격한 수량화가 아니며, 질적 목적과 결합될 수 없는 것도 아니다. 또 기계의 도입으로 구분되는 것도 아니다. 오히려 그 구분은 전통주의와 반대로 의식을 통한 수단의 자유로운 처리가 우세하게 된 것을 의미한다. 물론 전통주의의 껍질 아래에서 그러한 처리 능력이 무르익기는 했다. 사상내용을 고려하면 기술적 측면은 단지 여러 측면 중의 하나일 뿐이다. 즉 어떠한 예술 작품도 그 기술적 계기들의 요체일 뿐이라고 할 수는 없다. 작품들에서 단지 그것들이 어떻게 만들어져 있느냐 하는 점만 주목하면 예술적 경험에 이르지 못한다는 주장은 실로 문화 이데올로기가 변론을 위해 퍼뜨린 상투어다. 그러나 그것도 무미건조한 태도를 버린다면 이런 태도에 대립하는 참된 면을 지닌다. 아무튼 기술은 예술에 본질구성적이다. 왜냐하면 각각의 예술 작품이 모두 인간에 의해 만들어졌으며 그것의 예술적 요소는 인간의 산물이 된다는 점이 기술에서 요약되기 때문이다. 기술과 사상내용은 구분해야 한다. 마치 중요한 작품들에서 기술과 사상내용이 상호작용을 통해 산출되지 않는 듯이, 이른바 단순한 기술로부터 초기술적 요인을 추상적으로 분리해 내는 것이 비로소 이데올로기적이다. 셰익스피어는 소멸해 가지만 자체로서 무한히 풍부한 개성이라는 사상내용을 향해 유명론적으로 과감하게 나아가는데, 이는 장르적 구조를 거부하고 다소 짧은 장면들을 거의 서사적으로 나열함으로써 이루어진 결과다. 또 이 삽화적 기술은 사상내용에서, 즉 통일성 있는 과거 작품들에서 의미를 부여하던 질서를 파괴하는 형이상학적 경험에서 필연적으로 나온 결과이기도 하다. 메시지라는 성직자풍의 말에서는 사상내용과 기술의 변증법적 관계가 단순한 이분법으로 사물화되어 있다. 기술은 예술의 인식을 위한 열쇠의 성격을 지닌다. 즉 그것만이 반성을 작품들의 내부로 안내한다. 물론 이는 작품들의 언어를 말하는 사람에게만 해당된다. 사상내용은 만들어진 어떤 것이 아니며, 그래서 기술은 예술의 전체를 나타내지 못한다. 그러나 단지 기술의 구체화로부터만 사상내용을 추론할 수 있다. 기술은 예술 작품들에 담긴 수수께끼의 규정 가능한 형태로서 합리적이면서 동시에 무개념적이다. 그것은 무판단의 영역에서 판단을 허용한다. 아마 예술 작품들의 기술적인 물음들은 무한히 복잡해져서 한마디로 해소될 수는 없을 것이다. 그러나 그것들을 원칙상 내재적으로 결정할 수는 있다. 작품들의 '논리'라는 척도를 통해 기술은 기술의 중지라는 척도까지도 허용한다. 물론 기술을 분리해 내는 조작은 통속적 관습에 비춰 보면 편리하겠지만 잘못이다. 왜냐하면 한 작품의 기술은 그 작품의 문제들을 통해서, 즉 작품이 객관적으로 당면하는 아포리아적 과제를 통해 본질구성되기 때문이다. 단지 그러한 과제에서만 한 작품의 기술이 무엇이며, 그것이 충분한지 충분하지 못한지 알 수 있다. 또 반대로 작품의 객관적인 문제는 그것의 기술적 복합상태에서만 파악할 수 있다. 기술을 이해하지 못하면 어떤 작품도 이해할 수 없으며, 역으로 작품을 이해하지 못하면 기술도 이해하지 못한다. 어떤 기술이 어느 정도로 작품의 특수화를 넘어서 보편적인지 또는 단자론적인지는 역사 속에서 변한다. 그러나 양식들이 구속력이 있어서 우상화되는 시대에도, 기술 덕분에 양식들은 추상적으로 작품을 지배하지 않고 작품의 개별화가 이루는 변증법 속에 파고들어 갈 수 있었다. 예술과 이질적인 비합리주의가 주장하는 것보다 기술이 얼마나 더 중요한지는 일단 의식이 예술을 경험할 능력을 가지고 있다는 전제하에, 의식이 예술의 복합상태 속에 깊이 파고들면 파고들수록 그만큼 더 풍부하게 예술이 전개된다는 단순한 사실에서도 알 수 있다. 예술에 대한 이해는 기술적 구성에 대한 이해와 아울러 증가한다. 의식이 생명체를 죽인다는 말은 허황된 이야기다. 단지 허위의식만이 죽음을 초래한다. 기법Metier은 대체로 배울 수 있는 것이기 때문에 일단 예술과 의식이 공약수를 갖도록 해준다. 제자의 작업에 선생이 엄격하게 이의를 제기하는 것은 기법의 결함을 말해주는 첫째 본보기다. 교정이 기법 자체의 본보기인 것이다. 이러한 본보기들은 이미 존재하는 모형이나 규칙들을 반복하는 한에서 예술 이전의 것이다. 그것들은 적용된 기술적 수단과 추구하는 작품을 비교함으로써 한 걸음 더 나아간다. 흔히 볼 수 있는 작곡 강의가 초보 단계를 넘어서는 경우는 드문데, 이런 초보 단계에서 교사는 5도 음정을 나란히 사용하는 것을 꾸짖고 그 대신 좀더 나은 성부의 진행을 제안할 것이다. 그러나 만일 그가 옹졸한 사람이 아니라면 5도 음정을 나란히 사용하는 것도 드뷔시의 경우처럼 의도된 효과를 위해 정확한 예술적 수단으로서 합당하다는 점, 또 그러한 금지 계율이 음계의 연관 체계 외부에서는 의미 없게 된다는 점을 학생들에게 밝혀줄 것이다. 기법은 교체가 가능하고 제한된 자체의 형태를 버린다. 어떤 악보나 그래픽을 바라보는 노련한 눈초리는 어떤 분석도 하기 전에 거의 미메시스적으로 그 예술적 대상이 기법을 지니는지 그렇지 못한지를 확인하고, 그것의 형식 수준을 감지한다. 그러나 여기에 머물러서는 안 된다. 예술적 능력에 대한 아마추어들의 생각과는 기묘하게 모순되겠지만, 1차적으로 어떤 입김처럼 혹은 작품들의 아우라처럼 나타나는 기법을 해명할 필요가 있다. 겉보기에 역설적이지만 기법과 결합하는 아우라적 계기는 부드럽게 작품의 윤곽을 쓰다듬으면서 명료하게 표현함으로써 온건하게 만들기도 한 손길의 기억이다. 분석을 통해 그와 같은 점이 해명되는데, 이러한 해명은 기법 자체 속에 들어 있는 것이기도 하다. 누구나 알고 있는 예술 작품들의 종합적 기능에 비해 분석적 계기는 기이하게도 소홀해지고 있다. 분석적 계기는 종합의 반대 극단, 즉 작품을 구성하는 요소들의 경제성 속에 자리 잡고 있다. 그러나 그것은 객관적으로 종합 못지않게 예술작품에 내재한다. 한 작품을 적합하게 연주하기 위해 그것을 모방하지 않고 분석하는 지휘자는 작품 자체의 가능 조건 한 가지를 반복하는 것이다. 기예의 좀더 고차적인 개념을 나타내는 지표들은 분석을 통해 찾을 수 있다. 예컨대 음악에서 한 작품의 '흐름'이란 그 작품을 개별 박자들로 생각하는 것이 아니라, 그것을 넘어서서 악보 전체로서 생각하는 것을 의미한다. 또는 충동들이 연결부에서 느슨해지지 않고 계속 작용해 나아가는 것을 의미하기도 한다. 기술 개념의 그러한 운동이 바로 진정한 의미에서 파르나소스에 이르는 계단[23]이다. 이

---

23 [옮긴이] gradus ad Parnassum: 1725년에 발간된 푹스Johann Joseph Fux의 음악 이론서 제목이기도 하다. 이 책은 빈고전파 음악에도 큰 영향을 끼쳤다. 그리스 중부에 있는 파르나소스 산은 학예의 여신 뮤즈들의 고향이다.

는 꼼꼼한 미학 논의를 통해서만 실로 명백해질 것이다. 슈트라우스의 경우 적어도 그 기술만은 놀랍지 않으냐 하는 순진한 물음에 알반 베르크는 부정적으로 답했다. 이는 그가 순수하게 음악적으로 어떤 한 가지가 다른 것으로부터 나오거나 강제성을 띠지 않는 가운데 일련의 효과만을 신중하게 계산하는 슈트라우스의 방법이 구속력을 지니지 못한다는 점을 염두에 두었기 때문이다. 물론 그처럼 고도로 기술적인 작품들에 대한 기술상의 비판은, 끊임없이 놀라움을 만드는 원칙을 해명하는 구상, 또 작품들의 통일성을 다름 아니라 통례적 양식의 전통에서 논리나 통일성이라고 불리던 것의 비합리주의적 중단 속에 옮겨놓는 구상을 소홀히 한다. 그러한 기술 개념은 작품의 내재성을 버리고 외부로부터, 예컨대 발전적 변형을 요구하는 가운데 시대착오적으로 전래적인 음악 논리를 고수하면서 전통에 맞서기 위해 이 논리를 동원하는 쇤베르크 악파의 이상 따위로부터 생겨난다고 반론을 제기하기 쉬울 수 있다. 그러나 이러한 반론은 예술의 실제 사정을 잘못 파악하는 것이다. 슈트라우스의 기법에 대한 베르크의 비판은 적절하다. 왜냐하면 논리를 거부하는 사람은 슈트라우스가 구사해야만 했던 기법을 이용해 철저히 형상화할 능력이 없기 때문이다. 베를리오즈의 돌발부imprévu에서 나타나는 단절이나 비약도 물론 이미 의도한 바로부터 나오는 것이다. 그러나 동시에 그러한 단절이나 비약은 음악 진행상의 비약을 방해하며, 이는 비약의 제스처로 대체된다. 그래서 슈트라우스의 음악처럼 철저히 시간적-역동적으로 구상된 음악은 시간적 연속을 일관성 있게 조직하지 못하는 방법과 양립할 수 없다. 목적과 수단이 서로 모순을 이루는 것이다. 그러나 이러한 모순은 수단의 영역 안에서 해소되지 않고 목적에까지 확장된다.

이때의 목적이란 상품생산의 무정부 상태와 그것을 지배하는 자들의 잔인성 이외에 아무것도 아닌 것을 자유로운 삶이라고 축하하는, 우연의 찬양이다. 예술적 기술이 사상내용과 무관하게 직선적으로 진보한다는 견해는 연속성에 대한 잘못된 개념을 이용한다. 기술상의 자유를 위한 운동들은 사상내용의 허위에 의해 촉발될 수도 있다. 통념과 반대로 기술과 사상내용은 내적으로 서로를 제약하고 있다. 이 점은 흔히 사람들이 작곡가의 천부적 재능 덕분이라고 생각하는 수많은 효과가 실제로는 단지 감7도 화음을 적절히 사용함으로써 이루어진다고 하는 베토벤의 말에서도 나타난다. 이 냉정한 태도의 품위는 창조성에 대한 온갖 수다에 일침을 가하고 있다. 베토벤의 객관적 태도를 통해 비가상적인 것만 아니라 미적 가상도 정당하게 다루어진다. 기술 혹은 예술 작품이 원하는 바, 특히 작품의 표현적-미메시스적 층과 그것의 진리내용 사이에 나타나는 불일치들에 대한 경험은 때때로 기술에 대한 반발을 유발한다. 기술 개념에는 그 목적을 대가로 자립하고 공허하게 진행되는 숙달된 능력으로서 스스로 자체목적으로 되는 특성이 내생적이다. 회화에서는 야수파가 그와 같은 데에 반대하는 반응을 보였다. 신독일 악파[24]의 화려한 관현악곡에 비할 때 자유로운 무조음을 사용하는 쇤베르크도 그와 비슷하다. 그 시대의 어느 음악가보다도 더 일관성 있는 작업을 추구했던 그는 「예술 강의의 문제들」[25]이라는 논문에서 기술이 유일한 구제책이라는 생각을 분명

---

24   [옮긴이] Neudeutsche Schule: 19세기 후반 리스트를 중심으로 형성된 음악가와 음악 이론가 집단. 리스트와 베를리오즈, 바그너 등을 그 모델로 삼았다. '신독일 악파'라는 명칭은 브렌델 Franz Brendel에게서 유래한다. 여러 나라의 국민음악파에도 영향을 준다.
25   Schönberg, "Probleme des Kunstunterrichts," *Musikalisches Taschenbuch*. 1911. 2. Jg.

히 비판했다. 사물화된 기술은 때때로 '야생적인 것,' 야만적인 것 혹은 기술적으로 원시적인 것이나 예술에 적대적인 것 등에 접근하는 교정 수단을 끌어들인다. 명확히 새로운 예술이라고 할 수 있는 것들은 이러한 충동에 의해 유발되었다. 그러한 충동은 자체 내부에서 안주할 수 없었고 도처에서 다시 기술로 변했다. 그러나 그것은 결코 퇴보적인 것이 아니었다. 기술은 수단의 풍요를 의미하지 않는다. 그것은 예술 자체가 객관적으로 요구하는 바에 따를 수 있는 축적된 능력을 의미한다. 이러한 기술 이념은 때때로 그것이 사용하는 수단들을 보태기보다 제한함으로써 더 촉진된다. 별로 기교를 부리지 않은 쇤베르크의 「세 개의 피아노 소품 op. 11」은 신선한 도입부 때문에 상당히 어색하기도 하지만 기술적인 측면에서는 관현악 작품 「영웅의 삶」[26]을 능가한다. 이 관현악 작품의 총보 중에서 사람들은 한 부분만을 실제로 듣게 되며, 이로써 그 수단은 이미 가장 중요한 목적, 즉 상상한 것을 청각적 현상으로 나타내는 데에 별 도움이 되지 않는다. 완숙한 쇤베르크의 둘째 기술이 첫째 기술[27]의 중지 행위에도 미치지 못한 것은 아닌지 물을 수도 있다. 그러나 기술이 그 자체의 변증법 속에 끌고 들어가는 기술의 자립화는 순수한 표현 욕구를 지니는 사람들이 생각하듯이 단순한 숙련의 원죄가 아니다. 기술은 사상내용과 친화성을 지님으로써 합당한 고유의 생명을 지닌다. 예술이 포기해야

Wien, 1911 참조.
26 [옮긴이] "Heldenleben": 리하르트 슈트라우스의 교향시로 1898년에 완성되었다. 그의 교향시 가운데 원숙기의 작품으로 평가된다.
27 [옮긴이] 쇤베르크는 1909년경에 전통 기법을 떠나 무조음악으로 들어가며, 1921년경 12음 기법으로 넘어간다.

만 했던 그런 계기들은 예술의 변화 과정에서 종종 필요해진다. 오늘날까지 예술적 혁명들이 반동적으로 되었다는 사실은 그러한 점을 통해 설명되지도 않고 또 용서될 수도 없지만 그 문제와 관련된다. 금지 사항들은 사치스러운 풍요와 복잡성에 대한 금지라 하더라도 어떤 퇴행적 계기를 지닌다. 무엇보다 그 때문에 금지는 설혹 그것이 거부와 뒤섞여 있더라도 느슨해진다. 이와 같은 점도 객관화 과정의 한 차원이다. 2차 대전이 끝나고 10년쯤 지난 후 특히 불레즈[28]의 「잃어버린 망치」에서 현격하게 나타나듯이, 작곡가들은 베베른 이후의 점묘주의[29]에 실증을 느끼게 되자 그러한 과정을 반복했다. 이 경우에는 물론 절대적인 새출발 내지 '폐허'의 이데올로기에 대한 비판으로서 그러한 일이 이루어졌다. 40여 년 전에 피카소가 「아비뇽의 아가씨들」로부터 종합적 입체주의[30]로 넘어간 점도 그와 유사한 의미를 지닐 것이다. 사상내용에서와 마찬가지로 기술적 알레르기들이 나타나고 사라지는 과정에서도 역사적 경험들이 표현된다. 이 점에서 사상내용은 기술과 소통한다. 칸트의 경우 예술과 자연의 내부를 연결해 준다고 여겨지는 그의 합목적성 이념은 기술과 극히 유사하다. 단순한 현존재에서는 불가능하지만, 예술 작품들이 합목적적으로 조직될 수 있게

---

28   [옮긴이] Pierre Louis Joseph Boulez(1925~2016): 프랑스 작곡가, 지휘자, 음악 이론가. 베베른, 쇤베르크 등의 영향으로 12음 기법을 배웠고, 한동안 구체음악에도 몰입했다. 특히 인상주의 음악의 시적 전통과 합리성 내지 논리를 결합한다.

29   [옮긴이] 베베른은 1924년경부터 12음 기법을 사용하여 복잡하고 연주가 어려운 작품들을 작곡하다, 후기에는 투명한 구조를 지닌 점묘주의를 구사한다.

30   [옮긴이] 피카소의 미술에서 1909~12년까지를 분석적 입체주의 시기, 1912~14년 사이를 종합적 입체주의 시기라고 분류한다. 「아비뇽의 아가씨들」은 1907년 작이다. 종합적 입체주의 시기의 작품들은 콜라주를 통해 2차원과 3차원, 실재와 환영 사이를 오가는 복합적 시선을 야기한다.

해주는 것은 바로 그 기술이다. 기술을 통해서만 예술 작품들은 합목적으로 된다. 속물들이 보기에 예술에서 기술을 강조하는 것은 그 냉정한 태도로 인해 이상할 것이다. 이런 태도에서는 예술이 극히 꺼리는 산문적 실천에서 기술이 유래함을 충분히 감지할 수 있을 것이다. 예술의 마술에 불가피하게 따라다니는 기술적 측면에서만큼 예술이 환각적 성격에 책임이 있는 경우는 없다. 왜냐하면 예술을 형상화하는 매체인 기술을 통해서만 예술은 그 산문적 측면에서 멀어지기 때문이다. 예술 작품은 기술을 통해 사실적으로 현존하는 것의 집합체 이상의 것이 되며, 또 이 초월적인 것이 예술의 사상내용이다.

산업 시대의 예술

예술의 언어에서는 기술, 기법, 수공예 등의 표현들이 모두 동의어다. 이는 발레리의 우울증에서 벗어나지 못한 시대착오적 수공예적 측면을 암시한다. 그러한 측면은 어떤 진리도 이제 천진한 것이어서는 안 되는 시대에 예술의 실존 속에 어떤 목가적인 면을 섞어 넣는다. 그러나 자율적 예술이 산업적 처리 방식들을 진지하게 받아들인 경우에도 이 산업적 처리 방식들은 자율적 예술에 여전히 외적인 상태에 머물렀다. 대량 재생산 가능성은 그것을 예술에 대한 침해와 동일시하는 사람들이 기꺼이 단언하듯이 예술의 내재적 법칙으로 되지는 않았다.³¹ 영화에서조차 사회적-경제적 압력으로 인해 산업적 계

---

31 [옮긴이] 벤야민의 「기술복제 시대의 예술 작품Das Kunstwerk im Zeitalter seiner technischen Reproduzierbarkeit」을 떠올릴 수 있다. 벤야민은 대량 복제로 예술에서 아우라가 사라진다는 전제하에 예술의 예배가치가 아닌 전시가치 및 인식 기능을 강조한다.

기들과 미적-수공예적 계기들은 서로 분리된다. 예술이 극단적으로 산업화되거나 이미 이루어진 기술 수준에 완전히 적응하는 것은, 예술에서 그처럼 질서 속에 정리되어 들어가기를 거부하는 계기와 충돌한다. 기술이 산업화의 소실점을 지향한다면, 그것은 예나 지금이나 미적으로 철저한 내재적 형상화와 아울러 기술 자체를 대가로 치르게 된다. 이 경우 예술에는 일종의 태고적인 계기가 흘러들며, 이는 또한 예술의 명예를 실추시킨다. 젊은 세대가 재즈를 광적으로 좋아하는 현상은 무의식적으로 그 점에 저항한다는 의미를 지니면서 또 그 속에 포함된 모순을 드러내기도 한다. 왜냐하면 산업에 적응했거나 최소한 적응한 듯한 제스처를 취하는 생산은 그 복합상태로 보아 무기력하게 예술적 혹은 작곡상의 생산력들을 겨우 뒤따라가기 때문이다. 우연을 조작하려는 경향은 오늘날 다양한 매체에서 확인된다. 그것은 아마 다른 의미도 지니겠지만, 예술에서 수공예적 방식의 시대착오적 요인 내지 불필요한 요인을 피하면서도 예술을 대량생산의 목적을 위한 합리성에 내맡기지 않으려는 시도이기도 할 것이다. 기술 시대의 예술에 대한 물음은 불가피하기도 하지만, 너무 열성적이고 시대를 나타내기에는 사회적으로 순진한 구호라는 점에서 의심스럽다. 이 물음은 아마 합목적성에 대한 예술 작품들의 관계를 반성함으로써만 해명될 것이다. 물론 예술 작품들은 기술을 통해 자체로 합목적적인 것으로서 규정된다. 그러나 예술 작품들의 목적은 그것들 자체 속에 자리 잡고 있지 결코 그 외부에 존재하지는 않는다. 그 때문에 예술 작품의 내재적 합목적성을 위한 기술도 '무목적적'일 수밖에 없다. 그러나 기술은 언제나 미 영역 바깥의 기술을 그 모형으로 한다. 이율배반을 표명한 칸트 자신이 해명하고 있지는 않아도, 그의 역설적 공식은 한 가지 이율배반적 관계를 표현하고 있다. 즉 예술 작품들을 불가피하게 목적형식과 연결하는 기술화 과정을 통해 예술 작품들은 그 무목적성과 모순에 빠지는 것이다. 의자를 만들 때 공기저항 따위를 고려하지는 않겠지만, 공예에서는 생산물들이 예를 들어 공기의 저항을 줄이기 위한 유선형과 같은 목적들에 어울리게 된다. 그러나 공예는 예술의 몰락을 말해주는 한 가지 징후다. 예술에서 불가결한 합리적 계기, 즉 예술의 기술로서 요약되는 계기는 예술에 반대하는 작용을 한다. 이는 합리성이 무의식적인 것, 실체 혹은 그와 같은 어떤 것을 죽이기 때문이 아니다. 예술은 기술을 통해 비로소 무의식적인 것을 수용할 수 있게 된다. 그러나 합리적으로 순수하게 철저히 형상화된 예술 작품은 바로 그 절대적 자율성을 통해 경험적 현존재와의 차이를 폐기할 것이다. 또한 그것은 그 대립물인 상품을 모방하지 않고도 상품에 동화될 것이다. 그러한 예술 작품은 단지 아무 목적도 가지지 않는다는 점에서만 완전히 목적을 위해 합리적인 조형물들과 구분될 것이며, 물론 이로써 그것은 부정될 것이다. 미 영역 내부에서 이루어지는 합목적성의 총체는 예술의 영역을 넘어선 예술의 합목적성 문제와 합류하며, 예술은 이러한 문제 앞에서 좌절한다. 엄격히 기술적인 예술 작품은 실패했고, 자체의 기술에 제동을 가하는 예술 작품은 일관성을 지니지 못한다는 판단은 예나 지금이나 타당하다. 기술은 예술언어의 요체이지만 또한 예술언어를 제거한다. 기술은 그러한 상황에서 벗어날 수 없다. 다른 경우와 마찬가지로 예술에서도 기술적 생산력 개념을 물신화해서는 안 된다. 그렇지 않으면 그것은 사회적으로 합리성이라는 가상하에 위장된 지배 형식의 한 가지인 테크노크라시의 반영물이 된다. 기술적 생산력들은 독자적인 것이 아니다. 그것들은 작품 속의 그 목적에 대한 관계나, 궁극적으로는 시로 만든 것, 작곡한 것, 그려놓은 것의 진리내용에 대한 관계에서만 그 위상을 얻는다. 물론 예술에서 수단의 그런 합목적성은 투명하지 않다. 테크놀로지가 직접 목적에 적합하지는 못하더라도, 그 속에 목적이 감추어져 있는 경우는 드물지 않다. 19세기 초에는 악기 편성법 기술이 발견되고 급속도로 촉진되었는데, 그것은 의심할 바 없이 생시몽적인 의미에서 테크노크라시적인 특징들을 지닌다.[32] 작품들의 모든 차원에서 작품들을 통합하는 목적과의 관계는 추후 단계에서야 비로소 나타났는데, 물론 그 관계는 나름으로 다시 오케스트라 기술을 질적으로 변화시켰다. 예술에서 목적과 수단이 서로 얽혀 있는 상태는 그것의 혼동에 대한 절대적 판단에 신중할 것을 경고한다. 그렇지만 미 영역 외부의 기술에 대한 적응이 미 영역 내부에서도 그대로 진보를 의미하는지는 불확실하다. 초기 만국박람회의 보완물인「환상 교향곡」[33]은 같은 시대에 나온 베토벤의 후기 작품과 비교할 때 결코 진보적이라고 하기 어려웠다. 그때 이래 주체에 의한 매개가 공허해질 때에는 ─베를리오즈의 경우 그것은 본래 작곡상의 철저한 형상화에 결함이 있음을 의미한다─ 거의 예외 없이 기술화가 수반되는데, 이는 작품에도 해로운 영향을 끼친다. 산업화에 대한 대응으로서 자체 속으

---

32 [옮긴이] 생시몽은 산업사회의 지배계급과 피지배계급이 협력하여 계획경제 체제를 형성해야 한다고 보았다. 그는 인간 공동생활의 법칙에 대한 과학적 인식 가능성을 믿었고, 사회주의와 실증주의에 영향을 끼쳤다.

33 [옮긴이] "Symponie fantastique": 베를리오즈의 1830년 작품. 만국박람회는 1851년에 시작되었지만, 이미 19세기 초부터 기술과 과학의 진보에 대한 전폭적 믿음에 입각해 여러 민족의 평화로운 공생을 희망하며, 특히 영국과 프랑스의 주도하에 공업적 진보의 산물을 전시하는 환경이 조성되었다.

로 되돌아가고 종종 '원인 없는 결과'인 효과를 바라기도 하는 예술 작품보다 테크놀로지적인 예술 작품이 아프리오리하게 더 일관성 있는 것은 결코 아니다. 저널리즘이 기술 시대라고 칭하는 시대는 사회적 생산관계에 의해서만이 아니라 그것에 불가분으로 포위되어 있는 생산력 수준에 의해서도 규정된다. 이 기술 시대의 예술에 대한 고찰에서 타당한 것은 기술적 발전에 대한 예술의 적합성보다는 예술 작품들 속에 정착되는 본질구성적 경험 방식의 변화다. 그와 관련한 물음은 미적 형상 세계에 대한 물음이다. 즉 산업사회 이전의 형상 세계는 구제 불능으로 소멸할 수밖에 없었다는 것이다. 벤야민은 "이제 푸른 꽃을 제대로 꿈꿀 수 없게 되었다"[34]는 말로 초현실주의에 대한 성찰을 시작하는데, 이 말에는 그 물음에 대한 실마리가 담겨 있다. 예술은 형상 세계에 대한 미메시스며, 그와 아울러 자유로운 처리 형식들을 통한 형상 세계의 계몽이다. 그러나 철두철미 역사적인 형상 세계는 사람들의 생활환경을 이루는 관계들을 지워버리는 어떤 형상 세계의 허구를 통해 왜곡된다. 구제 불능으로 순진한 사람들이 상상하는 바와 같이 현재에 적응하는 예술이 가능하냐 또 가능하면 어떻게 가능하냐 하는 딜레마로부터, 준비되어 있다가 예술의 비판 의식에 따라 이용될 수 있는 기술적 수단 자체의 활용법이 나오지는 않는다. 그로부터는 단지 예술에서 사라진 직접성으로 고착되지 않는 경험 방식의 진정성이 나올 뿐이다. 미적 반응의 직접성은 여전히 보편적으로 매개된 것에 대한 직접성일 뿐이다. 오늘날 숲속을 걷는 사람은 계획적으로 아주 멀리 떨어진 곳을 생각하지 않는 한 머리 위에서 제트

---

34 Benjamin, *Schriften*, Bd. 1, p. 421.

기의 폭음을 듣게 되는데, 이로 인해 자연은 대상 차원에서, 예컨대 서정시로 찬양할 만한 것으로서 효력을 잃는 데에 그치지 않는다. 미메시스적 충동도 그로 인해 영향을 입는다. 자연을 다루는 서정시는 그 소재 때문에만 시대착오적인 것이 아니다. 그것의 진리내용도 사라져 버렸다. 이 점은 베케트나 첼란[35]의 문학에서 나타나는 비유기적 측면을 설명하는 데에 도움이 될 것이다. 그들의 문학은 자연에도 산업에도 의존하지 않는다. 바로 이 두 요인을 통합하면 이미 인상주의의 한 측면이기도 했던 시화Poetisierung를 잘못 유발하며, 평화 없는 상태 속의 평화에 조금 기여하게 된다. 기대하는 반응 형식으로서의 예술은 더 이상──설혹 과거에는 가능했을지 몰라도──순수한 자연도 이를 소멸시킨 산업도 동화할 수 없다. 그 두 가지 불가능성이야말로 아마 미적 대상이 부재하는 상태의 숨은 법칙일 것이다. 포스트 산업사회의 형상들은 죽음의 형상들이다. 이 형상들은 핵전쟁의 힘을 앞질러서 주술적으로 제어할 수도 있을 것이다. 이는 40년 전에 초현실주의가 파리 시내에서 소들이 풀을 뜯고 있는 것을 묘사함으로써 이마고 속에서 파리를 구제한 것과 유사하다. 또 그 후 폭격으로 폐허가 된 베를린의 선제후가[36]의 명칭을 그처럼 소의 이름을 따서 바꾸기도 했다. 모든 예술적 기술 위에는 그 목적과의 관계 속에서 비합리성의 그림자가 덮여 있다. 이는 미학적 비합리주의가 기술을 비난하는

---

35 [옮긴이] Paul Celan(1920~70): 루마니아 출신의 유대계 독일 시인. 초현실주의의 영향을 받았고 나치의 강제수용소에서 부모를 잃은 체험과 유대 신비 사상을 바탕으로 하는 시들을 썼다.

36 [옮긴이] Kurfürstendamm: 베를린의 번화가. '선제후Kurfürsten' 대신 '암소Kuh'를 연상시키는 명칭 'Kudamm'으로 부르기도 한다.

원인과는 반대되는 것이다. 그리고 그 그림자는 기술에는 저주스러운 것이다. 물론 기술들에서 보편성의 계기를 떼어내고 생각하는 일은 유명론적 발전 경향 전체에서 보편성의 계기를 떼어내고 생각하는 일과 마찬가지로 불가능하다. 입체주의나 단지 12개의 서로 연관된 음들을 기반으로 하는 작곡은 그 이념상 미적 보편성을 부정하는 시대의 보편적 처리 방식들이다. 예술 작품들의 객관화 기술과 미메시스적 본질 사이의 긴장은 일시적이고 달아나 버리는 요인들 혹은 덧없는 요인들을 사물화되지 않지만 사물화와 결부되는 것으로서 지속을 통해 구제하려는 노력 속에서 해소된다. 아마 예술적 기술 개념은 그러한 시시포스적 노력 속에서만 특유한 것이 되었을 것이다. 그것은 곡예와 친화력을 지닌다. 미적 비합리성에 대한 합리적 이론이라고 할 수 있는 발레리의 이론은 그와 같은 문제를 중심으로 맴돈다. 그런데 달아나는 것, 머물지 않는 것을 객관화하려는 예술의 충동이 예술사를 관통한다고 할 수 있다. 헤겔은 이 점을 오해했고 그 때문에 변증법의 한가운데에서 그 진리내용의 시간적 핵심을 소홀히 했다. 19세기를 거치면서 이루어진 예술의 주관화는 기술적 생산력을 해방시키면서도 예술의 객관적 이념을 희생시키지 않았다. 오히려 그것은 객관적 이념을 시간화함으로써 어떠한 의고주의적 순수성보다도 더 순수하게 본보기로서 그것을 추출해 냈다. 물론 이로써 미메시스적 충동이 받게 되는 최고의 정당한 대우는 최고의 부당한 대우이기도 하다. 왜냐하면 지속 내지 객관화는 궁극적으로 미메시스적 충동을 부정하기 때문이다. 그러나 그 책임은 예술의 이념에서 찾을 수 있으며, 이른바 예술의 몰락이라는 것에 그 책임이 있는 것은 아니다.

유명론과 열린 형식

　미적 유명론은 형식상의 한 과정이며 그 나름으로 형식이 된다. 이 점에서도 보편과 특수는 서로 매개된다. 미리 주어진 형식에 대한 유명론적 금지들은 지침들이라는 점에서 규범적이다. 형식들에 대한 비판은 그것들의 형식적 충분성에 대한 비판과 얽혀 있다. 이때 모든 형식 이론에서 의미 있는 닫힌 형식과 열린 형식의 구분이 전형적이다. 열린 형식들은 보편에 대한 유명론적 비판과 화해하고자 하는 보편적 장르 범주들이다. 이 비판은 예술 작품들이 주장하는 보편과 특수의 통일이 원칙적으로 실패한다는 경험에 기반을 둔다. 기존의 어떠한 보편도 그러한 장르로부터 나오지 않는 특수를 아무 갈등 없이 받아들이지는 않는다. 형식들의 영구화된 보편성은 형식들 자체의 의미와 양립할 수 없다. 그것은 완성되고 포괄적이며 자체 내에 머무는 것에 대한 약속을 충족하지 못하는 것이다. 왜냐하면 그것이 아마 형식들과의 동일성을 결코 허용하지 않는 것, 형식에 이질적인 것에 적용되기 때문이다. 전성기가 지나 시끄러워진 형식들은 형식 자체를 부당하게 대한다. 자체의 타자에 대해 대상화된 형식은 이미 형식이 아니다. 여러모로 부르주아적 유명론에 반대했던 바흐의 형식감정은 형식에 대한 존중을 본질로 하지 않는다. 오히려 그의 형식감정은 그가 전래의 형식들을 유동 상태로 유지했다는 점, 좀더 정확히 말해서 형식을 결코 경직되게 내버려두지 않았다는 점, 즉 형식감정으로 인해 유명론적이었다는 점을 본질로 한다. 일종의 원한 관계에서 벗어나지 못하고 있는 상투어로 소설들의 형식적 재능이라고 찬양하는 요인은 형식화된 것에 대해 형식들을 가변적인 상태로 유지하고, 형식화된 것을 단순히 제어하지 않고 감성적 공감에 근거해 그것에 따르는 능력의 측면에서 타당성을 지닌다. 그것은 형식들 자체를 어떻게든 훌륭히 다룬다고 해서 타당해지는 것이 아니다. 형식들을 대하는 감정은 형식들의 문제점을 가르쳐준다. 즉 어떤 악장의 시작이나 끝, 어떤 그림의 심사숙고해 낸 구도, 또는 주인공들의 죽음이나 결혼 같은 연극의 의례적 요인 등이 그 자의적 성격으로 인해 쓸모없다는 점, 다시 말해 형상화된 것이 형상화의 형식을 존중하지 않는다는 점을 가르쳐준다. 그러나 열린 장르의 이념에서—열린 장르 자체도 론도[37]의 경우처럼 종종 충분히 관습적이다—의례적 요인을 포기함으로써 필연의 허위를 버리게 되면, 그러한 이념은 그만큼 더 대책 없이 우연성과 부딪치게 된다. 유명론적 예술 작품은 조직 원칙들에 의해 위로부터 규정되지 않고, 순수하게 아래로부터 조직됨으로써 이루어진다고 한다. 그러나 맹목적으로 자체에 맡겨진 예술 작품은 결코 그것에 구속력 있는 경계선을 그어줄 조직력을 내포하지 못한다. 그런 작품에 그와 같은 힘을 부여하는 것은 실제로 물신적일 것이다. 고삐 풀린 미학적 유명론은 아리스토텔레스에 대한 철학적 비판과 마찬가지로, 모든 형식을 어떤 정신적 즉자존재의 잔재로서 청산한다. 그것은 문자 그대로의 사실성으로 귀결되는데, 이는 예술과 화해할 수 없다. 유례없는 형식 수준에 도달한 모차르트 같은 예술가의 경우 극히 대담하고 또 그래서 극히 진정성 있는 그의 작품들이 유명론적 와해에 얼마나 가까이 접근하는지 보여줄 수 있을 것이다. 한 가지 인공물이라

---

37 [옮긴이] Rondo: 주제를 여러 차례 반복하는 기악곡으로 종종 교향곡의 마지막 악장에서 쓰인다. 반복운과 연이 교체되는 돌림노래를 뜻하기도 한다.

는 예술 작품의 성격은 순수하게 대상에 자신을 내맡긴다는 요구와 결합될 수 없다. 예술 작품들은 만들어지는 것이기 때문에 유명론적 감수성이 견디기 어려운 기획된 것이라는 계기, '연출'의 계기를 지니게 된다. 열린 형식들의 불충분성에서—그 명백한 예로서는 브레히트가 극작품들의 설득력 있는 결말을 쓰면서 겪었던 어려움을 생각할 수 있다—예술적 유명론이 겪는 역사적 아포리아가 절정에 이른다. 한편 열린 형식으로 향하는 전체 경향에서 어떤 질적 비약이 이루어진다는 점을 소홀히 할 수는 없다. 지난날의 열린 형식들은 전래되는 형식들을 기반으로 형성되었다. 그것들은 이 전래의 형식들을 수정하기도 했지만, 그것들의 윤곽만을 보존한 것은 아니다. 빈고전파의 소나타는 실로 역동적이지만 닫힌 형식이다. 이 닫힌 성격은 불안한 것이기도 하다. 반면에 후렴부와 진행부의 교체, 즉 '쿠플레'[38]를 의도적으로 이완시키는 론도는 의심의 여지 없이 열린 형식이다. 그러나 곡의 세부 사항에서 그 차이는 그렇게 현격하지 않았다. 베토벤에서 말러에 이르기까지는 '소나타 론도'가 통용되었는데, 이는 소나타의 전개부를 론도에 옮겨놓는 것으로, 여기서는 열린 형식의 유희적 성격과 닫힌 형식의 구속성이 평형을 이룬다. 그러한 일이 가능했던 것은 론도형식 자체도 문자 그대로 우연성에 몰두한 것이 아니라 단지 유명론적 시대정신에 따라, 또 훨씬 오래된 윤창, 즉 합창과 선창이 교체되는 형식을 기억하는 가운데 정립된 형식으로서 구속적이지 않은 것에 대한 요구에 따랐기 때문이다. 역동적으로 전개되는 소나타보다 오히려 론도는 손쉽게 표준화되었다. 반면에 소나타는 닫힌 형식이면

---

38 [옮긴이] Couplet: 여러 개의 연으로 구성되고 반복운을 지니는 정치적 풍자 가곡.

서도 그 역동성으로 인해 유형화되지 않았다. 론도에서 최소한 가상적으로나마 우연성을 끌어들였던 형식감정은 장르를 파괴하지 않기 위한 보증을 요구했다. 바흐의 경우 「이탈리아 협주곡」의 프레스토와 같은 초기 형식들은 유명론의 그다음 단계에 속하는 모차르트의 론도 형식보다 더 유동적이고 덜 경직되어 있으며 또한 좀더 내적 연관성이 있게 이루어져 있다. 열린 형식이라는 모순어법 대신 장르를 고려하지 않고 유명론적 계율을 지향하는 처리 방식이 등장함으로써 질적 변혁이 이루어졌다. 역설적이게도 그 결과들은 온건했던 그 이전의 형식들보다 더 폐쇄적이었다. 진정한 것을 추구하는 유명론적 충동은 유희적 형식을 봉건적 오락의 잔재로서 배척했다. 베토벤의 경우 주요국면Ernstfall은 부르주아적이다. 우연성은 형식의 성격에까지 관여하게 되었다. 궁극적으로는 우연성도 점차 증가하는 철저한 형상화의 한 가지 기능이다. 오늘날 곡들의 규모가 일시적으로 줄어든다거나, 클레의 뛰어난 그림들이 소형이라는 사실 등 겉으로 보아 주변적인 현상은 아마 그와 같이 설명될 수도 있을 것이다. 시간과 공간에 대한 체념은 유명론적 형식 위기 앞에서 어떤 무관심의 지점으로까지 밀려났다. 액션페인팅, 앵포르멜 회화,[39] 알레아토릭 등은 체념적 계기를 극단으로까지 밀고 간 셈이다. 즉 미적 주체는 자신에게 우연적인 요인을 형식화하는 부담을 더 이상 감당할 수 없다고 절망하여 떨쳐버리며, 조직화의 책임을 우연 자체에 떠맡기는 듯하다. 이때 얻는 이익은 다시 잘못 산정된다. 우연적이고 이질적인 것에서 추출해 냈다고

---

[39] [옮긴이] informelle Malerei: 기하학적 추상을 거부하고 미술가의 즉흥적 행위와 격정적 표현을 중시하는 2차 대전 이후 유럽 추상미술. 포트리에(Jean Fautrier, 볼스 등이 대표한다.

여겨지는 형식 법칙은 그 나름으로 이질적이고 예술 작품에 대해 구속력 없는 상태에 머물며, 또 문자 그대로 법칙인 한에서 비예술적이다. 통계학이 전통적 형식의 부재에 대한 위안이 된다. 이러한 상황은 자체에 대한 비판의 양상을 내포한다. 유명론적 예술 작품들은 자체를 이끌어주는 손의 간섭을 자체의 원칙 때문에 배제하면서도 또한 항상 필요로 한다. 가상에 대한 극단적으로 객관적인 비판에는 아마 모든 예술 작품들의 미적 가상과 마찬가지로 불가피한 어떤 가상적 요인이 끼어든다. 우연의 예술적 산물들에서는 양식화하는 듯한 선별의 처리 방식에 그것들을 종속시킬 필요성이 자주 감지된다. '운수 바꾸기Corriger la fortune'는 유명론적 예술 작품의 징후다. 유명론적 예술 작품의 운수는 행운이 아니라, 예술 작품이 이미 고대에 신화에 대한 소송을 시작한 이래 스스로의 힘만으로 벗어나고 싶어 한 운명적 속박이다. 베토벤의 음악은 헤겔의 철학과 마찬가지로 유명론적 동기에 의해 유발되었다. 그런데 그가 형식 문제에 의해 요구되는 간섭과 자신을 의식하게 된 주체의 자유 내지 자율성을 융합했다는 점은 다른 무엇과도 비교할 수 없다. 순수하게 자체에 내맡겨진 예술 작품의 관점에서 볼 때 폭력적으로 나타날 수밖에 없는 것을 그는 예술 작품의 사상내용에 근거해 정당한 것으로 만들었다. 자체의 법칙에 대해 우연적인 요인을 멀리하는 예술 작품은 결코 예술 작품이라는 이름에 어울리지 않는다. 왜냐하면 형식은 그 자체의 개념상 단지 어떤 것의 형식이며, 이 어떤 것은 형식의 단순한 동어반복이 되어서는 안 되기 때문이다. 그러나 형식과 그 타자 사이의 이 관계가 지니는 필연성 때문에 형식은 근거를 잃게 된다. 즉 형식은 형식으로서 순수한 것이 되고자 하지만, 이와 마찬가지로 형식에는 이질적 요인이 필요하기도 하며, 그래서 형식은 이질적 요인에 맞서 그처럼 순수한 것으로서 등장할 수 없다. 이질적 요인 속 형식의 내재성에는 그 한계가 있다. 그렇기는 하지만 부르주아 예술 전체의 역사를 통해 유명론의 이율배반을 해결하지는 못하더라도 나름으로 형상화하고 그것에 대한 부정에 근거해 형식을 얻고자 하는 노력 이외에는 아무것도 가능하지 않았다. 그런 점에서 근대 예술의 역사는 철학사와 유사성을 지니는 데에 그치지 않고 바로 철학사와 같은 것이다. 헤겔이 진리의 전개라고 칭한 것은 그러한 운동 속에서 동일한 것이었다.

구성; 정태성과 역동성

객관화에 반대하기도 하는 유명론적 계기를 객관화할 필요성으로 인해 구성의 원칙이 야기된다. 구성은 완성된 상태로 작품들에 부과되거나 작품들로부터 형성되어 나오는 것이 아니라, 주관적 이성에 의한 작품들의 반성에서 생겨나는 작품들의 형식이다. 역사적으로 구성 개념은 수학에서 유래한다. 셸링의 사변철학에서 그것은 처음으로 실질적인 문제에 적용되었다. 즉 그것은 산만한 우연적 요소와 형식적 욕구를 통분하는 역할을 떠맡아야 했다. 예술에서의 구성 개념은 그것에 상당히 접근한다. 예술은 이제 보편개념들의 객관성에 의지할 수 없지만, 그 자체의 개념상 충동들의 객관화이기 때문에 객관화가 기능화된다. 유명론은 형식의 외피를 파괴함으로써 예술에 외광파[40]

40   [옮긴이] plein air: 19세기 후반 프랑스 회화에서 아틀리에의 인공조명을 거부하고 실외의 빛을 직접 받으며 그림을 그리려고 한 입장. 이로써 사물의 고정된 색채 개념에서 벗어나고자 했다.

의 성격을 부여했는데, 이는 외광파가 문자 그대로의 강령으로 되기 훨씬 전의 일이었다. 사상도 예술도 역동적인 것이 되었다. 유명론적 예술은 단지 내재적 형성 과정 속에서만, 즉 개별 작품의 과정적 성격 속에서만 객관화의 기회를 감지한다고 주장해도 그다지 부당한 일반화라고 볼 수 없다. 그러나 예술 작품의 역동적 객관화, 즉 예술 작품의 자체 내적 존재라는 규정에는 한 가지 정태적 계기가 포함된다. 구성에서는 역동성이 전적으로 정태적인 상태로 뒤집힌다. 즉 구성된 작품은 멈추는 것이다. 이로써 유명론의 진보는 그 자체의 한계에 부딪친다. 역동화의 원형으로는 문학의 음모나 음악의 전개부를 생각할 수 있다. 목적에 비춰 볼 때 불투명하고 편협하고 분주한 행위가 하이든 음악의 전개부들에서는 주관적 유머의 표현으로 파악되는 것을 객관적으로 규정하는 근거가 되었다. 자신의 이익을 추구하면서 바로 그로써 전체의 조화에 기여한다는 주장을——존재론적 잔재처럼——믿을 동기가 있는 자들의 개별 활동은, 의심할 여지 없이 어리석은 악마의 후손인 음모꾼들의 열성적이고 교활하고 고루한 몸짓을 상기시킨다. 그 어리석음은 자본주의 속에서도 잔존하듯이, 역동적 의고주의의 주요 작품들 속에도 스며든다. 그러한 수단의 미적 기능은 역동적으로, 즉 일종의 형성을 통해, 혹은 독특한 존재에 의해 유발된 과정을 통해, 또 예술 작품에 의해 직접 정립된 것을 통해, 예술 작품의 전제 조건들을 결과로서 확증하는 것이다. 그 음모꾼에게서 편협성을 제거하는 것은 일종의 '비이성의 간계List der Unvernunft'다. 이로써 독재적인 개인이 그런 확증을 긍정하게 되는 것이다. 음악에서 특히 끈질기게 남아 있는 반복은 확증을 구현하며, 또 그와 마찬가지로 본래 반복할 수 없는 것의 반복으로서 제한성을 구현하기도 한다. 음모와 전개부는 단지 주관적 활동, 독자적인 시간적 형성 과정에 그치지 않는다. 그에 못지않게 그것들은 작품들 속에서 해방되어 맹목적으로 자체를 소모하는 삶을 대변하기도 한다. 예술 작품들은 이제 그러한 생명에 맞서는 방파제가 결코 아니다. 모든 음모는 문자 그대로의 의미에서든 비유적으로든, '그와 같은 일들이 실제로 이루어지고 있다, 바깥 세상은 그러하다'고 말한다. 그처럼 '있는 그대로의 상태 Comment c'est'를 묘사하는 가운데 아무것도 예감하지 못하는 예술 작품들 속에 그 타자가 스며들며, 예술 작품들 고유의 요인, 객관화를 향한 운동이 그 이질적 요인에 의해 유발된다. 그러한 일이 가능한 것은 주관적 예술 수단인 음모나 전개부가 작품들 속에 옮겨지고, 그 속에서 그것들이 현실에서 지니는 성격, 즉 주체를 객관화하는 성격을 지니며, 사회적 노동 자체의 고루함 내지 그 잠재적 불필요성을 비난하기 때문이다. 그와 같은 불필요성은 실로 예술과 현실적 사회 활동의 일치점이다. 부르주아 시대에 등장하는 소나타 형식의 작품이나 드라마가 '다루어지는' 곳, 즉 그것이 최소 단위의 동기들로 분석되고 역동적 종합을 통해 다시 대상화되는 곳, 그 속에서는 가장 미묘한 부분에 이르기까지 상품생산이 메아리친다. 그와 같은 기술적 처리 방법과 매뉴팩처 시대 이래 발달한 물질적 생산방식의 연관은 아직 밝혀지지 않고 있지만 극히 명백하다. 그러나 음모 및 전개부와 아울러 그러한 활동들은 단순히 이질적 생명으로서 작품에 들어가는 데에 그치지 않고 그 자체의 법칙으로서도 작품 속에 파고든다. 유명론적 예술 작품들은 스스로에 대해 잘 알지 못하는『경제표』였던 셈이다.[41] 그와 같

---

41 [옮긴이] *Tableaux économiques*: 1758년에 나온 중농주의 경제학자 케네François Quesnay

은 현상이 근대적 유머의 역사철학적 근원이다. 외부 세계에서는 물론 산업을 통해 삶이 재생산된다. 산업은 목적을 위한 수단이다. 그러나 그것은 모든 목적을 억누르며, 실로 부조리하게 마침내 그 자체가 목적이 된다. 예술에서는 음모나 전개부 또는 줄거리가, 또 저급한 경우에는 범죄소설의 범죄가 모든 관심을 흡수함으로써 그와 같은 일이 반복된다. 반면에 그런 것이 목표로 하는 해결은 판에 박힌 틀로 격하된다. 그리하여 그 본래의 규정상 단지 어떤 것을 위한 것Für etwas일 뿐인 산업이 이러한 규정과 모순에 빠지며, 자체로서는 어리석고, 미적 재능이 있는 사람에게는 우습게 된다. 위대한 작곡가였던 하이든은 종악장을 형상화함으로써 그것을 객관화하는 수단인 역동성의 허망함을 모범적으로 예술 작품에 부여했다. 베토벤의 경우 아무튼 타당하게 유머라고 칭할 수 있는 요인은 그와 동일한 층에 위치한다. 그러나 음모와 역동성이 자체목적으로 될수록——예를 들어 이미 『위험한 관계』⁴²에서도 음모는 소재적인 난센스가 된다——그것들은 예술에서도 더욱 희극적인 것이 된다. 또 주관적으로 그러한 역동성에 편입되는 정열은 그만큼 더 개별화에 담긴 무의미한 계기, 예를 들어 잃어버린 푼돈에 대한 분노가 될 뿐이다. 예술은 역동성의 원칙에서 가장 오랫동안 또 가장 강력하게 보편과 특수의 평형상태를 희망할 수 있었는데, 그러한 원칙은 이제 저항에 부딪친다. 그러한 원칙도 형식감정에 의해 탈마법화되어 천박하다고 느껴지는 것이다. 이런 경험은

의 경제학서. 농업 생산을 기초로 한 국가 전체의 경제순환을 기술했다.
42 [옮긴이] *Liaison dangereuses*: 1782년에 출판된 피에르 쇼데를로 드 라클로Pierre Choderlos de Laclos가 지은 서간체소설. 앙시앵레짐 시대의 도덕, 풍속, 문화가 쇠퇴하여 문란해진 프랑스 상류사회를 그려낸다.

19세기 중반에까지 거슬러 올라간다. 현대적 삶의 서정시인이기도 하고 형식의 옹호자이기도 한 보들레르는 그러한 경험을 『파리의 우울』[43] 헌사에서, 자신은 마음 내키는 곳에서 끝맺을 수 있고 또 독자도 읽다가 마음 내키는 곳에서 그만둘 수 있다는 문장으로 표현했다. "왜냐하면 나는 쓸데없이 사건을 엮어서 끝없이 늘어놓는 일과 독자의 까다로운 의지를 결부시키지 않기 때문이다."[44] 유명론적 예술이 형성 과정을 통해 조직한 것은 이제 사람들이 그 기능의 의도를 간파하고 그것에 동조하지 않자 쓸모없다는 낙인을 얻게 된다. 예술을 위한 예술 미학 전체의 공범 증인이라고도 할 수 있는 보들레르는 그와 같은 주장을 통해 마치 항복하고 마는 듯하다. 즉 그의 거부감은 즉자존재 자인 작품이 자체로부터 떨쳐버리는 역동성의 원칙에까지 확장되는 것이다. 그때 이후 모든 예술의 법칙은 예술의 반법칙이 된다. 유명론적 부르주아 예술 작품에서는 정태적 형식 조건이 낡은 것이었듯이 이제 미적 역동성도 낡은 것이 된다. 이는 퀴른베르거가 처음 명시했지만 보들레르의 시 한 줄 한 줄, 한 구절 한 구절을 관통하는, 이제 아무 삶도 존재하지 않는다는 경험에 상응한다. 이 점은 현대 예술의 상황에서도 변하지 않았다. 과정적 성격에는 곧 가상에 대한 비판이 닥쳐온다. 즉 일반적인 미적 가상만이 아니라, 현실적 불변성 속의 진보라는 가상에 대한 비판이 닥쳐오는 것이다. 이로써 과정이라는 것이 단순한 반복일 뿐이라는 점이 드러난다. 예술은 그러한 과정을 수치로 여길 수밖에 없다. 현대 예술에는 정태성과 역동성의 분리에 더 이

43 [옮긴이] *Le Spleen de Paris*: 보들레르의 1862년 작. 리듬이나 각운이 없는 산문시집.
44 Charles Baudelaire, *Le Spleen de Paris, Lyrische Prosa*, übertr. D. Roser, München/Essingen: Bechtle, 1960, p. 5.

상 따르지 않는 예술의 요구가 암호화되어 있다. 베케트는 발전이라는 지배적 상투어에 무관심한 채 무한히 작은 공간의 무차원적인 점 위에서 움직이는 일이 자신의 과제라고 생각한다. 이러한 미적 구성 원칙은 '계속되어야 한다il faut continuer'는 원칙으로서 정태성의 피안에 위치할 것이다. 그러나 그것은 제자리를 걷는다는 점에서, 역동성의 허망함을 인정하는 점에서는 역동성의 피안에 위치할 것이다. 이와 상응하여 예술의 모든 구성주의적 기술은 정태성을 지향한다. 불변적 역동성의 목표는 이제 재앙일 뿐이다. 베케트의 문학은 이 점을 염두에 두고 있다. 의식은 제한 없는 자기만족적 진전의 제한성을 간파하여 그것이 절대적 주체의 환각임을 인식한다. 또 현실적으로 노동의 불필요성이 눈앞에 다가온 후, 사회적 노동은 부르주아적 격정을 미적 측면에서 비웃는다. 노동 폐지의 희망과 얼어 죽을 위협은 다같이 예술 작품들의 역동성에 제동을 건다. 그 역동성 속에서는 객관적으로 그 두 가지가 다 같이 나타나며, 그것이 스스로 어느 한 가지만을 선택할 수는 없다. 그 속에서 간파할 수 있는 자유의 잠재력은 동시에 사회적 상황에 의해 억제되고 있기 때문에 예술에 대해 실체적인 것이 못 된다. 미적 구성의 양가성은 그러한 문제에 기인한다. 미적 구성은 나약해진 주체의 퇴진을 성문화하고, 절대적 소외를 소외의 반대 상태를 추구하는 예술의 문제로 만들 수 있다. 그뿐만 아니라 미적 구성은 정태성과 역동성의 피안에 위치할 화해된 상태의 이마고를 앞질러 보여줄 수도 있다. 구성 원칙은 테크노크라시와 여러 모로 결합함으로써 미적 측면에서 관리되는 세계에 대한 종속 상태에서 벗어나지 못한다는 의심을 산다. 그러나 그것은 아직 알려지지 않은 어떤 미적 형식, 즉 자체의 합리적 조직을 통해 관리를 위한 모든 범주와 아울러 예술에 반영된 그러한 요인을 모두 제거하는 것을 암시하는 형식으로 귀결될 수도 있을 것이다.

사회

예술의 양면성: 사회적 사실과 자율성; 물신적 성격

　의심할 나위 없이 예술은 어떤 의미에서 주체가 해방된 이후보다 그 이전에 더 직접적으로 사회적인 것이었다. 사회에 맞선 자립을 의미하는 예술의 자율성은 그 나름으로 또한 사회구조와 유착된 부르주아적 자유의식의 기능이었다. 자유의식이 형성되기 전에도 물론 예술은 사회적 지배 관계에 대해, 또 이것이 관습으로까지 확장된 것에 대해, 즉자적으로는 모순 관계를 이루었으나 대자적으로 그렇지는 않았다. 플라톤이 『국가론』에서 예술에 대해 판결을 내린 이래 산만하게 갈등들이 있기는 했지만, 아무도 근본적으로 사회와 대립하는 예술의 이념을 구상하지는 않았다. 또한 사회적 통제는 전체주의 국가의 문턱에 이르기까지는 부르주아 시대보다 훨씬 더 직접적으로 작용했다. 한편 부르주아계급은 그 이전의 어느 사회보다도 더 완전하게 예술을 통합했다. 성장하는 유명론의 압력으로 인해 잠재적으로 늘 존재했던 예술의 사회적 성격은 더욱 밖으로 드러나게 되었다. 예술의 사회적 성격은 예를 들어 고도로 양식화되고 현실에서 멀어진 기사 서사시보다 소설에서 훨씬 더 명확하게 드러난다. 이제 더 이상 아프리오리한 장르들의 지지를 받지 못하는 경험들이 밀려드는 현상들과 형식을 그러한 경험들에 근거해 아래로부터 본질구성할 필요성은 그 순수한 미적 상태로 보아 어떠한 내용 이전에 이미 '리얼리즘적이다.' 사회에서 유래하는 내용과 사회의 관계는 이제 양식화 원칙을 통해 미리 승화되지 않기 때문에 우선 훨씬 덜 굴절된다. 이는 단순히 문학에서만 나타나는 현상이 아니다. 아티카의 희극처럼 시민들의 일상적인 사건이나 관계를 주제로 삼는 이른바 저급한 장르들조차도 사회와 거리를 유지했다. 미지 세계로의 도피는 결코 아리스토파네스[1]의 터무니없는 짓이 아니라 그가 사용한 형식의 본질적 계기다. 예술은 그 한 측면에서 볼 때 정신이 수행하는 사회적 노동의 산물이라는 점에서 언제나 사회적 사실이다. 이 점은 예술이 부르주아사회에 동화됨에 따라 명백해진다. 이러한 예술은 경험적 사회와 인공물의 관계를 대상으로 다룬다. 이러한 발전의 출발점에 『돈키호테』가 있다. 그러나 예술은 그때그때 생산력과 생산관계의 변증법이 집약되어 있는 그 생산양식을 통해서만 사회적인 것도 아니고, 그것의 소재내용의 사회적 기원 때문에 사회적인 것도 아니다. 오히려 예술은 사회에 대한 반대 입장을 통해 사회적인 것이 된다. 그리고 예술은 자율적인 것으로서 비로소 이런 입장을 취한다. 예술은 기존 사회의 규범에 따르고 '사회적으

---

1   [옮긴이] Aristophanes(BC 446?~BC 385?): 고대 그리스의 희극작가. 특히 보수적인 입장에서 전쟁에 반대하는 상상력을 희극으로 그려냈다.

로 유용한' 것으로서의 자질을 갖추는 대신에, 고유한 것으로서 자체 내에서 결정체를 이룸으로써 모든 종파의 청교도들이 비난하는 그 단순한 존재를 통해 사회를 비판한다. 순수한 것, 그 내재적 법칙에 의해 철저히 조형된 것 가운데 말없이 비판을 가하지 않는 것, 즉 총체적 교환사회를 향해 나아가는 상태로 인한 굴욕을 탄핵하지 않는 것은 아무것도 없다. 그러한 사회에서는 모든 것이 타자를 위한 것일 뿐이다. 예술의 비사회적 요인은 특정 사회에 대한 확정적 부정이다. 물론 그와 마찬가지로 자율적 예술은 형식 법칙을 통한 승화와 동일한, 사회에 대한 거부를 통해 또한 이데올로기의 수단이 되기도 한다. 즉 예술은 사회 때문에 전율하면서도 사회와 거리를 둠으로써 사회를 방해하지 않고 내버려두기도 한다. 그러나 이것도 단순한 이데올로기 이상의 의미를 지닌다. 즉 사회는 미적 형식 법칙이 비난하는 부정성일 뿐만 아니라, 극히 의심스러운 형태로나마 생산, 재생산되는 인간 생활의 요체이기도 한 것이다. 예술은 비판에서 면제될 수도 없지만 사회적 과정이 자체 말살을 향한 과정으로 나타나지 않는 한 그러한 계기에서도 벗어날 수 없었다. 또 어떤 의도들을 통해 그 두 가지를 분리하는 것은 판단을 내리지 않는 예술의 권한에 포함되지 않는다. 미적 생산력처럼 순수한 생산력은 일단 타율적 명령에서 벗어나면 객관적으로 볼 때 속박받는 생산력의 대립물이기도 하지만, 또한 불길하기 짝이 없는 행동을 위한 행동의 견본이기도 하다. 예술은 단지 그 사회적 저항력을 통해서만 생명을 부지한다. 예술은 사물화되지 않으면 상품이 될 뿐이다. 예술이 사회에 기여하는 바는 사회와의 소통이 아니라 극히 간접적인 일, 즉 저항이다. 이 저항에서는 미 영역 내부의 발전을 통해 사회적 발전이 모방 없이도 재생산된다. 극단적 현대 예술은 자체 지양을 감수하면서도 예술의 내재성을 고수한다. 즉 사회는 꿈에서와 마찬가지로 단지 모호하게만 예술 속으로 들어가는 것이다. 예로부터 예술 작품은 꿈에 비유되곤 했다. 설혹 누가 원한다고 해도 예술에서는 어떠한 사회적 요인도 직접적으로 사회적이지는 않다. 최근 사회적 참여를 주장하는 브레히트는 자신의 입장을 어떻게 해서든 예술적으로 표현하기 위해 자신의 연극들이 목표로 삼은 사회 현실에서 멀어질 수밖에 없었다. 그가 종교재판을 피할 수 있을 만큼 자신이 쓴 글을 사회주의 리얼리즘으로 위장하기 위해서는 세심한 책략이 필요했다. 음악은 모든 예술의 비밀을 털어놓는다. 음악에서는 사회가, 사회의 운동과 모순들이, 단지 그림자처럼 나타나며 무엇인가를 말하지만 애써 식별하려고 해야 나타나는데, 이 점은 사실 다른 예술 모두에서도 마찬가지다. 예술이 사회를 모사하는 듯해 보이는 경우에도 예술은 우선 가상이 된다. 브레히트가 그리는 중국[2]은 실러의 메시나[3]와는 반대되는 동기들에서 나왔지만 이에 못지않게 양식화되어 있다. 소설이나 드라마의 인물들에 대한 도덕적 판단은 그것이 설혹 실제 인물들을 합당하게 다룬 경우에도 모두 무가치했다. 긍정적 주인공이 부정적 특징을 지녀도 되느냐 하는 논의는 그러한 문제 영역 밖에서 그것을 듣는 사람이 느끼는 바와 같이 어리석다. 형식은 경험계에서 나오는 요소들을 그것이 미 영역 외부의 실존에서 이루는 연관으로부터 소외시키는 방식으로 배열하는 자석으로 작용한다. 그리고 단지 이로써만 그 요소들은 미 영역 외부의 본질을 극복할 수 있

---

2   [옮긴이] 대표적으로 『쓰촨의 선인』(1938~40)이 중국을 배경으로 한다.
3   [옮긴이] 실러의 1803년 작 희곡 『메시나의 신부 Die Braut von Messina』는 이탈리아의 메시나 궁정을 배경으로 형제간의 갈등과 화해를 그린다.

다. 반대로 문화산업의 활동에서는 경험적 세부에 대한 노예적 존중이나 사진처럼 충실하고 빈틈없는 가상이 그러한 요소들의 활용을 통해 그만큼 더 성공적으로 이데올로기적 조작과 결합될 뿐이다. 예술에서는 예술의 명시적 입장 표명이 아니라, 사회에 반대하는 예술의 내재적 운동이 사회적이다. 예술의 역사적 제스처는 경험적 현실을 거부한다. 물론 예술 작품들도 사물인 한에서 경험적 현실의 일부다. 예술 작품들이 어떤 사회적 기능을 지닌다고 주장할 수 있다면, 그것은 예술 작품들의 무기능성이다. 예술 작품들은 마법에 걸린 현실과의 차이를 통해 현존하는 것이 올바른 자리, 즉 제자리에 놓이게 되는 상태를 부정적으로 구현한다. 예술 작품들의 마법은 탈마법화다. 예술 작품들의 사회적 본질은 그것들의 독자적 존재에 대한, 또 그것들과 사회의 관계에 대한 양면적 반성을 요구한다. 예술 작품들의 양면성은 그것들의 모든 현상들에서 명백히 나타난다. 그것들은 변해가면서 서로 모순을 이룬다. 사회적으로 진보적인 비평가들은 대체로 정치적 반동과 결탁하고 있는 예술을 위한 예술의 강령에 대해, 단지 자체로서 만족하는 순수예술 작품이라는 개념에 포함된 물신주의를 비판했는데, 이는 설득력 있는 것이었다. 이 경우 사회적 노동의 생산물인 예술 작품들이 자체의 형식 법칙에 따른다거나, 어떤 형식 법칙을 만들어내면서 그 자체의 상태에 대립하여 응축된다는 것은 맞는 이야기다. 그런 한에서 각각의 예술 작품은 모두 허위의식이라고 판결받고 이데올로기로 간주될 수도 있다. 예술 작품들은 무엇을 말하느냐와 무관하게 형식상 이데올로기다. 그것들이 아프리오리하게 정신적 산물을 물질적 생산의 조건들과 무관하다고 보고 따라서 그보다 더 고귀한 것으로 설정하며, 육체노동과 정신노동의 구분에 내재하는 해묵은 책임을 은폐하는 점에서 그렇다. 이 책임을 통해 격상된 것이 바로 그로 인해 다시 격하되는 것이다. 그 때문에 진리내용을 지니는 예술 작품들은 예술 개념으로 완전히 해명되지 않는다. 발레리 같은 예술을 위한 예술의 이론가도 그 점을 지적한 바 있다. 그러나 예술 작품들은 책임 있는 것이 모두 그렇듯이, 물신주의에 대한 그것의 책임만으로 끝난 것이 아니다. 왜냐하면 보편적으로 사회에 의해 매개된 세계에서는 아무것도 이 세계로 인한 책임의 연관 바깥에 존재하지 않기 때문이다. 그러나 예술 작품들의 사회적 진리이기도 한 그것들의 진리내용은 그것들의 물신적 성격을 조건으로 한다. 겉으로 보아 물신주의의 대립물인 듯한 대타존재의 원칙은 교환의 원칙이며 그 속에는 지배가 감추어져 있다. 그러한 원칙에 순응하지 않는 것만이 지배가 없는 상태를 대변한다. 또 무용한 것만이 위축된 사용가치를 대변해 준다. 예술 작품들은 교환에 의해 더 이상 기형화되지 않은 사물들, 즉 품위를 잃은 인간의 그릇된 욕구와 이익에 의해 조작되지 않은 것의 대리인이다. 총체적 가상 속에서 예술의 즉자존재라는 가상은 진리의 가면이다. 마르크스는 시장에서 사회적 유용노동으로 입증되지 않는 『실낙원 Paradise Lost』의 대가로 밀턴이 헐값을 받았다고 조소한다.[4] 이러한 조소는 사회적으로 유용한 노동에 대한 탄핵으로서, 예술에 대한 사회의 비변증법적 저주 속에서 계속되는 예술의 부르주아적 기능화에 맞서 예술을 가장 강력하게 옹호하는 것이다. 어떤 해방된 사회는 그 부대 비용의 비합리성과 이익을 위한 목적-수단-합리

---

4   Marx·Engels, *Werke*, Bd. 26, I. Teil, Berlin: Dietz, 1965, p. 377(Marx, *Theorien über den Mehrwert*, 1. Teil: Beilagen).

성을 초월하는 곳에 위치할 것이다. 예술에서는 이러한 점이 암호화되며, 또 그것은 예술의 사회적 뇌관이 된다. 마술적 물신들이 예술의 한 가지 역사적 근원인 까닭에 예술 작품들에는 상품 물신주의를 벗어나는 물신주의적 요인이 내포되어 있다. 예술 작품들은 그러한 요인을 자체로부터 잘라낼 수도 부인할 수도 없다. 사회적으로도 예술 작품들에 나타나는 가상이라는 강력한 계기는 교정 수단으로서 진리의 기관이기도 하다. 예술 작품들은 절대적인 것이 될 수 없지만, 마치 절대적인 듯이 물신주의적으로 자체의 일관성을 고집하지 않는다면 애초에 무가치하다. 그러나 물론 예술이 자체의 물신주의를 의식하고—19세기 중엽 이래로 그랬듯이—그것을 고집하게 되면, 예술의 존속은 위태로워질 것이다. 예술은 그 자체의 기만을 변호할 수도 없지만 그러한 기만 없이는 존재할 수도 없다. 이로 인해 예술은 진퇴양난에 빠질 수밖에 없다. 다름 아니라 예술의 비합리성에 담긴 합리성에 대한 통찰을 통해서만 이러한 진퇴양난을 조금 넘어서는 시각을 얻을 수 있을 것이다. 실제로 극히 수상쩍은 정치적 개입을 통해 물신주의를 버리고자 하는 예술 작품들은 피할 수 없으면서 헛되이 칭송받는 단순화를 통해, 한결같이 사회적으로 허위의식에 얽혀 들어간다. 그러한 예술 작품이 맹목적으로 추구하는 호흡 짧은 실천에서는 예술 작품들 자체의 맹목성이 연장된다.

수용과 생산

예술의 객관화를 예술 바깥의 사회에서 보면 예술의 물신주의라고 할 수 있는데, 그것은 분업의 산물로서 나름으로 사회적이다. 그 때문에 사회에 대한 예술의 관계를 주로 수용 영역에서 추적해서는 안 된다. 이 관계는 수용 이전에 생산 속에 있다. 예술의 암호를 사회적으로 해독하는 일에 대한 관심은 예술을 지향해야지 영향에 대한 조사와 분류에 만족해서는 안 된다. 영향 조사와 분류는 사회적 근거로 인해 대체로 예술 작품들 및 그 객관적인 사회적 사상내용과 전적으로 어긋난다. 예술 작품들에 대한 인간의 반응들은 태고 시대부터 극단적으로 매개되어 있으며 직접 그 대상과 연관되어 있지는 않다. 오늘날에는 사회 전체와 매개되어 있다. 영향 조사는 사회적인 것으로서의 예술에 미치지 못하며, 그것이 실증주의적 정신에 따라 저지르는 것처럼, 예술에 규범을 부과해서도 안 될 것이다. 수용 현상을 규범적으로 적용함으로써 예술에 요구하게 될 타율성은 이데올로기적 속박으로서, 예술의 물신화에 내재할 수 있는 모든 이데올로기적 성격을 능가할 것이다. 예술과 사회는 예술 작품에 외적인 어떤 것이 아니라 사상내용에서 합치한다. 이는 예술의 역사와도 관련된다. 개인의 집단화는 사회적 생산력을 대가로 이루어진다. 예술의 역사에서는 현실적 역사에서 유래하지만 그와 분리된 생산력의 독자적 생명을 통해 현실적 역사가 되풀이된다. 예술을 통해 소멸해 가는 것들을 기억하는 일은 그러한 데에 기반을 둔다. 예술은 이 소멸해 가는 것들을 변형함으로써 보존하고 현재화한다. 이것이 예술의 시간적 핵에 대한 사회적 해명이다. 예술은 실천과 거리를 두면서 사회적 실천의 도식이 된다. 즉 각각의 진정한 예술 작품은 모두 그 자체로 전복적이다. 그러나 사회가 생산력만 아니라 생산관계의 동일성을 통해 예술 속에 도달하고 그 속에서 사라지는 것과 반대로, 예술은 그때그때 가장 진보적인 경우에도 자체로 사회화되고 사회적으로 통합되려는 경향을 띤다. 다만 그러한 경향은 진보를 추구하는 상투어가 찬양하듯 사후 확인을 통해 정당성이라는 축복을 예술에 가져다주지는 못한다. 예술이 사회에 대한 확정적 부정이었던 경우에도 수용은 대체로 이러한 면을 매끄럽게 다듬어놓는다. 작품들은 처음 나타나는 시기에는 흔히 비판적 영향을 끼치곤 하지만, 그 후에는 특히 변화된 상황으로 인해 중화되고 만다. 중화는 미적 자율성의 사회적 대가다. 그러나 예술 작품들이 일단 교양을 위한 재화들의 판테온 속에 매장되어 있을 경우, 예술 작품들 자체만 아니라 그 진리내용도 손상을 입는다. 관리되는 세계에서는 중화가 보편적이다. 한때 초현실주의는 예술을 특수 영역으로서 물신화하는 데에 저항했지만, 그것도 예술이었기 때문에 저항의 순수한 형태를 넘어설 수밖에 없었다. 앙드레 마송[5]의 경우처럼, 그림의 질을 결정적이라고 여기지 않은 화가들은 사회적 수용과 스캔들 사이에서 일종의 타협을 이루어냈다. 결국 살바도르 달리[6]는 한 차원 더 중요한 사회-화가가 되었지만, 수십 년간 고착된 위기 상황에 대한 모호한 감정 속에서 '현학적'이라는 데에 만족하는 라슬로[7] 또는 반 동언[8] 등과 같은 세대였다. 이로써 초현실주의는 거짓으로 잔존하게 되었다. 현대 예술의 여러 조류에서는 충격적으로 끼어드는 내용

---

5 [옮긴이] André-Aimé-René Masson(1896~1987): 프랑스 화가. 입체파에서 시작해 초현실주의로 넘어가며, 자동회화에 특히 열성적이었다. 추상표현주의에 중요한 영향을 끼쳤다.
6 [옮긴이] Salvador Dalí(1904~89): 스페인 화가. 인상주의, 르네상스의 대가, 입체파 및 아방가르드 운동에 끌렸으며, 1929년에는 초현실주의 그룹에 가담했다. 프랑코 정부를 공개 지지하여 논란을 사기도 했다.
7 [옮긴이] László Moholy-Nagy(1895~1946): 헝가리 화가, 사진작가. 바우하우스 교수로도 재직했다. 구성주의의 영향을 받았고 산업과 기술을 예술에 적극 통합하고자 했다.
8 [옮긴이] Kees van Dongen(1877~1968): 네덜란드 출신의 프랑스 화가. 마티스Henri Matisse 등과 함께 야수파로 활동했다.

으로 인해 형식 법칙이 뒤흔들리게 되었지만, 이 조류들은 자극이 멀어지기만 하면 곧 승화되지 않은 소재들을 친숙하게 받아들이는 세계와 타협하도록 예정되어 있다. 총체적 중화가 이루어지는 시대에는 물론 극단적 추상회화의 영역에서도 마찬가지로 거짓된 화해가 이루어진다. 즉 비구상 작품이 새로운 복지사회의 벽 장식이 되는 것이다. 이로써 내재적 질까지도 축소되느냐 하는 문제는 불확실하다. 반동적인 사람들이 그러한 위험을 극히 열광적으로 강조하는 것으로 보아 그렇지는 않은 듯하다. 실제로 예술과 사회의 관계를 단지 사회적으로 매개된 사회적 구조 문제들 속에만 설정한다면, 이는 관념론적일 것이다. 예술의 이중성 즉 자율성과 사회적 사실이라는 성격은 그 두 영역의 확고부동한 상호 의존 상태와 갈등들 속에서 항상 나타나고 있다. 흔히 예술적 생산에는 사회적-경제적 간섭이 직접 파고들곤 한다. 오늘날 예컨대 공예적인 관점에서 자신의 필치라고 부르는 것, 혹은 뻔뻔하게 술책이라고 부르는 것을 고무하는 예술 상인들과 화가들의 장기 계약에 의해 간섭이 이루어진다. 지난날 독일 표현주의가 그렇게 급속히 사라지게 된 데에는 표현주의가 그래도 추구한 작품의 이념과 절대적인 외침이라는 특수한 이념 사이의 갈등에 그 예술적 근거가 있을 것이다. 표현주의 작품들이 아무 결함 없이 전적으로 성공한 적은 없다. 이에는 또한 표현주의의 혁명적 격정이 실현되지 않았고 또 소련이 극단적 예술을 박해하기 시작하자 그러한 장르가 정치적으로 낡아버렸다는 점도 함께 작용했다. 그러나 그 당시 수용되지 않았던 이 운동의 작가들도——이 운동은 사오십 년 후에야 비로소 수용되었다——살아갈 수밖에 없었고 그래서 미국에서 흔히 말하는 바와 같이 상업적으로 되는go commercial 수밖에 없었다는 점을 숨길 수는 없다. 1차 대전에서 살아남은 대부분의 독일 표현주의 작가들을 통해 그와 같은 점을 명백히 보여줄 수 있을 것이다. 사회학적으로도 표현주의자들의 운명에서는 비록 순진하고 희석된 상태로나마 그들에게 영감을 불어넣었던 순수한 표현 욕구에 대한 부르주아적 직업 개념의 우선성을 확인할 수 있다. 부르주아사회에서는 정신적으로 생산하는 모든 사람들이 그렇듯이 예술가들도 일단 예술가로서 사업을 시작하면 계속해서 그 일을 하게끔 되어 있다. 이미 시대에 뒤진 표현주의자들은 기꺼이 전도유망하고 시장성 있는 주제들을 선정했다. 경제적으로는 그러한 일을 계속할 필요가 있겠지만 그것을 생산할 내재적 필요성은 없었는데, 이 점은 작품이 객관적으로 아무래도 상관없는 것이 된다는 사실로서 작품 자체에도 나타나고 있다.

소재 선정: 예술적 주체; 과학에 대한 관계

예술과 사회의 매개 가운데에는 소재적 매개, 즉 사회적 대상을 공공연히 혹은 은밀히 다루는 일이 가장 피상적이고 기만적이다. 석탄 운반공을 소재로 한 조각품이 프롤레타리아 주인공들을 다루지 않은 작품보다 아프리오리하게 사회적으로 더 많은 의미를 지닌다는 주장은 단지 예술이 인민민주주의적 용어로 바로 '의견을 형성하며' 영향을 발휘하는 요소로서 현실에 들어와 대개 생산을 증대하는 현실적 목적들에 통합되는 경우에만 아직도 되풀이되고 있다. 뫼니에[9]가 이

---

9   [옮긴이] Constantin Meunier(1831~1905): 벨기에 화가, 조각가. 인도주의적 관점에서 광부, 부두 노동자, 금속 세공사, 여성 노동자 등을 다루었다.

상화한 석탄 운반공은 그의 리얼리즘과 아울러 프롤레타리아계급에게도 아름다운 인간성과 고결한 신체가 있다고 입증함으로써, 당시까지만 해도 아직 가시적이었던 프롤레타리아계급을 처리한 부르주아 이데올로기에 순응했다. 솔직한 자연주의조차 여러모로 억압된 만족, 정신분석학적으로 말해서 항문적 만족 혹은 왜곡된 부르주아적 성격과 어울린다. 자연주의는 쉽사리 그것이 비난하는 타락이나 참상을 즐긴다. 졸라Émile Zola는 독일의 피와 땅을 강조하는 나치 작가들과 마찬가지로 다산성을 찬양했고 반유대주의적 상투어를 사용했다. 소재층에서는 고발의 타협주의와 공격성 사이에 경계선을 그을 수 없다. 실업자들이 부르도록 되어 있는 선동 선전용 합창의 연주 지시, 즉 추하게 부르라는 지시는 1930년경에는 신조를 위한 증명서의 역할을 할 수도 있었겠지만, 그것이 진보적 의식을 증명해 주는 경우는 거의 없었다. 고함을 지르는 조야한 예술적 태도가 현실 속의 조야함을 탄핵하는 것인지 아니면 자신을 그것과 동일시하는 것인지는 언제나 불확실했다. 탄핵은 단지 소재를 맹신하는 사회미학이 소홀히 하는 것, 즉 형상화를 통해서만 가능할 것이다. 예술 작품들에서 사회적으로 결정적인 것은 내용 가운데 그것들의 형식 구조에 근거해 말하는 것이다. 카프카의 작품에는 독점자본주의가 희미하게만 나타날 뿐인데, 그는 관리되는 세계의 쓰레기 같은 존재를 통해 부패한 산업 트러스트들에 대한 소설들보다 더 충실하고 강력하게 총체적인 사회적 속박 속에서 인간들이 겪는 일을 암호화한다. 사회적 사상내용이 위치하는 곳은 형식이라는 점이 카프카의 경우 언어를 통해 구체화된다. 그의 언어가 지니는 즉물성 혹은 클라이스트[10]와 닮은 면을 지적하는 경우가 종종 있다. 그러나 또한 그의 작품들을 충분히 이해하는 독자들은 작품들의 상상적 성격으로 인해 그처럼 냉정한 서술과는 거리가 먼 사건들과 그러한 즉물성의 모순을 인식했다. 하지만 그와 같은 대조는 유사 리얼리즘적 묘사를 통해서는 묘사할 수 없는 것을 위협적으로 가까운 거리에 가져다놓음으로써 생산적인 것이 된다. 참여를 주장하는 사람들에게는 너무 기교적인 말로 들리겠지만, 카프카 형식의 리얼리즘적 특징에 대한 비판도 그 사회적 측면을 지닌다. 카프카는 그와 같은 여러 가지 특징들을 통해 어떤 질서의 이상, 예를 들어 단순한 생활 또는 지정된 자리에서 착실하게 활동한다는 이상에 적합해지는데, 그런 이상은 그 나름으로 사회적 억압을 위장하는 형상이 되었다. 그러나 다름-아니라-바로-그러하다는 언어적 태도는 사회적 속박을 현상으로 나타내 보이는 매체다. 그러한 사회적 속박을 명명하면 그것이 깨어져 버리기라도 하는 듯이 카프카는 현명하게도 그것을 명명하지 않는다. 그런데 그러한 속박은 극복할 수 없는 상태로 어디에나 존재하면서 카프카 작품의 공간을 규정하는데, 그것은 카프카 작품의 아프리오리이지 주제가 될 수는 없다. 그의 언어는 사회적으로 이제야 비로소 충분히 간파할 수 있게 된, 실증주의와 신화의 결합 형태를 이루는 수단이다. 존재자의 불가피성과 불가변성을 전제하고 또 그것을 확증하는 사물화된 의식은 낡은 속박의 유산으로서, 불변 상태를 말하는 신화의 새로운 형태다. 카프카의 서사 양식은 그 태고주의 상태로, 사물화에 대한 미메시스이기도 하다. 그의 작품은 그 신화를 초월하는 일을 포기할 수밖에 없지만, 그 속에서 작품의

---

10 [옮긴이] Heinrich von Kleist(1777~1811): 독일 문학가. 희곡 『홈부르크 공자 Prinz Friedrich von Homburg』와 단편 「미하엘 콜하스 Michael Kohlhaas」 등을 남겼다. 간결하고 냉정한 문체와 말실수를 활용하는 수사법을 애용했다.

수단인 언어를 통해 사회의 기만 관계를 드러내준다. 사회에서 난센스가 자명해진 것처럼 그의 작품에서도 난센스는 자명하다. 다루고 있는 사회현상을 있는 그대로 다시 제시하고 2차 자연과의 그러한 물질대사를 반영이라고 아주 자랑스럽게 여김으로써 자신의 의무를 완수하는 작품들은 사회적으로 아무 말도 하지 않는다. 예술적 주체는 자체로서 사회적이며 사적이지 않다. 또 예술적 주체는 결코 강제적 집단화나 소재 선정을 통해 사회적으로 되는 것이 아니다. 억압적 집단주의 시대에 예술은 고독한 상태로 보호도 받지 못하면서 작품을 생산하는 사람을 통해, 작품 및 그 사회적 진리의 한 가지 척도가 된 촘촘히 얽힌 다수에 맞서는 저항력을 지닌다. 물론 그렇다고 해서 쇤베르크가 구상한 작곡실과 같은 집단적 생산 형식을 배제할 필요는 없을 것이다. 예술가는 자신의 생산과정에서 자신의 직접성에 대해 언제나 또한 부정적 태도를 취함으로써 무의식적으로 사회적 보편에 따른다. 그러한 수정이 성공적으로 이루어질 경우에는 언제나 이를 아직도 제대로 이루지 못한 전체 주체가 예술가의 어깨너머로 그것을 보고 배운다. 예술이 그 자체의 활력으로 사회적 관습이나 통제에서 벗어나는 경우에는, 예술적 객관성의 범주들은 사회적 해방과 결부되어 있다. 이 경우 예술 작품들은 문제를 의고주의의 경우처럼 모호하고 추상적인 보편성에 내맡겨 두어선 안 될 것이다. 분열 상태가, 또 이와 아울러 예술 작품들에 이질적인 요인의 역사적 수준이 예술 작품들의 조건이다. 예술 작품들의 사회적 진리는 그것들이 그 사상내용에 대해 개방적이라는 데에 달려 있다. 이 사상내용도 예술 작품들이 소화하는 소재가 된다. 또 그와 마찬가지로 예술 작품들의 형식 법칙은 그러한 분열을 매끄럽게 다듬지 않고 형상화하도록 함으로써 분열을 자체의 과제로 삼는다. 그처럼 과학은 예술적 생산력이 확장되는 데에 깊이—그러나 여전히 모호한 상태로—관여하고 있다. 바로 그와 같이 과학에서 배워 온 방법을 통해 사회는 예술 속에 파고든다. 하지만 그 때문에 예술적 생산은, 온전한 구성주의의 생산조차, 과학적인 것이 아니다. 모든 과학적 발견은 예술적 생산 속에서 말 그대로의 성격을 잃어버린다. 예컨대 회화에서는 광학적-원근법적 법칙들이, 음악에서는 자연적 배음 관계가 수정된다는 사실에서 그 점을 알 수 있다. 만일 기술 때문에 불안해진 예술이 과학으로 넘어갈 것을 표명함으로써 그 나름의 작은 자리를 보존하려 한다면, 이는 경험적 현실에서 과학이 차지하는 위상을 오인하는 것이다. 한편으로 비합리주의가 좋아하겠지만 미적 원칙을 신성불가침한 것으로서 과학들에 맞서 내세울 수도 없다. 예술은 과학의 구속력 없는 문화적 보완물이 아니라, 과학에 대해 비판적 긴장 관계를 갖는 것이다. 예컨대 오늘의 정신과학들에서 그 내재적 결함, 즉 정신의 결여로서 비난받을 수 있는 것은 거의 언제나 또한 미적 감성의 결여이기도 하다. 사회적으로 인정받고 있는 과학은 아무 방해도 받지 않고 자체의 활동을 할 수 있기 위해 그것이 예술에 떠넘기는 것이 자체의 영역에 등장하면 격분하는데, 이는 공연한 일이 아니다. 누군가가 글을 쓸 수 있으면 그는 과학적으로 수상쩍어지는 것이다. 사유의 조야함은 대상을 세분화하여 파악할 능력이 없다는 것을 의미하며, 세분화 상태는 미적 범주이면서 인식의 범주이기도 하다. 과학과 예술을 융합할 수는 없다. 하지만 양쪽에서 모두 통용되는 범주들은 절대적으로 상이한 것이 아니다. 타협을 이루는 의식은 그와 반대를 원한다. 즉 한편으로 그 두 가지를 구분할 능력이 없으며, 다른 한편으로 동일하지 않은 그 영역들 속에서 동일한 힘들이 작용하고 있다는 점을 인식하지 않으려고 한다. 이 점은 도덕적으로도 마찬가지로 타당하다. 사물들에 대한 잔인성은 잠재적으로 사람들에 대한 잔인성인 것이다. 철저히 형식화된 것이라는 이상을 버릴 수 없는 예술은 악의 주관적 핵심인 조야함을 아프리오리하게 부정한다. 도덕적 테제를 천명한다거나 도덕적 효과를 목표로 삼아서가 아니라, 바로 그런 점으로 인해 예술은 도덕에 관여하며 또 좀더 인간다운 사회와 결합된다.

반응 방식으로서의 예술

사회적 투쟁이나 계급 관계는 예술 작품들의 구조 속에 그 흔적을 남긴다. 예술 작품들이 스스로 취하는 정치적 입장은 그에 비할 때 부수 현상이며 대개 예술 작품들을 철저히 형상화하는 데에 부담이 되며, 이로써 궁극적으로는 그것들의 사회적 진리내용에도 부담이 된다. 신조만으로 이루어지는 것은 별로 없다. 에우리피데스를 포함한 아티카의 비극이 어느 정도로 그 시대의 격렬한 사회적 갈등에 관여했느냐에 관해서는 논란이 분분할 수 있다. 그러나 신화적 소재에 맞서 비극 형식이 지향하는 경향, 즉 운명의 속박으로부터 분리되어 주체성이 탄생하는 것은 봉건적-가족적 연관 관계로부터의 사회적 해방을 증언해 주며, 또한 신화적 규칙과 주체성의 충돌을 통해 운명과 결탁한 지배권과 성숙해 가는 인도주의의 적대 관계를 증언하기도 한다. 그러한 역사철학적 경향만 아니라 적대 관계도 단순히 소재로서 다루어지지 않고 형식의 아프리오리가 됨으로써, 비극은 사회적 실체성을 얻는다. 즉 비극 속에서 사회는 의도되지 않을수록 더 진정성 있게 나타난다. 사람들만 아니라 예술 작품들의 미덕이기도 한 당파성은 사회적 이율배반들이 형식들의 변증법으로 되는 심층부 속에서 생명을 지닌다. 즉 예술가들은 작품의 종합을 통해 사회적 이율배반들이 언어를 얻도록 해줌으로써 사회적으로 자신의 역할을 해낸다. 루카치조차 후기에는 이러한 생각을 할 수밖에 없다고 느꼈다. 침묵하는 무언의 모순을 명료하게 표현하는 형상화는 이로써 단지 현실적 실천에서 도피하는 데에 그치지 않는 실천의 특징을 지니며, 일종의 반응 방식이라는 예술 자체의 개념을 충족한다. 그것은 실천의 한 형태이며, 직접 선동하지 않는다고 해서 속죄해야 할 필요는 없다. 예술이 그러한 일을 원한다고 해도 그러한 일을 할 수도 없을 것이다. 이른바 참여예술의 정치적 영향은 극히 불확실하다. 예술가들의 사회적 입장은 타협적 의식 속에 파고드는 데에서 그 기능을 발휘할 테지만, 작품들이 전개될 때에는 뒤로 물러선다. 볼테르[11]가 죽었을 때 모차르트는 혐오스러운 견해를 표했는데, 이러한 사실은 모차르트의 진리내용에 대해 아무 의미도 없다. 물론 예술 작품들이 등장하는 시대에는 그것들이 의도하는 바를 도외시할 수 없을 것이다. 브레히트를 단지 그의 예술적 장점에 비추어서만 평가하는 것은 그의 주장들에 근거해서만 그의 중요성을 판단하는 경우와 마찬가지로 잘못이다. 사회 속의 예술의 내재성이 아니라, 작품 속의 사회의 내재성이 예술의 본질적인 사회적 관계다. 예술의 사회적 사상내용은 그 개별화의 원칙 외부에 위치하지 않고, 나름으로 사회적 요소인 개별화 속에 자리 잡고

---

11 [옮긴이] Voltaire(1694~1778): 프랑스 계몽사상가. 본명은 François-Marie Arouet. 전제정치와 가톨릭교회를 비판하는 진보주의를 주도했다. 평민 출신이었으나 주식 투기과 대부업 등으로 부유하게 살았다.

있다. 그 때문에 예술에 대해서는 그 자체의 사회적 본질이 은폐되어 있고, 예술에 대한 해석을 통해 비로소 파악될 수 있다.

이데올로기와 진리

그러나 가장 본질적인 면에 이르기까지 이데올로기와 혼합되어 있는 예술 작품들에서조차 진리내용은 타당성을 지닐 수 있다. 이데올로기는 사회적으로 필연적인 가상으로서, 그 필연성으로 인해 언제나 진리의 왜곡된 형태이기도 하다. 예술 작품들의 이데올로기적 요소에 대한 사회적 비판을 되뇌지 않고 그에 대해 반성하는 것이 미학의 사회적 의식과 속물근성을 구분하는 한 가지 경계선이다. 의도의 측면에서 볼 때 철저히 이데올로기적인 작품의 진리내용에 대한 하나의 본보기로는 슈티프터[12]를 생각할 수 있다. 그의 경우에는 보수적-복고적으로 선정된 소재들이나 교훈적 이야기만 아니라 이야기할 만한 의미 있고 올바른 생활이나 섬세한 경험계를 미시론적으로 암시하는 객관주의적 형식 양태 역시 이데올로기적이다. 그 때문에 슈티프터는 귀족적-회고적 부르주아계급의 우상이 되었다. 다분히 밀교적인 인기를 그에게 안겨준 층들은 떨어져 나간다. 그런데 그것으로 그에 대한 평가가 끝나는 것은 아니다. 특히 그의 후기 작품에서 나타나는 화해 상태와 화해 가능성은 과장된 것이다. 이때 객관성은 가면으로 굳어버리며, 작품이 불러내는 삶은 거부의 예식이 된다. 평범한 것

---

12 [옮긴이] Adalbert Stifter(1805~68): 오스트리아 작가. 전원 묘사에 탁월했다. 주요 작품으로 『다채로운 돌Bunte Steine』(1853), 『늦여름Nachsommer』(1857) 등이 있다.

의 기이성을 통해 소외된 주체의 묵살당하고 부인된 고통과 그러한 상태의 화해되지 않은 성격이 드러난다. 그의 완숙한 산문에 비치는 빛은 마치 그 산문이 색채의 행복에 대해 알레르기를 지닌 것처럼 창백하고 희미하다. 그것은 그가 괴테에게서 전력을 다해 받아들인 서사적 아프리오리만이 아니라 그 자신의 신조와도 결코 결합될 수 없는 사회적 현실의 방해 요인이나 난폭한 요인을 배제함으로써 그래픽과 같은 것으로 축소되는 듯하다. 이 산문의 의도와는 반대로 그것의 형식과 이미 자본주의화된 사회의 괴리를 통해 이루어지는 바가 점점 그것의 표현으로 된다. 이데올로기적 과잉으로 인해 그의 작품은 간접적으로 비이데올로기적 진리내용, 즉 위로의 말을 하는 문학이나 자연경관에 빠져 있는 문학에 대해 우월성을 지니게 되며, 이로써 니체가 경탄하는 진정한 성질을 얻는다. 또한 그는 문학적 의도가, 심지어 한 예술 작품이 직접 구현하고 대변하는 의미조차 그것의 객관적 사상내용과 얼마나 일치하지 않는지 보여주는 본보기다. 그의 경우 사상내용은 실로 의미에 대한 부정이다. 하지만 이 의미가 작품을 통해 오해된 후 다시 작품 자체의 복합상태를 통해 지양되지 않았다면, 그러한 사상내용은 있을 수 없을 것이다. 긍정은 절망의 암호가 되며 사상내용의 가장 순수한 부정성은 슈티프터의 경우 어떤 긍정의 요소를 지닌다. 오늘날 긍정을 모두 금기시하는 예술 작품들이 발산하는 광채는 긍정적이지만 말로 표현할 수 없는 것의 현상, 비존재자가 마치 그래도 존재하는 듯이 떠오르는 현상이다. 그것의 존재에 대한 요구는 미적 가상 속에서 소멸하지만, 존재하지 않는 것도 현상으로 나타남으로써 존재를 약속한다. 존재자와 비존재자의 짜임관계가 예술의 유토피아적 형상이다. 예술은 절대적 부정성을 띠도록 압력을 받지만, 바로 그 부정성 때문에 결코 절대적으로 부정적인 것은 아니다. 긍정적 잔재의 이율배반적 본질은 결코 사회라는 존재자에 대한 예술 작품들의 입장을 통해 비로소 예술 작품들에 나타나는 것이 아니며, 오히려 내재적으로 나타나 예술 작품들 위에 희미한 빛을 퍼뜨린다. 오늘날에는 어떠한 미도 과연 그것이 실제로 아름다운가, 과정 없는 긍정으로 인해 적당히 날조된 것은 아닌가 하는 물음을 피할 수 없다. 공예품에 대한 반감은 어떤 화음이 울릴 때나 어떤 색 앞에서 예술 일반이 왜곡된 상태로 겪는 양심의 가책이다. 예술에 대한 사회적 비판은 우선 예술을 외부로부터 탐색해 갈 필요가 없으며, 미 영역 내부의 구성에 의해 유발된다. 미감은 민감해질수록 사회적으로 유발된, 예술에 대한 거부감에 점차 접근한다. 예술의 이데올로기와 진리가 서로 흑과 백처럼 분리되는 것은 아니다. 어느 한 가지가 없는 한 다른 것도 예술에서는 존재할 수 없다. 그러한 상호 관계는 또한 그 나름으로 이데올로기적 악용을 유발한다. 예컨대 폐허문학[13] 형태로 그 두 가지를 일괄해서 거부하도록 부추기는 것이다. 예술 작품들의 자체동일 상태라는 유토피아에서 한 걸음만 벗어나도 예술을, 또는 실러의 장황한 대사에 따르면 여인들을, 세속 생활로 이끌어가는 하늘나라의 장미가 악취를 풍기게 된다. 사회가 점점 더 파렴치하게 총체적인 상태로 되고 그 속에서 다른 것들과 마찬가지로 예술도 그 사회가 지정하는 위상을 지니게 될수록, 그만큼 예술은 더 완전하게 이데올로기와 저항으로 양극화된다. 그리고 이러한 양극화는 예술에 도움이 되

---

13 [옮긴이] Kahlschlagliteratur: 2차 대전 직후 전쟁과 나치 경험을 극복하려는 문학 운동. 간결한 문체를 애용했다. 나치 이데올로기로 악용된 언어를 정화하려는 의도가 있었다. 전쟁과 홀로코스트의 책임, 전후 독일의 정치적, 사회적 보수화 경향에 대한 비판 등을 주요 문제로 삼았다.

기 어렵다. 절대적 저항은 예술을 속박하며, 이는 예술 자체의 존재이유를 향하기도 한다. 반면에 이데올로기는 예술을 빈곤하고 권위적인 현실 복사로 위축시킨다.

'책임'

파국 이후에 부활한 문화에서는 예술이 그 순수한 현존재로 인해 모든 내용 및 사상내용에 앞서 이미 전적으로 이데올로기적인 성격을 지닌다. 이미 발생한 공포 및 위협적인 공포에 대한 부적절한 관계는 예술을 냉소주의에 빠뜨린다. 그래서 예술은 공포와 맞서는 경우에도 그로부터 주의를 돌려놓는다. 예술의 객관화는 현실에 대한 냉담함을 내포한다. 이로 인해 예술은 야만상태와 한 패거리로 격하된다. 객관화를 포기하고, 설혹 논쟁적 참여를 통해서일지라도, 매개되지 않은 채 가담하는 경우에도 예술은 그와 동일한 야만상태의 공범자로 추락한다. 오늘날 모든 예술 작품은, 극단적인 예술 작품조차 나름의 보수적인 측면을 지닌다. 그것의 실존은 정신과 문화의 영역을 공고하게 만드는 데에 기여한다. 이 영역이 현실적으로 무기력하며 재앙의 원칙과 얽혀 있다는 점은 오늘날 적나라하게 드러나고 있다. 그러나 사회적 통합의 추세에 반대하는 이 보수적 측면은 온건한 작품들에서보다 가장 진보적인 작품들에서 더 강력한데, 그 때문에 그것이 단순히 몰락해야 마땅한 것만은 아니다. 정신이 가장 진보적인 형태로 살아남아 계속 작용하는 경우에만 사회적 총체의 독재에 저항하는 일이 아무튼 가능하다. 인류가 청산하기 시작한 일을 인류가 떠맡도록 진보적 정신이 만들지 못한다면, 인류는 이성적 사회조직을 방해하게 될 야만상태에 빠질 것이다. 예술은 관리되는 사회에서도 허용된 채 관리되지 않고 총체적 관리를 통해 억압받는 요인을 구현한다. 베케트의 작품에 정치적인 단어는 하나도 나오지 않지만 현대 그리스의 폭군들은 그의 작품을 금지했는데, 그들은 그 이유를 잘 알고 있었다. 비사회성이 예술을 사회적으로 정당화해 준다. 진정한 작품들은 화해를 위해 화해의 흔적을 모두 지워버려야 한다. 그렇지만 분열적인 작품조차 벗어날 수 없는 통일성은 해묵은 화해 없이는 이루어질 수 없을 것이다. 예술 작품들은 아프리오리하게 사회적으로 책임이 있다. 하지만 예술 작품이라는 이름을 얻을 자격이 있는 예술 작품은 그 책임에 대한 대가를 치르고자 한다. 예술 작품들이 살아남을 가능성은 종합을 위한 그것들의 노력이 화해 불가능한 상태이기도 하다는 데에 있다. 자율적 예술 작품을 현실에 맞세우는 종합이 없다면, 현실의 속박 외부에는 아무것도 없을 것이다. 정신의 분리 원칙은 그 주위에 속박을 퍼뜨리겠지만, 그것은 속박을 규정함으로써 깨뜨리는 것이기도 하다.

전위예술의 수용

이미 존재하며 질서를 부여하는 범주들을 극단적으로 제거하는 예술의 유명론적 경향이 사회적 의미를 내포한다는 사실은 에밀 슈타이거[14]를 포함하는 새로운 예술의 적수들을 볼 때 명백하다. 그들의

---

14 [옮긴이] Emil Staiger(1908~87): 스위스의 문학 연구자. 문학 텍스트 자체에 집중하는 작품 내재적 분석을 강조했다.

말로 '주도형상Leitbild'이라고 하는 것에 대한 그들의 공감은 사회적 억압, 특히 성적 억압에 대한 공감과 직접 일치한다. 권위주의적 성격 분석에서 명백하듯이, 현대 예술에 대한 증오와 사회적으로 반동적인 태도의 결합은 과거와 현대의 파시즘적 선전문에 기록되어 있으며, 경험적 사회 연구에서도 확인된다. 이른바 신성불가침하고 그래서 이제 전혀 경험되지도 않는 문화재의 파괴에 대한 분노는 그처럼 격분하는 사람들의 현실적 파괴욕을 위장해 줄 뿐이다. 지배적 의식이 볼 때 다른 상태를 원하는 의식은 경직된 상태에서 벗어나기 때문에 언제나 무질서하다. 극히 단순한 정보 수준의 조야한 오류를 통해 자신이 증오하는 대상에 대한 무지를 털어놓을 수밖에 없는 사람들이 새로운 예술의 무정부 상태에 대해 가장 격렬하게 호통을 치곤 한다. 물론 대체로 새로운 예술이 그렇게 무정부적인 것도 아니다. 그들은 또한 거부하려는 것을 미리 결정하고 그것을 전혀 경험하고 싶어 하지도 않는다는 점에서 아예 그들에게 말을 걸 수도 없다. 이 모든 일에 분업의 책임도 있다는 데에는 논란의 여지가 없다. 전문가가 아닌 사람이 간단히 최근의 핵물리학 발전을 이해할 수 없는 것과 마찬가지로, 비전문가는 극히 복잡한 현대 음악이나 회화를 이해할 수 없다. 그러나 사람들은 최근의 물리학 정리에까지 도달하는 합리성을 원칙상 누구라도 따라갈 수 있다고 믿으면서 그 정리를 이해하지 못해도 만족하지만, 새로운 예술이 이해되지 않으면 그것에 정신 분열적 자의성이라는 낙인을 찍고 만다. 하지만 미적으로 이해되지 않는 것도 과학상의 비의Esoterik와 마찬가지로 경험에서 제거해 버릴 수 없다. 예술은 단지 일관성 있는 분업을 통해서만 아직도 아무튼 자체의 인간적 보편성을 실현할 수 있다. 다른 보편성은 모두 허위의식이다. 자체로 철저히 형상화되고 질적으로 뛰어난 작품들은 임시변통으로 그럴듯한 표면만 갖다 붙이고 그 아래의 본래 형태는 파손된 수많은 작품들보다 객관적으로 덜 무질서하다. 이러한 사실에 신경을 쓰는 사람은 별로 없다. 부르주아적 성격은 좀더 나은 통찰에 반대하여 나쁜 상태에 매달리는 쪽으로 심하게 기울어져 있다. 이데올로기의 기본 구성 요인에는 이데올로기를 결코 완전히 믿지는 않는다는 점도 포함된다. 이데올로기는 자기 경멸에서 자기 파괴로 진행된다. 어중간하게 교육받은 의식은 '내 마음에 든다'는 말을 고집하면서, 문화의 쓰레기가 특히 소비자들을 속이기 위해 제작된다는 사실에 대해 냉소적이고 당혹스러운 미소를 지을 뿐이다. 즉 예술은 여가 활동으로서 유쾌하고 구속력이 없어야 한다고 여기는 것이다. 그들은 자신의 건전한 리얼리즘이 실은 등가교환의 속임수라는 점을 은밀히 느끼기 때문에 그러한 속임수를 받아들인다. 그처럼 거짓되고 또한 예술에 적대적인 의식 속에서 예술의 허구적 성격, 부르주아사회에서 예술이 지니는 가상적 성격이 전개된다. 예술 소비를 위한 지상 명제는 '세상은 속아 넘어가기를 원한다mundus vult decipi'는 생각이다. 명목상 순진하다고 하는 예술 경험은 그로 인해 모두 타락한 모습을 띠며, 그런 한에서 순진하지 않다. 주도적인 의식은 객관적으로 그처럼 완고한 반응을 지향한다. 왜냐하면 사회화된 사람들이 미적 성숙성을 포함한 성숙성의 개념 앞에서 좌절할 수밖에 없기 때문인데, 이 성숙성은 그들이 자신의 것으로서 요구하고 어떤 대가를 치르고서라도 고수하는 질서에 전제되고 있다. 그들이 관여하지 않아도 진정한 예술 작품들에 내재하는 비판적 사회 개념은 있는 그대로 존속하기 위해 사회가 스스로 생각할 수밖에 없는 상태와는 결합될 수 없다. 지배적 의식은 사회적 자체보존을 해치지 않고는 자체의 이데올로기에서 벗어날 수 없다. 이로 인해 유별나 보이는 미학 논쟁은 사회적으로 중요해진다.

예술과 사회의 매개

사회가 예술 작품들 속에서 논쟁적 진리와 아울러 이데올로기적으로 '나타난다'는 사실은 역사철학적 신비화를 잘못 유발한다. 사변은 너무 쉽사리 세계정신에 의해 만들어진, 사회와 예술 작품들 사이의 예정조화에 빠질 수 있을 것이다. 그러나 이론은 예술 작품들과 사회의 관계 앞에서 굴복해서는 안 된다. 예술 작품들 속에서 실현되고 그 속에서 중단되는 과정은 예술 작품들이 얽혀 들어가 있는 사회적 과정과 같은 의미를 지닌다고 생각해야 할 것이다. 라이프니츠의 공식을 써먹자면 예술 작품들은 창문 없이도 사회적 과정을 대변한다. 예술 작품의 전체에 대한 그 요소들의 짜임관계는 외부 사회의 법칙들과 유사한 법칙들에 내재적으로 따른다. 사회적 생산력과 생산관계는 그 사실 문제를 논외로 하고 단순한 형식에 비춰 볼 때 예술 작품들 속에도 다시 나타난다. 왜냐하면 예술적 노동은 사회적 노동이기 때문이다. 또 예술 작품들은 언제나 사회적 노동의 산물들이기도 하다. 예술 작품 속의 생산력은 자체로서 사회적 생산력과 상이한 것이 아니라, 단지 예술 작품들이 실제 사회로부터 본질구성적으로 물러난다는 점을 통해서만 상이하다. 설혹 잠재적일지라도 사회적 생산을 본보기로 하지 않는다면, 예술 작품들에서는 거의 아무것도 행해지거나 만들어지지 않을 것이다. 예술 작품이 그 내재성의 영역 밖에서 지니는 구속력은 그러한 친화성에 근거를 둔다. 상품은 사회를 위한 존재라는 가상을 안간힘을 다해 고수하지만, 예술 작품이 실제로 이런 가상을 모두 내던진 사회적 산물, 말하자면 절대적 상품이라 하더라도, 그것을 규정하는 생산관계 즉 상품 형식은 사회적 생산력 및 그 둘 사이의 적대 관계와 마찬가지로 예술 작품들 속에 끼어든다. 상품은 타자를 위한 존재라고 주장하지만 실은 아이러니하게도 단순히 독자적인 존재, 즉 그것을 자유로이 처분하는 자들을 위한 존재일 뿐인데, 절대적 상품은 그 상품 형식에 내재하는 이러한 이데올로기에서 벗어날 것이다. 물론 이데올로기가 그처럼 진리로 뒤바뀌는 것은 사회에 대한 예술의 직접적 입장 변화가 아닌 미적 사상내용의 변화다. 절대적 상품도 여전히 팔 수 있는 것이며, '자연적 독점'이 되었다. 예술 작품들이 지난날의 도자기나 조각상과 마찬가지로 싸구려로 시장에 나오게 되었다는 점은 그것에 대한 남용이 아니라 그것이 생산관계에 관여한다는 사실의 단순한 귀결이다. 완전히 이데올로기적이지 않은 예술은 아마 전혀 가능하지 않을 것이다. 단지 경험적 현실과 대립한다고 해서 그렇게 되지는 않는다. 사르트르가 타당하게 강조했듯이,[15] 독일에서 예술의 미적 이상이 도덕적 강제 기구로서 주도권을 지니는 것과 마찬가지로 프랑스에서는 예술을 위한 예술 원칙이 보들레르 이래 주도적이었는데, 부르주아계급은 이 원칙을 예술의 중화 수단으로서 기꺼이 받아들였다. 이와 마찬가지로 독일에서 예술은 사회질서 통제의 위장된 동맹자로 흡수되었다. 예술을 위한 예술 원칙에서 이데올로기는 경험계에 대한 예술의 강력한 대립이 아니라 그

---

15 Jean-Paul Sartre, *Was ist Literatur? Ein Essay*, übertr. H. G. Brenner, Hamburg: Rowohlt, 1958, p. 20.

대립의 추상성과 안이함에 있다. 예술을 위한 예술 원칙이 세워놓는 미의 이념은 물론 아무튼 보들레르 이후의 발전 과정에서는 형식적-의고주의적이지는 않겠지만, 형식 법칙에 이르지 못한 채 다름 아니라 반예술주의적으로 어떤 독단적인 미의 계율에 따르지 않는 내용을 모두 방해 요인으로서 삭제해 버린다. 이러한 정신에 따라 게오르게는 호프만스탈에게 보내는 편지에서 호프만스탈이 티치아노[16]의 죽음에 관해 논평하면서 이 화가를 페스트로 죽게 내버려둔다고 비난한다.[17] 예술을 위한 예술의 미 개념은 특이하게도 공허하면서 동시에 소재에 사로잡힌 것이기도 하다. 그것은 머리카락에 꽂은 포도 잎사귀나 '아름다움 속에서 죽는다'는 입센의 표현에서 나타나듯이 일종의 유겐트 양식으로 다듬어진 것이다. 마치 공기뿌리처럼 자체로는 규정될 수 없고 타자를 통해서만 규정되는 미가 고안된 장식품의 운명에 얽혀 들어간다. 이러한 미 이념은 제한적이다. 왜냐하면 추한 것으로서 거부된 사회에 직접 대립하는 태도를 취하고, 그러한 대립을 보들레르나 랭보만 해도 그랬던 것처럼 내용에서——보들레르의 경우 파리의 영상에서——끌어내어 검토하지는 않기 때문이다. 이러한 검토를 통해서만 거리감은 확정적 부정을 통한 개입이 된다. 형식은 사회적 계기들을 기반으로 할 때 비로소 형식이 될 텐데, 신낭만주의적, 상징주의적 미는 이 사회적 계기들에 대해 고상한 태도를 보이며 그 나름으로 자족적인 것이 됨으로써 급속도로 구매력을 지니게 되었다.

---

16 [옮긴이] Tiziano Vecellio(1488~1576): 16세기 베네치아 회화를 주도한 화가. 페스트로 사망했다.

17 *Briefwechsel zwischen George und Hofmannsthal*, hg. R. Boehringer, 2. Aufl., München/Düsseldorf: Helmut Küpper vormals Georg Bondi, 1953, p. 42.

그러한 미는 상품세계를 제쳐놓음으로써 상품세계를 은폐한다. 이 때문에 그것은 상품 자격을 얻는다. 예술을 위한 예술 작품들은 그 잠재적 상품 형식으로 인해 예술 내적으로도 오늘날 비웃음을 사는 키치로 판정받았다. 랭보의 경우 그의 예술 의식 속에는 사회에 대한 날카로운 대립과 고분고분한 면, 즉 카바레의 샹송과 낡은 관의 향기에 대한 릴케적 도취가 서로 결합되지 않은 채 병치되어 있다는 점을 지적할 수 있다. 결국 화해 상태가 승리하게 되었고, 예술을 위한 예술 원칙은 구제할 수 없었다. 또한 그 때문에 오늘날 예술의 상황은 사회적으로도 진퇴양난에 처해 있다. 예술이 그 자율성을 포기하면 기존 사회의 작동에 자신을 내맡기게 되며, 엄격하게 독자적인 상태에 머문다면 여러 분야 가운데 무해한 분야로서 그에 못지않게 훌륭히 통합될 것이다. 이러한 진퇴양난에서는 어떤 일이 일어나든 모조리 삼켜버리는 사회의 총체성이 나타난다. 작품들이 소통을 거부한다는 것은 작품들의 비이데올로기적 본질을 위한 필요조건이지 결코 충분조건이 아니다. 중심 척도는 표현력이다. 표현의 긴장을 통해 예술 작품들은 무언의 제스처와 함께 웅변적으로 된다. 표현에서 예술 작품들은 사회적 흉터임이 드러난다. 표현은 예술 작품들의 자율적 형태를 위한 사회적 효소다. 피카소의 「게르니카」는 그에 대한 공범 증인일 것이다. 이 작품은 명령에 따르는 리얼리즘과 결코 결합될 수 없는 상태에서 바로 비인간적 구성을 통해 모든 명상적 오해 가능성 너머의 사회적 저항으로 첨예화되는 표현을 얻는다. 예술 작품들의 사회비판 영역은 고통스러운 영역이다. 즉 예술 작품들의 표현에서 역사적으로 규정된 가운데 사회 상태의 허위가 드러나는 영역이다. 실제로 분노는 이에 대한 반응이다.

카타르시스 비판; 키치와 통속성

　예술 작품들은 자체로서 언제나 사회적인 것이기도 하기 때문에 그것들의 타율적 요인 또는 사회와 연루되는 상태를 받아들일 수 있다. 그렇기는 하지만 사회로부터 힘들게 빼앗아 낸 예술 작품들의 자율성은 그 자체로서 사회적으로 발생한 것들이기에 타율성으로 되돌아갈 가능성을 지닌다. 새로운 것은 모두 누적된 불변 요인보다 나약하며 그 원래 상태로 되돌아갈 준비가 되어 있다. 작품들의 객관화 속에 감추어져 있는 '우리'는 종종 현실적 과거 '우리'의 잔재이기도 하지만, 외부의 '우리'와 근본적으로 다르지 않다. 그 때문에 집단적 호소는 단순히 작품들의 원죄가 아니며, 오히려 작품들의 형식 법칙 속의 어떤 부분이 그것을 함의한다. 위대한 그리스 철학은 그 객관적 어조에서 기대할 수 있는 것보다 훨씬 더 큰 중요성을 미적 영향에 부여했는데, 이것이 순전히 정치에 대한 집착에 기인하는 것만은 아니었다. 예술에 대해 이론적으로 각성하기 시작한 이래, 이론적 각성은 예술 위로 올라섬으로써 오히려 예술 아래로 떨어져 버리고 예술을 권력관계에 내맡기려는 유혹에 빠진다. 오늘날 사람들이 위치 설정이라고 칭하는 바는 미 영역에서 벗어날 수밖에 없다. 예술에 그 사회적 위치를 지정해 주는 싸구려 지배권은 예술의 형식 내재성을 공허하고 순진한 자기기만으로 처리해 버린 후, 마치 예술이 사회에서 지닌 위상에 의해 판정받는 것 이외에는 아무것도 아닌 듯이 예술을 손쉽게 다룬다. 플라톤은 자신이 유토피아로 착각하는 민중 공동체의 군사적 미덕들과 일치하느냐 못하느냐에 따라 예술을 검열한다. 또 그는 현실적인 또는 악의로 고안한 퇴폐성에 대해 전체주의적 원한을 품고 시인의 거짓말을 혐오한다. 그러나 이 거짓말은 그가 기존 질서에 따라야 한다고 주장하는 예술의 가상적 성격일 뿐이다. 이 모두로 인해 예술의 개념은 최초로 반성되는 순간 이미 오염된다. 아리스토텔레스의 시학에서 격정들의 정화는 이제 물론 그렇게 노골적으로 지배에 대한 관심을 드러내지 않는다. 그러나 그가 말하는 승화의 이상은 그가 염두에 두는 관중의 본능 및 욕구의 육체적 충족 대신 대리 만족으로서 미적 가상을 복원하는 과제를 예술에 부여하며, 이런 점에서 지배적 관심을 고수한다. 즉 카타르시스는 억압에 동의하면서 격정들에 반대하는 일종의 순화 행위다. 아리스토텔레스의 카타르시스는 예술 신화의 일부로서 진부한 것이며 또 실제로 영향을 끼치기에는 부적절하다. 그 대신 예술 작품들은 자체로서 정신화를 통해 이 그리스인들이 예술 작품들의 외적 영향에 투사한 바를 실현했다. 즉 예술 작품들은 형식 법칙과 소재내용 사이의 과정에서 그 자체의 카타르시스를 이룬다. 미적 승화를 포함한 승화는 의문의 여지 없이 문명의 진보 및 예술 내적 진보 자체에도 참여하지만 이데올로기적인 면도 지닌다. 즉 대용품인 예술은 그 허위를 통해 승화의 품위를 앗아버리는 것이다. 그런데 아리스토텔레스의 권위를 통해 비호받으며 2천 년 이상 계속된 의고주의는 언제나 승화에 그러한 품위가 있다고 광고한다. 엄밀히 말해 카타르시스 이론은 궁극적으로 문화산업이 장악하여 관리하는 원칙을 이미 예술의 탓으로 돌린다. 그런 허위의 지표는 아리스토텔레스가 말하는 축복에 가득 찬 영향이 이제까지 이루어진 적이 있느냐 하는 근거 있는 의심이다. 물론 대용품이 예로부터 일그러진 충동을 불러일으켰을 수는 있다. 아직 존재한 적 없으면서 예술 작품의 초월을 가능하게 하는 조건을 예술 작품 속에서 대변하는 요인, 즉 새로움의 범주조차 늘 새로운 외피 속에 불변 요인의 흔적을 지닌다. 오늘날까지도 속박받는 의식은 아마 형상을 통해서도 새로움을 감당할 수 없을 것이다. 즉 그러한 의식은 새로움에 관련해서는 꿈을 꾸지만 새로움 자체를 꿈꾸지는 못한다. 예술의 해방이 예술을 즉자존재로 여기는 가상으로서의 상품적 성격을 수용함으로써만 가능했다면, 반대로 상품적 성격은 그 후의 발전이 이루어짐에 따라 다시 예술 작품들에서 떨어져 나온다. 이에는 예술을 생활 속에 다시 끌어들인다는 이데올로기, 문화산업의 전조인 와일드, 단눈치오,[18] 마테를링크[19] 등이 일으킨 파문과 아울러 유겐트 양식도 적지 않게 기여했다. 주관이 점점 더 세분화되고 미적 자극들의 영역이 고양되고 확장됨에 따라, 미적 자극들을 마음대로 다루는 것도 가능해졌다. 즉 그러한 것들은 문화 시장을 위해 생산될 수 있었다. 극히 덧없는 개인적 반응들에 대한 예술의 동의가 예술의 사물화와 결부되었다. 또 예술이 주체의 신체 상태와 점점 더 유사해짐에 따라 생산 전반에서 예술은 그 객관성으로부터 멀어지고 수용자에게 접근했다. 그런 한에서 예술을 위한 예술이라는 구호는 그 대립물을 위장하는 것이었다. 주관적 세분화는 자아 박약을 내포하며 이는 문화산업 고객들의 정신 상태와 같은 면을 지닌다는 점에서는 퇴폐주의에 대한 비난도 참이다. 문화산업은 그러한 점을 이용해 먹을 수 있었다. 키치는 교양을 신봉하는 자들이

18 [옮긴이] Gabriele D'Annunzio(1863~1938): 이탈리아 문학가. 자연주의와 니체의 영향을 받았으며 관능적 아름다움을 추구했다. 파시즘과 친화적이기도 했다.
19 [옮긴이] Maurice Maeterlinck(1862~1949): 벨기에 상징주의 작가. 그의 희곡 『펠레아스와 멜리장드Pelléas et Mélisande』(1892)에 드뷔시가 곡을 붙였다. 환상적인 우화 『파랑새 L'Oiseau bleu』는 경박한 낙관주의를 보이기도 한다.

원하는 바처럼 단순히 부실한 적응에 의해 생겨난 예술의 타락물이 아니다. 그것은 예술 속에서 항상 다시 나타나는 기회들, 예술 밖으로 뛰쳐나갈 기회들을 엿보고 있다. 키치를 규정하는 일은 마치 도깨비 장난처럼 불가능하다. 그것을 역사적으로 규정하는 일조차 불가능하지만, 존재하지 않는 감정들을 지어내고 이를 또한 중화시킨다는 점은 키치에서 사라지지 않고 끈질기게 남아 있는 특성 가운데 하나다. 키치는 카타르시스를 패러디한다. 그러나 예술도 그와 동일한 허구를 요구하며, 또 이 허구는 예술에 본질적이었다. 즉 실제로 존재하는 감정을 기록하는 일이나 심적 원재료를 그대로 다시 내놓는 일은 예술에 이질적이다. 미적 허구와 키치의 감정 쓰레기를 추상적으로 구분하는 일은 헛수고다. 키치는 모든 예술에 독소로 섞여 있다. 그것을 자체로부터 배제하는 일은 오늘날 예술의 절망적인 노력 가운데 하나다. 통속성의 범주도 판매할 수 있는 모든 감정과 관계한다. 그것은 제작되고 싸구려로 팔리는 감정에 대해 보완적 관계를 지닌다. 예술 작품들에서 무엇이 통속적이냐 하는 문제를 규정하는 것은, 자체의 아프리오리한 제스처로 볼 때 통속성에 대한 저항을 의미하는 예술이 어떻게 통속성 속에 통합될 수 있느냐 하는 에르빈 라츠[20]의 물음에 답변하기만큼이나 어렵다. 통속적인 것은 단지 훼손된 형태로만 이른바 고급 예술이 배제하는 비천한 것을 대변한다. 예술이 아무런 거리낌 없이 비천한 계기들을 통해 고취될 때에는 통속적인 것과 반대되는 무게를 지닐 수 있었다. 예술은 비하를 통해, 특히 유머로써 기형

---

20 [옮긴이] Erwin Ratz(1898~1973): 오스트리아 음악 이론가. 쇤베르크의 제자였다. 국제 신음악회, 말러 학회 등에서 활동했으며 음악의 근원적 형식을 추구했다.

화된 의식에 호소하고 이를 확증할 경우 통속적으로 되었다. 대중들을 자신이 몰아가는 대로 만들어놓고도 이를 대중들의 탓으로 돌릴 수 있다면, 이는 지배자들의 생각에 딱 맞는 일일 것이다. 예술은 굴욕당하는 형태의 대중에게 순응하는 대신 가능한 상태로서 대중을 대함으로써 대중을 존중한다. 사회적으로 볼 때 예술 속의 통속성은 객관적으로 재생산되는 굴욕과의 주관적 동일시다. 대중은 그들에게 허용되지 않는 것들 대신 그러한 거부를 통해 야기된 것, 그리고 그처럼 거부된 것의 자리를 차지하고 있는 것들을 원한을 느끼면서 반사적으로 즐긴다. 저급 예술이나 오락이 자명하고 사회적으로도 정당하다는 주장은 이데올로기다. 그러한 자명성은 억압이 어디에나 존재한다는 사실을 나타내 줄 뿐이다. 광고에서 초콜릿을 한 조각 맛있게 먹으면서 마치 죄스러운 듯이 눈을 슬쩍 감는 아이야말로 미적 통속성의 본보기다. 통속적인 것 속에서는 억압된 요인이 억압의 흔적들을 지닌 채 다시 나타난다. 주관적으로 볼 때 그것은 예술이 극히 열심히 카타르시스라고 찬양하고 자신의 업적이라고 간주하는 승화가 이루어지지 못했음을 나타낸다. 예술이 승화를 그처럼 중요시하는 이유는 그것이 아직까지 ─ 어느 문화에서나 마찬가지로 ─ 제대로 이루어지지 않았음을 감지하기 때문일 것이다. 총체적 관리가 이루어지는 시대에 문화는 이 문화를 통해 만들어진 야만인들을 이제 더 이상 1차로 비하할 필요가 없다. 단지 예로부터 주체 속에 퇴적된 야만성을 그 자체의 의례를 통해 강화하기만 하면 된다. 예술이 아무튼 항상 상기시키는 상태가 존재하지 않는다는 사실은 분노를 야기한다. 그리고 이러한 분노는 그 타자의 형상에도 옮겨지며, 이를 통해 타자의 형상은 더럽혀진다. 때때로 해방적 부르주아 예술은 광대, 하인, 애처가 들의 형상을 통해 통속성을 천재적으로 제어하기도 했다. 이제 이빨을 드러내고 웃는 광고 속의 미인들이 통속성의 원형으로 되었다. 어느 나라의 광고물이건 한결같이 치약 브랜드에 대한 그들의 칭송을 활용한다. 그런 여성적 광채에 자신이 속고 있음을 아는 사람들은 너무 반짝이는 그들의 이빨을 비난하고, 그 성스러운 순진함에서 문화의 광채 너머의 진실을 드러낸다. 최소한 이러한 관심사를 통속적인 것에서도 파악할 수 있다. 미적 통속성은 사회적 굴욕이라는 불변 요인을 비변증법적으로 모방하기 때문에 역사를 지니지 않는다. 그라피티Graffiti는 통속성의 영원회귀를 찬양한다. 예술은 어떤 소재라도 통속적이라고 금기시해서는 안 될 것이다. 통속성은 작품을 수용하는 사람들과 소재들에 대한 한 가지 관계다. 그것은 총체적인 것으로 확장되는 가운데 고결하고 숭고한 듯한 모습을 지니던 요인들을 삼켜버렸다. 이는 비극적인 것이 소멸하게 된 원인 가운데 하나다. 부다페스트 오페레타 제2막의 대단원 속에서 비극적인 것도 사라졌다. 오늘날 가벼운 예술로서 사업을 벌이는 것은 모두 거부해야 한다. 그러나 이에 못지않게 사물화에 대한 추상적 대립이자 동시에 사물화의 제물인 고결성도 거부해야 할 것이다. 이 고결성은 보들레르 시대 이래로 민주주의의 한가운데에서 존속하는 억압이 아니라 대중의 수적 범주인 민주주의 자체가 통속성의 원인인 듯이, 정치적 반동과 기꺼이 결탁한다. 예술에서 고결성은 지켜야 하지만, 그와 아울러 고결성 자체의 죄, 즉 그것이 특권과 연루되어 있다는 사실에 대해서는 반성해야 한다. 고결성은 단지 형상화의 확고함과 저항력을 통해서만 아직도 가능하다. 고결성이 스스로를 내세운다면 그 나름으로 조야하고 통속적인 것이 된다. 오늘날까지 고결성은 존재하지 않기 때문이다. 신성한 것은 더 이상 쓸모없다[21]는 횔덜린의 시 이래로 고결성에는 어떤 모순이 자라난다. 이 모순은 사회주의 신문을 읽고 정치적으로 공감하면서도 동시에 언어나 도덕적 신조, 즉 만인을 위한 문화라는 이데올로기의 예속적 저류에 반감을 느꼈던 청소년들도 감지했을 것이다. 사실상 그 사회주의 신문은 물론 해방된 민중의 잠재력이 아니라, 계급사회의 보완물인 민중, 즉 계산에 집어넣어야 하고 정태적으로 파악되는 유권자 전체로서의 민중을 지지했다.

실천에 대한 입장; 영향, 체험, '충격'

미적 반응과 전적으로 반대되는 개념은 속물성 개념이다. 이는 여러모로 통속성으로 넘어가곤 하지만, 통속성이 탐욕으로 입맛을 다시는 데 반해 속물성은 미에 대해 냉담하거나 미를 증오하는 점에서 구분된다. 속물에 대한 거부는 미적 고결성과 사회적으로 공범 관계를 이룬다고 할 수 있는데, 그러한 거부를 통해 정신노동은 육체노동보다 직접 더 우월한 것으로 간주된다. 예술이 더 훌륭하다는 생각이 예술의 자의식이 되며, 또 미적으로 반응하는 사람들에게 그것은 자체로 더 나은 일이 된다. 예술은 이러한 이데올로기적 계기를 부단히 스스로 교정해야 한다. 예술은 실천적 본질을 부정하면서도, 모든 인공물에 불가피한 제작 행위 내지 그 발생을 통해서만 아니라 그 자체로서 이미 실천이기 때문에 그러한 자체 교정을 해낼 수 있다. 예술의

---

21 Hölderlin, *Sämtliche Werke*, Bd. 2, p. 230["Einst hab ich die Muse gefragt(한때 나는 시신詩神에게 물었지)"].

사상내용이 자체 내에서 운동하고 동일한 상태에 머물지 않기 때문에, 객관화된 예술 작품들은 그 역사 속에서 또다시 실천적 반응 방식이 되며 현실을 지향한다. 이 점에서 예술은 이론과 동일한 의미를 지닌다. 예술은 자체 내에서 수정된 상태로 혹은 중화된 상태로, 실천을 반복하며 이를 통해 입장들을 취한다. 베토벤의 교향곡은 그 비밀스러운 화학작용에 이르기까지 부르주아적 생산과정이며, 이에 수반되는 영속적 재앙의 표현이기도 하다. 또 그것은 현실이 그러하고, 그럴 수밖에 없으며, 또 그래야 마땅하고, 그래서 좋다는 식의 비극적 긍정의 제스처를 통해 사회적 사실이 되기도 한다. 그와 마찬가지로 이 음악은 부르주아계급의 혁명적 해방운동 과정에 속하기도 하지만 부르주아계급에 대한 변론을 앞질러 말해주기도 한다. 예술 작품들을 깊이 있게 해독할수록 실천에 대한 그것들의 대립 관계는 그만큼 덜 절대적이다. 또 예술 작품들은 그 출발점, 기반, 즉 실천에 대한 대립과는 다른 것이며, 이 대립의 매개를 드러내는 것이다. 예술 작품들은 실천 이하이기도 하고 실천 이상이기도 하다. 실천 이하인 이유는 톨스토이의 『크로이처 소나타』에서 영구적으로 성문화된 것처럼, 해야 할 일 앞에서 뒤로 물러서며 어쩌면 그것을 방해하기조차 하기 때문이다. 물론 금욕주의적으로 개종한 톨스토이가 상정한 것만큼 그런 일을 해낼 수는 없더라도 그렇다. 예술 작품들의 진리내용은 인류 개념과 분리될 수 없다. 예술 작품들은 아무리 매개되고 부정적인 형태일지라도 어떤 변화된 인류의 형상들이며, 그런 변화로부터의 추상을 통해 자체로 안정상태에 이를 수는 없다. 그러나 예술은 실천으로부터 등을 돌림으로써 실천적 본질의 고루한 허위를 탄핵하기 때문에 실천 이상의 것이다. 직접적 실천은 실천을 통해 세계를 조직하는 일이 성공적으로 이루어지지 않고 있는 한 그와 같은 점을 알지 못할 것이다. 예술이 아프리오리하게 가하는 비판은 지배의 암호문으로서의 활동에 가하는 비판이다. 실천은 그 순수한 형식으로 볼 때 그것이 결과적으로 제거하고자 하는 바를 지향한다. 폭력은 실천에 내재적이며 실천에서 승화가 이루어질 때에도 유지된다. 반면에 예술 작품들은 아무리 공격적인 것이라도 비폭력을 지지한다. 예술 작품들은 인류의 야만적 식욕을 뒤에 감추고 있는 실천적 활동과 실천적 인간의 요체에 맞서 그 나름으로 경고를 한다. 그러한 인류는 그 식욕에 의해 지배되고 또 지배와 융합되어 있는 한 아직 인류가 아니다. 실천에 대한 예술의 변증법적 관계는 예술의 사회적 영향 관계다. 예술 작품들이 정치적으로 개입한다는 생각은 의심스럽다. 정치적 개입이 이루어지더라도 그것은 대개 예술 작품에 대해 부수적이다. 예술 작품들이 그와 같은 일을 추구한다면 자체의 개념에도 이르지 못하곤 한다. 예술 작품들의 진정한 사회적 영향은 극히 간접적이다. 그것은 보이지 않는 과정 속에서 사회 변화에 기여하고 예술 작품들에서 집중되는 정신에 관여하는 일이다. 예술 작품들은 단지 그것들의 객관화를 통해서만 그런 정신에 관여할 수 있다. 예술 작품들의 영향은 그것들이 자체의 실존을 통해 불러일으키는 기억의 영향이며, 그것들의 잠재적 실천이 어떤 명시적 실천에 작용함으로써 야기되는 영향이라고 하기 힘들다. 예술 작품들의 자율성은 실천의 직접성으로부터 너무 멀리 떨어져 나왔다. 예술 작품들의 역사적 기원은 제반 영향 관계들을 돌이켜 보여주며, 이 영향 관계들은 예술 작품들 속에서 흔적 없이 사라지지 않는다. 각각의 예술 작품이 자체 내에서 수행하는 과정은 어떤 전체 주체와 같은 것을 본질구성하는 가능한 실천의 모델로서 사회에 역으로 작용한다. 예술에서는 영향보다 그 자체의 형태가 더 중요하다. 그렇지만 예술 자체의 형태는 영향을 끼친다. 그 때문에 영향에 대한 비판적 분석은 사물 상태의 예술 작품들이 자체 내에 감추고 있는 바에 대해 많은 점을 말해준다. 이는 바그너의 이데올로기적 효과에 대한 문제를 통해서 설명할 수 있을 것이다. 예술 작품들 및 그것의 화학작용에 대해 사회적으로 반성하는 것을 허위라고 할 수는 없고, 영향 관계와 사상내용 사이의 긴장과 무관하게 위로부터 추상적, 사회적으로 그 위치를 할당하는 것이 허위다. 그런데 예술 작품들이 실천적으로 어디까지 개입하느냐 하는 문제는 예술 작품들 자체에 의해서만 결정되지는 않으며, 그 이상으로 역사적 상황에 의해 결정된다. 확실히 보마르셰[22]의 희극들은 브레히트나 사르트르 방식으로 참여적인 작품이 아니었다. 그러나 실제로 그것이 어느 정도 정치적 효과를 거두었던 것은 그것의 확고부동한 내용이 이를 유쾌하게 받아들이고 즐기게 된 역사적 흐름과 조화를 이루었기 때문일 것이다. 예술의 사회적 영향은 간접적 영향이라는 점에서 명백히 역설적이다. 그 가운데 자발성 덕분인 것으로 간주되는 요인도 그 나름으로 사회의 전체적 경향에 의해 좌우된다. 반면에 늦어도 『요한나』[23] 이래 변혁을 의도했던 브레히트의 작품은 아마 사회적으로 무기력했을 것이며, 그처럼 영리한 사람이 그 점을 오해하기는 어려웠을 것이다. 그의 작품이 끼치는 영향에 대해서는 '구원받은 사람에게 설교하기preaching to

---

22 [옮긴이] Pierre-Augustin Caron de Beaumarchais(1732~99): 프랑스 극작가. 『세비야의 이발사Le Barbier de Séville』(1775)와 『피가로의 결혼Le Mariage de Figaro』(1784) 등을 썼다.
23 [옮긴이] 『도살장의 성 요한나Die heilige Johanna der Schlachthöfe』: 브레히트의 1931년 작 서사극. 1920년대 공황기 시카고의 도살장을 배경으로 자본주의 문제를 다룬다.

the saved'라는 앵글로색슨식 속담이 적합하다. 그의 낯설게 하기 프로그램은 관객들의 사고를 유발하려는 것이었다. 사고하는 반응에 대한 브레히트의 요구는 중요한 자율적 예술 작품들이 적합한 태도로서 관객, 청중, 독자에게 기대하는 객관적 인식 태도에 대한 요구와 눈에 띄게 일치한다. 그러나 그의 교수법적 제스처는 사유에 불을 붙이는 다의성에 대해 관용적이지 못하다. 즉 그는 권위주의적이다. 이는 아마 그의 교육극이 별로 영향을 발휘하지 못한다는 점을 그 스스로 느낀 데에 대한 반응이었을 수도 있다. 즉 그는 한때 자신의 명성을 높일 계획을 했던 것과 마찬가지로 능숙한 솜씨로 지배의 기술을 통해 영향을 억지로 만들고자 했다. 그러나 정치적 실천의 일부이기도 한 예술 작품의 자의식은 예술 작품 자체의 이데올로기적 기만에 맞서는 힘으로 성장했으며, 이에는 특히 브레히트도 기여했다. 브레히트의 실천주의는 그의 작품들이 지니는 미적 형식 요인이 되었으며, 직접적 영향 관계와 떨어져 있는 그것들의 진리내용에서 제거해 버릴 수 없게 되었다. 오늘날 예술 작품들이 조잡한 선전물이 되지 않는 한 사회적으로 별 영향을 끼치지 못하는 절실한 원인은, 예술 작품들이 독재적 소통 체계에 저항하기 위해, 어쩌면 예술 작품들을 대중에게 전파하는 데에 기여할 수도 있을 소통 수단들을 버릴 수밖에 없다는 데에 있다. 아무튼 예술 작품은 장광설을 늘어놓음으로써가 아니라, 확고부동한 것으로 만들기 어려운 의식을 변화시킴으로써 실천적 영향력을 발휘한다. 그렇지 않아도 선동적 효과들은 쉽사리 사라진다. 이는 아마 바로 그런 유형의 예술 작품들조차 비합리성이라는 일반 조건 아래 지각되기 때문일 것이다. 예술 작품들과 떨어지지 않는 그 원칙으로 인해 직접 실천에 불을 붙이는 일은 중단되는 것이다. 미적 교양은 예술과 현실을 미의 문제와 무관하게 혼합하는 수준에서 벗어나게 해준다. 미적 교양의 결과인 거리 설정을 통해 예술 작품들의 객관적 성격이 해방된다. 그뿐만 아니라 그것은 주관적 태도에도 관계하여 초보적 동일시들을 차단하며, 예술 작품과 수용자의 관계를 위해 경험적-심리적 인격으로서의 수용자를 무력하게 만든다. 주체의 측면에서 보면 예술에는 외화Entäußerung가 필요하다. 감정이입 미학에 대한 브레히트의 비판도 그러한 것을 의도했다. 그러나 이 외화는 예술을 경험하여 자신을 탈피하는 사람을 바로 그런 점에서 정치적 동물ξῶον πολιτικόν이라고 규정하는 한 실천적이다. 또 예술 자체도 객관적으로 볼 때 의식을 형성한다는 점에서 실천이다. 그러나 예술은 단지 아무런 감언이설을 늘어놓지 않음으로써만 그럴 수 있다. 예술 작품을 실질적으로 대하는 사람은 직접적 호소라는 개념이 암시하는 식으로 예술 작품에 열광하지는 않을 것이다. 그런 일은 작품들의 인식적 성격에 적합한 인식적 태도와 결합할 수 없을 것이다. 예술 작품들은 지배적 욕구들을 비판하고 친숙해진 것들을 달리 조명하는 경향을 통해, 현실 변혁으로 넘어갈 수도 있는 의식 변혁을 향한 객관적 욕구에 부응한다. 예술 작품들은 영향을 발휘하지 못해 괴로움을 겪지만, 기존 욕구들에 순응함으로써 영향을 발휘하고자 하면, 욕구라는 상투적인 말을 심각하게 받아들이고 스스로에 대립함으로써, 사람들에게 줄 수도 있는 것을 빼앗아 버린다. 미적 욕구들은 다소 모호한 것이며 명료하게 표현된 것이 아니다. 문화산업의 책략들도, 그것이 사람들로 하여금 믿도록 만들고 싶어 하고 또 흔히들 쉽사리 그렇게 상정하는 것처럼 그 점에 별다른 변화를 가져오지는 않았다고 할 수 있다. 문화가 실패했다는 사실은 공급 및 배포 메커니즘과 분리된 주관적 문화 욕구라는 것이 실제로 존재하지 않는다는 것을 함의한다. 예술에 대한 욕구 자체도 대체로 이데올로기다. 아마 예술이 없어도 별 상관은 없을 것이다. 객관적으로만 그러한 것은 아니다. 소비자들의 취미가 최소 저항 노선을 따르는 한에서, 생활 조건이 바뀌면 쉽사리 취미를 바꾸는 소비자들의 정신생활에서도 그러하다. 사람들이 자신을 탈피하여 생각할 수 없게 된 사회에서는 이들의 생활을 재생산하는 일을 벗어나지만 생활에 꼭 필요하다고 주입되는 것들은 사실상 불필요한 것이다. 부조리하게 여전히 존속하고 있는 궁핍 상태, 확대된 채 재생산되고 있는 야만상태, 어디에나 존재하는 총체적 파국의 위협 등을 고려하면 생활을 유지하는 것과 무관한 현상들은 어떤 어리석은 면을 지니는데, 그런 한에서는 최근에 등장했던 예술에 대한 반역도 진리를 지닌다. 예술가들은 모든 것을 삼켜버리고 아무것도, 심지어 제법 훌륭한 것도 배제하지 않는 문화 사업에 무관심할 수도 있다. 그러나 문화 사업에서 이루어지는 모든 일은 그것의 객관적 무관심성으로 인해 영향을 받는다. 마르크스조차 다소 무색무취하게 전체적 문화 수준이라는 개념 속에서 문화적 욕구들이라는 말로 생각했던 문제는 나름의 변증법을 지닌다. 즉 이제는 문화에 대한 손쉬운 해설에 만족하는 사람들보다 문화를 포기하고 문화의 축제에 가담하지 않는 사람이 오히려 문화를 존중하는 것이다. 실제적 동기 못지않게 미적 동기도 문화적 욕구에 반대한다. 예술 작품들의 이념은 욕구와 충족의 영원한 교환을 중단하고자 하며, 충족되지 않는 욕구를 대용 만족으로 훼손하고자 하지는 않는다. 미학적이고 사회학적인 욕구 이론은 특히 구태의연한 표현으로 미적 체험ästhetisches Erlebnis이라는 말을 한결같이 써먹는다. 그런 표현의 결함은 예술 체험들 자체의 특성에서 이미 간파할 수 있다. 물론 이 체험이라는 것이 아무튼 존재한다는 가정 아래 그렇다. 그러한 이론이 상정하는 바는 작품의 체험 내용과—대체로 작품의 정서적 표현과—수용자의 주관적 체험 사이의 등가 관계를 받아들이는 데에 근거한다. 음악이 흥분된 음조를 띤다면 수용자도 마찬가지로 흥분해야 할 것이다. 그러나 그가 무엇인가를 이해하는 한에서는 작품이 성가시게 다가오는 모습을 띨수록 오히려 정서적으로 더 냉정한 태도를 취할 것이다. 미적 영향과 미적 체험을 직접 대조해 측정할 수 있다고 상상하는 실험들보다 예술과 더 이질적인 것을 과학이 생각해 내기는 힘들 것이다. 그러한 등가 관계의 근원은 모호하다. 이 경우 이른바 체험되거나 추체험되어야 할 것, 즉 통념상 작가의 감정이라는 것은 그 나름으로 작품들 속에서 단지 하나의 부분적인 계기일 뿐이며, 또 분명히 결정적인 계기도 아니다. 작품들은 충동들의 기록 문서들이 아니라—그러한 기록 문서들은 언제나 청중이 극히 싫어하는 것이며, 또 결코 '추체험'할 만하지 못하다고 할 수 있다—자율적 연관 관계를 통해 그것을 극단적으로 수정해 놓은 것이다. 체험 이론은 예술의 구성적 요인과 미메시스적인 표현적 요인 사이의 상호작용을 단순히 은폐하거나 위조한다. 그것이 상정하는 등가 관계는 실제로 존재하지 않으며, 단지 한 부분만 부각될 뿐이다. 이 부분적인 것은 미적 연관에서 떨어져 나와 경험계로 다시 옮겨짐으로써 아무튼 작품 속에서의 상태와는 두 차례나 다른 상태로 변한다. 중요한 작품들을 통해 당혹하게 되는 사람이 평소에 억압되어 있는 자신의 정서를 불러일으키기 위해 그 작품들을 이용하는 것은 아니다. 그러한 당혹감은 수용자가 자신을 잊고 작품 속에서 소멸하는 순간, 즉 충격의 순간에 이루어진다. 수용자는 자신이 밟고 있는 땅이 사라짐을 느낀다. 또 미적 형상에서 구현되는 진리의 가능성이 그에게 생생하게 살아난다. 넓은 의미의 직접성인, 작품들에 대한 관계에서의 그러한 직접성은 매개의 기능 내지 절실하고 포괄적인 경험의 기능이다. 이런 경험은 순간 속에 응축되는데, 이에는 점적인 자극과 반응이 아닌 전체적 의식이 필요하다. 예술의 진리 혹은 허위를 경험한다는 의미에서 예술 경험은 주관적 체험 이상의 것이다. 그것은 주관적 의식 속에서 객관성이 갑자기 분출하는 현상이다. 예술 경험은 바로 주관적 반응이 가장 강렬한 경우에 이 객관성을 통해 매개된다. 베토벤의 경우 수많은 국면이 표준적 삽화[24]이며, 심지어 연출된 것이라는 오점을 지니기도 한다. 「교향곡 9번」에서 재연부의 첫 부분은 교향곡 진행 과정의 결과로서 그 과정의 본래 도입부를 찬미하는 듯하다. 그것은 어떤 압도적 현실성 So ist es을 띠고 울려 퍼진다. 아마 압도감에 대한 두려움에 의해 야기된 충격이 그에 대한 반응일 것이다. 이 곡은 긍정성을 띰으로써 또한 허위에 대한 진리를 말하기도 한다. 예술 작품들은 판단 없이 마치 손가락으로 자체의 사상내용을 가리키는 듯하다. 물론 이 사상내용은 논증적인 것이 되지 않는다. 수용자의 자생적 반응은 이러한 제스처의 직접성에 대한 미메시스다. 그러나 작품들이 그러한 제스처만으로 모두 해명되지는 않는다. 이와 같은 제스처를 통해 그런 부분이 취하는 입장도 일단 통합이 이루어지면 비판을 받게 된다. 즉 예술의 그러한 순간들은 '다름 아니라 바로 그럴 수밖에 없는 상태So- und nicht Andersseins'의 힘이 출현하기를 기대했는데, 그러한 힘이 과연 예술 자체의 진리를 말해주는 지표

24　[옮긴이] scène à faire: 작품의 특정 상황에 전형적으로 등장하는 필수적인 장면.

냐 하는 비판을 받는 것이다. 무판단적 작품에 대한 판단으로 귀결되는 완전한 경험은 그것에 대한 결정을 요구하며 이로 인해 또한 개념을 요구한다. 체험은 그러한 경험의 한 가지 계기일 뿐이며, 설복당하는 성질을 띰으로써 오류에 빠질 수 있는 계기이기도 하다.「교향곡 9번」과 같은 유형의 작품들은 암시 효과를 만들어낸다. 즉 그것들이 자체의 조직을 통해 얻는 힘이 영향을 발휘하기에 이르는 것이다. 베토벤 이후의 발전 과정에서는 원래 사회로부터 유래하는 작품들의 암시력이 사회로 되돌아가 선동적이고 이데올로기적인 것이 되었다. 통상적인 체험 개념과 현격히 대립하는 충격은 결코 자아의 부분적 충족이 아니며 쾌락과 비슷한 것도 아니다. 오히려 그것은 충격을 받아 자신의 제한성과 유한성을 깨닫게 되는 자아의 소멸을 환기하는 것이다. 이러한 경험은 문화산업이 야기하는 자아의 무력화와 반대되는 것이다. 문화산업에서는 충격의 이념이 공허하고 어리석은 일일 것이다. 또 그러한 것이 아마 예술의 탈예술화를 부추기는 가장 내적인 동기일 것이다. 자아가 그 자신이기도 한 감옥을 조금이라도 벗어나 밖을 내다보기 위해서는 산만한 상태가 아니라 극단적인 긴장이 필요하다. 의도적이지 않은 반응인 충격은 그로 인해 퇴행에 빠지지 않게 된다. 칸트는 숭고의 미학에서 숭고의 조건으로서 주체의 힘을 충실히 설명했다. 아마 예술에 직면해 자아가 사라진다는 말은 주체의 힘이라는 말과 마찬가지로 문자 그대로 받아들여서는 안 될 것이다. 그러나 사람들이 미적 체험이라고 칭하는 것도 체험으로서 심리적으로 실재하기 때문에, 예술의 가상적 성격을 그것에 적용할 경우 체험이라는 말로 어떤 것을 상상하기는 어려울 것이다. 체험은 결코 가상이 아니다. 물론 충격의 순간에도 자아가 실제로 소멸하지는 않는다. 자아 소멸까지 나아가는 도취는 예술 경험과 결합될 수 없다. 그러나 어느 순간에는 자아가 자체보존의 문제를 넘어설 가능성을 실현하지는 못해도 그 가능성을 실제로 인식하게 될 수는 있다. 미적 충격이 가상은 아니며, 객관에 대한 그것의 위상이 가상이다. 즉 미적 충격은 그 직접성으로 인해 잠재 상태가 실현된 듯한 느낌을 만든다. 자아는 미적 가상을 깨뜨리는 직설적 의식, 즉 자아가 궁극적인 것은 아니고 심지어 가상적이기조차 하다는 의식에 사로잡히게 된다. 이로 인해 예술은 주체에 대해 그 실제 상태로 변한다. 즉 억압의 내면적 대리자인 자아의 원칙에 궁극적으로 비판적인, 억압된 자연의 역사적 대변인으로 변한다. 자아에 반대하는 주관적 경험은 예술이 지니는 객관적 진리의 한 가지 계기다. 그에 반해 예술 작품들을 자신과 연관 지음으로써 체험하는 사람은 그것들을 체험하지 못한다. 체험이라고 여겨지는 것은 문화적으로 속여서 팔아넘긴 대용품이다. 사람들은 이것에 대해서조차 여전히 너무 단순히 생각한다. 문화산업을 애호하는 그 누구보다도 더 천박하고 더 표준화된 문화산업의 산물들은 그것들이 목표로 삼는 동일시마저도 언제나 방해할 것이다. 문화산업이 인간에게 무슨 짓을 하느냐 하는 물음은 아마 너무 순진할 것이다. 그러한 물음의 효과는 물음의 형식이 암시하는 것보다 훨씬 더 두루뭉술하다. 공허한 시간은 공허한 것으로 가득 차며, 허위의식조차도 생산하지 않는다. 단지 이미 존재하는 것을 있는 그대로 존재하도록 애써 방치할 뿐이다.

참여

사회의 객관적 경향과 예술의 비판적 반성 때문에 사회에 대한 예술의 대립이 해소될 수 없을 때, 예술에 내재하는 객관적 실천의 계기는 주관적 의도가 된다. 이를 흔히 참여라고 칭한다. 참여는 경향보다 더 높은 반성 단계다. 즉 참여를 추구하는 사람은 비록 어떤 조치를 취하는 일에 쉽사리 공감하기는 해도, 단순히 불만스러운 상태들을 개선하려고 하지 않는다. 참여는 노골적인 제안을 목표로 하지 않고 그러한 상태의 조건들을 바꾸려 한다. 그런 한에서 참여는 본질이라는 미학적 범주를 지향한다. 예술의 논쟁적 자의식은 예술의 정신화를 전제한다. 예전에는 예술이 감성적 직접성과 동일시되기도 했지만, 예술이 그러한 감성적 직접성을 민감하게 거부할수록 자연발생 상태의 연장으로서 사회에 의해 확대재생산되는 조야한 현실에 대해 예술은 더욱 비판적인 태도를 취하게 된다. 정신화의 비판적인 반성적 흐름은 소재내용에 대한 예술의 관계를 형식적으로만 첨예화하는 것이 아니다. 헤겔은 감각주의적 취미미학을 거부하면서 예술 작품의 정신화를 추구하기도 했지만, 예술 작품의 소재내용을 강조하기도 했다. 예술 작품은 정신화됨으로써 그 자체로 지난날 사람들이 별생각 없이 타인의 정신에 대한 영향이라고 간주하거나 주장했던 것이 된다. 참여 개념을 너무 문자 그대로 받아들여서는 안 된다. 참여가 일종의 검열 규범이 된다면 예술 작품들에 대한 입장에서 지배적 통제의 계기가 반복되는데, 예술 작품들은 통제 가능한 어떤 참여보다 앞서서 그러한 계기에 반대한다. 하지만 이로 인해 경향이나 심지어는 이로부터 파생된 조잡한 범주들도 취미미학의 마음에 들도록 무효화되지는 않는다. 상황이 달라지길 바라는 의지와 동경을 통해서만 예술 작품들이 불붙게 되는 단계에서는, 예술 작품들이 표명하는 것 자체가 그것들의 정당한 소재내용이 된다. 그러나 그렇다고 해서 예술 작품들이 형식 법칙에서 벗어날 수는 없다. 정신적 내용도 설혹 예술 작품들의 자의식에는 본질적인 것으로 여겨질지 몰라도, 여전히 소재임에 변함이 없으며 예술 작품들에 의해 소모된다. 브레히트가 가르치는 교훈치고 그의 작품들과 무관하게, 또 이론적으로 더 설득력 있게 인식되지 않거나 그를 잘 아는 관객들에게 친숙하지 않은 것은 없을 것이다. 예를 들어 가난한 사람들보다는 부자들이 더 잘 지낸다, 이 세상에는 불의가 일어나고 있다, 형식적 평등 아래 억압이 여전히 존속하고 있다, 사적 선의가 객관적 악의로 인해 악하게 되고 만다, 또는―물론 애매한 지혜지만―선은 악의 탈을 써야 한다는 등등이 그것이다. 그러나 이처럼 전혀 새롭지 않은 인식을 연극화하는 데에 쓰이는 간결하고 강렬한 수법 덕분에 그의 작품들은 나름의 색조를 얻게 되었다. 즉 교육극 수법을 활용함으로써 그는 이미 낡을 대로 낡은 심리극 및 음모극을 무너뜨리는 드라마 작법상의 혁신을 이룩하게 된 것이다. 위에서 제시한 테제들도 그의 작품들 속에서는 그것들이 내용상 뜻하는 것과 전혀 다른 기능을 얻게 되었다. 즉 그 테제들은 본질구성적인 것이 되어 드라마에 반환각적 성격을 부여했으며 의미 연관의 통일성을 파괴하는 데에도 기여했다. 참여가 아니라 바로 그러한 것이 작품들의 질을 만들어낸다. 그러나 이 질은 참여와 유착되며, 참여는 작품들의 미메시스적 요소가 된다. 브레히트의 참여는 예술 작품 자체가 역사적으로 끌리는 방향으로 예술 작품에 재차 힘을 가한다. 즉 예술 작품을 파괴한다. 대체로 그러하듯이 참여에서는 제작 가능성 및 자유로운 처리 능력의 확장과 아울러 예술 속에 감추어져 있는 요인이 밖으로 나타난다. 즉자적으로 작품들이었던 것이 대자적으로 작품들이 된다. 작품들의 내재성 또는 경험계와 작품들의 거의 아프리오리한 거리는 작품들의 자의식적 실천을 통해 실제로 변화된 상태에 대한 전망이 없다면 이루어질 수 없을 것이다. 셰익스피어는 『로미오와 줄리엣Romeo and Juliet』에서 가족의 후견 없는 사랑을 선전하지 않았다. 그러나 사랑이 가부장적 권력이나 다른 어떤 권력에 의해 더 이상 손상되거나 심판받지 않는 상태에 대한 동경이 없다면, 그처럼 서로 사랑에 빠져 있는 두 사람의 생생한 모습이 오늘날까지 수 세기씩이나 변함없이 달콤한 면을 지니지는 못할 것이다. 그것은 말이나 형상이 없는 유토피아다. 모든 실증적 유토피아에 대한 인식을 금지하는 금기는 예술 작품들도 지배한다. 실천은 작품들의 영향이 아니다. 그것은 작품들의 진리내용 속에 감추어져 있다. 이 때문에 참여는 미적 생산력이 될 수 있다. 참여와 경향에 대한 격렬한 비난은 일반적으로 다 같이 저급하다. 문화를 순수하게 보존하고자 하는 이데올로기적 염려는 그럼으로써 물신화된 문화 속에서 실제로 모든 것이 과거 상태에 머물기를 바라는 소망에 따른다. 참여와 경향에 대한 격분은 그 반대 극단에서 흔히 보는 격분, 즉 스스로를 매스컴의 시대라고 열성적으로 선언하는 시대의 예술이라면 탈피해야 한다는 영역, 상아탑이라는 상투어로 표준화된 영역에 대한 격분과도 대체로 잘 어울린다. 이 경우 메시지라는 말이 그 두 가지의 공통분모다. 브레히트의 취향은 이 메시지라는 말을 피했지만, 그것은 그의 실증주의적 성향에 이질적이지 않았다. 그 두 가지 태도는 현격히 모순을 이룬다. 『돈키호테』는 봉건시대에 생겨나 부르주아 시대에까지 잔존하는 기사소설을 제거한다는, 그다지 중요하지 않은 부분적 경향에 기여했다고 할 수 있다. 그러나 그것은 이처럼 대수롭지 않은 경향의 매체가 됨으로써 본보기가 되는 예술 작품이 되었다. 세르반테스는 문학 장르들의 적대 관계에서 출발했지만, 이 적대 관계는 그에게 부지불식간에 시대적 적대 관계가 되었고, 궁극적으로 형이상학적인 면에서는 탈마법화된 세계에서 내재적 의미가 겪는 위기의 진정한 표현으로 발전했다. 『젊은 베르테르의 고뇌 Die Leiden des jungen Werthers』와 같이 경향성 없는 작품들도 독일 부르주아 의식의 해방에 두드러지게 기여했다고 볼 수 있다. 괴테는 실연을 경험하는 사람의 감정과 사회의 충돌을 그의 죽음에 이르기까지 형상화함으로써, 직접적으로 말하지는 않으면서도 경직된 소시민성에 효과적으로 저항했던 셈이다. 그러나 부르주아 의식의 검열적인 두 가지 기본 입장, 즉 예술 작품이 변혁을 의도해서는 안 된다는 생각과 예술 작품은 만인을 위한 것이어야 한다는 생각의 공통점은 기존 상태를 옹호한다는 것이다. 전자는 세계와 예술 작품들의 평화로운 관계를 옹호하며, 후자는 예술 작품이 공인된 형태의 사회적 의식을 지향하도록 감시한다. 기존 상태를 거부하는 점에서 오늘날의 참여와 밀폐적 예술은 일치한다. 사물화된 의식은 자체로서 이미 사물화된 예술 작품을 또다시 사물화하기 때문에 그러한 간섭을 기피한다. 그런 의식은 사회에 대립하는 예술 작품의 객관화를 예술 작품의 사회적 중립화로 받아들인다. 또한 예술 작품들 자체 내에서 이루어지는 형식화 과정이나 궁극적으로는 예술 작품들의 진리내용을 도외시한 채, 예술 작품들의 외부를 향한 측면을 그것들의 본질이라고 위조한다. 그러나 자체로서 참이 아닌 예술 작품이 사회적으로 참일 수는 없다. 역으로 사회적으로 허위인 의식이 미적으로 진정한 것이 되는 일은 더욱 불가능하다. 예술 작품들의 사회적 측면과 내재적 측면이 일치하지는 않지만, 문화적 물신주의와 실용주의가 다 같이 바라는 것처럼 그렇게 상이하지도 않다. 작품들의 진리내용이 그것들의 미적 복합상태에 의거해 이 복합상태를 초월하는 어떤 것을 가리킬 때, 진리내용은 언제나 그 사회적 위상을 얻는다. 그러한 이중성은 결코 추상적으로 예술의 영역 전체에 미리 제시된 일반적 조건이 아니다. 그것은 각각의 작품 모두에 각인되어 있는 예술의 생명소다. 예술은 그 즉자를 통해 사회적인 것이 되며, 또 그 속에서 작용하는 사회적 생산력을 통해 즉자가 된다. 예술 작품들은 외화되지 않은 어떤 내적 요인도 허용하지 않으며 또 내적 요인——진리내용——을 담지 않은 어떤 외적 요인도 허용하지 않는 한에서, 예술 작품들의 즉자와 사회적 요인의 변증법은 예술 작품들 고유의 특성들 가운데 하나다.

유미주의, 자연주의, 베케트

자율적 조형물이면서 사회적 현상이라는 예술 작품들의 이중성으로 인해 평가 기준들은 진동하기 쉽다. 즉 자율적인 작품들은 사회적으로 무관심하고 결국 무례하고 반동적이라는 판결을 유발하며, 반면에 사회적으로 일의적이고 논증적인 판단을 내리는 작품들은 그로써 예술을 부정하며 이와 함께 또한 스스로를 부정하는 것이다. 내재비판은 이러한 양자택일을 깨뜨릴 수 있을 것이다. 아마 슈테판 게오르게는 자신의 신비로운 독일과 관련한 격언들을 발표하기 전에도 이미 사회적으로 반동적이었다고 비난받아 마땅할 것이다. 그러나 그에 못지않게 1880년대 후반에서 1890년대 전반에 등장한, 예를 들어 아르노 홀츠[25]의 빈민문학, 미 이하의 조잡한 문학도 그러한 비난을 받아 마땅하다. 그러나 그 두 유형은 그 고유의 개념과 대질해야 할 것이다. 게오르게의 연출된 귀족적 거동은 그것이 요구하는 자명한 듯한 우월성과 모순을 이루며, 이 때문에 기교상으로 실패하게 된다. 예를 들어 "그리고――우리에게 도금양이 한 다발 없지 않다는 것"[26] 따위의 시구나 자기 형을 살해케 하고 조용히 자줏빛 도포 자락을 끌어당길 뿐인 로마 후기의 황제는 웃음을 자아낸다.[27] 게오르게의 사회적 태도 내지 실패한 동일시에서 볼 수 있는 무리한 면은 언어적 폭력 행위를 통해 그의 서정시에도 나타나는데, 이는 게오르게가 매달리는 전적으로 자립적인 작품의 순수성을 더럽힌다. 강령적 유미주의에서는 사회적 허위의식이 기괴한 음조로 되며 이로써 유미주의의 허위가 드러난다. 그렇더라도 이 위대한 시인과 저급한 자연주의자들 사이의 수준 차를 오해할 수는 없지만, 자연주의자들에게서도 유미주의를 보완하는 측면을 확인할 수 있다. 즉 이들의 연극 및 시의 사회적, 비판적 사상내용은 거의 언제나 피상적이며, 그들 자신이 진지하게 받아들인 적은 없어도 이미 그 당시에 완전히 형성된 사회 이론의 수준에도 미치지 못한다. '사회귀족들'[28]과 같은 제목만으로도 그 점은 충분히 확인된다. 자연주의자들은 사회를 예술적으로 비난하는 까닭에 속류 관념론에 대해 의무감을 느꼈다. 이는 예컨대 노동자에게는 무엇이든 고결한 것이 떠오르더라도 그는 자신이 속한 계급의 운명으로 인해 그것을 실현할 수 없다는 식의 노동자 이마고에서 드러난다. 노동자가 훌륭한 부르주아로 상승한다는 이상의 정당성은 문제시되지

---

25 [옮긴이] Arno Holz(1863~1929): 독일의 문학가. 철저한 자연주의를 제창했다.
26 George, *Werke, Ausgabe in zwei Bände*, Bd. 1, p. 14("Neuländische Liebesmahle II").
27 같은 책, p. 50 참조("O Mutter meiner Mutter und Erlauchte").
28 [옮긴이] Sozialaristokraten: 문인 세계를 풍자하는 홀츠의 자연주의 희극(1896)의 제목.

도 않는다. 자연주의도 그 자체로 완결되고 매듭이 지어진 줄거리 따위의 전통적 형식 범주를, 예컨대 졸라의 경우 심지어 경험적 시간 진행까지 포기하고 혁신을 이룩함으로써 자체의 개념보다 더 전위적이기도 했다. 『파리의 배Le Ventre de Paris』[29]에서 그는 경험적 세부 사항을 거의 개념 없이 무자비하게 묘사함으로써 소설의 친숙한 표면적 연관들을 파괴하는데, 이는 그 후 소설의 단자론적-연상적 형식과도 유사하다. 그 대신 자연주의는 극단적인 것을 감행하지 않을 경우 퇴행하고 만다. 어떤 의도들을 추구하는 것은 자연주의의 원칙과 모순된다. 자연주의 연극들에서는 사람들이 입에서 나오는 대로 말해야 하지만, 또한 연출을 지휘하는 작가의 지시에 따라 이야기해야 한다는 식의 의도를 드러내는 부분이 상당히 많다. 물론 그렇게 말할 수 있는 사람은 아무도 없을 것이다. 리얼리즘 연극의 경우 사람들이 입을 열기도 전에 벌써 자기가 무엇을 말하려고 하는지 정확히 알고 있다는 점에서 이미 일관성이 없다. 아마 그렇지 않다면 리얼리즘 연극은 전혀 그 구상대로 조직될 수 없고 의도와는 반대로 다다이즘적인 것이 되고 말 것이다. 그러나 이처럼 불가피한 최소한의 양식화를 통해 리얼리즘은 자체의 불가능성을 인정하게 되며 잠재적으로는 자체를 제거한다. 문화산업에서는 그로부터 대중 기만이 이루어졌다. 사람들이 열성적으로 다 같이 주더만[30]을 거부한 것은 극히 재능 있는 자연주의 작가들이 감추고 있는 문제들을 그의 인기작들이 노골적으

29 [옮긴이] 졸라의 1873년 작 소설. '루공 마카르Les Rougon-Macquart 총서'의 세 번째 작품. 졸라는 여기서 노동자계급의 현실을 다루면서 사건의 환경을 세밀히 묘사한다.
30 [옮긴이] Hermann Sudermann(1857~1928): 독일 자연주의 문학가. 주요 작품으로 『명예 Die Ehre』(1889), 『고향Heimat』(1893) 등이 있다.

로 드러내기 때문일 것이다. 즉 무대에 등장하는 말은 아무리 부인해도 허구적 성격을 지니게 됨에도 불구하고, 어떤 말도 허구가 아니라고 암시하는 제스처의 인위적이고 허구적인 면을 주더만의 작품들이 드러내기 때문일 것이다. 아프리오리하게 문화 상품인 그런 작품들은 쉽사리 순진하고 긍정적인 문화의 이미지에 유혹당한다. 미학적으로도 두 종류의 진리가 있는 것은 아니다. 이른바 훌륭한 형상화와 적절한 사회적 내용 사이의 조잡한 절충이 이루어지지 않고, 그처럼 모순적인 요구들이 어떻게 하면 상호 침투할 수 있을지는 베케트의 극예술을 통해 알 수 있다. 음악에서 하나의 주제가 계속 발전하든가 아니면 그와 대비되는 주제를 유발하듯이, 그의 작품을 지배하는 연상적 논리 속에서는 한 문장이 다음 문장이나 답변을 유발하는데, 그러한 논리는 경험적 현상의 모방을 모두 거부한다. 이에 따라 경험적으로 본질적인 것이 그것의 정확한 역사적 위상에 따라 은밀히 받아들여지며 유희적 성격 속에 통합된다. 이 유희적 성격은 의식의 객관적 상태와 마찬가지로 그러한 의식 상태를 규정하는 현실적 상황을 표현한다. 객관성의 진정한 형태이기도 한 주체의 부정성은 이른바 고차적 객관성을 상정함으로써가 아니라 단지 극단적인 주관적 형상화를 통해서만 표현된다. 베케트의 경우 주체는 유치하고 처참한 광대의 일그러진 모습들로 분해되는데, 이런 모습이야말로 주체에 대한 역사적 진리다. 이에 비해 사회주의 리얼리즘은 유치하다. 『고도를 기다리며』는 지배와 예속의 관계를 주제로 다룬다. 여기서 지배와 예속 관계는 인류가 살아가는 데에 더 이상 타인 노동의 착취가 필요하지 않은데도 착취가 계속되는 단계에서 낡고 미친 듯한 형태를 지닌다. 실로 현대사회의 본질적 법칙에 관한 모티프인 이 모티프는 「막판」에서 좀

더 진행된다. 두 경우에 베케트의 기술은 그러한 모티프를 바깥으로 밀어낸다. 즉 헤겔의 저서에서 끌어낸 그 이야기는 연극 작법상의 기능만 아니라 사회비판적 기능도 지니는 것이다.「막판」에서는 지구의 부분적 파국이 소재적인 면에서나 형식적인 면에서 전제 조건을 이룬다. 그것은 베케트의 익살스러운 기지 가운데 가장 지독한 것이기도 한데, 이를 통해 예술의 본질구성 요인과 발생적 요인이 파괴된다. 예술은 이제 하나의 시점에 옮겨지지만 이 시점이라는 것은 아무런 시점도 아니다. 왜냐하면 어떠한 시점에서도 그러한 파국을 명명하거나 형상화할 수는 없을 터이기 때문이다. 형상화라는 말은 그와 같은 맥락에서 볼 때 전적으로 우습게 되고 말 것이다.「막판」은 핵폭탄을 다루는 극도 아니며 내용이 없는 것도 아니다. 그 내용의 확정적 부정은 형식의 원칙이 되며 내용 일반에 대한 부정이 된다. 치명적 위협에 직면하여 실천과 거리를 둔다는 자체의 성향으로 인해, 또 단순히 형식적인 관점에서 볼 때 이미 무해하다는 점으로 인해, 어떠한 내용이 문제가 되기도 전에 이데올로기가 된 예술에 대해 베케트의 작품은 두려운 응답을 제시하는 것이다. 그 중요한 작품들 속에 희극적 요인이 파고드는 현상도 바로 그러한 것으로 설명된다. 이 현상은 나름의 사회적 측면을 지닌다. 그의 작품들은 마치 눈을 가린 채 단지 스스로 원하는 대로 움직이는 듯하며, 이로써 그의 작품에서는 운동이 제자리에서 움직이는 상태가 되고, 이 점이 명시되며, 철저한 진지함은 진지하지 않은 것 내지 유희로 나타난다. 예술은 자체의 가상적 성격 또는 내적 공백을 외부로 내보임으로써만 자체의 실존과 화해할 수 있다. 오늘날 가장 구속력 있는 예술의 척도는 어떠한 리얼리즘적 기만과도 화해하지 않은 채, 그 자체의 복합상태에 비추어 볼 때 무해한 요인은 아무것도 자체 내에 받아들이지 않는다는 것이다. 아직도 가능한 예술에서는 언제나 사회비판이 형식으로까지 고양되어야 하며, 명시적인 사회적 내용은 모두 눈에 띄지 않게 해야 한다.

관리되는 예술 비판

모든 문화 영역이 점점 더 조직화됨에 따라 예술의 사회적 위치까지 이론적으로만이 아니라 실천적으로도 지정하려는 욕구가 늘어난다. 수많은 원탁회의나 심포지엄이 그러한 일을 목표로 한다. 일단 예술이 사회적 사실이라는 점을 인식하고 나자, 사회학적으로 예술의 위치를 규정하려는 사람들은 자신이 예술보다 우월하다고 느끼면서 예술을 마음대로 처분한다. 단지 주관적인 것일 뿐이라고 여겨지는 개별적인 미적 관점들보다 가치중립적인 실증주의적 인식의 객관성이 대체로 상위에 있는 것으로 상정된다. 이러한 노력들에도 그 나름으로 사회적 비판이 필요하다. 즉 이런 노력들은 총체적 사회화 과정에 말려 들어가지 않으려는 요인이나 최소한 그에 저항하는 요인에 비해, 관리되는 세계 내지 행정 업무의 우선성을 암암리에 추구한다. 제반 현상들의 위치를 설정하고 이를 통해 그 현상들의 기능과 존재 권리를 검토하는 지형학적 시각의 절대적 우월성은 부당한 것이다. 그런 입장은 미적 질과 기능적 사회 사이의 변증법을 도외시한다. 이때 예술의 이데올로기적 효과가 강조되지는 않더라도 최소한 예술의 소비 가능성이 아프리오리하게 강조되며, 현대 예술의 사회적 반성 대상이 될 문제들은 모두 소홀히 된다. 즉 그러한 문제는 타협주의적으로 미리 결정되는 것이다. 관리 기술의 확장은 설문 조사나 그와 유사한 과학적 방법과 융합되어 있으며, 그래서 그것은 새로운 사회적 필요에 대해서는 무엇인가를 감지하면서도 새로운 예술의 필요성에 대해서는 아무것도 느끼지 않는 유형의 지식인들을 매혹한다. 이들의 정신 구조는, 예를 들어 '개발도상 국가들에 유럽이 적응하기 위한 텔레비전의 기능' 따위의 제목으로 이루어질 수 있는 상상적 교양사회학 강의의 정신 구조와 같다. 예술에 대한 사회적 반성은 그런 정신으로 무엇이든 기여해야 하는 것이 아니라, 그런 정신 자체를 문제 삼고 또 이로써 그것에 저항해야 한다. 문화를 위해 어떤 일이 이루어질수록 그것은 문화에 더 나쁜 일이 된다는 슈토이어만[31]의 말은 예나 지금이나 타당하다.

현대 예술의 가능성

현대인들, 특히 저항 활동을 하고 있는 젊은이들은 예술의 사회적 고립 못지않게 예술의 내재적 난점들도 예술에 대한 심판이라고 의식했다. 이것도 자체의 역사적 지표를 지니지만, 예술을 제거하고 싶어 하는 사람들은 그 점을 결코 인정하지 않을 것이다. 미적 전위주의 행사들의 전위주의적 교란들이라는 것은 그러한 활동이 혁명적이며 심지어 혁명이 미의 한 형태라고 보는 생각만큼이나 환각이다. 예술 감각의 결핍은 문화 이상이 아니라 문화 이하이며, 참여는 흔히 재능이나 노력의 결여 또는 능력의 포기를 의미할 뿐이다. 승화를 이룩

---

31 [옮긴이] Eduard Steuermann(1892~1964): 오스트리아 및 미국에서 활동한 피아니스트. 쇤베르크 서클의 주요 곡들을 초연했으며, 1951년에는 줄리아드에서 교수 생활을 했다. 아도르노도 그에게서 피아노를 배웠다.

하지 못하는 자아 박약 상태가 최근에는 나름의 속임수를 통해 좀더 높은 차원의 기능을 지니는 것으로 전환되어 최소 저항 노선을 도덕적으로 보상해 주고 있다. 물론 이런 속임수는 이미 파시즘 시대에도 이용된 것이다. 그리하여 예술의 시대는 지나갔고 이제는 사회적 진리내용과 그대로 일치하는 예술의 진리내용을 실현하는 것이 중요하다는 주장이 등장한다. 물론 이러한 판결은 전체주의적이다. 오늘날 순수하게 재료로부터 유추해 냈다고 하는 것, 그 모호성으로 인해 아마 예술에 대한 판결을 위해 가장 근거 있는 동기를 제공하는 것은 사실상 재료에 폭력을 가한다. 예술의 금지가 이루어져 이제 예술은 더 이상 존재해서는 안 된다는 판결이 내려지는 순간, 예술은 관리되는 세계의 한가운데서 존재근거를 다시 얻게 된다. 이 존재근거를 부인하는 일은 그 자체로 이미 관리 행위를 닮아간다. 예술을 제거하려는 사람은 결정적 변혁이 차단되어 있지는 않다는 환각을 품고 있다. 과장된 리얼리즘은 리얼리즘적이지 않다. 진정한 예술 작품이 이제는 나올 수 없다는 선언은 진정한 예술 작품이 나올 때마다 반박당한다. 이미 반쯤 야만적이고 또 완전한 야만을 향해 나아가고 있는 사회에서 예술을 제거하는 일은 야만의 사회적 동반자가 되는 것이다. 이 경우 사람들은 언제나 구체적인 것을 말하면서 추상적, 일괄적으로 판단한다. 또 예컨대 사물처럼 소외된 우연에 따르지 않고 주체의 자유를 관통하는 진정으로 해방된 음악의 과제와 가능성 들, 즉 최근의 미학적 행동주의가 배척하여 실현되지 못한 매우 엄밀한 과제와 가능성들에 대해서는 눈을 감는다. 그러나 예술의 필요성을 놓고 논쟁을 해서는 안 된다. 예술의 필요성에 대한 물음은 잘못 제기된 것이다. 왜냐하면 예술의 필요성은, 자유의 나라가 관건인 곳에서도 그것을 생각해야 한다면, 예술의 불필요성일 터이기 때문이다. 필요성에 비추어 예술을 평가할 경우 은밀하게 교환 원칙, 즉 예술을 대가로 무엇을 얻느냐 하는 고루한 걱정을 연장한다. 명상적으로 어떤 추정된 상태를 고려하면서 이제는 사정이 그렇지 못하다고 판결하는 일은 그 자체로서 부르주아적 재고품이며, 도대체 이 모든 것이 무엇으로 귀결될 것이냐고 인상을 찡그리는 일이기도 하다. 그러나 예술은 아직 존재하지 않는 즉자를 대변하는 한 이런 부류의 목적론에서 벗어나고자 한다. 역사철학적으로 볼 때 작품들은 그 발전 단계의 개념과 동화되지 않을수록 더 중요해진다. 예술의 목적이라는 것은 은폐된 사회적 통제의 한 가지 형태다. 그러한 것의 종결 자체를 함의하는 듯한 무정부 상태라는 특징은 현대의 여러 작품들에도 상당히 적절하다. 예술을 대신하고 싶어 하는 그런 생산물들에 확연히 새겨져 있는, 예술을 없애라는 판결은 루이스 캐럴[32]의 '붉은 여왕'이 내리는 판결, 즉 머리를 잘라버리라는 판결과 같다. 그처럼 머리가 잘린 뒤에도, 즉 대중예술이 등장하고 그 속에서 대중음악이 잔존하게 된 후에도 머리는 다시 생겨난다. 예술은 다른 것은 몰라도 무능력의 허무주의만큼은 결코 두려워하지 말아야 한다. 예술은 사회적으로 추방됨으로써 바로 사회적 사실로 격하되기도 하지만, 예술은 그러한 역할 속으로 물러서는 일을 거부하기도 한다. 자체로서 양면적인 마르크스의 이데올로기론이 만하임[33]식으로 모든 것을 이데올로기라고 보는 이론으로 변

---

32 [옮긴이] Lewis Carroll(1832~98): 영국의 작가이자 수학자인 Charles Lutwidge Dodgson의 필명. 붉은 여왕은 『이상한 나라의 앨리스Alice's Adventures in Wonderland』(1865)의 속편 『거울 속 여행Through the Looking-Glass』(1871)에 등장한다.

33 [옮긴이] Karl Mannheim(1893~1947): 헝가리 출신 독일 사회학자. 히틀러 치하에서 영국으

조되어 심사숙고되지 않은 채 예술에 적용되기도 한다. 이데올로기가 사회적 허위의식이라면 단순한 논리로 볼 때도 모든 의식이 이데올로기는 아니다. 베토벤의 마지막 4중주곡들은 그것을 알지 못하고 이해하지도 못한 채 낡은 가상의 어둠 속에 사로잡혀 있는 사람만이 거부할 것이다. 오늘날 예술이 가능한지 여부를 사회적 생산관계의 척도에 비춰 위로부터 결정할 수는 없다. 그것은 생산력 수준에 달려 있다. 그런데 생산력 수준은 실현되지 않았지만 가능한 것, 즉 실증주의 이데올로기에 테러당하지 않는 예술을 포함한다. 문화의 긍정적 성격에 대한 헤르베르트 마르쿠제[34]의 비판은 정당했지만, 이 비판은 개별 생산물 속에 파고들 것을 요구한다. 그렇지 않으면 문화재들만큼이나 형편없는 반문화 동맹 따위가 그로부터 형성될 것이다. 무분별한 문화비판은 근본적이지 못하다. 실제로 긍정은 예술의 한 가지 계기이지만, 실패해서 완전히 허위가 된 문화처럼 예술도 언제나 전적으로 허위였던 것은 아니다. 문화는 그보다 더 나쁜 상태 즉 야만상태를 억제한다. 또한 자연을 억압하기도 하지만 이 억압 과정에서 자연을 보존하기도 한다. 농업에서 차용한 문화 개념에서는 그러한 의미가 함께 울린다. 삶은 문화를 통해 유지되어 왔으며, 그 속에는 어떤 올바른 삶에 대한 전망도 포함되어 있었다. 진정한 예술 작품들 속에서는 그런 사실의 메아리가 울린다. 긍정은 기존 상황을 찬란한 빛 속에 감싸놓는 것이 아니다. 그것은 존재하는 것에 공감하는 가운데 모든 지

로 망명하여 영국에서 활동했다. 유물론을 상대주의와 결합하여 마르크스주의를 비판했다.

34 [옮긴이] Herbert Marcuse(1898~1979): 독일과 미국에서 활동한 사회철학자. 프랑크푸르트 학파의 주요 구성원으로서, 마르크스주의와 정신분석을 결합하여 현대사회를 비판하는 데에 활용했다.

배권의 귀결점인 죽음에 저항한다. 긍정에 대해 회의하려면, 죽음 자체가 희망이 되는 정도의 대가를 치러야 할 것이다.

자율성과 타율성

예술은 경험적 현실과 아울러 사회적 영향 관계로부터 분리되는 것이면서 동시에 경험적 현실 및 사회적 영향 관계 속에 빠져들어 가기도 하는 점에서 이중성을 지니는데, 이 이중성은 미적 현상에서 직접 드러난다. 미적 현상은 미적이기도 하고 사회적 사실이기도 하다. 미적 자율성과 사회적 사실로서의 예술과 마찬가지로, 이 미적 현상과 관련해서도 매개되지 않은 채 동일시할 수 없는 이중적 고찰이 필요하다. 예술을 외부로부터 듣거나 보게 되면, 예술이 그러한 것으로서 계획되었느냐 아니냐와 상관없이 그 이중성을 관상학적으로 독해할 수 있다. 또 예술의 자율성을 물신화하는 일을 피하기 위해서는 예술을 외부로부터 파악하는 일도 물론 언제나 필요하다. 카페에서 연주되는 음악이나 미국에서 흔히 보는 것처럼 전화로 청하면 식당의 손님들에게 틀어주기도 하는 음악은 본래의 형태와 완전히 다른 것이 될 수 있다. 그러한 음악의 표현에는 웅성거리는 말소리와 접시의 달그락거리는 소리나 여타 가능한 모든 요인이 포함된다. 자율적인 상태의 음악에 청중들의 주의력이 필요했던 것 못지않게, 그런 음악은 이제 그 기능을 수행하기 위해 청취자들의 부주의를 기대한다. 때때로 예술 작품의 구성 요소들에서 끄집어낸 접속곡이 추가되기도 한다. 그러나 몽타주를 통해 그런 작품들은 가장 본질적인 부분까지도 변화한다. 그것들은 원기를 북돋거나 침묵을 묵살하는 등의 목적을 통해 변형된다. 또 사람들이 분위기라고 칭하는 것은 음울한 상품세계로 인해 야기된 권태로움을 부정하는 것이지만, 이 부정 자체도 상품화되었다. 오래전부터 생산과정 속에 포함되어 계획되는 오락 영역은 예술의 그 계기가 예술적 현상물들 전체를 지배한다는 것을 의미한다. 그 두 계기는 서로 적대적이다. 사회적 목적과 관련된 계기는 모든 예술 작품 속에 감추어져 있으나 예술은 오랜 과정을 통해 그것에서 벗어났는데, 자율적 예술 작품들을 그런 계기에 종속시키면 예술의 가장 민감한 부분이 손상된다. 그러나 예컨대 어떤 음악의 진지한 면에 갑자기 감동받아 카페에서 아주 집중하여 음악을 듣는다면, 어쩌면 현실과 동떨어지고 다른 사람들이 우습게 볼 것이다. 예술에서는 그러한 적대 관계를 통해 예술과 사회의 기본 관계가 나타난다. 접속곡이 의도적으로 작품 자체의 연속체를 깨뜨리듯이, 예술을 외부로부터 경험하면 예술의 연속체가 깨어진다. 음악회 건물 복도에서 들을 수 있는 베토벤의 관현악곡에 남아 있는 부분은 위풍당당한 북소리 외에는 별로 없다. 이미 악보에서도 그 북소리는 어떤 권위적 제스처를 나타내지만, 작품은 이를 사회로부터 빌려 와 철저한 형상화를 통해 승화시킨 것이다. 이는 예술의 두 가지 성격이 서로 완전히 무관하지는 않기 때문이다. 예술의 순수성은 실제 활용으로 오염되지만, 예를 들어 한 편의 진정한 음악작품이 그 배경이 되는 사회 영역에 어쩌다 도달하면, 그것은 그 순수성을 통해 뜻하지 않게 이 사회 영역을 초월할 수 있다. 한편 베토벤의 북소리에서와 마찬가지로 진정한 작품에서는 그것이 타율적 목적을 지닌다는 사회적 근원을 지워 버릴 수 없다. 모차르트의 작품에서 오락의 잔재로서 리하르트 바그너를 거북하게 만든 요인은, 그 이후 스스로 오락과 작별을 고한 작품들에 대한 의혹으로까지 첨예화되었다. 사회 속에서 예술가들이 처한 위치는 대중적 수용의 관점에서 보자면, 자율성의 시대를 지나 타율적인 상태로 돌아가는 경향을 띤다. 프랑스혁명 이전 시대의 예술가들이 하인이었다면 이제 그들은 연예인이 된다. 급사장과 이발사 들이 부자들의 이름을 부르듯이, 문화산업은 휘하의 뛰어난 예술가 이름을 불러댄다. 미적 주체로서의 예술가와 경험적 개인으로서의 예술가 사이의 차이가 사라진다는 것은 동시에 경험계에 대한 예술 작품의 거리가 줄어들었다는 것을 입증한다. 그렇다고 해서 예술이 이제 존재하지도 않는 자유로운 삶으로 돌아간 것은 아니다. 그러한 인접성은 이익을 증대시키며, 직접성은 속임수를 통해 만들어진다. 예술의 관점에서 본다면 예술의 이중성은 기만적 근원의 흔적으로서 모든 예술 작품들에 따라다닌다. 이 점은 사회적으로 예술가들이 한때 불성실한 사람들로 다루어진 사실과도 상통한다. 그러나 그와 같은 기원은 또한 예술의 미메시스적 본질이 존재하는 자리이기도 하다. 그러한 불성실은 예술이 사회적 참여에 대해 느끼는 양심의 가책 때문에 과장되는 자율성의 품위를 부인하며, 사회적 유용노동의 성실성에 대한 비웃음인 명예를 외부로부터 예술에 가져다준다.

정치적 선택

사회적 실천과 예술의 관계는 언제나 가변적이었지만 아마 지난 사오십 년 동안 또다시 결정적으로 변했을 것이다. 1차 대전 동안과 스탈린 이전에는 예술적인 전위적 신조와 정치적인 전위적 신조가 서로 결합해 있었다. 그 당시 각성하고 살기 시작한 사람들이 보기에 예술은 역사적으로 결코 그런 적이 없는 상태, 즉 아프리오리하게 정치적으로 좌파적이었다. 그 이후 즈다노프와 울브리히트[35] 등은 사회주의 리얼리즘 독재를 통해 예술적 생산력을 속박했을 뿐만 아니라 아예 파괴해 버리기도 했다. 그들에게 책임이 있는 미적 퇴행이 사회적으로 볼 때도 소시민적 고착증이라는 사실은 명백하다. 반면에 2차 대전 이후 몇십 년 동안 양대 진영으로 나뉨에 따라 서방측의 지배자들은 극단적 예술과 취소 가능한 평화조약을 맺었다. 아무튼 독일의 대기업들은 추상화를 장려했으며, 프랑스 드골 정권의 문화 장관은 앙드레 말로[36]였다. 전위주의 교리들과 상식의 대립을 다분히 추상적으로만 파악하고 또 그것들이 어느 정도 온건한 상태에 머물 경우, 그것들은 종종 엘리트적 기능을 수행하는 것으로 바뀔 수 있다. 파운드[37]나 엘리엇[38]이라는 이름이 그 점을 대변한다. 이미 벤야민도 미래주의에서 파쇼적 경향을 알아차렸는데,[39] 그 경향은 보들레르류 현대 예술의 주변적 특성에까지 거슬러 올라간다. 아무튼 후기 벤야민은 공산당 입장권에 서명하지 않는 미적 전위주의와 거리를 두는데, 이 경우 언제나 지식 상인들[40]에 대한 브레히트의 적대감이 개입한다고 할 수

35 [옮긴이] Walter Ulbricht(1893~1973): 독일 정치가. 1차 대전 후 독일공산당KPD에 가입하여 스탈린주의자가 되었고, 1945년 이후 동독 정부에서 최고 권력자가 되었다.
36 [옮긴이] André Malraux(1901~76): 프랑스 작가, 정치가. 반파쇼 운동에 적극 참여했으며, 중국과 베트남 등 국제정치에도 관여했다.
37 [옮긴이] Ezra Pound(1885~1972): 미국 문학가. 감각적 이미지를 중요시했고, 엘리엇, 예이츠 등의 시인들과 가까웠다. 2차 대전 시기에는 파시즘에 가담하여 전후 전범으로 체포되기도 했다.
38 [옮긴이] Thomas Stearns Eliot(1888~1965): 미국에서 태어나 주로 영국에서 활동한 시인, 극작가, 비평가. 염세적인 정서를 모더니즘적인 기법으로 다루었다.
39 Benjamin, *Schriften*, Bd. 2. pp. 395 이하.

있다. 전위예술이 엘리트적인 것으로서 분리되는 현상은 전위예술 자체의 책임이라기보다 오히려 사회의 책임이다. 대중의 무의식적 기준은 그들을 통합하고 있는 상황이 지속되는 데 필요한 기준과 동일하다. 또 그들은 타율적 생활의 압력으로 인해 산만한 상태에 머물 수밖에 없으며, 강력한 자아의 집중을 이룰 수도 없다. 그런데 틀에 박힌 것이 아닌 예술은 그런 집중을 요구한다. 이는 원한을 만들어낸다. 즉 대중 사이에서는 교양적 특권으로 인해 그들이 접근할 수 없는 것에 대해 원한이 생기는 것이다. 또 스트린드베리와 쇤베르크 이래 미학적으로 진보적인 사람들의 태도에서도 그에 못지않게 대중에 대한 원한이 싹튼다. 이들의 미적 고안물과 내용 및 의도를 통해 표명되는 신조 사이의 확연한 갈등은 예술적 일관성을 몹시 손상한다. 과거의 문학을 내용 차원에서 사회적으로 해석할 때 그 해석의 가치는 유동적이다. 그리스 신화에 대한 비코[41]의 해석, 예를 들어 카드모스[42] 신화에 대한 해석은 천재적이었다. 그에 반해 브레히트가 의도했던 것처럼 셰익스피어 극의 줄거리를 계급투쟁의 이념에까지 끌고 간다면, 계급투쟁이 직접 주제로 다루어지는 경우를 논외로 하면 별다른 진척도 없고 드라마들의 본질적인 면을 소홀히 하게 된다. 이는 그 본질적인 면이 사회와는 무관하며 순수하게 인간적이고 초시간적이기 때문이 아니다. 이러한 주장은 모두 속임수다. 그러나 사회적 특성은 드라

40 [옮긴이] Tuis: 자신의 능력이나 의견을 시장에서 상품으로 팔거나 억압적 사회의 지배 이데올로기로 써먹는 지식인들을 가리킨다. 서사극 『투란도트 Turandot』에서 쓴 신조어로 intellecktual을 조합한 'Tellekt-Uell-In'의 머리글자를 땄다.
41 [옮긴이] Giambattista Vico(1668~1744): 이탈리아 철학자. 역사주의의 선구자. 데카르트의 논리학을 비판하고 직관, 상상력, 기억 등을 강조했다.
42 [옮긴이] Kadmos: 테베를 건설한 그리스 신화 속의 인물.

마들의 객관적인 형식적 성향, 루카치의 표현을 빌린다면 '전망Perspektive'을 통해 매개되어 있다. 셰익스피어의 경우에는 개인이나 정열 따위의 범주들, 그리고 칼리반[43]의 부르주아적인 꼼꼼함이나 베네치아의 천박한 상인들, 『맥베스The Tragedy of Macbeth』와 『리어왕King Lear』에서 볼 수 있는 어느 정도 모계사회적인 선사시대 구상 등의 특성들이 사회적이다. 『안토니우스와 클레오파트라Antony and Cleopatra』에서 나타나는 권력에 대한 혐오감도 전적으로 사회적이며, 뒤로 물러나는 프로스페로의 제스처 또한 사회적이다. 이에 비할 때 로마 역사에서 이끌어낸 귀족과 평민의 갈등은 단지 교양을 위한 지식이다. 셰익스피어의 경우 모든 역사가 계급투쟁의 역사라는 마르크스의 테제는 그것이 구속력 있다고 생각하는 한에서 의심스러운 것으로 나타난다. 계급투쟁은 객관적으로 상당한 수준의 사회적 통합과 분화를 전제로 하며 주관적으로는 부르주아사회에서 비로소 초보적인 상태로 발달한 계급의식을 전제로 한다. 새로운 이야기가 아니지만, 계급 자체는 개인들에게 본질구성적이기도 하고 타율적이기도 한 관계들을 나타내는 하나의 보편개념하에 원자적 개인들을 사회적으로 통합하는 것이며, 구조적으로 부르주아적인 것이다. 사회적 적대 관계들은 아주 옛날부터 있었다. 과거에 그러한 적대 관계들이 계급투쟁으로 발전한 경우는 그저 어쩌다가 시민사회와 유사한 시장경제가 형성된 곳에서나 볼 수 있었다. 따라서 모든 역사적인 것을 계급투쟁에 근거해 해석하는 데에는 은연중에 시대착오적 분위기가 따른다. 그뿐만

---

43   [옮긴이] Caliban: 셰익스피어의 『템페스트』에 등장하는 인물. 주인공 프로스페로에게 섬을 빼앗기고 그의 노예가 된다.

아니라 마르크스가 자신의 이론을 구성하고 추론하는 데에 이용한 모델은 자유주의적 기업가 중심의 자본주의 모델이었다. 아마 셰익스피어의 경우 도처에서 사회적 적대 관계들의 기미가 보이겠지만, 그것은 단지 개인들을 통해서만 나타나며, 그것이 집단적으로 나타나는 경우란 단지 대중이 등장하는 장면에서, 그것도 이들이 쉽사리 설복된다는 상투적인 주장에 따르는 장면에서나 볼 수 있다. 물론 셰익스피어를 사회적 관점에서 볼 때 그가 베이컨이 될 수 없었다는 점도 명백하다. 초기 부르주아사회의 변증법적 극작가였던 그는 진보적인 시점에서보다는 오히려 진보로 인한 희생자의 시점에서 세계극장[44]을 보았다. 사회적, 미학적 성숙성을 통해 이러한 속박을 끊어버리는 일은 사회구조의 방해로 인해 어려워진다. 예술에서 형식적 특성들을 무조건 정치적으로 해석할 수는 없지만, 예술에서 내용적 의미들을 포함하지 않는 형식적 요인은 존재하지 않으며, 이러한 내용적 의미들은 정치에까지 도달한다. 진정으로 새로운 예술 모두가 원하는 형식의 해방 속에는 무엇보다 사회적 해방이 감추어져 있다. 왜냐하면 모든 개별 요인의 미적 연관인 형식은 예술 작품에서 사회적 관계를 대변하기 때문이다. 그래서 기존 상황은 해방된 형식을 불쾌한 것으로 여긴다. 정신분석도 이 점을 뒷받침하고 있다. 정신분석에 의하면 현실원칙에 대한 부정을 의미하는 모든 예술은 부친 이마고에 반항하며, 그런 한에서 혁명적이다. 이는 객관적으로 비정치적인 것의 정치 참여를 함의한다. 순수한 형식 자체가 이미 전복 작용을 하게 될 정도

44 [옮긴이] theatrum mundi: 르네상스와 바로크 시대에 자주 쓰이던, 세계의 허망함과 덧없음을 나타내는 메타포.

로 사회조직이 긴밀하게 통합되지 않은 단계에서는 기존 사회 현실에 대한 예술 작품들의 관계가 좀더 느슨했다. 예술 작품들은 현실에 전적으로 순응하지 않고도 현실적 요인을 그다지 주저하지 않고 받아들이고, 현실과 확연히 유사한 상태로 머물면서 현실과 소통할 수 있었다. 오늘날 예술 작품들의 사회비판적 계기는 경험적 현실 자체에 대한 대립으로 되었다. 이는 경험적 현실이 그 자체의 증강된 이데올로기가 되었고, 이제 지배의 요체가 되었기 때문이다. 이로 인해 예술 자체도 사회적으로 별 의미 없는 것, 즉 공허한 유희 및 사업상의 장식물이 되지 않을 수 있느냐 하는 문제는 예술의 구성과 몽타주가 동시에 어느 정도로 해체를 의미하느냐 하는 문제에 의해 좌우된다. 즉 그것은 예술이 현실의 요소를 받아들이되 그것을 해체하여 자유로이 어떤 다른 상태로 결합하는 정도에 의해 좌우된다. 예술이 경험적 현실을 지양하면서도 지양된 현실에 대한 관계를 구체화하느냐 하는 문제가 예술의 미적 척도와 사회적 척도의 통일을 이루며, 이 때문에 그것은 일종의 특권을 지닌다. 그와 같은 구체화를 해낼 경우 예술은 정치적 실천가들의 마음에 드는 말을 하도록 강요받지 않으면서, 스스로 지향하는 바에 대해 아무런 의심도 할 필요가 없다. 피카소와 사르트르는 그와 같은 모순 앞에서 그들이 미학적으로 옹호하는 바와 대립되는 정치를 주저하지 않고 선택했는데, 이러한 정치는 그들의 명성이 선전가치를 지니는 한에서만 그들을 궁색하게나마 인정하기도 한다. 그들은 그 나름으로 객관적 근거를 지니는 그 모순을 주관적으로, 즉 하나의 테제 혹은 이와 대립되는 테제에 전적으로 따름으로써 해결하지는 않는데, 그런 점에서 그들의 태도는 감탄스럽다. 그들의 태도에 대한 비판은 단지 그들이 지지하는 정치에 대한 비판으로서만

적절하다. 그들이 자신의 살을 베어냈다는 사실을 지적하고 스스로 만족하는 것은 쓸모없는 일이다. 이 시대의 난관 가운데에는 어떠한 사상도 그 사상을 지니는 사람의 이해관계를 손상하지 않는 한 참이 아니라는 점, 그 이해관계가 객관적인 것이라도 마찬가지라는 점은 결코 사소한 것이 아니다.

진보와 반동

오늘날에는 예술의 자율적 본질과 사회적 본질이 형식주의와 사회주의 리얼리즘이라는 전문용어를 통해 구분되고 있는데, 이는 눈에 띄는 결과를 초래한다. 관리되는 세계는 그와 같은 전문용어를 이용하여 모든 예술 작품의 이중성에 잠재하는 객관적 변증법까지 자신의 목적을 위해 말살한다. 즉 예술 작품의 이중성이 적이냐 우리 편이냐 하는 구분으로 바뀐다. 그러한 이분법은 허위다. 왜냐하면 그것은 서로 긴장 관계에 있는 두 요인을 단순한 양자택일로 제시하기 때문이다. 개별 예술가는 선택해야 한다는 것이다. 이 경우 사회의 공식적 역학 관계 속에서의 당연한 우월성으로 인해, 언제나 반형식주의적 조류들이 조명을 받는다. 다른 조류들은 분업적으로 한계를 지니며, 어쩌면 순진하게 부르주아적 환각을 그대로 받아들이는 것으로 간주된다. 당 간부들이 반항적 예술가들을 고립 상태로부터 끌어내는 데에 이용하는 사랑에 찬 염려는 메이예르홀트[45]의 학살과도 접한다. 예

---

45 [옮긴이] Vsevolod Emil'evich Meierkhol'd(1874~1940): 소련의 연출가, 배우. 반리얼리즘적 연출을 발전시켰으며, 스탈린 치하에서 숙청당했다.

술이 어떻게든 노골적이거나 은밀한 격려 연설 이상이고자 하는 한, 형식주의 예술과 반형식주의 예술을 추상적으로 대립시키는 일은 사실상 불가능하다. 1차 대전 동안 혹은 그 얼마 후 현대회화는 입체파와 초현실주의로 갈라졌다. 그러나 입체파 자체도 예술 작품들이 아무 탈 없이 순수한 내재성을 지닌다는 부르주아적 관념에 내용상으로 반항했다. 반면에 막스 에른스트Max Ernst나 앙드레 마송처럼 상업성을 철저히 배격하는 주요 초현실주의자들은 처음에는 예술의 영역 자체에 저항했지만, 충격이라는 이념이 소재 차원에서 곧 낡아버리게 되어 점차 그림 그리는 방식으로 옮겨짐에 따라 형식적 원칙들에 접근했고, 특히 마송은 비구상으로 기울었다. 친숙한 세계가 가상이고 환각이라는 점을 섬광처럼 폭로하려고 하면 이미 목적론적으로 비구상으로 넘어가게 된다. 리얼리즘과 공식적으로 대립하는 구성주의는 환상을 깨뜨리는 언어를 통해 리얼리즘보다 현실의 역사적 변화들과 더 깊은 유사성을 지닌다. 반면에 리얼리즘은 객체와의 화해를 가상적으로 보여준다는 원칙이 그동안 낭만적인 것으로 변함에 따라, 이미 오래전부터 낭만적 광채를 띠게 되었다. 구성주의의 충동들은 내용적이었다. 즉 그것은 비록 문제가 없지 않으나 탈마법화된 세계에 예술이 적응하려는 것이었으며, 이는 아카데미즘 없이 전통적 리얼리즘 수법으로는 이루어질 수 없는 것이었다. 오늘날 아무튼 앵포르멜이라고 칭할 수 있는 것은 형식으로 명료한 모습을 드러낼 때만 단적으로 미적인 것이 된다. 그렇지 않으면 그것은 단지 기록 문서에 지나지 않을 것이다. 쇤베르크, 클레, 피카소처럼 그 시대의 본보기가 되는 예술가들의 경우 표현적으로 미메시스적인 계기와 구성적인 계기가 동일한 강도를 지니며 나타난다. 그것도 어느 한쪽에서 다른 쪽으로 넘어가는 과정에서 조잡한 중간을 택하지 않고 양극단을 추구함으로써 그렇게 된다. 그러나 그 두 가지 요인은 다 같이 내용적이다. 즉 표현은 고통의 부정성을 의미하는 점에서 내용적이며, 구성은 완전한 합리성, 따라서 이제 폭력적이지 않은 합리성의 수준에서 소외를 극복함으로써 소외의 고통을 견뎌내려는 시도라는 점에서 그렇다. 사고에서와 마찬가지로 예술에서도 형식과 내용은 서로 구분되어 있으면서 서로 매개되어 있다. 그런 한에서 형식과 내용이라는 추상적 이분법에 따르는 것처럼 진보적이니 반동적이니 하는 개념들을 예술에 적용하기도 어렵다. 그런데 오고 가는 논쟁 속에서 그러한 이분법이 반복되고 있다. 어떤 사람들은 예술가들이 사회적으로 반동적인 테제를 대변하거나 그들의 작품들이 취하는 형태를 통해, 물론 쉽게 파악되지 않는 무리한 방법으로 정치적 반동을 지지했다는 이유로 반동적이라고 칭한다. 또 어떤 사람들은 예술가들이 예술적 생산력의 수준에서 뒤처져 있다는 이유로 반동이라고 칭한다. 그러나 중요한 예술 작품들의 사상내용은 작가들의 신조와 어긋날 수 있다. 스트린드베리가 입센의 부르주아적-해방적 의도를 억압적으로 뒤집어 놓았다는 점은 명백하다. 한편 드라마상의 리얼리즘을 해체하고 꿈같은 경험을 재구성하는 그의 형식적 혁신은 객관적으로 비판적이다. 그의 작품들은 고리키[46]의 극히 대담한 비판보다 더 진정성 있게 사회가 잔인해졌음을 증언한다. 그와 같은 한에서 그의 작품들은 사회적으로도 진보적이다. 즉 그것은 개인주의적인 부르주아사회가 맞이하는 파국을 서서

---

46 [옮긴이] Gor'kii(1868~1936): 본명은 Aleksei Maksimovich Peshkov로 러시아의 사회주의 리얼리즘 작가. 고리키는 그의 필명. 하층민들의 삶을 충실히 그려냈으며 볼세비키를 지지했다.

히 감지하는 자의식인 것이다. 그 속의 절대적 개인은 『유령 소나타』[47]에서처럼 유령이 되었다. 자연주의의 최상급 작품들은 그와 대위법을 이룬다. 하우프트만의 『하넬레의 승천』 1부의 조금도 완화되지 않은 두려움은 충실한 모사물을 지극히 격렬한 표현으로 바꿔놓는다. 그러나 명령을 통해 활력을 얻은 리얼리즘에 대한 사회적 비판은 예술을 위한 예술 앞에서 굴복하지 않을 때만 의미 있을 것이다. 사회에 대한 반항의 사회적 허위는 역사적으로 드러났다. 예를 들어 바르베 도르비이[48]의 경우 정선된 것들은 낡아빠진 순진성으로 퇴색해 있으며 인공적 낙원에 결코 어울리지 않을 것이다. 또 이미 헉슬리[49]도 주목했지만, 악마주의라는 것도 희극적인 것이 되었다. 보들레르와 니체는 자유주의적인 19세기에 악이 사라졌다고 탄식했다. 그들에게 악은 단지 빅토리아식으로 억압되지 않은 충동의 가면일 뿐이었는데, 그것이 이제 20세기에는 억압된 충동의 산물로서 잔인하게 문명의 울타리 속에 침입했다. 이 잔인성에 비하면 보들레르가 혐오스러운 형상들을 통해 행한 신성모독은 오히려 일종의 무해한 일이 되는데, 이는 그 본래의 격정과는 괴기하게 대조를 이룬다. 비록 수준상으로는 비교할 나위 없이 우월하지만 보들레르는 유겐트 양식의 전주곡을 연주했다. 유겐트 양식의 허위는 삶을 변혁하지 않은 채 미화한다는 점이다. 그

---

47 [옮긴이] *Gespenstersonate*: 스트린드베리의 1907년 작으로 환상적 성격을 통해 무대 리얼리즘에 반란을 일으켰다.

48 [옮긴이] Jules-Amédée Barbey d'Aurevilly(1808~89): 프랑스 작가, 문화 비평가. 보수적 가톨릭의 입장을 취했다.

49 [옮긴이] Aldous Huxley(1894~1963): 영국 작가. 『멋진 신세계*Brave New World*』(1932)에서 그는 20세기의 과학 문명에 대한 맹신과 신분제를 비판하며, 『루됭의 악마*The Devils of Loudun*』(1952)에서는 악령의 문제를 다루었다.

로써 미 자체가 공허하게 되었고, 모든 추상적 부정과 마찬가지로 부정된 것 속에 통합되었다. 어떤 목적에 의해 손상되지 않은 미적 세계를 보여주는 환각술은 미 이하의 세계에 알리바이를 만들어준다.

예술과 철학의 빈곤

철학에 대해서는, 또 일반적으로 이론적 사고에 대해서는 그것이 단지 개념만을 처리할 수밖에 없는 한 관념론적 예단으로 인해 괴로움을 겪는다고 할 수 있다. 철학은 개념들이 지향하는 것들을 단지 개념들을 통해서만 다룰 뿐이고, 결코 그것 자체를 소유하는 것은 아니다. 이로써 철학에 따르는 허위와 책임을 반성하고, 이를 통해 가능하다면 그것을 바로잡는 일이 철학의 시시포스적인 작업이다. 철학은 그 존재적 기저를 텍스트들 속에 고착시킬 수 없다. 그런데 철학은 이 존재적 기저에 대해 논함으로써 이미 그 기저를 그것과 구분 짓고자 하는 어떤 것으로 만들어놓는다. 피카소가 처음 신문 조각들로 자신의 그림들을 교란시킨 이후 현대 예술은 그에 대한 불만을 기록하고 있다. 모든 몽타주는 그러한 데에서 유래한다. 사회적 계기는 이 계기를 모방함으로써 마치 예술적 능력을 지니는 것처럼 됨으로써가 아니라, 오히려 예술에 대한 사보타주를 통해 예술 속에 스며듦으로써 미적으로 권한을 얻는다. 예술 자체는 스스로 순수한 내재성을 지닌다고 하는 속임수를 깨뜨리며, 경험세계의 파편들은 그 자체의 연관을 버리고 내재적 구성의 원칙들에 따른다. 예술은 조잡한 소재들에 대한 가시적 양보를 통해 정신, 즉 사유와 예술이 타자에 저지르는 어떤 것을 보상하고 싶어 한다. 정신은 그 타자에 관여하여 그것이 말하게

끔 만들고 싶어 하는 것이다. 그러한 것이 여러 예술 사이의 경계선을 흐리는 작업이나 해프닝에 이르는 현대 예술의 반의도적, 비의미적 계기가 지니는 규정 가능한 의미다. 이로써 전통적 예술에 대한 위선적 졸속 판결이 이루어진다기보다, 오히려 예술에 대한 부정까지도 예술 자체의 힘을 통해 받아들이려는 노력이 이루어진다고 할 수 있다. 전통적 예술 가운데 사회적으로 이제는 가능하지 않게 된 것도 그 때문에 모든 진리를 상실하지는 않는다. 그와 같은 것은 역사적 암반층 속에 가라앉는다. 이 암반층은 단지 부정을 통해서만 살아 있는 의식에까지 전해질 수 있지만, 이 암반층이 없으면 예술은 존재할 수 없을 것이다. 즉 그것은 무엇이 아름다운지를 말없이 지시해 주는 계층이라고도 할 수 있다. 이 경우 자연과 작품을 그렇게 엄밀히 구분할 수는 없을 것이다. 이러한 계기는 파괴적 계기와 대립하는데, 예술의 진리는 이 파괴적 계기로 넘어갔다. 그러나 그러한 계기는 형식을 이루는 힘으로서 그 자체의 척도가 되는 것의 힘을 인정하는 가운데 존속한다. 이러한 이념에서 예술은 평화와 유사하다. 미리부터 화해를 예상해도 예술은 허위가 되겠지만, 평화에 대한 전망이 없어도 마찬가지로 허위가 될 것이다. 예술에서 미는 현실적으로 평화로운 상태의 가상이다. 형식의 억압적 폭력도 적대적이고 대립적인 것을 결합하는 가운데 현실적 평화를 지향한다.

객체의 우위와 예술

철학적 유물론에서 미학적 리얼리즘을 추론하는 것은 잘못이다. 물론 인식의 한 형태인 예술은 현실 인식을 함축한다. 또 사회적이지 않은 현실은 현실이 아니다. 비록 예술의 인식적 성격 내지 진리내용이 존재자로서의 현실에 대한 인식을 초월하기는 해도, 그처럼 예술의 진리내용과 사회적 내용은 서로 매개되어 있다. 예술은 본질에 대해 논의하거나 그것에 삽화를 붙이거나 혹은 어떻게든 그것을 모방함으로써가 아니라, 본질을 포착함으로써 사회적 인식이 된다. 예술은 자체의 복합상태를 통해 본질이 현상에 맞서 현상으로 나타나게 만든다. 객체에 어떤 우선권의 계기를 부여하는, 관념론에 대한 인식론적 비판을 간단히 예술에 적용할 수는 없다. 예술 속의 객체와 경험적 현실 속의 객체는 전적으로 상이한 것이다. 예술의 객체는 예술에 의해 산출된 조형물인데, 그것은 경험적 현실의 요소들을 내포하기도 하지만 이것의 위치를 바꾸어놓기도 하고 해체하기도 하며 자체의 법칙에 따라 재구성하기도 한다. 그렇지 않아도 언제나 허위를 만들어내는 사진술을 통해서가 아니라 바로 그러한 변형을 통해서만 예술은 경험적 현실을 제대로 대한다. 즉 감추어진 그 본질이 출현하게 해주며, 재앙으로서의 그 본질 앞에서 당연히 느끼게 되는 전율을 제공한다. 미학적으로 객체의 우위는 무의식적 역사 서술, 억압받고 배척받는 것, 어쩌면 가능한 것에 대한 기억이라는 예술의 성격에서만 타당성을 지닌다. 객체의 우위는 지배에 대한 존재자의 잠재적 자유를 의미하는데, 예술에서는 그것이 객체들에 대한 예술의 자유로서 나타난다. 예술은 그 타자에서 자체의 사상내용을 포착해야 하지만, 동시에 이 타자를 자체의 내재적 연관 속에서만 얻게 된다. 이 타자를 예술에 주입할 수는 없다. 예술은 객체의 우위에 포함된 부정성, 즉 객체의 화해되지 않은 상태, 타율적 요인 등을 부정한다. 예술은 화해 상태를 보여주는 작품들의 가상을 통해 그런 요인을 드러내기도 한다.

유아론 문제와 거짓 화해

디아마트[50]의 주장은 언뜻 보기에 설득력이 없지 않아 보인다. 그에 따르면 극단적 현대 예술의 관점은 상호주관성을 편협하게 배격하는 유아론 내지 단자의 입장이다. 또 사물화된 분업은 살인 광란증에 빠진다는 것이다. 그리고 이는 실현되어야 할 인도주의를 조롱한다. 유아론 자체는 이미 유물론적 비판이나 그보다 훨씬 이전에 위대한 철학이 밝혀놓은 것처럼 환각이며, 자체의 매개 과정을 이데올로기적으로 묵살하며 직접성에 머무는 대자Für sich의 기만이라는 것이다. 이때 이론이 보편적인 사회적 매개를 통찰함으로써 유아론을 개념으로 파악하고 이를 넘어선다는 주장은 참이다. 그러나 예술은 자체에 대한 의식으로까지 나아간 미메시스로서, 경험의 직접성 내지 충동과 결합되어 있다. 그렇지 않다면 예술은 과학과 구분될 수 없을 것이며 기껏해야 과학의 업무를 부분적으로 수행할 뿐이며, 대개는 사회 르포르타주에 그칠 것이다. 물론 오늘날에도 이미 소규모 그룹들의 집단적 생산방식을 생각할 수 있고, 여러 매체에서 그러한 방식이 요구되기도 한다. 그러나 기존의 모든 사회들에서 경험이 이루어지는 장소는 단자들이다. 고통을 포함하는 개별화 과정이 사회적 법칙이기 때문에 단지 개별적으로만 사회는 경험될 수 있다. 직접적인 집단 주체의 기초라는 것은 날조된 것이며 예술 작품마저 허위로 만들어놓을 것이다. 그로써 오늘날 유일하게 열려 있는 경험의 가능성이 예술 작

---

50 [옮긴이] Diamat: 변증법적 유물론dialektischer Materialismus의 약자. 현실 사회주의 국가들에서 역사유물론과 함께 공식적인 마르크스주의 철학으로 자리 잡았다. 아도르노는 사유의 생산성 측면에서 충분히 변증법적이지 못하다는 이유로 디아마트에 대해 비판적이었다.

품에서 사라질 것이기 때문이다. 예술이 이론적 통찰에 근거해 자체를 수정하고자 자체의 매개 상태를 지향하고 또한 사회적 가상임이 간파된 단자적 성격에서 탈피하고자 하더라도, 이론적 진리는 예술에 외적인 상태에 머물며 따라서 허위가 될 것이다. 즉 예술 작품은 타율적으로 자체의 내재적 규정 상태를 희생할 것이다. 다름 아닌 비판이론에 의하면 사회에 대한 단순한 의식이 사회적으로 미리 규정된 객관적 구조를 실제로 넘어서지는 못하며, 물론 제반 조건에 비춰 볼 때 자체로서 사회적 현실의 한 부분인 예술 작품도 그럴 수 없다. 아무튼 예술 작품은 단자론적으로 폐쇄된 자체의 구조를 통해, 객관적으로 예술 작품에 미리 제시된 자체의 상황을 밀고 가 그 상황을 비판하기에 이를 때 비로소, 디아마트가 반유물론적으로 예술 작품에 부여하고 또 예술 작품에 요구하는 능력을 지닐 수 있게 된다. 예술이 아닌 인식은 인식이기를 포기하지 않고도 자체를 넘어서 생각할 수 있다. 그러나 예술은 자체를 근거로 하지 않고 그것이 처해 있는 역사적 입지를 기반으로 하지 않을 때는 어떤 견실한 것을 만들어내지 못한다. 아마 이런 점이 예술과 예술 이외의 인식 사이에 존재하는 진정한 경계선일 것이다. 예술에서 역사적으로 가능한 것을 감지하는 일은 예술적 반응 형식에서 본질적이다. 예술에서 실체성이라는 표현은 그런 점에서 나름의 의미를 지닌다. 예술이 이론적으로 좀더 높은 차원의 사회적 진리를 위해 스스로가 파악하고 형상화할 수 있는 경험 이상의 것을 원할 경우, 예술은 그 이하가 되고 말며 예술이 자체의 척도로 삼는 객관적 진리는 허구로 타락한다. 그러한 진리는 주체와 객체의 단절을 풀칠해서 붙여놓을 뿐이다. 그처럼 왜곡된 리얼리즘은 주체와 객체의 거짓된 화해이며, 따라서 미래 예술에 대한 최상의 유토피아적 환상들도 새로이 부자유 상태에 빠지지 않고는 다시 리얼리즘적인 것이 될 어떤 화해를 생각해 내지 못할 것이다. 예술의 내재성은 주체와 마찬가지로 그 자체로서 사회적으로 매개되어 있으며, 그 때문에 예술은 그 내재성 속에 타자를 지닌다. 예술은 자체의 잠재적인 사회적 사상내용을 말로 나타내야 한다. 즉 스스로를 초월하기 위해 자체 속으로 들어가야 한다. 예술은 객관화를 지향하는 자체의 처리방식에 포함된 외화의 힘을 통해 유아론을 비판한다. 자체의 형식을 통해 예술은 편협하고 단순한 주체를 초월한다. 반면에 고의적으로 주체의 편협한 상태를 묵살하고 싶어 한다면, 그것은 유치한 일이 되며, 심지어 타율성을 바탕으로 일종의 윤리적-사회적 공적을 이뤄내기도 한다. 이 모든 것에 대해 다음과 같이 응수할 수도 있을 것이다. 즉 온갖 형태의 인민민주주의조차 아직 적대적 성격을 지니며, 따라서 인민민주주의에서도 소외된 입장 말고 다른 입장을 취할 수는 없지만, 다행히 현대 예술을 더 이상 필요로 하지 않고 전통적인 예술로 다시 만족하게 될 휴머니즘이 실현된다면 이로부터는 다른 입장을 기대할 수 있으리라는 것이다. 하지만 이러한 양보는 이미 극복된 개인주의 강령과 언뜻 듣는 바처럼 그렇게 다르지 않다. 그 기반이 되는 것은 대략적으로 말해서 시민사회의 고루한 상투어, 즉 현대 예술은 이를 발생시킨 세계와 마찬가지로 추하며 이 세계에는 그런 예술이 어울리며 다른 것은 가능하지 않지만, 그렇다고 그 상태로 늘 머물러 있을 수는 없다는 등의 상투어다. 실제로는 여기서 극복할 수 있는 것은 아무것도 없다. 그 말은 허위의 지표다. 새로운 예술이 형성되는 과정에서 적대적인 상태, 즉 청년기 마르크스가 소외 또는 자기소외라고 칭한 요인이 실로 중요한 원동력을 이루었다는 사실에는 논란의 여지가 없다. 그러나 이 새로운 예술은 결코 그러한 상태를 재생산하는 모사물이 아니었다. 그러한 상태를 탄핵하고 그것을 이마고로 옮기는 과정에서 새로운 예술은 그 상태에 대한 타자가 되었으며 그것이 생명체들에게 자유를 금지하는 만큼 자유롭다. 오늘날 평화롭지 못한 사회의 이데올로기적 보완물이 되어버린 과거의 예술은 어떤 평화로워진 사회에 다시 귀속될 수도 있을 것이다. 그러나 이때 새로 생겨나는 예술이 안정과 질서, 긍정적 모사와 조화로 돌아간다면, 이는 예술의 자유를 희생하는 것이라고 할 수 있다. 어떤 변화된 사회에서 예술이 지니게 될 모습을 그리는 일도 부적절하다. 아마 그것은 과거의 예술도, 현재의 예술도 아닌 제삼의 존재가 될 것이다. 그러나 좀 더 훌륭한 시대가 되더라도, 예술의 표현이기도 하고 또 형식의 실체이기도 한 고통을 예술이 망각하느니 차라리 예술이 아예 사라지기를 더 바라야 할 것이다. 부자유는 다름 아닌 인간적 사상내용을 긍정적인 상태로 위조해 놓는다. 바라는 대로 미래의 예술이 다시 긍정적인 것으로 된다면 부정성이 현실적으로 여전히 존재하지 않는가 하는 의심은 실로 절박해질 것이다. 그러한 의심은 언제나 절박하며, 재발의 위협은 사라지지 않고 남아 있다. 또한 자유는 소유의 원칙으로부터의 자유일 텐데, 이런 자유는 결코 소유할 수 있는 것이 아니다. 그러나 만일 축적된 고통에 대한 기억을 떨쳐버린다면, 역사 기술로서의 예술이라는 것이 도대체 무엇이란 말인가.

부록

대학 사업이 미학을 하나의 분과로 격하시켰다는 사실과 관련해 미학은 철학에 책임을 묻는다. 미학은 철학이 소홀히 하고 있는 일, 즉 현상물들을 그 순수한 현존재로부터 끌어내어 자성하게 만드는 일을 철학에 요구한다. 현상물들 너머의 어떤 고유한 과학이 아니라, 과학을 통해 굳어버린 것에 대한 반성을 요구하는 것이다. 이로써 미학은 그 대상이 어느 것이든 마찬가지로, 대상이 직접 우선적으로 원하는 바에 따른다. 어떤 예술 작품이든 온전히 경험할 수 있으려면 사고가 필요하고 따라서 철학이 필요한데, 철학이란 다름 아니라 중단되지 않는 사고인 것이다. 이해는 비판과 같은 것이다. 이해된 것을 어떤 정신적인 것으로서 깨닫는 이해의 능력은, 그 속의 참과 거짓을 구분하는 능력일 뿐이다. 이 구분이 일반적인 논리학의 방법에서 아무리 벗어나는 것이라도 그러하다. 예술은 단연코 인식이지만, 어떤 객체들에 대한 인식은 아니다. 한 예술 작품을 진리의 복합상태로서 파악하는 사람만이 그것을 파악한다. 이는 불가피하게 예술 작품 자체의 허위든 그 외부의 허위든, 허위에 대한 예술 작품의 관계와 관련된다. 예술 작품들에 대한 다른 판단은 모두 우연한 것에 지나지 않을 것이다. 이로써 예술 작품들은 자체에 대한 적합한 관계를 요구한다.

그래서 예술 작품들은 지난날 예술철학이 해내려 했지만 그 전통적인 형태로는 오늘날의 의식이나 현재의 작품에 직면해 더 이상 해내지 못하는 일을 상정한다.

가치중립적 미학이란 난센스다. 예술 작품을 이해한다는 것은 브레히트도 잘 알았듯이 예술 작품의 논리성이라는 계기와 그 반대의 계기 즉 논리성의 단절들, 그리고 그것이 의미하는 바를 깨닫는 것이다. 니체는 「장인 가수」[1]에서 긍정성이 나르시시즘적으로 작동한다고 비판했는데, 이러한 계기, 즉 허위의 계기를 지각하지 못하는 사람은 아무도 「장인 가수」를 이해할 수 없을 것이다. 이해와 가치의 분리는 과학주의적으로 조작된 것이다. 가치 평가가 없다면 미학적으로 아무것도 이해되지 않으며, 그 반대도 마찬가지다. 예술에서는 어느 것에서보다도 더 당연히 가치에 대해 논해야 한다. 각각의 작품은 모두 한 편의 무언극처럼 '내가 훌륭하지 않은가'라고 말한다. 가치를 평가하는 반응은 이에 응답하는 것이다.

오늘날 미학은 미학의 보편적 원칙들 및 규범들에 대한 비판을 구속력 있는 것으로서 전제하려 시도하지만, 그러한 시도 자체는 필연적으로 보편이라는 매체 속에 머물 수밖에 없다. 이러한 모순을 미학에서 제거할 수는 없다. 미학은 예술이 자체에 대한 반성의 시대에 절대적으로 제기하는 이론적 요구에 따라, 그와 같은 모순을 받아들이고 반성해야 한다. 하지만 그처럼 보편성이 필요하다는 점이 불변

---

1   [옮긴이] "Meistersinger": 1868년에 초연된 리하르트 바그너의 오페라.

요인에 대한 실증적 이론을 정당화해 주지는 않는다. 불가피하게 보편적 성격을 띠는 규정들 속에서는 역사적 과정의 결과들이 집약된다. 아리스토텔레스의 표현을 조금 바꾸어 말하자면 '지난날의 예술'이 집약되는 것이다. 예술에 대한 보편적 규정들은 예술이 형성된 상태에 대한 규정이다. 예술 전반의 존재 이유와 관련해 혼란스럽게 된 역사적 상황에서는 과거를 돌아보면서 예술의 개념을 탐색하게 되는데, 이때 예술은 회고적으로 통일성 있는 어떤 것으로 결합된다. 이러한 통일성은 추상적이지 않으며, 예술이 그 고유의 개념을 형성하기까지 전개된 것이다. 그래서 어디서나 이론은 증거나 사례가 아니라 자체의 근거로서 구체적 분석을 전제한다. 철학적으로 구체적 예술작품들에 몰입하는 일을 극단에까지 끌어올렸던 벤야민은 이미 재생산 이론에서 보편을 향한 역사적 전환이 필요하다고 여겼다.[2]

미학은 예술적 경험에 대한 반성이지만, 예술적 경험이 미학의 결정적인 이론적 성격을 완화해서는 안 된다는 요구는 전통적 범주들을 예술적 경험과 대질시키는 개념의 운동을 모델 방식으로 이 범주들 속에 끌어들임으로써 방법상 가장 잘 충족할 수 있을 것이다. 이 경우 양극 사이에 어떤 연속체를 구성할 수는 없다. 이론의 매체는 추상적이며, 예시적인 본보기들을 통해 이 점을 속여서는 안 된다. 그러나 때로는 지난날 헤겔의 『정신현상학』에서처럼, 정신적 경험의 구체화와 보편적 개념이라는 매체 사이에 갑자기 불꽃이 일어날 수도 있을 것이다. 이때 구체적인 것은 본보기로서 예시되는 것이 아니라 사

2   Benjamin, *Schriften*, Bd. 1, pp. 306 이하 참조.

태 자체이며, 이 사태를 중심으로 추상적 추론이 이루어지지만 이러한 추론이 없으면 그 사태의 이름을 찾을 수도 없을 것이다. 이 경우 생산의 측면에 근거해서, 즉 생산물들이 제시하는 객관적 문제들과 요구들에 근거해서 생각해야 할 것이다. 예술 작품들에서 생산 영역의 우선성은 그것의 주관적 산출에 따르는 우연성보다 사회적 노동의 산물이라는 예술 작품의 본질이 우선적임을 뜻한다. 그러나 전통적 범주들과 관련을 맺는 것은 피할 수 없다. 왜냐하면 이 범주들에 대한 반성을 통해서만 예술적 경험은 이론화될 수 있기 때문이다. 그러한 반성이 표현하고 또 유발하는 범주들의 변화 속에서는 역사적 경험이 이론 속으로 파고든다. 사유가 전통적 범주들 속에서 해방시키는 역사변증법을 통해 이 전통적 범주들은 그 조야한 추상성을 탈피하지만, 그렇더라도 사유에 내재하는 보편이 희생되지는 않는다. 미학은 구체적 보편성을 목표로 하는 것이다. 개별 조형물들에 대한 아무리 재치 있는 분석도 그 자체로 이미 미학이 되는 것은 아니다. 이는 미학의 결점이자 또한 예술과학을 자칭하는 것에 대한 미학의 우월성이기도 하다. 하지만 오늘날의 예술 생산에서도 사라지지 않고 부정되는 가운데 아직 되풀이하여 등장하는 전통적 범주들에 대한 호소는 절실한 예술 경험에 근거해 정당화된다. 경험은 미학으로 귀결된다. 미학은 예술 작품들 속에서 혼합 상태로 일관성 없이 이루어지는 것, 개별 작품 속에서 불충분하게 이루어지는 것을 일관성 및 의식으로까지 고양시킨다. 이런 관점에서 비관념론적 미학도 '이념들'을 다룬다.

예술과 과학의 질적 차이로 인해 과학은 간단히 예술을 인식하기 위한 도구가 될 수 없다. 이때 과학이 끌어들이는 범주들은 예술 내적인 범주들과 어긋나 있으며, 그래서 이것들을 과학적 개념들에 투사하면 과학이 해명하고자 하는 바를 불가피하게 소홀히 한다. 예술 작품들에서 테크놀로지가 점점 더 중요해지는 현상 때문에, 테크놀로지를 만들어내고 그 속에서 계속 작동하는 이성의 유형에 예술 작품들을 복속시키는 잘못을 저질러서는 안 될 것이다.

고전 개념에서는 주관에 의해 매개된 객관적인 것이 예술 작품이라는 이념이 살아남아 있다. 그렇지 않다면 예술은 사실상 자체로 자의적이고 타인에게 아무 상관없으며 어쩌면 역사적으로 뒤처져 있는 소일거리일 것이다. 예술은 이제 생계를 위한 밥벌이에 온 힘을 다 소모하지는 않지만 직접적 욕구 충족에는 제한이 있는 사회의 대용 생산품으로 평준화될 것이다. 예술을 보편적으로 대타적인 것에 굴복시키고 싶어 하는 실증주의에 집요하게 맞서면서 예술은 그와 같은 현상에 반대한다. 비록 사회적 현혹의 연관 속에 끌려들어 가 있더라도 예술은 자신이 옹호하고 싶어 하지 않는 사회적 상황과 무관할 수 있다는 말이 아니다. 하지만 예술의 현존재는 예술을 그러한 상태로 비하하고 예술을 파괴하고 싶어 하는 권력과 결합될 수 없다. 중요한 작품들이 말해주는 바는 주관적 이성의 총체성 요구와 대립한다. 주관적 이성의 허위는 예술 작품들의 객관성에서 명백해진다. 객관성에 대한 내재적 요구와 괴리되면 예술은 다소간에 조직화되어 반사작용을 야기하는 자극의 체계에 지나지 않을 테고, 예술은 스스로 자폐적, 독단적으로 그러한 반사작용을 그 체계의 영향을 받는 사람들이 아니라 바로 그 체계 탓이라고 여길 것이다. 이로써 예술 작품과 단순한 감각적 질들의 구분은 사라질 것이며, 예술 작품은 한 토막의 경험적 사실, 미국식으로 말하면 '일련의 테스트a battery of tests'가 될 것이다. 또 예술을 해명하는 적합한 수단은 프로그램 분석이나, 예술 작품들 혹은 장르들에 대해 집단들이 보이는 평균적 반응들의 조사일 것이다. 다만 공인된 문화 영역들을 존중하여 실증주의가 자체의 방법에 담긴 결론에까지 나아가는 일은 아마 드물 것이다. 실증주의는 인식에 대한 이론으로서 모든 객관적 의미를 논박하고 기록 명제들로 환원되지 않는 모든 사고를 예술에 포함시킴으로써, 인정하지 않겠지만 처음부터a limine 예술을 부정한다. 사실상 실증주의는 예술을 통해 위로받는 지친 사업가처럼 예술을 별로 진지하게 받아들이지 않는다. 예술이 실증주의적 척도에 부합한다면, 그러한 사업가가 예술의 선험적 주체일 것이다. 실증주의가 지향하는 예술 개념은 문화산업의 예술 개념과 일치한다. 문화산업은 실제로 자체의 생산물들을 자극 체계들로서 조직하는데, 주관주의적 투사 이론Projektions-theorie은 그러한 체계들을 예술이라고 날조한다. 헤겔이 수용자의 감각에 근거하는 주관적 미학을 논박한 것은 이 미학의 우연성 때문이었다. 문제는 이 우연성에 머물지 않았다. 주관적 영향의 계기는 문화산업을 통해 계산되며 통계적 평균치에 따라 보편적 법칙이 된다. 그것은 객관적 정신이 되었다. 하지만 이 때문에 헤겔의 그러한 비판이 약화되는 것은 아니다. 왜냐하면 현대적 양식Stil의 보편성은 부정적 직접성이기 때문이다. 즉 예술의 모든 진리 요구를 제거하는 것이며, 또한 수용자를 위해 존재한다는 암묵적 단언을 통해 수용자를 부단히 기만하는 것이기 때문이다. 실은 이러한 기만을 통해 집중된 경제 권력은 수용자에게 뿌리는 돈을 다시 그들에게서 빼앗을 뿐이다. 무엇보다 이로 인해 미학은——또한 사회학도 명목적 의사소통 가운데 하나로서 주관적 미학의 보조 기능을 수행하는 한——예술 작품의 객관성을 지향하게 된다. 실제의 연구 활동에서 예컨대 머리 테스트[3]를 사용하는 등 실증주의적 입장을 취하는 사람들은 이미 테스트를 위한 이미지들의 객관적 표현내용을 지향하는 모든 분석과 대립한다. 그들은 이러한 분석이 지나치게 관찰자에 의존하는 것이므로 과학적이지 못하다고 본다. 그들은 예술 작품들을 상대로 전적으로 그런 방법을 취할 수밖에 없을 테지만, 예술 작품들은 그러한 테스트처럼 수용자를 겨냥하여 구상된 것이 아니라 자체의 객관성과 수용자를 대질시킨다. 물론 실증주의는 예술 작품들이 자극들의 총합은 아니라는 단순한 단언이나 예술에 대한 온갖 변론을 가볍게 다룰 수 있을 것이다. 실증주의는 예술에 대한 수백만 교양 속물들의 반응을 본보기 삼아, 예술 작품들을 자신의 사회적 지위를 차지하는 데에 적합한 합리화 및 투사라고 처리해 버릴 수 있을 것이다. 또는 실증주의는 좀더 극단적으로 예술의 객관성을 애니미즘의 잔재라고 비하하고, 다른 잔재들과 마찬가지로 계몽 앞에서 물러나야 한다고 주장할 수도 있다. 객관에 대한 경험을 폄하하지 않는 사람, 또 예술 문외한들에게 예술에 대한 권위를 인정해 주고 싶어 하지 않는 사람은 내재적인 방법을 택해야 하며, 실증주의적 상식이 예술과 예술의 사상내용을 주관적 반응 방식들의 단순한 반영이라고 여기더라도, 주관적 반응 방식들과 관계를 맺어야 한다. 실증주의 입장에서 참인 것은 예술 경험 없이는 예술에 대해 알지 못하며 예술에 대해 논할 수도 없다는 진부한 주장이다. 그러나 그러한

---

[3] [옮긴이] Murray-Test: 미국 심리학자 머리Henry A. Murray가 1940년경에 개발한 심리학 테스트. 30개의 실제 상황에 대한 다의적이고 모호한 이미지들을 활용해 감정적 갈등이나 내적 문제들을 인식할 수 있게 해준다.

경험에는 바로 실증주의가 무시하는 차이도 포함된다. 다름 아니라 우리가 이해할 것이 아무것도 없는 한 편의 히트곡을 온갖 심리 투사를 위한 캔버스로 이용하느냐, 아니면 어떤 작품을 그 작품 자체의 규율에 따름으로써 이해하느냐 하는 차이가 그것이다. 철학적 미학이 예술의 해방적 요인으로 고양시킨 것, 미학의 언어로 예술의 시공간을 초월하는 요인으로 고양시킨 것은 작품 속에서 잠재적으로 소멸하는 감상자의 자기부정이었다. 감상자는 작품을 통해 그렇게 소멸하는데, 이는 작품 각각의 진리와 허위를 나타내는 지표 index veri et falsi다. 작품의 객관적 척도들에 따르는 사람만이 그것을 이해한다. 그리고 그것에 무관심한 사람은 소비자다. 그렇지만 예술에 대한 적합한 반응에서는 주관적 계기가 보존된다. 즉 작품과 그것의 구조적 역동성을 함께 만들어내는 노력이 클수록, 또 주체가 작품 속에 더욱 파고들수록, 주체는 더욱 훌륭하게 자신을 잊고 객관을 감지한다. 수용에서도 주관은 객관을 매개하는 것이다. 주체는 칸트가 숭고에서만 확인한 것과 같은 자신의 덧없음을 모든 미에서 의식하고 이 덧없음을 넘어서 어떤 다른 상태에 도달한다. 칸트의 학설은 단지 그 덧없음의 대립물을 긍정적 무한이라고 설명하고 이를 다시 예지적 주체 속에 옮겨놓음으로써 난관에 빠진다. 미를 대면할 때 겪는 고통은 주관적 장벽에 의해 주체에게 차단된 것에 대한 동경이다. 주체는 그것이 자신보다 더 참되다는 점을 아는 것이다. 폭력 없이도 그러한 장벽을 벗어나는 경험은 주체가 미적 형식 법칙에 따름으로써 체득된다. 감상자는 예술 작품이 말하도록 예술 작품과 계약을 맺는다. 예술 작품에 대해 무엇인가를 '가지고 있다'고 자랑하는 사람은 소유관계와 단적으로 동떨어져 있는 것에 소유관계를 속물적으로 적용한다. 그는 중단

없는 자체보존의 반응 방식을 연장하며, 칸트의 탁월한 통찰에 의하면 미가 초월하는 이해관계에 미를 종속시킨다. 그러나 그렇더라도 주체 없이는 미가 없다는 사실, 미가 그 대타적인 상태를 통해서만 즉자로 된다는 사실은 주체의 자기 정립Selbstsetzung에 기인한다. 이러한 자기 정립이 미를 방해하기 때문에, 미에는 형상을 통해 미를 상기하는 주체가 필요하다. 저녁의 우울함은 그것을 느끼는 사람의 기분이 아니다. 하지만 우울함은 단지 내적으로 분화되고 주체화되어 그것에 대해 맹목적이지 않은 사람만을 사로잡는다. 모든 자연 지배와 이에 따르는 불의의 산물인 강력하고 발전한 주체라야 비로소 객체 앞에서 뒤로 물러서고 자신의 자기 정립을 철회할 힘도 지닌다. 그러나 미학적 주관주의의 주체는 나약하고 '외향적outer directed'이다. 예술 작품 속의 주관적 계기를 과대평가하는 것과 예술 작품과 무관한 상태는 등가물이다. 주체가 예술 작품에 낯설고 외적인 상태로 맞서면서도, 낯선 상태를 작품이 아니라 자신에게 전가함으로써 그것을 보상할 경우에만 주체가 예술 작품의 본질로 된다. 물론 예술 작품의 객관성을 완전히 적합하게 인식할 수는 없으며, 작품들 속에 그 객관성이 존재하는 것은 분명히 아니다. 작품들의 문제가 요구하는 것과 해결 사이의 차이는 그러한 객관성을 위축시킨다. 예술 작품의 객관성은 실증적 사실관계가 아니라 작품 및 작품에 대한 인식의 한 가지 이상Ideal이다. 미적 객관성은 직접적이지 않다. 그것은 그것을 손으로 잡았다고 믿는 사람을 오도한다. 미적 객관성이 매개되지 않은 것이라면, 그것은 예술의 감성적 현상물들과 일치할 테고 예술의 정신적 계기를 은폐할 것이다. 그러나 이는 독자적으로든 타자에 대해서든 오류이기 쉽다. 미학은 예술의 객관성을 위한 조건과 매개를 추적하는 것이기도 하다. 미학의 근거를 칸트적-주관주의적으로 설정하는 데에 맞선 헤겔의 논증은 너무 손쉬운 것이다. 그것은 아무 저항 없이 대상 속으로 혹은 그 범주들—헤겔의 경우 범주들은 아직 장르 개념들과 일치한다—속으로 침잠할 수 있다. 이때 헤겔에게 대상은 아프리오리하게 정신이다. 정신의 절대성과 더불어 예술 작품이 지니는 정신의 절대성도 무너진다. 그래서 미학에서는 실증주의에 자신을 내맡기고 실증주의로 끝나지 않기가 그토록 어려워진다. 그러나 정신 형이상학이 해체된다고 해서 예술에서 정신이 축출되는 것은 아니다. 사실 헤겔도 예술 속의 모든 것을 아무 구분 없이 정신이라고 여기지는 않았겠지만, 더 이상 그처럼 모든 것이 정신이어야 할 필요가 없어지면, 예술의 정신적 계기는 더욱 강화되고 구체화된다. 정신형이상학은 예술을 모방해서 만들어진 것이었는데, 정신형이상학의 몰락 이후 예술의 정신은 오히려 보상을 받는 듯하다. 예술에 대한 주관주의적-실증주의적 명제들의 부적절한 면은 어떤 정신의 철학에서 연역해 낼 것이 아니라, 예술 자체를 근거로 설명해야 할 것이다. 감상 주체의 불변적 반응 형식들에 상응해야 할 미적 규범들이란 것은 경험적으로 무가치하다. 예컨대 새로운 음악을 반대해 제기되는 학교 심리학의 테제, 즉 귀는 자연적 배음 관계와 멀리 떨어진 매우 복잡한 동시적 음향 현상을 지각하지 못한다는 따위의 테제가 그렇다. 그러한 것을 지각하는 사람들도 논란의 여지 없이 존재한다. 그리고 왜 모든 사람이 그럴 수 없어야 하는지는 알 수 없다. 그런 한계는 선험적인 것이 아니라 사회적이다. 즉 2차적 자연의 한계인 것이다. 그에 반해 경험주의적인 태도를 취하는 미학이 평균값들을 규범으로 끌어들일 경우, 그것은 무의식적으로 이미 사회적 순응을 옹호하는 것이다.

그런 미학이 마음에 든다 혹은 불쾌하다고 분류하는 것은 결코 감성적으로 자연적인 것이 아니다. 사회 전체가, 사회의 인쇄 허가 내지 검열이 그것을 미리 규정하는데, 예술 생산은 예로부터 그러한 것에 반항해 왔다. 새로운 예술의 한 가지 원동력인 상냥함에 대한 혐오와 같은 주관적 반응은 타율적인 사회적 합의에 대한, 의식 속에 스며든 저항들이다. 일반적으로 예술의 기초라고 상정되는 것은 주관적 반응 형식들 및 반응 방식들에 근거를 두고 있다. 미적 취미의 우연 속에서도 언제나 대상 자체의 강제성은 아니더라도 잠재적 강제성이 작동하고 있다. 대상에 대해 무관심한 주관적 반응 형식은 미에 대해 외적이다. 하지만 적어도 예술 작품 속의 각 주관적 계기는 나름으로 또한 대상에 의해 유발된 것이다. 예술가의 감수성은 본질적으로 대상을 따라가며 듣고, 대상의 눈으로 보는 능력이다. 미학이 역동적 대상에 대한 헤겔의 요구에 따라 엄격히 구성될수록, 즉 객관적인 것이 될수록 다소 주관적 기초를 지니는 수상쩍은 불변 요인들을 객관성과 혼동하는 일은 더 드물어진다. 크로체의 공적은 변증법의 정신에 따라 대상에 외적인 모든 척도를 청산했다는 것이다. 이때 헤겔의 의고주의는 이와 관련해 방해가 되었다. 헤겔은 법철학의 제도론에서와 유사하게 미학에서도 변증법을 중단했다. 극단적으로 유명론적인 새로운 예술의 경험을 통해 비로소 헤겔의 미학은 그 본연의 자세를 되찾을 수 있을 것이다. 크로체 역시 이러한 경험 앞에서 놀라 물러선다.

작품들의 이론적 해독을 그것들의 영향에 대한 평가로 대체하는 미학적 실증주의는 아무튼 그것들의 물신화를 비판하는 점에서 그 나름으로 진리계기를 지닌다. 이처럼 작품들을 물신화하는 것 자체가 문화산업 및 미적 타락의 일부다. 실증주의는 어떤 예술 작품도 순수한 적이 없다는 변증법적 계기를 상기시킨다. 오페라와 같은 여러 미적 형식들에 대해 영향 관계는 본질구성적이었다. 그런데 장르의 내적 운동이 이 영향 관계를 거부하도록 강요할 때, 그러한 장르는 잠재적으로 불가능해진다. 예술 작품이 마치 즉자로 파악될 수밖에 없는 것처럼 예술 작품을 한결같이 순수한 즉자로 파악하는 사람은, 순진하게 예술 작품의 자체 정립에 예속되고, 가상을 더 높은 등급의 현실로 받아들이며, 예술의 한 가지 본질구성적 계기에 대해 맹목적일 것이다. 실증주의는 예술에 따라다니는 양심의 가책이다. 즉 실증주의는 예술이 직접적으로 참은 아니라는 사실을 상기시킨다.

예술의 투사적 성격에 대한 테제는 예술의 객관성——수준과 진리내용——을 도외시하고 엄밀한 예술 개념에 미치지 못한다. 하지만 그 테제는 한 가지 역사적 경향의 표현으로서 무게를 지닌다. 그것이 속물적으로 예술 작품들에 저지르는 일은 계몽의 실증주의적 왜곡상, 즉 고삐 풀린 주관적 이성에 상응한다. 그것의 사회적 위력은 작품들 속에까지 파고든다. 탈예술화를 통해 예술 작품들을 불가능하게 만들고 싶어 하는 경향은 예술이 존재해야 한다는 호소를 통해 중단시킬 수 없다. 그런 것이 어디에 명시되어 있는 것은 아니다. 다만 이때 투사 이론의 완전한 귀결, 즉 예술의 부정을 함께 생각해야 할 것이다. 그렇지 않으면 투사 이론은 문화산업의 도식에 따라 예술의 수치스러운 중립화로 귀결된다. 그러나 실증주의적 의식은 허위의식으로서 그 나름의 난점을 지닌다. 즉 그러한 의식은 자체의 숨 막히도록 비좁은 공간에 머물지 않는 것을 예술 속에 밀어 넣기 위해 예술이 필요하다.

그뿐만 아니라 실증주의는 현존하는 것을 신봉하는 가운데 예술에 만족할 수밖에 없는데, 왜냐하면 이제 예술이 일단 현존하기 때문이다. 실증주의자들은 지친 비즈니스맨처럼 예술을 별로 진지하게 받아들이지 않음으로써 이 딜레마에서 벗어나고자 한다. 이로 인해 그들은 스스로 생각하기에 이미 아무 예술 작품이 아닌 예술 작품들에 대해 관용을 품을 수 있게 된다.

예술 작품들이 그 발생으로 해소되지 않는다는 점, 또 그래서 문헌학적 방법은 예술 작품들을 그르치기 쉽다는 점은 명확히 밝혀낼 수 있을 것이다. 시카네더[4]는 바흐오펜에 대해 꿈도 꿀 수 없었다. 「마술피리」의 각본은 다양한 원전들을 혼합하며 일관성을 이루지는 않는다. 그러나 객관적으로 그 대본에서는 모권 사회와 부권 사회, 달의 체계와 해의 체계 사이의 갈등이 나타난다. 이러한 점이 애늙은이 취미를 가진 사람들이 형편없다고 비난한 텍스트의 저항력을 해명해 준다. 그 텍스트는 깊이를 모를 심오함과 진부함 사이의 경계선 위를 움직인다. 그것은 〈밤의 여왕〉 장식음 파트가 '악한 원칙'을 나타내지 않음으로써 진부함에 빠지지 않는다.

미적 경험은 특수한 작품을 통해 정착된다. 그렇지만 미적 경험을 고립시킬 수는 없으며, 어떤 미적 경험도 경험하는 의식의 연속성과 무관하지 않다. 점적이고 원자론적인 상태는 다른 모든 경험과 마

---

4 [옮긴이] Emanuel Schikaneder(1751~1812): 독일의 극작가, 배우, 가수, 작곡가로 모차르트의 「마술피리」의 각본을 썼다.

찬가지로 미적 경험과도 대립한다. 단자로서의 예술 작품들에 대한 관계 속에는 미의식 가운데 개별 작품 너머에서 이미 형성된 것의 누적된 힘이 파고든다. 이것이 예술 이해 개념의 이성적 의미다. 미적 경험의 연속성은 경험하는 사람의 다른 모든 경험 및 모든 지Wissen에 의해 영향을 입는다. 물론 그 경험은 현상물과 대면함으로써만 확인되고 수정된다.

정신적 반성에서 혹은 자신이 작품을 넘어서 있다고 여기는 미적 취미에서는 쉽사리 스트라빈스키가 「르나르」[5]에서 베데킨트의 『룰루』[6]를 다루는 처리 방식이 베르크의 음악[7]보다 더 적합해 보일 수 있다. 음악가는 베르크의 음악이 스트라빈스키의 음악보다 훨씬 수준 높다는 점, 또 이를 위해 미적 관점의 독립성을 희생시킨다는 점을 안다. 예술적 경험은 이러한 갈등들로 구성된다.

예술 작품들이 일으키는 감정들은 실재적이며 그런 한에서 미에 대해 외적이다. 예술 작품들을 상대할 때 감상 주체를 감상자의 경험적 실존과 혼동하지 않으면서, 우선 감상 주체와 대립하는 방향에서 인식하는 태도가 더 올바르며 미적 현상물에 더 적합하다. 그러나 예술 작품은 미적일 뿐만 아니라 그 이상이기도 하고 그 이하이기도 하며, 경험층에서 유래하고, 사물적 성격을 띠며, 사회적 사실이기도 하

5 [옮긴이] "Le Renard": 스트라빈스키의 1915년 작 풍자 오페라.
6 [옮긴이] *Lulu*: 베데킨트의 1913년 비극. 『대지의 정령*Erdgeist*』(1895)과 『판도라 상자*Die Büchse der Pandora*』(1902)를 결합해서 만들었다.
7 [옮긴이] 알반 베르크는 『룰루』를 3막의 오페라로 만들었다.

고, 궁극적으로는 진리의 이념이라는 측면에서 메타 미적인 것과 일치한다. 이러한 사실은 예술에 대한 화학적으로 순수한 반응이라는 것을 비판한다는 의미를 내포한다. 미적 경험은 경험적 주체로부터 떨어져 나왔지만, 경험적 주체는 미적 경험 속에 미를 초월하는 주체로 다시 등장한다. 충격은 거리를 두고 있는 주체를 다시 자체 내로 끌어들인다. 예술 작품들은 감상을 향해 열리지만, 동시에 단순한 구경꾼으로서 거리를 두고 있는 감상자를 현혹하기도 한다. 그에게는 작품의 진리가 그 자신의 진리이기도 해야 하는 그런 진리로 나타난다. 이러한 이행의 순간은 예술의 최고 순간이다. 이 순간은 주관의 부정을 통해 주관과 심지어 주관적 미학을 구제한다. 예술에 의해 충격받은 주체는 실재적인 경험을 얻는다. 하지만 이제 예술 작품 자체로서의 예술 작품에 대한 통찰 덕분에, 그러한 경험 속에서 주체가 자신의 주관 속에서 경직되는 현상은 해체되며, 그의 자기 정립에는 그 한계가 드러난다. 주체가 충격을 통해 예술 작품에서 진정한 행복을 맛본다면, 그것은 주체에 맞선 행복이기도 하다. 그래서 충격의 기관인 울음은 자신의 덧없음에 대한 슬픔을 표현하기도 한다. 칸트는 숭고의 미학을 예술에서 배제했지만, 숭고의 미학에서 그와 관련해 무엇인가를 감지했다.

예술을 대하는 비순진성, 즉 반성에는 물론 다른 관점에서 순진성이 필요하다. 즉 미의식은 자신의 경험들을 문화적으로 직접 통용되는 것에 의해 규제받지 않고, 진보적인 학파들을 상대로도 자발적 반응의 힘을 고수하는 것이다. 개인의 의식은 예술적으로도 사회 내지 지배적인 객관적 정신에 의해 매개되어 있는 것과 마찬가지로, 그 객관적 정신의 자체반성을 위한 기하학적 장소임에는 변함이 없으며, 또한 객관적 정신을 확대하기도 한다. 예술에 대한 순진성은 현혹의 한 가지 효소다. 하지만 전혀 순진하지 않은 사람은 그에게 강요된 상태에 사로잡혀 있는 가운데 결핍에 빠져 있고 특히 편협하다.

주의들Ismen은 반성의 보편적 수준을 나타내는 증거들 혹은 구호들로서만 아니라, 학파를 형성하면서 지난날 전통이 수행한 바를 계승하는 것으로서도 옹호할 수 있을 것이다. 이 점이 이분법적인 부르주아 의식의 분노를 유발한다. 그러한 의식은 모든 것을 계획하고 의도하지만, 그 강압 아래서도 예술은 사랑과 마찬가지로 자발적이고 비의도적이며 무의식적이어야 한다는 것이다. 역사철학적으로 예술은 그러한 일을 할 수 없다. 주의의 구호들에 대한 금기는 반동적인 것이다.

새로움은 예전에 개인주의적 독창성 개념이 말하고자 했던 것의 유산이다. 이제는 새로움을 원하지 않고, 새로움의 비독창성을 비난하고, 모든 전위적 형식의 획일성을 비난하는 사람들이 독창성 개념을 문제 삼는다.

근래의 예술 발전이 몽타주를 자체의 원칙으로 고안해 냈지만, 예술 작품들은 예로부터 은밀히 몽타주 원칙의 어떤 면을 내포하고 있었다. 개별적으로는 위대한 빈고전파 음악의 퍼즐 기술Puzzletechnik에서 그런 요소를 보여줄 수 있을 것이다. 그렇지만 이 기술은 그와 마찬가지로 동시대 철학이 추구한 유기적 발전의 이상에 부합하기도 한다.

역사의 구조가 실제적 혹은 가상적 중대 사건에 대한 선입견을 통해 왜곡된다는 사실은 예술사에도 적용된다. 물론 예술사는 질적으로 새로운 것을 통해 그때그때 구체화되지만, 그 안티테제도, 즉 이 새로운 것, 갑자기 드러나는 질, 변혁 등이 무Nichts와 다름없다는 점도 함께 생각해야 할 것이다. 이는 예술적 창조성의 신화를 무력화한다. 예술가는 무로부터의 창조creation ex nihilo라는 최대의 업무가 아니라 최소의 변화를 수행한다. 새로운 것의 미분이 생산성의 장소다. 결정적 요인의 무한소를 통해 개별 예술가는 정신의 집단적 객관성을 실현하는 사람임이 입증되는데, 이 객관성에 비하면 그의 몫은 별로 없다. 천재를 수용적, 수동적 인물로 보는 관념에서는 암묵적으로 그러한 점을 상기할 수 있었다. 이로써 예술 작품들 속에서 그것들을 그 1차적 규정인 인공물 이상의 것으로 만드는 것에 대한 전망이 열린다. '다름 아니라 바로 그러하다는so und nicht anders zu sein' 예술 작품들의 요구는 인공물이라는 성격을 극단으로까지 밀고 감으로써 이 성격에 대립한다. 탁월한 예술가는 창조성이라는 오만을 제거하고 싶어 한다. 모든 것이 아직도 여전히 현존한다는 믿음에 담긴 작은 진실은 바로 그러한 데에 자리 잡고 있다. 모든 피아노의 건반에는「열정 소나타」전체가 숨어 있으며, 작곡가가 그것을 단지 끌어내면 되는데, 이를 위해서는 물론 베토벤이 필요하다.

현대 예술 가운데 낡았다고 여겨지는 것을 아무리 혐오한다고 해도, 유겐트 양식에 비춰 보면 예술의 상황은 그런 혐오를 품은 사람들이 좋아할 만큼 그렇게 근본적으로 변하지는 않았다. 쇤베르크의 「달에 홀린 피에로」와 마테를링크 및 스트린드베리의 여러 작품처럼 유겐트 양식 속에서 등장하지 않았지만 유겐트 양식에 포함시킬 수 있는 작품들의 식지 않은 현재성과 마찬가지로, 그러한 혐오 자체도 그런 사실에 기인할 수 있다. 유겐트 양식은 부재하는 의미를 예술에 근거해 정립하려는 최초의 집단적 시도였다. 이 시도의 좌절은 오늘날까지도 예술의 아포리아를 말해주는 본보기다. 그 시도는 표현주의에서 폭발했다. 기능주의 및 목적과 관련 없는 예술 속의 그 등가물들은 그러한 시도의 추상적 부정이었다. 베케트에게서 절정에 달한 현대 반예술의 열쇠는 그러한 부정을 구체화한다는 이념일 것이다. 그것은 형이상학적 의미의 가차 없는 부정으로부터 미적으로 의미심장한 것을 읽어낸다는 이념이다. 의미를 내용상 포기하는 경우에도, 형식의 미적 원칙은 그 자체로서, 형식화된 것의 종합을 통해 의미를 정립하는 것이다. 그런 한에서 예술은 그것이 무엇을 원하고 말하느냐와 무관하게 여전히 신학이기도 하다. 진리에 대한 예술의 요구 및 허위에 대한 예술의 친화성은 한 몸이다. 이러한 사정은 유겐트 양식에서 특유하게 드러났다. 이 상황은 예술이 신학의 몰락 이후에, 또 어떠한 신학 없이도 아무튼 가능하냐 하는 물음으로 첨예화된다. 그러나 그러한 가능성에 대한 역사철학적 의심을 처음 말한 헤겔의 경우처럼 그 필요성이 존속할 경우, 예술은 어떤 신탁의 요소를 지닌다. 그러한 가능성이 신학의 영속성에 대한 진정한 증거인지 아니면 영속적인 속박의 반사광인지는 여전히 애매하다.

유겐트 양식은 그 명칭이 말해주듯이 영속 상태로 선언된 사춘기다. 즉 자체의 실현 불가능성을 축소해서 인정하는 유토피아다.

새로움에 대한 증오는 부르주아적 존재론이 침묵하는 이 존재론의 한 주요 부분에서 유래한다. 덧없는 것은 덧없어야 하고, 죽음이 최종 결정권을 가져야 한다는 생각이 그것이다.

센세이션의 원칙은 언제나 고의적 선동꾼과 손잡고 부르주아적 이윤 창출 메커니즘에 적응했다.

새로움의 개념이 불길한 사회적 특징들, 특히 시장에 나온 신제품의 특징과 분명히 연루되어 있기는 하지만, 보들레르, 마네, 「트리스탄」 이래 그것을 미뤄두는 것은 불가능하다. 이른바 그것의 우연성과 자의성이라는 것에 맞서 그것을 미뤄두려는 시도들은 단지 이중의 우연과 자의를 초래했을 뿐이다.

새로움이라는 위협적 범주로부터 반복해서 자유의 유혹이 발산된다. 그것은 그것을 방해하는 요소, 평준화하는 요소, 때로는 불모의 요소보다 강력하다.

새로움의 범주는 영속성의 범주에 대한 추상적 부정으로서 이 영속성의 범주와 겹친다. 그것의 불변성이 그것의 취약점이다.

현대 예술은 역사적으로 어떤 질적인 것으로서, 즉 힘을 잃은 본보기들과의 차이로서 등장했다. 그래서 현대 예술은 순수하게 시간적인 것이 아니다. 그런데 이 점은 현대 예술이 한편으로 사람들이 곧잘 비난하는 불변적 특징들을 취하게 되었지만, 다른 한편으로 그것을 낡은 것이라고 제거할 수도 없다는 사실을 해명하는 데에 도움을 준다. 이때 미의 영역 내부의 것과 사회적인 것이 서로 얽힌다. 예술은 지배 장치에 의해 규정되고 표준화된 삶에 맞서 저항하도록 요구받을수록, 더욱 카오스를 상기시킨다. 카오스는 망각되면 재앙이 되는 것이다. 이른바 현대 예술의 정신적 테러라는 것에 대한 비난의 교활성은 그러한 데에 기인한다. 즉 그런 비난은 예술이 저항하는 세계의 테러를 은폐한다. 새로움만을 참아내는 반응 방식의 테러는 공식적 문화의 정신장애에 대한 부끄러움으로서 건전한 것이다. 이에 대해 예술이 인간을 망각해서는 안 된다고 떠들거나 당혹스러운 작품들 앞에서 메시지는 어디에 있느냐고 묻는 것을 부끄럽게 여길 수밖에 없는 사람은 물론 저항하면서, 어쩌면 올바른 확신이 없이도 소중한 습관을 희생시킬 수밖에 없을 것이다. 그러나 부끄러움은 테러당한 사람도 마침내 스스로 남들과 함께 떠들 수 없도록 만드는 과정을 외부로부터 내면으로 끌어들일 수 있다.

새로움이라는 중요한 미적 개념에서는 사회의 물질적 생산을 점점 더 지배하는 산업적 처리 방식들을 떼어놓을 수 없다. 벤야민이 상정한 듯해 보이는 것처럼,[8] 전시가 양자를 매개했는지는 확정된 것이 아니다. 하지만 산업 기술들이, 즉 동일한 리듬의 반복과 하나의 견본

---

8 Benjamin, *Schriften*, Bd. 1, pp. 375 이하 참조.

에 따르는 동일한 것의 반복적 생산은 동시에 새로움과 대립하는 원칙을 내포하고 있다. 이 원칙은 미적 새로움의 이율배반 속에서 관철된다.

단순한 추는 없으며 또 추가 그 기능을 통해 미로 될 수 있었듯이 단순한 미도 없다. 가장 아름다운 일몰이나 가장 아름다운 소녀도 충실히 모사할 경우 혐오스러워질 수 있다는 것은 진부한 이야기다. 하지만 이 경우 미만 아니라 추에서도 직접성의 계기를 너무 열성적으로 묵살할 수는 없다. 차이를 지각할 수 있는—이는 사랑의 조건이다—사랑하는 사람이라면 사랑받는 사람의 미를 위축시키지 않을 것이다. 미와 추는 실체화할 수도 상대화할 수도 없다. 그 둘의 관계는 단계적으로 드러나며, 이때 물론 대체로 하나는 다른 것의 부정이 된다. 미는 어떤 상태에서 탈피해 나오는 것으로, 그 자체로서 역사적이다.

경험적으로 생산하는 주관성과 그것의 통일이 본질구성적 미적 주체 및 객관적인 미적 질과 별로 일치하지 않는다는 점은 여러 도시의 미가 증언해 준다. 페루자[9]와 아시시[10]는 그 형태상 최고 수준의 형

---

9   [옮긴이] Perugia: 이탈리아 중부 옴브리아주 페루자도의 도시.
10 [옮긴이] Assisi: 이탈리아 중부 옴브리아주 페루자도에 있는 마을.

식 및 일관성을 보여주지만 아마 그것을 의도하거나 조망하지는 않았을 것이다. 물론 2차 자연으로서 유기적이라고 여겨지는 것에서 계획의 비중을 과소평가해서는 안 될 것이다. 이 지역은 부드러운 산세, 석재의 불그레한 색조 등 미 외적 요인의 혜택을 받고 있으며, 이는 인간 노동의 재료로서 자체로 그 도시들의 형태를 결정하는 요인들 가운데 한 가지다. 이때 실로 그러한 결정 요인들에 의해 이끌리는 일종의 객관적 정신인 역사적 연속성이 주체로 작용하는데, 개별 건축가가 그것을 염두에 두어야 할 필요는 없을 것이다. 미의 이러한 역사적 주체가 대체로 개별 예술가들의 생산도 지휘한다. 그러나 그런 도시들의 미를 단순히 외부로부터 유발한다고 여겨지는 것은 그 도시들의 내부 요인이다. 내재적 역사성이 현상으로 되며, 이와 함께 미적 진리가 전개된다.

예술을 미와 동일시하는 것은 충분하지 않은데, 그것이 너무 형식적이기 때문만은 아니다. 예술이 이제까지 형성되어 온 상태에서는 미 범주가 단지 하나의 계기를 이룰 뿐이며, 게다가 가장 본질적인 면에 이르기까지 변화해 온 계기일 뿐이다. 즉 추를 흡수함으로써 미 개념 자체가 변화한 것이다. 하지만 미학이 미 개념을 버릴 수는 없다. 추를 흡수하는 과정에서 미는 자체의 모순을 통해 확대되기에 충분할 만큼 강력하다.

헤겔은 최초로 예술 작품에 내재하는 사상내용을 궁극적으로 예술 작품 자체가 아니라 그 영향에서 파악하고자 하는 미학적 감상주의Sentimentalismus에 반대하는 입장을 취한다. 그 후에 등장한 이 감상주의의 형태는 분위기의 개념인데, 이 개념은 나름의 역사적 위상을 지닌다. 좋든 나쁘든 헤겔 미학은 예술 작품 속의 분위기 또는 기분 Gestimmtheit이라는 계기와 결합될 수 없다. 이보다 헤겔 미학을 더 잘 규정해 줄 수 있는 것은 없을 것이다. 그는 어디서나 그렇듯 개념의 견실성을 고집한다. 이는 예술 작품의 효과에 대비해서만 아니라 단순한 감성적 표면에 맞서서도 예술 작품의 객관성에 도움이 된다. 그러나 이로써 그가 이루는 진보는 예술에 이질적인 요인, 어떤 사물적 요인을 통한 객관성, 소재적 성격의 과잉 등의 대가를 치른다. 동시에 그는 미학을 예술 이전 단계로, 즉 그림이나 드라마에서 자신이 매달리는, 또 매달릴 수 있는 확고한 내용을 바라는 부르주아의 구체주의적[11] 반응 방식으로 되돌려 놓을 위험을 드러낸다. 헤겔의 경우 예술의 변증법은 장르들 및 그것들의 역사에 한정되며, 작품의 이론 속에는 충분히 근본적으로 도입되지 않는다. 자연미가 정신을 통해 규정하기 까다롭다는 사실로 인해, 그는 예술 가운데 의도로서의 정신이 아닌 것을 무리하게 과소평가하게 된다. 의도의 상관개념은 사물화다. 절대적 제작의 상관개념은 언제나 확고한 객체인 제작물이다. 헤겔은 예술의 비사물적 요소를 오해한다. 그것은 자체로서 경험적 사물세계에 대립함으로써 예술 개념에 속하는 것이다. 그는 그것을 자연미의 나쁜 불특정성이라고 여기며 논쟁적으로 자연미 쪽에 떠넘긴다. 그러나 자연미는 바로 이러한 계기 속에, 예술 작품이 단순한 사실의 상태에 머무는 비예술적인 것으로 되돌아가지 않으려면 꼭 필요

---

11 [옮긴이] konkretistisch: Konkretismus의 형용사. 일반화 능력의 결여로 인해, 사유나 감정이 감각적으로 파악할 수 있는 직관적 현실을 지향하는 성향.

한 어떤 것을 지닌다. 자연에 대한 경험에서 미적인 것을 형성하는 행위의 대상들을 분리하지 못하는 사람은 예술적 경험도 할 수 없다. 예술미가 자연미에 대한 부정에서 나오며 따라서 자연미에서 나온다고 하는 헤겔의 생각은 다음과 같은 식으로 전환해야 할 것이다. 즉 미에 대한 의식을 아무튼 처음 만들어내는 행위는 그것이 본질구성하는 바를 이미 상정하지 않으려면, 직접적 경험 속에서 이루어져야 하는 것이다. 예술미 개념은 자연미와 소통한다. 즉 양자는 자연의 단순한 직접성과 분리됨으로써 자연을 회복하고자 한다. 벤야민의 아우라 개념을 상기할 필요가 있다. "앞에서 역사적 대상들을 위해 제안한 아우라 개념을 자연 대상들의 아우라 개념으로 설명하는 것이 바람직하다. 우리는 후자를 설혹 가까이 있는 것이라 할지라도, 멀리 있는 어떤 것의 일회적 현상이라고 정의한다. 어느 여름날 오후 쉬면서 지평선에 있는 산맥이나 쉬고 있는 사람에게 그림자를 던지는 어느 나뭇가지를 따라가는 것——그것이 곧 이 산맥, 이 나뭇가지의 아우라를 호흡하는 것이다."[12] 여기서 아우라라는 것은 예술 작품의 분위기라는 명칭으로 예술 경험에서 친숙한 것이다. 그것은 예술 작품의 계기들이 이루는 연관 관계가 이 계기들 너머를 가리키도록 해주는 것, 또 각각의 개별 계기가 자체 너머를 가리키게 해주는 것이다. 실존론적-존재론적 용어인 '기분'이라는 말로 단지 왜곡해서 포착한 예술의 바로 이 본질구성 요인은 예술 작품에서 사물적 성격, 사실 수용을 벗어나는 요인이다. 또 그것은 예술 작품의 분위기를 묘사하고자 시도하는 사람은 누구나 말하는 바와 같이, 서둘러 멀어지는 것, 달아나는 것이지만——

---

12 Benjamin, *Schriften*, Bd. 1, pp. 372 이하.

헤겔의 시대에는 이 점을 생각하기 어려웠을 것이다——예술적 기술의 형태로 객관화될 수 있는 것이기도 하다. 아우라적 계기는 다소 집요한 분석을 통해 예술 작품의 객관적 규정으로 입증될 수 있기 때문에, 헤겔의 저주를 받아 마땅한 것이 아니다. 예술 작품이 자체 너머를 가리키는 것은 예술 작품 개념에만 속하는 것이 아니며, 각 예술 작품 특유의 결합 형태에서도 간파할 수 있다. 보들레르와 더불어 시작되는 발전 과정 속에서 예술 작품들이 분위기적인 요소를 떨쳐버리는 경우에도 그런 요소는 부정된 것으로서, 회피되는 요소로서 그 속에 지양된 상태로 있다. 그러나 바로 이 요소는 자연을 본보기로 하며, 예술 작품은 그러한 요소에서 어떤 사물적 유사성에서보다 더 깊이 자연과 친화적이다. 벤야민이 아우라 개념을 해명하기 위해 요구하는 것처럼, 자연에서 그 아우라를 지각한다는 것은 예술 작품을 본질적으로 하나의 예술 작품으로 만드는 것을 자연에서 감지한다는 것이다. 그러나 이는 어떤 주관적 의도도 접근할 수 없는 객관적 의미다. 한 편의 예술 작품은 강력하게 어떤 객관적인 것을 말할 때 감상자의 눈을 뜨게 해준다. 그리고 단지 감상자에 의해 투사된 것이 아닌 객관성의 이러한 가능성은 자연을 행위의 대상으로 보지 않을 때 자연에서 얻게 되는 우울함 또는 평화의 표현을 그 모델로 한다. 벤야민이 아우라 개념을 통해 그러한 가치를 부여하는 멀리 떨어져 있는 상태는 실천적 목적을 위한 잠재적 수단으로서의 자연 대상에 거리를 두는 일의 초보적인 본보기다. 예술적 경험과 예술 이전의 경험 사이의 경계선은 바로 대상들의 객관적 언어를 감지하는 것과 동일시 메커니즘의 지배 사이의 경계선이다. 독자가 예술 작품들에 등장하는 인물들과 자신을 동일시할 수 있느냐에 따라 예술 작품들에 대한 자신의 관계를 규정하는 것이 속물근성의 전형적인 예인 것처럼, 직접적인 경험적 인물과의 그릇된 동일시는 단적으로 비예술적인 태도다. 이러한 동일시는 아우라를 '고상한 어떤 것'으로 고립시켜 소비하는 동시에 거리를 없애는 것이다. 예술 작품에 대한 진정한 관계에도 물론 어떤 동일시 행위가 필요하다. 즉 작품 속에 들어가고 함께 수행하는 일, 벤야민이 말하듯이 '아우라를 숨 쉬는 일'이 필요한 것이다. 그러나 그 매체는 헤겔이 객체에 이르는 자유라고 칭하는 것이다. 즉 감상자는 예술 작품에서 자신을 확인하고 고양되고 만족을 얻기 위해 자기 자신 속에서 이루어지는 것을 예술 작품에 투사해야 하는 것이 아니라, 반대로 예술 작품에 자신을 내맡기고, 예술 작품과 같아지고, 예술 작품을 그 자체에 의거해 완성해야 한다. 감상자가 작품의 규율에 따라야 하고 예술 작품이 그에게 무엇을 주도록 요구해서는 안 된다는 말은 그것을 달리 표현한 것일 뿐이다. 그러나 예술 작품에서 사실 이상의 것을 회피하고 그것에 맹목적인 상태로 머무는 미적 반응 방식은 이 시대 전체에 존재하며 예술 작품들을 탈예술화하는 투사적 태도 내지 현실적terre à terre 태도와 동일하다. 이 경우 예술 작품들이 한편으로 여러 사물 가운데 한 가지 사물이 되고, 다른 한편으로 감상자의 심리를 담는 그릇이 된다는 것은 서로 관련되어 있다. 단순한 사물로서 예술 작품들은 더 이상 말을 하지 않는다. 그 대신 예술 작품들은 감상자를 담는 그릇이 된다. 하지만 의미상 헤겔의 객관적 미학과 매우 모순적인 분위기의 개념은, 그것이 바로 예술 작품 속의 진리라고 칭하는 것을 단지 주관적인 것, 즉 감상자의 반응 방식으로 바꿔 놓고 작품 자체에서도 이 주관적인 것의 본보기에 따라 표상함으로써, 진리와 반대되는 것으로 뒤집어 놓기 때문에 부적절하다.

예술 작품에서 분위기라고 불리던 것은 작품들의 영향과 특성이, 그것들의 개별 계기들을 넘어서는 것으로서, 모호하게 섞여 있는 상태라고 할 수 있다. 숭고의 가상 아래 그것은 예술 작품들을 경험계에 내맡긴다. 헤겔 미학은 그러한 계기에 대한 맹목성 때문에 한 가지 한계를 안고 있지만, 동시에 미적 주체와 경험적 주체 사이의 불명확한 상태를 피하는 점에서 품위를 지닌다.

정신은 칸트가 바라는 것처럼 자연 앞에서 자신의 우월성을 감지하기보다 오히려 자신의 자연적 성격을 더 감지할 것이다. 이처럼 자신의 자연적 성격을 감지하는 순간에 주체는 숭고에 직면해 눈물을 흘리게 된다. 자연에 대한 기억은 주체가 자신을 정립하도록 용기를 유발한다. "눈물이 샘솟고, 대지는 나를 다시 받아들인다!"[13] 이 경우 자아는 정신적으로, 자기 자신에 사로잡혀 있는 상태에서 벗어난다. 자유 가운데 무엇인가가 빛나는데, 철학은 책임져야 할 오류를 범하면서 그 자유를 그 반대, 즉 주체의 독단 몫으로 남겨놓는다. 주체가 자연에 설정하는 속박은 주체도 사로잡는다. 자유는 주체와 자연의 유사성에 대한 의식 속에서 작동하는 것이다. 미는 주체가 현상물들에 강제로 부여한 자연적 인과성에 종속되지 않는다. 그래서 그 영역은 가능한 자유의 영역이다.

어떤 다른 사회 영역에서와 마찬가지로 예술에서도 분업은 그저 원죄에 머무는 것이 아니다. 예술도 얽혀 들어가 있는 사회적 강압들

---

[13] [옮긴이] 괴테의 『파우스트 Faust』에 나오는 대사.

을 반영하고 이로써 화해의 지평을 열어놓을 때, 예술은 곧 정신화를 이루는 것이다. 하지만 정신화는 육체노동과 정신노동의 분리를 전제한다. 예술 작품들은 낡은 자연발생 상태를 통해서가 아니라 정신화를 통해서만 자연 지배의 그물을 찢어버리며 자연에서 배운다. 단지 내부로부터만 밖으로 나갈 수 있다. 그렇지 않을 경우 예술은 유치해진다. 정신 속에도 미메시스적 충동 가운데 어떤 것, 세속화된 초자연력, 감동을 주는 것이 살아남아 있다.

영국 작품에 국한되지 않는 빅토리아 시대의 적지 않은 작품들에서는 성 및 이와 유사한 감각적 계기의 힘을 무엇보다 침묵을 통해 느낄 수 있다. 슈토름[14]의 여러 노벨레를 통해 그 점을 증명할 수 있을 것이다. 청년기 브람스의 천재성은 오늘날까지도 제대로 파악되지 않았는데, 그의 작품들에는 실제로 경험하지 못한 사람만 표현할 수 있는 엄청난 다정함을 보여주는 대목들이 있다. 이런 관점에서도 표현과 주관성을 동일시하는 것은 문제를 조잡하게 다루는 것이다. 주관적으로 표현된 것을 그 표현의 주체와 동일시할 필요는 없다. 수많은 경우에 그것은 바로 표현하는 주체가 아닌 것이 된다. 모든 표현은 주체의 측면에서 동경에 의해 매개되어 있다.

감성적 만족은 때때로 금욕적-권위적 관점에서 비난받지만, 역사적으로 직접 예술에 적대적인 것이 되었다. 즉 음향상의 편안한 소

---

14 [옮긴이] Hans Theodor Woldsen Storm(1817~88): 독일 작가. 고향의 자연과 역사에 뿌리를 두는 「이멘호Immensee」(1849), 「백마의 기사Der Schimmelreiter」(1888) 등의 서정적이고 비극적인 노벨레를 통해 독일의 시적 사실주의를 대표한다.

리, 색채의 조화, 온화함 따위는 키치가 되었고 문화산업의 인식표가 되었다. 예술의 감성적 자극은 베르크의 『룰루』나 앙드레 마송의 경우처럼 그 자체가 목적이 아니고 사상내용을 담아내거나 사상내용의 기능을 수행하는 것일 때만 정당성을 지닌다. 새로운 예술의 난점들 가운데 하나는 원만한 것으로 나타나는 요소들을 늘 수반하는, 자체 내적으로 일관된 것에 대한 욕구가 향락적인 계기에 대한 저항과 결합된다는 점이다. 때때로 예술 자체가 향락적인 것을 요구하지만, 의식은 역설적으로 그것에 저항한다.

그러나 예술을 정신적인 것이라고 규정한다고 해서 감성적 계기를 단순히 부정하기만 하는 것은 아니다. 전통적 미학과 결코 충돌하지 않는 통찰, 즉 미적으로는 단지 감성적 재료를 통해 구현된 것만이 중요하다는 통찰 또한 그 나름으로 진부하다. 최상의 예술 작품들에 형이상학적 힘으로서 인정해 줄 수 있는 것은 수천 년 이상 자율적 형상화가 늘 맞서서 작업했던 감성적 행복의 계기와 융합되어 있었다. 단지 그러한 계기 덕분에 예술은 간헐적으로 축복의 형상이 될 수 있다. 머리칼을 쓰다듬는 어머니의 위로하는 손길은 감성적으로 쾌감을 준다. 지극히 고무된 상태는 육체적인 것으로 전도된다. 전통적 미학은 감성적 현상을 옹호하는 편견을 통해 예로부터 은폐되어 있던 어떤 것을 감지했지만 그것을 지나치게 직접적으로 받아들였다. 4중주곡의 균형 잡힌 아름다운 소리가 없다면 베토벤 op. 59-1의 느린 악장[15] 가운데 내림라장조 부분은 정신적인 위로의 힘을 지니지 못할 것

---

15 [옮긴이] 1806년에 작곡된 「현악 4중주 7번」. 주로 여흥의 성격을 띠는 과거의 현악 4중주와

이다. 즉 사상내용을 진리내용으로 만드는, 사상내용의 현실성에 대한 약속은 감성적인 것과 유착되어 있는 것이다. 이 점에서 예술은 형이상학에 담긴 모든 진리와 마찬가지로 유물론적이다. 오늘날 이에 대한 금지가 확산되고 있다는 점도 아마 예술의 진정한 위기에 포함되어 있을 것이다. 그러한 계기에 대한 기억이 없다면, 예술은 그 형태 외부의 감성적인 것에 의존하는 경우와 마찬가지로 더 이상 존재하지 못할 것이다.

예술 작품들은 자체의 사물적 성격을 떨쳐버리는 경향을 지닌 사물들이다. 하지만 예술 작품들 속에서는 어떤 견고한 토대 위에서 그 정신이 드러나는 식으로 미적인 것과 사물적인 것이 층을 이루며 겹쳐 있는 것이 아니다. 예술 작품들에서는 그 사물적 구조가 자체의 특성 덕분에 예술 작품들을 사물적이지 않은 것으로 만든다는 점이 본질적이다. 예술 작품들의 사물적 성격은 그 자체를 지양하는 매체다. 양자는 자체 내에서 매개되어 있다. 즉 예술 작품들의 정신은 그 사물적 성격을 통해 살아나며, 작품들의 현존재인 그 사물적 성격은 작품들의 정신 속에서 생겨나는 것이다.

형식적으로 볼 때 예술 작품들은 사물이다. 그것들이 자체로 이루는 객관화가 경험적 사물세계를 모델로 하고 물론 종합하는 정신을 통한 그 통일성 덕분이기는 하지만, 즉자존재, 자체 내에 머무는 것, 자체 내에서 규정된 것과 닮은 한에서 그렇다. 이러한 것이 경험적 사

달리 '후세를 위한 곡'이라고 칭할 만큼 진지한 작품이다. 3악장이 느린 악장이다.

물세계를 그 본보기로 하며, 더구나 종합을 이루는 정신을 통한 예술 작품들의 통일성 덕분에 그럴 수 있기 때문이다. 예술 작품들은 자체의 사물화를 통해 정신화되며, 그것의 정신적 측면과 사물적 측면은 서로 융합되어 있다. 또 자체의 정신을 통해 예술 작품들은 자체를 넘어서지만, 그 정신은 동시에 예술 작품의 치명적 요인이기도 하다. 즉 자적으로 예술 작품들은 이러한 요인을 늘 가지고 있었으며, 이때 불가피한 반성은 그것을 예술 작품들 자체의 문제로 만든다.

예술의 사물적 성격에는 협소한 한계가 설정되어 있다. 특히 시간예술에서는 그 텍스트가 객관화되었지만, 그것들이 현상으로 나타나는 순간적 요인 속에는 직접 그것들의 비사물적 요인이 살아 있다. 한 편의 음악이나 드라마가 쓰여 있다는 사실은 한 가지 모순을 내포하며, 의식은 이 점을 다음 사실에서 관찰할 수 있을 것이다. 즉 무대 위에서 배우들은 마치 자발적으로 떠오르는 듯한 것을 말해야 하는데 그것이 그들에게 텍스트를 통해 미리 제시되어 있기 때문에 쉽사리 가짜처럼 들리는 것이다. 그러나 악보와 드라마 대본의 객관화를 즉흥적인 것으로 되돌려 놓을 수는 없다.

예술의 가능성을 뒤흔드는 단계로까지 증대된 예술의 위기는 예술의 양극단을 똑같이 자극한다. 즉 예술의 의미와 아울러 궁극적으로 그 정신적 사상내용을, 또 표현과 아울러 미메시스적 계기를 자극하는 것이다. 양자는 서로 의존한다. 의미 없이는, 즉 정신화의 매체 없이는 표현도 없다. 또 미메시스적 계기 없이는, 즉 오늘날 소멸해 가는 듯해 보이는 예술의 언어적 성격 없이는 의미도 없다.

자연으로부터 미적으로 거리를 두면 자연을 향해 움직이게 된다. 이 점을 관념론은 착각하지 않았다. 예술이 이루는 힘의 장들이 지향하면서 질서를 이루게 만드는 자연의 목적Telos은, 그 힘의 장들 가운데 자체로서 외부의 사물세계에 속하는 것을 은폐하는 쪽으로, 즉 가상으로 예술을 몰아간다.

예술 작품이 현상으로 나타난다는 사실이야말로 예술 작품에서 역설적으로 작용한다는 벤야민의 격언[16]은 결코 겉으로 들리는 것처럼 그렇게 난해하지 않다. 사실상 각각의 예술 작품은 모두 일종의 모순어법이다. 예술 작품 자체의 현실성은 예술 작품이 본질적으로 무엇이냐와 무관하게 예술 작품에 대해 비현실적이지만, 또한 예술 작품의 필수 조건이다. 그것은 현실에서 실로 비현실적이며 망상이다. 이 점은 예로부터 예술의 본질구성적 역설 따위는 없다고 증명하기 위해 헛수고한 예술 옹호자들보다 예술의 적수들이 더 잘 간파했다.

---

16 Benjamin, *Schriften*, Bd. 1, p. 549 참조. "근거 있게 아름답다고 지칭되는 모든 것에서는 그것이 현상으로 나타난다는 점이야말로 역설적으로 작용한다."

본질구성적 모순을 통해 예술을 규정하지 않고 그것을 해소해 버리는 미학은 무기력하다. 예술 작품들의 현실성과 비현실성은 층위를 이루며 겹쳐 있는 것이 아니라 예술 작품들의 모든 요소들 속에 다 같이 스며든다. 예술 작품은 단지 비현실적인 한에서만, 즉 경험계의 일부로 남아 있으면서도 경험계와 구분되는 한에서만 예술 작품으로서 현실적이며, 자체를 충족시킨다. 그러나 예술 작품의 비현실적 성격은 ─예술 작품을 정신으로 규정하는 것은─단지 예술 작품이 현실적인 것이 된 한에서만 존재한다. 예술 작품의 개별화된 형태 속에 현존하지 않는 것은 아무것도 예술 작품에서 중요하지 않다. 미적 가상을 통해 예술 작품은 특유의 현실이 됨으로써, 그것이 부인하는 현실에 대해 입장을 취한다. 예술은 자체의 객관화를 통해 현실에 대한 이의를 수행한다.

해석자는 자신이 다루는 텍스트에 파고들 때면 언제나 자신이 충족시켜야 할 끝없이 많은 요구 사항들을 발견한다. 그 가운데 하나를 충족시키면 다른 하나가 그 때문에 괴로워질 것이다. 그는 작품들이 자체로부터 원하는 것과 그다음 그에게 원하는 바가 양립할 수 없는 상태에 부딪친다. 그로부터 나오는 타협은 미결정에 기인하는 무차별성 때문에 작품 자체를 손상한다. 완전히 적합한 해석이란 망상이다. 특히 이 때문에 공연보다는 이상적 독서가 우월하다. 독서는 로크의 악명 높은 보편적 삼각형[17]과 비교할 수 있는 것처럼, 감성적-비감성

---

17 [옮긴이] 예컨대 어떤 삼각형이 동시에 이등변삼각형이면서 부등변삼각형이 되는 등 모순된 요소가 결합됨으로써 삼각형의 보편적 이념을 구성한다고 보는 추상과 일반화의 이론. 일반적으로 부조리하다고 간주된다.

적 직관으로서 모순적인 것의 공존과 같은 어떤 것을 허용한다. 예술 작품의 역설은 예술가들의 소모임 대화에서, 한 예술가가 만들고 있는 작품의 특수한 과제나 난점을 거의 순진한 수준에서 지적받고, 그것이 바로 작품의 요술이라고 거만하게 필사적인 미소를 띠며 응수할 때 경험할 수 있다. 그는 본질구성적 불가능성에 대해 아무것도 모르는 사람을 꾸짖으면서 자신의 노력은 아프리오리하게 쓸모없는 것이라고 탄식한다. 그렇더라도 그것을 시도하는 것이, 설혹 내보이고 효과를 노리는 것이기는 해도, 모든 거장의 품위다. 거장의 기예는 재현에 국한될 필요 없으며, 작품의 구성에서도 발현되어야 한다. 그러한 기예는 승화됨으로써 그렇게 발현될 수밖에 없다. 거장의 기예는 예술의 역설적 본질, 즉 가능성으로서의 불가능성을 현상으로 나타나게 한다. 거장들은 예술 작품들의 순교자들이다. 그들이 수행하는 여러 업적, 예컨대 무용수들과 장식음을 내는 여가수들의 업적에는 어떤 사디즘적인 것 내지 고통이 자리 잡고 있으며, 그러한 것을 수행하기 위해 필요했던 고통의 흔적이 객관화되어 있다. 서커스 곡예사만 아니라, 자체의 개념을 순수하게 충족시키려는 예술의 오만한 이념을 옹호하면서 영향과는 아예 등을 진 사람도 다 같이 기예가Artist라는 명칭을 지니는 것은 공연한 일이 아니다. 예술 작품들의 논리성이 언제나 그것들의 적수이듯이, 그러한 부조리는 강령으로 되기 이미 오래전부터 전통 예술 속에서 논리성에 대립하는 작용을 한다. 즉 그것은 논리성의 절대적 귀결이 이루어지지 않는다는 증거다. 진정한 예술 작품들 아래에는 그것들이 추락할 때 보호해 줄 그물이 펼쳐져 있지 않다.

예술 작품에서는 일종의 형성 과정이 객관화되어 정지 상태에 도달하는데, 바로 이로 인해 그러한 객관화는 그 형성 과정을 부정하며 그것을 어떤 가상으로 격하한다. 아마 그 때문에 오늘날에는 가상에 맞선 예술의 반역 과정에서 그 객관화의 형태들에 맞서서도 반역이 이루어지며, 단지 속임수로 보여주는 형성 과정 대신 직접적이고 즉흥적인 형성 과정을 내세우려는 시도가 이루어질 것이다. 한편으로 예술의 힘, 즉 예술의 역동적 계기는 그러한 정착 과정 및 그 가상 없이는 전혀 존재할 수 없을 것이다.

덧없는 것의 지속은 예술의 계기로서 또한 미메시스적 유산을 영속화한다. 그것은 선사시대로 거슬러 올라가는 범주들 가운데 하나다. 그림 자체는 모든 내용적 구분 이전에 적지 않은 화가들의 판단에 따르면 부활을 보여주는 현상물이다. 프로베니우스[18]가 전하는 바에 의하면 피그미족 사람들은 "해가 뜨는 순간 동물을 그렸는데" "이는 그 동물이 죽은 다음 날 아침 피와 털로 그림을 그리는 제식 이후에 ——고양된 의미에서 부활하도록 하기 위해서다. … 그래서 동물을 그린 그림들은 영구화 내지 신격화를 나타내며, 마치 영원한 별들처럼 천구에 도달한다."[19] 하지만 바로 선사시대에 그처럼 지속성을 구현하는 일에는, 비록 우상 금지의 정신에 따라 그러한 지속성을 생명체에

---

18 [옮긴이] Leo Frobenius(1873~1938): 독일의 탐험가이자 문화인류학자. 선사시대 예술 분야에서 독보적이었다. 주요 저서로 『그리고 아프리카는 말했다*Und Afrika sprach*』(1912~13), 『경험의 대륙*Erlebte Erdteile*』(1925~29) 등이 있다.
19 Erik Holm, "Felskunst im südlichen Afrika," *Kunst der Welt. Die Steinzeit*, Baden-Baden, 1960, pp. 197 이하에서 재인용.

대한 죄라고까지 느끼지는 않았더라도, 그것이 헛된 일이라는 의식이 따라다닌 듯하다. 레슈[20]에 따르면 태초에는 대체로 "인간 묘사를 명백히 꺼렸다."[21] 어쩌면 모사적이지 않은 미적 형상들은 이미 일찍부터 우상 금지에 의해, 즉 금기에 의해 여과되었다고 생각할 수도 있을 것이다. 그래서 예술의 반마술적 성격조차 마술적 기원을 지닌다고 생각할 수 있을 것이다. 그에 못지않게 오래된 '의례적 우상파괴'가 그러한 것을 암시한다. 즉 적어도 "짐승이 더 이상 '배회하지' 않도록, 그림에는 죽였다는 표시들이 있어야"[22] 했던 것이다. 그러한 금기는 죽은 자들에 대한 불안에서 유래하는데, 이로 인해 죽은 자들이 마치 살아 있는 상태로 머물도록 그들을 방부 처리하기도 했다. 미적 지속의 이념이 미라에서 발전했다는 생각을 뒷받침하는 것도 많다. 뉴헤브리디스군도[23]의 목각 형상에 대한 슈파이저[24]의 연구들이 이러한 방향을 가리킨다.[25] 이에 대해 크라우제[26]는 다음과 같이 언급한다. "미라 형상에서 시작해 인체를 모사한 조각 두상으로, 그리고 해골 기둥

20 [옮긴이] Walter F. E. Resch: 선사시대 벽화, 문화 연구가.
21 Walter E. F. Resch, "Gedanken zur stilistischen Gliederung der Tierdarstellungen in der nordafrikanischen Felsbildkunst," *Paideuma, Mitteilungen zur Kulturkunde*, Bd. 11, 1965.
22 Holm, "Felskunst im südlichen Afrika," p. 198.
23 [옮긴이] Neue Hebriden: 남태평양 솔로몬제도 근처의 군도. 영국과 프랑스의 식민지였으며, 1980년 바누아투로 독립했다.
24 [옮긴이] Felix Speiser(1880~1949): 스위스의 인류학자. 바누아투, 브라질 등지를 탐사하며 꼼꼼하고 다면적인 저술들을 남겼다.
25 Felix Speiser, *Ethnographische Materialien aus den Neuen Hebriden und den Banks-Inseln*, Berlin, 1923 참조.
26 [옮긴이] Fritz Krause(1881~1963): 독일 인류학자. 1929년 독일 민속학회를 창립했다. 민속학적 구조론을 발전시켰고, 개별 민족들의 심리적, 구조적 특성들과 그들 사이의 역동적 상호작용을 강조했다.

을 거쳐 목재나 고사리 나무에 조각하는 단계로 발전해 갔다."[27] 슈파이저는 이러한 변천을 "죽은 자의 육체적 현상태를 유지하고 속임수로 보여주는 데에서 그 현상태의 상징적 암시로 이행하는 과정이며, 이를 통해 순수한 조각상으로의 이행이 나타났다"[28]고 해석한다. 이 이행은 이미 신석기시대에 이루어진 소재와 형식의 분리 내지 '의미 행위'로의 이행일 것이다. 예술의 본보기 가운데 하나는 마법 때문에 부패하지 않는 형태의 시체일 것이다. 한때 살아 있던 것의 사물화는 이미 원시시대에 이루어진다고 할 수 있는데, 이는 자연에 얽매인 마술 활동이면서 죽음에 대한 반항이기도 하다.

예술에서 가상이 사멸하는 데에는 문화산업의 만족할 줄 모르는 환각주의가 상응한다. 이 환각주의의 귀결점은 헉슬리가 '감각영화feelies'로 구성한 바 있다. 가상에 대한 알레르기는 가상의 상업적 독재와 대위법을 이룬다. 가상의 제거는 리얼리즘의 통속적 관념들과 대립한다. 리얼리즘이야말로 문화산업에서는 가상의 보완물이다.

근세 초 이래 자기반성적인 주체와 객체의 분열과 더불어 부르주아 현실은 주체에 대해 그 이해 불가능성이라는 측면에서 한계를 지니지만, 언제나 비현실적이고 가상적인 것의 흔적을 지닌다. 또한 부르주아 현실은 철학에 대해 주관적 규정들의 구성물이 되었다. 그러

---

27 Fritz Krause, "Maske und Ahnenfigur. Das Motiv der Hülle und das Prinzip der Form," *Kulturanthropologie*, hg. W. E. Mühlmann·E. W. Müller, Köln/Berlin, 1966, p. 228.
28 Speiser, *Ethnographische Materialien aus den Neuen Hebriden und den Banks-Inseln*, p. 390.

한 가상적 성격이 불편한 것일수록 의식은 더욱 완강하게 실재의 현실을 은폐한다. 이에 맞서 예술은 묘사 및 보고와 엄격히 구분되지 않았던 그 이전 시기보다 훨씬 더 강력하게 스스로를 가상으로 정립한다. 그런 한에서 예술은 주체에 의해 지배되는 세계, 상품세계의 그릇된 현실성 요구를 방해한다. 예술의 진리내용은 그와 같은 것을 통해 정착된다. 예술의 진리내용은 가상의 자체 정립을 통해 그러한 현실을 부각시킨다. 그 점에서 이 가상은 진리에 봉사한다.

니체는 '반형이상학적이지만 곡예적인' 철학을 요구했다.[29] 이는 보들레르식의 우울과 유겐트 양식의 결합물이며 약간의 부조리를 포함한다. 예술이 헤겔식의 진리 전개가 아니고 바로 니체가 배척하는 형이상학의 일부가 아니면, 그러한 격언의 강력한 요구에 따르는 듯한 것이다. 일관된 실증주의보다 더 반곡예적인 것은 없을 것이다. 니체는 이 모든 것을 의식하고 있었다. 그가 이 모순을 전개하지 않은 상태로 놓아둔 것은 보들레르의 허위 숭배 및 입센에게서 보는 공기뿌리 같은 망상적 미 개념과 일치한다. 가장 일관된 계몽주의자인 니체는 순수한 일관성을 통해 계몽의 동기와 의미가 소멸한다는 점에 대해 착각하지 않았다. 계몽의 자체반성 대신에 그는 사유의 폭행을 자행한다. 이는 진리의 이념이 계몽을 유발하지만, 진리 자체는 계몽이 진리를 위해 근절하고 싶어 하는 가상 없이 존재하지 않는다는 점을 나타낸다. 예술은 진리의 이러한 계기와 연대한다.

29 Friedrich Nietzsche, *Werke in drei Bänden*, hg. K. Schlechta, Bd. 3, München: Hanser, 1956, p. 481 참조. "반형이상학적인 세계 고찰—그렇다. 그러나 곡예적인 세계 고찰."

예술은 진리를 지향하지만 직접적으로 진리는 아니다. 그런 한에서 진리는 예술의 사상내용이다. 예술은 진리에 대한 관계를 통해 인식이 된다. 예술에서 진리가 등장함으로써 예술 자체는 진리를 인식한다. 하지만 예술은 인식으로서 논증적이지 않으며, 또한 예술의 진리는 어떤 객체의 반영도 아니다.

어깨를 으쓱거리는 미학적 상대주의는 그 나름으로 사물화된 의식의 일부다. 그것은 자체의 결함에 대한 우울한 회의라기보다 예술의 진리 요구에 대한 원한이다. 그러나 이 진리 요구를 통해서만 예술 작품들의 위대성은 정당화될 수 있으며, 또 이러한 물신이 없다면 상대주의자들은 난관을 벗어나기 어려울 것이다. 예술 작품들의 운동에서는 예술 작품들의 진리에 대한 물음이 구속력을 지니는데, 이 운동 속으로 들어가지 않고 외부로부터 받아들여 소비하는 상대주의자들의 반응은 사물화되어 있다. 상대주의는 대상에 무관심하고 분열되어 있는 주체만의 자기반성이다. 미학적으로도 예로부터 상대주의를 진지하게 생각하는 경우는 별로 없다. 상대주의 입장에서는 진지함이야말로 견딜 수 없는 것이다. 전시된 새 작품과 관련해 저런 것에 대해서는 전혀 판단을 내릴 수 없다고 말하는 사람은 그렇게 이해되지 않은 작품이 자신의 몰이해를 통해 제거되었다고 상상한다. 미학에 대해 어떤 입장을 취하느냐와 상관없이 사람들이 부단히 미학 논쟁에 얽혀든다는 것은 상대주의에 대한 철학적 논박보다 상대주의에 대한 논박을 더 많이 증명해 준다. 즉 미적 진리의 이념이 그 문제점에도 불구하고, 또 이러한 문제점 속에서 권리를 얻는 것이다. 그러나 미학적 상대주의에 대한 비판을 뒷받침하는 가장 강력한 것은 기술적인 물음들에 대한 결정 가능성이다. 이때 자동으로 끼어드는 상투어, 즉 기술에 대해서는 물론 절대적 판단을 내릴 수 있지만 예술 자체와 그 사상내용에 대해서는 그럴 수 없다는 주장은 예술의 사상내용을 기술과 독단적으로 분리하는 것이다. 확실히 예술 작품들은 기술이라는 말로 요약되는 그 처리 방식들의 요체 이상의 것이다. 그러나 확실히 그 객관적 사상내용이 예술 작품들에 나타나는 한에서만 예술 작품들은 그 사상내용을 가지며, 이는 단지 그 기술의 요체 덕분에만 이루어진다. 기술의 논리는 미적 진리에 이르는 길이다. 물론 학교의 규칙에서 미적 판단까지 연속체가 있는 것은 아니다. 하지만 이 과정의 불연속성도 어떤 강제성에 따른다. 즉 작품의 최고 진리 문제는 작품의 일관성과 관련한 범주들로 옮겨놓을 수 있다.[30] 그것이 가능하지 않을 경우, 사고는 취미판단의 한계 너머 인간적 제약성의 한계에 도달한다.

---

30 『바그너에 관한 시론 Versuch über Wagner』 전체는 진리내용에 대한 비판을 테크놀로지적 사실들 및 그 파손 상태와 매개하려고 했을 뿐이다.

예술 작품들의 내재적 일관성과 메타 미학적 진리는 예술 작품들의 진리내용에서 서로 만난다. 만일 작품들의 내재적 일관성의 전개가 진리에, 즉 작품 자체일 수 없는 어떤 즉자의 형상에 기여하지 않는다면, 진리내용은 초월적 창조자를 요하는 라이프니츠의 예정조화와 꼭 마찬가지로 하늘에서 떨어질 것이다. 예술 작품들이 객관적 진리를 추구한다면, 이는 예술 작품들 자체의 법칙성을 충족함으로써 이루어진다. 예술 작품들이 그 내부의 어둠을 뚫고 더듬어가는 데에 필요한 아리아드네의 실은, 예술 작품들이 자체를 더욱 충족할수록 진리도 더 잘 충족한다는 사실이다. 그러나 이는 자기기만이 아니다. 왜냐하면 예술 작품들의 자립 상태는 그것들 자체가 아닌 것으로부터 그것들에 부여되었기 때문이다. 예술 작품들의 근원적 역사는 그것들의 가상 속에 현실의 범주들을 끌어들이는 것이다. 하지만 작품의 자율성 속에서 그 범주들은 작품의 법칙들에 따라서만 움직이는 것이 아니라 외부로부터 받아들인 방향의 상수들을 고수하기도 한다. 예술 작품들의 의문은 어떻게 현실적인 것의 진리가 그것들 자체의 진리로 되느냐 하는 것이다. 이러한 변화의 규준은 허위다. 예술 작품들의 순수한 실존은 자체의 타자를 단지 조작할 뿐인 정신의 실존을 비판한다. 사회적으로 허위이고 파손되어 있고 이데올로기적인 것은 예술 작품들의 구조에 파손된 것, 불확정적인 것, 결함 있는 것으로 나타난다. 왜냐하면 예술 작품들 자체의 반응 방식, '객관에 대한' 예술 작품들의 객관적 '입장'은 항상 현실에 대한 입장이기 때문이다.[31]

31 『바그너에 관한 시론』은 한 주요 예술가의 작품을 통해 메타 미적인 것과 예술적인 것의 매개를 추구한다. 이 책은 여러 부분에서 여전히 지나치게 심리학적으로 예술가를 중심으로 생각했다. 하지만 이 책에는 예술의 자율적이고 특히 형식적인 범주들을 사회적, 내용적으로 진술하는 객

예술 작품은 그 자체이면서 언제나 동시에 그 자체와 다른 어떤 것이다. 이처럼 다른 상태는 혼란을 초래한다. 왜냐하면 본질구성적으로 메타 미적인 것을 미적인 것으로부터 떼어내 고립 상태로 손안에 잡았다고 망상하면, 그 메타 미적인 것이 당장 사라지기 때문이다.

역사적 경향과 함께 근래에는 무게중심이 주체로부터, 아무튼 주체가 표방하는 바로부터 떨어져서 대상 쪽으로 이동한다. 이로 인해 그런 경향의 주관적 근원에도 불구하고, 실제의 존재자와 예술 작품들의 구분은 더욱 훼손된다. 점점 더 작품들은 그 내부의 인간적 요인을 보여주는 창문 없이 2차적인 수준의 현존재가 된다. 예술 작품들에서 그것들을 객관화하는 도구인 주관이 사라진다. 예나 지금이나 예술 작품에는 주관적 상상력이 필요한데, 이 주관적 상상력은 어떤 객관적인 것이, 즉 어쨌든 예술 작품의 경계선을 그어야 할 필요성이 주체에 반작용하는 것임을 인식할 수 있다. 상상력은 그러한 것을 해내는 능력이다. 그것은 자체 내에 머무는 어떤 것을 구상하며, 형식들, 세부들, 줄거리들 혹은 그 밖의 무엇이든 자의적으로 지어내지는 않는다. 하지만 예술 작품의 진리는 주관적으로 상상된 즉자 속에서 어떤 초주관적인 것을 읽을 수 있게 되는 식으로만 생각할 수 있다. 이를 매개하는 것이 작품이다.

관적 미학을 추구하려는 의도가 있었다. 이 책은 발생 및 유비들이 아니라 작품의 진리내용을 본질구성하는 객관적 매개들에 관심을 둔다. 그 의도는 철학적-미학적인 것이지 지식사회학적인 것이 아니다. 바그너의 경우 니체의 미적 취미를 불편하게 한 것, 즉 작곡 기술의 효소들에 이르기까지 화려하게 치장한 면, 격정적인 면, 긍정적이며 설득적인 면은 그 텍스트들이 천명하는 사회적 이데올로기와 일치한다. 반유대주의적 입장으로는 좋은 소설을 쓸 수 없다는 사르트르의 명제는(Sartre, *Was ist Literatur? Ein Essay*, p. 41 참조) 이런 사태를 정확히 짚는다.

예술 작품들의 사상내용과 그것들의 구성 사이의 매개가 주관적 매개다. 이 매개의 본질은 객관화를 위한 노력과 노동에만 있는 것이 아니다. 주관적 의도를 넘어서고 이 의도의 자의성 속에 존재하지 않는 것에는 그와 유사한 주체 속의 객관적 요인이 상응한다. 그것은 의식적 의지 너머에 존재하는 한에서의 주체적 경험이다. 이러한 경험의 침전물이라는 점에서 예술 작품들은 형상 없는 형상들이다. 또 그러한 경험들은 대상화를 추구하는 모사를 비웃는다. 이 경험들에 신경을 부여하고 기록하는 것이 진리내용으로 들어가는 주관적인 길이다. 리얼리즘의 유일하게 적합한 개념은 그러한 경험들에 대한 동요 없는 충실성일 것이다. 물론 오늘날 예술은 이 개념을 피할 수 없다. 그 경험들이 충분히 깊은 곳까지 가는 한, 그것들은 심리 및 현실 표면 뒤의 역사적 결합 형태들과 마주친다. 전통적 철학의 해석이 범주 장치와 연역적 연관들에 의해 비로소 유발되는 경험들을 발굴해야 하는 것처럼, 예술 작품들에 대한 해석은 이처럼 주관적으로 경험되고 주체를 넘어서는 경험의 핵심으로 다가간다. 이로써 그러한 해석은 진리내용에서 철학과 예술이 일치하는 상태에 부합된다. 진리내용은 예술 작품들 자체가 그 의미를 넘어서 말하는 바다. 그것은 예술 작품들이 역사적 경험들을 그 결합 형태 속에서 기록함으로써 구현된다. 그리고 이는 주체를 통하지 않고는 가능하지 않다. 즉 진리내용은 추상적 즉자가 아니다. 허위의식을 담은 주요 작품들의 진리는, 그것들이 직접적으로 이론적 진리를 그 사상내용으로 한다는 데에 있지 않고, 허위의식의 상태를 그 작품에 불가피한 것으로서 가리켜 보이는 제스처에 있다. 물론 허위의식을 순수하게 그려낼 때도 불가피하게 참인 의식으로 넘어가게 된다.

베토벤의 「현악 4중주 op. 59-1」 느린 악장의 형이상학적 사상 내용이 참이 아닐 수 없다는 명제는, 그 속에서 동경은 참이지만 그것이 무기력하게 무Nichts 속에서 소멸해 간다는 반론을 기대해야 할 것이다. 그 내림라장조 구절에서는 전혀 동경이 표현되지 않는다고 응수한다면, 이는 변론적인 함의를 지니며 바로 그것이 참인 듯이 나타난다는 것이 동경의 산물이며 예술 일반이 그러한 것일 뿐이라는 답을 유발한다. 이러한 주장은 속류 주관적 이성의 무기고에서 나오는 것이라고 재차 응수할 수 있을 것이다. 자동적인 인신공격reductio ad hominem은 객관적 현상으로 나타나는 것을 충분히 설명하기에는 너무 밋밋하고 저항이 없다. 악에 대한 굴복은 악과의 동일시를 유추하게 하는데, 그처럼 너무 손쉬운 것을 일관되게 부정적이라는 이유만으로 환각 없는 깊이라고 내세우는 것은 진부하다. 왜냐하면 그것은 현상물에 무감각하기 때문이다. 베토벤 곡의 그 부분이 지닌 힘은 바로 그것이 주체와 멀리 떨어져 있다는 점이다. 이 점이 그 소절들에 진리의 도장을 찍는다. '진짜echt'라는 말은 구제 불능이지만, 한때 예술에서 이 말로 지칭한 것, 그리고 니체만 해도 아직 그러한 말로 생각할 수 있었던 것은 바로 그 점을 나타내려는 것이었다.

예술 작품들의 정신은 그것들이 의미하거나 의도하는 것이 아니라 그것들의 진리내용이다. 이 진리내용은 예술 작품들에서 진리로서 떠오르는 것이라고 달리 말할 수 있을 것이다. 베토벤의 「라단조 피아노 소나타 op. 31-2」의 아다지오 제2주제는 단지 아름다운 멜로디도 아니고—분명히 자체로서는 그보다 더 감동적인 것, 더 특색 있는 것, 또 더 독창적인 것도 있다—그 절대적 표현성을 통해 독자적으로 도드라져 보이는 것도 아니다. 그렇지만 그 테마의 시작 부분은 베토벤 음악의 정신이라고 부를 수 있는 것이 나타나는 점에서 압도적인 것이다. 그것은 미적 현상으로 나타나는 그의 음악이 동시에 미적 가상 너머에서 만나는 진정성 있는 희망이다. 어떤 현상으로 나타나는 것이 이처럼 그 가상을 넘어서 있는 것이 미적 진리내용이다. 그것은 가상 가운데 가상이 아닌 것이다. 진리내용은 한 예술 작품 속에 다른 것과 병존하는 어떤 사실이나 정황도 아니고, 역으로 그것의 현상과 독립해 있는 것도 아니다. 베토벤 피아노 소나타의 그 악장 첫번째 주제 복합체는 이미 탁월하고 무엇인가를 말하는 아름다움이지만, 모티프상 내적 연관을 지니면서도 이미 그 위치를 통해 상당히 서로 분리되고 대조되는 형상들로 정교하게 모자이크식으로 형성되어 있다. 이러한 복합체의 분위기를 예전에는 정취라고 칭했을 터인데, 그것은 모든 분위기와 마찬가지로 어떤 사건을 기다리며, 그것을 배경으로 사건은 사건이 된다. 그것은 32분의 1박자로 상승하는 제스처를 취하면서 그 바장조 테마를 따라간다. 내적으로 해체되고 암울한 앞부분에 이어 반주와 함께 나오는 고음부 멜로디는 제2주제로서 작곡된 것인데, 그 부분은 화해와 약속을 동시에 표현하는 그 성격을 얻는다. 초월하는 것은 그것이 초월하는 대상 없이 존재하지 않는다. 진리내용은 결합 형태를 통해 매개되어 있으며 결합 형태 바깥에 위치하는 것이 아니지만, 또한 그 결합 형태 및 그 요소들에 내재적이지도 않다. 이 점은 아마 모든 미적 매개의 이념으로서 정착되었다고 할 수 있을 것이다. 이 매개는 예술 작품들에서 예술 작품들이 자체의 진리내용에 가담하게 만드는 것이다. 매개의 행로는 예술 작품들의 조직 내지 그 기술을 통해 구성될 수 있다. 그것에 대한 인식은 결합 형태의 일관성을 통해 보증되는 듯한 대상 자체의 객관성으로 안내해 준다. 하지만 이 객관성은 궁극적으로 진리내용 이외의 다른 것일 수 없다. 미학은 그러한 계기들의 지형학을 그려낼 의무가 있다. 진정한 작품에서는 어떤 자연적인 것 혹은 물질적인 것의 지배가 지배되는 것, 지배의 원칙을 통해 언어를 찾는 것과 대위법을 이룬다. 이러한 변증법적 관계는 작품들의 진리내용으로 귀결된다.

예술 작품들의 정신은 그것들의 객관화된 미메시스적 반응이다. 그것은 미메시스에 맞서지만, 동시에 예술에서 미메시스가 취하는 형태다.

미적 범주로서의 모방은 간단히 제거할 수도 받아들일 수도 없다. 예술은 미메시스적 충동을 객관화한다. 예술은 그것을 고수하면서 그것의 직접성을 포기하고 또 그것을 부정한다. 대상들에 대한 모방은 그러한 객관화의 변증법으로부터 치명적 결론을 끌어낸다. 대상화된 현실은 대상화된 미메시스의 상관개념이다. 비자아Nichtich에 대한 반응으로부터 그것에 대한 모방이 형성된다. 미메시스 자체는 대상화된 의식에게 생겨난 객체와의 단절을 메우고자 헛되이 희망하면서, 대상화에 굴복한다. 예술 작품은 타자, 즉 대상적인 것과 같은 것이 되고자 함으로써 그것과 같지 않은 것이 된다. 그러나 주체는 모방을 통한 자기소외 속에서 비로소 힘을 얻어 모방의 속박을 떨쳐버리게 된다. 예술 작품들은 수천 년 동안 스스로를 어떤 것의 이미지라고 파악했지만, 예술 작품들에 대한 비판자인 역사를 통해 그것은 예술 작품들의 비본질적 측면임이 드러난다. 프루스트 없이는 조이스도 없으며, 프루스트는 자신이 깔본 플로베르 없이 존재할 수 없다. 모방과 떨어져서가 아니라 모방을 관통하면서 예술은 자율성을 이루었다. 예술은 모방에서 자유의 수단을 얻었다.

예술은 어떤 대상적인 것에 대한 모사물도 인식도 아니다. 그렇지 않다면 예술은 후설이 논증적 인식 영역에서 엄격히 비판한 대상의 중복으로 타락할 것이다. 오히려 예술은 몸짓을 통해 현실을 붙잡으려고 하지만, 현실과 접하게 되면 뒤로 물러난다. 예술의 문자들은 이러한 운동의 흉터다. 예술 작품에서 이루어지는 그것들의 짜임관계는 현실의 역사적 본질을 나타내는 암호문자이지 그 모사물이 아니다. 그러한 반응 방식은 미메시스적 반응 방식과 친화적이다. 현실의 모사물로 등장하는 예술 작품들조차 단지 부차적으로만 모사물이다. 예술 작품들은 1차 현실에 반응함으로써 2차 현실이 된다. 그것은 예술가가 반성했느냐 아니냐와 무관하게 주관적인 면에서 반성이다. 형상 없이 즉자로 되는 예술 작품이 비로소 [본질을 포착하는데, 물론 이를 위해서는 미적 자연 지배의 발달이 필요하다.]³²

예술가는 예술 작품이 무엇인지 알지 못한다는 계율이 타당하다면, 이는 물론 오늘의 예술에서 반성이 불가피하다는 점과 충돌할 것이다. 예술가의 의식을 통하지 않고 그러한 반성은 상상하기 힘들 것이다. 실제로 그러한 무-지Nicht-Wissen는 대체로 주요 예술가들의 작

---

32 [편집자] [ ] 안에 들어 있는 내용은 원고에서 삭제되었는데, 그 문장이 다른 식으로 마무리되지는 않았을 것이다.

품에 남은 오점이 된다. 특히 예술이 아직 어느 정도 자기 자리를 차지하고 있는 문화 영역 내부에서 그렇다. 무-지는 예컨대 취미의 결함으로서, 내재적 결함이 된다. 하지만 무-지와 필수적 반성 사이의 균형점은 기술이다. 기술은 모든 반성을 허용할 뿐만 아니라 요구하기도 하지만, 상위개념에 호소함으로써 작품의 생산적 모호성을 파괴하지도 않는다.

수수께끼적 성격은 살아 있는 현재로서가 아니라 기억으로서의 전율이다.

과거의 예술은 그 예배적 계기와 일치하지도 않았고, 그것과 단순히 대립하지도 않았다. 그것은 일종의 도약을 통해 예배 대상들로부터 분리되었는데, 이 과정에서 예배적 계기는 변화하면서 동시에 보존된다. 그리고 이러한 구조는 예술사의 모든 단계에서 확대재생산된다. 모든 예술은 그 속에 담긴 어떤 요소들 때문에 힘들게 얻어낸 자체의 위태로운 개념을 그르칠 위험이 있다. 즉 서사시는 초보적인 역사 기술로, 비극은 재판의 모조품으로, 가장 추상적인 조형물도 장식적인 견본으로, 리얼리즘 소설은 예비적인 사회과학 내지 르포르타주로 될 위험이 있는 것이다.

예술 작품들의 수수께끼적 성격은 역사와 얽혀 있다. 역사를 통해 예술 작품들은 한때 수수께끼가 되었으며, 또 역사를 통해 늘 되풀이하여 수수께끼가 된다. 또한 역으로 예술 작품들에 권위를 부여해 준 이 역사만이 예술 작품들의 존재근거에 대한 곤혹스러운 물음을 예술 작품들과 멀리 떼어놓는다.

예술 작품들이 침묵하는 시대의 예술 작품들은 낡은 것이다. 그러나 예술 작품들이 더 이상 말하지 않을 경우, 그것들의 침묵 자체가 말한다.

모든 전위적 예술이 끔찍한 것의 흉터를 지니지는 않는다. 흉터가 가장 심한 경우는 대상에 대한 그림의 관계나 구현되고 부정된 협화음에 대한 불협화음의 관계가 모두 단절되지는 않을 때다. 예컨대 피카소의 충격은 변형의 원칙에 의해 불붙었다. 수많은 추상적인 것과 구성적인 것에는 그런 충격들이 결여되어 있다. 이 경우 아직 실현되지 않은, 좀더 불안이 없는 현실의 힘이 작용하고 있는지, 아니면 ─많은 것이 증명하듯이─추상적인 것의 조화가 유럽의 파국 이래 처음 일이십 년 동안의 사회적 행복감처럼 허위인지는 확실하지 않다. 미적으로도 그러한 조화는 몰락하고 있는 듯하다.

원근법의 문제들은 한때 회화의 결정적인 원동력이었다. 그 문제들은 회화에서 다시 등장하더라도 모사적 성격으로부터 해방된 상태로 등장할 것이다. 심지어 시각적으로 절대적 비구상이라는 것을 상상할 수 있는지 물을 수도 있을 것이다. 즉 현상으로 나타나는 모든 것에는 극단적으로 환원이 이루어져도 대상 세계의 흔적들이 새겨져 있지 않은지 물을 수 있는 것이다. 그러한 사변들은 어떤 복고적인 운동들에 이용되자마자 허위가 된다. 인식은 인식하는 누구라도 자신의 상황에 근거해 미래를 추론하려는 유혹에 저항하기 어렵다는 점에서 주관적 한계를 지닌다. 그러나 불변 요인들에 대한 금기는 동시에 그러한 것을 방해하는 금기이기도 하다. 불변 요인을 구상하는 것과 마찬가지로 미래를 긍정적으로 그려내는 것도 불가능하다. 미학은 순간의 요구들로 응축된다.

예술 작품이 무엇인지 정의하는 것이 불가능한 것과 마찬가지로, 미학은 자체가 약속하는 바에 책임을 지지 않고자 한다면 그러한 정의에 대한 욕구를 부인해서도 안 된다. 예술 작품들은 모사 대상이 없고 따라서 형상이 없는 형상이다. 즉 현상으로서의 본질이다. 예술 작품들에는 플라톤적 근원상Urbilder과 마찬가지로 복사품Nachbilder이라는 술어, 특히 영원성이라는 술어들이 없으며, 그래서 철두철미 역사적이다. 예술에 가장 가까이 다가가고 예술로 안내해 주는 예술 이전의 반응은 경험을 형상의 경험으로 변화시키는 반응이다. 키르케고르의 표현에 따르면, "내가 노획하는 것은 형상들이다." 예술 작품들은 이 형상들을 객관화한 것들, 미메시스를 객관화한 것들이며, 경험하는 사람들과 동화되는 경험의 도식들이다.

서커스 타블로의 끝부분에 모든 코끼리가 뒷다리로 서고 각각의 코 위에 발레리나가 한 명씩 우아한 포즈로 꼼짝도 하지 않고 서 있는 장면이 나온다. 이 서커스 타블로와 같은 이른바 저급 예술의 형식들은 역사철학이 예술에서 해독하는 것의 무의도적 근원상이다. 흔히 기피하는 그런 형식에서 예술의 감추어진 비밀을 간파할 수 있다. 즉 예술을 이미 굳어진 예술형식으로 몰아가는, 지난날에 확립된 예술 수준 때문에 은폐된 것을 간파할 수 있는 것이다.

미는 목적의 영역에서 객관화된 것이 이 영역에서 탈출하는 것이다.

대상화되지 않고 그래서 또한 의도들을 통해 적합하게 제시될 수 없는 객관성의 이념은 예술의 무목적성과 마찬가지로 미적 합목적성 속에서 빛을 발한다. 그러나 이 이념은 주체를 통해서만, 즉 합목적성의 기원이 되는 합리성을 통해서만 예술에 부여된다. 예술은 일종의 편광Polarisation이다. 그 불꽃은 소외되어 자체에 침잠하는 주관성으로부터 합리성에 의해 조작되지 않은 것으로, 즉 한때 철학에서 즉자라고 불리던 것과 주체 사이의 장벽으로 옮겨간다. 그것은 어중간한 영역, 즉 본질구성물들의 영역과는 공약수를 지니지 않는다.

칸트가 말하는 무목적의 합목적성은 경험적 현실, 즉 자체보존의 목적들이 지배하는 영역으로부터 이와 동떨어진 영역, 지난날의 성스러운 영역으로 들어가는 원칙이다. 실천적 목적 설정에 대한 비판인 예술 작품들의 합목적성은 변증법적이다. 그것은 억압받는 자연의 편을 든다. 그 덕분에 그것은 인간에 의해 정립된 것과 다른 합목적성의 이념을 얻는다. 물론 이 이념은 과학을 통해 자연과 분리되었다. 예술은 자연에 대한 부정을 통한 자연 또는 직접성의 구제이며, 이는 전적으로 매개다. 예술은 자체의 재료에 대한 무제한의 지배를 통해 지배되지 않는 것과 닮는다. 칸트의 모순어법에는 이 점이 감추어져 있다.

인간의 자연 지배를 모방하는 형상인 예술은 동시에 반성을 통해 자연 지배를 부정하고 자연을 지향한다. 예술 작품들의 주관적 총체성은 타자에게 강요된 총체성에 머물지 않고 타자와 거리를 두는 가운데 타자를 상상 속에서 부활시킨다. 미적으로 중화된 상태에서 자연 지배는 그 폭력을 포기한다. 자체의 형태를 통해 손상된 타자를 부활시키는 가상 속에서 그것은 손상되지 않은 상태의 본보기가 된다. 미적 전체성은 거짓된 전체의 안티테제다. 예술이 언젠가 발레리가 말하듯이 다른 어느 것도 아닌 자체에만 근거한다면, 이는 예술이 어떤 즉자 혹은 지배받지 않은 것, 망쳐지지 않은 것에 대한 비유가 되고자 하기 때문이다. 예술은 그 자체의 고유한 영역을 본질구성함으로써 스스로를 부정하는 정신이다.

자연 지배가 예술의 우연적 속성이 아니라는 점, 또 문명화 과정과 추후에 융합됨으로써 생긴 원죄가 아니라는 점은, 적어도 원시민족들의 마술 활동이 자연 지배적 요소를 분리되지 않은 상태로 내포한다는 사실을 통해 증명된다. "동물 형상의 심대한 영향은 단순히 다음 사실을 통해 설명된다. 즉 전형적 특징들을 지니는 형상은 심리적으로 대상 자체와 동일한 영향을 발휘하며, 그래서 인간은 자신의 심리적 변화 속에서 일종의 마술을 감지한다고 생각하는 것이다. 다른 한편으로 인간은 한 형상이 변함없이 자신의 힘에 내맡겨져 있다는 사실로부터 묘사된 들짐승을 획득하고 제압한다는 믿음을 만드는데, 이로써 그에게 그 형상은 그 동물을 지배하는 권력 수단으로 나타난다."[33] 마술은 인과적 사유의 초보적인 형태인데, 이 인과적 사유는 나중에 마술을 청산한다.

예술은 자체의 객관화를 위해 가장 진보적인 합리성을 — 재료 및 처리 방식을 다루는 능력으로서 — 처리하는 미메시스적 반응이다. 그것은 이러한 모순으로 합리성 자체의 모순에 응답한다. 합리성의 목적이 자체로서는 필연적으로 합리적이지 않은 충족이라면 — 행복은 합리성의 적수이며 목적이지만, 그것에는 수단으로 합리성이 필요하다 — 예술은 이 비합리적 목적을 자체의 업무로 삼는다. 이 경우 예술은 온전한 합리성을 자체의 처리 방식 속에서 이용한다. 반면에 이른바 '기술 세계'에서는 합리성이 생산관계로 인해 제한되어 자체로 비합리적인 상태에 머문다. 기술 시대가 보편적 매개인 사회적 관계임을 기술 시대의 예술이 은폐한다면, 그런 예술은 형편없는 것이다.

예술 작품들의 합리성이 추구하는 목적은 경험적 현존재에 대한 예술 작품의 저항이다. 즉 예술 작품들을 합리적으로 형상화한다는 것은 그것들을 자체로서 일관되게 철저히 형성한다는 것을 뜻한다.

---

[33] Katesa Schlosser, *Der Signalismus in der Kunst der Naturvölker. Biologisch-psychologische Gesetzlichkeiten in den Abweichungen von der Norm des Vorbildes*, Kiel, 1952, p. 14.

이로써 예술 작품들은 그 외부의 세계, 즉 미적 합리성의 원천인 자연 지배적 합리성의 장소와 대조되며, 일종의 독자적인 것이 된다. 지배에 대한 예술 작품들의 대립은 이 지배에 대한 미메시스다. 예술 작품들은 지배의 세계와 질적으로 상이한 무엇인가를 생산하기 위해서 지배적인 반응에 동화될 수밖에 없다. 존재자에 대한 예술 작품들의 내재적으로 논쟁적인 태도조차, 존재자를 복종시키고 존재자를 단순한 존재자로 비하하는 원칙을 받아들인다. 미적 합리성은 자연 지배적 합리성이 외부에서 야기한 것을 보상하고자 한다.

예술에서 자의적이고 지배적인 계기를 몰아내는 일은 지배보다 지배에 대한 속죄와 관계한다. 주체가 비동일자에 봉사하기 위해 자신 및 자신의 타자를 자유로이 다룬다는 점에서 그렇다.

형상화라는 범주는 자립적인 것으로서는 난감하다. 그것은 작품의 구조에 호소한다. 그러나 예술 작품은 그 속에서 멋대로 다루어지는 것이 적을수록 더 수준이 높고 더 많이 형상화되어 있다. 형상화는 비형태Nichtgestalt를 뜻한다.

완전하게 구성된 현대의 예술 작품들이야말로 갑작스럽게 논리성과 형식 내재성의 오류 가능성을 조명해 주기도 한다. 그러한 예술 작품들은 자체의 개념을 충족하려면 이 개념을 우롱할 수밖에 없다. 클레의 일기 형식 소묘들이 그 점을 포착한다. 실제로 어떤 극단적인 것을 추구하는 예술가들의 과제 가운데 하나는 예컨대 '끝까지 간다'는 논리를 실현하고 ― 리하르트 슈트라우스 같은 작곡가는 그 점에 희귀하게 둔감했다 ― 다시 그것을 중단하고 연기하여 그로부터 기계적인 특성, 잘못 예측할 수 있는 측면을 제거하는 것이다. 작품에 가까워지라는 요구는 바로 작품이 시한폭탄으로 되지 않도록 작품에 관여하라는 요구다. 베토벤 음악의 전개부 가운데 후반부들은 흔히 어떤 의지에 따른 행위를 통해 시작되는 듯한데, 아마 이때 볼 수 있는 개입의 제스처들이 그러한 경험을 일찍부터 증언한다고 할 수 있을 것이다. 그렇지 않을 경우 예술 작품의 생산적인 순간은 작품의 치명적인 순간으로 전도된다.

미적 논리성과 논증적 논리성의 차이는 트라클을 통해 증명할 수 있을 것이다. 트라클의 시에는 '존재한다es ist'라는 구절이 자주 나오지만, 일련의 형상들은——"얼마나 아름답게 형상이 작은 형상으로 이어지는가"[34]——확실히 진술의 영역, 특히 존재판단의 영역에서 지배적인 논리와 인과성의 처리 방식에 따르는 의미의 연관을 이루지 않는다. 이 시인은 그러한 구절을 역설로서 선택한다. 즉 그것은 존재하지 않는 것이 존재한다는 것을 말하려는 것이다. 하지만 연상이 주도하는 듯해 보여도 그의 작품 구조가 단순히 연상의 흐름에 따르는 것은 아니다. 자체 내에서 음악적으로 상승하거나 하강하는 개별 계기들의 곡선, 음영의 분할, 정립, 계속, 종결과 같은 성격들의 관계 등의 범주들과 마찬가지로, 논리적 범주들도 간접적이고 모호한 상태로 개입한다. 형상적 요인들은 그러한 형식 범주들에 관여하지만 단지 그 관계들을 통해서만 정당성을 얻는다. 시들은 이 관계들을 통해 조직되며 단순한 착상의 우발성을 넘어선다. 미적 형식은 연상 작용 속에서도 그 합리성을 지닌다. 한 순간이 다른 순간을 유발하는 방식에는 논리학과 음악에서 추론을 직접 요구하는 설득력이 감추어져 있다. 실제로 트라클은 한 편지에서 어느 성가신 모방자를 비판하면서 자신이 얻어낸 수법에 대해 말했다. 그런 수법에서는 논리성의 계기를 빼놓을 수 없다.

형식미학과 내용미학. ——내용미학은 작품들 및 예술 전체의 사상내용 혹은 예술의 목적이 형식적이지 않고 내용적이기 때문에 논쟁에서 아이러니하게 우위를 차지한다. 하지만 사상내용이 그러한 것이 되는 것은 단지 미적 형식 덕분이다. 미학은 형식을 중심적으로 다뤄

---

34 [옮긴이] 트라클의 시 「신성한 가을Verklärter Herbst」의 한 구절.

야 하지만, 형식이 말하게 만듦으로써 내용적인 것이 된다.

형식미학의 연구 결과들을 간단히 부인할 수는 없다. 그것들은 풍부한 미적 경험에 도달할 수 없지만, 이 경험에는 수학적 배율이나 균형과 같은 형식적 규정들이 관여한다. 역동적 형식 범주들, 예컨대 긴장과 해소도 마찬가지로 관여한다. 이것들의 기능이 없으면 과거의 위대한 조형물들은 파악하기도 어렵고 척도로서 실체화할 수도 없을 것이다. 그것들은 언제나 다양한 내용적 계기들과 분리될 수 없는 계기들일 뿐이었다. 그것들은 자체로서 직접 타당한 것이 아니라 형식화되는 것과의 관계에서만 타당했다. 그것들은 변증법의 본보기들이다. 그때그때 형식화되는 것에 따라 그것들은 수정된다. 현대 예술이 급진화됨에 따라 그것들은 전적으로 부정을 통해 수정된다. 즉 그것들을 회피하거나 무효화하는 가운데, 그것들이 간접적으로 작용하는 것이다. 전통적 규칙들에 대한 마네 이후 화면구성의 관계가 그 전형적인 본보기다. 발레리도 그 점을 놓치지 않았다. 그 규칙들의 독재에 대한 특수한 작품의 저항에서 그러한 규칙들을 감지할 수 있다. 예술 작품의 배율 같은 범주는 배율의 전복도 내포하는 경우, 그러니까 그것 자체의 운동도 내포하는 경우에만 의미가 있다. 현대 예술의 깊숙한 곳에 이르기까지 그러한 변증법을 통해 형식적 범주들은 더 높은 단계에서 회복되었다. 불협화음의 요체는 화음이었고 긴장들의 요체는 평형이었던 것이다. 형식 범주들이 내용적인 것을 승화시키지 않았다면 그러한 것은 상상할 수 없을 것이다. 형식적 원칙에 따르면 예술 작품들은 긴장이자 평형이어야 하는데, 그러한 원칙은 미적 경험의 적대적 내용, 즉 화해되지 않았지만 화해를 원하는 현실의 내용을 기록한다. 황금분할과 같은 정태적 형식 범주도 굳어버린 재료, 화해 자체의 재료인 것이다. 예술 작품들에서 조화는 예로부터 결과로서만 다소 유용했고, 단순히 정립되거나 주장된 것만으로는 언제나 이미 이데올로기였다. 겨우 얻어낸 평형상태라는 것도 이데올로기가 되었을 뿐이다. 역으로 예술의 모든 재료는 마치 예술의 아프리오리처럼 형식화를 통해 발전했으며, 그 후 형식화는 추상적 형식 범주들로 정제되었다. 그리고 이 형식 범주들은 다시 그 재료에 대한 관계에서 변화했다. 형식화란 이러한 변화를 올바르게 수행하는 것이라고 할 수 있다. 이러한 것이 예술에서 변증법의 개념을 내재적으로 해명할 수 있을 것이다.

예술 작품의 형식 분석 및 예술 작품 자체에서 형식이라고 칭할 수 있는 것은 그것의 구체적 재료에 대한 관계에서만 의미 있다. 한 편의 그림에서 논란의 여지없는 대각선, 축, 소실점 등의 구성이나 한 곡의 가장 훌륭한 모티프 경제Motivökonomie도 그 그림 혹은 그 곡으로부터 특유하게 발전해 나오지 않는 한 아무래도 상관없는 상태에 머문다. 예술에서는 다른 어떤 구성 개념을 사용하는 것도 정당하지 못할 것이다. 그렇지 않으면 그것은 불가피하게 물신이 된다. 수많은 분석들이 온갖 것을 다루지만 왜 한 편의 그림이나 곡이 아름답게 되는지 혹은 도대체 그것들의 존재근거가 어디에서 유래하는지는 다루지 않는다. 그러한 처리 방식은 사실상 미학적 형식주의라는 비판에 부딪친다. 그러나 형식과 내용의 상호작용을 일반적으로 단언하는 데에 머물러서는 안 되고 오히려 그러한 상호작용을 개별 사안에서 펼쳐 보여야 할 것이다. 형식 요소들은 언제나 내용적인 것을 다시 가리키면서 또 자체의 내용적 경향을 보존한다. 속류 유물론과 그에 못지않게 속류 의고주의는 어떤 순수 형식이 존재한다고 보는 오류에 빠지는 점에서 일치한다. 유물론의 공식적 교리는 예술의 물신적 성격에도 포함되어 있는 변증법을 간과한다. 형식들은 다름 아니라 형식 앞에 제시된 모든 내용으로부터 해방된 것으로 나타나는 곳에서 자체에 근거해 고유한 표현과 내용을 얻는다. 여러 작품들을 통해 초현실주의는 그러한 일을 실행했고, 클레도 전적으로 그랬다. 즉 형식 속에 정착된 내용이 노화 과정에서 깨어나는 것이다. 초현실주의에서 유겐트 양식이 그러한 것을 겪었다. 물론 초현실주의는 유겐트 양식에서 논쟁적으로 분리되었다. 미적 측면에서 독자적 자아solus ipse는 그 자신의 것이면서 그를 독자적 자아로 고립시키는 세계를 감지한다. 그가 세계의 인습을 내팽개치는 순간 그렇다.

긴장 개념은 대상의 불협화음적 경험들 또는 이율배반적 관계들을 보여주면서, 다름 아니라 형식이 그 타자에 대한 관계를 통해 내용적인 것으로 되게 만드는 '형식'의 계기를 명시함으로써 형식주의적인 것이라는 의심에서 벗어난다. 작품은 내부 긴장을 통해 객관화로 인한 정지 상태에서도 힘의 장으로 규정된다. 이것은 긴장 관계의 요체이면서 이를 해소하려는 시도이기도 하다.

조화를 수학적으로 파악하려는 학설들에 대해서는 미적 현상물들이 수학화되지는 않는다고 내재적으로 응수할 수 있다. 예술에서는 같은 것이 같지 않다. 이 점은 음악에서 명백해졌다. 같은 길이의 유사한 부분들이 반복된다고 해서 추상적 조화 개념이 거기서 기대하는 바가 이루어지지는 않는다. 그것은 충족보다 피로를 야기한다. 좀 덜 주관적으로 말하면 그것은 형식의 측면에서 너무 길다. 멘델스존은 이런 경험에 맞게 행동한 초기 작곡가들 가운데 한 명이었을 것이다. 그 경험은 기계적 일치에 대한 음렬주의 악파의 자체비판에까지 영향을 미친다. 이러한 자체비판은 예술의 역동화와 더불어, 즉 어떤 비동일적인 것이 되지 않는 모든 동일성에 대한 의혹과 더불어 강화된다. 어쩌면 바로크 시각예술의 '예술의지'와 르네상스 예술의 잘 알려진 차이들이 그와 동일한 경험으로부터 영감을 얻었다는 가설을 세워볼 수도 있을 것이다. 외견상 자연스럽고, 그런 한에서 추상적-불변적인 모든 관계들은 예술에 들어가면 곧 필연적으로 수정을 겪어야 예술적 능력을 지니게 된다. 조율된 음을 통해 이루어진 자연적 배음 계열 Obertonreihe의 관계는 그 점을 가장 두드러지게 보여주는 본보기다. 대체로 이러한 수정들은 미리 정해진 타율적 재료의 질서가 지닌 경직성을 견딜 수 없는 주관적 계기에 기인하는 것으로 간주된다. 그러나 이 그럴듯한 해석도 아직 역사와 너무 동떨어져 있다. 이른바 예술에서 자연적 재료들 및 자연적 관계들은 어디서나 일관성 없고 신빙성 없는 전통주의에 맞서는 가운데 뒤늦게야 비로소 거론된다. 즉 그것은 부르주아적인 것이다. 예술적 재료들 및 이로부터 고안해 낸 듯한 처리 방식들을 수학화하고 그 질을 제거하는 일은 사실상 그 자체가 해방된 주체 내지 '반성'의 업적인데, 이 반성은 다시 그러한 일에 반항한다. 원시적 처리 방식에는 그러한 것이 없다. 예술에서 자연 상태 및 자연법칙으로 간주되는 것은 어떤 초보적인 것이 아니라 미의 영역 내부에서 형성되고 매개된 것이다. 예술에서 그러한 자연은 예술이 열망하는 자연이 아니다. 그것은 미리 정해진 구조들의 상실을 보상하기 위해 자연과학이 자연에 투사한 것이다. 인상주의 회화에서는 지각심리학적이고 의사 자연적인 요소의 현대성이 결정적이다. 그래서 2차적 반성은 자립화된 모든 자연적 계기에 대한 비판을 추구한다. 이러한 것들은 형성된 것이듯이 소멸하는 것이기도 하다. 2차 대전 후 의식은 사회가 변하지도 않았는데 처음부터 시작할 수 있다는 환각 속에서 이른바 근원 현상들이라는 것에 매달렸다. 이는 각자가 새 화폐제도에 따라 40마르크를 손에 들고 경제를 근본적으로 재건하리라는 생각과 마찬가지로 이데올로기적이다. 페허Kahlschlag란 기존 질서의 성격을 보여주는 가면이다. 다른 질서는 자체의 역사적 차원을 은폐하지 않는다. 예술에 수학적 관계들이 존재하지 않는다는 것은 아니다. 그러나 그것들은 단지 역사적으로 구체적인 형태에 대한 관계 속에서만 파악할 수 있을 뿐이며 실체화할 수는 없다.

항상성 개념, 즉 한 예술 작품의 총체성 속에서 비로소 산출되는 긴장 해소의 개념은 아마 예술 작품이 눈에 띄게 자립하는 순간과 결합되어 있을 것이다. 즉 그런 순간은 항상성이 직접 산출되지는 않더라도 최소한 예측할 수 있게 되는 순간이다. 이로써 항상성 개념에 드리우는 그림자는 현대 예술에서 이 이념이 겪는 위기와 상응한다. 예술 작품은 자립적인 존재가 되고, 자체를 확신하고, 일관성을 이루는 바로 그 지점에서 더 이상 일관성을 갖지 못한다. 왜냐하면 그렇게 다행히 얻은 자율성이 예술 작품의 사물화를 확증하고, 예술 작품에서 열린 성격을 앗아가는데, 이러한 성격은 또한 예술 작품 자체의 이념에 포함되는 것이기 때문이다. 표현주의의 영웅적인 시기에 칸딘스키 같은 화가들은 그러한 반성들에 매우 가까이 접근했다. 예컨대 한 예술가가 자신의 양식을 찾았다고 믿으면 이로써 이미 끝장난 것이라는 사실을 파악할 때 그렇다. 하지만 사정은 당시에 기록된 것처럼 그렇게 주관적-심리적이지 않으며, 예술 자체의 한 가지 이율배반에 기인하는 것이다. 예술이 추구하는 열린 상태와, 예술이 즉자존재의 이상, 즉 조작되지 않은 것, 열린 상태를 대변하는 것 등에 접근하는 데에 꼭 필요한 완결성—'완전성'—은 결합될 수 없는 것이다.

예술 작품이 합성력이라는 사실에는 예술 작품 속에 죽은 것, 개조되지 않은 것, 형식화되지 않은 것은 아무것도 남아 있지 않다는 계기가 담겨 있다. 그리고 이러한 것들을 거부하는 민감성 역시 모든 비판의 결정적 계기다. 또 문화철학적 논증이 자유롭게 작품들 위를 떠돌아다닐 경우 언제나 그러한 계기가 위축되는 것과 마찬가지로, 각 개별 작품의 질도 그와 같은 데에 달려 있다. 어떤 총보 위로 미끄러져 가는 최초의 시선, 어떤 그림 앞에서 그것의 품위를 판단하는 본능은 그처럼 철저히 형식화된 상태에 대한 의식의 안내 혹은 조야한 것을 거부하는 민감성의 안내를 받는다. 조야한 것은 종종 인습이 예술 작품들에 가하는 것, 또 속물근성이 어쩌면 예술 작품들의 초주관적 요인으로서 예술 작품들에 도움이 된다고 여기는 것과 종종 일치한다. 예술 작품들은 자체가 철저히 형식화된 것이라는 원칙을 중지시키고 조야한 것에 대해 개방적인 경우에도, 바로 그러한 것에서 철저한 형상화의 요구를 반영한다. 작품들 속에서 형식을 이루는 손이 재료를 가장 부드럽게 더듬고 있을 경우, 그런 작품들은 진정으로 철저하게 형상화되어 있다. 이러한 이념은 프랑스의 전통에서 모범적으로 구현된다. 어떤 음악에서 한 박자도 헛되이 진행되거나 시끄러운 소리를 내지 않고, 한 박자도 그 마디 안에서 고립되어 독자적으로 존재하지 않는 것, 또 음악가들이 말하듯이 '들리지' 않는 어떤 악기 소리도 등장하지 않는 것, 그 경과구가 의존하고 있는 그 악기의 특유한 성격으로부터 주관적 감수성을 통해 얻어내지 않은 소리는 아무것도 등장하지 않는 것은 좋은 음악에 어울린다. 복합적인 한 음악에서 악기음들의 결합은 완전히 들려야 한다. 이러한 매개를 아예 이루어내지 않거나 단지 산발적으로만 이루어냈다는 점이 과거 음악의 객관적 약점이다. 예술 작품들의 순수한 실존에는 봉건적인 면이 포함되어 있는데, 지배와 예속의 봉건적 변증법이 이 예술 작품들 속으로 들어간 것이다.

옛날에 카바레에서 불리던 허접한 시구, 즉 "사랑에는 그처럼 에로틱한 면이 있다"는 시구는 그 변형인 "예술에는 미적인 면이 있다"는 말을 유발한다. 그리고 이는 예술의 소비를 통해 억압된 것에 대한 경고로서 매우 진지하게 받아들여야 한다. 이때 관건이 되는 질은 우선 독서 행위를 통해 해명된다. 음악의 경우도 마찬가지다. 즉 형상화가 형상화된 모든 것에 폭력을 가하지 않고 남겨놓는 흔적 혹은 아무리 격렬한 저항에도 존재하는 예술 속의 문화에 담긴 화해적 요인을 읽음으로써 해명되는 것이다. 그것은 기법이라는 말 속에서 함께 울린다. 그래서 이 기법이라는 말을 간단히 수작업이라는 말로 번역할 수는 없다. 이러한 계기의 중요성은 현대 예술의 역사에서 더욱 증대했다고 볼 수 있을 것이다. 바흐의 경우 극히 높은 형식 수준에 이르렀지만 그러한 것에 대해 말하는 것이 어느 정도는 시대착오적이며, 모차르트나 슈베르트, 또 확실히 브루크너에게도 그것은 충분히 걸맞지 않지만, 이에 반해 브람스, 바그너, 혹은 이미 쇼팽의 경우에는 적합할 것이다. 오늘날 그러한 질은 밀려들어 오는 속물근성에 맞서는 종차differntia specifica이며 대가다움의 한 가지 척도다. 아무것도 조야한 상태로 머물러서는 안 된다. 가장 단순한 것도 그러한 문명화의 흔적을 지녀야 한다. 그것이 예술 작품 속에 담긴 예술의 향기다.

즉물성이 거부하는 장식 개념에도 나름의 변증법이 있다. 바로크가 장식적이라는 이야기가 모든 것을 말하는 것은 아니다. 바로크는 절대적 장식decorazione assoluta인데, 이는 모든 목적으로부터, 연극적인 목적으로부터도 해방되고 그 고유의 형식 법칙을 발전시킨 듯하다. 그것은 더 이상 어떤 것을 장식하지 않고 단지 장식일 뿐이다. 이로써 그것은 장식적 요인에 대한 비판을 조롱한다. 상당히 품위가 있는 바로크 조형물들과 관련해서는 석고 같다는 반론들이 다소 졸렬한 면을 지닌다. 즉 다루기 쉬운 재료는 바로 절대적 장식의 형식적 아프리오리에 부합되는 것이다. 점진적 승화를 통해 그러한 조형물들에서는 거대한 세계의 극장, 즉 세계극장으로부터 신의 극장theatrum dei이 형성되었고, 감성적 세계는 신들을 위한 연극이 되었다.

수공업적 부르주아 감성은 사물들의 견고성으로부터 사물들을 시간에 맞서 상속할 수 있기를 희망했는데, 이 견고성의 이념은 예술 대상들의 일관되고 철저한 조형으로도 전파되었다. 예술 영역에서는 아무것도 원료 상태에 머물러서는 안 될 것이다. 이는 작품들이 단순한 경험계로부터 밀폐되는 현상을 강화한다. 이러한 밀폐는 예술 작품들을 그 덧없는 상태로부터 보호한다는 이념과 연결된다. 견고성과 같은 미 영역에서의 부르주아 미덕은 역설적으로 비부르주아적 전위 예술에까지 옮겨갔다.

명확성에 대한 요구, 즉 예술 작품 속 모든 계기의 명료한 표현에 대한 요구처럼 그럴듯하고 외관상 보편타당한 요구에서는 미학의 모든 불변 요인이 그 자체의 변증법을 향해 나아간다는 점을 보여줄 수 있다. 예술의 2차 논리는 1차 논리, 즉 명확성의 논리를 능가할 수 있다. 중요한 질을 지니는 예술 작품들은 제반 관계들이 가능한 한 긴밀히 결합되어야 한다는 요구를 위해 명확성을 소홀히 할 수도 있으며, 명확성의 욕구에 따르면 엄격히 상이할 수밖에 없는 복합체들을 서로 가까이 가져다 놓을 수도 있다. 모호함에 대한 경험을 실현하고 싶어 하는 많은 예술 작품들의 이념은 다름 아니라 그 계기들의 경계선들이 흐려지는 것을 요구한다. 그러나 그런 작품들에서도 모호한 것은 모호한 것으로서 명확해야 하고 '철저히 구성되어야' 한다. 명확함에 대한 요구를 거부하는 진정한 작품들은 그것을 자체 내에서 부정하기 위해 함축적으로 전제한다. 불명확성 자체가 아니라 부정된 명확성이 그러한 작품들에는 본질적이다. 그렇지 않으면 그것들은 아마추어적일 것이다.

미네르바의 올빼미가 저녁에 날기 시작한다는 명제는 예술에서 입증된다. 사회에서 예술 작품들의 현존과 기능이 의문의 여지가 없고 사회의 자기 확신과 사회 속에서 예술 작품들이 차지하는 위상 사이에 일종의 합의가 지배적인 한, 미적 의미심장함에 대한 사고가 요구되지는 않았다. 즉 그런 사고는 미리 주어진 것으로서 자명하게 여겨졌다. 헤겔의 어법에 따르면, 범주들은 더 이상 실체적이지 않을 때, 즉 직접 현재적이고 의문의 여지가 없는 경우가 아닐 때 비로소 철학적으로 반성되기에 이른다.

예술에서 의미의 위기는 유명론적 동력의 불가항력성에 의해 내재적으로 야기되며, 예술 외적 경험과 결합된다. 왜냐하면 의미를 구성하는 미 영역 내부의 연관은, 명시적이지 않고 그래서 더욱 영향력을 지니는 조형물들의 아프리오리, 즉 현존재자 및 세상사의 의미심장함을 반영하는 것이기 때문이다.

작품들의 내재적 생명을 이루는 연관은 경험적 생명의 잔상이다. 즉 그 위에는 경험적 생명의 반사광, 의미심장한 것의 반사광이 비치는 것이다. 하지만 이로써 의미 연관의 개념은 변증법적인 것이 된다. 어떤 보편적인 것을 바라보지 않으면서 예술 작품을 내재적으로 그 개념에 접근시키는 과정은 예술사 속에서 의미 연관 자체와 아울러 그것의 전통적 개념이 동요하게 된 이후에야 비로소 이론적으로 드러난다.

수단들의 합리화 속에는 어디서나 그렇듯이 미적으로도 그것들을 물신화하는 목적이 담겨 있다. 수단들을 순수하게 처리할 수 있게 될수록, 그것들 자체가 객관적으로 더욱더 목적으로 되는 경향이 있다. 어떤 인간학적 불변 요인들이나 감상적 탄식의 대상인 순진성의 상실로부터 등을 돌리는 것이 아니라 그러한 것이 최근의 발전 과정에서 치명적인 요인이다. 목적들, 즉 조형물들을 그 가능성들이 대신한다. 작품들 자체를 작품들의 도식들 내지 어떤 공허한 것, 그래서 아무래도 상관없는 것이 대신하는 것이다. 이러한 도식들은 예술에서 주관적 이성이 강화됨에 따라 주관적인 것이 된다. 즉 조형물들 자체와는 무관하게 고안된 것, 자의적인 것이 된다. 적용된 수단들은—대체로 이미 제목들에서 표시되는 것처럼—사용된 재료들과 마찬가지로 자체로 목적이 된다. 이러한 것이 의미 상실에 담긴 허위다. 의미 자체의 개념에서 그 참과 거짓을 구분해야 하는 것처럼, 의미의 거짓된 몰락도 존재한다. 하지만 이는 긍정을 통해, 즉 순수한 소재들 및 순수한 처리 능력의 숭배를 통해 현존 상태를 찬미하는 것으로서 표시된다. 그리고 이때 소재와 처리 능력은 거짓되게 분리된다.

오늘날 실증성과 차단된 상태는 과거의 실증성 속에서 눈을 뜬 동경에 대한 심판이 아니라, 과거의 실증성에 대한 심판이 된다.

미적 광채는 단순히 긍정적 이데올로기가 아니라 강요받지 않는 삶의 반사광이기도 하다. 그것은 몰락에 저항하는 점에서 몰락 속의 희망이다. 광채는 문화산업의 수상쩍은 마술에 그치지 않는 것이다. 한 작품의 수준이 높을수록 그 광채는 더 빛난다. 이 점은 특히 영화의 총천연색 기법을 무색하게 만드는 회색조의 현대 예술에 해당된다.

버림받은 소녀에 대한 뫼리케의 시는 너무 슬퍼서 그것에 대한 비난을 훨씬 뛰어넘는다. "갑자기, 내게 떠오르네요/ 믿지 못할 그대여/ 내가 그대와 함께 보낸 밤을/ 꿈꾸었다는 것이"[35]라는 시구는 솔직하게 끔찍한 경험들을 말해준다. 즉 이미 덧없는 것으로 느껴진 잠의 위안으로부터 깨어나 노골적인 절망에 빠지는 것을 말하고 있다. 그러면서도 이 시는 나름의 긍정적 계기를 담고 있다. 그것은 감정의 진정성에도 불구하고 형식 속에 감춰져 있다. 비록 이 형식이 크니텔시행[36]을 통해 확실한 대칭 구조에 의한 위로의 말을 거부하더라도 그렇다. 민요 형식의 조심스러운 허구는 그 소녀가 여러 명 가운데 한 명으로서 말하게 한다. 전통적 미학은 이 시에 전형의 자질을 부여하고 칭송했을 것이다. 그 후로 그처럼 잠재적으로 고독을 둘러싼 상태, 즉 꼭두새벽에 혼자 있는 사람에게 사회가 선의로 위로의 말을 속삭

35 Mörike, *Sämtliche Werke*, Bd. 1, p. 703.
36 [옮긴이] Knittelvers: 한 줄에 네 강음이 들어 있는 시행. 15~16세기에 독일의 서사문학과 희곡에서 애용되었다.

이는 상황은 사라졌다. 눈물이 마르면서 이제 이 위로의 말도 들을 수 없게 된 것이다.

　예술 작품들은 그것들을 에워싸는 전체의 구성 부분들이지만, 단순히 사물들이 아니다. 예술 작품들은 특유하게 사물화에 가담한다. 왜냐하면 그것들의 객관화는 외부 사물들의 객관화를 모방한 것이기 때문이다. 어떤 점에서든 예술 작품들이 모사물이라면, 특수한 존재자를 모방하는 점에서가 아니라 바로 그처럼 객관화를 모방하는 점에서 그렇다. 순전히 문화적 이데올로기만은 아닌 고전성 개념은 그러한 객관화가 상당 정도 성공하고 그런 한에서 사물화가 가장 잘 이루어진 예술 작품들을 뜻한다. 객관화된 예술 작품은 자체의 역동성을 부인함으로써 그 자체의 개념에 대립한다. 그래서 미적 객관화는 언제나 또한 물신주의이기도 하며, 또 이는 영속적인 반항을 유발한다. 발레리의 통찰에 따르면, 어떤 예술 작품도 그 고전성의 이상에서 벗어나기 어렵지만 진정한 예술 작품은 모두 그 이상에 반항한다. 예술은 무엇보다 그러한 데에서 생명을 유지한다. 객관화의 강제성을 통해 예술 작품들은 경직되는 경향을 띤다. 경직화는 예술 작품들의 완전성 원칙에 내재한다. 예술 작품들은 즉자존재자로서 자체 내에 머물고 싶어 함으로써 폐쇄적인 것이 되지만, 단지 열린 상태를 통해서만 단순한 존재자를 넘어선다. 예술 작품들은 과정인데, 이 과정이 그것들의 객관화를 통해 그것들 내부에서 사멸한다는 사실 때문에, 모든 의고주의는 수학적 비율에 접근한다. 작품들의 고전성에는 억압받는다고 느끼는 주체만 아니라 고전성의 이상과 충돌하는 작품들의 진리 요구도 반발한다. 인습화는 예술 작품들의 객관화에 대해 외적이지 않으며, 타락의 산물도 아니다. 인습화는 예술 작품들 속에 잠복해 있다. 예술 작품들이 객관화를 통해 얻는 포괄적 구속성 때문에 예술 작품들은 그때그때의 지배적 보편성에 동화된다. 말끔한 완성이라는 의고주의적 이상은 지배받지 않는 순수한 직접성에 대한 동경과 마찬가지로 환각적이다. 의고주의적 작품들은 설득력 없다. 그것들이 모방하는 고대적 본보기들은 멀리 떨어져 있다. 그뿐만 아니라 전능한 양식화의 원칙도 의고주의 자체가 결합하겠다고 주장하는 충동들과 결합될 수 없다. 어떤 의고주의가 이룩했다는 완벽성이라는 것도 솔직하지 못한 면을 지닌다. 베토벤의 후기 작품은 자신의 원칙에 담긴 기만에 맞서는 가장 강력한 의고주의 예술가의 반란을 보여준다. 낭만주의와 의고주의 조류들이 주기적으로 반복되는 리듬은, 실제로 예술사에서 그러한 사조들을 확인할 수 있다면, 예술 자체의 이율배반적 성격을 드러낸다. 이 이율배반적 성격은 시간을 초월한다는 예술의 형이상학적 요구와 단순한 인간의 작품으로서 예술이 지닌 덧없음의 관계에서 가장 확연하게 드러난다. 그러나 예술 작품들은 절대적인 것임을 자처할 수밖에 없기 때문에 상대적인 것이 된다. 완전히 객관화된 예술 작품은 절대적으로 즉자로서 존재하는 사물이 될 테고 더 이상 예술 작품이 아닐 것이다. 관념론이 예술 작품에 요구하는 바처럼 예술 작품이 자연으로 된다면, 예술 작품은 끝날 것이다. 플라톤 이래로 객관적 이율배반을 양극단 사이의 어중간한 중심을 통해 극복할 수 있다고 여긴 것은 부르주아 의식의 자기기만들 가운데 하나다. 반면에 이 어중간한 중심은 이율배반을 은폐하고 이율배반에 의해 분열된다. 예술 작품은 의고주의와 마찬가지로 그 자체의 개념상 불안정하다. 예술이 그 침묵의 경계선에 다가갈 때 필요한 질적 비약은 자체의 이율배반적 성격을 완성하는 것이다.

발레리만 해도 아직 고전성 개념을 날카롭게 다듬어냈으며, 보들레르를 계속 밀고 가 성공적인 낭만주의적 예술 작품을 고전적이라고 칭했다.[37] 고전성 이념에 그처럼 긴장을 가함으로써 이 이념은 분열된다. 40여 년 전에 현대 예술은 그러한 것을 기록했다. 신의고주의는 일종의 파국으로서의 그러한 고전성에 대한 관계에서만 올바르게 이해된다. 이러한 파국은 초현실주의에서 직접 드러난다. 초현실주의는 고대의 형상들을 플라톤적 하늘에서 추락시킨다. 막스 에른스트의 경우 그 형상들은 19세기 후반 부르주아들 사이에서 환영처럼 떠돌아다닌다. 그들에게 그것들은 교양물로 중화되어 실로 유령이 되었다. 피카소 및 그 그룹 외부의 다른 사람과 일시적으로 접했던 운동들이 고대를 주제로 삼을 경우, 고대는 한때 기독교에서 신학적으로 그랬듯이 미적으로 지옥에 귀결된다. 오랜 전사前史가 있는 일이지만, 산문적 일상에서 고대가 생생하게 나타남으로써 고대는 탈마법화된다. 전에는 초시간적으로 규범적인 것으로 여겨졌던 고대가 현재화된 상태에서는 어떤 역사적 위상을 얻는다. 즉 윤곽만 남고 퇴색하여 힘을 잃은 부르주아적 이념의 위상을 얻는 것이다. 그것의 형식은 기형화다. 콕토식의 무질서 다음의 질서ordre après le désordre에 어울리게 긍정적으로 과장되는 신의고주의 해석들은 초현실주의를 수십 년 뒤에 환상과 연상의 낭만주의적 해방으로 해석하는 것들과 마찬가지로 현상물들을 무해한 것으로 날조한다. 그것들은 포가 처음으로 그랬듯이 탈

---

37 Valéry, Œuvres, Bd. 2, pp. 565 이하 참조.

마법화의 순간에 겪는 두려움을 마법으로서 불러들인다. 그 순간을 영구화할 수 없었다는 사실로 인해 그런 운동들의 후예들은 복고에 빠지거나 아니면 혁명적 제스처를 취하는 무기력한 의례에 빠졌다. 보들레르가 옳다는 점이 입증됐다. 즉 중요한 현대 예술은 상품을 초월한 축복받은 영역에서 번성하지 않고, 상품에 대한 경험을 통해 첨예화된다. 반면에 고전성은 나름으로 상품이 되고 대표적인 싸구려 이미지가 되었다. 보호자들이 석고상의 형태로 안전하게 해놓은 문화 유산에 대한 브레히트의 경멸도 같은 상황에서 나온다. 그의 경우 나중에 고전성의 긍정적 개념이 슬쩍 끼어들었는데, 이는 그가 지식 상인이라고 욕한 스트라빈스키의 경우와도 비슷하다. 그것은 불가피한 것이기도 했고, 소련이 권위주의 국가로 경직되는 현상에 어울린다는 점을 드러내는 것이기도 했다. 고전성에 대한 헤겔의 반응은 존재론과 동역학의 양자택일에 대해 그의 철학이 취하는 입장과 마찬가지로 양가적이었다. 그는 그리스인들의 예술을 영원하고 능가할 수 없는 것이라고 찬양했으면서, 그가 낭만적 예술이라고 칭한 것을 통해 고전적 예술 작품이 이미 추월당했다는 점을 인식했다. 누구보다 그는 역사의 심판을 인정했는데, 역사는 불변성을 반대하는 쪽으로 결정을 내렸다. 예술이 시대에 뒤진 것이라는 그의 의심은 전체적으로 그러한 진행 과정에 대한 예감에 물든 것이라고 할 수 있다. 의고주의는, 근래의 승화된 형태의 의고주의까지도, 엄격히 헤겔주의적으로 그 자체의 운명을 맞이해 마땅했다. 내재비판은——탁월한 대상에 대한 내재비판의 탁월한 모델은『친화력』에 대한 벤야민의 비평이다——규준적인kanonisch 작품들의 파편성을 추적해 들어가 그 진리내용에 이른다. 그것은 쉽게 파악하기 어려운 규모로 확대될 수 있을 것이다. 예술은 고전성의 이상이 지닌 구속성을 그다지 엄격하게 받아들인 적이 결코 없다. 그러기에는 예술이 자체를 충분히 엄격하게 받아들이지 않았다. 그리고 그러한 일을 행할 경우 예술은 우선 자체에 폭력을 가하며 이로써 자체를 손상했다. 사실 영역의 잔인한 필연Dira necessitas에 대한 예술의 자유는 완전한 일관성으로서의 고전성과 결합될 수 없다. 이 일관성은 피할 수 없는 것의 강압에서 차용한 것이기도 하고, 자체의 투명한 순수성을 통해 그러한 것에 대립하는 것이기도 하다. '최고의 법이 최고의 불의일 수 있다summum ius summa iniuria'는 것은 미적 원리다. 예술이 의고주의의 귀결로서 철저하게 고유한 현실이 될수록, 그만큼 더 무감각하게 경험적 현실로 가는 넘을 수 없는 문턱에 대해 속임수를 쓴다. 예술이 요구하는 바와 실제 예술의 관계에서 예술은 엄격하게, 냉정하게, 혹은 고전적으로 반응할수록 더욱 수상쩍어진다는 사변적 주장도 나름의 근거를 지닌다. 하지만 예술이 좀 더 쉬운 길을 택한다고 해서 예술에 조금이라도 도움이 되는 것은 아닐 것이다.

벤야민은 필연성 범주를 예술에 적용하는 것을 비판했다.[38] 이 비판은 어떤 예술 작품이 발전의 의미에서 필연적이었다는 식의 정신사적 구실을 염두에 둔 것이었다. 실제로 그러한 필연성 개념은 자체로 이미 아무것도 자랑할 것이 없는 허접한 작품들을 두고 그것 없이는 더 이상 진척이 없었으리라고 증명하는 저급한 변론 기능을 수행한다.

예술의 개념에 역사적으로 내재하는 예술의 타자는, 예컨대 뉴욕의 신고딕 교회들이나 레겐스부르크의 중세 도심이 교통을 방해한 것처럼, 매 순간 예술을 질식시킬 수도 있다. 예술은 경계선이 잘 둘러쳐져 있는 구역이 아니라, 심리적 가계에서 자아와 이드의 균형과 비교할 수 있는 순간적이고 파손되기 쉬운 균형이다. 나쁜 예술 작품들은, 예컨대 쿠르츠말러[39]가 중요한 편지에서 그랬듯이 주관적으로 부

---

38 Benjamin, *Ursprung des deutschen Trauerspiels*, pp. 38 이하 참조.
39 [옮긴이] Hedwig Courths-Mahler(1867~1950): 독일 통속소설가. 『사랑받지 못한 여인*Eine ungeliebte Frau*』(1918), 『조용한 고통*Das stille Weh*』(1919) 등을 썼고, 이는 영화화되기도 했다.

인하는 예술적 요구를 객관적으로 제기하는 점에서만 나쁜 예술 작품들이 된다. 하지만 그런 예술 작품들의 나쁜 면을 명확히 드러내는 비평은 다시 그것들을 예술 작품으로서 명예롭게 대한다. 예술 작품들은 나쁜 예술 작품들이기도 하고 아니기도 한 것이다.

그러나 예술로서 산출되지 않았거나 혹은 예술이 자율성을 얻기 이전 시대에 산출된 조형물들이 역사를 통해 예술이 될 수 있는 것처럼, 오늘날 예술로서 의심을 받는 것 또한 예술이 될 수 있다. 물론 그것이 어떤 발전 과정의 수상쩍은 예비 단계를 이룸으로써, 그로부터 형성되어 나오는 어떤 것에 좋기 때문에 그러한 것은 아니다. 오히려 예컨대 초현실주의에서는, 그것이 바라던 바처럼 정치적 힘이 되지 못한 예술 적대적 태도가 거부한, 특유의 미적 성질들이 등장한다. 마송과 같은 주요 초현실주의자들의 발전 곡선이 그런 점과 일치한다. 하지만 그와 마찬가지로 한때 예술이었던 것이 더 이상 예술이기를 그칠 수도 있다. 전통적 예술이 그 자체의 타락에 이용될 가능성은 역작용하는 힘을 지닌다. 수많은 회화와 조각이 그 아류들로 인해 자체의 사상내용 차원에서도 변하여 공예품이 되었다. 1970년에 입체파적으로 그리던 사람은 광고에 써먹을 수 있는 플래카드를 내놓았다. 원본도 창고 대매출에서 면제되지 않는다.

전통은 단지 내면성의 속박으로부터 분리됨으로써만 구제될 수 있을 것이다. 과거의 위대한 예술 작품들은 결코 내면성과 동화되지 않았다. 그것들은 대개 외화를 통해 내면성을 깨버렸다. 엄밀히 말해 어느 예술 작품이나 외적으로 나타나는 것으로서 또한 내면성에 대한 비판이기도 하며, 이로써 전통을 주관적 기억들의 안식처와 등치시키는 이데올로기와 대립한다.

예술을 그 기원에 근거해 해석하는 것은 조야한 전기적 기술부터 정신사적 영향 연구를 거쳐 기원 개념의 존재론적 승화에 이르는 전체 단계에서 모두 의심스럽다. 그렇기는 하지만 기원도 근본적으로 예술 외부에 있는 것은 아니다. 작품들이 인공물이라는 것은 작품들 자체에 함축된 의미다. 각 작품에 담긴 결합 형태들은 그것의 원천에 말을 건다. 각 작품에서 그 근원과 같은 부분은 그것이 발전해 간 결과와 대조된다. 이러한 대립은 작품의 사상내용에 본질적이다. 작품의 내재적 역동성은 작품의 아포리아적 성격을 통해 외부의 역동성을 응고시켜 놓는다. 개인적 재능과 무관하게, 또 이와 대립하여 예술 작품들이 그 단자론적 통일의 능력을 지니지 못할 경우, 그것들은 현실적인 역사적 압력에 순응한다. 이러한 압력은 예술 작품들 자체 내에서 예술 작품들을 방해하는 힘이 된다. 무엇보다 그래서 한 편의 예술 작품은 단지 과정으로서만 적합하게 지각된다. 그러나 개별 작품이 힘의 장이라면, 즉 그 계기들의 역동적 짜임관계라면, 그에 못지않게 예술 전체도 그렇다. 그래서 예술은 그 계기들을 통해서, 따라서 매개된 상태로만 규정할 수 있지 단번에 규정할 수 있는 것이 아니다. 예술 작품들을 예술이 아닌 것과 대조할 수 있게 해주는 것은 그러한 계기들 가운데 하나다. 객관에 대한 예술 작품의 입장은 변해간다.

역사적 경향은 미적 척도들 속에 깊이 파고든다. 예컨대 그것은 어떤 사람이 매너리즘 예술가인지 아닌지를 결정한다. 생상스는 드뷔시를 그런 예술가라고 꾸짖었다. 새로운 것은 흔히 매너리즘처럼 나타나며, 경향에 대한 인식을 통해서만 그것이 그 이상의 것인지 확인할 수 있다. 그러나 경향도 결정권자는 아니다. 경향 속에서는 올바른 사회적 의식과 거짓된 사회적 의식이 섞인다. 경향 자체도 비판의 대상이다. 경향과 매너리즘 사이의 과정은 결코 종결된 것이 아니며 지칠 줄 모르는 수정이 필요하다. 경향이 매너리즘의 우발적이고 구속력 없는 요인을 작품들의 상표라고 폭로하는 것과 마찬가지로, 매너리즘은 경향에 이의를 제기한다.

프루스트와 그 이후 칸바일러는 회화가 보는 방식을 바꾸었고 이를 통해 대상들도 바꾸었다고 주장했다. 이를 말해주는 경험은 진정성 있지만 너무 관념론적인 표현일 수도 있다. 그 반대로 대상들 자체가 역사적으로 변했고 감각중추도 그에 적응했으며, 그다음에 회화는 그에 대한 암호들을 발견했다고 추정할 수도 있을 것이다. 입체주의는 자체의 본질을 계획에 의해 기하학화한 사회의 합리화 단계에 대한 반응 방식이라고 해석할 수도 있다. 또 그 이전의 아직 철저히 계획되지 않은 산업화 단계에서 인상주의가 추구했던 것과 같이, 그처럼 경험과 대립하는 상태를 경험 속에 끌어들이려는 시도라고 해석할 수도 있다. 인상주의와 비교할 때 입체주의의 질적으로 새로운 면은, 인상주의가 상품세계 속에서 굳어가는 삶을 상품세계 자체의 역동을 통해 일깨우고 구제하려고 시도한 데에 반해, 입체주의는 그러한 가능성들에 대해 절망하고 세계의 타율적 기하학화를 세계의 새로운 법칙 내지 질서로 받아들이고 이로써 미적 경험에 객관성을 보장하려 했다는 점일 것이다. 역사적으로 입체주의는 어떤 현실적인 것, 즉

2차 대전 시기 폭격당한 도시들의 항공촬영을 앞질러 보여주었다. 입체주의를 통해 예술은 삶이란 것이 살아 있는 것이 아니라는 점을 최초로 보여주었다. 입체주의의 이러한 특성은 이데올로기에서 자유롭지 못했다. 입체주의는 경험할 수 없게 된 것의 자리에 합리화된 질서를 슬쩍 밀어 넣었고, 이로써 그러한 질서를 확증한다. 아마 이 점 때문에 피카소와 브라크는 불가피하게 입체주의를 넘어서게 되었을 것이다. 하지만 그들의 후기 작품들이 입체주의보다 우월했던 것은 아니다.

역사에 대한 예술 작품들의 입장은 나름 역사적으로 변화한다. 루카치는 최근의 문학, 특히 베케트에 대한 인터뷰에서 일단 10년이나 15년을 기다리고 그다음에 그것에 대해 사람들이 무슨 말을 하게 될지 보라고 말했다. 이로써 그는 멀리 내다보며 아들의 열성을 가라앉히고 싶어 하는 아버지 사업가의 입장을 취했다. 암묵적으로는 존속하는 것, 궁극적으로 소유의 범주를 척도로 예술을 파악하는 것이다. 그렇지만 예술 작품들은 역사의 의심적은 판단에 무관심할 수 없다. 때때로 예술 작품의 질은 단지 시대정신과 함께만 헤엄칠 수 있는 작품들에 맞서 역사적으로 중요해질 수도 있다. 커다란 명성을 얻은 작품들이 그런 명성을 누릴 자격이 전혀 없는 경우는 드물다. 그러나 그처럼 합당한 명성을 향해 발전해 가는 과정은 해석, 주석, 비판을 통해 작품 자체의 법칙성에 따른 작품들의 적합한 전개 과정과 다르지 않았다. 그러한 것이 지배적인 의견, 특히 문화산업에 의해 조종되는 공공의 판단에 직접 기인하는 것은 아니다. 작품에 대한 그런 판단의 관계는 수상쩍기 때문이다. 어떤 반지성주의적 언론인이나 완고한 음악학자의 판단이 15년 후에는 금방 등장한 작품을 이해하는 사람이 지각하는 것보다 더 타당하리라는 생각은 창피스러운 미신이다.

작품들의 잔존, 작품들 자체의 역사가 이루는 양상인 작품들의 수용은 이해되지 않게 내버려두기Nicht-sich-verstehen-Lassen와 이해되려 하기Verstanden-werden-Wollen 사이에서 이루어진다. 이러한 긴장이 예술을 둘러싼 풍토다.

새로운 음악의 여러 초기 작품들, 중기 쇤베르크와 베베른의 작품들은 고유한 생명이 되는 그 객관화 때문에 듣는 사람에게 고분고분하지 않고 접근하기 어려운 성격을 지닌다. 그런 작품들의 우월성을 파악한다는 말은 이미 그 작품들을 거의 부당하게 대하는 것이다.

부분에 대한 전체의 일률적 우위를 철학적으로 구성하는 것은 예술에 이질적일 뿐만 아니라 인식비판의 측면에서도 고수할 수 없다. 중요한 작품들에서는 결코 세부 요인들이 총체성 속에서 흔적 없이 소멸하지 않는다. 물론 세부 요인들의 자립으로 인해 그것들의 연관과 무관하게 그 연관이 통합적 도식으로 격하되자마자, 그러한 자립에는 예술 이전 상태로의 퇴행이 수반된다. 그러나 예술 작품들은 단지 그 세부 요인들의 자립성이라는 계기를 통해서만 도식적인 것과 생산적으로 구분된다. 모든 진정한 작품은 구심력과 원심력의 합성력이다. 음악에서 귀로 아름다운 부분들만을 뒤쫓는 사람은 아마추어다. 그러나 아름다운 부분들, 한 작품에서 변해가는 악상과 구성의 밀도를 지각할 수 없는 사람은 무감각한 사람이다. 강렬한 것과 부차적인 것에 따라 작품의 전체 내부에서 이룩해 내는 세분화는 최근의 발전 과정에 이르기까지 예술의 수단 가운데 하나였다. 부분적 전체를 통해 전체를 부정하는 것은 그 나름으로 전체가 요구하는 것이다. 오늘날 이런 가능성이 소멸해 간다면, 이는 느슨해지지 않으면서 매 순간 똑같이 중심에서 같은 거리에 있고자 하는 형상화가 승리한 것일 뿐만 아니라, 그 속에서는 명료한 표현 수단이 위축될 치명적 잠재력도 나타난다. 예술은 감동, 즉 고양의 순간이기도 한 매혹의 순간과 근본적으로는 분리될 수 없다. 그렇지 않다면 예술은 무관심한 것으로 빠져들고 말 것이다. 그러나 그런 계기는 비록 전체의 기능일지라도, 본질적으로 개별적인 것이다. 즉 미적 경험에서 전체는 그런 경험의 본질구성에 필수적인 직접성 속에서 드러나지 않는다. 세부 요인과 수용자의 원자적 반응 방식에 대한 미적 금욕은 어떤 체념적인 면도 지니며, 예술 자체로부터 그 효소들 가운데 한 가지를 빼앗을 수도 있다.

자립적 세부 요인들이 전체에 대해 본질적이라는 점은 위로부터 계획적으로 규정되고 그래서 사실상 비자립적인 것의 흔적이 달라붙어 있는, 미적으로 구체적인 세부 요인들의 혐오스러움에 의해 확인된다. 실러는 「발렌슈타인의 진영Wallensteins Lager」에서 경탄을 나타내는 감탄사 '포츠 블리츠Potz Blitz'라는 말을 구스텔 폰 블라제비츠 Gustel von Blasewitz라는 이름에 운율로 붙이는데, 이는 추상성의 측면에서 가장 노골적인 의고주의를 능가하는 것이다. 이런 면 때문에 『발렌슈타인』같은 작품이 참을 수 없는 것으로 된다.

오늘날 작품들 속의 세부 요인들은 전체적으로 통합을 통해 소멸하는 경향을 띤다. 계획의 압력 때문이 아니라, 세부 요인들 자체가 소멸로 끌려가기 때문이다. 세부 요인들에 의미를 부여하고 그것들을 상관없는 것과 구분해 주는 것, 즉 특색Cachet을 통해 세부 요인들은 자체를 넘어서고자 한다. 그러한 특색은 세부 요소들에 내재하는, 그것들의 종합을 위한 조건이다. 세부 요소들의 통합을 허용하는 것은

671

그것들의 죽음 충동이다. 그것들의 분산적 성격과 결합 태세는 그것
들의 역동적 잠재력으로서 근본적으로 서로 대립하는 것은 아니다.
전자의 경우에나 후자의 경우에나 세부 요인은 단순히 정립된 것이고
따라서 충분하지 않은 것으로서 상대화된다. 분산은 통합의 가장 내
적인 곳에 자리 잡고 있으며, 통합을 통해 나타난다. 하지만 전체는
세부 요인 가운데 많은 것을 흡수할수록 그 나름으로 세부 요인과 같
은 것으로, 여러 계기 가운데 한 계기로, 개별성으로 된다. 몰락에 대
한 세부 요인들의 갈망은 전체에 옮겨진다. 더구나 이는 다름 아니라
전체가 세부 요인들을 소멸시키기 때문이다. 세부 요인들이 실제로
전체 속에서 사라진다면 전체는 미적으로 개별자가 되며, 전체의 합
리성은 자체의 합리성을 잃어버린다. 이 합리성은 전체에 대한, 즉 개
별성들을 수단으로 규정한 목적에 대한 개별성들의 관계일 뿐이었다.
종합이 더 이상 어떤 것의 종합이 아니라면, 그것은 무의미해진다. 기
술적으로 통합적인 작품의 공허함은 동어반복적 무관심으로 인해 작
품이 해체되는 징후다. 전적으로 아무런 착상도 없는 것, 기능 없이
기능하는 것의 불투명한 상태 속에서는 그 불투명성의 계기가 늘 예
술 자체의 미메시스적 유물로서 예술에 내포되어 있던 숙명으로 전도
된다. 음악의 착상 범주를 통해 그 점을 설명할 수 있을 것이다. 쇤베
르크와 베르크, 심지어 베베른도 착상 범주를 희생하지 않았다. 크레
네크[40]와 슈토이어만은 그것을 비판했다. 원래 구성주의에는 착상 내
지 무계획적이고 무의도적인 것이 설 자리가 없다. 쇤베르크의 착상

40   [옮긴이] Ernst Krenek(1900~91): 오스트리아 출신 미국 작곡가. 한동안 12음 기법을 활용하
     지만, 1940년대에는 음렬주의 음악을, 1950년대에는 전자음악을 도입한다.

은 그 자신이 확인했듯이, 그의 12음 기법을 통한 작곡의 기초가 되는 것이기도 했는데, 그것은 그의 구성 방식이 고수하는 한계들, 또 그가 일관적이지 않다고 여길 수 있었던 한계들 덕분에만 가능하다. 하지만 착상이라는 계기가 완전히 폐기된다면, 즉 작곡가들에게 전체 형식들이 떠오를 수 없고 재료에 의해 미리 결정되어야 한다면, 결과는 그 객관적 관심을 잃고 침묵할 것이다. 그러나 이에 반해 착상을 되살리라는 그럴듯한 요구는 무기력한 면을 지닌다. 즉 예술에서는 계획된 것의 대항력을 상정하고 계획하기가 어려운 것이다. 통합적인 면의 추상성에 싫증을 느껴 착상, 유연한 부분적 형태들, 성격 묘사 등을 추구하는 곡들은 회고적인 것이라는 반론에 부딪친다. 즉 그런 곡들의 경우 합리화의 치명적 성격에 대한 두려움 때문에 2차의 미적 반성이 주관적 결단을 통해 합리화의 강압을 간단히 무시하는 듯하다는 것이다. 카프카가 강박적으로 변주하는 상황, 즉 우리가 어떤 식으로 일을 하든 그것을 그릇되게 해내는 상황은 예술 자체의 상황이 되었다. 착상을 엄격히 배제하는 예술은 무관심 상태에 빠지게 된다. 다시 착상을 끄집어낸다면, 그것은 그림자로, 거의 허구로 퇴색한다. 「달에 홀린 피에로」 같은 쇤베르크의 진정한 작품들에서도 이미 착상은 능숙하지만 고유하지 못하고 파손되어 있으며, 일종의 최소 존재로 위축되어 있다. 그러나 새로운 예술 작품들에서 세부 요인들이 차지하는 비중에 대한 물음은 그 예술 작품들의 총체 속에서, 즉 조직화된 사회의 승화 속에서와 마찬가지로 세부 요인들 속에서도 사회가 구현되기 때문에 중요하다. 사회는 미적 형식이 승화시키는 토대인 것이다. 사회 속에서 개별 이해관계 차원에서 대체로 사회와 대립하는 개인들이 사회적 사실일 뿐만 아니라 사회에 의해 재생산되고 사회를 재생산하는 사회 자체이며, 그래서 사회에 맞서 자신을 내세우는 것과 예술 작품 속의 개별 요인들은 같은 상황에 처해 있다. 예술은 주관적 정신을 통해 보편과 개별이 이루는 사회적 변증법의 현상이다. 예술은 이러한 변증법을 단순히 수행할 뿐 아니라 형식을 통해 반영하는 만큼, 그 변증법 너머를 바라보기도 한다. 예술의 특수화는 개별자에 대한 사회의 영속화된 불의를 비유적으로 보상한다. 하지만 예술은 자체가 처해 있는 사회로부터 구체적 가능성으로서 읽어낼 수 없는 것을 아무것도 실질적으로 수행할 수 없는데, 이 점이 예술의 그러한 보상을 방해한다. 오늘날의 예술은 개인들을 존중하고 또 이와 아울러 어쩌면 개별화의 속박을 해소할 구조 변혁과 너무 멀리 떨어져 있다.

구성과 표현의 변증법에 대해. ──이 두 계기가 상호 전도된다는 것은 새로운 예술의 한 가지 구호로 귀결된다. 즉 새로운 예술 작품들은 더 이상 양자 사이의 어중간한 상태를 추구해서는 안 되고, 그 극단들 속으로 들어가 그 속에서, 그것들을 통해 과거의 미학이 종합이라고 칭한 것의 등가물을 찾아야 한다. 이는 현대 예술의 질적 규정에 적지 않게 기여한다. 새로운 예술의 문턱에 이르기까지 존재했고 19세기에 엄청나게 늘어난 다수의 가능성 대신에 양극화가 등장했다. 예술의 양극화에서는 사회적으로 필요했던 양극화가 드러난다.[41] 조직이 필요한 곳, 즉 물질적 생활 관계 및 그에 기초하는 인간관계들의 형성

---

41 Adorno, "Individuum und Organisation. Einleitungsvortrag zum Darmstädter Gespräch 1953," *Individuum und Organisation*, hg. F. Neumark, Darmstadt, 1954, pp. 21 이하 참조.

과정에서는 조직이 지나치게 빈약하고 너무 많은 것이 조야한 무정부적 사적 영역에 내맡겨졌다. 예술은 사회적 생산관계들이 허용하지 않을 계획 수립의 본보기를 발전시킬 충분한 활동 공간을 가지고 있다. 다른 한편 세계의 비합리적 관리는 늘 위태로운 특수의 존립을 말살하는 수준으로까지 증대했다. 특수는 아직 남아 있더라도 그 기능은 보편의 독재를 보완하는 이데올로기로 전환된다. 보편에 저항하는 개인적 이해관계는 실현된 합리성의 보편적 이해관계에 접근한다. 합리성은 더 이상 개별화된 것을 억압하지 않을 때 비로소 그러한 합리성이 될 것이다. 왜냐하면 이 합리성은 개별화된 것의 전개에 그 생존 근거를 지니기 때문이다. 하지만 개인의 해방은 모든 개인이 의존하는 보편을 장악하는 한에서만 성공할 것이다. 사회적으로도 이성적인 공공질서는 포괄적으로 이루어지면서 불충분하기도 한 조직에 맞서 다른 극단인 개인적 의식 속에서 저항이 효력을 발휘할 때만 만들어질 것이다. 조직화된 영역에 비춰 보면 개인의 영역은 어떤 의미에서 후진적이지만, 사실상 조직은 개인들을 위해 현존해야 할 것이다. 조직의 비합리성은 개인들을 어느 정도 아직 자유롭게 놓아둔다. 조직의 후진성은 지배적인 진보보다 더 나아간 것의 도피처가 된다. 시대에 맞지 않는 것의 그러한 역동성은 전체가 허위인 곳에서 전체에 저항할 권한을 금기시된 표현에 미적으로 부여한다. 공적인 것과 사적인 것의 분리는 이데올로기적 재앙이긴 하지만 나름으로 예술에서도 한 가지 기정사실이며, 예술은 그 여건과 결합되지 않은 것은 아무것도 바꿀 수 없다. 사회 현실에서는 무기력한 위로의 말이나 될 것이 미적으로는 훨씬 더 구체적이며 현실을 대변할 가능성을 지닌다.

예술 작품들은 전체를 조직하는 그 통일성의 계기 때문에 자연 지배적 이성을 자체 내에서 계승하지 않을 수 없다. 그러나 예술 작품들이 현실적 지배를 거부함으로써, 이 원칙은 자체로서 은유적으로, 은유적이라는 말로 말고는 표현하기 어려운 방식으로, 그림자처럼 혹은 위장된 상태로 반복된다. 예술 작품들 속의 이성은 제스처로서의 이성이다. 즉 예술 작품들은 이성과 마찬가지로 종합을 이루지만, 개념, 판단, 추론을 통해서가 아니라──이 형식들은 설혹 예술에서 등장하더라도 단지 종속적 수단일 뿐이다──예술 작품들 속에서 이루어지는 것을 통해서 종합한다. 예술 작품들의 종합적 기능은 내재적이며 그것들 자체의 통일이지만, 어떤 식으로든 주어지거나 규정된 외적 요인과 직접 관계를 맺는 것은 아니다. 그것은 예술 작품들이 그 내적 공간에서 다루어야 하는 산만하고 무개념적이며 단편적인 듯한 재료와 관련되어 있다. 종합하는 이성을 이렇게 수용하고 또한 수정함으로써 예술 작품들은 계몽의 변증법에서 자신의 몫을 다한다. 하지만 미적으로 중화된 형태 속에서도 그러한 이성은 한때 외부에서 그것에 내재했던 역동성의 요소를 지니고 있다. 이 역동성과 아무리 분리되어 있더라도 외부와 내부에서 이성의 원칙이 동일함으로써 외부에서와 유사한 전개 과정이 야기된다. 즉 예술 작품들은 창문 없이도 문명화에 가담한다. 예술 작품들은 현실원칙으로서 이성이 수행한 것들과 일치하는 점에서 산만한 상태와 구분된다. 예술 작품들에서도 이 현실원칙은 그 대립물과 마찬가지로 살아 있다. 예술은 자체보존적 이성의 원칙을 상대로 수행하는 교정을 단순히 이 이성에 대립시키지 않는다. 오히려 예술 작품들 자체의 내재적 이성이 이성에 대한 교정을 대변한다. 예술 작품들의 통일성은 이성이 사물들에 가하는 폭력에서 유래하지만, 동시에 그러한 통일성은 예술 작품들 속에서 그 계기들의 화해를 이루어낸다.

　모차르트가 형식과 형식화되는 것, 즉 사라지는 것 내지 원심적인 것 사이의 균형에 대한 본보기가 된다는 점은 논박하기 어렵다. 그러나 그의 경우 이러한 균형이 진정성을 지니는 것은 단지 그의 음악에 담긴 주제 및 동기의 세포들, 작곡의 바탕이 되는 단자들이 아무리 대조와 면밀한 차이의 관점에서 구상되고 숙련된 솜씨로 결합되는 경우에도 서로 분리되려고 하기 때문이다. 모차르트의 비폭력적 면모는 그가 균형 속에서조차 세부 요인들의 질적인 본성을 위축시키지 않는 데에 기인한다. 그리고 근거 있게 그의 형식적 천재성이라고 칭할 수 있는 것은 형식들을 다룰 때 그에게 자명한 능숙함이 아니라, 형식들을 지배적 계기 없이 활용하고 그것들을 통해 산만한 것을 느슨히 묶을 수 있는 능력이다. 그의 형식은 서로 분리되는 것의 균형이지 그것의 정돈이 아니다. 이는 오페라에서 볼 수 있는 대규모 형식에서, 예컨대 「피가로」의 2막 피날레에서 가장 완벽하게 드러난다. 그것의 형식은 작곡된 형식 혹은 종합이 아니라—그것은 기악곡에서처럼 도식으로 파악된 것의 종합을 통해 정당화되었던 도식들과 관계할 필요가 없다—오히려 부가된 부분들의 순수한 짜임관계인데, 그 부분들의 성격은 그때그때 교체되는 연출 기법상의 상황으로부터 얻어낸 것이다. 그러한 작품들은, 예컨대 몇몇 바이올린 협주곡들처럼 극히 대담한 그의 여러 기악곡들 및 베토벤의 마지막 현악 4중주곡들과 마찬가지로, 비록 그렇게 눈에 띄지는 않지만 분해 쪽으로 상당히 기울어져 있다. 그의 고전성은 단지 분해의 가장자리에 자리 잡고 있기 때문에 의고주의라는 비난을 면한다. 그 후 베토벤의 후기 작품은 훨씬 더 주관적 종합을 이루는 작품이었기 때문에, 바로 이에 대한 비판을 통해 모차르트의 작품 이상으로 분해의 성향을 띤다. 분해는 통합적 예술의 진리다.

조화를 강조하는 미학은 외견상 모차르트를 그럴듯하게 근거로 삼을 만한데, 그가 이러한 미학의 규범들을 벗어나는 것은 그 나름으로 흔히 쓰는 말로 형식적 요인 덕분이다. 즉 상이한 음악적 성격들을 명령에 따르는 하나의 연속체 속에서 용해하지 않고 자체의 전제 조건으로 끌어들이는 것을 고려함으로써, 결합 불가능한 것을 결합하는 그의 능력 덕분이다. 이런 관점에서 모차르트는 빈 의고주의 작곡가들 가운데 기존 고전성의 이상과 가장 멀리 떨어져 있고 물론 이로써 더 높은 수준의 이상에 도달한—이는 진정성이라고 부를 수도 있다—인물이다. 바로 이러한 계기를 통해 음악에서조차 그 비구상성에도 불구하고 깊이라는 악명 높은 용어보다 더 나은 말로는 표현할 수 없는 것과 공허한 유희로서의 형식주의를 구분할 수 있다.

한 예술 작품의 형식 법칙은 그것의 모든 계기들과 통일성이 그 계기들 자체의 특유한 성질에 맞게 조직되어야 한다는 것이다.

예술 작품들은 다양한 것의 통일이 아니라 일자와 다자의 통일이다. 이로 인해 예술 작품들은 현상으로 나타나는 것과 일치하지 않게 된다.

예술 작품들의 가상이 그것들의 통일을 통해 구성되는 것과 마찬가지로, 통일은 가상이다.

예술 작품들의 단자론적 성격은 사회의 단자론적 재앙의 책임 없이 형성되지 않았다. 그러나 그러한 성격을 통해서만 예술 작품들은 유아론을 초월하는 객관성을 얻는다.

예술에는 보편적 법칙이 없다. 그러나 물론 예술의 각 단계마다 객관적으로 구속력 있는 계율들이 효력을 지니기는 한다. 그 계율들은 규준적인 작품들로부터 발산되어 나온다. 그것들의 실존은 그때부터 무엇이 더 이상 가능하지 않은지를 당장 명한다.

형식들이 어느 정도 직접적으로 미리 주어져 있는 한에서 작품들은 그것들을 통해 구체화될 수 있었다. 그것들의 구체화는 헤겔의 전문용어로 형식들의 실체성이라고 칭할 수 있을 것이다. 이 실체성은, 비판의 관점에서 합당하게 전반적인 유명론의 운동 과정에서 공허해질수록 마치 실존하는 형식들인 것처럼 구체적 작품들을 속박하게 되었다. 한때 객관화된 생산력이었던 것이 미적 생산관계로 변화하여 생산력과 충돌했다. 예술 작품들이 예술 작품으로 되려고 할 수 있도록 해주는 형식들에는 그 나름으로 자율적 산출이 필요하다. 이는 예술 작품들을 당장 위협한다. 예술 작품들은 미적 객관성의 수단인 형식들에 집중하면 객관화되어야 하는 것으로부터 멀어진다. 그래서 근래에는 작품들의 가능성이라는 생각, 즉 모델들이 그처럼 상당한 정도로 작품들을 밀어내고 있다. 수단으로 목적을 대체하는 데에서는 작품의 위기와 마찬가지로 전체사회의 성격이 나타난다. 떨쳐버릴 수 없는 반성은 반성되는 것을 제거하는 쪽으로 기운다. 반성이 다시 한 번 자체에 대해 반성하지 않는 한, 단지 설정되었을 뿐이고 형식화되는 것과 무관한 형식과 반성 사이에는 공범 관계가 지배한다. 진정한 작품들이 만들어지지 않는다면, 아무리 일관성 있는 형식 원칙들이라도 그것들만으로는 아무것도 채워 넣을 수 없다. 이 형식 원칙들을 추구한 것은 진정한 작품을 위한 것이었다. 오늘날 예술의 유명론은 이 단순한 이율배반으로까지 첨예화되었다.

장르들이 미리 존재하는 한에서 새로운 것은 장르들 속에서 번성했다. 점차 새로운 것은 장르들 자체로 옮겨진다. 왜냐하면 장르들에 새로움이 결여되어 있기 때문이다. 주요 예술가들은 새로운 작품들을 통해서보다는 오히려 그 가능성의 모델들, 즉 유형들을 통해 유명론적 상황에 응답한다. 이 또한 예술 작품이라는 전통적 범주를 잠식한다.

양식 문제는 드뷔시의 「펠레아스」[42] 같은 근래 현대 예술의 극히 양식화된 영역에서 확연히 드러난다. 이 서정극은 아무런 양보 없이 모범적으로 순수하게 자체의 양식화 원칙principium stilisationis에 따른다. 그로부터 야기되는 부조화들은 결코 이 작품의 양식화 원칙을 따라가지 못하는 사람들이 비난하는 빈혈증의 책임이 아니다. 이 작품

---

42 [옮긴이] 「펠레아스와 멜리장드Pelléas et Mélisande」: 1902년 초연된 드뷔시의 오페라. 같은 제목의 마테를링크의 희곡을 대본으로 썼다. 드뷔시는 이 작품을 서정극이라고 칭했다.

의 단조로움은 눈에 띄며 또 잘 알려지기도 했다. 엄격한 거부의 입장에서 이 작품은 대조의 형성을 진부하고 평범한 것이라고 피하거나 그것을 암시의 수준으로 축소한다. 이는 명료한 표현을 해친다. 즉 형식의 통일을 최고의 척도로 삼는 작품에 무엇보다 필요할, 부분적 전체성을 통한 형식의 조직을 해치는 것이다. 이때 양식의 통일은 단지 다양한 것의 통일일 수 있을 뿐이라는 점이 묵살된 채 양식화가 이루어진다. 특히 노래하는 목소리로 끊임없이 낭송하는 데에는 지난날의 음악 용어로 후절Abgesang이라는 말로 표현된 것, 즉 완수, 충족, 소진 등이 필요해진다. 그러한 것을 무한히 멀어진 지난 일 내지 기억된 일에 대한 감정에 희생함으로써, 마치 약속한 것을 지키지 않은 듯이 작품 속에 어떤 단절이 생겨난다. 총체로서의 취미는 이 음악의 극적 제스처에 저항하지만, 작품은 무대를 포기하지 못한다. 이 작품의 완전성은 기술적 수단의 빈곤화로도 귀결되며, 부단히 단성음으로 이루어지는 악장은 옹색해지며, 오케스트라는 여러 음색을 추구하지만 동시에 음울한 색조를 띤다. 양식화의 이러한 난점들은 문화와 예술의 관계에 담긴 난관들을 가리킨다. 예술을 한 분야로서 문화에 포괄하는 분류법적 도식은 충분하지 않다. 논란의 여지 없이 「펠레아스」는 문화를 폐기할 생각이 없는 문화다. 이는 주제의 말 없는 신화적 폐쇄성에 부합되며, 바로 그로써 주제가 추구하는 바를 소홀히 한다. 예술작품들이 문화를 충족하려면 문화를 향한 초월이 필요하다. 이는 극단적 현대 예술의 한 가지 강력한 동기다.

겔렌[43]의 한 가지 논평은 보편과 특수의 변증법에 빛을 던져준다. 그는 콘라트 로렌츠[44]의 생각을 받아들여, 특유의 미적 형식들인 자연미의 형식들과 이어서 장식까지도, 과도하게 자극을 받는 사람들의 부담을 덜어주는 데에 기여할 '해소 수단의 성질들'을 지니는 것이라고 해석한다. 로렌츠에 따르면 모든 해소 수단의 일반적 특성은 그것들이 단순하면서 별나다는 점이다. 겔렌은 그러한 생각을 예술에 적용해서 "순수한 음향들('스펙트럼 같은 소리들')과 그것들의 완전한 화음에서 우리가 맛보는 기쁨은 … 청각 영역에서의 '별난' 해소 작용과 정확히 유사하다"[45]고 추측한다. "자연 형식들을 '양식화하는,' 즉 대칭구성과 단순화를 통해 일반적인 해소 수단의 성질들이 지닌 별난 면을 최대한 끌어내는 예술가의 환상은 무궁무진하다."[46] 그러한 단순화가 특유하게 형식이라고 불러도 되는 것을 본질구성한다면, 그 속의 추상적 계기는 별난 면과 짝을 이룸으로써 동시에 보편성의 대립물인 특수화의 계기가 된다. 예술이—기본적으로는 일상적이지 않은 특수한 사건에 대한 보고로서 권장되는 이야기가—추구하는 특수의 이념 속에는 외견상 보편적인 것, 즉 기하학적으로 순수한 장식 및 양식화의 형식들에 귀속되는 바와 동일하게 별난 면이 담겨 있다. 초자연력 마나를 미적으로 세속화하는 별난 것은 보편이면서 동시에 특수일 것이며, 미적 규칙성은 별난 규칙성으로서 단순한 현존재와

---

43 [옮긴이] Arnold Karl Franz Gehlen(1904~76): 독일의 인류학자이자 사회학자. 1960년대에는 아도르노의 보수적 적수로 간주되었다. 철학적 인간학에 그가 기여한 바는 영향력이 있었다.

44 [옮긴이] Konrad Zacharias Lorenz(1903~89): 오스트리아의 동물학자이자 비교행동 연구의 대표자. 인간의 인식능력에 끼치는 유전적 영향과 문명적 영향의 상호작용을 밝히고자 했고, 노년에는 문명 생태적 사회 비평가로서 오스트리아 녹색운동에 적극 가담하기도 했다.

45 Arnold Gehlen, "Über einige Kategorien des entlasteten, zumal des ästhetischen Verhaltens," *Studien zur Anthropologie und Soziologie*, Neuwied/Berlin, 1963, p. 70.

46 같은 책, p. 69.

대립할 것이다. 또한 정신은 특수화의 대립물일 뿐만 아니라 별나다는 점 덕분에 특수화의 조건이기도 할 것이다. 모든 예술에서 정신은 뒤늦게야 비로소 변증법적 반성을 통해 입증되는 것처럼, 추상적인 것이 아니라 구체화되는 것이었다.

예술의 사회적 운명은 단지 외부로부터 예술에 가해지는 것일 뿐만 아니라, 그와 마찬가지로 예술 개념의 전개 과정이기도 하다.

예술은 자체의 이중적 성격에 대해 무관심하지 않다. 예술의 순수한 내재성은 예술에 내재적 부담이 된다. 예술은 자족 상태를 열망하지만, 그로 인해 예술은 불모 상태에 빠질 위험에 처한다. 마테를링크에 맞서 베데킨트는 그 점을 지적했고 '예술의-예술가들'을 조소했다. 바그너는 이 논쟁을 「장인 가수」에서 주제로 삼았다. 브레히트의 태도에서 반지성적 뉘앙스와 함께 그와 동일한 모티프는 분명했다. 그는 인민의 이름으로 예술의 내재적 영역에서 벗어나 쉽사리 선동으로 넘어간다. 예술의-예술가들을 조소하는 선동은 야만상태에 추파를 던진다. 그렇기는 하지만 예술은 예술의 자체보존을 위해 필사적으로 그 자체의 영역에서 벗어나기를 갈망한다. 왜냐하면 예술은 타율적 사회에 맞선 거의 아프리오리한 반대 운동으로서, 그 고유한 운동을 통해서만 사회적인 것은 아니기 때문이다. 이 타율적 사회는 그 구체적 형태에서도 또한 예술 속에 언제나 파고든다. 그때그때 가능한 것과 생산성 있는 형식적 단초들에 대한 물음은 사회의 상태에 의해 직접적으로 미리 규정된다. 예술이 주관적 경험을 통해 본질구성되는 한에서 사회적 사상내용은 본질적으로 예술 속에 파고든다. 하지만 문자 그대로가 아니라 수정되고 위장되고 그림자 같은 형태로 파고든다. 심리적인 것이 아니라 그러한 것이 꿈에 대한 예술 작품들의 진정한 친화성이다.

문화는 쓰레기다. 하지만 문화의 한 분야인 예술은 진리의 현상으로서 진지하다. 이러한 사실이 물신주의의 이중성 속에 담겨 있다.

예술의 대타존재를 평가하는 주도적 척도는 모든 사물의 척도로 자리 잡은 교환관계인 가상이라는 점에서, 그러나 그 타자인 작품의 즉자는 스스로를 정립하자마자 이데올로기가 된다는 점에서 예술은 저주받았다. "그것에서 나는 무엇을 얻어내는가?"와 "독일인이 된다는 것은 어떤 일을 그 자체를 위해 한다는 것이다"라는 원칙 사이의 양자택일은 역겹다. 이른바 인간을 위해 한다는 일들이 그만큼 더 인간을 철저히 기만한다는 점에서 대타적인 것의 허위는 명백해졌다. 즉자존재의 테제는 엘리트적 나르시시즘과 융합되어 있으며, 이로써 역시 나쁜 상황에 기여한다.

예술 작품들은 현실에 대한 관계의 기초가 되지만 그러한 관계에서 언제나 거의 사물 상태로 은폐되어 있는 경험의 여러 층을 기록하고 객관화한다. 그래서 미적 경험은 형이상학적인 것으로서만 아니라 사회적인 것으로서도 근거를 지닌다.

실천적 목적과 미적 영역의 거리는 미 영역 내부에서 감상 주체와 미적 객체들의 거리로 나타난다. 예술 작품들이 간섭하지 않듯이, 주체도 예술 작품에 개입할 수 없다. 거리는 작품들의 사상내용에 가까워지기 위한 첫째 조건이다. 미적 태도와 관련해 객체를 움켜잡거나 삼켜서는 안 된다고 요구하는 칸트의 무관심성 개념은 그 점을 기록한 것이다. 아우라에 대한 벤야민의 정의[47]는 미 영역 내부의 이 계기를 포착했지만, 그것을 어떤 과거의 단계에 할당했고 오늘날의 기술적 재생산이 가능한 단계에는 타당하지 않다고 선언했다. 이때 그는 공격자와의 동일시를 통해, 예술을 경험적 목적의 영역으로 다시 불러들이는 역사적 경향에 너무 즉각적으로 동조했다. 현상물로서의 거리는 예술 작품들에서 그것들의 단순한 현존재를 초월하는 요소다. 예술 작품들의 절대적 근접은 그것들의 절대적 통합일 것이다.

품위를 잃고, 비하되고, 계획적으로 관리되는 예술은 결코 진정한 예술에 비해 아우라가 없는 예술이 아니다. 적대적인 영역들의 대립은 끊임없이 한쪽을 통한 다른 쪽의 매개로서 사유해야만 한다. 오늘의 상황에서는 아우라적 계기를 절제하는 작품들이 아우라적 계기를 존중한다. 그것의 파괴적 보존은——분위기를 명분으로 영향 관계들을 위해 그 계기를 동원하는 것은——유흥의 영역에 자리 잡았다. 오락예술U-Kunst은 두 가지를 날조한다. 그 속에서 미적인 것의 사실적인 층은 그 매개를 버린 상태에서 단순한 사실성, 정보 내지 르포르

---

47   Benjamin, *Schriften*, Bd. 1, pp. 372 이하, 461 이하 참조; *Angelus Novus. Ausgewählte Schriften 2*, pp. 239 이하 참조.

타주가 된다. 또 아우라적 계기는 작품의 연관에서 분리되어 그 자체로 다듬어져서 소비될 수 있게 만들어진다. 상업영화의 모든 클로즈업은 작품의 짜임관계와 분리된 채, 인위적으로 거리의 근접성을 고안해 내어 우려먹음으로써 아우라를 조소한다. 아우라는 감성적 개별 자극들과 마찬가지로 삼켜지는데, 이 자극들은 문화산업이 아우라와 자체의 생산물 전체에 퍼붓는 똑같은 부류의 소스다.

행복에 대한 약속promesse du bonheur이라는 스탕달의 격언은 예술이 현존재 속에서 유토피아를 미리 가리켜 보이는 부분을 강조함으로써 현존재의 덕을 본다는 것을 말한다. 그러나 이러한 현상은 점점 줄어들고 있다. 현존재는 점점 더 단순히 그 자체와 동일해진다. 그래서 예술은 현존재와 점점 더 같을 수 없게 된다. 기존 상황 속에서 그로부터 얻는 행복은 모두 대용품이자 가짜이기 때문에, 예술은 약속에 충실하기 위해 약속을 깨뜨릴 수밖에 없다. 그러나 사람들의 의식, 특히 적대적인 사회 속의 교양적 특권을 통해 그러한 변증법에 대한 의식과 차단된 대중의 의식은 전적으로 행복에 대한 약속에 매달리는데, 이는 정당한 것이지만 또한 직접적이고 소재적인 형태에 머문다. 문화산업은 그러한 것과 연결된다. 문화산업은 행복에 대한 욕구를 계획에 포함시키며 그것을 착취한다. 문화산업은 사회적으로 점차 늘어나는 체념에서 야기되는 실질적 욕구를 충족시키는 점에서 그 진리계기를 지닌다. 그러나 그것을 허락하는 자체의 방식을 통해 절대적인 허위가 된다.

예술은 유용성이 지배하는 상태 한가운데에서 실제로 타자, 사회의 생산과정 및 재생산과정의 분주한 활동에서 면제된 것, 현실원칙에 굴복하지 않은 것 등과 같은 유토피아의 요소를 지닌다. 그것은 예컨대 「팔려 간 신부」[48]에서 유랑 극단이 마을에 들어올 때의 감정과도 같은 면을 지니는 것이다. 그러나 줄 타는 사람들을 보기만 해도 대가를 치러야 한다. 타자는 불변 상태 속에 삼켜지며, 그 속에서 가상으로서 유지된다. 이 가상은 유물론적인 의미에서도 가상이다. 예술은 정신을 포함한 그것의 모든 요소들을 단조로운 상태로부터 증류해 내고 모두 변화시켜야 한다. 예술은 그 단조로운 상태와 확연하게 달라짐으로써, 비판 대상의 전제 조건 속에서 움직이는 듯하고 그것에 굴복하는 경우에도, 아프리오리하게 그것에 대한 비판이다. 각각의 예술 작품은 모두 그 자체가 유토피아로서 가능한지, 또 어떻게 가능한지 무의식적으로 자문할 수밖에 없다. 그것은 언제나 예술 작품의 요소들이 이루는 짜임관계를 통해서만 가능할 뿐이다. 예술 작품은 단조로운 상태와의 단순한 추상적 차이를 통해서 그것을 초월하는 것이 아니라, 단조로운 상태를 수용하고 분해하고 다시 결합함으로써 초월한다. 흔히 미적 창조라고 칭하는 것은 바로 그러한 구성이다. 예술 작품들의 진리내용에 대해서는, 그것들이 불변 상태로부터 얼마나 다른 상태를 짜맞추어 낼 수 있느냐에 따라 판정할 수 있을 것이다.

예술 작품 및 그에 대한 반성 속의 정신은 작품의 상품적 성격에 영향을 주고 시장에서의 환금성을 위태롭게 할 수도 있기 때문에 의심을 받는다. 이 점에서 집단적 무의식은 지극히 민감하다. 물론 널리

---

48 [옮긴이] "Prodaná nevěsta": 체코의 작곡가 스메타나Bedřich Smetana가 작곡한 희극 오페라.

퍼져 있는 정서는 공식 문화, 문화 상품들, 향유를 통해 그것들에 가담한다는 식의 광고성 단언 등에 대한 깊은 의심을 자양분으로 삼을 수도 있다. 양가적인 내면적 의식은 자신이 약속 받은 것, 그것에 대한 약속이 공식 문화의 굴욕을 이루는 것, 바로 그것을 공식 문화의 속임수에 의해 빼앗긴다는 점을 면밀히 알수록, 이른바 예술에 대한 대중적 경험에 전혀 존재하지 않는 어떤 것에 이데올로기적으로 더욱 집요하게 매달린다. 이 모두는 의식이 죽음을 초래한다는 생철학적 지혜의 찌꺼기에서 울려 나온다.

일단 오류이고 허위라고 간파된 것을 비겁하게 냉소적으로 고집하는 부르주아적 습관은 예술에 도식적으로 반응한다. 내 마음에 드는 것이 나쁜 것이고 사기일지라도, 또 사람을 속이기 위해 제작된 것일지라도, 나는 그런 것을 떠올리고 싶지 않으며, 여가 시간에까지 애를 쓰고 화를 내고 싶지는 않다는 것이 그 도식이다. 예술에서 가상의 계기는 역사적으로 그러한 주관적 완고함으로까지 발전한다. 이 완고한 태도는 문화산업의 시대에 합성해 낸 꿈으로서 예술을 경험적 현실에 분류해 넣고 예술에 대한 반성만 아니라 예술에 내재하는 반성도 차단한다. 궁극적으로 그 뒤에는 기존 사회의 존속이 사회에 대한 사회의 의식과 결합될 수 없다는 사실, 또 예술에 그러한 의식의 흔적이 조금이라도 있으면 비난거리가 된다는 사실이 자리 잡고 있다. 이런 관점에서도 허위의식인 이데올로기는 사회적으로 필연적이다. 이 경우 감상자의 반성 속에서조차 진정한 예술 작품은 잃는 것보다 오히려 얻는 것이 많다. 만일 예술 소비자의 말을 그대로 받아들인다면, 그가 쉽사리 입에 올리는 최초의 감성적 인상에 머물지 않고 작품에 대해 온전히 인식할 때 작품에서 더 많은 것을 얻게 되리라고 증명해 줄 수 있을 것이다. 예술 경험은 예술에 대한 확고한 인식과는 비교할 수 없을 만큼 훨씬 더 풍부하다. 지적으로 작품에서 인식한 것은 작품의 감성적 지각에도 다시 빛을 비춘다. 그러한 주관적 반성은 객관적으로 미적 대상 속에서 이루어지고 예술가가 전혀 의식할 필요 없는 내재적 반성 과정을 마치 다시 한번 수행하는 듯하다는 점에서 정당하다.

실제로 예술은 근사치를 허용하지 않는다. 군소 대가들이라는 관념은 예술사 특히 음악사의 관념적 자산에 속하는데, 그것은 작품들 내부의 생명에 대해 둔감한 의식의 투사물이다. 나쁜 것에서 어중간한 것을 거쳐 훌륭한 것에 이르는 연속체는 없다. 성공하지 못한 것은 언제나 이미 나쁜 것이다. 왜냐하면 예술의 이념에는 성공과 일관성의 이념도 내재하기 때문이다. 이는 예술 작품들의 질에 대한 끝없는 논쟁을 유발하는데, 이 논쟁은 대체로 비생산적이다. 헤겔의 명제에 따르면 진리의 현상인 예술은 사회적으로 규정되고 평화롭게 병존하는 분야들의 다원주의에 대해서도 객관적으로 비관용적이다. 이 다원주의는 끊임없이 이데올로그들의 핑곗거리가 된다. 특히 예술의 상품적 성격을 자신의 허약한 양심 앞에서 변명하고 싶어 하는 위원회들이 종종 떠들어대는 '좋은 오락'이라는 것은 견딜 수 없는 것이다. 어느 일간지에서는 콜레트[49]가 독일에서는 오락 문학가로 취급받지만

---

49   [옮긴이] Sidonie-Gabrielle Colette(1873~1954): 프랑스 작가, 배우, 기자. 1948년 노벨문학상 후보로 지명되기도 했다.

프랑스에서는 최고로 존중받는데, 여기서는 오락과 진지한 예술을 구분하지 않고 단지 좋은 예술과 나쁜 예술만을 구분하기 때문이라는 글을 읽을 수 있었다. 실제로 콜레트는 라인강 저편에서 신성불가침한 존재의 역할을 한다. 반대로 독일에서는 흔히 고급 예술과 저급 예술의 경직된 이분법이 고리타분한 교양관의 핑곗거리가 된다. 공식적 척도에 따르면 저급 영역에 속하지만, 이미 오래전부터 혼란스러워진 수준의 개념을 충족시키는 수많은 예술가보다 이 분야에서 더 많은 재능을 보여주는 예술가들이 정당하게 평가받지 못한다. 빌리 하스[50]의 멋진 표현에 따르면, 좋은 나쁜 문학과 나쁜 좋은 문학이 있다. 음악에서도 사정은 다르지 않다. 그렇지만 오락과 자율적 예술의 구분은 수준 개념의 허접함이나 밑바닥에서 규제받지 않고 작동하는 요인에 대해 무감각한 것이 아닌 한, 작품의 질들을 그 실체로 한다. 물론 그 구분은 고도로 세분화될 필요가 있다. 그뿐만 아니라 두 분야는 19세기에만 해도 문화 독점의 시대처럼 그렇게 화해할 수 없게 나뉘어 있지 않았다. 한편으로는 스케치 형태와 다른 한편으로는 상투적인 것과 접할 수 있는 구속력 없는 표현들을 통해, 또 효과를 계산해 철저한 형상화를 포기함으로써 저급한 미적 유통 영역에 자리 잡고 있지만, 섬세한 질을 통해 이 영역을 벗어나 있는 작품들도 없지 않다. 그런 작품들의 오락적 가치가 사라지게 되면, 그것들은 당대 그 자리에서 지녔던 것 이상의 의미를 지닐 수도 있을 것이다. 고급 예술에 대한 저급 예술의 관계도 그 나름의 역사적 역동성을 지닌다. 한때

50 [옮긴이] Willy Haas(1891~1973): 독일 영화 평론가, 시나리오 작가, 언론인. 카프카, 막스 브로트Max Brod 등과 친교를 맺었으며, 나치 집권 후 체코, 이탈리아, 인도 등지로 망명했다.

소비에 맞춰 만들어진 것이 위로부터 철저히 합리화된 그 후의 소비에 직면하면 때때로 인간성의 잔상으로 작용하기도 한다. 철저히 형상화되지 않은 상태, 구현되지 않은 상태조차 불변의 척도가 아니라 작품들이 그 자체의 상태 이상인 것처럼 등장하지 않고 그 자체의 형식 수준에 맞춰 스스로를 교정하는 경우에는 정당성을 얻게 된다. 예컨대 푸치니의 비범한 재능은 실체와 외양 사이의 불균형 때문에 키치로 타락하는 후기의 야심작들에서보다,「마농 레스코」와「라 보엠」처럼 소박한 초기 작품들에서 나타난다.[51] 이론적 미학의 범주들 가운데 어느 것도 부동의 척도로 쓰일 수는 없다. 미적 객관성은 개별 작품에 대한 내재비판에서만 파악되며, 범주들의 필연적 추상성은 오류의 원천이 된다. 내재비판으로까지 전진할 수 없는 미학 이론에서는 그 규정들에 대한 2차 반성을 통해 적어도 자체 교정의 모델들을 구상할 필요가 있다. 오펜바흐[52]와 요한 슈트라우스[53] 같은 이름을 지적할 수 있을 것이다. 카를 크라우스는 석고상이 된 고전들의 공식 문화에 대한 반감 때문에 그런 현상물들과 마찬가지로 네스트로이[54] 같은 문학적 현상을 각별히 고집하게 되었다. 물론 진정성 있는 작품들의 규율을 감당하지 못해서 잘 팔리는 작품들을 변호하는 사람들의 이데올

---

51 [옮긴이]「마농 레스코」와「라 보엠」은 각각 1895, 1896년 작이다. 후기의 작품으로는「제비」(1917),「투란도트」(1924) 등이 있다.

52 [옮긴이] Jacques Offenbach(1819~80): 독일 태생의 프랑스 작곡가. 오페레타 형식의 선구자.

53 [옮긴이] Johann Strauss II(1825~99): 오스트리아의 작곡가. 수많은 왈츠곡으로 왈츠의 왕이라는 별명을 얻었지만, 오펜바흐의 영향으로 1870년경부터「박쥐」등 오페레타도 작곡했다.

54 [옮긴이] Johann (Nepomuk Eduard Ambrosius) Nestroy(1801~62): 오스트리아 극작가, 배우. 기존 작품들에 대한 패러디 내지 풍자 희극들을 썼다.

로기에 대해서는 늘 불신할 필요가 있다. 그러나 객관적으로 볼 때 역사적 산물인 영역들의 구분은 절대적인 것이 아니다. 최고의 작품에도 그 자율성으로 승화된 상태로 대타적 계기, 갈채를 갈구하는 마음의 찌꺼기가 감추어져 있다. 완전한 것, 즉 미 자체도 '내가 아름답지 않은가?'라고 말하며, 이로써 스스로에게 잘못을 저지른다. 반면에 아무리 초라한 키치도 필연적으로 예술로서 등장하는 한, 그것이 혐오하는 것, 곧 즉자의 계기 혹은 그것이 누설하는 진리의 요구를 방해할 수 없다. 콜레트는 재능이 있었다. 그녀는 『미추』[55] 같은 짤막한 소설처럼 우아한 것을 쓰기도 했고, 『순진한 탕녀』[56] 여주인공의 탈출 시도처럼 의미심장한 것을 쓰기도 했다. 전체적으로 그녀는 언어적으로 교양을 쌓아 고상해진 비키 바움[57]이었다. 그녀는 불편하게 원기를 북돋는 사이비 구체적 본성을 동원하며, 소설 끝부분에서와 같이 참기 어려운 장면, 즉 그 무정한 여주인공이 만인의 갈채를 받으며 합법적 남편의 팔에 안기며 행복을 얻는 장면을 부끄러움 없이 보여주었다. 콜레트는 고급 매춘에서 기원하는 가정소설들로 수용자들을 즐겁게 했다. 새로운 예술 전체에 자양분을 제공한 프랑스 예술에 대한 가장 적절한 비난은 프랑스어에 키치를 나타내는 말이 없다는 것인데, 독

---

55 [옮긴이] *Mitsou*: 콜레트의 1919년 소설. 주인공들의 대화와 서신 교환을 통해 극적 효과를 만들어내는 사랑 이야기.
56 [옮긴이] *L'ingénue libertine*: 콜레트가 1909년에 발표한 소설. 파리 시민 출신인 여주인공 미네Minne는 권태를 탈피하기 위해 파리의 어두운 면을 직접 경험한다. 결혼 후에도 그녀는 탐험을 계속한다.
57 [옮긴이] Vicky Baum: 헤트비히 바움Hedwig Baum(1888~1960)의 애칭. 오스트리아 대중문학 작가. 베스트셀러 소설 『호텔 사람들Menschen im Hotel』(1929)은 '그랜드 호텔Grand Hotel'이라는 제목으로 영화화되었다.

일에서는 바로 그 말이 자랑거리다. 오락예술 분야와 진지한 예술 분야 사이의 휴전은 문화의 중성화를 입증해 준다. 왜냐하면 그런 문화의 정신에 대해서는 어떤 정신도 더 이상 구속력이 없으며, 그런 문화는 정신의 모든 분야를 고급 계층, 중간 계층, 저급 계층을 위해 선택할 수 있게 내놓기 때문이다. 오락 및 휴식이라고 불리는 것에 대한 사회적 욕구를 개발해 내는 사회에서는 강제로 그 구성원이 된 사람들이 생활의 부담과 단조로움을 다른 식으로는 견디기 힘들 것이며, 그들에게 할당되고 관리되는 여가 시간에 문화산업이 승인해 주는 것 말고 다른 것은 거의 받아들이지 못할 것이다. 그리고 사실상 콜레트식 소설의 사이비 개성 형성도 그런 문화산업에 포함된다. 하지만 욕구를 통해 오락이 더 나아지지는 않는다. 오락은 진지한 예술의 찌꺼기를 팔아버리고 무디게 만들며, 자체의 구성상 빈약하고 추상적으로 표준화되며 일관성 없게 된다. 교환사회가 예술 생산도 포획하여 상품으로 마련해 놓은 이래 오락은, 고급화된 것과 특히 고상한 척하는 것도, 통속적으로 되었다. 이미 굴욕당하는 사람들의 뜻에 따름으로써 이들과의 거리를 무시하고 이들을 욕보이는 예술은 통속적이다. 그런 예술은 이 세계가 만들어놓은 그들의 상태에 항거하는 태도를 취하지 않고 그 상태를 확인하는 것이다. 사람들을 그들 자신의 비하와 동일시하는 문화 상품들은 통속적이다. 그것들의 표정은 비웃음이다. 사회적 욕구와 미적 질 사이에는 이른바 목적을 위한 예술 분야에서도 아무런 직접적 관계가 없다. 지난 수백 년 동안 독일에서 건축물의 건설이 2차 대전 이후처럼 그렇게 절박한 적은 없었다. 그런데도 독일의 전후 건축술은 초라하다. 볼테르는 참된 욕구와 참된 즐거움을 등치시키는데, 이는 미의 영역에서 통용되지 않는다. 예술 작품들의 수준은 주민들이 필요로 하고 바로 그래서 그들에게 그만큼 더 쉽게 강요할 수 있는 것에 의해서가 아니라, 전체사회에 대한 이론을 통해 매개됨으로써만 의미 있게 사회적 욕구와 관련될 수 있다.

키치에 대한 정의로 제시되는 계기 가운데 하나는 현존하지 않는 감정을 속임수로 내보이고 이로써 그런 감정과 미적 현상을 중화하는 것이라고 할 수 있다. 키치는 진지하게 받아들여질 수 없거나 받아들여지기를 원하지 않지만 그 외관을 통해 미적 진지함을 요구하는 예술일 것이다. 그러나 그것이 아무리 명확해져도 충분하지는 않으며, 이때 결코 초라하거나 성찰적이지 못한 키치만을 생각해야 하는 것은 아니다. 감정을 속임수로 내보여 주었다면, 그것은 누구의 감정인가? 작가의 감정인가? 그러나 그것은 재구성될 수도 없고 그것에 부합된다는 것이 척도도 아니다. 모든 미적 객관화는 직접적 충동에서 벗어난다. 작가가 어떤 식으로든 그것을 표현하게 하려는 사람들의 감정인가? 그것은 언제나 극중 인물personae dramatis 자체와 마찬가지로 허구적이다. 앞의 정의가 의미 있게 되려면 예술 작품 자체의 표현을 진위의 표지index veri et falsi로서 보아야 할 것이다. 하지만 그 진정성에 대해 판정하는 것은 끝없이 복잡한 문제들로 귀결되며—표현 수단의 진리내용이 역사적으로 변하는 것도 그 가운데 하나다—그래서 단지 꼬치꼬치 따져야만 결정을 내릴 수 있을 것이며, 여기에도 또한 아무 의심이 없는 것은 아니다. 키치는 예술의 번성만 아니라 예술과도 질적으로 상이하다. 그것은 자율적 예술이 미메시스적 충동들을 자유로이 처리해야 하는데 이 충동들은 그러한 처리와 대립한다는 모순을 통해 예정된 것이다. 예술 작품을 통해 미메시스적 충동들은 이미 부당한 일을 겪으며, 이 부당함은 예술이 제거되고 허구의 도식들로 대체됨으로써 완성된다. 키치에 대한 비판을 조금이라도 누그러뜨려서는 안 되지만, 이 비판은 예술 자체에까지 확산된다. 키치에 대한 예술의 아프리오리한 친화성에 반발하는 것은 근래 예술사의 본질적 발전 법칙들 가운데 한 가지였다. 이는 작품들의 몰락에 관여한다. 예술이었던 것이 키치로 될 수 있는 것이다. 아마 이 몰락의 역사는 예술을 바로잡아 가는 역사, 예술의 진정한 진보일 것이다.

유행이 이윤에 대한 관심에 명확하게 종속되는 상황과——예컨대 화가에게 재정 지원을 해주지만, 그 대신 화가들이 자신에게 기대되는 바를 잘 팔리는 방식으로 제공하기를 다시 공공연히 혹은 은밀히 요구하는 미술품 거래의 경우처럼——이른바 예술적 유행에 파고들어 자율성을 직접 깨뜨리는 자본주의적 사업과 유행이 서로 얽히는 현상에 비춰 보면, 예술에서 유행은 변론을 광고로 전환하는 이데올로기 요원들의 열성과 마찬가지로 논란의 여지가 많다. 그러나 이윤 체계와 예술의 공범 관계를 부인하기는 어렵지만 예술이 이윤 체계에 의해 모욕당한다는 사실이 아마 예술의 구제를 부추길 것이다. 예술은 내면성, 초시간성, 깊이에 대한 금기 같은 미적 금기들을 보류하는데, 이로써 예술에서는 다분히 의심스러운 상품들에 대한 예술의 관계가 핑곗거리로 격하되었다는 점을 간과할 수 있다. 유행은 예술이 스스로 내세우는 것 그리고 그 이념상 마땅히 되어야 하는 것이 아니라는 사실을 예술이 끊임없이 고백하는 것이다. 예술은 경솔한 배신자로서 사업에서 증오의 대상인 것과 마찬가지로 막강하기도 하다. 예술의 이중성은 예술에 내재하는 이율배반의 두드러진 징후다. 그 이율배반은 예술에서 부르주아 예술종교의 마음에 들 만큼 깨끗하게 떼어낼 수 없다. 미적 주체가 사회 및 그 지배적 정신과 논쟁적으로 분리된 이래, 예술은 비록 허위이기는 하지만 객관적인 그 정신과 유행을 통해 소통한다. 물론 무의도성 및 무의식성은 더 이상 유행에 귀속되지 않을 것이다. 사람들은 과거의 유행에 그런 특성을 귀속시키지만, 아마 이는 이미 부당한 일일 것이다. 유행은 전적으로 조작되며, 수요에 대한 직접적 적응이 아니다. 물론 수요라는 것도 유행 속에 침전되었고, 수요에 대한 동의 자체가 없으면 오늘날 어떤 유행도 아마 실현되지 않을 것이다. 그러나 거대 독점 시대의 조작은 나름으로 지배적인 사회적 생산관계들의 전형이기 때문에, 유행의 특권도 사회적 객관을 대변한다. 헤겔은 『미학 강의』의 아주 훌륭한 대목에서 낯선 것을 자기 것으로 만드는 것이 예술의 과제라고 정의했는데,[58] 유행은 정신 속의 그러한 화해 가능성에서 길을 잃은 채 소외 자체를 받아들인다. 유행에 대해 소외는 유행이 도취 상태로 몰두하는 상태, 즉 사회적으로 '다름 아니라 바로 그러한 상태So-und-nicht-anders-Sein'의 살아 있는 모델이다. 예술은 팔려나가지 않으려면 유행에 저항해야 한다. 하지만 또한 예술은 자체의 사실내용인 세계의 흐름에 대해 맹목적으로 되지 않기 위해 유행을 감지해야 한다. 보들레르는 자신의 서정시 생산과 반성에서 유행에 대한 이 이중 관계를 처음 구현했다. 콩스탕탱 기[59]에 대한 그의 찬사는 그 점에 대한 가장 인상적인 증거다.[60] 그에게 현대적 삶의 예술가란 완전히 덧없는 것에 몰입하면서

---

58 [편집자] Hegel, *Werke*, Bd. 10, 본문 각주 39 참조.
59 [옮긴이] Constantin Guys(1802~92): 네덜란드 출신의 프랑스 화가. 보들레르는 그를 '현대적 삶의 화가'라고 찬양했다.

자신을 제어할 수 있는 사람이다. 심지어는 소통을 거부하는 최상급의 가장 훌륭한 예술가조차 유행을 거절하지 않았다. 랭보는 파리 문학 카바레의 음조를 담은 시를 상당수 남겼다. 가차 없이 자체의 타율적인 요인을 떨쳐버린 극단적 저항 예술은 또한 대개 편협한 위선을 은폐하는, 순수 독자존재적 주체라는 허구, 단지 자신에게만 의무를 지니는 성실성이라는 치명적 환각도 역시 가차 없이 공격했다. 사회의 객관적 상황에 비해 주관적 정신이 점점 더 무기력해지고 있는 시대에, 유행은 주관적 정신에 담긴 객관적 상황의 과잉을 알려준다. 그것은 주관적 정신에 고통스럽도록 이질적이지만, 주관적 정신이 순수하게 자체 내에서 존속한다는 환각의 교정 수단이기도 하다. 유행이 유행을 경멸하는 사람들에 맞서 내세울 수 있는 가장 강력한 근거는, 적절하고 역사로 포화된 개인적 충동에 유행이 가담하고 있다는 점이다. 그 본보기는 유겐트 양식에서 찾을 수 있는데, 그것은 고독의 양식이라는 역설적 보편성이다. 그러나 유행에 대한 경멸은 유행의 에로틱한 계기에 의해 유발된다. 이러한 계기를 통해 유행은 예술이 승화해야 할 것을 결코 완전히 이뤄내지 못했음을 상기시킨다. 유행을 통해 예술은 포기할 수밖에 없는 것과 동침하며, 또한 그로부터 불가피한 포기를 통해 위축되는 힘들을 끌어낸다. 가상으로서의 예술은 보이지 않는 신체의 옷이다. 그와 마찬가지로 유행은 절대적인 것으로서의 옷이다. 이 점에서 양자는 서로 양해한다. 유행 조류라는 개념은 터무니없는 것이며—언어의 측면에서 유행과 현대 예술은 짝을

---

60 Charles Baudelaire, "Le Peintre de la vie moderne," *Œuvres complètes*, pp. 1153 이하 참조.

이룬다——유행의 이름으로 예술에서 비난받았던 것은, 아무 영향을 받지 않은 체하고 이로써 예술적 자질을 잃는 소심증을 드러내는 것들보다 대개 더 많은 진리를 보존했다.

예술 개념 속에서 유희는 예술이 실천과 그 목적들의 직접성을 넘도록 해주는 계기다. 그러나 동시에 그것은 퇴행적으로, 동물 상태는 아니라도 유년 상태로 정체되어 있다. 유희 속에서 예술은 목적 합리성에 대한 거부를 통해 또한 이 목적 합리성의 뒤로 퇴행한다. 예술이 성숙해야 할 역사적 필요성은 예술의 유희적 성격에 대립하여 작용하지만 이 성격을 완전히 벗어나지는 못한다. 그에 반해 유희 형식을 순수하게 다시 수용하는 것은 대체로 복고적인 혹은 태고적인 사회적 경향들에 복무한다. 유희 형식들은 예외 없이 반복의 형식들이다. 그것들을 긍정적으로 추구할 경우, 그것들은 반복 강압과 결합되며 이 반복 강압에 순응하고 또 이것을 자체의 규범으로 인준한다. 예술은 특유의 유희적 성격 속에서 실러의 이데올로기와 엄격히 대립하면서 부자유와 결합된다. 이로써 예술 속에는 예술에 적대적인 요인이 파고든다. 최근에 보는 예술의 탈예술화는 은밀히 다른 모든 것을 대가로 치르면서 유희적 계기를 이용한다. 실러는 유희충동이 목적으로부터 자유롭다는 이유에서 그것을 본연의 인도적인 것이라고 찬양하는데, 이때 충실한 부르주아인 그는 그 시대의 철학에 동의하면서 자유의 대립물을 자유라고 선언한다. 실천에 대한 유희의 관계는 실러의 미적 교육에서보다 더 복잡하다. 모든 예술은 한때의 실천적 계기들을 승화하지만 그 속의 유희적인 것은 실천의 중화를 통해 바로 실천의 속박 내지 불변적인 것의 필요성에 달라붙으며, 죽음 충동에

심리적으로 의존하면서 순종을 행복이라고 곡해한다. 예술에서 유희는 처음부터 훈육적이며, 모방 제의를 통해 표현에 대한 금기를 실행한다. 예술이 순전히 유희적일 경우, 표현에서 남는 것은 아무것도 없다. 유희는 예술이 떨쳐버리고 싶어 하는 신화적 부담의 대리물인 운명과 은밀히 공범 관계에 있다. 사람들이 곧잘 유희 형식으로서의 춤을 위해 활용한 맥박의 형식 같은 공식들 속에는 억압적 측면이 명백히 존재한다. 도박은 예술과 대립하는 것이지만 유희 형식으로서 예술 속에 파고든다. 이른바 유희충동은 예로부터 맹목적 집단성의 지배와 융합되어 있다. 유희는 베케트의 경우처럼 자체의 공포를 감지하는 경우에만 예술에서 어떤 식으로든 화해에 가담한다. 유희가 전혀 없거나 반복이 전혀 없는 예술을 생각할 수 없지만, 예술은 자체 내의 이 두려운 잔재를 부정적인 것이라고 규정할 수 있다.

근래에 하위징아[61]의 유명한 책 『호모 루덴스』는 유희 범주를 미학의 중심에 옮겨놓았다. 또 미학의 중심에만 옮겨놓은 것이 아니었다. 즉 그는 문화가 유희로서 발생한다고 보았다. "'문화의 유희적 요인'이라는 표현은 … 문화생활의 다양한 활동 가운데 유희가 어떤 중요한 자리를 차지한다는 것을 뜻하지 않는다. 또 원래 유희였던 것이 나중에 더 이상 유희가 아니고 문화라고 불릴 수 있는 어떤 것으로 넘어갔다는 식으로, 문화가 어떤 발전 과정을 통해 유희로부터 나온다는 것을 뜻하지도 않는다. 오히려 문화는 처음부터 유희로 이루어진다는 것을 … 보여주어야 할 것이다."[62] 하위징아의 명제는 원칙적으

---

61 [옮긴이] Johan Huizinga(1872~1945): 네덜란드 문화사가. 『호모 루덴스 *Homo ludens*』 (1938)에서 그는 유희가 인간 문화를 형성하는 기본 요소라고 주장했다.

62 Johan Huizinga, *Homo ludens. Vom Ursprung der Kultur im Spiel*, übertr. H. Nachod,

로 예술의 기원을 통해 예술을 규정한다고 비판받을 수 있다. 그렇지만 그의 명제에는 한 가지 진실과 한 가지 허위가 들어 있다. 유희 개념을 그와 같이 추상적으로 파악한다면, 그것은 자체보존의 실천과 아무튼 멀어지는 반응 방식들보다 별로 더 특유한 것을 언급하는 것이 아니다. 이 경우 다름 아닌 예술의 유희적 계기가 가상적 계기보다 훨씬 더 높은 수준에서 실천의 잔상이라는 점을 파악하지 못한다. 모든 유희 속의 행위는 내용상 목적과의 관계를 포기했지만 형식상, 즉 그 자체의 실행에서는 고착된 실천이다. 유희에서 반복의 계기는 자유롭지 않은 노동의 잔상이다. 그와 마찬가지로 예술 영역 바깥에서 지배적인 유희 형태, 즉 스포츠는 실천 활동을 상기시키며 특히 신체적 불쾌감의 기능을 반사적으로 2차적 쾌감으로 전환함으로써 사람들을 실천의 요구에 부단히 익숙해지도록 하는 기능을 수행하는데, 이때 사람들은 실천의 밀수품들을 알아차리지도 못하게 된다. 인간은 단지 언어를 가지고 유희하는 것이 아니라 언어 자체가 유희로서 생겨난다는 하위징아의 학설은, 언어 속에 담겨 있고 또 언어가 설령 벗어나더라도 나중에야 벗어나게 되는 실천적 요구들을 다소 독단적으로 무시한다. 그런데 하위징아의 언어 이론은 특이하게도 비트겐슈타인의 언어 이론과 일치한다. 그도 언어 외적인 것에 대한 언어의 본질 구성적 관계를 오해한다. 그렇더라도 하위징아는 유희 이론을 통해 예술의 마술적인 실천주의적 환원 및 종교적인 형이상학적 환원에서 얻을 수 없는 통찰에 도달한다. 그는 자신이 유희라는 명칭으로 요약하는 미적 반응 방식들을 주체들에 근거해서 참이면서 동시에 허위라

Reinbek, 1969, p. 51.

고 인식했다. 그 덕분에 그는 비범하게 효과적인 유머 이론을 만들게 된다. "사람들은 미개인의 경우에도 처음부터 자신의 가장 성스러운 신화들에 대한 믿음과 어떤 유머적인 생각의 요소가 결합되어 있지 않은지 … 자문하고 싶어 한다."[63] "진정한 신화로부터 다소 농담이 섞인 요소를 분리할 수는 없다."[64] 미개인들의 종교적 축제는 "완전한 황홀경 및 환각의" 축제가 아니며 "…'진짜가 아니다'라는 은밀한 의식도 없지 않다."[65] "이제 마술사든 마술에 걸린 사람이든 사람들은 동시에 알면서 속는다. 그러나 사람들은 속는 쪽이기를 원한다."[66] 이런 관점에서, 즉 진리의 허위에 대한 의식이라는 관점에서 모든 예술은, 특히 음울해진 현대 예술은 전적으로 유머에 가담한다. 토마스 만은 이를 카프카와 관련해 강조했는데,[67] 베케트의 경우에도 그 점은 명백하다. 하위징아는 다음과 같이 주장한다. "유희 개념 자체를 통해 신앙과 불신의 통일 및 불가분성, 성스러운 진지함과 얌전 떨기 및 '농담'의 결합이 가장 잘 파악된다."[68] 이로써 유희에 관해 서술된 것은 아마 모든 예술에 적용될 것이다. 그에 반해 '유희의 비밀스러움'에 대한 하위징아의 해석은 견실하지 못하다. 더구나 그것은 '신앙과 불신'의 통일이라는 자신의 변증법적 유희 정의와도 충돌한다. 그가 주장하는 통일에서는 동물, 아이, 미개인, 그리고 예술가의 유희들이 궁극적으

---

63 같은 책, p. 127.
64 같은 책, p. 140.
65 같은 책, p. 29.
66 같은 책, p. 30.
67 Thomas Mann, *Altes und Neues. Kleine Prosa aus fünf Jahrzehnten*, Frankfurt a. M., 1953, pp. 556 이하 참조.
68 Huizinga, *Homo ludens. Vom Ursprung der Kultur im Spiel*, p. 31.

로 질적으로가 아니라 단계적으로만 구분되는데, 그러한 통일을 고집함으로써 그는 이론의 모순성에 대한 의식을 마비시키며, 미적으로 본질구성적인 모순의 본성에 대한 자신의 인식에도 미치지 못한다.

초현실주의적 충격과 몽타주에 관해. ——합리화된 세계에서 일어나는 일도 아무튼 역사를 지니는 듯하다는 역설적 현상은 무엇보다 그 세계의 역사성으로 인해 자본주의적 이성이 자체로서 비합리적인 것으로 드러나기 때문에 충격을 준다. 경악을 통해 의식은 합리적인 것의 비합리성을 알아차린다.

실천은 삶의 궁핍을 줄이기 위한 수단들의 요체이고, 그것들의 승화가 이루어지게 하는 자율성 및 향유, 행복과 동일할 것이다. 이러한 실천은 실천주의를 통해 차단된다. 실천주의는 통상적인 말로 향유에 도달하게 해주지 않는다. 이는 완전고용의 이상이 노동의 폐지라는 이상을 대체하는 사회의 의지와 유사하다. 목적-수단-관계로서의 실천 너머를 바라보고 실천을 그 목적과 대질하는 것을 기피하는 신조의 합리주의는 비합리주의적이다. 실천도 물신적 성격에 가담한다. 이는 실천의 개념과 모순되며, 또한 실천이 절대화되면 당장 실천에서 희미해지는 대타적인 것의 개념과도 필연적으로 모순된다. 이 타자는 이론과 마찬가지로 예술에서도 힘의 중심이다. 실천주의가 비난하는 예술의 비합리성은 실천주의 자체의 비합리성을 교정하는 수단이다.

예술과 사회의 관계는 예술의 단초 및 이의 전개 과정 속에 자리 잡고 있지, 오늘날 앙가주망이라고 칭하는 직접적 참여 속에 있는 것이 아니다. 예술의 비타협적 입장 선택을 초역사적으로 불변적인 것으로서 구성하여 긍정적 입장 선택과 대립시키는 식으로, 그러한 관계를 이론적으로 파악하는 것은 소용없다. 그렇지 않아도 허약한 비타협적 전통에 무리하게만 편입시킬 수 있지만, 자체의 객관적 성격을 통해 사회를 깊이 있게 비판하는 예술 작품들도 없지 않다.

오늘날 유창하게, 또 원한을 담아 선전되고 있는 예술의 몰락은 틀린 것이며 일종의 순응일 것이다. 예술이 가져다줄 수 있어야 할 탈승화 내지 직접적이고 일시적인 욕구 충족이라는 것은 미의 영역 내부에서 보면 예술에 미치지 못하지만, 실제로 그로부터 기대되는 바를 제공하지 못한다. 근래에 사람들이 취하는 교양에 근거한 교양 부재라는 입장, 시가전의 아름다움에 대한 열광은 미래주의적, 다다이즘적 행동들의 재탕이다. 호흡이 짧은 정치의 나쁜 유미주의는 미적인 힘의 이완을 보완한다. 베토벤 대신 재즈와 로큰롤을 추천하면 문화의 긍정적 기만이 해체되는 것이 아니라 문화산업의 야만과 이윤에 대한 관심이 평계를 얻게 된다. 그런 생산물들의 이른바 힘차고 훼손되지 않은 질들은 바로 위대한 거부의 대상이라고 하는 권력에 의해 종합적으로 써먹을 수 있게 준비된다. 즉 제대로 훼손되는 것이다.

예술의 종말이 다가온다거나 혹은 이미 도달했다는 테제는 역사를 관통하여 특히 현대 예술이 등장한 이래 반복된다. 헤겔은 그 테제를 철학적으로 반성할 뿐이며 그것의 고안자가 아니다. 오늘날 이 테제는 반이데올로기적인 듯해 보이지만, 얼마 전까지도 그것은 예술의 종말을 모든 것의 종말로 여기는, 역사적으로 몰락하는 집단들의 이데올로기였다. 아마 사회적 진보의 이름으로 내재적으로 미적 운동을 중단시킨, 현대 예술에 대한 공산주의적 저주가 그 전환점을 나타낼 것이다. 그러나 그런 생각에 빠진 기관원들의 의식은 낡은 소시민적 의식이었다. 예술의 종말에 대한 논의는 변증법적 분기점들에서, 즉 어떤 새로운 형태가 앞의 형태들에 논쟁적으로 대립하며 갑자기 등장하는 지점에서 어김없이 시끄러워진다. 헤겔 이래 예술의 몰락에 대한 예언은 예술적 경험의 요소라기보다 오히려 예술을 위로부터 부정적으로 평가하는 문화철학의 요소를 이루었다. 이 법령적 요소 속에서는 전체주의적 조치가 준비되었다. 예술 내부에서는 사정이 늘 달라 보인다. 문화철학적으로 고함을 지르는 자들이 보기에 극단적 사례인 베케트의 영점은 원자처럼 자체 내에 무한한 충만을 담고 있다. 자체로 완결된 내재적 문화가 일단 구현된다면, 그것이 인류에게 더 이상 필요하지 않다는 것도 생각할 수 있을 것이다. 그러나 오늘날에는 야만의 도구이기도 한 문화가 잘못 제거되는 것이 위협적이다. "계속해야 한다il faut continuer"는 『이름 없는 자』[69]의 결론은 예술이 바깥에서는 불가능해 보이지만 내재적으로는 계속될 수밖에 없다는 공식으로 그러한 이율배반을 요약한다. 예술이 자체의 몰락과 한 몸이 된다는 특징은 새로운 것이다. 지배적 정신에 대한 비판인 예술은 예술 자체에 맞설 수 있는 정신이다. 예술의 자체반성은 예술의 출발점에까지 도달하며 예술 속에서 구체화된다. 하지만 예술의 종말 테제가

---

69 [옮긴이] *Innommable*: 베케트의 1953년 작 소설. 움직이지 않는 이름 없는 자의 시점에서 독백체로 자아, 실존의 의미, 고통의 원인 등을 모색한다.

30년 전에, 간접적으로는 예컨대 벤야민의 재생산 이론에서[70] 지녔던 정치적 위상은 이제 사라졌다. 그런데 벤야민은 대화 중 기계적 재생산을 필사적으로 옹호하면서도 현대회화를 배척하려 하지 않았다. 즉 회화의 전통은 암울한 시대와는 다른 시대들을 위해 보존해야 한다고 주장했다. 그렇더라도 예술의 기능이 야만적인 것으로 전환될 위험 앞에서 적에게 넘어가 기존 질서의 막강한 권력 때문에 그러한 질서에 편입되는 것과 다름없는 발전 과정에 조력하기보다는 오히려 침묵하며 멈추는 것이 더 나을 것이다. 지식인들이 선언하는 예술의 종말이라는 말의 허위는 지금 이 자리에서의 실천 앞에서 예술을 정당화하는 일에 대한, 예술의 목적에 대한 물음 속에 들어 있다. 하지만 전적으로 기능적인 세계 속에서 예술의 기능은 예술의 무기능성이다. 예술이 실천에 직접 개입할 수 있거나 개입을 유발할 수 있다는 생각은 순전히 미신이다. 예술의 도구화는 도구화에 대한 예술의 반론을 방해한다. 예술은 자체의 내재성을 존중하는 곳에서만 실천이성이 자체의 비이성을 인정하도록 만들 수 있다. 예술은 예술에 외적인 목적에 따르는 것이 아니라 쉽사리 키치임이 드러나는 미의 순수한 영역이라는 환각을 포기함으로써, 실제로 가망 없이 낡아버린 예술을 위한 예술의 원칙에 맞선다. 확정적 부정을 통해 예술은 자체가 자리 잡고 있는 경험계의 흩어진 성분들을 받아들이며, 변형을 통해 그것들을 본질로까지 통합하는데, 이 본질은 끔찍한 상태Unwesen인 것이다. 보들레르는 예술을 위한 예술이라는 구호를 내놓았을 때 그렇게 해석했다. 예술의 폐기가 얼마나 시의적절하지 못한지는 대체로 주술 때

---

70 Benjamin, *Schriften*, Bd. 1, pp. 366 이하 참조.

문인 듯이 시도하지 않은 채 남아 있고 또 구체적으로 열려 있는 예술의 가능성들에서 드러난다. 예술은 저항에 근거해 자유로운 모습을 띨 때도 여전히 자유롭지 못하다. 저항조차 조종되는 것이다. 물론 어떤 종말도 예측할 수 없다는 단언은 게으른 변론일 것이다. 예술의 적합한 태도는 눈을 감고 이를 악무는 것이라고 할 수 있다.

경험적 현실에 맞서 예술 작품이 응축되는 현상은 밀폐적인 문학에서 명시적인 계획으로 되었다. 질적으로 뛰어난 그런 작품들 각각을 접하면——첼란을 생각할 수 있다——실제로 그것들이 어디까지 밀폐적인지 물어도 될 것이다. 그런 작품들의 폐쇄성은 페터 손디[71]의 논평에 따르면 이해 불가능성과 동일한 것이 아니다. 그 대신에 밀폐적 문학과 사회적 계기들의 연관을 상정해야 할 것이다. 고도로 산업화된 사회의 통합과 더불어 그 구성원들 내부에서 통합되는 사물화된 의식은 문학의 소재내용과 이른바 정보 가치들을 추구하며 문학의 본질적인 면을 수용하지 못한다. 예술을 통해 사람들에게 다가가는 것은 일반적으로 사이비 과학적 이데올로기가 소통이라고 칭하는 것에 타격을 가하는 충격을 통해서만 가능하다. 예술은 나름으로 의사소통에 가담하지 않는 곳에서만 완전하다. 물론 밀폐적 처리는 작품화된 것을 소재내용 및 의도들로부터 구분해 주는 점증적 강제성을 통해 직접 유발된다. 이 강제성은 반성으로부터 문학으로 옮겨갔다. 문학은 자체의 존재 목적이 되는 것을 자체의 힘 안에 받아들이고자 시도한

---

71 [옮긴이] Péter Szondi(1929~71): 헝가리 태생으로 독일에서 활동한 문학 이론가. 아도르노, 첼란 등과 교류했으며 『현대 드라마 이론Theorie des modernen Dramas』(1954)에서 드라마의 역사적 형식의미론을 시험했다.

다. 그리고 이는 동시에 문학의 내재적 운동 법칙에 적합하다. 밀폐적 문학의 구상은 유겐트 양식 시기에 등장하며 또 그 양식에 속하는 양식의지Stilwillen 개념과 몇 가지 특징을 공유한다. 이 밀폐적 문학은 다른 경우에 역사적으로 비로소 작품으로 등장하는 것을 자체에 근거해 산출하려고 하는 문학이라고 볼 수 있을 것이다. 그 속에는 망상의 계기, 즉 중요 사상내용이 의도로 바뀌는 계기가 수반된다. 밀폐적 문학에서는 예전에 예술에서 목표로 하지 않는 가운데 이루어질 수도 있었던 것이 주제로 되어 다루어진다. 그런 한에서 예술적 생산과 생산과정의 자체반성 사이에서 일어나는 발레리식 상호작용은 이미 말라르메를 통해 미리 형성되어 있는 것이다. 그는 예술에 이질적인 모든 것을 포기하는 예술의 유토피아를 위해 비정치적이었고 그래서 극단적으로 보수적이었다. 그러나 오늘날 모든 보수주의자들이 엄숙하게 설교하는 메시지를 거부하는 가운데 그는 정치적 대립물인 다다이즘과 접했다. 문학사적 연결 고리도 없지 않다. 말라르메 이래 밀폐적 문학은 그 80년 이상의 역사를 통해, 사회적 경향에 대한 반사작용으로서도 변화해 왔다. 상아탑이라는 상투어는 창문 없는 작품에 도달하지 못한다. 출발 단계의 작품들은 세계가 한 편의 아름다운 시나 완전한 문장을 위해 창조되었다고 믿는 예술종교의 고루하고 절망적인 과장에서 자유롭지 않았다. 현대 독일의 밀폐적 서정시의 가장 중요한 대표자인 파울 첼란의 경우, 밀폐적인 것의 경험내용은 그 반대로 되었다. 그의 서정시는 승화만 아니라 경험으로부터도 벗어나는 고통에 직면해 예술의 수치로 가득 차 있다. 첼란의 시들은 침묵을 통해 극단적 경악을 말하고자 한다. 그것들의 진리내용 자체는 어떤 부정적인 것이 된다. 그의 시들은 인간의 무기력한 언어, 심지어 모든 유기체의 언어 그 이하의 언어를 모방한다. 즉 돌과 별 같은 죽은 것의 언어를 모방한다. 유기체의 마지막 잔재들도 제거된다. 벤야민이 보들레르의 서정시와 관련해 아우라 없는 서정시라는 말로 지적한 것이 첼란의 시에서 그 본연의 모습을 취한다. 첼란의 극단주의가 취하는 무한한 신중성은 그것의 힘으로 발전한다. 생명 없는 것의 언어는 모든 의미를 잃은 죽음에 대한 최후의 위안이 된다. 무기물로의 이행을 소재적 모티프들에서만 추적해야 하는 것은 아니다. 폐쇄된 작품들에서 경악으로부터 침묵에 이르는 과정을 재구성할 수도 있다. 멀리서 보면 카프카가 표현주의 회화를 다룰 때와 유사하게, 첼란은 경관을 무기물에 접근시키는 추상 과정을 언어적 과정들로 바꿔놓는다.

리얼리즘 예술이라는 이름으로 사업을 벌이는 것은 예술로서 등장하여 현실을 환각 없이 모사하겠다고 자임하면서 현실에 의미를 주입한다. 이는 현실에 비추어 볼 때 미리부터 이데올로기적이다. 현대 리얼리즘의 불가능성은 단지 미의 영역 내부의 문제가 아니며, 예술과 현실의 역사적 짜임관계로부터 추론할 수 있는 것이다.

객체의 우위와 미학적 리얼리즘은 오늘날 거의 모순적으로 대립하고 있다. 더욱이 리얼리즘의 척도에 비춰 볼 때 그렇다. 즉 자신의 원칙을 통해 현실을 날조하는 사회주의 리얼리스트들보다 베케트가 더 리얼리즘적인 것이다. 현실을 충분히 엄격하게 받아들인다면 사회주의 리얼리스트들은 루카치가 비난하는 바에 접근할 것이다. 루카치는 루마니아에 억류되어 있던 기간에, 이제 자신은 카프카가 리얼리즘 작가라는 것을 안다고 말했다고 한다.

예술을 그 주관적 매개로부터 떼어내고 객관성을 외부로부터 예술에 주입하려는 시도들과 객체의 우위를 혼동해서는 안 된다. 예술은 긍정적 부정에 대한 금지를 시험한다. 즉 부정적인 것에 대한 부정이 긍정적인 것은 아니며 자체로 화해되지 않은 객체와의 화해도 아님을 시험한다.

금지들의 요체가 올바른 것의 규준을 함의한다는 생각은 긍정으로서의 부정의 부정 개념에 대한 철학적 비판과 결합될 수 없어 보인다.[72] 그러나 이 개념은 철학 이론에서, 그리고 그것이 다루는 사회적 실천에서 오성의 부정적 업무를 방해한다는 의미를 지닌다. 변증법의 관념론적 도식에서 오성의 부정적 업무는 안티테제의 제한 상태로 되고, 이 안티테제의 자체비판을 통해 테제는 더 높은 단계에서 정당화될 것이다. 물론 이러한 차원에 비춰 보아도 예술과 이론이 절대적으로 상이한 것은 아니다. 부정의 미적 대리자인 개인적 성벽들을 긍정적 규칙들로 끌어올려 놓으면, 그것들은 당장 특정한 예술 작품 및 예술적 경험을 상대로 다소 추상적인 상태로 경직되며, 예술 작품의 계기들 간 상호 관계를 희생하고 이 계기들을 기계적으로 통합한다. 전위적인 수법이 규범화되면 쉽사리 복고적인 성격을 띠며, 이제 규칙이 된 바로 그 개인적 성벽들이 거부했던 구조적 계기들과 결합된다. 예술에서 모든 것이 미묘한 차이에 달려 있듯이, 금지와 규율 사이의 미묘한 차이에도 달려 있다. 긍정적 부정에 대한 헤겔의 학설로 귀결된 사변적 관념론은 절대적 동일성의 이념을 예술 작품들에서 차용했

---

[72] Adorno, *Negative Dialektik*, pp. 159 이하 참조.

을 수도 있다. 예술 작품들은 실제로 그 경제원칙상, 또 제작된 것들로서, 직접 현실적인 것을 지향하는 이론보다 자체 내적으로 훨씬 더 일관되고 논리적 의미에서 더 긍정적일 수 있다. 반성이 진행되는 과정에서 비로소 동일성 원칙은 예술 작품에서도 환각적인 것임이 입증된다. 왜냐하면 타자가 예술 작품의 자율성을 이루는 본질구성 요인이기 때문이다. 물론 그런 한에서 예술 작품들도 긍정적 부정과는 거리가 멀다.

미적 조형물에서 객체의 우위란 생산자와 수용자에 대한 대상 자체, 즉 예술 작품의 우위를 의미한다. 쇤베르크는 "나는 아무튼 그림을 하나 그렸지 의자를 그리지는 않았다"고 말했다. 외적 우위는 미적으로 이 내재적 우위를 통해 매개되어 있다. 직접적인 것으로 보면, 즉 그때그때 현실적 대상을 묘사한 것의 우위가 되면, 객체의 우위는 예술의 이중적 성격을 회피하게 될 것이다. 예술 작품에서는 긍정적 부정의 개념도 외부에서와는 다른 의미를 얻는다. 미학적으로는 역사적으로 필요한 금지들의 규준이 작품의 일관성으로서 객체의 우위에 복무하는 한에서 그런 긍정성에 대해 논할 수 있을 것이다.

예술 작품들은 모순들을 전체로서, 적대 상태를 총체로서 제시한다. 직접적인 편들기가 아니라 단지 그러한 매개를 통해서만 예술 작품들은 적대적인 상태를 표현으로써 초월할 수 있다. 객관적 모순들은 주체를 관통한다. 그것들은 주체에 의해 정립된 것도 주체의 의식에서 산출된 것도 아니다. 이것이 예술 작품들의 내적 구성에 담긴 진정한 객체의 우위다. 주체는 나름으로 객체를 통해 매개되어 있으며 또한 동시에 직접적으로 고통받는 표현의 주체로서 그러하다. 오직 이 때문에 주체는 미적 객체에서 생산적으로 소멸할 수 있다. 적대 관계들은 기술적으로, 즉 작품의 내재적 구성을 통해 명료하게 표현된다. 해석은 이 내재적 구성에 파고들어 감으로써 외부의 긴장 관계들에까지 도달할 수 있다. 긴장은 모사되는 것이 아니라 작품의 형식을 이룬다. 이것만이 미학적 형식 개념을 구성한다.

어떤 전설적인 더 좋은 미래에도 예술은 누적된 공포에 대한 기억을 부인해서는 안 될 것이다. 그렇지 않으면 예술의 형식은 쓸모없을 것이다.

예술의 근원에 대한 이론들(보론)

　예술의 본질로 여겨지는 예술의 근원Ursprung에서 미학의 근거를 찾으려는 시도들은 필연적으로 실망을 초래한다.[1] 근원 개념이 역사 너머에 자리 잡게 되면, 근원에 대한 물음은 존재론적 특성을 지니는 문제들과 함께 근원이라는 마술적 단어가 연상시키는 확고한 실체적 지반으로부터 멀리 떨어져 버린다. 게다가 근원에 대한 이야기는 그 시간적 요소가 없는 한 근원철학자들이 받아들인다고 주장하는 그 단어의 단순한 의미와 어긋난다. 그렇지만 예술을 역사적으로, 예술이 등장하기 이전이나 초기의 역사적 근원으로 환원하는 것은 형성된 것이라는 예술의 성격 때문에 불가능하다. 전해진 예술의 최초 증거들은 가장 진정한 것들도 아니고, 어떤 식으로든 예술의 영역을 정해주는 것도 아니다. 또 그것들에서는 예술이 무엇인지 가장 명확하게 드

---

[1] 해당 주제들에 대한 비판적 개관과 관련해 저자는 프랑크푸르트 대학 철학 세미나의 레나테 빌란트Renate Wieland 씨에게 매우 감사드린다.

러나는 것이 아니라 오히려 모호해진다. 전해지는 가장 오래된 예술인 동굴벽화들이 전체적으로 시각예술 분야에 속한다는 사실은 실질적으로 중요하다. 같은 시기의 음악이나 문학에 대해서는 별로 혹은 아무것도 알려진 바 없다. 선사시대의 시각적인 것과 질적으로 상이할 수 있는 계기들을 암시하는 것들은 아무것도 없다. 미학자들 가운데에는 크로체가 헤겔의 정신에 따라 최초로 예술의 역사적 근원에 대한 물음이 미학적으로 중요하지 않다고 판정했다. "이러한 '정신적' 활동이 그것의[즉 역사의] 대상이기 때문에, 예술의 근원이라는 역사적 문제를 제기하는 것이 얼마나 부조리한지 그것에서 알 수 있다. … 표현이 의식의 한 형식이라면, 어떻게 자연의 산물이 아니고 인간의 역사에 의해 전제되는 어떤 것의 역사적 근원을 찾을 수 있겠는가? 어떻게 모든 기원과 역사적 사실을 파악할 수 있게 해주는 한 범주의 역사적 기원을 제시할 수 있겠는가?"[2] 그러나 전개 과정을 통해 비로소 현재 상태로 형성되는 대상 자체의 개념과 가장 오래된 것을 혼동하지 않으려는 의도는 타당하지만, 크로체의 논증은 의심쩍다. 그는 예술을 '인간의 역사에 의해 전제'되는 표현과 무조건 동일시하는데, 이로써 비록 그가 예술 자체를 순수한 활동 또는 자발성이라고 생각하지만, 그에게 예술은 다시 역사철학에 결코 적합하지 않은 것, 하나의 '범주,' 의식의 한 가지 불변 형식, 형식상 정태적인 것이 된다. 그의 미학과 베르그송의 상호 관계들 못지않게 그의 관념론 때문에도, 그는 예술 자체가 아닌 것, 또 주체의 순수한 자발성이 아닌 것에 대한

---

2 Benedetto Croce, *Aesthetik als Wissenschaft vom Ausdruck und allgemeine Sprachwissenschaft*, übertr. H. Feist·R. Peters, Tübingen, 1930, p. 140.

예술의 본질구성적 관계를 파악하지 못한다. 이로 인해 근원 문제에 대한 그의 비판은 심히 손상된다. 물론 그 이후로 그 문제를 다루어온 여러 갈래의 경험적 연구들이 크로체의 판정을 수정하는 계기가 되는 일은 별로 없다. 그 책임을 확산되는 실증주의에다 지우는 것은 너무 편한 일일 것이다. 실증주의는 또 다른 사실을 통해 논박될 것이 두려워 일관된 이론 구성을 감행하지 못하고, 믿을 만한 과학은 거창한 형태의 이론을 더 이상 받아들이지 않는다는 것을 증명하기 위해 사실들의 수집을 활성화한다. 특히 통상적인 분업에 따르면 선사시대의 자료를 해석할 의무를 안고 있는 문화인류학은, 프로베니우스에게서 시작되는 경향, 즉 태고 시대의 수수께끼 같은 것을 모두 종교적으로 설명하는 경향으로 인해, 자료들이 그처럼 일괄적인 취급에 적합하지 않은 경우에도 위축되어 있다. 그렇더라도 근원 문제에 대한 철학적 비판에 상응하는, 이 물음에 대한 과학적 침묵은 결코 과학의 무기력과 실증주의적 금기의 테러만을 증명하는 것이 아니다. 환상을 버린 과학도 포기할 수 없는 해석들의 다원주의가 두드러지게 눈에 띄는 것이다. 예컨대 『인간과 인간의 업적Man and his Work』에서 멜빌 J. 헤르스코비츠³가 그랬다.⁴ 예술은 어디에서 오는가, 또 예술은 근원적으로 무엇이었고 어떤 상태로 남아 있었는가 하는 물음과 관련해 현대 과학이 일원론적인 해답을 내놓을 수 없을 때 한 가지 진리의 계기가 나타난다. 통일체로서의 예술은 매우 뒤늦은 단계를 가리킨다. 그러한 통합이 어떤 개념 속의 통일이라기보다 오히려 전적으로 그 개념

3   [옮긴이] Melville J. Herskovits(1895~1963): 미국 인류학자. 문화상대주의적 입장에서 타 문화에 대한 관용을 주장했다.

4   Melville J. Herskovits, *Man and His Work*, New York, 1948 참조.

에 해당하는 대상의 통일인지는 의심해 볼 수 있다. 물론 예술은 의문의 여지 없이 계몽이 진행되는 과정에서 통일을 이루어왔지만, 예컨대 오늘날 독문학 연구자들 사이에서 인기 있는, 언어를 매개로 주저하지 않고 문학을 예술에 포함시키는, 언어예술 작품이라는 말의 억지스러운 면은 그런 방식에 대한 의심을 일깨운다. 가장 오래된 예술적 표현들은 매우 산만해서 그 당시 무엇이 예술의 지위를 얻었고 무엇이 그러지 못했는지 결정하는 것은 어려울 뿐 아니라 쓸모없는 일이기도 하다. 나중에도 예술은 그것을 끌어들이는 통일의 과정에 늘 또한 저항하기도 했다. 예술 자체의 개념은 이러한 점과 무관하지 않다. 선사시대의 어스름 속에서 희미해지는 것처럼 보이는 것은 그것이 멀리 떨어져 있기 때문에만 모호한 것이 아니다. 그것이 점진적 통합 과정에서 끊임없이 생명의 위협을 받는 모호한 것, 개념에 적합하지 않은 것 가운데 무엇인가를 구제하기 때문이기도 하다. 가장 오래된 동굴벽화들을 흔히 자연주의라고 단정하는데, 그것들은 다름 아니라 운동하는 것을 묘사할 때 가장 충실성을 보여주어서 궁극적으로 발레리가 사물들에서 확고부동하지 않은 것, 불확정적인 것을 세밀하게 모방하라고 요구한 바를 이미 원한 것 같다는 점도 아마 중요할 것이다.[5] 이 경우 그것들의 충동은 모방의 충동 혹은 자연주의적인 것이 아니라 처음부터 사물화에 대한 항의였다고 할 수 있을 것이다. 다의성은 인식의 제한성 탓이 아니다. 혹은 그 탓만은 아니다. 그것은 오히려 선사시대 자체에 고유하다. 일의성은 주관성이 성장한 이래로 비로소 실존한다.

5   Valéry, Œvres, Bd. 2, p. 681 참조.

이른바 근원 문제는 자연주의적 묘사들이 먼저냐 아니면 상징적-기하학적 형식들이 먼저냐 하는 논쟁에도 남아 있다. 그 배후에는 물론 그에 따라 예술의 근원적 본질에 대해 판단할 수 있으리라는 희망이 무언중에 자리 잡고 있다. 이러한 희망에 속을 수도 있을 것이다. 아르놀트 하우저[6]는 구석기시대에는 자연주의가 더 오래된 것이라는 테제로『문학과 예술의 사회사』를 시작한다. "유물들은 … 명백하게 … 자연주의가 앞선다는 점을 암시한다. 그래서 자연과 동떨어져서 현실을 양식화하는 예술이 근원적이라는 학설을 고수하기가 점점 더 어려워진다."[7] 종교적 근원에 관한 신낭만파의 학설에 대립하는 논쟁적 뉘앙스는 분명하다. 그러나 이 중요한 역사가는 스스로 자연주의 테제를 당장 다시 한정한다. 하우저는 자신도 아직 사용하고 있는, 통상 서로 대립하는 두 기본 테제를 시대착오적이라고 비판한다. "가시적인 것과 비가시적인 것, 눈으로 본 것과 아는 것의 이원론은 그것[즉 구석기시대 회화]에 대해 완전히 낯선 것이다."[8] 그는 초기 예술 속의 구분되지 않은 계기, 그리고 현실과 가상 영역의 미분리 상태에 대한 통찰에 도달한다.[9] "유사한 것들의 상호 의존성"[10]을 주장하는 마술 이론 덕분에 그는 자연주의의 우선성과 같은 것을 고수한다. 그가 보기에 유사성은 모사성이나 다름없는데, 모사성을 통해 실제로

---

6 [옮긴이] Arnold Hauser(1892~1978): 헝가리 예술사회학자. 베버, 루카치 등의 영향을 받았다. 대표 저작『문학과 예술의 사회사 Sozialgeschichte der Kunst und Literatur』(1951)는 나치를 피해 영국 망명 생활을 하던 시기에 썼다.
7 Arnold Hauser, *Sozialgeschichte der Kunst und Literatur*, 2. Aufl., München, 1967, p. 1.
8 같은 책, p. 3.
9 같은 책, p. 5 참조.
10 같은 책, p. 8.

마술이 이루어지는 것이다. 이에 따라 하우저는 마술을 종교와 엄격히 분리한다. 마술은 단지 직접적인 식량 조달에만 기여한다는 것이다. 물론 그처럼 엄격한 분리는 초기의 미분리 상태에 대한 명제와 공통점을 갖기 어렵다. 그 대신 그것은 모사성을 출발점에 가져다 놓는 데에 도움을 준다. 물론 에리크 홀름 같은 다른 연구자들은 모사물의 공리주의적-마술적 기능에 대한 가설에 반론을 제기하기는 한다.[11] 그에 맞서 하우저는 "구석기시대의 사냥꾼인 화가는 그림을 통해 사물 자체를 소유하고, 모사를 통해 모사 대상에 대한 힘을 얻는다고 생각했다"[12]고 주장한다. 레슈도 조심스럽게 이런 견해 쪽으로 기운다고 할 수 있다.[13] 반대로 카테자 슐로서[14]는 자연적 본보기로부터 벗어나는 것이 구석기시대의 묘사 방식에서 가장 눈에 띄는 특성이라고 여긴다. 하지만 그것을 '태고 시대의 비합리주의'라고 보지는 않고 오히려 로렌츠와 겔렌[15]의 취지에 따라 생물학적 이성의 표현형식이라고 해석한다. 마술적 공리주의 및 자연주의 테제는 그 재료에 비춰 볼 때 홀름이 여전히 매달리는 종교철학적 테제만큼이나 명백히 고수하기 어렵다. 그가 명시적으로 이용하는 상징화 개념은 가장 오래된 단계

---

11   Holm, "Felskunst im südlichen Afrika," p. 196 참조.
12   Hauser, *Sozialgeschichte der Kunst und Literatur*, p. 4.
13   Resch, "Gedanken zur stilistischen Gliederung der Tierdarstellungen in der nordafrikanischen Felsbildkunst," pp. 108 이하 참조.
14   [옮긴이] Katesa Schlosser(1920~2010): 독일 민족학자. 『아프리카의 예언자들*Propheten in Afrika*』(1949), 『원시민족 예술 속의 기호주의*Der Signalismus in der Kunst der Naturvölker*』(1952) 등을 썼다.
15   Konrad Lorenz, "Die Angeborenen Formen möglicher Erfahrung," *Zeitschrift für Tierpsychologie*, Bd. 5, p. 258; Gehlen, "Über einige Kategorien des entlasteten, zumal des ästhetischen Verhaltens," pp. 69 이하 참조.

에도 이미 하우저가 신석기시대에 비로소 등장했다고 보는 이원론이 적용된다고 상정한다. 그러한 이원론이 예술에서 통일적 조직화에 기여하는 것과 마찬가지로, 그 이원론에서는 조직적이고 그래서 필연적으로 위계적이며 제도적인 사회, 또 이미 생산이 이루어지는 사회의 구조가 나타난다는 것이다. 그는 같은 시기에 예배와 통일적인 형식규준이 형성되었고 이로써 예술은 종교 영역과 세속 영역으로, 즉 우상을 위한 조각과 장식 있는 질그릇으로 나뉘었으리라고 본다. 엄밀한 애니미즘 단계의 그러한 구성에는 애니미즘 전 단계 혹은 오늘날의 과학이 더 선호하는 표현으로 '비감성적 세계관'의 단계, 즉 '모든 생명체의 본질적 통일'을 특색으로 하는 단계의 구성이 병행한다는 것이다. 그러나 그러한 구성은 가장 오래된 현상물들의 객관적 불투명성과 충돌한다. 본질적 통일 같은 개념은 이미 최초 단계와 관련해 형식과 소재의 분열을 상정하거나, 적어도 이에 대한 가정과 통일에 대한 가정 사이에서 동요한다. 그 책임은 통일 개념에 있을 수도 있다. 오늘날 이 개념을 쓸 경우 모든 것이 모호해지는데, 일자와 다자 사이의 관계 또한 마찬가지다. 사실상 플라톤이 대화편 『파르메니데스Parmenides』에서 처음 철학적으로 반성한 것처럼, 통일은 단지 다자의 통일로서만 생각할 수 있다. 선사시대의 미분리 상태는 그러한 통일이 아니라, 통일이 양극적 계기로서 의미를 갖는 데에 필요한 이분법에 미치지 못한 상태다. 이로써 프리츠 크라우제의 「가면과 선조의 모습Maske und Ahnenfigur」 같은 연구도 난관에 빠진다. 그에 따르면 가장 오래된 비애니미즘적 관념들에서는 "형식이 소재적인 것과 결합되어 있었고 소재와 분리될 수 없다. 따라서 본질적 특성의 변화는 소재와 형식의 변화를 통해서만, 신체의 완전한 변신을 통해서만 가능하다. 그러므로 본질들의 직접적인 상호 전환이 이루어져야 하는 것이다."[16] 확실히 크라우제는 통상적인 상징 개념에 맞서, 가면 의례에서의 변신이 상징적이지 않으며 발달심리학자 하인츠 베르너Heinz Werner의 용어로 "형성적 마법"[17]이라는 점을 타당하게 설명한다. 인디언들에게 가면은 악령Dämon이고 이 악령의 힘이 가면을 쓴 사람에게 옮겨갈 뿐 아니라, 가면을 쓴 사람 자신이 육화된 악령이 되며, 본래의 자신은 소멸한다.[18] 이에 대해서는 다음과 같은 의심이 제기된다. 각각의 부족 구성원들과 가면을 쓴 사람에게도 자신의 얼굴과 가면 사이의 구분은 직접적으로 명백하며, 이로써 신낭만주의적 구성에 따르면 느낄 수 없어야 할 차이도 명백하다. 얼굴과 가면은 같은 것이 아니듯이 가면을 쓴 사람이 육화된 악령으로 지각될 수도 없다. 크라우제의 주장과는 모순되게 위장의 계기는 현상물에 내재한다. 즉 종종 완전히 양식화되는 형식도, 가면 쓴 사람들의 부분적인 은폐도 "가면을 통해 가면 쓴 사람의 본질이 변한다"[19]는 견해를 훼손하지는 않는다는 것이다. 물론 그와 마찬가지로 현상물 속에는 아이들이 놀이할 때 자신과 자신이 맡은 역할을 엄격히 구분하지 않는 것과 유사하게, 실제적인 변신에 대한 믿음 가운데 어떤 부분 역시 존재한다. 하지만 아이들은 매 순간 현실로 다시 불러들일 수 있다. 표현 역시 어떤 최초의 것이 아니라 형성된 것이다. 그것은 애니미즘에서 나온 것일 수 있다. 씨족 구성원이 토템 동물이나 두려운 신령을 모방하여 그

16   Krause, "Maske und Ahnenfigur," p. 231 참조.
17   Heinz Werner, *Einführung in die Entwicklungspsychologie*, Leipzig, 1926, p. 269.
18   Krause, "Maske und Ahnenfigur," pp. 223 이하 참조.
19   같은 글, p. 224.

러한 존재처럼 될 때, 표현이 독자적인 개별자와는 다른 존재로서 형성되는 것이다. 표현은 외견상 주관에 속하지만 표현, 즉 외화에는 그와 마찬가지로 비자아가, 어쩌면 집단이 내재한다. 표현으로까지 깨어난 주체가 집단의 승인을 추구하는 점에서, 표현은 이미 어떤 균열의 증거다. 주체가 자기의식으로까지 고정됨과 더불어 표현은 그런 주체의 표현으로 자립하지만, 표현에는 스스로를 어떤 것으로 만드는 제스처도 포함된다. 모사는 이러한 반응 방식의 사물화라고 해석될 수 있을 것이다. 그것은 물론 나름으로 이미 초보적인 상태로 객관화된 표현인 흥분에 대해 적대적이다. 동시에 그러한 사물화는 모사된 형상을 통해 또한 해방적이기도 하다. 즉 그것은 주체가 표현을 자유로이 처분할 수 있도록 함으로써 표현을 해방하는 데에 도움이 된다. 한때는 아마 인간도 웃거나 울지 않는 짐승들처럼 표현을 하지 못했을 것이다. 하지만 아마 이 짐승들은 감지하지 못하겠지만 그들의 형태는 객관적으로 무엇인가를 표현한다. 고릴라를 닮은 가면이, 그다음에는 예술 작품들이 그러한 것을 상기시킨다. 예술의 자연적 계기인 표현은 자체로서 이미 단순한 자연과는 다른 것이다. 지극히 이질적인 해석들이 가능해지는 것은 객관적 다의성 덕분이다. 선사시대 예술 현상물들 속에 이질적 계기들이 서로 뒤섞여 있다는 주장조차 일종의 시대착오적 논의 방식이다. 오히려 산만한 상태의 속박에서 벗어날 필요성에서 동시에 상당히 확고한 사회조직과 더불어 분리와 통일이 똑같이 생겨났을 수도 있다. 헤르스코비츠의 개관은 시사하는 바가 크다. 그에 따르면 예술을 1차로 상징적이거나 혹은 리얼리즘적인 하나의 '타당성 원칙'으로부터 이끌어내려는 발전 이론들은 고대예술 및 원시예술 현상들의 모순적 다양성에 비춰 볼 때 고수할 수 없다는 것이다. 원시적 인습주의와—이는 양식화들을 의미한다—구석기적 리얼리즘의 지나친 대조는 그때그때 한 측면을 고립시킨다. 원시시대에만 아니라 오늘날에도 남아 있는 원시민족들의 경우에도 일반적으로 어느 한 원칙이 주도적임을 알 수는 없다는 것이다. 구석기시대의 조각은 대개 극도로 양식화되어 있으며, 반대로 같은 시대의 동굴벽화는 '리얼리즘적인' 묘사들을 보여준다. 이러한 리얼리즘은 또한 이질적인 요소들로 점철되어 있는데, 예컨대 원근법적으로도 상징적으로도 확정적으로 해석되지 않는 생략들을 내포한다. 그와 마찬가지로 현대 원시인들의 예술도 복합적이라고 한다. 특히 조각에서는 결코 극도로 양식화된 형식들이 리얼리즘적 요소들을 몰아내지는 않는다는 것이다. 근원들의 문제에 몰입할 경우 미학 이론은 유혹적인 전형적 처리 방식들을 떠올리게 되지만 그것을 곧 다시 잃어버리는데, 현대의 해석적 의식은 그러한 것에서 확고한 근거를 얻었다고 망상한다.

    구석기 예술보다 더 오래된 예술은 보존되지 않았다. 그러나 의문의 여지 없이 예술은 작품들로 시작되지 않는다. 작품들이 주로 마술적이든 이미 미적이든 그렇다. 동굴벽화들은 어떤 과정의 단계들이며, 또 결코 초기 단계도 아니다. 자신을 어떤 타자와 같게 만드는 미메시스적 반응 방식이 틀림없이 고대의 그림들보다 앞서 등장했을 텐데, 그것이 직접적 영향을 끼친다는 미신과 전적으로 일치하지는 않는다. 양자를 구분하는 어떤 계기가 오랜 기간 준비되지 않았다면 동굴벽화에서처럼 자율적으로 철저히 형상화하는 놀라운 특징들은 설명할 수 없을 것이다. 미적 반응 방식이 모든 객관화에 앞서 설혹 불확정적이기는 해도 마술 활동과 일단 분리되면, 그 후 그것에는 어떤 잔재가 고유하게 남는다. 그것은 마치 생물학적 층위에까지 거슬러 올라가는, 기능이 없어진 미메시스가 이제 은밀히 자리 잡고 고착된 것과도 같은데, 이는 상부구조는 하부구조보다 더 느리게 변한다는 명제의 전조인 셈이다. 전체적인 발전에 뒤처지게 된 것의 특징들로 인해 모든 예술은 완전히 보조를 맞추지 못한 것, 퇴행적인 것의 수상쩍은 부담을 떠안고 있다. 그러나 미적 반응 방식이 전적으로 미발달 상태에 있는 것은 아니다. 예술 속에 보존되고 또 예술에 꼭 필요한 미적 반응 방식 속에서는 상상할 수 없는 옛날부터 문명에 의해 폭력적으로 잘려 나가고 억압받은 것들이 인간에게 강요되는 것들로 인한 인간의 고난과 함께 집적된다. 이러한 고난은 어쩌면 미메시스의 초보 형태를 통해서도 이미 표현될 것이다. 그러한 계기를 비합리적인 것으로 처분해서는 안 될 것이다. 예술은 가장 오래된, 어떻게든 아직 보존된 그 유물들에서도 너무 깊이 합리성에 젖어 있다. 뒷날 이데올로기에 의해 유희충동의 영원한 천성이라고 찬양받은 미적 반응의 집요함은 오히려 오늘날까지 어떠한 합리성도 완전한 합리성이 아니었다는 것, 인간과 인간의 잠재력은 물론이고 '인간화된 자연'에도 온전히 도움이 되는 합리성이 아니었다는 점을 증명한다. 지배적 합리성의 척도들에 따를 때 미적 반응에서 비합리적이라고 여겨지는 것은 목적들이 아니라 수단을 지향하는 이성의 부분적 본질을 탄핵한다. 예술은 범주적 구조에서 벗어난 객관성과 목적들을 상기시킨다. 이 점에서 예술은 자체의 합리성과 인식적 성격을 지닌다. 미적 반응 방식은 사물들에서 사물들의 현재 상태 이상의 것을 지각하는 능력이다. 또 존재하는 것을 형상으로 변하게 하는 시선인 것이다. 기존 상황은 이러한 반응 방식을 쉽사리 부적절한 것이라고 부인할 수 있지만, 그것은 오직 이 반응 방식을 통해서만 경험될 수 있다. 철학 내지 중요한 인식의 조건인 열성에 대한 플라톤의 학설은 미메시스 속의 합리성에 대한 마지막 예감을 보여준다. 그는 그것을 이론적으로 요구할 뿐만 아니라 『파이드로스Phaidros』의 결정적인 전환점에서 서술하기도 했다. 그러한 플라톤의 학설은 교양의 자산으로 격하되었지만 그 진리내용을 잃지는 않았다. 미적 반응은 그동안 총체성으로까지 부풀려진 사물화된 의식의 약화되지 않은 교정 수단이다. 빛을 향해 나아가고 속박에서 벗어나려는 미적 반응 방식의 특성은 오히려 거꾸로 미적 반응 방식이 결여된 사람들, 비예술적인 사람들에게서 나타난다. 이들에 대한 연구는 미적 반응의 분석을 위해 매우 소중할 것이다. 지배적 합리성의 욕구들에 비춰 볼 때조차 그들은 결코 더 진보적이거나 발달한 사람들이 아니다. 또 그들은 단순히 특수하고 대체 가능한 한 가지 특성이 결여된 사람들도 아니다. 오히려 그들은 그들의 전체적인 체질 차원에서 병리적인 상태로까지 기형화되어 있다. 즉 그들은 구체주의적이다. 정신적으로 투사에 완전히 빠져 있는 사람은 바보다. 그런 사람이 예술가일 리는 없다. 전혀 투사하지 않는 사람은 자신이 반복하고 위조하는 존재자를 파악하지 못한다. 그가 애니미즘 이전 단계에 희미하게 나타났던 것, 즉 산재한 모든 개별자 사이의 소통을 짓밟기 때문이다. 그의 의식은 환상의 산물과 현실을 혼동하는 의식과 마찬가지로 허위다. 개념이 파악하려는 것은, 개념이 그것을 초월할 때에만 파악된다. 예술은 그러한 파악을 시험한다. 그러한 파악을 추방하는 오성은 직접 어리석음으로 변하며, 객체를 그르친다. 왜냐하면 그런 오성은 객체를 예속시키기 때문이다. 미적 반응 방식이 축출되거나 어떤 사회화 과정의 강압 아래 더 이상 본질구성되지 않아 합리성이 무기력해질 때, 예술은 속박 내부에서 정당화된다. 이미 『계몽의 변증법』에 따르면 일관된 실증주의는 정신박약으로 넘어간다. 그것은 예술 감각이 없는 사람, 효과적으로 거세된 사람의 정신박약이다. 감정과 오성을 서로 떼어놓고 양자가 균형을 찾을 때 좋아서 손을 비비는 고루한 속물적 지혜는 때때로 진부한 생각들이 그렇듯이, 수천 년에 걸친 분업 속에서 주관성이 자체 내에서 분업화되었다는 사실의 왜곡상이다. 감정과 오성은 인간의 기질 속에서 절대적으로 상이한 것이 아니며 구분되는 가운데에도 서로 의존하는 상태로 남아 있다. 감정의 개념으로 포괄되는 반응 방식들은 사유에 대한 관계를 차단하고 진리에 대해 맹목적인 입장을 취하면 곧 공허한 감상적 보호구역들이 된다. 하지만 사고는 미메시스적 반응 방식의 승화 앞에서 뒤로 물러날 경우 동어반복에 접근한다. 양자의 치명적 분리는 형성된 것이고 철회할 수 있다. 미메시스 없는 이성은 스스로를 부정한다. 이성의 존재근거인 목적들은 질적이며, 미메시스적 능력도 그와 같은 정도로 질적인 능력이다. 물론 이성의 자체부정은 그 역사적 필연성을 지닌다. 즉 객관적으로 자체의 개방성을 잃어버린 세계는 개방 상태에서 자체의 개념을 지니는 정신을 필요로 하지 않으며, 그런 정신의 흔적을 거의 견딜 수 없다. 현재의 경험 상실은 그 주관적 측면에 비춰 볼 때 대체로 미메시스를 변형하는 것이 아니라 격분하며 미메시스를 억압하는 것과 일치한다. 오늘날 독일 이데올로기의 여러 분야에서 여전히 예술적이라고 지칭하는 것은 원칙으로까지 고양된 그러한 억압이며, 비예술적인 상태로 넘어간다. 그러나 미적 반응은 직접적 미메시스도 아니고 억압된 미메시스도 아니며, 오히려 미메시스가 해방하는 과정이다. 그리고 이 과정에 미메시스는 수정된 상태로 보존된다. 그러한 과정은 역사적 대우주 속에서와 마찬가지로 예술에 대한 개인의 관계 속에서도 일어난다. 이 과정은 각 예술 작품의 내재적 운동 속에서, 그것의 고유한 긴장들 속에서, 또 이것들의 가능한 해소 속에서 응결된 것이다. 궁극적으로 미적 반응은, 마치 소름 돋은 상태가 최초의 미적 이미지인 듯이, 어떤 식으로든 전율할 수 있는 능력이라고 정의할 수 있을 것이다. 나중에 주관성이라고 칭하게 되는 것은 전율의 맹목적 불안에서 벗어나지만 동시에 전율 자체가 전개되는 것이기도 하다. 주체에게는 총체적 속박을 초월하는, 그 속박에 대한 반응으로서 전율하는 것 말고 다른 삶은 없다. 전율 없는 의식은 사물화된 의식이다. 이 전율 속에서 주관성은 아직 주관성으로 되지 않아도 꿈틀거리는데, 그러한 전율은 타자로 인해 감동받은 상태다. 미적 반응 방식은 타자를 자신보다 열등한 것으로 만들지 않고 스스로를 타자와 동화시킨다. 객관에 대한 주체의 이 본질구성적 관계는 미적 반응 방식에서 에로스와 인식을 결합한다.

서론 초고

전통적 미학의 낡은 요소

철학적 미학이라는 개념에서는 체계 개념이나 도덕 개념에서와 비슷하게 어떤 낡은 것이 표현된다. 그런 감정은 결코 예술 활동에 국한되는 것도 아니고, 미학 이론에 대한 대중의 무관심에 국한되는 것도 아니다. 학술 영역에서조차 수십 년 전부터 해당 간행물들은 눈에 띄게 줄어들고 있다. 근래에 나온 한 철학 사전이 그 점을 지적하고 있다. "어느 철학 분과도 미학처럼 그렇게 불확실한 전제 조건들에 근거하지는 않는다. 풍향계처럼 미학은 '모든 철학적, 문화적, 과학 이론적 풍파에 흔들리며, 때로는 형이상학적으로 때로는 경험적으로 이루어지고, 때로는 규범적으로 때로는 기술적으로deskriptiv 이루어지며, 때로는 예술가를 근거로 때로는 감상자를 근거로 이루어진다. 오늘은 미의 중심이 예술에 있다고 보고 이에 대해 자연미는 단지 예비 단계로 해석될 수 있는 듯한데, 내일은 예술미를 단지 간접적인 자연미라고 볼 뿐이다.' 이런 식으로 모리츠 가이거[1]가 묘사한 미학의 딜레마

---

1   [옮긴이] Moritz Geiger(1880~1937): 독일 철학자. 현상학적 관점에서 미학, 심리학, 수

는 19세기 중엽 이래의 상황을 규정해 준다. 대체로 완전히 열거한 것이 전혀 아닌, 미학 이론들의 이러한 다원주의에는 이중의 근거가 있다. 한편으로 그것은 예술을 일반적으로 하나의 철학 범주 체계를 통해 해명하는 어려움, 아니 그 불가능성에 있다. 다른 한편 미학적 진술들이 전제하는 인식론적 입장들에 대한 미학적 진술의 전통적 종속관계에 있다. 인식론의 문제점은 미학에서도 직접 반복된다. 왜냐하면 미학이 그 대상들을 어떻게 해석할 수 있는가는 인식론이 원칙적으로 어떤 대상개념을 갖고 있는가에 달려 있기 때문이다. 하지만 이러한 전통적 종속성은 대상 자체에 의해 미리 제시되어 있으며 용어 체계 속에 이미 들어 있는 것이다."[2] 이로써 사정이 적절히 묘사되었지만, 그렇다고 충분히 설명된 것은 아니다. 인식론과 논리학을 포함한 다른 철학 분야들도 그에 못지않게 논란이 분분하지만, 관심이 그와 비슷하게 시들해지지는 않았다. 미학의 특수한 사정은 고무적이지 못하다. 크로체는 미학 이론에 극단적 유명론을 도입했다. 비슷한 시기에 주요 구상들은 이른바 원칙 문제들을 떠나 특수한 형식 문제들과 재료들에 몰입했다. 루카치의 소설 이론, 열정적인 논문으로 발전한 벤야민의 『친화력』 평론과 『독일 비애극의 기원』을 지적할 수 있을 것이다. 『독일 비애극의 기원』은 은밀히 크로체의 유명론을 옹호하는데,[3] 이로써 그것은 미학의 전통적 주요 문제들에 대한, 특히 형

학 등을 연구했다. 『미학 입문Zugänge zur Ästhetik』(1928), 『과학의 현실성과 형이상학Die Wirklichkeit der Wissenschaften und die Metaphysik』(1930) 등을 썼다.

2 Ivo Frenzel, (Artikel) "Ästhetik," Philologie, hg. A. Diemer·I. Frenzel, Frankfurt a. M., 1958(Das Fischer Lexikon, Bd. 11), p. 35.

3 Benjamin, Ursprung des deutschen Trauerspiels, pp. 26 이하 참조.

이상학적 사상내용 관련 문제들에 대한 해명을 이제 일반적 원칙들에서가 아니라 흔히 단순한 본보기로 간주되는 영역들에서 기대하는 의식 상태를 고려한다. 철학적 미학은 우둔하고 진부한 보편성과 대개 인습적 관념들에서 끌어낸 자의적 판단들 사이의 치명적 양자택일에 처했다. 위로부터 생각하지 않고 현상물들에 따르려는 헤겔의 계획은 미학에서 유명론을 통해 비로소 가시적인 것이 되었다. 그에 반해 헤겔 자신의 미학은 그것의 의고주의적 성분들에 어울리게 변증법적 방법과 결합될 수 있는 것보다 훨씬 더 많이 추상적 불변 요인들을 고수했다. 하지만 그러한 결과는 동시에 전통적 이론인 미학 이론의 가능성을 의심스럽게 만들었다. 왜냐하면 각각의 예술 작품, 나아가 미에 대한 각각의 경험이 모두 매달리는 구체성의 이념은 예술을 다룰 때와 유사하게, 특정한 현상물들로부터 멀어지는 것을 허용하지 않기 때문이다. 물론 상당히 그릇되게 인식론이나 윤리학 분야의 철학 상식에서는 그러한 분리를 오랜 기간 가능한 것으로 여기기는 했다. 미적으로 구체적인 것 일반에 관한 학설은 그 대상 가운데 관심을 갖도록 만드는 요소를 필연적으로 놓치게 될 것이다. 미학이 낡아버린 근거는 미학이 그 대상을 별로 대면하지 않았다는 데에 있다. 자체의 형식을 통해 미학은 예술 작품들에 부적절해지고 이를 보완하여 허망한 영원성의 가치들로 귀결되는 일종의 보편성을 신봉하는 듯하다. 미학에 대한 학술적 불신은 미학의 내재적 아카데미즘에 기인한다. 미학적인 물음들에 냉담하게 되는 동기는 원래 불확실하고 논란이 분분한 것에 대한 제도화된 학문적 불안이지, 편협성에 대한 불안이나 문제 제기가 그 대상에 뒤처지는 현상에 대한 불안이 아니다. 그러나 과학이 미학에 요구하는 명상적이고 조망적인 태도는 진보적인 예술과 결합될 수 없게 되었다. 진보적인 예술은 때때로 카프카처럼 명상적인 태도를 더 이상 용납하지 않는다.[4] 이로써 오늘날의 미학은 그것이 다루는 것과 처음부터 분리되고, 구경꾼처럼 즐기며 어쩌면 입맛을 다시고 있는 것이 아닌지 의심을 받는다. 명상적 미학은 감상자가 거리를 두고 선별하면서 작품을 대할 때 이용하는 취미를 원하지 않더라도 자체의 척도로 전제한다. 그러한 취미에 대해서는 그 주관주의적 편파성 때문에 나름으로 이론적으로 반성해야겠지만, 또한 그 취미는 최근의 현대 예술만 아니라 이미 오래전부터 그때그때의 전위예술 앞에서 좌절했다고 할 수 있을 것이다. 미적 취미판단 대신 대상 자체를 내세우는 헤겔의 요구[5]는 이 점을 예견했다. 하지만 그 때문에 헤겔의 미학이 취미와 얽힌 사심 없는 감상자의 태도에서 벗어난 것은 아니다. 헤겔이 그럴 수 있었던 것은 그의 인식이 그 객체들과 너무 멀리 떨어진 곳에서조차 그의 인식에 생산적 영혼을 불어넣은 체계 덕분이었다. 헤겔과 칸트는 엄밀히 말해 예술에 대해 별로 이해하지 못하고도 위대한 미학을 쓸 수 있었던 마지막 인물들이었다. 그러한 일은 예술 자체가 개별 작품 속에서 문제시되지 않고 단지 작품의 내재적 문제점 속으로 용해되어 들어간 포괄적 규범들을 지향했던 한에서 가능했다. 아마 그 자체의 형태를 통해 그러한 규범들을 매개하고 이로써 또한 그것들을 잠재적으로 바꾸지 않은 주요 작품은 거의 없었을 것이다. 이 규범들은 말끔히 제거된 것이 아니라 그 가운데 무엇인가는 개별 작품들을 넘어서 삐져나왔다. 예술의 명백한 보편적 요소를 개

---

4   Adorno, *Prismen*, p. 304 참조.
5   Hegel, *Werke*, Bd. 10, 1부, pp. 43 및 여러 곳 참조.

넘화하는 한에서 위대한 철학적 미학들은 예술과 일치했다. 이는 철학이나 예술 같은 정신의 다른 형태들이 아직 분리되지 않은 정신 상태에 적합한 것이었다. 철학과 예술에서 동일한 정신이 지배했다는 사실로 인해 철학은 작품들에 전념하지 않고도 예술을 실질적으로 다룰 수 있었다. 물론 그러한 미학들은 예술과 그 보편적 규정들 사이의 비동일성에 의해 야기된, 예술의 특수화에 대해 생각하려는 필연적 시도에서 일반적으로 좌절하곤 했다. 그 경우 사변적 관념론자들은 극히 곤혹스러운 오판을 범하기도 했다. 아포스테리오리Aposteriori가 아프리오리Apriori임을 증명하는 책임을 떠맡지 않았던 칸트는 바로 그 때문에 오류를 덜 범했다. 그는 예술적으로 18세기에 사로잡혀 있었지만,[6] 철학적으로 18세기를 비판 이전의 시대라고, 즉 주체의 완전

---

[6] 칸트 미학의 형식적 주관주의에서 나오는 만족에 대한 학설을 논외로 할 경우, 칸트 미학의 역사적 한계는 숭고가 예술이 아닌 자연에만 해당된다고 본 그의 학설에서 가장 확연히 드러난다. 칸트가 철학적으로 대변한 그 시대 예술의 특징은 그를 추종하지도 않고 어쩌면 그의 판정에 대해 별로 정확히 알지도 못한 채 숭고의 이상에 매달렸다는 점이다. 누구보다도 베토벤이 그러했다. 그런데 헤겔만 해도 베토벤에 대해 언급하지 않는다. 그러한 역사적 한계는 바로크와 르네상스 속에서 바로크적 경향을 띠는 것을 최신의 과거로서 불신한 시대정신에 따르는, 과거를 대하는 한계이기도 했다. 칸트가 숭고에 대한 서술에서보다 청년 괴테와 부르주아혁명 예술에 더 접근하는 곳은 없다는 점은 실로 역설적이다. 젊은 시인들, 그와 같은 연배의 동시대인들은 자연을 그와 마찬가지로 느꼈다. 또 그들은 숭고의 감정을 언어화함으로써 그것이 도덕적 본질보다 예술적 본질을 지니는 것이라고 인정하게 되었다. "깎아지른 듯이 솟아올라 마치 위협이라도 하는 듯한 절벽, 천둥과 번개를 수반하며 하늘로 피어오르는 뇌우, 모든 것을 파괴하는 힘을 지닌 화산, 모든 것을 황폐하게 만드는 폭풍, 격노하는 광대무변의 대양, 엄청난 강물의 높은 폭포 등등은 우리의 저항력을 그것들의 힘과 비교할 때 하찮은 것으로 만들어놓는다. 그러나 그러한 것들을 바라보는 것은 우리가 안전한 곳에 자리 잡고 있기만 하면 그것이 두려운 것일수록 더욱 매력적이다. 그리고 우리는 이런 대상들을 기꺼이 숭고하다고 칭한다. 이는 그것들이 영혼의 힘을 친숙한 평균치 이상으로 끌어올리고, 완전히 다른 종류의 저항력을 우리 내면에서 발견할 수 있도록 해주기 때문이다. 이러한 힘은 우리에게 외견상 막강한 자연력에 맞

한 해방 이전의 시대라고 칭하기를 주저하지 않았을 텐데, 헤겔처럼 예술과 이질적인 주장들로 곤란한 상황에 빠지지는 않았다. 심지어 그는 그토록 용감하게 예술과 대결한 헤겔보다 후대의 극단적인 현대적 가능성들을 위해 더 많은 공간을 허용했다.[7] 그 두 사람 이후에는 헤겔이 요구한 대상 자체와 개념 사이의 조야한 중간 지점에 섬세한 감각을 지닌 자들이 등장했다. 그들은 예술에 대한 일종의 요리법과도 같은 관계를 예술의 구성을 위한 능력 부재와 결합했다. 게오르크 지멜Georg Simmel은 단호히 미적 개별자를 지향했지만 그런 섬세한 감각을 보여주는 전형적 인물이었다. 예술 인식의 풍토는 완강하게 사실들의 자극을 받지 않는 개념의 확고한 금욕주의거나 대상들 한가운데에 처해 있는 의식 없는 의식이다. 예술을 구경거리로 잘 이해하는 자들, 우호적으로 공감하는 자들은 예술을 이해하지 못한다. 그러한 태도의 구속력 없는 측면은 미리 작품들의 본질적 측면, 곧 작품들의 구속성에 대해 무관심하다. 미학은 경험계와의 거리를 온전히 존중하고 창문 없는 사고를 통해 그 타자의 사상내용 속에 파고드는 한에서 생산적이었다. 혹은 예술 작품에 대해 표준이 되지 않는 인격의 표현으로서가 아니라, 종종 주체에 호소하지 않으면서 다가오는 대상에 대한 경험에 근거해 어떤 것들을 알아차리기 때문에 중요해지는 개별 예술가들의 산만한 증언들에서처럼, 생산의 내면으로부터 가까

설 수 있는 용기를 만들어준다." Kant, *Sämtliche Werke Bd. 6*, p. 124(*Kritik der Urteilskraft*, § 28).

[7] "그에 반해 숭고는 형식이 없는 대상에서도 발견할 수 있다. 그 대상에서 혹은 그것을 계기로 무제한성을 표상하면서도 이 무제한성의 총체성을 덧붙여 사고하게 되는 한에서 그렇다." 같은 책, p. 104(*Kritik der Urteilskraft*, § 23).

이에서 생생하게 판단할 경우에도 미학은 생산적이다. 그러한 증언들은 대개 사회적 합의에 의해 예술에 부과된 그 순진성 때문에 침해를 받는다. 예술가들은 미학에 맞서 수공업적인 원한에 사로잡혀 침묵하거나, 아마추어에 반대하는 그들이 아마추어적인 보조 이론을 고안해 낸다. 그들의 발언들이 미학에 적용되려면 이에는 해석이 필요하다. 논쟁적으로 미학의 자리를 차지하는 수공예적 이론들은 형이상학과 공감하는 곳에서도 실증주의와 합류한다. 어떻게 하면 가장 능숙하게 한 편의 론도를 완성하느냐 하는 충고들은, 그러한 수공예적 이론들이 알지 못하는 이유들 때문에 이제 어떤 론도도 쓸 수 없게 되면 무용지물이 된다. 그것들의 조잡한 규칙들은 흔해빠진 것을 우려낸 것 이상의 것이 되려면 철학적으로 전개될 필요가 있다. 이러한 이행 앞에서 중단되면, 그것들은 거의 한결같이 혼탁한 세계관에서 원군을 찾는다. 관념론 체계들의 종말 이후 발작적으로 새 생명을 얻게 된 분과 수준을 넘어서는 미학의 난점은, 현상물들에 대한 생산자의 인접성을 고정된 상위개념이나 '격언' 따위로 조종되지 않는 개념적 힘과 결합하는 데에 있다. 개념적 매체를 참조하는 가운데 그러한 미학은 예술 작품들에 대한 단순한 현상학을 넘어설 것이다. 반면에 유명론적 상황의 강압 아래, 흔히 경험적 미학이라고 칭했던 것으로 넘어가려는 시도는 헛수고다. 그러한 과학화의 독재에 따라 예컨대 경험적 서술들에서 분류와 추상을 통해 보편적 미학 규범들로 상승하려고 할 경우, 사변적 체계들의 철저하고 견실한 범주들과 비교하기 어려운 빈약한 결과를 얻게 될 것이다. 실제의 예술 활동에 적용할 경우 그렇게 증류해 낸 것은 예컨대 예술적 본보기들만큼이나 가끔 쓸모가 있을 것이다. 모든 미학적 물음들은 예술 작품들의 진리내용에 대한 물음으로 귀결된다. 즉 한 작품이 그 특유의 형태 속에 객관적으로 내포하는 정신은 진실인가 하는 물음이 그것이다. 바로 이러한 것이 경험주의의 입장에서는 미신으로서 저주스러운 것이다. 경험주의에 대해 예술 작품들은 성질 없는 한 다발의 자극들이다. 예술 작품들이 자체로 무엇인지는 판단을 벗어나며 그저 투사의 산물일 것이다. 이 경우 예술 작품들에 대한 주관적 반응들만을 관찰하고 측량하고 일반화할 수 있을 것이다. 이로써 본래 미학의 대상을 이루는 것을 취급할 수 없게 된다. 미학은 전적으로 미학 이전의 영역으로 대체된다. 사회적으로 그 영역은 문화산업의 영역임이 드러났다. 헤겔의 업적은 이른바 좀더 높은 과학성을 통해 비판된 것이 아니라, 통속적인 순응을 위해 망각되었다. 그런데 참으로 자유로웠던 존 듀이John Dewey 한 사람만을 제외하고 경험주의는 자신의 놀이 규칙에 따르지 않는 모든 인식을 문학이라고 지칭하는 경우가 아니라면 예술에 대해 별로 주목하지 않았으며, 예술과는 결합되지 않는다. 이는 예술이 본질구성적으로 그러한 놀이 규칙을 버리며, 존재자 내지 경험세계와 동화되지 않는 존재자라는 사실을 통해 설명될 수 있을 것이다. 예술에서 본질적인 것은 예술에서 사실이 아닌 것,[8] 모든 사물에 대한 경험주의적 척도와 공약수가 없는 것이다. 예술에서 그처럼 사실이 아닌 것을 생각하기 위해서는 미학이 필요하다.

---

8   Donald Brinkmann, *Natur und Kunst. Zur Phänomenologie des ästhetischen Gegenstandes*, Zürich/Leipzig, 1938, 여러 곳 참조.

순진성의 기능 전환

주관적인 측면에서 지극히 널리 퍼져 있는 저항이 미학의 객관적 난관들과 결합된다. 많은 사람이 미학을 불필요한 것으로 여긴다. 그들에게 예술은 부르주아적 일상에 대한 여가 시간 중의 보완물로서 일요일의 오락이 되었는데, 미학은 이 일요일의 오락을 방해하는 것이다. 그러한 저항은 비록 예술과는 이질적인 것이지만 예술과 유사한 것을 표현하는 데에도 기여한다. 왜냐하면 예술은 점진적으로 합리화되고 사회화된 사회 속에서 억압당하고 지배당하는 자연의 이익을 감지하기 때문이다. 그러나 사업은 그러한 저항도 제도화해서 이용해 먹는다. 사업은 비합리성을 위한 자연보호 공원으로서 예술을 담으로 둘러싸고 사상을 그 바깥으로 몰아내야 한다고 여긴다. 이 경우 사업은 미학 이론에서 떨어져 나가 상투적인 것으로 타락한 관념, 즉 예술은 전적으로 직관적이어야 한다는 관념과 결합된다. 하지만 예술은 어디서나 개념에 관여한다. 예술에서 직관의 우선성은 문젯거리이기도 하지만, 기성 예술가들도 예술에 대해 생각하지 않았을 터이니 예술에 대해 생각해서는 안 된다는 지침과 직관의 우선성이 초보적인 수준에서 혼동된다. 그러한 신조의 파생물이 순진성Naivetät이라는 불분명한 개념이다. 순수 감정의 영역에서는——이 명칭은 아주 저명한 어느 신칸트주의자의 미학 제목에 등장한다[9]——예술 작품 속의 엄밀성이라는 계기들을 주장하면서도 논리성과 유사한 것은 모두

---

9 [옮긴이] 헤르만 코헨Hermann Cohen의 『순수 감정의 미학Ästhetik des reinen Gefühls』 (1912)을 생각할 수 있다.

금기시된다. 미 영역 외부의 논리와 인과성 자체에 대한 그러한 계기들의 관계는 단지 철학적 미학을 통해서만 규정될 수 있을 터인데 말이다.[10] 이로써 감정은 그 반대되는 것이 된다. 즉 사물화된다. 예술은 사실상 또 하나의 세계이며, 세계와 같으면서도 같지 않다. 계획적으로 통제되는 문화산업의 시대에는 미적 순진성의 기능도 바뀌었다. 한때 예술 작품들의 고전성이라는 받침대 위에서 이 고전성의 중심적 특징으로서 칭송받던 것, 즉 고귀한 단순성이라는 것은 고객을 붙잡는 수단으로 이용될 수 있게 되었다. 순진성은 소비자들을 위해 확인되고 그들에게 주입된다. 그들은 알약으로 포장되어 자신이 삼켜야 하는 것에 대해 어리석은 생각을 품지 않도록 해야 할 것이다. 한때의 단순성은 문화 소비자의 단순한 상태로 전이되었고, 문화 소비자는 감사하면서 형이상학적으로 편한 마음으로 산업체로부터 그렇지 않아도 피할 길이 없는 잡동사니를 사들인다. 순진성을 입장으로서 받아들이자마자 그것은 이미 더 이상 존재하지 않게 된다. 예술과 예술에 대한 의식의 경험 사이의 진정한 관계에서는, 소비재로서의 예술에 맞선 저항을 훈련시킬 뿐만 아니라 예술 작품의 실제 상태를 수용자에게 실질적인 것이 되도록 해주는 교양이 그 본질일 것이다. 오늘날의 예술은 그러한 교양으로부터 이미 생산자 차원에서 대체로 차단되어 있다. 예술은 극히 세련된 처리 방식들에 이르기까지 예술 이하의 것에 끊임없이 유혹당함으로써 그 대가를 치러야 한다. 예술가의 순진성은 문화산업에 대한 순진한 순응으로 타락했다. 순진성이 직접

---

10   Arthur Schopenhauer, *Sämtliche Werke*, hg. W. v. Löhneysen, Bd. 2: *Die Welt als Wille und Vorstellung II*, Darmstadt, 1961, pp. 521 이하 참조.

적으로 예술가의 천성이었던 적은 없으며, 오히려 예술가가 자신에게 미리 정해진 사회적 연관에 대응할 때의 자명성이자, 타협주의의 일부였다. 그러한 순진성의 척도는 예술적 주체가 어느 정도 굴절 없이 받아들인 사회적 형식들이었다. 순진성, 그리고 그것의 정당성과 부당성은 주체가 그러한 형식들에 얼마나 동의하거나 그것에 이의를 제기하느냐, 또 도대체 무엇이 아직도 자명성을 요구해도 되느냐 하는 점과 얽혀 있다. 현존재의 표면, 즉 현존재가 인간에게 보여주는 모든 직접성이 이데올로기로 된 이래, 순진성은 그 자체의 대립물로 전도되었다. 즉 사물화된 세계에 대한 사물화된 의식의 반사로 전도된 것이다. 삶의 경직화에 맞서는 충동의 차원에서 방황하지 않는 예술 생산, 따라서 진정으로 순진한 예술 생산은 인습적 세계의 유희 규칙에 따르면 순진하지 않다고 여겨지는 것으로 되며, 또 물론 현실원칙에 고분고분하지 않은 것이 예술의 반응 속에 살아남아 있는 만큼의 순진성을 자체 내에 보존한다. 즉 어린이와 같은 면, 세계의 규범들에 따르면 유아적인 면을 보존한다. 그것은 기성의 순진성과는 반대되는 것이며, 이를 심판하는 순진성인 것이다. 헤겔 그리고 그보다 더 예리하게 요흐만[11]은 그 점을 인식했다. 하지만 그들은 그 때문에 예술의 종말을 예언한 점에서 의고주의적 편견에 사로잡혀 있었다. 사실상 예술의 순진한 계기들과 반성적 계기들은, 성장하는 산업자본주의 속에서 동경하는 마음으로 그들이 말하고자 했던 것보다 언제나 훨씬 더 내밀하게 결합되어 있었다. 헤겔 이후 예술의 역사는 때 이른 그의

---

11   [옮긴이] Carl Gustav Jochmann(1789~1830): 라트비아 출신의 독일 언론인. 1848년 3월 혁명 직전 독일의 정치적, 사회적 상황을 영국 및 프랑스와 비교해 비판했다.

미학적 종말론에 담긴 오류에 대해 가르쳐주었다. 이 종말론의 오류는 그것이 인습적 순진성의 이상을 함께 끌고 다닌 점이었다. 부르주아 가정생활에서 은총 받은 응석받이 신동의 역할을 하는 모차르트조차 부친과의 서신 교환 어디서나 드러나듯이 그에 대한 상투적 이미지보다 비교할 수 없을 정도로 훨씬 더 반성적이었다. 물론 이러한 반성은 그의 재료 내부에서 이루어졌지 그 위를 추상적으로 떠다니면서 이루어진 것은 아니다. 순수한 직관의 또 다른 가정적 우상인 라파엘로[12]의 작품이 객관적 조건으로서 얼마나 반성을 담고 있는지는 그림 구성의 기하학적 비율들에서 드러난다. 무반성적 예술이란 반성이 이루어진 시대에 과거를 돌이켜 보는 사람들이 만들어낸 환상이다. 이론적 심사숙고와 과학적 성과들은 예로부터 예술과 한 덩어리가 되었으며 여러모로 예술에 앞섰다. 그리고 특히 중요한 예술가들은 그 앞에서 위축된 사람들이 아니었다. 피에로 델라 프란체스카의 공간 원근법[13] 발견이나, 오페라의 출발점을 이룬 피렌체 카메라타 그룹[14]의 미학적 사변들을 상기하기 바란다. 이 오페라는 청중들의 애호를 받는 형식으로, 사후적으로 순진성의 아우라로 포장된 형식의 본보기가 되지만, 실은 이론으로부터 나온 것이며 말 그대로 하나의 고안물이다.[15] 이와

12 [옮긴이] Raffaello Sanzio(1483~1520): 이탈리아 르네상스 화가. 주로 피렌체와 로마에서 활동했다. 그의 작품들은 고상하고 우아한 아름다움을 전형적으로 보여준다.
13 [옮긴이] Luftperspektive: 전경에서 후경으로 가며 대비가 줄어들고 밝기는 늘어남으로써 깊이감이 생기게 하는 기법. 전경, 중경, 배경을 색채의 농담 차이로 만들어내는 색채 원근법과 대조된다.
14 [옮긴이] Camerata: 피렌체의 시인 음악가 협회. 고대 그리스 음악과 연극을 되살리려고 노력했다.
15 Hanns Gutmann, "Literaten haben die Oper erfunden," *Anbruch* 11(1929), pp. 256 이하 참조.

유사하게 17세기에 조율이 도입됨으로써만 5도권[16]을 통한 변조가 가능해졌고, 그래서 바흐는 위대한 피아노곡의 제목에서 감사하는 마음으로 그 점을 암시했다. 19세기에도 인상주의 회화 방식은 망막에서 진행되는 과정에 대한 올바르거나 잘못 해석된 과학적 분석에 근거를 두었다. 물론 이론적이고 반성적인 요소들이 예술에서 변형되지 않은 채 남아 있는 경우는 드물다. 때때로 예술은——아마 최근에도 전자음악에서——자신이 근거로 삼는 과학을 오해했다. 그렇다고 해서 합리성에서 나오는 생산적 충동이 심하게 손상된 것은 아니다. 아마 인상주의자들의 생리학적 명제들은 한편으로 매료되기도 하고 한편으로 사회비판적이기도 한, 대도시 및 그 이미지들의 역동성에 대한 경험의 포장물들일 것이다. 사물화된 세계에 내재하는 역동성을 발견함으로써, 그들은 대도시에서 가장 눈에 띄었던 사물화에 대항하려고 했다. 19세기에는 자연과학적 설명들이 스스로를 의식하지 못하는 예술의 동인으로 기능했다. 그런 친화성은 그 시기에 가장 진보적인 예술이 이성에 대응할 때, 이 이성이 자연과학에서 작동하는 이성과 다를 바 없는 것이라는 데에 기인했다. 예술사에서는 예술의 과학주의적 명제들이 사멸하곤 했지만, 그것들이 없었다면 예술 활동이 이루어질 수 없었을 것이다. 물론 반대로 그런 명제들을 통해 그러한 활동이 충분히 설명되지도 않는다. 이런 사실은 수용에 대해, 어떤 적합한 수용도 수용된 작품보다 더 무반성적인 것일 수 없다는 결과를 초래했다. 자신이 보거나 듣는 것을 알지 못하는 사람은 작품들에 대한 직접적

---

16 [옮긴이] Quintenzirkel: 반음계의 12개 음정 간의 관계와 그에 상응하는 조표 및 관련된 장조, 단조의 기하학적 표현.

반응의 특권을 향유하는 것이 아니라 오히려 작품들을 지각할 수도 없는 것이다. 의식은 지각 위에 구성되는 위계질서의 층이 아니다. 오히려 미적 경험의 모든 계기들은 상호적이다. 어떤 예술 작품도 한 층 위에 다른 층들이 쌓인 상태를 본질로 하지 않는다. 그런 중첩은 문화 산업적 계산 내지 사물화된 의식의 결과일 뿐이다. 예컨대 복합적인 큰 규모의 음악에서는 1차로 지각된 것과 의식 내지 반성적 지각을 통해 규정된 것의 경계선이 변한다는 점을 관찰할 수 있다. 종종 어떤 일시적 음악 구절의 의미를 이해하는 것은 현존하지 않는 전체 속에서 그 구절이 지니는 위상을 지적으로 아는 데에 의존한다. 직접적 경험이라고 하는 것도 그 나름으로 순수한 직접성을 넘어서는 계기에 의존하는 것이다. 예술 작품들에 대한 이상적 지각은 그런 형태로 매개되어 있는 것이 직접적인 것으로 되는 지각일 것이다. 순진성은 목표이지 근원이 아니다.

전통적 미학과 시의성 있는 예술의 불화

그러나 미학에 대한 관심이 느슨해진 것은 분과 학문으로서의 미학 때문만이 아니라, 그와 마찬가지로 또 어쩌면 그 이상으로 대상 때문이기도 하다. 미학은 암암리에 예술 일반의 가능성을 함의하는 듯하며, 미리부터 예술의 현존보다 오히려 방법에 더 관심을 둔다. 이런 입장이 불확실해졌다. 이제 미학은 칸트의 인식론이 수학적 자연과학이라는 사실에서 출발했던 방식으로 예술이라는 사실에서 출발할 수 없다. 자체의 개념을 고수하고 소비를 거부하는 예술이 반예술로 넘어가는 현상, 또 실제의 파국 이후 그리고 다가오는 파국에 직면해 예술의 존속이 도덕적 부조화에 처해 있다는 데에 기인하는 예술의 자체 불만 등은 미학 이론에도 전파되는데, 미학 이론의 전통에서는 그러한 의혹이 낯선 것이었다. 철학적 미학은 헤겔의 수준에 이르렀을 때 예술의 종말을 예언했다. 물론 미학은 그 후에 그것을 잊어버렸지만, 예술은 그것을 더욱 깊이 감지한다. 설혹 예술이 이제는 그럴 수 없지만 지난날의 상태로 남는다고 해도, 다가오는 사회 속에서는 그 변화된 기능으로 인해 완전히 다른 것이 될 것이다. 예술적 의식은 확고한 지반이라는 것이 존재한 적이 있는지, 그것이 늘 이미 이데올로기였는지, 돌이켜 보면 수상쩍은 곳에서 단지 자신의 주제 설정과 기대되는 태도를 통해 여전히 확고한 지반이 있다는 듯이 거동하는 고찰들을 불신하는데, 여기에는 그럴 만한 근거가 있다. 실제로 오늘날의 문화 사업은 그 예술 분야 전체와 함께 공공연히 이데올로기로 넘어가고 있는 것이다. 예술의 가능성에 대한 물음은 외견상 좀더 근본적인 형태, 즉 예술이 일반적으로 가능하냐, 또 어떻게 가능하냐 하는 물음의 형태를 조롱하는 식으로 활성화되었다. 그 대신에 오늘날에는 예술의 구체적 가능성에 대한 물음이 등장한다. 예술에 대한 불만은 정체된 사회적 의식이 현대 예술 앞에서 느끼는 불만에 그치는 것이 아니다. 도처에서 그러한 불만은 예술적으로 본질적인 것 혹은 전위적인 작품들에까지 확산된다. 예술은 나름으로 그 자체에 대한 부정에서 도피처를 찾고 죽음을 무릅씀으로써 살아남고자 한다. 예컨대 연극에서는 소품이나 요지경 구조 혹은 번쩍이는 싸구려 물품들을 거부하며, 심지어 철조망 구조물 따위로 세상을 모방하는 것조차 거부하기에 이른다. 예술에 영혼을 불어넣는 순수한 미메시스 충동은—또 하나의 세계를 만드는 행복은—예로부터 예술의 반신화적이고 계몽적인 요소들과 결합되어 있었는데, 이제는 완전한 목적 합리성의 체계 속에서 견딜 수 없는 것이 되어버렸다. 행복과 마찬가지로 예술은 유아적인 것이라는 의심을 유발한다. 하지만 행복에 대한 불안 또한 모든 합리성의 존재 이유를 오해하는 퇴행이다. 왜냐하면 자체보존 원칙의 운동은 물신화되지 않는 한 자체의 활력으로 인해 행복에 대한 욕구에 도달하기 때문이다. 예술을 이보다 더 강력히 옹호하는 것은 없다. 근래의 소설에서는 화자의 전지적 존재라는 허구에 맞서는 충동도 예술에 대한 예술의 혐오에 가담한다. 프루스트 이래 소설의 역사는 대체로 그러한 것에 따르고 있다. 그러나 소설 장르는 베스트셀러 목록에서 '픽션'이라는 표제어를 통해 드러나는 것, 즉 미적 가상이 사회적으로 혐오스러운 존재가 되었다는 사실을 완전히 떨쳐버리지 못했다. 음악은 벤야민이 다소 대략적으로 기술복제 가능성의 시대 이전의 모든 예술을 정의하는 데에 활용한 것, 즉 아우라 내지 마술의 계기를 떨쳐버리고자 노력한다. 하지만 마술은 반음악의 경우에도 음악이라는 것이 어디서 울려 나오든, 그 특유한 성질들에 앞서 이미 음악 자체로부터 나타난다. 예술은 이런 부류의 특징들을 예술의 과거에서 유래하는 교정 가능한 잔재들처럼 다루지 않는다. 그것들은 예술 자체의 개념과 얽혀 있는 듯해 보인다. 그러나 예술이 가상을 허위에 팔아먹지 않기 위해 자체의 출발점들에 대한 반성을 자발적으로 수행하고 가능하다면 이러한 반성을 일종의 해독제처럼 그 형태에 받아들여야 할수록, 외부로부터 예술에 자성을 강요하는 주제넘은 짓에 대해 예술은 더욱 회의적으로 된다. 미학에는 자체의 개념들을 가지고 무기력하게 예술의 상황을 뒤좇는다는 오점이 따라다닌다. 이 상황에서 예술은 향후 어떻게 되느냐와 무관하게 자체와 분리하여 생각할 수 없는 개념들을 흔들고 있다. 미학 이론을 포함해 어떠한 이론도 보편성의 요소 없이는 곤란하다. 그래서 미학 이론은 주요 현대예술이 공격할 수밖에 없는 바로 그런 부류의 불변 요인들을 옹호하고 싶은 유혹에 빠진다. 새로운 것을 항상 같은 것으로, 예컨대 초현실주의를 매너리즘으로 환원하고자 하는 정신과학적 욕망 혹은 예술적 현상물들의 진리를 말해주는 지표인 그것들의 역사적 위상에 대한 감각의 결여는 그처럼 추상적 규정들을 지향하는 철학적 미학의 성향에 상응한다. 그런데 그러한 규정들에는 형성되어 가는 정신에 의해 늘 되풀이하여 거짓으로 입증되는 것 말고 어떤 불변적인 것도 없다. 영원한 미적 규범으로서 복구되는 것은 형성된 것이고 사멸하는 것이다. 불멸성에 대한 요구도 낡아버린다. 사범대 교육을 이수한 교사들조차도 대상에 대한 안전한 미적 거리가 충격적으로 흔들리는 카프카의 「변신」이나 「유형지에서」와 같은 산문에 무관심적 만족 따위의 공인된 척도를 적용하는 데에는 주저할 것이다. 카프카 문학의 위대성을 경험한 사람은 예술에 대한 논의를 그것에 적용하는 것이 얼마나 부적절한지 느낄 수밖에 없을 것이다. 카프카의 우화에서 거대한 아파트들이 중세의 폐허와 유착되어 있듯이 현대 극문학이 비극성 혹은 희극성과 유착되어 있기는 하지만, 이 비극성이나 희극성과 같은 장르적 아프리오리들의 경우에도 사정은 다르지 않다. 베케트의 극들은 비극적인 것으로도 희극적인 것으로도 볼 수 없지만, 그렇다고 강단 미학자의 사정에 맞는 희비극 유형의 혼합 형식도 아니다. 오히려 그의 작품들은 이제 저명한 희극의 기본 텍스트들에 대해 웃을 수 없거나 다시 조잡해진 수준에서만 웃을 수 있다는 의식에 충실하게, 그러한 범주들 자체에 대한 역사적 판결을 수행한다. 자체반성을 통해 그 자체의 범주들을 주제로 삼는 새로운 예술의 경향에 어울리게 『고도를 기다리며』나 「막판」과 같은 극들에서는──후자의 경우 예컨대 주요 인물들이 웃기로 결정하는 장면에서──그것들이 희극적이라기보다는 오히려 희극의 운명이 비극화된다. 무대 위의 그러한 웃음을 통해 관객의 웃음은 소멸한다. 베데킨트도 이미 『짐플리치시무스』[17] 발행자를 상대로 하는 실화문학 작품을 풍자에 대한 풍자라고 칭했다. 역사적 개관을 통해 경탄할 것은 아무것도 없다nil admirari는 식의 만족을 얻고, 자신의 영원한 가치들을 검소하게 다루는 가운데 모든 사물의 불변성으로부터, 진지하게 다른 것 혹은 기존 질서를 괴롭히는 것을 진부해질 수 있으리라는 이유로 제거하는 이점을 얻는 공식 철학의 우월성은 허위다. 이러한 태도는 사회심리학적으로도 제도적으로도 반동적인 태도와 결탁하고 있다. 미학이 아무튼 이제까지 예술에 접근할 수 있었던 적이 있다면, 비판적으로 자신을 의식하는 과정에서만 다시 한번 예술에 접근할 수 있을 뿐이다.

예술 작품의 진리내용과 물신적 성격

하지만 예술은 미학의 흔적들에 놀라면서 미학을 예술에 뒤처진 것이라고 의심하는 반면에, 끊어질 정도로 팽팽해진 예술의 생명선을 더 이상 시대착오적이지 않은 미학이 끊어버릴 수도 있다는 점을 은밀히 두려워할 수밖에 없다. 이런 미학만이 예술의 현존재와 사상내

---

17 [옮긴이] *Simplizissimus*: 1896~1944년 뮌헨에서 발간된 정치 풍자 주간지. 베데킨트도 이 잡지에 적극 참여했다.

용을 가능케 하는 형이상학의 몰락 이후 예술이 살아남을 것인지, 또 어떻게 그럴 것인지를 판단할 수 있을 것이다. 예술의 형이상학은 예술의 존속을 결정하는 법정이 되었다. 어떤 식으로 수정된 것이든 신학적 의미의 부재는 예술에서 예술 자체의 의미심장함이 위기에 빠지는 상태로 첨예화된다. 작품들이 의식의 수준으로부터 가차 없이 결론들을 끄집어낼수록, 작품들 자체는 의미 없는 상태에 더욱 가까이 접근한다. 그로써 작품들은 역사적으로 필요해진 진리를 얻는다. 이러한 진리를 부인할 경우, 그 진리는 예술을 무기력한 위로 내지 나쁜 기존 상황에 대한 동의라고 저주할 것이다. 동시에 무의미한 예술도 자체의 존재 권한을 잃기 시작하며, 아무튼 최근 단계에서도 확고부동했던 모든 것의 뒤를 따른다. 그런 예술이 무엇을 위해 존재하느냐는 질문에 대해, 모든 예술에 담겨 있는 부조리의 침전물이라고 괴테가 말한 것 말고는 아무 대답도 내놓을 수 없을 것이다. 그것은 점차 위로 올라오며 예술을 탄핵한다. 적어도 예술의 한 가지 근간은 물신이지만, 예술은 가차 없는 진보를 통해 물신주의로 돌아가며, 스스로 맹목적 자체목적이 된다. 또한 예술의 의미인 예술의 객관적 진리내용이 흔들리기 시작하자마자, 예술은 허위임이, 집단적 망상과 같은 것임이 드러난다. 정신분석학이 자체의 원칙을 끝까지 생각한다면, 모든 실증주의와 마찬가지로 예술의 청산을 요구할 수밖에 없을 것이다. 그렇지 않아도 정신분석학은 환자들에게 내재하는 예술적인 면을 분석하여 제거하는 성향을 지닌다. 예술이 단지 승화로만, 심적 경제의 수단으로만 승인될 경우, 예술의 진리내용은 인정받지 못하며 예술은 단지 선의의 속임수로만 존속한다. 그러나 모든 예술 작품들의 진리는 다시 예술의 허위가 될 태세인 물신주의 없이 존재할 수 없을 것이다. 예술 작품들의 질은 본질적으로 그 물신주의의 수준에 좌우된다. 즉 생산과정이 스스로 만들어진 것에 바치는 존경에 좌우되며, 그것에서 느낄 수 있는 즐거움을 망각하는 진지함에 좌우된다. 예술 작품 자체를 포함한 현실을 상대로 하는 예술 작품의 기만이라고 할 수 있는 물신주의를 통해서만 작품은 일종의 정신적인 것인 현실원칙의 속박을 초월한다.

미학의 필요성

그러한 관점에서 미학은 낡은 것이라기보다 오히려 필요한 것임이 입증된다. 예술이 불편을 느끼는 대목에서 미학으로부터 규범들을 지시받는 것이 예술의 욕구는 아니다. 하지만 예술 홀로 자발적으로는 거의 수행할 수 없는 반성의 힘을 미학에서 형성하는 것은 예술이 바라는 바다. 현대 예술가들이 쉽게 쓰는 재료, 형식, 형상화 같은 말들은 일반적인 용법에서는 상투적인 면을 지닌다. 이로부터 그들을 치유하는 것은 예술 활동과 관련된 미학의 기능이다. 하지만 무엇보다 미학은 작품들의 전개에 요구된다. 작품들은 초시간적으로 동일한 것이 아니라, 작품들 자체의 존재가 일종의 형성 과정이기 때문에 현재 상태로 형성되어 가는 것이다. 그래서 작품들은 그러한 형성 과정이 이루어지도록 해주는 주석이나 비평과 같은 정신의 형식들을 끌어들인다. 그러나 이러한 정신의 형식들은 작품들의 진리내용에 도달하지 못하는 한 박약한 상태에 머문다. 그것들은 미학으로까지 첨예화됨으로써만 그러한 능력을 얻을 수 있다. 한 작품의 진리내용은 철학을 요구한다. 진리내용을 통해 비로소 철학은 예술과 일치하거나 예술 속에서 소멸한다. 그 상태에 도달하는 과정은 철학 명제들의 외적 적용이 아니라, 작품들의 반성적 내재성의 과정이다. 작품들의 진리내용은 작가나 이론가가 작품에 부여한 그때그때의 철학과 엄격히 구분되어야 한다. 그 두 가지가 이제 2백 년 가까이 서로 결합될 수 없게 되지 않았는지 의심할 수도 있을 것이다.[18] 한편 문헌학이 다른 경우에는 아무리 공로가 있더라도, 미학은 예술 작품들의 진리내용을 확인한다는 문헌학의 요구를 단호히 거부한다. 전통적 미학과 시의성 있는 예술이 화해할 수 없는 시대에 철학적 예술 이론은, 니체의 말을 변형하자면, 사멸하는 범주들을 확정적 부정 속에서 과도적 범주들로 사고하는 것 말고 선택의 여지가 없다. 통상적 미학 범주들을 근거 있게 구체적으로 해체하는 일만이 시의성 있는 미학의 형태로 남아 있을 뿐이다. 그것은 동시에 그러한 범주들의 변화된 진리를 해방한다. 예술가들은 끊임없이 반성할 필요가 있다. 그런데 이 반성이 완성된 것에서 정당성을 찾지 못하고, 자의적이고 아마추어적인 보조 가설이나 서투른 공예품의 합리화 혹은 의도한 바에 대한 구속력 없는 세계관적 표명 따위로 타락하지 않기 위해서는, 그러한 반성에서 우연성을 떨쳐버려야 할 것이다. 그 누구도 순진하게 이 시대 예술의 테크놀로지적 선입견에 굴복해서는 안 될 것이다. 그렇지 않으면 예술은 작품을 만들어내는 데에 쓰이는 처리 방식 내지 수단으로 목적 — 작품 — 을 대체하는 데에 완전히 내맡겨질 것이다. 여기에 이르는 과정은 수단 즉 생산을 위한 생산 혹은 완전고용 내지 이와 관련된 것들을 신격화하는 사회 전체의 과정과 너무 철저히 조화를 이룰 뿐이다. 이는

---

18 Adorno, *Noten zur Literatur III*, 2. Aufl., Frankfurt a. M., 1966, p. 161 참조.

목적에 해당되는 인류의 이성적 조직이 차단되었기 때문이다. 철학에서는 미학이 유행 지난 것이 되었지만 가장 진보적인 예술가들은 미학의 필요성을 더욱 강력히 느낀다. 틀림없이 불레즈도 흔한 부류의 규범미학이 아니라 역사철학적으로 결정된 예술 이론을 염두에 두었을 것이다. 그가 "미학적 방향 설정orientation esthétique"이라는 말로 생각한 것은 무엇보다 예술가의 비판적 자기성찰이라는 말로 바꿔 표현할 수 있을 것이다. 헤겔이 통찰한 것처럼 순진한 예술의 시간이 지나갔다면, 예술은 반성을 받아들이고 더욱 밀고 나감으로써 더 이상 반성이 예술에 외적이고 낯선 것으로서 예술 위를 떠돌지 않게 해야 한다. 오늘날 미학이라는 것이 바로 그러한 것이다. 불레즈가 숙고한 바의 핵심은 아방가르드 예술가들 사이에서 통용되는 생각, 즉 기술적 처리 방식들에 주석을 붙인 활용 지침들이 이미 예술 작품이라는 생각 때문에 착각을 했다는 것이다. 단지 예술가가 무엇을 만들어내느냐가 관건일 뿐이며, 그가 어떻게 만들어내려고 했느냐 하는 문제는 아무리 진보적인 수법을 썼더라도 관건이 아니라는 것이다.[19] 불레즈가 보기에도 시의성 있는 예술 창작 과정의 관점에서는 역사적 상황에 대한 통찰 및 이를 통해 매개된 전통과의 대립 관계는 생산을 위해 구속력 있는 추론들과 일치한다. 쇤베르크만 해도 예술과 동떨어진 미학에 대한 정당한 비판을 근거로 독단적으로 수공예 이론과 미학을 구분했고, 이는 바우하우스 세대와 같은 그 세대 예술가들에게 명백한 것이었지만, 불레즈는 수공예와 기예를 근거로 그러한 구분을

---

19 Pierre Boulez, "Nécessité d'une orientation esthétique," *Zeugnisse. Theodor W. Adorno zum sechzigsten Geburtstag*, hg. M. Horkheimer, Frankfurt a. M., 1963, pp. 334 이하 참조.

철회한다. 쇤베르크의 화성론도 그가 자신의 저서[20]에서 이미 오래전부터 자신의 것이 아니었던 수법만을 다룸으로써 그러한 구분을 유지할 수 있었다. 만일 그가 자신의 수법들에 대해 상론했다면 교육적으로 전수할 수 있는 수공예 지침들의 결여로 인해 불가피하게 미학적 성찰을 할 수밖에 없었을 것이다. 미학적 성찰은 총체적으로 기술적인 작품의 긴장 부재 상태로 인한 현대 예술의 치명적 노화에 답을 제시한다. 비록 기술적인 비판에는 언제나 초기술적인 요인도 나타나지만, 기술 내적으로만 긴장 부재 상태에 대응하기는 어렵다. 오늘날 아무튼 중요시되는 예술이 그것을 묵인하는 사회에서 아무래도 상관없는 것이 되었다는 사실 때문에, 예술 자체는 온갖 결정에도 불구하고 달라질 수도 있고 전혀 존재하지 않을 수도 있는, 자체로서 아무래도 상관없는 것의 흔적들을 지니게 된다. 근래에 기술적인 척도들이라고 간주되는 것은 예술적 수준에 대한 판단을 이제 허용하지 않으며, 대체로 그런 판단을 낡은 취미 범주 쪽으로 추방해 버린다. 무엇에 쓸모 있느냐고 묻는 것이 부적절해진 수많은 작품은 불레즈의 지적에 따르면, 사상내용 및 이를 구현하는 능력 덕분이 아니라 단지 문화산업에 대한 추상적 대립 덕분에 존재한다. 가장 전위적인 경향들을 감당할 수 있음을 보여줄 뿐 아니라 반성의 힘에서 이 경향들을 따라잡고 능가하는 미학만이 그러한 작품들이 피하는 결정을 내릴 수 있을 것이다. 취미 개념에서는 진리에 대한 예술의 요구가 초라하게 종말을 고하고 있으므로, 그러한 미학은 취미 개념을 포기할 수밖에 없다. 이제

---

20 [옮긴이] 『화성론 Harmonielehre』은 쇤베르크가 1911년에 쓴 이론서다. 그는 서문에서 "이 책은 내 제자들로부터 배운 것이다"라고 밝혔다.

까지의 미학에는 주관적 취미판단에서 출발함으로써 미리부터 진리에 대한 예술의 요구를 제거한다는 비난이 제기된다. 그래서 진리에 대한 요구를 진지하게 받아들이고 예술을 쾌적하거나 유용한 장난감과 대립시킨 헤겔은 취미에 적대적이었다. 그러나 그는 미학의 구체적인 부분들에서 취미의 우연성을 돌파하지 못했다. 미적 객관성과 취미판단의 아포리아를 시인한 것은 칸트의 명예가 된다. 그는 물론 취미판단에 대한 미학적 분석을 그 계기들에 따라 수행했지만, 이 계기들을 동시에 잠재적이고 무개념적이면서 객관적인 것이라고 생각했다. 이로써 그는 어떤 의지로부터도 단순히 제거할 수 없는, 모든 주요 이론의 유명론적 위협을 보여주었으며, 또한 이론이 자체를 넘어서기 위한 조건을 이루는 계기들을 감지했다. 마치 대상에 대해 눈을 감은 채 이루어지는 듯한, 대상의 정신적 운동 덕분에 그는 그의 사후 150년 만에 생겨난 예술, 즉 열린 상태, 은폐되지 않은 상태에서 자체의 객관성을 모색하는 예술의 가장 깊은 충동들에 대해 사고하도록 기여했다. 칸트와 헤겔의 이론들에서 2차적 반성을 통해 해결되기를 기대하는 것들은 실현될 필요가 있을 것이다. 철학적 미학의 전통을 끝내는 것은 철학적 미학이 제 역할을 하는 데에 틀림없이 도움이 될 것이다.

형이상학의 도피처인 미학

미학이 위로부터도 아래로부터도, 즉 개념들로부터도 개념 없는 경험으로부터도 본질구성될 수 없다는 점에서, 미학의 난점은 내재적인 것으로 나타난다. 이 조야한 양자택일에 맞서는 데에는 사실과 개념이 서로 양극으로 대립하는 것이 아니라 서로를 통해 매개되어 있다는 철학적 인식만이 미학에 도움을 준다. 미학은 그러한 인식을 흡수해야 한다. 비평이 방향을 잃고 그릇된 판단이나 우연한 판단으로 인해 예술 앞에서 좌절한 이래로, 예술에는 다시 미학이 필요하기 때문이다. 하지만 미학이 예술에 이질적인 처방이나 눈앞에 있는 현상의 무기력한 분류에 그치지 않으려면, 변증법적 미학으로서 말고는 달리 생각할 수 없을 것이다. 전체적으로 볼 때 변증법적 방법은 사물처럼 굳어버린 사고를 지배하는, 또 독일 관념론에서 처음 변증법을 정식화한 피히테의 주장들이 명백히 거부하는, 연역법과 귀납법의 분리에 만족하지 못한다는 것도 변증법적 방법에 대한 부적절한 규정이 아닐 것이다.[21] 미학은 예술에 뒤처져서도 안 되지만, 철학에 뒤처져서도 안 된다. 헤겔 미학은 극히 중요한 통찰들을 풍부히 담고 있지만, 헤겔 체계의 다른 실질적인 부분들과 마찬가지로 변증법을 다루는 그의 대표작들의 개념에 전적으로 부합되지는 않는다. 이는 간단히 만회할 수 있는 문제가 아니다. 미학적 변증법에서는 헤겔과 피히테의 경우처럼 귀납법의 출발점인 개별자와 연역의 원천인 보편자가 동일하다는 것을 보증하려고 했던 정신의 형이상학을 상정할 수 없다. 그 진지한 철학에서 무산된 것을 자체로 철학의 한 분과인 미학이 다시 살려낼 수는 없다. 미학에서 필연적인 것에 대한 의식과 그것이 왜곡되어 있다는 의식을 결합하고자 시도한 칸트의 이론이 현재의 상황에 더 가깝다. 미학의 진행 과정은 맹목적인 듯하다. 그것은 어둠

---

21 Johann Gottlieb Fichte, *Ausgewählte Werke in sechs Bänden*, hg. F. Medicus, Darmstadt, 1962. Bd. 3. p. 31 참조("Erste Einleitung in die Wissenschaftslehre").

속에서 더듬어가고 있지만, 그것이 지향하는 대상에 담긴 강제성에 이끌려 간다. 그것은 오늘날의 모든 미학적 노력이 얽혀 있는 매듭이다. 오늘날의 미학이 완전히 무기력하게 이 매듭을 풀려고 하는 것은 아니다. 왜냐하면 예술은 그 가상이라는 보편적 조건 아래에서 형이상학이 아무 가상 없이 언제나 되고자 했던 것, 바로 그것이거나 최근 단계에서도 그러한 것이었기 때문이다. 예술을 철학의 기관이라고 선언했을 때 셸링은 위대한 관념론적 사변이 다른 경우에 침묵한 것 혹은 자체보존을 위해 부인한 것을 뜻하지 않게 자인했던 셈이다. 이에 따라 셸링은 또한 흔히 아는 바와 같이 자신의 동일성 테제를 헤겔처럼 그렇게 무자비하게 실행하지는 않았다. 그 후 키르케고르는 헤겔에게서 미적 특성 혹은 거대한 가상Als ob의 특성을 간파했다. 또 그러한 특성은 『대 논리학』에서 세부 사항에 이르기까지 드러내 보일 수 있을 것이다.[22] 관념론은 미 영역 외부의 현실이 정신이라고 그저 주장할 뿐이지만, 예술은 그렇게 정신으로서 규정되는 현존재자이자 대체로 감성적인 것이다. 예술가를 이상주의자라고 비난하거나, 혹은 각자의 취미에 따라, 예술가가 절대적 이성의 업무라는 것에 종사한다는 이유로 예술가를 바보라고 비난하는 순진한 상투어는 그와 같은 사실에 대한 경험을 은폐한다. 예술 작품들은 그 자체의 특성상 객관적이며, 결코 정신적 과정들 속에서 발생했다는 점 때문만은 아니지만 정신적이다. 그렇지 않다면 예술 작품들은 먹고 마시는 일과 원칙적으로 구분될 수 없을 것이다. 오늘날 동구권에서 시작된 미학 논쟁, 즉 정신적인 것인 형식 법칙의 우선성을 사회 현실에 대한 관념론적

---

22 Adorno, *Drei Studien zu Hegel*, pp. 138 이하, p. 155 참조.

견해와 혼동하는 논쟁들은 공허한 것이다. 정신으로서만 예술은 기존 세계 질서를 확정적으로 부정하려고 하는, 경험적 현실에 대한 논박이기도 하다. 예술은 정신을 내포하고 있으면서도 절대적인 것으로 소유하거나 정신을 보장하지 않을 경우에만 변증법적으로 구성될 수 있다. 예술 작품들은 설혹 존재자로 나타날지라도 그러한 정신과 정신의 타자 사이에서 진행되는 과정이 결정체를 이루는 것이다. 이는 헤겔 미학과의 차이를 함의한다. 헤겔 미학에서 예술 작품의 객관성은 자체의 타자 상태로 넘어가고 이 타자 상태와 동일한 정신의 진리다. 그에게 정신은 총체성과 동일한 것이 되었으며, 예술 속의 정신도 마찬가지였다. 하지만 관념론의 일반 명제가 무너진 후, 정신은 예술 작품들 속에서 단지 하나의 계기일 뿐이다. 물론 이 계기는 예술 작품을 예술로 만드는 것이지만 그것과 대립하는 것이 없다면 결코 현존하지 않는 것이다. 정신은 그 대립하는 것을 먹어치울 수 없다. 이는 역사 속에 순수한 예술 작품들, 즉 정신과 비정신적인 것의 동일성을 이룩한 예술 작품들이 없었던 것과 마찬가지다. 작품들 속의 정신은 본질구성적으로 순수하지 않다. 그런 동일성을 구현하는 듯해 보이는 작품들은 주요 작품들이 아니다. 그러나 예술 작품들의 정신에 대립하는 요인은 결코 그 재료들 및 객체들 속의 자연적 요인이 아니다. 그것은 예술 작품들 속에서 단지 하나의 한계치를 이룰 뿐이다. 예술 작품들은 대립물을 자체 내에 지니고 있다. 예술 작품들의 재료들은 그 처리 방식들과 마찬가지로 역사적, 사회적으로 미리 형성되어 있다. 또한 예술 작품들에 이질적인 요인은 그것들에 내재하면서 그것들의 통일성에 저항하지만, 통일성이 아무 저항 없는 것에 대한 공허한 승리 이상의 것이 되기 위해서는 필요한 것이다. 그런 한에서 미학적 반성은 불협화음을 불가피하게 중심부로 끌어들여 협화음과의 차이를 제거하기에 이른 예술의 역사와 일치한다. 이로써 예술은 그 과정의 통일성 덕분에 언어를 찾아 더듬어가며 소멸하지 않는 고난에 가담한다. 헤겔 미학은 조화론적 특징들 혹은 이념의 감성적 가상에 대한 믿음에도 불구하고, 그러한 점을 인식하고 예술을 궁핍에 대한 의식과 결합시킨 점에서 단순한 형식미학과 진지하게 구분되었다. 예술의 종말을 최초로 간파한 그가 예술의 존속을 위한 가장 적합한 모티프를 지적한 것이다. 그것은 바로 궁핍들 자체의 존속인데, 그러한 궁핍은 예술 작품들이 말 없는 사람들을 대신해서 수행하는 표현을 기다린다. 그러나 정신의 계기가 예술 작품들에 내재한다는 것은 그것들을 산출한 정신과 그러한 계기를 동일시할 수 없으며, 더욱이 이 시대의 집단정신과는 결코 동일시할 수 없다는 것을 말해준다. 예술 작품들 속의 정신을 규정하는 일은 미학의 최고 과제다. 미학이 정신의 범주를 철학으로부터 지시받아서는 안 되기에 더욱 절실히 그렇다. 상식은 예술 작품들의 정신을 작가가 예술 작품들에 침투시킨 정신과 동일시하는 경향을 띤다. 그러나 상식은 예술 작품들이 이미 기본적으로 예술 재료의 저항을 통해, 재료 자체의 요구들을 통해, 역사적으로 현존하는 본보기들 및 처리 방식들을 통해, 헤겔과 다른 입장에서 간단히 줄여 말하자면 객관적인 것이라고 할 수 있는 정신의 본질구성에 관여하기 때문에, 예술 작품을 주관적 정신에 환원하는 것은 근거 없게 된다는 점을 빨리 깨달아야 할 것이다. 이 때문에 예술 작품들의 정신에 대한 물음은 그것들의 발생과 멀어진다. 헤겔이 주인과 하인의 변증법에서 전개한 소재와 노동의 상호 관계는 예술에서도 의미심장하게 재생산된다. 『정신현상학』의 그 대목은 역사적으로

봉건주의 단계를 불러내는 것이지만, 예술 자체에는 그 단순한 존립에 비추어 볼 때 어떤 고풍스러운 면이 달라붙는다. 이에 대한 반성은 예술의 존립 권한에 대한 반성과 분리될 수 없다. 오늘날 신혈거인들 Neotroglodyten은 요지부동의 문화 의식을 지닌 순진한 자들보다 그 점을 더 잘 알고 있다.

객관적 이해로서의 미적 경험

    선험주의적 구성에 대해 냉담해지고 증대하는 추상을 경계하게 된 미학 이론은 미적 대상에 대한 경험을 무대로 삼는다. 미적 대상은 단순히 외부로부터 인식할 수 있는 것이 아니며, 어떤 추상 수준에서든 그것을 이해하라고 이론에 요구한다. 철학적으로 이해 개념은 딜타이 학파 및 감정이입 같은 범주들로 인해 신용을 잃었다. 그러한 이론적 요소들을 무효화하고 예술 작품들에 대한 이해를 엄격히 그것의 객관성에 의해 결정되는 인식으로서 요구할 경우 여러 난점들이 솟아오른다. 어디서든 인식이 층 모양으로 이루어진다면, 바로 미학에서 그렇다는 점을 우선 인정해야 할 것이다. 다만 그 층 형성의 출발점을 경험에 고정하는 것은 자의적이라고 할 수 있다. 그것은 미적 승화의 배후 깊숙한 곳으로 거슬러 올라가면서, 살아 있는 지각과 분리되지 않는다. 어떤 극작품이나 영화의 줄거리를 이야기할 때 현재형이 아니라 과거형을 사용하는, 교양에서 배제된 사람들의 반응과 마찬가지로 인식은 끊임없이 직접적인 상태로 돌아갈 위험을 지니며, 인식은 이러한 직접성에서 멀어짐으로써 비로소 인식다운 인식으로 발전하지만, 여전히 지각과 친밀하다. 그러한 직접성의 흔적이 전혀 없다면 예술적 경험은 그러한 직접성의 계기에 빠져드는 예술적 경험과 마찬가지로 헛될 것이다. 이 경우 인식은 어느 예술 작품이나 원하든 원하지 않든 제기하는 자체의 직접적 현존재에 대한 요구를 알렉산드리아식으로[23] 회피한다. 그러나 미에 대한 예술 이전의 경험은 경험적 삶에서처럼 스스로를 예술 작품들과 동일시하기도 하고 거부반응을 보이기도 한다는 점에서, 또 경우에 따라 좀더 높은 수준에서, 즉 주관주의가 미적 경험의 기관으로 여긴 바로 그런 태도를 통해 그렇게 한다는 점에서 잘못된 것이다. 개념 없이 예술 작품에 접근하는 그러한 경험은 취미의 영역에 사로잡혀 있으며, 철학적 격언들의 본보기로 작품을 남용하는 경우처럼 작품에 대해 왜곡된 관계를 지닌다. 동일시를 좋아하는 섬세한 사람의 연약함은 예술 작품의 견고함 앞에서 좌절한다. 그러나 수용성의 계기가 없으면 사고는 사고일 수 없을 텐데, 딱딱한 사고는 수용성의 계기를 망각한다. 예술 이전의 경험에는 투사가 필요하지만,[24] 미적 경험은, 바로 그 내부에서 주관성이 아프리오리하게 우선적이기 때문에, 주체에 대한 반대 운동이기도 하다. 미적 경험은 감상자의 자기부정과 같은 어떤 것을 요구한다. 즉 미적 객체들이 스스로 말하고 침묵하는 것에 말을 걸거나 그것을 감지하는 능력을 요구한다. 미적 경험은 감상자와 객체 사이에 우선 거리를 설정한다. 사심 없는 감상이라는 생각 속에서는 그러한 점이 함께 작동한다. 예술 작품들에 대한 속물들의 관계는, 자신이 예컨대 예술 작품들에 등장하는 인물들을 대신할 수 있느냐, 또 얼마나 그럴 수 있느냐

23 [옮긴이] 알렉산드리아 학파는 2세기 중엽 알렉산드리아에서 생겨났으며, 성서 해석을 통해 이단적 주장들에 맞서 정통 기독교 가르침을 확립하고자 했고, 초월적 영적 의미를 강조했다.
24 Horkheimer·Adorno, *Dialektik der Aufklärung*, pp. 196 이하 참조.

하는 데에 좌우된다. 문화산업의 모든 분야는 그러한 데에 기초를 두며, 그러한 상태에 고객들을 붙잡아 둔다. 예술적 경험은 그 대상들을 많이 담아내고 어떤 의미에서 대상들에 가까워질수록, 또한 대상들로부터 멀어지기도 한다. 예술에 대한 열광은 예술과 이질적이다. 쇼펜하우어가 알고 있었듯이, 그로써 미적 경험은 완고한 자체보존의 속박을 깨뜨린다. 그것은 자아가 자신의 이해관계와 궁극적으로는 자신의 재생산에서 더 이상 행복을 느끼지 않게 되는 의식 상태의 본보기인 것이다. 하지만 어떤 소설이나 드라마의 사건 진행을 그 동기들과 함께 지각하거나, 혹은 어떤 그림에 묘사된 사태들을 적합하게 지각한 사람도 이로써 아직은 그 작품들을 이해한 것이 아니라는 점은, 이해에 그러한 계기들이 필요하다는 점과 마찬가지로 분명하다. 정확성을 띠는 예술과학적 서술들이나 심지어 분석들이 — 예컨대 음악의 테마 분석들이 — 모든 본질적 요인을 제대로 다루지 못할 수도 있다. 둘째 층은 작품의 의도를, 즉 작품이 스스로 표명하려는 것, 전통적 미학의 용어로는 작품의 이념을 이해하는 일일 것이다. 예컨대 입센의 『들오리Wildente』에서는 주관적 도덕성의 책임 문제가 그것이다. 그러나 작품의 의도는 작품의 사상내용과 같은 것이 아니며, 의도에 대한 이해는 잠정적이다. 따라서 그것에 대한 이해를 통해서는 그 의도가 작품의 구조 속에서 구현되었는지, 작품의 형태가 예술 작품들 속에서 그 의도를 넘어서 객관적으로 작동하고 있는 힘의 작용, 특히 적대 관계들을 감당해 내고 있는지 판단할 수 없다. 나아가 의도의 이해는 아직 작품들의 진리내용을 포착하는 것이 아니다. 따라서 어떠한 작품 이해도 단지 전기적 우연성의 측면에서가 아니라 본질적으로 과정이며, 결코 단 한 차례의 마술로 모든 것을 얻게 되고 대상에 다가가기 위한 출입구로 되는 수상쩍은 체험이 아니다. 이해의 이념은 예술 작품에 대한 완전한 경험을 통해 그것의 사상내용을 어떤 정신적인 것으로서 감지하는 것이다. 이는 소재, 현상, 의도에 대한 사상내용의 관계에만 아니라, 예술 작품들 속에서 참과 거짓을 구분하도록 해주는 예술 작품들 특유의 논리에 따른 사상내용 자체의 진리 또는 허위에도 관계한다. 예술 작품들에 대한 경험이 참과 거짓의 양자택일에 도달하거나 그 전 단계인 맞음과 틀림의 양자택일에 도달할 때 비로소 예술 작품들은 이해된다. 비판은 미적 경험에 외부로부터 부가되는 것이 아니라 미적 경험에 내재적이다. 한 편의 예술 작품을 진리의 복합체로 파악하게 되면, 그 예술 작품을 그것의 허위와 관련짓게 된다. 왜냐하면 자체 바깥의 허위, 즉 시대의 허위에 가담하지 않는 작품은 없기 때문이다. 진리에 대한 전망 속에서 움직이지 않는 미학은 자체의 과제 앞에서 느슨해진다. 대체로 그러한 미학은 요리법 수준에 머문다. 예술 작품들에서는 진리의 계기가 본질적이다. 그 때문에 예술 작품들은 인식에 가담하며 아울러 예술 작품들에 대한 합당한 관계도 인식에 가담한다. 예술 작품들을 비합리성에 떠넘기는 것은 더 높은 영역을 핑계로 예술 작품들의 고차원적 영역을 훼손하는 것이다. 예술 작품들에 대한 인식은 그것들 자체의 인식적 특성을 따른다. 예술 작품들은 객체에 대한 인식이 아닌 인식 방식이다. 이러한 역설은 또한 예술적 경험의 역설이기도 하다. 그런 인식의 매체는 이해할 수 없는 것의 자명성이다. 예술가들은 그와 같은 태도를 취한다. 이것이 그들의 이론들이 지니는 여러모로 불분명하고 무기력한 특성의 객관적 근거다. 예술철학의 과제는 이해 불가능성이라는 계기를 사변철학이 거의 불가피하게 시도했듯이 설명해 치우는 것이라기보다, 오히려 이해 불가능성 자체를 이해하는 것이다. 이해 불가능성은 예술의 성격으로서 유지된다. 이로써만 예술철학은 예술에 대한 폭력 행위에 빠지지 않을 수 있다. 이해 가능성에 대한 물음은 시의성 있는 생산을 마주할 때 가장 극단적으로 첨예화된다. 왜냐하면 이해 가능성이라는 범주는 이해를 주체 속에 옮겨놓아 상대성에 빠지지 않으려면, 예술 작품에서 객관적으로 이해 가능한 것을 요구하기 때문이다. 예술 작품이 이해 불가능성이라는 표현을 앞세우고 그 이름 아래 자체의 이해 가능한 요인을 스스로 파괴해 버릴 경우, 전통적인 이해의 위계질서는 붕괴한다. 그 자리를 예술의 수수께끼적 성격에 대한 반성이 차지한다. 하지만 이른바 부조리문학에서는—이 집합개념은 오해로 빠지기 쉬운 동의 이상의 도움을 주기보다 오히려 이질적인 것과 부딪치기 쉽다—이해, 의미, 사상내용이 등가물은 아니라는 사실을 알 수 있다. 의미의 부재가 의도의 자리를 차지한다. 이뿐만 아니라 어디서나 동일한 결과를 초래하는 것도 아니다. 이오네스코Eugène Ionesco의 『코뿔소Rhinocéros』 같은 극작품에서는 상식을 벗어나 사람들이 코뿔소로 변신하지만, 여기서는 지난날 이념이라고 칭했을 만한 것을 상당히 분명하게 파악할 수 있다. 즉 양의 울음소리처럼 규격화된 의식에 맞선 저항이 그것인데, 성공적으로 적응하는 사람들의 잘 작동하는 자아는 지배적 목적 합리성과 완전히 동조하지 못하는 사람들보다 그런 저항의 능력을 갖추지 못한다는 것이다. 극단적 부조리를 추구하는 의도는 형이상학적 무의미 상태를, 의미를 떨쳐버리는 예술언어로 옮겨놓으려는 예술적 욕구에서 나온다고 할 수 있을 것이다. 이는 예컨대 사르트르와는 전적으로 대립하는 것이다. 그의 경우에는 작품이 주관적으로 그러한 형이상학적 경험 자체를 매우 확고하게 의도한다. 베케트의 경우에는 부정적인 형이상학적 사상내용이 형식과 더불어 작품화된 것에도 영향을 끼친다. 하지만 이로써 작품이 단순히 이해할 수 없는 것이 되지는 않는다. 저자가 이른바 상징이라는 것들에 대한 해명을 내놓지 않으려는 데에는 근거가 있다. 이러한 거부는 다른 경우에 무효화된 미학 전통에 충실한 것이다. 형이상학적 사상내용의 부정성과 미적 사상내용을 모호하게 만드는 일 사이에는 동일성이 아니라 어떤 관계가 존재한다. 형이상학적 부정은 자체로부터 형이상학적 긍정을 야기할 미적 형식을 더 이상 허용하지 않지만, 그래도 형식을 규정하는 미적 사상내용이 될 수는 있다.

작품 내재 분석과 미학 이론

미학은 예술 경험 개념으로 넘어가는데, 이 개념은 이해의 필요로 인해 실증주의와 화해하지 못하지만, 통용되고 있는 작품 내재 분석 개념과 결코 일치하지 않는다. 작품 내재 분석은 문헌학에 맞선 예술 경험에서 자명한 것이며, 의문의 여지 없이 과학에서 결정적인 진보를 나타내는 것이다. 예컨대 음악을 학술적으로 다루는 경우와 같은 예술과학의 분과들은 예술 작품들의 구조에 대한 물음들 이외의 온갖 것에 관여하는 대신, 이 작품 내재 분석 방법을 따라잡을 때에야 비로소 위선적 무감각에서 깨어나게 된다. 과학은 작품 내재 분석을 통해 자체의 예술에 대한 이질성을 치유하고자 했지만, 이렇게 과학에 받아들여지는 과정에서 작품 내재 분석은 그 나름으로 자신이 넘어서고자 하는 실증주의의 특징들을 띠게 되었다. 작품 내재 분석은 작품 자체에 엄격히 집중하는데, 이러한 엄격성으로 인해 2차적 힘을 갖는 사실인 예술 작품 속에 현존하지 않는 것, 사실이 아닌 것을 모두 배제하기 쉬워진다. 음악에서도 모티프 및 테마 분석은 쓸데없는 잡담을 막는 데 유효하지만, 빈번히 기본 재료 및 그 변형의 분해를 통해 이미 작품을 파악했다고 생각하는 미신에 시달린다. 이 경우 그렇게 파악되지 못한 내용은 그러한 금욕과 상응하여 파악되지 못한 상태로 곧잘 잘못된 비합리성에 내맡겨진다. 작품 내재적 고찰의 결과는 대개 내재적으로, 불충분한 기술상의 인식으로서 교정할 수 있을 테지만, 그러한 고찰은 완고한 수공예와 별로 다르지 않다. 그러나 작품 내재 분석의 이념과 긴밀히 교감하는 철학적 미학은 이 작품 내재 분석이 도달하지 못하는 곳에 자리 잡고 있다. 철학적 미학의 2차 반성은 작품 내재적 분석이 부딪치는 사태들을 자체 너머로까지 밀고 나가야 하며 강력한 비판을 통해 진리내용에까지 도달해야 한다. 작품 내재적 분석 자체는 편협하다. 이는 확실히 예술에 대한 사회적 각성을 차단하기 때문이기도 하다. 예술이 한편으로 자립하여 사회와 대립하며 다른 한편으로 그 나름으로 사회적이라는 사실이 예술에 대한 경험의 법칙을 규정한다. 예술에서 단지 그 소재적 측면만을 경험하고 그것을 미학으로까지 부풀리는 사람은 속물적이다. 하지만 예술을 단지 예술로만 지각하고 그로부터 일종의 특권을 만드는 사람은 예술의 사상내용을 잃어버린다. 왜냐하면 예술의 사상내용은 예술을 무의미한 동어반복으로 만들어놓지 않으려면, 단순히 예술에 그칠 수 없기 때문이다. 예술 작품에만 국한되는 고찰은 예술 작품을 그르친다. 예술 작품의 내적 구성에는 아무리 매개된 상태일지라도, 그 자체로 예술이 아닌 것이 필요하다.

미적 경험의 변증법을 위해

경험에는 역사철학적으로 한계가 이미 그어져 있으며, 그래서 경험만으로는 충분한 미적 권리의 원천이 될 수 없다. 경험은 그러한 한계를 넘어서면 감정이입을 통한 평가로 전락한다. 명성을 누리던 것을 포함해 과거의 수많은 예술 작품들이 이제 직접적으로는 더 이상 경험될 수 없으며, 그러한 직접성의 허구로 인해 잘못 다루어지게 된다. 역사의 속도가 기하급수의 법칙에 따라 가속화되고 있다는 말이 타당하다면, 역사적으로 아직 그리 멀지 않은 곳에 있는 예술 작품들도 이미 이러한 과정에 휘말려 들어가 있다. 그런 예술 작품들은 자발적으로 접근할 수 있다는 끈질긴 가상을 수반하는데, 그것들을 인식할 수 있으려면 이 가상을 우선 파괴해야 할 것이다. 경험할 수 없는 상태로 있는 예술 작품들은 태고적이다. 그러한 한계는 굳어 있는 것이 아니며 또 연속적으로 이어지는 것도 아니다. 오히려 굴절되고 역동적이며 대응 과정correspondance을 통해 녹아버릴 수도 있다. 태고 상태Archaik는 경험할 수 없는 것의 경험으로서 받아들여진다. 하지만 경험 가능성의 한계로 인해 현대 예술로부터 출발할 필요가 있다. 아무튼 현대 예술은 과거의 것을 조명해 준다. 반면에 대체로 과거의 것에 머물고자 하는 학술적 관습은 그것의 반발에 부딪치며 동시에 거리감의 손상으로 인해 돌이킬 수 없는 것 속에서 소멸한다. 하지만 결국 예술은 사회를 극단적으로 거부하는 경우에도 사회적 본질을 지니며, 그러한 본질이 함께 이해되지 않으면 예술도 이해되지 않는다.[25]

---

25 Adorno, *Noten zur Literatur I*. 6. Aufl., Frankfurt a. M., 1968, pp. 73 이하 참조.

이로써 예술적 경험은 그 특권을 잃는다. 그 책임은 범주들 사이에서 동요하는 처리 방식에 있다. 예술적 경험은 미 영역의 본질구성적 내재성이 그 영역을 공허하게 만드는 이데올로기이기도 하다는 모순을 통해 스스로 운동하게 된다. 미적 경험은 스스로를 넘어설 수밖에 없다. 그것은 극단적인 것들을 통과해 가며, 양자의 어정쩡한 중간에 편안히 자리 잡지는 않는다. 미적 경험은 철학적 모티프들로부터 어떤 결론을 끌어내기보다 그것들을 변형시키면서 그것들을 포기하지도 않고, 또한 자체 내부의 사회적 계기를 몰아내지도 않는다. 베토벤의 어느 교향곡에서 이른바 순수한 음악적 과정들을 이해하지 못하는 사람은 그 속에서 프랑스혁명의 메아리를 감지하지 못하는 사람과 마찬가지로 그 교향곡을 감당할 수 없다.[26] 또한 그 두 계기가 현상물 속에서 매개되어 있다는 것은 철학적 미학의 까다롭지만 거부할 수 없는 테마에 포함된다. 경험만이 아니라 경험으로 충만한 사고라야 비로소 베토벤을 감당할 수 있다. 미학이 개념 없이 미적 현상물들에 적응해야 하는 것은 아니다. 예술에 대한 경험에는 그것에 내재적인 내부와 외부의 적대 관계에 대한 의식도 포함된다. 미적 경험들에 대한 서술, 즉 이론과 판단은 너무 빈곤하다. 단순히 갖다 붙인 사고가 아니라 작품들에 대한 경험이 필요하듯이, 역으로 어떤 예술 작품도 직접 존재하는 상태로는 적합하게 서술되지 않는다. 어떤 예술 작품도 순수하게 자체에 근거해 이해되지는 않는 것이다. 모든 예술 작품들은 독자적 논리와 일관성을 지니면서 자체 내에서 완성된 것이며, 또한 정신

---

26 Adorno, *Einleitung in die Musiksoziologie. Zwölf theoretische Vorlesungen*, 2. Aufl., Reinbeck, 1968, p. 226 참조.

과 사회의 연관 속에 있는 계기들이기도 하다. 두 계기를 과학주의적 관습에 따라 깔끔하게 분리할 수는 없다. 외적인 것에 대한 올바른 의식은 내적 일관성에도 관여한다. 한 작품의 정신적, 사회적 위상은 그것이 내적으로 결정체를 이룸으로써만 형성된다. 예술적으로 참인 어떤 것의 진리도 포괄적으로만 정당화된다. 자체 내에서 미적 질에 근거해 참임이 입증되지 않은 어떠한 것도 올바른 의식을 지닌 예술 작품이 될 수 없다. 동구권의 키치는 그곳에서 사회적 진리가 이루어졌다는 정치적 요구의 허위에 대해 어떤 것을 말한다. 미적 이해의 본보기는 예술 작품 속에서 움직이는 반응이고, 의식이 그 영역으로부터 뛰쳐나오자마자 이해는 위험해진다. 하지만 미적 이해는 다시 유동성을 유지하여 항상 안과 밖에서 움직여야 하며, 그러한 사고의 유동성이 겪는 저항을 무릅써야 한다. 단지 작품 안에만 머무는 사람에게 예술은 눈을 뜨지 않는다. 또 밖에만 머무는 사람은 친화 관계의 결여로 인해 예술 작품들을 그르친다. 하지만 미학은 두 관점의 상호 융합을 예술 작품 자체에서 발전시킴으로써 두 관점 사이를 연관성 없이 오가는 일 이상의 것이 된다.

보편과 특수

부르주아 의식은 예술 작품에 외적인 입장을 취하는 예술 고찰에 대해서는 당장 예술과 이질적이라고 의심하는 성향을 띠면서도, 예술 작품들에 대한 관계에서는 나름으로 예술 작품들 바깥에서 배회하곤 한다. 예술적 경험 전체가 결코 공식적 예술종교의 마음에 들 만큼 직접적이지는 않다는 의심을 상기할 필요가 있다. 한 예술 작품에 대한 경험은 모두 그것의 환경, 말 그대로의 의미나 전용된 의미에서 그것의 위상이나 입지 등과 연관된다. 그러한 것에 대해 논하지 않으려는 지나치게 순진한 입장은 자신이 성스럽게 여기는 것을 곡해할 뿐이다. 실제로 예술 작품은 모두, 밀폐적인 예술 작품조차도, 그 형식언어를 통해 자체의 단자론적 폐쇄 상태를 넘어선다. 각각의 예술 작품이 경험되기 위해서는 아무리 초보적일지라도 사고가 필요하다. 또한 사고는 중단되는 것이 아니기 때문에, 분업적 명령들에 따라 끊어지지 않는 사유 반응으로서의 철학이 실제로 필요하다. 사고의 보편성 덕분에 예술 작품이 요구하는 반성은 또한 모두 외부로부터의 반성이기도 하다. 이 반성을 통해 작품의 내부에서 무엇이 빛을 발하느냐에 따라 그 반성의 생산성이 결정된다. 미학의 이념에는 이론을 통해, 예술에 불가피한 분업으로 인해 예술이 겪게 되는 경직화로부터 예술을 해방시킨다는 점도 내재한다. 예술 작품들을 이해하는 것은 그것에 대한 설명과 분리되어 있지 않다. 비록 설명과 이해가 동일한 것은 아니지만, 기원에 대한 설명의 경우와 달리 예술 작품의 복합상태 및 그 사상내용에 대한 설명과 예술 작품들에 대한 이해는 분리되어 있지 않다. 이해에는 설명이 아닌 자발적 수행이라는 층도 포함되지만, 설명의 층도 포함된다. 이해는 전래적인 부류의 예술 이해를 넘어선다. 비록 작품들의 가장 훌륭한 측면은 새롭고 알려지지 않은 것을 알려진 것으로 환원하는 데에 저항하지만, 설명은 원하든 원하지 않든 그러한 환원을 포함한다. 예술 작품들을 훼손하는 그러한 환원이 없으면 그것들은 존속할 수 없을 것이다. 예술 작품들의 본질적인 측면, 파악되지 않은 측면은 동일시하는 행위 내지 파악에 의존한다. 이로써 그것은 알려진 것, 낡은 것으로 위조된다. 그런 한에서 작품의 생명 자체가 모순에 차 있다. 미학은 이러한 역설을 의식해야 하며, 전통에 반대한다고 해서 합리적 수단에서 벗어난 듯한 제스처를 취해서는 안 된다. 극단적으로 유명론적인 예술의 상태에 직면해서도, 또 미학이 예술과 공유하는 특수의 유토피아에도 불구하고, 미학은 보편적 개념들을 매체 삼아 작동한다. 이는 미학의 난점이지만, 그것의 실질적 근거도 있다. 현실에 대한 경험에서 보편이 본래 매개된 것이듯이, 예술에서는 특수가 매개된 것이다. 미적이지 않은 인식이 칸트의 표현으로 보편적 판단의 가능성에 대해 물었듯이, 예술 작품은 모두 어떻게 보편의 지배 아래에서 특수가 아무튼 가능한지 묻는다. 미학의 방법은 추상적 개념 아래 대상을 포괄하는 것일 수 없지만, 위와 같은 점 때문에 미학은 개념들과 결합된다. 물론 이것들은 특수를 목표로 삼는 개념들이다. 개념의 운동이라는 헤겔의 이론이 어딘가에서 그 권한을 지닌다면, 다름 아닌 미학에서 그렇다. 개념의 운동은 보편을 외부로부터 특수에 주입하지 않고 특수의 구심점 속에서 보편을 찾는, 보편과 특수의 상호작용과 관계한다. 보편은 예술의 추문이다. 즉 예술은 현재의 예술이 됨으로써 그것이 되고자 하는 것이 될 수 없다. 예술 자체의 법칙인 개별화에는 보편을 통해 한계가 설정된다. 예술은 그것을 벗어나기도 하지만 그러지 못하기도 한다. 예술이 반영하는 세계는 예술에 의해 단지 반영될 뿐이기 때문에 그대로 남아 있다. 다다Dada는 말의 개념적 성격을 떨쳐버리기 위해 말을 지시의 제스처로 바꾼 것이지만, 이 제스처조차 다다이즘이 구호로 선택한, 유아적으로 반복되는 지시대명사와 마찬가지로 보편적이었다. 예술은 절대적으로 단자론적인 것을 꿈꾸지만 보편과 뒤섞여 있으며, 이는 예술의 행운이자 불행이다. 예술은 절대적 '이것$\tau\acute{o}\delta\varepsilon$ $\tau\iota$'이라는 점으로 응축될 수밖에 없지만, 그 점을 넘어서야 한다. 이것이 객관적으로 표현주의의 존립 시간을 규정했다. 예술가들이 좀 덜 고분고분 타협했더라도, 예술은 표현주의를 벗어날 수밖에 없었을 것이다. 예술가들은 표현주의 뒤로 퇴행했다. 예술 작품들이 그 구체화 과정에서 보편을, 즉 하나의 장르, 유형, 관용법, 공식 등을 논쟁적으로 제거하더라도, 그렇게 배제된 것은 그것에 대한 부정을 통해 예술 작품들 속에 남아 있다. 이러한 사정은 현대 예술에 대해 본질구성적이다.

현상학적 근원 연구 비판

하지만 특수화의 한가운데에 있는 보편의 생명을 통찰하면, 보편성은 미학 이론의 불모 상태에 주요 책임을 지는 정태적 즉자존재의 가상을 넘어서게 된다. 불변 요인들에 대한 비판은 이 불변 요인들을 간단히 부인하는 것이 아니라 그것들을 그 자체의 변동 속에서 생각하는 것이다. 미학은 자체의 대상을 어떤 근원적 현상물처럼 다루지는 않는다. 현상학과 그 후예들은 미학에서 요구되는 바와 같이 위로부터의 방법과 아래로부터의 방법에 똑같이 반대함으로써 미학에 기여한다. 예술에 대한 현상학으로서의 현상학은 예술을 그 철학적 개념에 근거해 전개하려거나 비교에 의거한 추상으로써 예술에까지 올라가려고 하지 않고, 예술이 무엇인지를 말하고자 한다. 그러한 본질이 예술의 근원이며 이것이 예술의 참과 거짓을 판정하는 기준이라는 것이다. 그러나 이때 마치 마술 지팡이로 불러낸 것처럼 예술에서 밖을 향해 바라보는 것은 극히 희미한 상태에 머물며, 예술 현상들과 관련해서는 별로 밝혀주는 바가 없다. 그 이상의 것을 얻으려는 사람은 순수 본질 상태라는 계율과 결합될 수 없는 실질적 내용에 관여할 수밖에 없다. 예술의 현상학은 무전제성이라는 전제로 인해 실패한다. 예술은 예술을 순수한 본질 상태에 따르도록 만들려는 시도들을 조소한다. 예술은 예로부터 존재했다고 하는 그 상태로 있는 것이 아니라 형성되어 온 것이다. 주관적 계기들을 포함하는 예술 작품들의 객관성 앞에서 예술 작품들의 개별적 근원에 대한 물음도 별 성과를 거둘 수 없지만, 마찬가지로 그것들의 고유한 의미 속에 담긴 그것들의 근원에 호소하기도 어렵다. 예술이 애써 스스로를 탈피해 왔다는 것은 예술에서 우발적인 것이 아니라 법칙적인 것이다. 예술이 획득한 예술의 순수한 개념에 대한 규정들을 예술이 완전히 충족시킨 적은 없으며, 예술은 그것들과 씨름한다. 발레리에 따르면 가장 순수한 예술 작품들이 최고의 예술 작품들인 것은 결코 아니다. 예술을 모방 충동이나 표현 욕구 혹은 마술적 형상들과 같은 예술적 반응의 근원적 현상물들에 환원하려고 하는 사람은 부분적이고 자의적인 상태에 빠질 것이다. 그러한 계기들은 함께 작동하며 예술 속에 파고들고 예술 속에서 살아남는다. 예술이 전적으로 그 가운데 어느 하나인 것은 아니다. 미학은 헛되이 예술의 근원적 본질들을 사냥하겠다고 나서기보다 그러한 현상물들을 역사적 짜임관계들 속에서 사유해야 한다. 고립된 개별 범주로 예술의 이념을 사유할 수는 없다. 예술은 자체 내에서 역동적인 일종의 증후군이다. 예술은 자체 내에서 고도로 매개되어 있어서 사유를 통한 매개를 필요로 한다. 독창성이라는 것을 내세우는 직관이 아니라, 사고를 통한 매개만이 예술의 구체적 개념에 도달한다.[27]

헤겔 미학에 대한 입장

　헤겔 미학의 중심 원칙, 즉 미는 이념의 감성적 가상이라는 원칙은 절대정신 개념으로서의 이념 개념을 전제한다. 절대정신의 총체적 요구를 존중할 때만, 즉 철학이 절대자라는 이념을 개념화할 수 있을 때만 그 원칙은 힘을 지닐 것이다. 헤겔의 해석은 타당한 통찰을 풍부하게 보여주지만, 이성의 현실성이라는 견해가 잔인한 조소로 된 역사적 국면에서 그것은 일종의 위안으로 퇴색하고 만다. 그의 구상은 역사를 운 좋게 진리와 매개했지만, 그 구상 자체의 진리는 역사의 불행과 분리할 수 없다. 아마 헤겔의 칸트 비판은 존속할 것이다. 주목이 늘어선 정원 이상의 것이어야 하는 미는 단순히 형식적인 것이 아니며, 주관적인 직관의 기능들에 기원을 두는 것도 아니다. 오히려 그 근거는 객체 속에서 찾아야 할 것이다. 하지만 이를 해내려는 헤겔의 노력은 무효화되고 말았다. 이는 그런 노력이 메타 미학적으로 전체 차원에서 주체와 객체의 동일성을 부당하게 요구하기 때문이다. 문학에 대한 오늘날의 철학적 해석들이 다름 아니라 시어 및 시 작품을 신화적으로 끌어올리는 경우에 그러한 시 작품 내지 해석할 작품의 구성에 파고들지 못하고 오히려 작품을 철학 테제의 무대로 정리해 놓는 것은, 개별 사상가의 우연한 실패가 아니라 바로 그와 같은 난관에 기인하는 것이다. 즉 아프리오리하게 불길한 것인 응용철학은 작품들로부터 구체화의 분위기를 빌려 오지만, 그로부터 자기 자신 이외의

27　Adorno, "Über das gegenwärtige Verhältnis von Philosophie und Musik," *Filosofia dell'arte*, Roma/Milano, 1953(Archivo di filosofia, ed. E. Castelli), pp. 5 이하 참조.

것은 아무것도 읽어내지 못하는 것이다. 미적 객관성에서는 미 범주도 단지 하나의 계기일 뿐인데, 이 미적 객관성이 합당한 반성 모두에 대해 규범적인 것으로 남아 있더라도, 그것은 더 이상 미리부터 미학에 제시된 개념 구조들에 귀속되는 것이 아니며, 의문의 여지가 없는 것이면서 동시에 불확실한 것으로서 독특하게 유동적인 것이다. 그것이 자리 잡는 곳은 실제 대상들에 대한 분석뿐이며, 철학적 사변의 힘은 고정된 출발 입장들에 의지하지 않고 그 실제 대상들에 대한 경험 속에 파고든다. 철학적 사변의 미학 이론들은 교양을 위한 자산으로서 보존할 수 있는 것이 아니지만, 무엇보다 예술적 경험의 직접성이라고 여겨지는 것을 위해 떨쳐버릴 수 있는 것도 아니다. 이러한 직접성 속에는 암묵적으로 이미 예술에 대한 의식이 숨어 있다. 따라서 엄밀히 말해 사람들이 작품들에 대한 순진한 고찰을 통해 면제받았다고 망상하는 철학이 담겨 있는 것이다. 예술은 이미 발전한 예술언어 내부에서만 존재할 뿐, 주체 및 그의 체험들이라는 것의 백지상태 위에 존재하는 것이 아니다. 그 때문에 이 체험들은 불가결한 것이지만 미적 인식의 궁극적 근거가 아니다. 주체에 환원할 수 없고 적나라한 직접성의 상태로 소유할 수 없는 예술의 계기들에는 의식과 아울러 철학이 필요하다. 미적 경험이 예술에 이질적이고 야만적이지 않은 한, 모든 미적 경험에는 철학이 내재한다. 예술은 자체에 대한 해명을 기대한다. 방법적으로 이 해명은 역사적으로 전래된 범주들 및 미학 이론의 계기들을 예술적 경험과 대질하는 가운데 이루어진다. 이 두 가지는 서로를 교정한다.

미학의 개방적 성격

헤겔의 미학은 수행해야 할 바를 충실히 설명한다. 다만 그 연역적 체계가 대상들에 몰두하는 것을 방해할 뿐이다. 그런데 이러한 몰두는 나름으로 체계상으로 요구되는 것이다. 헤겔의 저술은 사고에 의무를 부여하지만, 그것이 제시하는 해답은 사고에 대해 더 이상 구속력을 지니지는 못할 것이다. 가장 강력한 미학 구상들인 칸트와 헤겔의 구상들은 체계들의 성과물이었기에 그 체계들이 무너짐으로써 또한 뒤흔들리게 되었지만, 그 때문에 소멸하지는 않았다. 미학이 과학적 사유의 연속 속에서 전개되지는 않는다. 철학과 긴밀한 관계를 지니는 개별 미학들도 어떤 공통의 공식을 자체의 진리로서 받아들이지는 않는다. 오히려 그 진리는 그것들의 갈등 속에서 찾을 수 있을 것이다. 한 미학자가 다른 미학자에게서 문제들을 물려받고 이제 그 문제들을 가지고 평화롭게 계속 작업하면 된다는 식의 주입된 환각은 버려야 할 것이다. 객관성이라는 이념이 여전히 유효한 미학적 반성 모두의 규준이라면, 이 이념이 자리 잡고 있는 곳은 각 미적 형상물의 내적 모순 및 상호 관계를 이루는 철학적 사고들의 모순이다. 미학은 잡담 수준을 넘어서기 위해 보호되지 않는 열린 영역에 들어서고자 하는데, 그로 인해 미학은 과학에서 차용해 온 모든 보증을 버려야 할 의무를 떠안게 된다. 이 점을 실용주의자 듀이보다 더 편견 없이 말한 사람은 없다. 미학은 예술에 대해 위로부터 또 예술 외부에서 판단하지 않고, 예술의 내적 경향들이 이론적 의식으로 발전하도록 도와야 하므로, 어떤 안전한 영역에 자리 잡을 수 없다. 그런데 어떤 식으로든 성공적인 예술 작품은 그런 영역이 허위임을 비판한다. 예술 작품들에서는 피아노를 잘못 치거나 연필로 소묘를 잘못하는 서툰 학생이 배우는 것들이 최고로 고양되는 수준에까지 연장된다. 예술 작품들의 개방적 측면, 즉 이미 정립되어 질을 좌우하는 것에 대한 예술 작품들의 비판적 관계는 완전한 실패의 가능성을 함의한다. 또한 미학은 그 자체의 형태를 통해 그 점을 기만하면 곧 자체의 대상과 소외된다. 어떤 예술가도 자신이 행하는 바가 어떤 것이 될지 확실히는 알지 못한다. 과학의 일반적인 자체 이해에 대해 극히 낯선 예술가의 행복과 불안은 어떤 객관적인 것, 즉 모든 예술의 노출 상태를 주관적으로 나타낸다. 완전한 예술 작품이라는 것이 별로 존재하지 않는다는 인식이 그 귀결점을 말해준다. 미학은 그 대상이 그처럼 보호받지 못하는 상태를 그것의 객관성 및 미학 자체의 객관성에 대한 요구와 결합해야 한다. 과학의 이상에 의해 테러를 당하면 미학은 그러한 역설 앞에서 물러선다. 하지만 이 역설은 미학의 생명소다. 아마 예술 작품으로 귀결되는 경험과 사고의 노정이 무수히 많다는 점, 그러나 그것들이 진리내용으로 수렴된다는 점을 통해, 미학에서의 확정성과 개방성의 관계를 해명할 수 있을 것이다. 이론이 다른 경우보다 훨씬 더 긴밀하게 추적해야 할 예술 활동에서는 그러한 것이 친숙한 일이다. 예컨대 어느 현악 4중주단의 수석 주자는 한 곡을 연습할 때 이에 적극적으로 관여하지만 직접 연주하지 않는 단원에게 언제라도 무엇인가 떠오르는 것이 있으면 비판이나 제안을 해도 좋다고 말했다. 그런 관찰이 타당한 한, 연주의 진행 과정은 그와 같은 관찰에 이끌려서 마침내 작품 자체에, 즉 올바른 해석에 도달하게 된다.

형식미학과 내용미학(I)

　심지어 대립적 출발점들조차, 예컨대 형식에서 출발하는 것과 상대적으로 확고한 소재층들에서 출발하는 것도 미학에서는 정당하다. 최근에 이르기까지 주체의 반응 가운데 하나인 미적 반응의 변화들은 모두 대상적 측면도 포함했다. 그 모든 변화들에서는 새로운 대상층들이 드러났고, 예술은 이것들을 발견하여 받아들였다. 다른 층들은 사멸했다. 구상화가 사멸하는 단계에 이르기까지, 입체주의에서조차, 순수한 형식으로부터와 마찬가지로 대상적 측면으로부터도 작품에 이르는 길은 열려 있었다. 아비 바르부르크와 그의 학파가 수행한 작업들이 그 점을 증언해 준다. 벤야민이 보들레르를 상대로 수행한 모티프 분석들과 같은 것은 특정한 조건들 아래서 미학적으로, 그러니까 특유의 형식 문제들을 상대할 때, 외견상 예술에 더 가까워 보이는 공식적 형식 분석보다 더 생산적일 수 있다. 형식 분석은 단조로운 역사주의보다 실로 수많은 장점을 지녔고, 지금도 그렇다. 하지만 그것은 형식 개념을 그 타자와의 변증법으로부터 끄집어내고 정지시킴으로써 그 자체가 화석화될 위험을 안고 있다. 그 반대 극단에서 헤겔은 그러한 화석화의 위험을 피하지 못했다. 그의 철천지원수 키르케고르가 그의 훌륭한 업적으로 간주한 것, 즉 그가 형식에 비해 내용에 강세를 부여한다는 점은 공허하고 아무래도 상관없는 유희에 대한 저항을, 따라서 그에게 무엇보다 중요했던 진리에 대한 예술의 관계를 천명하는 데에 그치지 않는다. 오히려 그는 동시에 예술 작품들의 소재내용을 형식과 그것들의 변증법 바깥에서 과대평가했다. 이로써 헤겔 미학에는 예술에 이질적이고 속물적인 요인이 들어섰다. 그 후 이러한 요인은 한때 마르크스가 그랬듯이 그러한 소재내용을 별로 의심하지 않은 디아마트의 미학에서 불길한 면모를 드러낸다. 물론 칸트 미학을 포함해 헤겔 이전의 미학은 아직 예술 작품을 그 자체로서 열성적으로 파악하지 않는다. 당시의 미학은 예술 작품을 승화된 향유 수단과 같은 수준으로 끌어내린다. 하지만 예술 작품을 예술로 만드는 데에 필수적인 예술 작품의 형식적 본질구성 요인들에 대한 칸트의 강조는, 예술의 진리내용을 직접 의도하지만 예술 자체로부터 발전시키지 않는 헤겔보다 예술의 진리내용을 더 존중한다. 승화의 계기들인 형식의 계기들은 헤겔에 비하면 여전히 18세기적이면서 또한 좀더 진보적이고 현대적인 것이다. 칸트에게 뿌리를 둔다고 보는 것이 합당한 형식주의는 그 이래 2세기가 지난 후 반지성적 반동의 선동 구호가 되었다. 그렇기는 하지만 칸트 미학의 기본 출발점에 담긴 한 가지 취약점은 형식미학과 이른바 내용미학에 관련한 논쟁 이전에도 분명하다. 그것은 미적 판단력 비판의 특유한 내용들에 대한 그 출발점의 관계와 관련된 것이다. 인식론에서와 유사하게 칸트는 자신이 18세기의 방식으로 '미의 감정'이라고 칭한 것을, 그것이 마치 자명하다는 듯이 주관적-선험적으로 논증하려고 한다. 하지만 『순수이성 비판』에 따르면 예술품들은 본질구성물들Konstituta이며, 그 자체가 선험적 문제 설정 너머에 자리 잡고 있는 객체의 영역에 속할 것이다. 이 영역에서는 이미 칸트의 경우에도 예술 이론이 객체들에 대한 이론이자 역사적 이론으로서 가능할 것이다. 예술에 대한 주관의 입장은 칸트가 생각하듯이 작품들에 대한 반응 방식의 입장이 아니라 1차로 작품들 자체의 객관성이라는 계기이며, 그것을 통해 예술의 대상들은 다른 사물들과 구분되는 것이다. 주체는 작품들의 형식과 사상내용에 내재하고 있다. 주체는 단지 2차적으로만, 또 온갖 우연과 결합된 채 사람들이 그것들에 반응하는 방식 속에 담겨 있다. 물론 예술은 대상과 이에 대한 반응 사이에 아직 확고한 이분법이 지배하지 않는 상태를 돌이켜 보여준다. 이는 나름으로 사물적 대상화의 상관개념인 반응 형식들을 아프리오리라고 오해하도록 오도한다. 사회생활 과정에서처럼 예술에서도, 또 미학과 관련해서도 수용에 대한 생산의 우위를 상정할 경우, 여기에는 전래의 순진한 미학적 주관주의에 대한 비판이 함축되어 있다. 체험이나 창조적 인간 등등에 호소할 것이 아니라, 객관적으로 전개되는 생산의 합법칙성에 합당하도록 예술에 대해 생각해야 할 것이다. 예술작품이 야기하는 격정들이라고 헤겔이 기술한 문제들이 이 격정들의 조종을 통해 과도하게 증대할수록 그 점을 더욱 고집해야 할 것이다. 주관적 영향 관계들은 문화산업의 의지에 따라 흔히 반응 대상들과 대립하고 있다. 다른 한편 그에 대한 응답으로서 작품들은 점점 더 자체의 구조 속으로 물러나고 이로써 효과의 우연성에 기여하지만, 때때로 양자 사이에 조화는 아니라도 어느 정도의 균형이 존속하기도 했다. 따라서 예술적 경험은 작품들에 대한 감정적 반응이 아니라 인식적 반응을 요구한다. 주체는 작품들 및 그것들의 운동 속에 계기로서 내재해 있다. 주체는 외부로부터 작품과 부딪치고 작품의 규율에 따르지 않는 한 예술에 대해 이질적이며, 사회학의 합당한 대상이다.

형식미학과 내용미학(II); 규범과 구호

오늘날의 미학은 칸트와 헤겔 사이의 논쟁을 종합에 의해 매끄럽게 다듬지 않으면서 그것을 넘어서야 할 것이다. 형식상 만족스러운 것이라는 칸트의 개념은 미적 경험에 비해 후진적이며 그것을 부활시킬 수는 없다. 내용에 대한 헤겔의 학설은 너무 조야하다. 음악은 물론 확정적 내용, 즉 그 속에서 이루어지는 것을 담고 있지만, 헤겔이 염두에 둔 것과 같은 내용적 성격을 비웃는다. 그의 주관주의는 총체적이고 그의 정신은 그처럼 모든 것이기 때문에, 정신의 타자와 정신의 구분 및 그 타자에 대한 규정은 그의 경우 미학에서 효능을 발휘하지 못한다. 그에게는 모든 것이 주체임이 입증되기 때문에, 주체의 특수한 측면, 즉 예술 작품들의 계기인 정신은 위축되어 변증법 이전의 소재적 계기에 굴복한다. 그는 미학에서 아주 훌륭한 통찰을 이룩하고도 그 자신이 극복한 반성철학에 사로잡혀 있다는 비난을 면할 수 없을 것이다. 그는 자신의 구상에 맞서 어떤 내용 또는 소재가 미적 주체에 의해 형식화되거나 혹은 심지어, 흔히 말하듯이 '가공된다'는 초보적인 견해에 따른다. 그렇지 않아도 그는 반성에 맞선 반성을 통해 초보적 견해들을 내세우기 좋아한다. 헤겔식으로 말하자면 바로 예술 작품에서는 내용과 소재가 이미 언제나 또한 주체일 수밖에 없다. 예술 작품은 단지 그것 자체의 주관성을 통해서만 객관적인 것 내지 타자가 된다. 왜냐하면 주체는 자체로서 객관적으로 매개되어 있기 때문이다. 예술적 형상화를 통해 주체 자신의—잠재적인—객관적 사상내용이 드러난다. 예술의 내용에 대한 다른 어떤 관념도 설득력 없다. 공식적 마르크스주의 미학은 변증법도 예술도 별로 이해하지 못했다. 형식은 자체로서 내용에 의해 매개되어 있으며, 자체에 대해 이질적일 뿐인 것과 부딪치는 것은 아니다. 또 내용은 형식에 의해 매개되어 있다. 양자는 그 매개 속에서도 구별될 수 있다. 하지만 예술 작품들의 내재적 내용, 그것들의 재료 및 이의 운동은, 분리될 수 있는 것으로서의 내용, 즉 연극의 줄거리나 그림의 주제 등 헤겔이 아주 순진하게 내용과 동일시하는 것과 근본적으로 다르다. 그는 칸트와 마찬가지로 미적 현상물들에 뒤처져서 사고한다. 칸트는 그것들의 깊이와 풍요에 뒤처지고, 헤겔은 그것들의 특유한 미적 요소에 뒤처진다. 한 그림의 내용은 그것이 묘사하는 대상만이 아니라, 그것이 색채 요소들, 구조들, 관계들과 관련해 포함하고 있는 모든 것이다. 음악의 내용은 쇤베르크의 말을 빌리자면 한 테마의 역사다. 여기에는 대상도 계기로서 포함시킬 수 있으며, 문학에서는 줄거리 혹은 이야기된 사건도 포함시킬 수 있다. 하지만 그에 못지않게 이 모두가 작품에서 겪는 것, 작품이 조직되도록 하는 것, 작품의 변화를 초래하는 것도 포함될 것이다. 형식과 내용을 혼동해서는 안 된다. 하지만 그것들의 경직되고 양쪽 모두에 불충분한 대립 관계로부터는 벗어나야 할 것이다. 헤겔의 정치학과 법철학이 실제로 이 분과들을 다루는 강의나 저술 들보다 논리학에 더 많이 담겨 있다는 브루노 리브루크스[28]의 인식은 미학에도 적용된다. 즉 미학은 우선 온전한 변증법에 도달하도록 밀고 가야 할 것이다. 헤겔의 논리학은 제2부 첫머리에서 반성적 범주들이 생겨나고 변형된 것이지만 타당하다는 생각을 펼친다. 같은 정신으로 니체는 『우상의 황혼 Götzendämmerung』에서 형성된 것은 참일 수 없다고 보는 신화를 해체했다. 미학은 그런 생각을 따라야 할 것이다. 미학에서 그 영원한 규범으로서 확립된 것은 형성된 것으로서 덧없는 것이며 불멸성에 대한 자체의 요구로 인해 낡아버린다.

---

28 [옮긴이] Bruno Liebrucks(1911~86): 독일 철학자. 『언어와 의식 Sprache und Bewußtsein』(1964~79)에서 언어와 변증법적 논리학의 문제를 체계적, 역사적 관점에 기초하여 연구했다.

하지만 그에 반해 역사적 운동으로부터 떠오르는 당면 요구들과 규범들은 우연하거나 구속력 없는 것이 아니라, 그 역사적 사상내용으로 인해 객관적이다. 미학에서는 미학의 견고한 요소 혹은 미학의 골격이 덧없는 것이다. 미학은 그 역사적 사상내용의 객관성을 역사적으로, 즉 역사의 과정으로 인해 불가피한 것으로서 추론해야 하는 것이 아니라, 그 과정 자체의 형태에 근거해 파악해야 한다. 미학은 진부한 사유 모델에 따라 역사 속에서 운동하고 변하는 것이 아니다. 역사는 미학의 진리내용에 내재한다. 그 때문에 상황에 대한 역사철학적 분석은 한때 미학적 아프리오리로서 고찰된 것을 엄격한 의미에서 명백히 밝혀내야 한다. 상황에 근거해 파악할 수 있는 구호들Parolen은 철학적 관례에 따르면 일반적 규범들에 대해 책임을 져야 하지만, 이 규범들보다 더 객관적이다. 중요한 미학적 선언들이나 그것들과 유사한 작품들의 진리내용이 이전에 철학적 미학이 수행한 바를 대신해 등장했다는 점을 지적할 수 있을 것이다. 이제 필요한 미학은 극단적으로 시대적인 그 진리내용의 자의식일 것이다. 이는 물론 상황 분석에 대한 대위법으로서, 전통적 미학 범주들과 그 분석의 대질을 요구한다. 그러한 것만이 예술적 운동과 개념의 운동을 서로 관련지어 준다.

방법론, '2차 반성', 역사

오늘날 어떤 미학을 구상하고자 시도할 때 관습에 따라 하나의 일반적 방법론을 미리 내세울 수 없다는 것은 그 자체로 방법론의 일부다. 그 책임은 미적 대상과 미학적 사유 사이의 관계에 있다. 방법을 고집하는 문제에는 엄격히 말해 이미 공인된 방법들에 어떤 다른 방법을 맞세우는 식으로 대응할 것이 아니다. 괴테가 예배당으로 비유한 작품들 속에 들어서지 않는 한, 미적 사물들 속의 객관성에 대한 논의는, 그것이 예술적 사상내용의 객관성이든 그 사상내용에 대한 인식의 객관성이든, 단순한 주장에 머문다. 단지 주관적 의견들이 관건인 곳에서 객관성이 거론되고, 객관적 방향을 취하는 미학이 도달하게 되는 미적 사상내용이란 투사에 지나지 않는다는 등의 소란하고 자동화된 반론에는, 예술 작품들 자체에 담긴 객관적으로 예술적인 사상내용을 입증함으로써만 효과적으로 대응할 수 있다. 실제의 활용이 방법을 정당화해 주며, 그래서 방법을 상정해서는 안 되는 것이다. 추상적 보편 원칙으로서의 미학적 객관성이 그것의 실현에 앞서 설정될 경우, 어떤 체계의 밑받침도 받지 못함으로써 그것은 언제나 불리한 위치에 놓일 것이다. 이 미학적 객관성의 진리는 처음이 아니라 나중에, 그것이 전개되는 과정에서 구성되는 것이다. 이로써만 원칙으로서의 미학적 객관성을 원칙의 불충분성에 맞세울 수 있다. 물론 실제 활용에도 원칙들에 대한 비판적 반성은 필요하다. 이로써 실제 활용에서 무책임하게 아무렇게나 생각하는 태도를 피할 수 있을 것이다. 그러나 예술 작품들을 파악하는 정신은 이미 예술 작품 자체이기도 한, 대상화된 정신에 의거해 자신의 오만을 억제한다. 그러한 정신이 주관적 정신에 요구하는 바는 주관적 정신 자체의 자발성이다. 예술에 대한 인식은 대상화된 정신을 반성이라는 매체를 통해 다시 한 번 그 유동적 응집 상태로 옮겨놓는 것이다. 하지만 미학은 개념적 우회로 없이 마술을 쓰는 것처럼 순식간에 예술이 무엇인지 말함으로써 예술에 대한 친화성을 얻을 수 있다는 믿음을 경계해야 한다. 이 경우 사유의 매개 상태는 예술 작품들의 매개 상태와 질적으로 상이하다.

예술을 통해 매개된 것, 즉 작품들이 그 단순한 현존과 다른 것이 되게 하는 것은 반성을 통해, 즉 개념이라는 매체를 통해 2차로 매개되어야 한다. 하지만 이는 개념이 예술적 세부 요인으로부터 멀어짐으로써가 아니라 그것을 지향함으로써 성공할 수 있다. 베토벤의 피아노 소타나 「고별」 1악장이 끝나기 직전 잠시 스쳐 가는 3박자는 말발굽 소리를 연상시키는데, 직접 모든 개념을 무색하게 만들며 금방 지나가는 이 대목, 악장의 맥락 속에서도 결코 확실하게 식별할 수 없게 사라져 가는 이 소리는, 일시적으로 지속되는 음향의 본질에 대한 보편적 반성에서 드러나는 것보다도 더 많이 재회의 희망에 대해 말해 준다. 그러한 미시적 형상들의 미적인 전체의 구성에서 그것의 가장 내밀한 면까지도 확인할 수 있는 철학만이 비로소 자신이 약속한 바를 지킬 것이다. 그러나 그러기 위해서는 철학도 그 나름으로 자체로서 수련되고 매개된 사고라야 할 것이다. 그렇지 못하고 주술적인 원시어로 예술의 비밀을 사로잡으려고 한다면 그러한 철학은 공허한 것, 동어반복, 기껏해야 형식적 특성 묘사들밖에는 얻는 것이 없을 것이다. 그리고 이러한 것들로부터는 언어상의 태도와 근원에 대한 걱정을 통해 억지로 차지한 본질이 증발하고 만다. 철학은 수수께끼에 제대로 답하는 오이디푸스처럼 그렇게 행복하지 않다. 물론 이 영웅의 행운도 이미 눈먼 것임이 드러나긴 했다. 예술의 수수께끼적 측면은 그 기술적 처리 방식들에 의거해 각 작품의 짜임관계들 속에서만 명료하게 표현되기 때문에, 개념들은 예술의 암호 해독상의 난관을 뜻할 뿐만 아니라 암호 해독의 가능성이기도 하다. 예술은 그 자체의 본질상 그 특수화 과정에서, 예술의 특수한 측면 그 이상의 것이기도 하다. 예술의 직접성조차 매개되어 있으며, 그런 한에서 개념들과 친화적이다. 단순한 상식은 미학이 작품들에 대한 개별 분석을 피할 수는 없더라도 이 개별 분석 속에, 자체에 매몰되는 명목론 속에 숨지 않기를 원하는데, 이는 정당하다. 미학이 특이성을 추구할 자유가 위축되어서는 안 되겠지만, 미학적으로도 절실한 2차 반성은 예술 작품들과 거리를 두는 매체를 통해 작동한다. 미학은 자체의 온전한 이상에 대한 어느 정도의 체념 없이는 구체화의 망상에 희생될 것이다. 구체화는 예술의 구체화이지 결코 이론의 구체화가 아니며, 예술에서도 아무런 의심의 여지가 없는 것은 아니다. 미학은 추상하고 분류하는 방법에 대한 반론이지만 추상들을 필요로 하며, 또한 분류법적 장르들도 대상으로 삼는다. 비록 보편적 개념성에 대한 반대가 예술의 한 가지 본질적 원동력이며, 또 예술 작품의 장르들이 억압적인 것이 되기는 했어도 그 장르들이 그저 공허한 소리flatus vocis인 것만은 아니다. 각각의 예술 작품은 그것이 완전한 조화를 이루는 예술 작품으로 등장할 경우에도, 자체로서 하나의 문제 연관이다. 이러한 문제 연관으로서 예술 작품은 역사에 관여하며 이로써 그 자체의 유일성을 넘어선다. 각 작품의 문제 연관에서는 단자 바깥에 존재하며 단자가 본질구성되도록 하는 것이 단자 속에 침전된다. 역사의 영역에서는 미적 개별자와 그 개념이 서로 소통한다. 역사는 미학 이론에 내재한다. 미학 이론의 범주들은 극단적으로 역사적이다. 이 점이 미학 이론의 전개에 강제성을 부여한다. 이러한 강제성은 사실상 그 가상적 측면 때문에 비판거리가 된다. 하지만 그것은 예술을 예술 작품들의 구속력 없는 병존이라고 상상할 수밖에 없는 미학적 상대주의를 깨뜨리기에 충분한 힘을 갖고 있다. 한 편의 예술 작품이나 심지어 예술 전체에 대해 그것이 '필연적이다'라고 말하는 것은 인식론적으로 수상쩍다. 어떤 예술 작품도 무조건적이어야 할 필요는 없다. 하지만 예술 작품들의 상호 관계는 조건을 지니는 관계이며 이 조건은 예술 작품들의 내적 구성 속에서도 계속된다. 그와 같은 연관들의 구성은 아직 예술이 도달하지 못한 상태이지만 미학을 통해 비로소 대상으로 다루어지게 되는 것으로 안내해 간다. 예술이 구체적으로 어떤 역사적 상태에 처해 있느냐가 구체적 요구들을 말해준다. 이것들에 대한 반성에서 미학은 시작된다. 그것들을 통해서만 예술이 무엇이냐에 대한 전망이 어떻게든 열린다. 왜냐하면 예술과 예술 작품들은 단지 그것들이 될 수 있는 것일 뿐이기 때문이다. 어떤 예술 작품도 그 내재적 긴장을 완전히 해소할 수는 없기 때문에, 또 역사는 결국 그러한 해소의 이념까지도 공격하기 때문에, 미학 이론은 기존 예술 작품들과 그 개념에 대한 해석에 만족할 수 없다. 미학 이론은 예술 작품들의 진리 내용을 지향하는데, 이로 인해 철학으로서의 미학 이론은 작품들을 넘어선다. 예술 작품들의 진리에 대한 의식은 바로 철학적 의식으로서 외견상 가장 덧없어 보이는 미학적 반성 형식인 선언문과 접한다. 방법적 원칙은 최근의 현상물들에 근거해 모든 예술을 조명하는 것이지, 그 반대로 역사주의와 문헌학의 관습에 따르는 것이 아니다. 부르주아 정신에 입각한 역사주의와 문헌학은 무엇인가 바뀌는 것을 내심 바라지 않는다. 새로움 속의 가장 훌륭한 면은 과거의 욕구에 상응한다는 발레리의 테제가 참이라면, 진정한 작품들은 과거 작품들에 대한 비판이다. 미학은 그러한 비판을 명료하게 표현함으로써 규범적인 것이 된다. 그러나 이는 역으로 작용하는 힘도 지닌다. 일반 미학이 그저 그럴듯하게 보여주기만 하는 것 가운데 몇 가지는 단지 그러한 힘에서만 기대할 수 있을 것이다.

편집자 후기

예술 작품들을 나타내는 아도르노의 은유는 그가 쓴 마지막 철학 저술에도 문자 그대로 적용된다. "단편은 죽음이 작품에 개입하는 것이다. 죽음은 작품을 파괴함으로써 작품에서 가상이라는 오점을 제거한다." 1969년 8월에 전달되어, 발행자들이 가능한 한 원문에 충실하게 출판한 『미학 이론』 텍스트는 진행 중이던 작업의 텍스트다. 아도르노는 지금의 형태로 이 책의 인쇄를 허락하지 않았을 것이다. 그는 작고하기 며칠 전 어느 편지에서 최종 판본을 위해서는 "아직 필사적인 노력이 필요할"텐데, "그러나 이제는 책의 실제 내용보다는 조직하는 노력이 본질적으로 필요하다"고 썼다. 아도르노의 설명에 따르면 이 책과 관련해서는 "자체로서 모든 것이, 흔히들 말하듯이, 수중에 있다." 아도르노가 1970년대 중엽까지 마무리하려고 한 미완의 마지막 작업 과정에서는 텍스트 내 여러 대목의 위치를 바꾸는 일만이 아니라 축소하는 일도 필요했을 것이다. 지금 부록으로 인쇄된 단편들을 끼워 넣는 작업은 미뤄놓은 상태였다. 서론 초고는 새로운 서론으로 대체되었을 것이다. 끝으로 언어상의 세부 문제에서도 아도르노는 개선할 부분을 여러 군데 찾아냈을 것이다. 그리하여 이 책은 전체적으로 토르소 상태로 남게 되었지만, 그것은 『부정변증법Negative

Dialektik』 및 계획 단계에 머문 도덕철학 저서와 함께, 아도르노의 뜻에 따르면 "내가 전력을 다해야 할 것"을 "서술하게" 될 예정이었다. 이런 말은 『키르케고르: 미의 구성*Kierkegaard. Konstruktion des Ästhetischen*』에서 『베르크: 미세한 이행의 대가*Berg. Der Meister des kleinsten Übergangs*』에 이르는 다른 저서들을 부당하게 대하는 것이지만, 아무튼 저자 자신에게는 그럴 권한이 조금은 있을 것이다. 동시에 여기서 **어느** 저서가 방해를 받았고 **어느** 저서는 아예 중단되었는지 감지할 수도 있을 것이다. 왜냐하면 "단편적 요소가 저서에서 표현으로서"——아도르노 철학의 가장 내적인 동기를 이루는, 자체 내적으로 완결된 것, 최종적으로 체계적인 것에 대한 비판의 표현으로서——점점 늘어나고, 또 그런 요소가 아도르노의 인식에 따르면 모든 정신이 필연적으로 얽혀 들어가는 가상의 오점을 그 저서에서 제거하지만, 이러한 사실의 비중은 『미학 이론』이라는 텍스트를 통해 입증되는 파괴에 비해 너무도 가볍기 때문이다. 아도르노는 단편 개념을 이중의 의미로 쓴다. 그는 우선 생산적 측면을 염두에 둔다. 즉 체계적 의도를 지닌 이론들이 그 진리내용을 펼쳐놓으려면 단편들로 와해될 수밖에 없다는 것이다. 이런 의미는 『미학 이론』에 해당되지 않는다. 『미학 이론』의 파편적 성격은 이 책이 그 형식의 법칙을 완전히 구현하기 전에 죽음이 이 책에 끼어든 결과다. 아도르노 철학에서는 대체로 죽음의 파괴들로부터 그것들과의 동의를 허용할 어떤 의미도 억지로 찾아내지 않는 것이 본질적이다. 아도르노에게 특별한 중요성을 지녔던 두 편의 단편적 전기들이 비교할 만하다. 마지막까지 그는 벤야민의 『파사젠베르크*Passagen-Werk*』가 구제 불능이라는 사실과 베르크가 『룰루』를 기악곡으로 편곡하는 작업을 완성하지 못한 점에 만족할 수

없었다.『미학 이론』에 대한 어떤 편집도 이 책의 단편적 성격을 감출 수 없고 그런 일을 시도해도 안 되듯이, 단편적 성격과 화해하는 것도 불가능하다. 단순한 우연으로 인해 미완성품이 된 것에 만족할 수는 없다. 그렇더라도 아도르노 자신이 비교할 수 없을 만큼 탁월하게 보여준 진정한 충실성으로 인해, 보완을 시도하여 그 단편적 성격을 건드리는 짓을 해서는 안 될 것이다.

아도르노는 1949/50년 겨울 학기에 다시 프랑크푸르트 대학 강의를 맡았다. 그리고 이미 1950년 여름에 미학을 강의했다. 그다음 몇 해 동안 그는 다시 네 번에 걸쳐 같은 주제로 강의했고, 마지막으로 1967년 여름과 1967/68년 겨울에 2부 형식으로 강의를 진행했다. 이때는 이미 『미학 이론』의 대부분을 집필해둔 상태였다. 아도르노가 언제 미학에 관한 책을 쓰려고 계획했는지는 확실하지 않다. 때때로 아도르노는 그것을 "평생 미뤄온" 작업 가운데 하나라고 말했다. 미학 집필을 위한 메모들은 적어도 1956년 6월부터 작성되었다. 1959년에 사망한 친구 페터 주어캄프Peter Suhrkamp의 소망, 즉 자신의 출판사를 위해 미학 책을 써달라고 부탁했던 것도 이 계획을 구체화하는 데에 기여했을 수 있다. 물론 아도르노에게는 자신의 이념들을 미학에 통합하는 구상, 혹은 그동안 음악과 문학에 대한 수많은 자료 작업들에서 기록한 것들을 이론으로 전개하는 구상이 더 중요했다. 이러한 작업들은 자주 즉흥적이지는 않더라도 단상적인 것으로 받아들여졌다. 아도르노 철학에서는 내용적 사유가 우선적이어서, 그의 철학적 의식을 통일적으로 파악하기 어려웠을 수도 있다. 아도르노의 입장에서 예술에 대한 실질적 연구들은 "미학 이론의 적용이 아니라 미학 이론

자체의 본질적인 계기들을" 이룬다. 1961년 5월 4일 아도르노는 『미학 이론』의 초판본을 구술하기 시작했다. 그것은 비교적 짧은 문단들로 구성되어 있었다. 그러나 이 작업은 『부정변증법』 작업을 위해 곧 중단되었다. 1966년 여름 『부정변증법』이 완성되자, 1966년 10월 25일 아도르노는 미학의 새로운 판본을 쓰기 시작했다. 문단 구성은 장 구성으로 변경되었다. "도식화"에, 즉 이 책의 세부 배치 문제에 많은 노력을 쏟았다. 1967년 1월 말에는 이미 텍스트의 1/4 정도가 구술본 초고로 나왔다. 이후 1967년 내내 구술을 계속했다. 아도르노는 부수적으로 뒤르켐Émile Durkheim에 대한 연구 서론과 루돌프 보르하르트의 시 선집 서문을 썼다. 일기의 메모에 따르면 『미학 이론』은 1967년 12월 25일 "다듬지 않은 구술 형태로 끝났다." 하지만 이런 기록은 조금 성급했던 것처럼 보인다. 왜냐하면 1968년 1월 8일자 어느 편지에 "초고는 거의 끝났다"고 되어 있고, 1월 24일에 마침내 "그동안 나는 내 방대한 미학 저서 초안을 마무리했다"고 밝히기 때문이다. 구술본에는 서론과 함께 "상황" "예술의 과거 혹은 근원사에 대해" "유물론" "유명론" "사회" "구호들" "형이상학" 등의 제목이 붙은 일곱 개의 장이 포함되어 있다. 1961년의 텍스트는 극소수의 문단들을 빼고 새로운 판본에 들어갔다. 그러나 이 새 판본도 지금 책으로 나와 있는 최종본에서는 거의 알아볼 수 없다. 최초 구술 작업과 비교하여 최종적인 인쇄본 작업에 대해, 아도르노는 편지에서 다음과 같이 밝혔다. "그제야 비로소 본격적인 작업, 즉 최종 편집이 시작됩니다. 내게는 둘째 판본들이 언제나 결정적인 작업 과정이고 초본은 단지 원료일 뿐입니다. 혹은 […] 그것은 조직적인 자기기만이며, 이를 통해 나는 나 자신의 글에 대한 비판자의 입장에 들어서는데, 이러한 입장이 나의 경우 언제나 가장 생산적이라는 점을 확인하게 됩니다." 물론 『미학 이론』을 비판적으로 편집하는 과정에서 이번에는 둘째 판본도 단지 잠정적인 판본일 뿐임이 드러났다.

구술이 끝난 후 작업은 정체되었다. 아도르노는 제16차 독일 사회학대회 개회 강연이나 논문집인 『독일 사회학에서의 실증주의 논쟁Der Positivismusstreit in der deutschen Soziologie』 서론과 같이 사회학과 관련하여 의뢰받은 작업들에 관심을 기울였다. 같은 시기에 알반 베르크에 관한 저서가 나왔다. 아도르노는 "주 업무"로부터 그런 식으로 벗어나는 일을 언제나 치유적 교정 수단이라고 느꼈다. 하지만 학생 저항운동 세력과의 토론, 그리고 대학 정치 관련 문제로 인한 요구 사항들이 늘어나 추가되었다. 전자 가운데 많은 부분이 「이론과 실천에 대한 주석들Marginalien zu Theorie und Praxis」에 들어갔지만, 후자는 아무 성과 없이 시간과 노동력만 소모했다. 1968년 9월 초에야 겨우 미학에 관한 작업을 계속할 수 있었다. 우선 전체 텍스트에 본격적 수정을 준비하는 비판적 주석들을 달았다. 실제 수정은 타자로 옮겨진 구술본을 손으로 써서 단호하게 개조해 가는 방식으로 이루어졌는데, 이때 바뀌지 않거나 원래 자리에 남아 있는 것은 한 문장도 없었다. 수많은 구절이 새로 추가되었고 적지 않은 구절이, 부분적으로는 꽤 분량이 많은 구절도 가차 없이 삭제되었다. 1968년 10월 8일에 시작한 이 작업 과정을 거치면서 아도르노는 장 구분을 다시 포기했다. 그 대신 행 구분을 통해서만 나뉘게 될 연속적 텍스트가 등장했다. 이는 1969년 3월 5일에 완성되었다. 구 판본의 세 장이 주 텍스트에서 빠졌다. 그 가운데 두 장——"구호들"과 "상황"——은 3월에도 또 교정되었다. 마지막 장——"형이상학"——의 개조는 5월 14일에 끝날 수 있었다. 그다음 몇 주 동안 여러 부분을 삽입했는데, 그것들은 이 3차 작업 과정을 통해 주 텍스트 속에 자리 잡았고, 부분적으로 여전히 아도르노의 마음에 들지 않았던 주 텍스트 구절들을 대체하기도 했을 것이다. 마지막으로 날짜를 기록한 텍스트에는 1969년 7월 16일이라고 적혀 있다.

『미학 이론』의 수용을 상당히 어렵게 할 수도 있는 서술 형식은 이 책의 단편적 성격에만 기인하는 것이 아니다. 2차 초안 작업 중에 아도르노는 미처 예견하지 못했던 과제에 직면했다. 그것은 텍스트의 배치뿐만 아니라, 무엇보다 서술 작업과 서술 내용 간의 관계와 관련된 문제다. 이에 대해 아도르노는 여러 편지에서 설명했다. "흥미로운 점은, 작업 과정에서 사고의 **내용**으로부터 형식을 위한 어떤 귀결들이 내게 밀려온다는 것입니다. 오래전부터 그것을 기대했는데 이제 그것 때문에 놀랍니다. 철학적으로 '제일원리'는 아무것도 없다는 나의 명제로부터, 또한 통상적인 단계적 발전에 따라 논증적 연관을 구성할 수는 없으며, 마치 같은 비중을 지니면서 동심원처럼 같은 층위에 배치되는 일련의 부분적 복합체들로 전체를 조립할 수밖에 없다는 결론이 나옵니다. 그 부분 복합체들의 연속이 아니라 짜임관계가 이념을 산출해 낼 수밖에 없습니다." 다른 편지에서 그는 『미학 이론』을 서술하는 난점들에 대해 다음과 같이 쓴다. "난점은 […] 한 권의 책에서 거의 불가결한 선후의 연속이 실제 대상과 양립할 수 없다는 것, 그래서 내가 지금까지(『부정변증법』에서도) 따랐던 전통적인 의미의 배치가 실행 불가능하다는 것이 입증된다는 데에 있습니다. 이 책은 마치 동심원처럼 같은 비중을 지니며 병렬적인 부분들로 기술되어야 할 것입니다. 각 부분은 그것들이 자체의 짜임관계를 통해 표현하는 하나의 중심점 둘레에 배열되는 것입니다." 아도르노가 비록 만족하려고 하지는 않았지만 『미학 이론』의 최종본이 보여주는 병렬적인 서술 형식의 문제들은 객관적 조건을 지닌다. 즉 그것은 객관에 대한 사고의 입장을 표현하는 것이다. 철학적 병렬 구조는 사물들을 주관적으로 미리 형식화함으로써 폭력적으로 왜곡하지 않고, 사물들의 말 없는 비동일적 요소로 하여금 말하도록 만드는, 순수 관찰을 위한 헤겔의 계획에 합당해지고자 한다. 아도르노는 횔덜린을 예로 나열적 처리의 함의를 서술했다. 그리고 자신의 방법에 대해서는 그것이 후기 횔덜린의 미적 텍스트들에 가장 근접한다고 지적했다. 하지만 말할 수 없는 개체에서 불붙는 이론, 동일시를 추구하는 사유가 반복할 수 없는 것 내지 비개념적인 것에 저지른 바를 보상하고자 하는 이론은, 그것이 이론으로서 불가피하게 취하는 추상성과 필연적으로 갈등에 빠진다. 아도르노의 미학은 그 철학적 사상내용을 통해 병렬 구조적 서술 형식을 취하도록 규정된다. 그런데 이 형식은 아포리아적이다. 즉 그것이 해결하도록 요구하는 문제는 이론이라는 매체로는 궁극적으로 해결될 수 없으며, 이 점을 아도르노도 전혀 의심하지 않았다. 그러나 동시에 이론의 구속성은 사고의 노동과 노력이 그 해결할 수 없는 것의 해결을 포기하지 않는다는 점과 결합되어 있다. 수용을 위한 노력도 이러한 역설에서 어떤 모델을 얻을 수 있을 것이다. 『미학 이론』 텍스트에 직접 다가가는 입구 혹은 길목을 가로막는 이 난관들은 또다시 수정했더라도 제거되지 못했을 것이다. 물론 이러한 수정 과정에서 그 난관들은 우선 명료하게 표현되고 이로써 좀더 완화되었을 것이다. 3차 작업 과정을 통해 『미학 이론』은 그 구속력 있는 형식을 찾았을 텐데, 아도르노는 휴가에서 돌아온 직후 이 작업을 시작하려고 했다. 그 휴가는 그의 마지막 휴가였다.

현재 발행된 책을 비판적-역사적 판본이라고 주장하기는 어렵지만 이 책은 최종본의 전체 텍스트를 담고 있다. 다만 2차 작업 과정에 포함되지 않은 구술본의 구절들은 빼버렸다. 그 구절들은 아도르노가 명시적으로 삭제하지 않았더라도, 그가 버린 것이라고 간주할 수밖에 없다. 반면, 교정되지 않은 것이지만 일부 짤막한 단상들은 그 간명함 때문에 부록에 포함시켰다. 수정되기는 했지만 아도르노가 포기한 서론 초안은 뒷부분에 게재했다. 그것의 실질적 중요성 때문에 삭제할 수 없었다. 정서법의 특성들은 유지했다. 대체로 말하는 리듬에 따르고 있고 인쇄를 위해서는 아도르노가 의문의 여지 없이 통상적인 규칙에 가깝게 손보았을 구두법도 바꾸지 않고 놓아두었다. 아도르노가 수기로 교정하여 본인조차 읽기 어렵게 된 원고에서 때때로 파격적이거나 생략법이 쓰인 표현들은 그대로 두었으며, 이 경우 교정을 하더라도 자제했다. 이와 같은 문법적 측면을 넘어서, 종종 반복이나 모순들로 인해 교정이 필요해 보이는 경우가 있었지만 편집자들은 가능한 한 개입을 포기해야 한다고 보았다. 편집자들이 보기에 아도르노였더라면 바꾸었으리라고 확신하는 수많은 표현과 구절들도 바꾸지 않은 채 그대로 받아들였다. 단지 의미상 오해의 여지가 없다고 여겨지는 경우에만 수정했다.

텍스트의 배열은 엄청나게 어려운 일이었다. 전체적으로 교정을 본 주 텍스트를 기초로 삼았는데, 거기에 앞에서 언급한 것처럼 추가 작업이 이루어졌지만 통합되지 않았던 세 장을 끼워 넣어야 했다. "상황"(원서 31~56쪽: 한국어판 44~85쪽)에 관한 부분은——원래 판본에서 제1장인 현대 예술의 역사철학은——비교적 앞쪽에 배치해야 했다. 『미학 이론』의 한 가지 중심을 이루는 것은 현대 예술의 정점에서만 과거 예술을 조명할 수 있다는 인식이다. 어느 메모에 따르면 아도르노는 "상황"과 "구호들"(원서 56~74쪽; 한국어판 85~113쪽)을 결합하려고 했고, 편집자들은 그에 따라 처리했다. "형이상학"(원서 193~205쪽; 한국어판 299~316쪽) 장을 "수수께끼적 성격"에 관한 부분에 이어 배치해 넣은 것은 사고 흐름상 불가피한 귀결이다. 개별 부분에서 일련의 단락들 위치를 바꿔야 했다. 이러한 위치 변경 다수는 아도르노 자신이 주석에서 이미 고려했던 것이다. 편집자들은 전체적인 재배열 작업에서 이 책의 병렬 구조적 서술 원칙을 좀더 명확하게 강조하려고 했고, 이 책을 다시 서술의 연역적-위계적 연관에 결코 희생시키지 않고자 했다. 편집자들이 부록으로 다룬 단편들 가운데 일부는 나중에 쓴 삽입 구절들이고, 또 다른 일부는 이른바 독립적인 필사본이다. 그것들은 본래의 텍스트에서 분리해 내서 최종적으로 다른 곳에 자리 잡게 할 것들이었다. 이 단편들을 주 텍스트 속에 통합할 수는 없다는 점이 드러났다. 아도르노가 그것들을 배치할 위치를 다소 정확히 표시한 경우는 드물었으며, 그것들은 거의 언제나 여러 곳에 끼워 넣을 만했다. 더욱이 이 텍스트들을 삽입하려면 연결 문장을 작성하는 것이 필수적이었을 텐데, 편집자들이 그럴 자격을 갖고 있다고 믿지는 않았다. 부록의 배열은 편집자들이 결정한 것이다. 인용 출처를 원고에서는 밝히지 않았다. 하지만 아도르노는 종종 출처를 밝히려고 계획한 대목들을 명시했다. 이 출처들을 정리한 것은 편집자들이다. 나아가 편집자들은 아도르노도 그랬으리라고 추측할 수 있는 곳에서는 좀더 보완하기도 했다. 출판본의 '개요'(한국어판 차례)에 들어 있는 단락 제목들 역시 편집자들이 덧붙인 것이다. 이때 종종 '표제어들headings,' 즉 아도르노가 초고 대부분의 페이지에 붙인 짧은 핵심어들을 참고했다.

프리드리히 슐레겔Friedrich Schlegel의 한 단상은 『미학 이론』의 좌우명으로 쓸 만하다. 즉 "흔히 예술철학이라고 칭하는 것에는 통상적으로 두 가지 중 하나가 빠져 있다. 즉 철학이 빠지거나 예술이 빠져 있는 것이다." 아도르노의 의도는 이 책을 사뮈엘 베케트에게 헌정하는 것이었다.

편집자들은 다년간 아도르노의 비서로서 텍스트의 해독과 필사를 맡아준 엘프리데 올브리히Elfriede Olbrich에게 감사드리고 싶다.

1970년 7월

제2판에서는 착각으로 인해 잘못된 자리에 들어갔던 짧은 단락 하나의 위치를 바꾸었다. 그 외에는 몇 개의 오탈자만을 수정했을 뿐이다.

용어 색인은 새로 붙였다. 그것은 페터 손디가 1971년 여름 학기에 개설한 『미학 이론』 강좌와 관련해 베를린 자유대학의 일반문예학 및 비교문예학 세미나에서 작성되었다. 아도르노의 텍스트들에 표제어들로 딱지를 붙이는 것은 부적절하지만, 미로처럼 얽히고설킨 『미학 이론』의 경우에는 색인이 적절히 도움을 줄 수도 있을 것이다.

1971년 12월

옮긴이 후기

―

총체적 지배 속의
예술

1

1. 아도르노(1903~1969)는 『미학 이론』(1970)을 완성하지 못했다. 갑자기 찾아온 죽음 때문이었다. 하지만 『미학 이론』에는 그의 사상이 집대성되어 있다. 여기서 아도르노는 예술의 자율성과 사회적 성격, 대중 기만으로 독점자본의 이익에 봉사하는 문화산업, 진정한 현대 예술의 저항적 의미, 미와 추를 비롯한 주요 미학 범주들의 역사성, 자연미와 예술미의 관계, 예술의 정신 내지 사상내용과 진리내용, 기술과 재료, 형식과 내용, 미메시스와 구성, 내재비판 및 변증법적 미학의 필요성 등등 예술과 미학의 주요 문제들에 대해 나름으로 근거 있는 답을 내놓고 있다. 아도르노의 답이 최종적이거나 유일무이한 것은 아니겠지만, 그의 밀도 높은 논의들은 오늘날에도 진지하게 읽고 논쟁할 만한 통찰과 자극 들을 풍부하게 제공한다.

2. 이 과정에서 아도르노는 유물변증법적 사유 방식의 본보기를 보여준다. 그의 유물변증법적 사유 방식을 공유할수록 『미학 이론』의 해독도 그만큼 더 생산적일 것이다. 그는 확고부동한 절대적 제일원

리에 근거해 논의를 펼치는 위계적 체계를 거부하며, 이에 따라 서론, 본론, 결론으로 진행되는 서술 방식이 아니라 각 주제에 대한 논의들이나 명제들의 중요성이 대등함을 드러내려 병렬 구조를 추구한다. 또 그는 대상 내지 사태를 고정된 개념 틀에 맞추어 넣는 것이 아니라, 사태 자체의 무궁무진한 속성과 역동을 따라잡으려는 개념의 노동과 노고를 중요시한다. 여기에는 지배적 통념들에 대한 반성과 내재비판이 전제된다. 이때 대상에 내재하는 모순들을 우회하지 않고 정면 돌파를 꾀하는 점에서도 아도르노는 변증법적 사유 방식에 충실하다. 또한 예술 및 예술에 대한 의식을 부단히 사회적 조건, 특히 지배 관계와 관련하여 비판적으로 파악하는 만큼 유물론적이다.

   3. 아도르노가 비판하는 현대사회의 특징은 '관리되는 세계'라는 개념으로 압축된다. 그의 비판에 따르면 관리되는 세계는 '총체적 지배'가 이루어지는 사회다. 총체적 지배의 핵심은 피지배자들이 지배받기를 스스로 원하며 지배받는다는 사실을 의식조차 하지 않음으로써 변혁 가능성이 소멸한다는 데에 있다. 이 점에서 아도르노는 노동자계급도 계급의식과 멀어졌고 사회변혁의 주체가 될 수 없다고 판단한다. 또 이때 피지배자들의 의식, 감각, 욕구 등을 독점자본의 이익에 부합하도록 길들이는 문화산업이 결정적인 기능을 발휘한다고 지적한다. 그는 이 비합리적인 상황이 장구한 계몽 과정에서 자연 지배와 더불어 인간에 대한 지배의 합리성을 극대화해 온 도구적 이성의 산물이며, 그 종착점은 인류 문화의 총체적 파국이라고 주장한다. 호르크하이머와 함께 쓴 『계몽의 변증법』(1944) 이래 이러한 현실관은 아도르노의 이론 전반에 스며들어 있어 『미학 이론』을 읽을 때도 우선

적으로 고려할 필요가 있다.

2

　1. 관리되는 세계에 대한 아도르노의 비판은 현대사회의 본질적 특징을 인식하는 데에 도움을 주지만 나름의 문제점도 안고 있다.『미학 이론』에서 관리되는 세계에 대한 그의 비판은 주로 주체의 현재 상태를 규정하는 이데올로기적 측면에 집중되어 있으며, 관리되는 세계의 물적 토대에 대한 논의는 원론 수준에 머문다. 그에 따르면 관리되는 세계는 독점자본주의 사회로, 고도의 생산력를 통해 해방의 잠재력을 갖추었고 지금 당장 지구를 낙원으로 만들 수도 있게 되었지만(84쪽), 부조리하게도 여전히 궁핍 상태가 존속하고, 야만이 확대재생산되며, 총체적 파국의 위협이 어디에나 존재하고 있는 사회다(549쪽). 현대사회의 이러한 기본 구조는 오늘의 제국주의적 자본독재 체제에서도 본질적으로 달라지지 않았다고 할 수 있다.
　아도르노의 비판은 지배의 방식에 집중된다. 즉 이 사회에서는 조작이 "지배적인 사회적 생산관계들의 전형"이며, 이로 인해 대중의 욕구도 사회에 통합된다(698쪽). 지배자들은 대중을 자신이 몰아가는 대로 만들어놓고도 이를 대중의 탓으로 돌리고자 한다(541쪽). 이 상황에서 대중의 욕구에 대한 신뢰는 의미 없으며, 예술은 "사회적으로 현존하는 욕구에 부응하는 한" "광범하게 이익에 의해 조종되는 사업"이 된다(50쪽). 이러한 욕구에 따르는 것은 기만이며 오히려 사람들의 인권을 빼앗는 짓이다(50쪽). 이로써 자연과 인간에 대한 지배 수단은 고도로 합리화되지만, 목적에 해당하는 "인류의 이성적 조직"(752쪽) 혹은 인간 해방의 측면에서 사회는 지극히 비합리적이다.

2. 아도르노의 비판을 좀더 따라가 보자. 관리되는 세계의 대중문화, 즉 "문화산업에 기만당하여 그 상품을 탐내는 사람들은 예술의 영역에 도달하지 못한다." 그들은 현대사회의 생활 과정 자체가 허위라는 점이 아니라 예술이 이 생활 과정에 적합하지 못하다는 사실을 알아차리고, "예술의 탈예술화를 향해 돌진한다"(46~47쪽). 탈예술화된 통속적 문화 상품들은 굴욕당하는 사람들의 뜻에 따름으로써 이들을 욕보인다. 이 문화 상품들은 관리되는 세계가 만들어놓은 "그들의 상태에 항거하는 태도를 취하지 않고 그 상태를 확인"할 뿐이다(695쪽). 문화 상품들은 그것을 "애호하는 그 누구보다도 더 천박하고 더 표준화"되어 있으며, "공허한 시간을 공허한 것으로 가득 채우고" "이미 존재하는 것을 있는 그대로 존재하도록 애써 방치"한다(553쪽).

문화산업이 자본의 이익에 복무하며 활용하는 예술 개념은 실증주의 내지 경험주의가 추구하는 예술 개념과 일치한다(594쪽). 즉 예술 작품들은 "한 다발의 자극들" 혹은 자극의 체계들로 간주되며, 그 자체로 무엇인지는 판단할 수 없다고 여겨져 "주관적 반응" 내지 투사만이 중요시된다(738쪽). 이때 "예술의 소비 가능성"이 당연시된다(563쪽). 관리되는 세계에서 지배적인 부르주아의 완고한 태도는 예술을 "합성해 낸 꿈"으로 대하면서 "예술에 대한 반성만 아니라 예술에 내재하는 반성도 차단한다"(690쪽). 이로써 "예술의 모든 진리 요구를 제거"한다(594쪽).

3. 『미학 이론』은 이러한 비판들로 넘쳐난다. 그 한 문장 한 문장을 찬찬히 따라가며 오늘의 현실과 대질해 볼 만하다. 자본 권력의 대리자들이 지배의 효율성을 놓고 분파 투쟁을 벌이고 있는 가운데, 국민의 압도적 다수를 이루는 노동자 민중을 대변할 정치 세력은 존재감도 없는 사회를 민주 사회, 즉 민중이 주인인 사회라고 속일 수 있는 자본독재 현실, 노동자들이 스스로 노동자임을 부정하면서 자본 권력의 이익을 옹호하게 된 우리 현실이 과연 관리되는 세계라는 멸칭을 피할 수 있을지, 이 상황이 고착되는 과정에서 우리는 어떤 역할을 했고 극복을 위해 무엇을 할 것인지 자문해도 좋을 것이다. 첨단 생산력 발전이 인류의 풍요로운 삶이 아니라 극단적 양극화와 총체적 파국을 만들어내고 있다는 점에서도 아도르노의 진단에 공감할 수 있을 것이다.

그러나 관리되는 세계의 대안 체제를 만드는 것이 현실적으로 불가능하다고 설득하는 듯한 그의 속삭임에 동조할 필요는 없을 것이다. 오히려 그가 소홀히 하는 제국주의 단계 자본독재의 근본 한계에 대한 구체적 인식에 근거해, 즉 달러 패권을 중심으로 하는 국제 금융 자본의 횡포, 제국주의 국가들 사이의 생산력 불균등 발전, 경제 영토 재분할을 위한 갈등과 제국주의 전쟁의 불가피성, 대안 체제 건설의 절박한 필요성 등에 대한 종합적 인식을 바탕으로, 그의 비판을 활용하는 것이 더 바람직해 보인다. 이때 총체적 지배를 강조하는 관리되는 세계 개념은 제국주의 세력과 피착취 민중 세력 사이 혹은 노동과 자본 사이의 적대적 모순과 아울러 재앙의 책임 소재를 흐려놓고, 그 극복 운동의 객관적 잠재력, 폭발력에 불을 붙이기 어렵다는 점에서, 현실에 대한 실질적 진단이라는 측면보다 자본독재에 내재하는 본질적이고 지속적인 경향에 대한 경고로서 더 의미 있다고 할 수 있다.

3

  1. 독점자본주의 체제를 '복지사회'가 아니라 '관리되는 세계'라고 부정적으로 규정하는 것은 이 지배 체제에 안주하지 말고 극복을 위해 노력하자는 이야기일 것이다. 그 일환으로 아도르노는 문화산업의 산물들과 대조되는 진정한 현대 예술의 의의를 강조한다. 그의 주장에 따르면 이러한 예술은 수단의 합리성에 뒤덮인 목적의 비합리성을 입증한다는 점에서 "진리를 대변한다"(132쪽). 일반적으로 예술작품들은 주관적 반응을 위한 자극의 체계들에 머물지 않고, 기술, 형상화, 일관성, 논리성 등을 통해 "사실적으로 현존하는 것의 집합체 이상의 것"을 만들어내는데, 이 초월적인 것이 작품의 정신 내지 사상 내용이다(490쪽). 이러한 사상내용에는 참이냐 거짓이냐 하는 계기가 담겨 있다(292쪽). 작품의 진리내용은 작품이 자체로 참이냐 거짓이냐를 결정하는 것이다(305쪽). 저항적 예술의 정신은 예술에 대한 사람들의 주관적 욕구가 아니라, "세계의 곤궁"이라는 "객관적 욕구"와 상응한다(77쪽).
  아도르노는 궁극적으로 예술 작품의 수준이 그것의 진리내용에 의존한다고 본다. 그리고 작품 속에서 올바른 의식이 객관화됨으로써 진리내용은 역사적인 것이 된다고 주장한다. 또 그는 자유의 잠재력이 확연해진 이후 올바른 의식은 "모순들이 화해할 수 있는 지평" 속에서 나타나는 "모순들에 대한 가장 진보적인 의식"이며, 예술 작품들의 진리내용은 "가장 진보적인 의식의 구현으로서, 오늘날에도 여전히 지배받고 있는 사람들과 결합한 무의식적 역사 서술"이라고 단언한다(437쪽).

    2. 아도르노는 예술 작품의 사상내용 및 진리내용을 단순히 직관으로 파악할 수는 없다고 본다. 그에 따르면 예술은 본질적으로 정신적이어서 순수하게 직관적일 수 없다(234쪽). 진리내용을 파악하는 데에는 철학적 반성이 필요하다(299쪽). 해석, 주석, 비평 등의 형식은 작품의 진리내용을 그 허위의 계기들과 구분해 준다. 이 형식들을 통해 작품이 훌륭히 전개되기 위해서는 그것들이 "철학으로까지 첨예화되어야 한다"(443쪽). 이때 "작품에 내재하는 과정적 성격"이 해방되기 위해서는 감상자의 주관적 투사가 아니라 작품 속으로의 "몰입" 내지 소멸이 필요하다(402쪽). 아도르노는 헤겔을 끌어들여 이러한 수용 방식을 "객체에 도달하는 자유"라고 칭한다(48쪽).

    그는 이렇게 파악되는 작품의 사상내용을 예술가의 의도와 혼동해서는 안 된다고 본다(301쪽). 또 사상내용의 역사적, 사회적 차원을 작품의 영향 조사나 역사 속의 위치 설정 따위로 대체할 수 없다고 지적하며, 작품 자체에 대한 내재 분석의 필요성을 강조한다. 내재 분석 없이는 현실 속의 한 계기인 예술 작품을 그 현실에 대한 관계 속에서 이해할 수도 없고, 그 자체의 사상내용에 따라 해독할 수도 없다는 것이다(412쪽). 그 근거는 예술 작품이 "자율적 조형물이면서 사회적 현상"(558쪽)이기도 하다는 사실에서 찾을 수 있을 것이다. 아도르노의 이런 입장은 "사회 속의 예술의 내재성이 아니라, 작품 속의 사회의 내재성이 예술의 본질적인 사회적 관계"라는 말로 요약된다(525쪽).

3. 예술 작품의 사회적, 정치적 의미에 대해 진지하게 논의할 경우, 우리는 흔히 "작품 자체를 보라"는 반발에 부딪치곤 한다. 아도르노도 내재 분석이 "예술로부터 사회적 각성을 멀리 떼어놓기 위한 구호"로 악용된다는 사실을 알고 있다(412쪽). 이러한 반발과 악용을 무산시키는 것도 『미학 이론』의 한 가지 효능이다. 즉 자율적인 작품 자체가 이미 사회적 존재이므로, 작품 자체를 철저히 분석한다면 필연적으로 사회에 대한 분석으로 나아갈 수밖에 없는 것이다. 그러나 "사회 속의 예술의 내재성"을 상대적으로 경시하는 아도르노의 입장에는 논란의 여지가 있다. 관리되는 세계 내지 자본독재 체제를 넘어서 평등하고 풍요로운 대안 사회를 건설하기 위해서는, 어떤 예술이 무엇을 해낼 수 있고, 이를 위한 조건이 무엇인지 파악하는 일은 본질적인 과제가 될 수 있기 때문이다.

예술 작품의 사상내용과 진리내용을 강조하는 것은, 예술을 향락 수단으로 팔아먹고 대중 기만 도구로 이용하는 자본독재 이데올로기의 극복에 유용한 이론적 무기가 될 수 있다. 특히 진리내용이 "피지배자들과 결합한 역사 서술"이라는 단언은 『미학 이론』의 미로를 헤쳐나가는 데에 필요한 길잡이로 보이기도 한다. 하지만 그 '결합'의 방법에 대한 구체적 논의와 실천은 우리의 숙제로 남아 있다. 예컨대 노동자 민중이 국가권력의 주인이 되는 실질적 민주국가를 건설하고, 제국주의에 맞서기 위한 노동자 민중의 국제 연대를 강화해 가며, 인류 전체를 위한 대안 사회를 향해 나아갈 방법을 찾는 일도 그러한 결합의 일환이 될 것이다. 이 대안 사회의 기본 골격은 아무도 부와 권력을 독점하여 사회 위에 군림할 수 없는 평등 사회, 누구라도 지금까지 인류가 발전시켜 온 생산력과 문화유산만 아니라 자연의 혜택을 함께 누릴 수 있는 풍요로운 사회, 즉 풍요로운 평등 사회라고 상정해도 좋을 것이다.

4

1. 사상내용의 진위 혹은 '작품 속의 사회'를 주목하면, 반영론과 리얼리즘의 문제를 살피지 않을 수 없다. 리얼리즘에 대한 아도르노의 입장은 일면적이지 않다. 명시적인 측면에서 그는 리얼리즘을 기존 현실을 무반성적으로 "확정하고 반복하는 것"이라고 규정하기도 하고(224쪽), 사회주의 리얼리즘보다는 차라리 예술을 그만두는 것이 사회적으로 "올바른 의식"이라고 단언하기까지 한다(131쪽). 그는 스탈린 이후의 사회주의 이데올로그들이 "사회주의 리얼리즘 독재"를 통해 "예술적 생산력을 속박"하고 "파괴"했다고 비판하며, 이러한 미적 퇴행은 사회적으로 "소시민적 고착증"이라고 규정한다(571쪽). 리얼리즘 예술을 명분 삼아 사업을 벌이는 자들은 "현실을 환각 없이 모사"하겠다고 하면서 "현실에 의미를 주입"하는데, 이는 현실에 비춰 볼 때 "이데올로기적"이라는 것이다(710쪽). 또 충실한 기록보다 허구가 사회의 본질에 더 접근할 수 있다는 주장에 대해서도, 그것은 "이론의 과제"라고 일축한다(283쪽).

『부정변증법』(1966)과 『변증법 입문』(1958)에서 아도르노는 현실 사회주의 국가들의 공식 철학인 변증법적 유물론 혹은 반영론을 전면적으로 거부한다. 그에 따르면 모사 이론 즉 반영론은 "주체의 자발성을 부인"하고, "사물화된 의식"처럼 "객관세계의 사진을 소유"한다고 망상하며 "독단적 직접성"에 매달려, "대상의 표면을 복사"하는 데에 만족한다.¹ 또한 변증법적 유물론은 물질 내지 사회생활의 물질적 조건들을 절대적 제일원리로 만들고 개념의 노동을 기울이지 않는 점에서, "프로파간다를 위한 사기로 전락"하는데, 이는 유물변증법이 몰락하는 한 가지 징후라는 것이다.²

2. 리얼리즘과 반영론에 대한 명시적 비판에서 예상할 수 있는 것과 달리 아도르노는 리얼리즘과 반영의 의미를 심화, 확장하기도 한다. 이는 "작품 속의 사회의 내재성,"(525쪽) 즉 작품의 사상내용에 역사와 사회가 내재한다는 테제를 구체화하는 과정이라고 할 수 있다. 이때 아도르노는 라이프니츠의 단자론을 활용한다. 그에 따르면 예술 작품을 "자체 속에서 중단되고 결정체를 이룬 내재적 과정"으로 해석하면 단자 개념에 접근한다(411쪽). 그리고 예술 작품들은 "창문 없이도 사회적 과정을 대변"한다(533쪽). 즉 예술 작품 전체에 대한 그 요소들의 짜임관계는 "외부 사회의 법칙들과 유사한 법칙들"에 내재적으로 따르며, "사회적 생산력과 생산관계"는 그 "형식에 비춰 볼 때 예술 작품들 속에도 다시 나타난다"는 것이다(533쪽).

아도르노의 논의를 조금 더 따라가 보자. 예술 작품들 "자체의 긴장"은 "외부 세계의 긴장에 대한 관계 속에서만 타당성을" 지니며 "해결되지 않은 현실의 적대 관계들은 예술 작품들에 그 형식의 내재적 문제들로서 다시 나타난다"(20~21쪽). 또 예술 속의 비현실적 계기 즉 사상내용은 "존재자 사이의 배율들로부터 구조화"되는데, 이 배율

1 테오도어 W. 아도르노, 『부정변증법』, 홍승용 옮김, 한길사, 1999, 289쪽.
2 테오도어 W. 아도르노, 『변증법 입문』, 홍승용 옮김, 세창출판사, 2015, 42쪽.

들은 "존재자의 불완전성, 필요성, 모순성 및 그것의 잠재성들에 의해 요구되며" 그 속에는 "현실적 연관 관계들의 울림"이 남아 있다(24쪽). 예술은 개인 주체의 경험과 분리될 수 없지만, 개인적 성벽이나 표현 속에는 의식하지 못하는 가운데 이미 집단이 담겨 있다(106, 263쪽). 예술가는 재료에 전념함으로써 극단적 개별화 속에서 보편에 이르는데, 이 "객관화를 이루는 힘은 사적 자아 속에 있는 집단적 본질"이다(383쪽). 현실의 적대와 소외를 탄핵하는 작품은 조화로운 긍정적 모사가 되어서는 안 되며, "역사 기술로서의 예술"은 "축적된 고통에 대한 기억"을 떨쳐버릴 수 없다(586쪽).

3. 명시적인 차원에서도 아도르노가 리얼리즘을 항상 비난만 하는 것은 아니다. 그는 자신이 구상하는 진정한 현대 예술의 주인공 베케트가 사회주의 리얼리스트들보다도 더 리얼리즘적이라고 평가한다(710쪽). 베케트가 만들어내는 형상 세계의 "추하고 손상된 모습"은 "관리되는 세계"의 "음화"이며 그런 한에서 베케트는 리얼리즘적이라는 것이다(81쪽). 이때 리얼리즘이라는 말은 전혀 폄하의 뉘앙스를 띠지 않는다. 아도르노의 주요 타깃은 현대 예술에 대한 검열 장치로 쓰이는 루카치의 리얼리즘론이다. 그런데 루카치도 리얼리즘을 사진적 모사로 단순화하지는 않는다. 아도르노는 예술 작품 속의 특수한 것이 그 특수화를 통해 보편적인 것이 되어야 정당성을 지닌다고 보는데(412~413쪽), 루카치도 이런 주장에 동의할 것이다. 예술이 자체의 복합상태를 통해 "본질이 현상에 맞서 현상으로 나타나게" 만든다는 아도르노의 주장(582쪽) 역시 전형의 형상화를 강조하는 루카치의 입장과 본질적으로 어긋나지 않는다.

그러나 논의 방식이나 밀도의 문제를 논외로 하고도, 루카치와 아도르노의 이론은 현실을 보는 방식에 기인하는 근본적 차이가 있다. 즉 루카치는 현실 사회주의에 대한 긍정을 바탕으로 사회주의로 나아가기 위한 방법의 일환으로 리얼리즘론을 펼쳤고, 대중의 의식 변화와 현실 변혁의 전략적 가치를 작품 평가의 척도로 삼았다. 관리되는 세계를 전제하는 아도르노가 보기에 이러한 전략적 사유는 기껏해야 현실 사회주의 언저리를 벗어나지 못할 텐데, 그는 이러한 전망에 동조할 수 없었다. 하지만 오늘날처럼 총체적 문명 파국의 위협이 갈수록 명확히 가시화되고 대안 체제 건설이 인류의 절박한 과제로 떠오를수록, 『미학 이론』의 전략적 의의에 대해 의문을 제기하고, 새로워진 리얼리즘의 성장을 기대하지 않을 수 없을 것이다. 이때 대중의 현재 의식과 욕구에 앞서 생산수단의 소유관계로 인해 자본독재 세력과 노동자 민중 세력 사이에 구조적으로 불가피하게 형성되는 적대적 모순을 전제해야 할 것이다.

5

1. 아도르노의 입장도 물론 관리되는 세계의 지배자들에게 순응하는 것과는 거리가 멀다. 다만 사회가 총체적으로 완전히 일관된 체제로 수렴하고, 주체들에 대한 속박이 절대적인 것으로 되었다는 판단에 근거해, 추상적이고 부정적이며 밀폐적인 현대 예술을 그러한 현실에 맞서는 올바른 방식이라고 옹호할 뿐이다. 그의 주장에 따르면 예술은 "경직되고 소외된 것에 대한 미메시스"를 통해 현대 예술이 된다(59쪽). 즉 새로운 예술은 "실제로 인간들 사이의 관계가 추상

적인 것으로 된 것과 마찬가지로 추상적"이며, "외적 현실의 속박"과 "동일해짐으로써만" 이 속박에 반대할 수 있다는 것이다(80~81쪽). 아도르노는 "재앙에 대한 사진술"이나 "가짜 축복"이 아니라 재앙과의 이러한 "동일시"를 통해서 진정한 현대 예술은 "재앙의 힘이 사라지기를 기대"한다고 주장한다(52쪽). 또 그래서 오늘날 극단적인 예술은 "어두운 예술"이며 그 기본 색조는 검다고 지적한다(100쪽). 그는 이러한 색조의 비판적 의미를 강조한다. 즉 예술은 "자신의 자발적 빈곤을 통해 넘치는 빈곤을 고발"한다는 것이다(100쪽).

이러한 현대 예술은 일견 무질서하고 비합리적이며 형식 실험에 빠져 있는 듯해 보일 수 있다. 실제로 루카치는 현대 예술의 형식주의 내지 퇴폐주의를 나름의 역사철학적 근거에 입각해 격렬히 비판했다. 그러나 아도르노는 이러한 비판이 "선동"을 위한 "과장"이라고 반박한다(136쪽). 그의 주장에 따르면, 질적으로 "새로운 예술의 카오스적 특성들"은 언뜻 보기에만 질서의 정신과 모순을 이룰 뿐이며 실은 "나쁜 2차적 자연에 대한 비판의 암호"다. 질서라는 것이 실제로는 그렇게 카오스적이다(222~223쪽). 이런 점에서 아도르노는 현대 예술이 비합리적이지 않고 오히려 "합리성을 비판하는 합리성"이라고 주장한다(134쪽). 또 그는 지배적 의식이 볼 때 "다른 상태를 원하는 의식"은 경직된 상태에서 벗어나기 때문에 언제나 무질서하지만, 자체로 철저히 형상화되고 질적으로 뛰어난 작품들은, 표면만 그럴듯하고 그 아래 본연의 모습은 파손된 수많은 작품들보다 객관적으로 덜 무질서하다고 평가한다(531쪽). 나아가 철저히 형상화된 작품들은 형식주의적이라고 비난받지만 진리내용을 구현하는 점에서 리얼리즘적이라고 단언한다(302쪽). 이때 물론 리얼리즘은 긍정적 의미로 쓰이고 있다.

2. 작품의 형상화를 위한 일관성, 논리성, 합리성을 아도르노는 구성 개념으로 묶어서 설명한다. 그에 따르면 구성은 오늘날 "예술 작품 속에 내재하는 합리적 계기"의 유일하게 가능한 형태다. 그것은 대상에 대한 인식으로부터 옮겨온 "논리와 인과성의 대리자"로, 외부에서 부여된 것들만 아니라 내재적인 부분적 계기들을 모두 종속시킨다. 구성은 현실적 요소들을 그 1차적 연관으로부터 떼어내어 자체 내에서 변화시킴으로써 그것들의 "통일성이 다시 저절로 이루어지"고 "우연"에서 벗어나 "보편"에 도달하도록 만드는 것이다(140쪽). 아도르노는 오늘날 가장 구속력 있는 예술의 척도가 리얼리즘적 기만과 화해하지 않으면서 자체의 복합상태에 비춰 볼 때 "무해한 요인은 아무것도" "받아들이지 않는다는 것"이라고 보며, 아울러 사회비판은 형식으로까지 고양되어야 하고 "명시적인 사회적 내용은 모두 눈에 띄지 않게" 해야 한다고 주장한다(562~563쪽). 또 이러한 구성에 비해 몽타주는 예술이 "자체에 이질적인 것에 굴복"하는 것이라고 평가한다(357쪽). 그리고 몽타주는 "은밀히 통용되는 유기적 통일성에 맞서는 행위로서 충격을 목표로" 했지만, 이 충격이 둔화된 후에는 무미건조해져 문화사적인 것으로 중화되었다고 진단한다(359쪽).

하지만 그는 구성도 통합된 것을 말살하고 자체의 생명을 위해 필수적인 "과정을 중단시키는 경향"을 띨 수밖에 없다는 점을 지적한다(141쪽). 이 점에서 아도르노는 구성의 양가성을 인정한다. 즉 구성은 소외의 반대 상태인 정태성과 역동성의 피안에 있는 "화해된 상태의 이마고"를 보여줄 수 있지만, "나약해진 주체의 퇴진을 성문화"하는 측면도 지닌다는 것이다(507쪽). 그리고 이러한 양가성을 "노동의 불필요성이 눈앞에 다가"올 만큼 "자유의 잠재력이 확장"되었지만, 이것이 "사회적 상황에 의해 억제"되고 있다는 현실적 조건과 관련짓는다(507쪽). 그럼에도 아도르노는 합리적 정신을 대표하는 '구성'이 정신 이전적 '표현적' 성격을 띠는 '미메시스'와 함께 현대 예술의 두 가지 본질적 계기를 이룬다고 주장한다. 그리고 예술 작품에서 정신은 구성 원칙이 되었지만, 그러한 정신은 구성되어야 하는 것, 즉 미메시스적 충동들로부터 떠오르고 그것들에 따라야만 자체의 목적을 충족한다고 밝힌다(278쪽).

3. 아도르노는 쇤베르크, 클레, 피카소 등 주요 예술가들의 경우 표현적 계기와 구성적 계기 사이의 조잡한 중간이 아니라 "양극단을 추구"함으로써 두 계기가 동일한 강도를 지닌다고 본다. 이때 표현은 "고통의 부정성"을 의미하며, 구성은 "폭력적이지 않은 합리성"의 수준에서 "소외를 극복함으로써 소외의 고통을 견뎌내려는 시도"라고 해석한다(577~578쪽). 카프카에 대한 아도르노의 해석도 눈여겨볼 만하다. 즉 카프카의 작품에는 독점자본주의가 희미하게만 나타나지만, 그는 "관리되는 세계의 쓰레기 같은 존재"를 통해 "총체적인 사회적 속박 속의 인간들이 겪는 일을 암호화"한다는 것이다(520쪽). 또 그는 베케트의 극예술에서 "훌륭한 형상화와 적절한 사회적 내용"이 상호 침투하고 있다고 평가한다. 이때 아도르노가 주목하는 부분은, "주체"가 "유치하고 처참한 광대의 일그러진 모습들로 분해되는" 점이다. 그러한 모습은 인류의 생존을 위해 이제 "타인 노동의 착취가 필요하지 않은데도 착취가 계속되는 단계"에서 "지배와 예속 관계"를

"낡고 미친 듯한 형태"로 보여줌으로써 사회비판적 기능을 지닌다는 것이다(561쪽).

　이들 현대 예술에 대한 아도르노의 해석과 평가는 난해한 현대 예술 속으로 깊이 들어가기 위한 길잡이 역할을 할 수 있을 것이다. 복합적인 작품을 단순 명료한 기준에 따라 리얼리즘인지 모더니즘인지 분류하는 데에 만족한다면, 이는 그가 비판하는 '사물화된 의식' 혹은 '관리되는 사유'의 전형임을 의식하고 신중을 기하는 편이 좋을 것이다. 그리고 내재 분석을 통해 진리내용을 파악하고자 작품에 몰입할 필요가 있다. 하지만 아도르노의 해석에 일일이 동의해야 할 이유는 없다. 예컨대 카프카나 베케트가 그려낸 총체적 속박 속의 '손상된 부정적 주체' 혹은 '관리되는 세계의 음화'를 보며, 당혹스러운 1차 경험을 넘어 실제로 현실이 본질적으로 그런 상황에 처해 있다는 인식에 이를 수 있다. 이 점에서 그들의 작품은 아도르노가 지적하듯이 리얼리즘적이다. 그러나 우리는 이때 아도르노가 긍정적으로 언급하는 리얼리즘 개념에 만족할 필요가 없으며, 리얼리즘 예술이 한 걸음 더 나아갈 것을 기대할 수 있다. 즉 그러한 본질적 상황이 어떤 과정을 통해 형성되었고, 그 극복을 위한 동력은 어떻게 극대화할 수 있을지 고심하고, 그에 따른 실천으로 나아가면서 그 실천의 역사적 의의를 자각하고 기억하도록 강렬한 자극들을 제공해 주기를 바랄 수도 있는 것이다.

6

　1. 그렇더라도 아도르노가 현실 변혁을 위한 실천에 무관심하다

고 속단해서는 안 된다. 다만 그의 이론은 예술을 통한 실천, 참여, 영향 등에 대해 한숨을 고르고 좀더 생각하도록 요구한다. 그는 실천을 앞세우는 예술에 대해 부정적인 입장을 취한다. 예컨대 참여적 혹은 교육적 예술 작품 옹호론이 "현실에 대한 예술의 안티테제"를 적절히 다듬어 "예술이 저항하는 현실 속에 예술을 통합"시킬 수 있음을 지적한다(206쪽). 그의 주장에 의하면 정치적 개입을 통해 물신주의를 극복하려는 예술 작품들은 "단순화를 통해" "사회적으로 허위의식에 얽혀 들어"가며, 그것들이 맹목적으로 추구하는 "호흡 짧은 실천"에서는 "예술 작품들 자체의 맹목성이 연장된다"(515쪽). 그는 브레히트의 교육극이 제시하는 교훈이라는 것들이 사소하고 어리석다고 평가한다(555쪽). 또한 참여예술의 정치적 영향은 극히 불확실하다고 보며(525쪽), 참여가 일종의 "검열 규범"이 될 수 있다고 경계한다(554쪽). 심지어 예술이 실천에 직접 개입할 수 있거나 개입을 유발할 수 있다는 생각은 순전히 미신이며, 예술의 도구화는 "도구화에 대한 예술의 반론을 방해한다"고 단정하기도 한다(707쪽).

아도르노가 실천주의를 불신하는 1차 근거는 실천적 예술에서 형상화 혹은 형식화가 소홀히 된다는 점이다. 그가 보기에는 손쉬운 "사회비판을 위해 형식적 온건함을 추구"하여 "번창하고 있는 소통 사업을 승인"하는 작품들보다 "밀폐적인 작품들"이 기존 질서를 더 많이 비판한다(336~337쪽). 그는 '소통'이 아니라 '저항'을 강조하며, 예술이 "실천으로부터 등을 돌"리는 것이 "실천적 본질의 고루한 허위를 탄핵"하기 때문에 "실천 이상의 것"이라고 주장한다(544쪽). 즉 예술은 극단적 지배인 정신화 내지 형식화를 통해 "타자에 대한 지배로서의 자연 지배"를 본질적으로 수정한다는 것이다(267, 321쪽). 이런 점에서 아도르노는 예술이 실천과 거리를 두면서 "사회적 실천의 도식" "현실세계의 변화를 위한 무의식적 도식"이 된다고 보며(405, 516쪽), "어떤 다른 상태의 가상"에서는 이 "다른 상태의 가능성"이 떠오른다고 강조한다(49쪽). 또 새로운 예술이 추구하는 "형식의 해방" 속에는 "사회적 해방이 감추어져 있다"고 설명한다(574쪽). 그래서 그는 모방 이론을 뒤집어서 예술 작품들이 현실을 모방한다기보다 "현실이 예술 작품들을 모방해야" 한다고 보기도 한다(308쪽). 물론 그도 예술의 사회적 영향을 전적으로 부정하지는 않는다. 그러나 그 영향을 극히 간접적인 것, 즉 "지배적 욕구들을 비판하고 친숙해진 것들을 달리 조명"하는 경향을 통해, 현실 변혁으로 넘어갈 수도 있는 "의식 변혁"에 기여하는 데에 한정한다(548쪽).

2. 아마 리얼리즘이나 참여를 추구하는 예술에서도 아도르노가 제시하는 간접적 영향 이상을 기대하거나 요구하기는 어려울 것이다. 그러나 관념론적 의식 비대중을 피하려는 리얼리스트라면 '현실 변화의 도식'이든, '실천에 대한 탄핵'이든, '철저한 형상화'든, 또는 '형식의 해방'이든 모두 그 간접적 영향인 지배적 욕구, 감각, 의식 변화의 실천적 효과를 극대화하기 위한 하위 변수로 설정할 것이다. 이때 소통과 수용을 저항과 변혁적 실천의 주요 조건으로 고려하지 않을 수 없지만, 자본독재의 소통 사업에 동조해서는 안 된다는 아도르노의 충고를 배척하지는 않을 것이다. 하지만 예술 작품들의 사회적 기능을 "예술 작품들의 무기능성"에서 찾는(513쪽) 아도르노의 입장에 리얼리스트들이 동의하기는 어렵다. 그러한 입장이 전제하는 현실관에 입각해서는 변혁적 실천의 전략을 구체화할 수 없기 때문이다. 그는

"경험적 현실"이 "그 자체의 증강된 이데올로기"가 되고 "지배의 요체"가 되었기 때문에, 오늘날 예술 작품들의 사회비판적 계기는 "경험적 현실 자체에 대한 대립"으로 되었다고 주장한다(575쪽). 그렇다면 경험적 현실 속에서 현실적 자본독재의 극복을 위해 현실적으로 해방전쟁을 벌여야 하고 사실상 이미 벌이고 있는 현실적 주체들이 설 땅은 어디인가.

이러한 물음에서 아도르노는 지배 관계를 감추고 있는 고루한 "교환의 원칙" 혹은 "대타존재의 원칙"을 감지하고(514쪽), "자율적 예술 작품을 현실에 맞세우는 종합"이 없다면 "현실의 속박 외부에는 아무것도 없"다고 답할 수 있다. 또 관리되는 사회에서도 "관리되지 않"은 채 "억압받는 요인을 구현"하는 것이 예술이라고 덧붙일 수도 있다(530쪽). 그리고 정신이 "지배의 원칙"과 "대타존재의 총체"인 "경험계"를 벗어나 스스로를 비동일자와 동일시함으로써 어떤 '즉자존재' 혹은 '화해된 상태'에 도달할 수 있는 영역으로서, 예술미와 함께 자연미도 제시할 수 있을 것이다(43, 177, 313쪽). 그는 미적 경험을 통해 "완고한 자체보존의 속박"을 깨뜨릴 수 있다고 본다(761쪽). 또한 그는 모든 미에서 주체가 "자신의 덧없음"을 의식하고 이 덧없음을 넘어서 "어떤 다른 상태"에 도달할 수 있다고 주장한다(596쪽).

3. 아도르노는 그 다른 상태에 대해 세세히 설명하지 않는다. 하지만 그것이 관리되는 세계의 총체적 지배를 극복한 상태라는 점은 분명할 것이다. 그것이 교환 원칙의 지배에서 벗어난 상태, 교환가치가 아니라 사용가치가 존중되는 사회(514쪽), "자연에 대한 폭력"을 버리고 "평화롭게 된 기술"(116~117쪽)을 통해 자연과의 화해가 이

루어지는 상태, "총체적 파국의 가능성"을 제거하고 "생산력의 수준"에 맞게 "지금 이 자리에서" 지구를 "낙원"으로 바꿔놓게 될 상태(84쪽)라는 것도 아도르노의 언어를 통해 확인할 수 있다. 또 변혁적, 해방적 실천이 맹목적 권력투쟁이라는 비방을 떨쳐내고 노동자 민중의 공감을 넓히는 데에는, 실천의 목적에 대한 성찰 과정에서 아도르노가 말하는 그 '다른 상태'를 오늘의 실천적 조건에 근거해 설득력 있게 구체화하는 것도 도움이 될 것이다.

하지만 그 다른 상태를 관념의 영역에 가두지 않고 경험적 현실 전체에서 구현하기 위해서는, 관리되는 세계의 극복을 위한 변혁적 실천 내지 해방전쟁이 불가피하다. 이 전쟁을 현실적으로 수행하려면 총체적 지배를 유지하고자 모든 방법을 구사하는 제국주의적 자본독재 세력과, 이에 맞서 지난한 전쟁을 벌여야 하는 전 세계 노동자 민중 세력 사이의 근본적 모순을 직시하는 것, 두 세력을 동일한 '경험적 현실'이라는 범주로 묶고 양쪽을 모두 거부하는 추상적 양비론에 빠지지 않는 것이 1차 과제다. 그럴 경우 두 세력 간의 모순 대신 예술과 경험적 현실 사이의 대립을 내세움으로써 아도르노가 빠지는 난관, 예컨대 자율적 예술이 사회를 비판하고 거부함으로써 사회와 거리를 두게 되면, 사회를 있는 그대로 놓아둠으로써 이데올로기가 된다는(511쪽) 악성 순환논법은 사이비 문제임을 간파할 수 있다. 해방적 예술이라면 지배 세력에 대해 비판적으로 거리를 두고 피지배 세력과 결합함으로써, 즉 사회의 일부와는 거리를 두고 비판하면서 동시에 사회의 다른 일부 속에 들어감으로써, 그러한 함정을 건너뛸 수 있을 것이다. 물론 이 근본적인 적대적 모순을 극복하기 위한 해방전쟁에서는, 피지배 노동자 민중의 몸속에 자리 잡은 지배 장치의 독소들을 제거해 가는 일이 절대적으로 필요하다. 아도르노의 치밀한 비판이론을 해독제 목록에서 빼놓을 수는 없다. 시공간의 격차를 뛰어넘는 그의 이론적 힘은 제국주의 자본독재 권력이 그만큼 강고하고 파괴적이라는 증거다. 그 파괴력이 늘어난 이상으로, 그 대안인 풍요로운 평등 사회 건설의 절박성도 객관적으로 폭증하고 있다.

7

1. 『미학 이론』을 읽기는 쉽지 않다. 난해함에는 몇 가지 원인이 있다. 우선 논의의 밀도 내지 압축성을 들 수 있다. 독자들의 사전 지식을 전제하는 논의 방식은 불친절해 보이기도 하지만 독자들을 최대한 존중하는 방식이라고 이해하고 이런 어려움은 감수할 수밖에 없을 듯하다. 다루고 있는 예술가들과 이론가들에 대한 지식이 상대적으로 부족한 것도 독해를 어렵게 한다. 이 어려움을 줄이기 위해 최소한의 옮긴이 주를 붙였지만, 원문의 흐름을 방해하거나 오도할 위험도 있으므로 최소한의 참조만을 권한다. 아도르노의 변증법적 사유 방식과 병렬적 서술 구조도 난해성의 주요 원인이 될 것이다. 이 경우 아도르노의 강의록 『변증법 입문』이 도움을 줄 수 있어 추천한다. 아도르노 자신이 최종본을 다듬어내지 못했다는 점도 독해에 약간은 장애가 될 듯하다. 그런데 편집자들의 설명에 의하면 그의 원래 의도는 장절 구분이나 소제목 없이 전체를 한 덩어리로 묶는 것이었다. 그렇게 완성되었다면 『미학 이론』은 독자들을 지금보다 훨씬 더 숨 막히게 만들어놓았을 것이다. 번역본에서는 편집자들의 장절 구분과 소제목을 살려 숨 쉴 공간을 조금 열어놓았다. 대부분의 이론이 그렇듯이, 개별

명제들의 타당성이나 설득력 문제를 넘어서는 근본적 전제 조건에 대한 동의 여부도 난해성의 원인이 될 수 있다. 아도르노가 전제하는 총체적 지배에 동의하지 않는 독자들은 『미학 이론』에서 납득할 수 없는 구절들과 수시로 마주칠 것이다. 「옮긴이 후기」는 주로 이러한 어려움을 풀려는 의도로 붙였다. 그러나 옮긴이가 전제하는 대안 사회 건설의 필요성과 가능성에 공감할 수 없는 독자들은 『미학 이론』의 미로 속으로 곧장 뛰어들 것을 권장한다.

    2. 유사한 용어들을 다소 어색하더라도 구분하여 옮겼다. 대표적인 예를 들면 Inhalt는 내용, Gehalt는 사상내용, Wahrheitsgehalt는 진리내용으로 옮겼다. 또 Konstruktion은 구성, Konstitution은 본질구성으로 옮기고 그 파생어들도 이 구분에 따랐다. Illusion은 환각, Phantasie는 환상, Phantasmagorie는 환각술로 옮겼다. 세부 내용은 「찾아보기: 용어」에서 확인할 수 있다. 개선의 여지에 대해서는 두말할 필요가 없다. 번역 과정에서 사실상 문장 하나하나가 용어 문제들의 지뢰밭이었다.

    3. 40년 만의 재번역이다. 초역에서는 그다지 설득력 없는 이유를 달아 「부록」「예술의 근원에 대한 이론들: 보론」「서론 초고」「편집자 후기」를 모두 빼고 본문만 옮겼다. 1980년대 초 군사독재의 폭압으로 누구라도 공포심을 안고 살던 당시, 검열의 칼날을 비껴가며 등장하기 시작한 마르쿠제, 호르크하이머, 아도르노 등의 비판이론은 기존 지배 질서 전반을 헤집고 싶어 하는 젊은이들의 아름다운 본능을 깊은 노예근성의 잠에서 깨워냈다. 비판이론의 까다로운 논리 틈

새로 삐져나오는 마르크스의 용어들은 비록 신좌파의 색깔로 덧칠된 것이긴 해도 해방 세계로 들어갈 비밀 문의 열쇠들 같았다. 부분 번역을 서둘러 낸 것도 이때의 분위기를 반영하는 조급증 때문인 셈이다. 하지만 그러한 자극제의 역할은 곧이어 해금된 마르크스-레닌주의 고전들이 떠맡게 되었다. 아도르노의 이론은 무엇보다 빈약한 실천성과 난해성으로 인해 대중화되기 어려웠다. 그 사이에 소련과 동구권 현실 사회주의가 무너지면서 포스트주의 이론들이 범람하기에 이르렀다. 그래도 어딘가에는 아도르노 애독자들이 있었고, 전공자들도 조금씩 늘어났다. 더불어 오역에 대한 비판과 완역에 대한 요구도 늘었다. 아마 이병진 선생의 독촉과 이순예 선생의 응원이 없었으면 재번역을 작심하고 실행하기 어려웠을 것이다. 빠진 부분들을 옮기면서, 또 오역들을 잡아내면서 부끄러움만 아니라 『미학 이론』의 이론적 가치를 새삼 절감했다. 그동안 포스트주의 이론들이 음으로 양으로 죽여온 유물변증적 사유 방식, 가변적 사태의 핵심을 따라잡으며 압축하는 개념적 사유의 노고, 미시론과 거대 담론을 오가는 기민성과 균형 감각 등은 오늘날에도 운동의 무기로 유용해 보인다. 자칫 전략 문제에 매몰되기 쉬운 운동에서 목적 영역과 관련한 반성을 촉발한다는 점도 그 이론적 가치의 일부다. 물론 아도르노의 이론도 그 물적 토대, 즉 2차 대전 이후 냉전 체제 속에서 막강하게 성장한 미국과 서독의 자본주의 현실을 떨쳐버릴 수는 없었다. 그래서 절대화할 수는 없다. 그 사이에 변화한 물적 토대는 변화에 조응할 새로운 이론을 요구하는 것이다. 그렇더라도 아도르노의 자극적이고 매력적인 화두들이 독자들의 미의식만 아니라 실천이성에도 부단히 새로운 변혁의 불꽃을 던져줄 수 있으리라 기대한다. 그가 남긴 추상의 공백을 실질적 인식과 실천의 에너지로 채우고, 관리되는 사회의 늪을 벗어나서 오늘의 파국 위기를 넘어 풍요로운 평등 사회로 한 걸음이라도 더 나아가는 일은 비판적이고 주체적인 독자들의 몫이다.

2025년 9월
홍승용

찾아보기(인명)

ㄱ

가이거, 모리츠Geiger, Moritz 731

게바라, 체Guevara, Ché 481

게오르게, 슈테판George, Stefan 45, 123, 223, 402, 535, 559

겔렌, 아르놀트 카를 프란츠Gehlen, Arnold Karl Franz 682~683, 719

고리키Gor'kii 578

고흐, 빈센트 반Gogh, Vincent van 104, 140, 345, 347

그라프, 헤르만Grab, Hermann 363

그레코, 엘Greco, El 104, 444

ㄴ

네스트로이, 요한Nestroy, Johann 693

뉴먼, 어니스트Newman, Ernest 55~56

ㄷ

다빈치, 레오나르도da Vinci, Leonardo 26

달랑베르, 장 르 롱d'Alembert, Jean Le Rond 182

달리, 살바도르Dalí, Salvador 517

도르비이, 쥘 아메데 바르베d'Aurevilly, Jules-Amédée Barbey 579

동언, 케이스 판Dongen, Kees van 517

뒤르켐, 에밀Durkheim, Émile 792

듀이, 존Dewey, John 738, 775

드뷔시, 클로드Debussy, Claude 56, 350, 434, 450, 484, 539, 681

딜타이, 빌헬름Dilthey, Wilhelm 205

ㄹ

라겔뢰프, 셀마Lagerlöf, Selma 315

라벨, 모리스Ravel, Maurice 423

라츠, 에르빈Ratz, Erwin 540

라파엘로 산치오Raffaello Sanzio 742

라포르그, 르네Laforgue, René 26

랭보, 아르튀르Rimbaud, Arthur 16, 56, 60, 86, 115, 120, 221, 438, 535~536, 699

레슈, 발터 F. E.Resch, Walter F. E. 626, 719

레싱, 고트홀트 에프라임Lessing, Gotthold Ephraim 202

렘브란트 하르먼스 판레인Rembrandt Harmenszoon van Rijn 29, 259

로렌츠, 콘라트 차하리아스Lorenz, Konrad Zacharias 682~683

로스, 아돌프Loos, Adolf 70, 116, 141, 147

로시니, 조아키노 안토니오Rossini, Gioacchino Antonio 250

로젠크란츠, 카를Rosenkranz, Karl 114~115

로트레아몽Lautréamont 444

루소, 장 자크Rousseau, Jean-Jacques 154, 164

루카치, 죄르지Lukács, György 107, 226, 329, 341, 364, 429, 573, 668, 710, 718, 732

르누아르, 피에르 오귀스트Renoir, Pierre Auguste 162

리게티, 죄르지Ligeti, György 360

리글, 알로이스Riegl, Alois 146, 338

리브루크스, 브루노Liebrucks, Bruno 781

리스먼, 데이비드Riesman, David 273

ㅁ

마네, 에두아르Manet, Édouard 91, 220, 608, 647

마르쿠제, 헤르베르트Marcuse, Herbert 567

마송, 앙드레 에메 르네Masson, André-Aimé-René 517, 577, 619

마우츠, 쿠르트 A.Mautz, Kurt A. 470

마이링크, 구스타프Meyrink, Gustav 53

마이어, 테오도어 알렉산더Meyer, Theodor Alexander 231, 347

만, 토마스Mann, Thomas 348, 423, 703

만하임, 카를Mannheim, Karl 566

말라르메, 스테판Mallarmé, Stéphane 65, 95, 123, 223, 709

말러, 구스타프Mahler, Gustav 104, 431, 449, 540, 664

말로, 앙드레Malraux, André 571

머리, 헨리Murray, Henry A. 595

메이예르홀트, 프세볼로트 에밀리예비치Meierkhol'd, Vsevolod Emil'evich 576

멘델스존, 모제스Mendelssohn, Moses 31, 650

모차르트, 볼프강 아마데우스Mozart, Wolfgang Amadeus 41, 327, 372, 405, 451, 498, 500, 525, 569, 653, 677~678, 742

뫼니에, 콩스탕탱Meunier, Constantin 519

밀턴, 존Milton, John 514

ㅂ

바그너, 빌헬름 리하르트Wagner, Wilhelm Richard 55, 98, 129, 235, 242, 389, 487, 546, 630~632, 654, 685

바르부르크, 아비Warburg, Aby Moritz 19, 337, 777

바움, 비키Baum, Vicky 694

바흐오펜, 요한 야코프Bachofen, Johann Jakob 13, 601

발레리, 폴Valéry, Paul 22, 65, 162, 193, 327, 369, 372, 399, 415, 423, 490, 496, 514, 640, 642, 647, 659, 661, 709, 717, 772, 786

베노사, 돈 카를로 제수알도 다Venosa, Don Carlo Gesualdo da 104

베데킨트, 프랑크Wedekind, Frank 25, 54, 106, 194, 202, 210, 602, 685, 748

베르그송, 앙리Bergson, Henri 167, 309, 716

베르너, 하인츠Werner, Heinz 721

베르디, 주세페Verdi, Giuseppe 473

베르크, 알반Berg, Alban 17, 41, 107, 469, 486, 602, 619, 790

베를렌, 폴 마리Verlaine, Paul-Marie 99, 99, 158, 350

베를리오즈, 엑토르Berlioz, Hector 96, 445, 487, 493

베버, 막스Weber, Max 57, 132, 154, 272, 718

베베른, 안톤 폰Webern, Anton von 108, 186, 340, 367, 413~414, 480, 489, 669, 672

베케트, 사뮈엘Beckett, Samuel 46, 56, 72, 79~81, 83, 115, 190, 195, 219, 271, 299, 312, 314~315, 341, 354, 356, 450, 495, 507, 561~562, 607, 668, 701, 703, 710, 747, 764, 798

베토벤, 루트비히 판Beethoven, Ludwig van 29, 113, 204, 210, 239, 259, 271, 273, 328, 406, 422~423, 428, 445, 451, 456, 469, 473, 481, 487, 493, 499~501, 505, 544, 551, 567, 569, 606, 619, 634~635, 645, 660, 677~678, 705, 735, 767, 784

벤, 고트프리트Benn, Gottfried 115

벤야민, 발터Benjamin, Walter 62, 85, 112, 136~138, 184, 196, 201, 203, 219, 238, 265, 273, 337, 401, 416, 441, 444, 446, 465, 490, 494, 571, 591, 609, 614~616, 622, 662, 664, 687, 707, 710, 732, 746, 777, 790

보들레르, 샤를 피에르Baudelaire, Charles Pierre 26~27, 42, 57~60, 101, 120, 123, 189, 203, 218, 220, 269, 311, 370~371, 373, 438, 506, 535, 542, 571, 579, 608, 615, 628, 662, 698, 707, 777

보르하르트, 루돌프Borchardt, Rudolf 163

보마르셰, 피에르 오귀스탱 카롱 드Bomarchais, Pierre-Augustin Caron de Beaumarchais 154, 546

볼스Wols 203, 500

볼테르Voltaire 525, 695

불레즈, 피에르Boulez, Pierre 332, 489, 752

브레히트, 베르톨트Brecht, Bertolt 51, 72, 82, 90, 100, 119, 137, 189, 233, 288~289, 340, 346, 372, 467, 475~476, 512, 525, 546~548, 555, 571~572, 662, 685

브루크너, 안톤Bruckner, Anton 55, 437, 653

브르통, 앙드레Breton, André 223

블로흐, 에른스트Bloch, Ernst 93

비코, 잠바티스타Vico, Giambattista 453, 572

비트겐슈타인, 루트비히 요제프 요한Wittgenstein, Ludwig Josef Johann 112, 465, 702

ㅅ

사드, 도나시앵 알퐁스 프랑수아 드Sade, Donatien Alphonse François de 309

사르트르, 장 폴Sartre, Jean-Paul 169, 534, 546, 763

생상스, 샤를 카미유Saint-Saëns, Charles-Camille 56, 666

생시몽, 클로드 앙리 드Saint-Simon, Claude-Henri de 182, 493

샤룬, 한스Scharoun, Hans 111

샤반, 퓌비 드Chavannes, Puvis de 91

세르반테스, 미겔 데Cervantes, Miguel de 74, 556

셰익스피어, 윌리엄Shakespeare, William 72, 113, 171, 482, 572~573

셸링, 프리드리히 빌헬름Schelling, Friedrich Wilhelm 98, 118, 150, 172, 184, 218, 259, 304, 502, 756

손디, 페터Szondi, Péter 708

쇤, 에른스트Schoen, Ernst 17, 41, 45, 55~56, 61, 75, 79, 92, 101, 107~108, 110, 221, 247, 270, 320, 331, 340~341, 356, 364, 431, 456, 468, 486~489, 522, 540, 564, 572, 577, 607, 669, 672~673, 712, 752~753, 781

쇤베르크, 아르놀트Schönberg, Arnold 17, 41, 45, 55, 61, 79, 92, 102, 107~108, 110, 221, 247, 270, 320, 331, 340~341, 356, 364, 431, 456, 468, 486~489, 540, 572, 577, 607, 669, 672~673, 712, 752~753, 781

쇼팽, 프레데리크 프랑수아Chopin, Frédéric François 45, 654

쇼펜하우어, 아르투어Schopenhauer, Arthur 43, 242, 322

슈나벨, 아르투어Schnabel, Arthur 247

슈만, 로베르트Schumann, Robert 386, 421

슈베르트, 프란츠Schubert, Franz 174, 247, 264, 367, 393, 397, 430, 653

슈타이거, 에밀Staiger, Emil 530

슈타인, 에르빈Stein, Erwin 331

슈토이어만, 에두아르트Steuermann, Eduard 564, 672

슈토크하우젠, 카를하인츠Stockhausen, Karlheinz 65, 96, 332, 366, 406

슈트라우스, 리하르트Strauss, Richard 438, 486, 488, 645

슈트라우스, 요한Strauss, Johann 693

슈티프터, 아달베르트Stifter, Adalbert 526~527

슈파이저, 펠릭스Speiser, Felix 626

슐로서, 카테자Schlosser, Katesa 719

스탈린, 이오시프 비사리오노비치Stalin, Iosif Vissarionovich 360, 446, 570~571, 576

스트라빈스키, 이고르 표도로비치Stravinsky, Igor Fyodorovich 90, 104, 411, 602, 662

스트린드베리, 요한 아우구스트Strindberg, Johan August 360, 446, 570~571, 576

시벨리우스, 잔Sibelius, Jean 103

시슬레, 알프레드Sisley, Alfred 162

시카네더, 에마누엘Schikaneder, Emanuel 601

실러, 요한 크리스토프 프리드리히 폰Schiller, Friedrich 71, 74, 151~152, 350, 371, 391, 393, 448, 512, 528, 671, 700

ㅇ

아가테Agathe 154

아우구스투스Augustus 74

아이헨도르프, 요제프 폰Eichendorff, Joseph von 134

아제, 외젠Atget, Eugène 137

아폴리네르, 기욤Apolinaire, Guillaume 25

안더스, 귄터Anders, Günther 354

안데르센, 한스 크리스티안Andersen, Hans Christian 410~411

알텐베르크, 페터Altenberg, Peter 168

에른스트, 막스Ernst, Max 577, 661

에우리피데스Euripides 128, 524

에피쿠로스Epikouros 128

엘리엇, 토머스 스턴스Eliot, Thomas Stearns 571

엥겔스, 프리드리히Engels, Friedrich 439, 514

오펜바흐, 자크Offenbach, Jacques 693

올브리히, 엘프리데Olbrich, Elfriede 798

와일드, 오스카Wilde, Oscar 45, 539

요흐만, 카를 구스타프Jochmann, Carl Gustav 741

울브리히트, 발터Ulbricht, Walter 571

윌리엄스, 윌리엄 카를로스Williams, William Carlos 289

융, 카를 구스타프Jung, Carl Gustav 29, 204

입센, 헨리크 요한Ibsen, Henrik Johan 227, 535, 578, 628, 761

ㅈ

조이스, 제임스Joyce, James 70, 264, 345, 636

조토 디본도네Giotto di Bondone 477

졸거, 카를 빌헬름 페르디난트Solger, Karl Wilhelm Ferdinand 173

졸라, 에밀Zola, Émile 520, 560

좀바르트, 베르너Sombart, Werner 57

주더만, 헤르만Sudermann, Hermann 560~561

즈다노프, 안드레이 알렉산드로비치Zhdanov, Andrei Aleksandrovich 136, 571

지드, 앙드레Gide, André 243

지크문트Sigmund 129

ㅊ

차이징, 아돌프Zeising, Adolf 330

첼란, 파울Celan, Paul 495, 708~710

츠바이크, 슈테판Zweig, Stefan 99

치마부에, 조반니Cimabue, Giovanni 477

ㅋ

카로사, 한스Carossa, Hans 103

카프카, 프란츠Kafka, Franz 36~37, 45~46, 53, 263, 296~297, 446, 520~521, 673, 703, 710, 734, 747

칸딘스키, 바실리Kandinskii, Vasilii 208, 336, 345, 470, 651

칸바일러, 다니엘 헨리Kahnweiler, Daniel-Henry 364, 667

칸트, 이마누엘Kant, Immanuel 21, 30~35, 37, 43, 51, 60, 108, 119, 122, 140, 144, 152, 154~155, 158~159, 168~169, 172~173, 183, 215~217, 220, 224, 229, 235, 256~257, 266, 269, 272, 293, 295, 324~325, 342, 352, 376~380, 390~391, 410, 446~448, 450~452, 458~459, 489, 491, 552, 596~598, 603, 617, 641~642, 687, 734~735, 739, 744, 754~755, 770, 773, 775, 778~781

칼러, 에리히Kahler, Erich 189

캐럴, 루이스Carroll, Lewis 566

케이지, 존Cage, John 356

코로, 장 바티스트 카미유Corot, Jean-Baptiste Camille 163

콕토, 장Cocteau, Jean 92, 661

콜레트, 시도니 가브리엘Colette, Sidonie-Gabrielle 691~692, 694~695

쿠르츠말러, 헤트비히Courths-Mahler, Hedwig 664

쿠빈, 알프레트Kubin, Alfred 53

쿤, 헬무트Kuhn, Helmut 11

퀴른베르거, 페르디난트Kürnberger, Ferdinand 54, 506

크라우스, 카를Kraus, Karl 153, 168, 222, 243, 345, 693

크라우제, 프리츠Krause, Fritz 626, 720~721

크레네크, 에른스트Krenek, Ernst 672

크로체, 베네데토Croce, Benedetto 453~454, 456, 599, 715~716, 732

클라게스, 루트비히Klages, Ludwig 204, 338

클라우디우스, 마티아스Claudius, Matthias 442

클라이스트, 하인리히 폰Kleist, Heinrich von 520

클레, 파울Klee, Paul 53, 86, 147, 196, 292, 500, 577, 645, 649

키르케고르, 쇠렌 오뷔에Kierkegaard, Søren Aabye 24, 273, 345, 449, 640, 756, 777

E

터너, 조지프 말러드 윌리엄Turner, Joseph Mallord William 104, 397

토마, 한스Thoma, Hans 103

토스카니니, 아르투로Toscanini, Arturo 38

톨스토이, 레프 니콜라예비치Tolstoi, Lev Nikolaevich 209, 451, 544

트라클, 게오르크Trakl, Georg 287~288, 645~646

트로츠키, 레온Trotsky, Leon 385

티치아노 베첼리오Tiziano Vecellio 16

ㅍ

파운드, 에즈라Pound, Ezra 571

페루츠, 레오Perutz, Leo 198

페르메이르, 얀Vermeer, Jan 345, 428

포, 에드거 앨런Poe, Edgar Allan 53, 56~57, 173, 285, 311, 661

푸치니, 자코모Puccini, Giacomo 473, 693

프로베니우스, 레오Frobenius, Leo 625, 716

프로이트, 지크문트Freud, Sigmund 27, 30, 32~33, 35, 148, 275, 418

프루스트, 마르셀Proust, Marcel 153, 162, 243, 309, 316, 636~637, 667, 746

프리슈, 막스Frisch, Max 119

플라톤Platon 118, 197, 199, 255, 296, 309, 458, 460~461, 509, 537, 640, 660~661, 720, 725

플로베르, 귀스타브Flaubert, Gustave 91, 442, 637

피사로, 카미유Pissarro, Camille 66, 162

피셔, 프리드리히 테오도어 폰Vischer, Friedrich Theodor von 235, 301

피에로 델라 프란체스카Piero della Francesca 477~478, 742

피츠너, 한스Pfizner, Hans 103

피카소, 파블로Picasso, Pablo 66, 79, 111, 250, 364, 407, 489, 536, 575, 577, 580, 639, 661, 668, 815

ㅎ

하스, 빌리Haas, Willy 692

하우저, 아르놀트Hauser, Arnold 718~720

하위징아, 요한Huizinga, Johan 701~703

하이데거, 마르틴Heidegger, Martin 60, 234

하이든, 요제프Haydn, Joseph 505

하크, 카를 하인츠Haag, Karl Heinz 315

할름, 아우구스트Halm, August 457

헉슬리, 올더스Huxley, Aldous 579, 627

헤겔, 게오르크 빌헬름 프리드리히Hegel, Georg Wilhelm Friedrich 10, 15~16, 21, 24, 36, 39, 43, 48, 51, 72, 84, 105, 110, 114~115, 125~126, 140, 142, 150~151, 153, 155, 159~160, 172~173, 175, 177~183, 192, 196, 213, 215, 217~218, 224, 230, 235, 242, 250, 252, 255, 257, 259, 267, 277, 337, 342~346, 348, 350, 365, 371, 375~376, 379, 387, 391, 409, 413, 422, 454, 456, 468, 471~472, 481, 496,

501~502, 554, 562, 591, 594, 598~599, 607, 612~617, 628, 656, 662, 680, 691, 698, 705~706, 711, 715, 733~736, 738, 741, 745, 752, 754~758, 770, 773, 775, 777~781

헤르스코비츠, 멜빌 J.Herskovits, Melville J. 722

헤벨, 요한 페터Hebel, Johann Peter 151, 442

헤벨, 크리스티안 프리드리히Hebbel, Christian Friedrich 166, 181, 442

호라티우스Quintus Horatius Flaccus 36, 74

호메로스Homeros 23, 426

호프만스탈, 후고 폰Hofmannsthal, Hugo von 44, 96, 535

홀름, 에리크Holm, Erik 719~720

홀츠, 아르노Holz, Arno 558

횔덜린, 프리드리히Hölderlin, Friedrich 98, 171, 177, 435, 543, 795

후설, 에드문트Husserl, Edmund 169, 637

훔볼트, 빌헬름 폰Humboldt, Wilhelm von 172~173

히틀러, 아돌프Hitler, Adolf 66, 122

찾아보기(용어)

ㄱ

가상Schein 42, 47, 49, 63, 65, 73, 79, 83~84, 98, 107, 112~113, 121, 126, 141~142, 187, 196, 199~200, 203, 215, 227, 230, 236, 238~256, 258, 260, 261, 267, 271, 274, 302~304, 306, 308~309, 319~322, 332, 355~59, 361, 382, 387~388, 419, 422, 425, 446, 451~452, 456, 464, 467, 480, 487, 492, 500~501, 506, 512~515, 526~527, 532, 534, 538~539, 552~553, 562, 567, 577, 581~582, 584, 600, 606, 617, 622, 623, 625, 627, 628, 631, 635, 642, 679, 686, 689, 690, 699, 702, 718, 746, 756, 758, 766, 771, 773, 785, 789

감각적sensuell 40, 42, 142, 208, 215, 220, 222, 225, 447, 593, 618

감각주의Sensualismus 554

감상문학sentimentalische Dichtung 135

감상(적 태도)Sentimentalität 59, 133, 158, 342, 370, 657

감성적sinnlich 33, 38~39, 41~42, 101, 126, 178~179, 194, 197, 208~210, 212, 214~215, 218~220, 223, 225, 227~228, 230~232, 255~256, 302, 304, 314, 351, 369, 446~447, 498, 554, 597, 613, 618~620, 623, 654, 688, 690~691, 756, 758, 773

감정Gefühl 157, 377, 446, 451, 517, 540, 696

감정미학Gefühlsästhetik 451

감정이입Einfühlung 548, 759, 766

강도Intensität 340, 427~428, 577

개념Begriff 12, 17, 39, 51, 76, 82, 91, 95, 110, 133, 139, 149, 169, 170, 175,

180~182, 198, 199, 202, 204~205, 211, 213, 224~225, 228~234, 240, 245, 249, 251, 262, 266~267, 278, 286~287, 294, 304, 307, 311, 317~318, 320, 322, 339, 350, 358, 373, 376, 379, 413~415, 433, 449, 457, 501~502, 545, 552, 560, 580, 583, 591, 593, 638, 645, 657, 660, 662, 676, 692, 717, 725~726, 736~737, 739, 744, 746~747, 754~755, 760, 767, 770~771, 773~774, 783~785

개념의 운동Bewegung des Begriffs 178, 413, 591, 770, 782

개별자das Einzelne 81, 146, 213, 335, 422, 429, 440, 451, 454, 672, 674, 722, 725, 736, 755, 785

개별화Individuation 68, 82, 106, 112, 163, 206, 226, 320, 369, 370, 383, 385, 390, 414, 435, 440, 457, 459~460, 462, 467, 484, 505, 525, 583, 623, 674~675, 770

개인적 성벽Idiosynkrasie 45, 91, 711

객관성Objektivität 28, 31, 59, 77, 82, 97, 105, 184, 209, 213, 217, 240, 252, 270, 298~299, 306, 326, 332, 349, 360, 375~381, 388~390, 399~400, 419, 432, 458, 480, 502, 522, 526, 551, 561, 563, 593, 595, 597, 599~600, 606, 613, 636, 641, 667, 679~680, 693, 711, 724, 754, 757, 759, 774

객관적 관념론objektiver Idealismus 179, 215

객체Objekt 18, 33~34, 38, 43, 48, 64, 80, 119, 125~126, 161, 170, 174, 191, 200, 213, 257, 260, 262, 267, 295, 322, 330, 336, 346, 376, 378, 381, 388, 402, 404, 577, 582, 584, 597, 613, 616, 627, 629, 636, 687, 710~713, 725~726, 734, 757, 760, 762, 773, 778

건축Architektur 111, 144, 147, 426, 612, 659

검열Zensur 109, 270, 537, 554, 557, 599

결합 형태Konfiguration 208~209, 211, 218, 441, 521, 615, 633, 635, 666

결합술적kombinatorisch 95

경험Erfahrung 20, 22, 27, 33~34, 36~37, 40, 51, 58~59, 63, 79, 81~81, 86~87, 92, 102, 118, 145~146, 150, 152~153, 155, 158~160, 162~165, 167~173, 176, 194~196, 200~201, 205~206, 208, 217, 234~235, 257, 261, 266, 272~273, 281~286

경험계Empirie 10~11, 14, 19~20, 32, 43, 53, 165, 246, 193~194, 203, 206, 226~227, 232, 235, 245, 249

경험적empirisch 17~18, 20~21, 32, 52~53, 81, 83, 160, 212, 228, 234~235, 253,

271, 278

계몽Aufklärung 20, 28, 119, 129, 134, 142, 145, 191~192, 201, 206, 246, 278, 349, 373, 460, 462, 494, 600, 628, 717

계몽의 변증법Dialektik der Aufklärung 76, 117, 149, 676

계사Copula 288

고난Leiden 71, 97, 122, 129, 157, 260, 724, 758

고유성Eigentlichkeit 82

고전das Klassische 92, 319, 330, 369~373, 417~418, 693

고전성Klassizität 73, 372, 659, 661~663, 677~678, 740

고통Schmerz 42, 66, 75, 101, 176, 260, 266, 275, 389, 405, 527, 578, 583, 586, 596, 624, 709

곡예tour de force 250~253, 327, 422~423, 496, 624, 628

공리주의적utilitaristisch 156, 719

공산당kommunistische Partei 6, 79

관념(표상)Vorstellung 17, 20, 26, 30~32, 95~96, 205, 231, 346, 353, 396, 411, 616

관념론Idealismus 28, 36, 72, 151~153, 159, 179, 207, 212, 215, 218, 226, 234, 242, 301, 304~305, 346, 461, 475, 559, 582, 622, 660, 716

관념변증법 10

관념철학 107, 118, 168, 184, 320~321, 338

관리되는 세계verwaltete Welt 81, 112~113, 132, 200, 274, 365, 446, 507, 517, 520, 530, 563, 565, 576

관심Interesse 30~31, 34~37, 41, 48, 54, 64, 76, 95, 126, 150, 154~155, 373, 349, 359, 391, 505, 507, 538, 549, 558, 596, 599, 629, 632, 668, 671~673, 685, 687, 697, 705, 731~733, 736, 744, 747

광선화Lichtmalerei 407

교양Bildung 22, 69, 88, 173, 280, 370, 443, 478, 517, 539, 538, 564, 572~573, 595, 692, 694, 705, 725, 740, 759, 774

교환 원칙Tauschprinzip 165, 566

교환가치Tauschwert 59

교환관계Tauschverhältnis 165, 686

구상Konzeption 13, 24, 32, 76, 79, 109, 138, 159, 168, 183, 201, 210, 218, 244, 246,

250~251, 326~326, 331, 337, 343, 357, 376, 389, 394, 407, 435, 475, 477, 481, 486, 509, 518, 522, 560, 573, 577, 632, 639~640, 677~678, 693, 709, 732, 773, 775, 778, 780, 782, 791

구성Konstruktion, Zusammensetzung 33, 48, 64, 74, 78, 86, 108, 110~111, 113, 120, 139~141, 162, 208, 279, 318, 353, 359, 381, 395, 456, 485, 500, 517, 523, 577, 639, 670

구성 요소Komponente 39, 145, 262, 568

구성주의Konstruktivismus 86, 140, 208, 359, 517, 523, 577, 672

구체주의적konkretistisch 613, 725

구체화Konkretion 81, 84, 89, 172, 220, 225~226, 231~232, 240, 267, 286, 309, 314~315, 321, 405, 456, 460, 475, 483, 520, 575, 598, 606~607, 680, 684, 706, 771, 773, 785

권위Autorität 49, 57, 68, 74, 125, 136, 145, 189, 199, 281, 372, 394, 399, 426, 461, 466, 529, 538, 569, 595, 618, 638

권위주의적autoritär 367, 460, 466, 529, 531, 547

규범Norm 60, 72, 86~87, 94, 100, 114, 116, 119, 146, 175, 224~225, 294, 332, 347, 357, 370~373, 415, 429, 432, 438, 461, 510, 516, 554, 590, 598, 711, 734, 737, 741, 747, 750, 781~782

규범적normativ 63, 429, 438, 455~456, 497, 516, 661, 678, 700, 731, 774, 786

규정Bestimmung 14, 19, 20, 24, 26~27, 31, 49, 51, 57, 60, 63, 77, 83, 87~89, 110, 119~120, 126, 133~134, 142, 150, 170, 172, 174~175, 178~179, 182~183, 185, 187, 189, 193, 203, 207, 215, 217, 226, 231, 239, 243, 245, 249, 250, 254~255, 257~258, 261, 266, 273, 291~292, 299, 304~305, 308, 310~311, 319, 321~323, 325~326, 328, 330, 336~337, 341, 344, 350~351, 365, 368, 377~379, 381~382, 385, 387, 393, 398~400, 411~414, 422, 424, 433, 448~450, 452, 455, 469~470, 483, 491, 494, 498, 503, 505, 521, 530, 534~536, 540, 548, 561, 563, 581, 584, 591, 599, 606, 609, 613, 615~616, 619~620, 623, 627, 647, 649, 666, 671~672, 674, 676, 686, 691, 693, 701~702, 723, 732, 735, 740, 744, 747, 755~758, 764~765, 771~772, 795

규제적regulativ 379

규준Kanon 170, 215, 257, 377, 416, 467, 471, 631, 662, 680, 711~712, 720, 775

그라피티Graffiti 542

극단적radikal 52, 56, 69~70, 78, 87~88, 100, 107, 108, 122, 142, 200, 221, 223, 226, 247, 336, 358, 468, 511, 518, 560, 571, 645, 736

극단주의Radikalismus 78, 122, 271, 471, 710

근원 현상Urphänomen 42, 153, 467, 651

금기Tabu 9, 33~34, 42, 84, 92, 106~108, 177, 119, 142, 189, 219, 233, 272, 274, 281~282, 298, 344, 371, 373, 376, 416, 446~447, 459, 476, 527, 542, 556, 605, 626, 640, 675, 697, 701, 716, 740

긍정적affirmativ, positiv 12, 27, 33, 58, 84, 100~102, 118~119, 121, 177, 182, 214~215, 220, 250, 260, 266, 295, 297, 327, 353~355, 367~369, 405, 432, 443, 451, 462, 527~528, 561, 567, 586, 596, 632, 640, 658, 661~662, 700, 705, 711~712

기계예술Maschinenkunst 86

기능주의Funktionalismus 111, 147, 607

기능주의 논쟁Funktionalismusstreit 111

기법Metier 42, 103~104, 109~110, 137, 238, 252, 297, 331, 407, 478~479, 484~490, 571, 653, 658, 673, 677, 742

기술Technik 14, 62, 71~72, 78, 85, 87, 89, 92, 95, 104, 106, 110, 112, 116~117, 133, 141, 143~147, 164~165, 247, 250~251, 268, 301, 331, 334~359, 423, 437, 439, 455, 471, 473, 455, 471, 473, 477, 481~496, 504, 507, 517, 523, 547, 562~563, 586, 606, 609, 615, 630, 632, 635, 638, 643, 666, 682, 713, 753

기술 관료Technokrat 147, 241

기술 시대technische Zeitalter 143~144, 491, 494, 643

기술화Technisierung 144, 146, 492~493

기존 상태status quo 79, 112, 355, 396, 404, 439, 463, 557

깊이Tiefe 134, 145, 364, 433, 450, 601, 678, 697, 781

꿈 작업Traumarbeit 33

ㄴ

낙관주의Optimismus 17, 52, 84, 539

낭만주의Romantik 13, 45, 52~53, 59, 101, 142~143, 156, 171, 173, 197~198, 243,

269, 274, 357, 365, 372, 390, 393, 421, 535, 661, 721

낯설게 하기Verfremdung 546

내면성Innerlichkeit 143, 251~252, 272~274, 407, 433, 450, 665, 697

내용Inhalt 19, 24, 34, 54, 56, 63, 72, 83, 87, 100, 117, 120, 126~127, 129, 161, 175, 183, 186, 209, 229, 264, 292, 309, 314, 323~325

내용-미학Inhaltsästhetik 24, 346, 646, 778, 779

내재비판immanente Kritik 31, 351, 389, 432, 558, 662, 693

내재적immanent 11, 17, 20~21, 23, 37, 42, 49, 61, 90, 103, 114, 130, 135, 139, 147, 160, 179, 193, 202, 204, 207, 212~214, 219, 234, 239~242, 248, 254, 257, 260, 271, 282, 285, 292, 303, 317, 325, 332, 341, 348~349, 351~353, 357, 359, 363, 378, 383~384, 388~389, 398, 400~401, 403, 408, 411~412, 415, 423~425, 435~436, 438, 441, 443, 450, 456, 460, 466, 469, 471, 476, 483, 490~491, 503, 513, 518

네덜란드 악파Niederländer 95

논증적diskursiv 24, 51, 72, 83, 105, 175, 201, 225, 228~229, 232~234, 264, 269, 295, 298, 308, 317, 377, 379, 459, 551, 558, 629, 637, 645, 794

능산적 자연natura naturans 391

ㄷ

다다Dada 78~79, 246, 414, 443, 560, 705, 709, 770

다성적polyphonisch 216, 252, 455, 479

다의성Vieldeutigkeit 118, 161, 182, 217, 256, 546, 547, 722

다자das Viele 424~427, 434, 678, 720

다자성Vielheit 436

다형성das Polymorphe 118

단선율monodische Linie 93

단성적homophon 458, 479

단자Monade 20, 109, 139, 166, 204~206, 289, 411~414, 432~443, 460, 470, 481, 484, 560, 583~584, 602, 666, 677, 679, 769~770, 785

단편Fragment 113, 199, 214, 288, 340, 426, 433, 789~791, 794, 797

대립성Antithetik 17, 35, 77, 118, 277, 423, 478, 581, 777

대위법Kontrapunkt 71, 93, 95~96, 98, 277, 384, 427, 454, 456, 579, 627, 636, 782

대자(독자)적für sich 215, 262, 308, 336, 347, 509, 583

대자(독자)존재Fürsichsein 158

대중문화Massenkultur 46, 137

대칭Symmetrie 158, 170, 180, 328, 364~366

대타존재Füranderessein 44, 48, 246, 263, 514, 686

도덕철학Moralphilosophie 33, 790

도리아식dorisch 124

도식Schema 68, 117, 158, 164~165, 198, 210, 301, 320, 351~352, 375, 405, 422, 441, 445, 480, 516, 600, 640, 657, 670, 677, 690, 697, 711, 792

도식론Lehre vom Schematismus 140

독점Monopol 81

독점자본주의Monopolkapitalismus 59, 520

독창성Originalität 109, 394~396, 605, 772

동경Sehnsucht 41, 83, 98, 112, 123, 129, 157, 176~177, 197, 249, 262, 308~309, 367, 425, 554, 556, 596, 618, 634, 658, 660, 741

동일성Identität 13, 18, 25, 62, 118, 128~129, 153, 175, 177, 184, 213, 217, 219, 229, 246, 258~259, 270, 294, 305, 307, 313, 328, 342, 349, 366, 369, 372, 374, 381, 404, 426, 429, 459, 497, 516, 650, 711~712, 735, 756~757, 764, 773

동일성 철학자Identitätsphilosoph 177

동일하게 만들기Identifikation 62, 127

디아마트Diamat 583~584, 778

ㄹ

레뷰Revue 191

로코코Rokoko 262

룸펜프롤레타리아트Lumpenproletariat 120

르네상스Renaissance 40, 88, 139, 331, 650, 735

르포르타주Reportage 23, 83, 638

리비도Libido 32

리얼리즘Realismus 23, 80, 91, 112, 122, 131, 134, 198, 218, 224, 226, 241, 243, 272,

302, 510, 512, 521, 532, 536, 560~562, 565, 571, 576~579, 581, 583~585, 627, 633, 638, 710, 722~723

리체르카레ricercare 458

ㅁ

마신Dämon 127~128

만족Wohlgefallen 30~34, 38, 41~42, 69~70, 72, 113, 119, 197, 208, 218~219, 221, 224, 229~230, 251, 259, 379~380, 518, 520, 549, 616, 618, 747

매개Vermittlung 19, 28~28, 39, 41~42, 67, 79, 82, 96, 105, 116~117, 142, 150, 153, 156, 159, 163, 165~166, 183~184, 188~190, 194, 199, 204, 206~208, 211, 225~232, 234, 242, 245, 252, 257, 262, 265, 286, 292, 297, 302, 310, 314~318, 320, 328~330, 334~336, 342, 351, 358, 372, 376, 378, 382, 386~387, 390, 396, 398, 417, 421~422, 431, 440, 457, 464, 477, 493~494, 497, 514~519, 529, 544, 551, 568, 573, 578, 582~585, 593, 596~597, 603, 609, 618, 620, 630~635, 643~643, 653, 666, 697, 696, 712, 717, 734, 744, 752, 765, 767, 770, 772~773, 780, 783, 784

매너리즘Manierismus 52, 666~667, 747

맹목성Blindheit 10, 72, 200, 270, 310, 412, 515, 617

멜로디Melodie 93, 358, 431, 479, 634~635

명료한 표현Artikulation 212, 331, 338~339, 351~352, 434~435, 449, 655, 670, 682

모권 사회Matriarchat 601

모더니즘Modernismus 55, 68~70, 371, 571

모방Nachahmung 20, 69, 117, 124, 160, 162, 170, 174~175, 177, 185~186, 236, 244, 256, 261~264, 275, 283, 293~295, 302, 308, 333, 370, 373, 399, 406, 463, 485, 492, 511, 542, 561, 580, 582, 598, 636~637, 642, 646, 659, 701, 710, 717, 722, 745, 772

모사Abbildung 24, 40, 59, 92, 135, 137, 147, 161~162, 171, 184, 227, 240, 243, 253, 355, 357, 386, 512, 586, 611, 626, 633, 639~640, 710, 713, 719, 722

모사물Abbild 23, 28, 81, 84, 105, 162, 200, 261, 264, 579, 586, 637, 659, 719

모순Widerspruch 10, 24, 66, 71, 84, 89, 96, 119, 141, 159, 167, 169, 186, 201, 212, 223, 229~230, 234~235, 241, 251, 258~259, 269, 299, 333, 336, 421, 433~434,

437~439, 463, 476~477, 485~486, 491~492, 505, 509, 512~513, 521, 525, 543, 556, 559~561, 575, 590, 612, 616, 621, 623~624, 628, 642~643, 704, 710, 712, 721

모순어법Oxymoron 142, 231, 500

모티프Motiv 32, 51, 117, 120~121, 183, 196, 239, 288, 337, 410, 456, 561~562, 635, 648, 685, 710, 765, 767

목가적idyllisch 164, 490

목적Zweck 10, 13, 41, 43, 49, 60~61, 84~85, 95, 108, 111, 116, 126~128, 132~133, 136, 141, 144, 147~148, 159, 182~183, 193, 196, 201, 206, 222, 244, 249, 254, 257, 270, 278~279, 292, 297, 319, 323~326, 350, 352, 359, 361, 379, 392, 411, 416, 427, 448, 455, 460, 468, 481~482, 486~493, 495, 503~505, 514, 519, 566, 569, 576, 580, 607, 615, 619, 641, 643, 646, 654, 657, 672, 680, 687, 695, 700~702, 704, 707~708, 724, 726~727, 746, 749, 751~752, 755, 763

목적론Teleologie 16, 20, 77, 147, 174, 176, 184, 295, 326, 352, 359, 458~459, 566

목적형식Zweckform 116, 141, 492

몽타주Montage 80, 138, 311, 356~360, 568, 575, 580, 605, 704

무개념적begriffslos 318, 483, 676, 754

무관심(성)Interesselosigkeit 30~31, 34~37, 48, 54, 186, 206, 210, 219, 272, 349, 391, 471, 481, 500, 507, 549, 558, 596, 599, 629, 668, 671~673, 685, 687, 731, 736, 747

무의식das Unbewußte 20, 22, 25, 28~30, 65, 71, 91, 94, 124, 165, 167, 204, 228, 269, 329, 339, 353, 357, 391, 405, 413, 437~438, 450, 491~492, 522, 572, 582, 598, 605, 689, 698

무정형 상태das Amorphe 123~124, 160, 239

무조음악Atonalität 107~108, 137, 247, 364, 488

문화Kultur 16, 25, 38~39, 43, 46~52, 87~88, 90, 94, 99, 101, 121~122, 144~145, 148, 173, 191, 220~221, 251, 261, 281, 289, 304, 329, 339, 347, 367, 371, 438, 441~442, 447, 449, 457, 505, 523, 529, 532, 539, 541~544, 548~549, 553, 556~557, 560~561, 563~564, 567, 594, 638, 653, 682, 686, 690, 692~693, 695, 701, 706, 740, 745

문화 염세주의Kulturpessimismus 16, 51

문화경관Kulturlandschaft 117, 155~157

문화산업Kulturindustrie 46~47, 49, 98, 112, 280, 438, 471, 513, 538~539, 548, 552~553, 560, 570, 594, 600, 619, 627, 658, 688, 690, 695, 705, 738, 740, 744, 753, 761, 779

물신Fetisch 38~39, 47, 61, 75, 108, 110, 143, 177, 228, 250, 267, 391, 419, 473, 492, 498, 509, 511, 513~517, 556~557, 568~569, 629, 648~649, 657, 659, 686, 704, 746, 748~750

물자체Ding an sich 21, 153, 159, 325

뮤직홀music hall 251

미메시스Mimesis 48, 57, 59, 79, 105~107, 110~111, 124, 128, 132~135, 141~142, 148, 216, 219, 228~229, 236, 246, 260~262, 264, 266, 268~272, 274~275, 278~279, 294, 297, 306, 310~313, 334, 346, 349~350, 359, 373, 388, 420, 427~428, 430, 435, 440, 466, 485, 487, 494, 496, 521, 550~551, 555, 570, 583, 618, 621, 625, 636~637, 744, 672, 696, 724, 726~727, 747

미성숙성Unmündigkeit 108

미시론적mikrologisch 239, 526

미적ästhetisch 10, 14, 17~27, 30~34, 42~49, 57~61, 64~69, 75~79, 85~91, 94~97, 105~107, 116, 119~122, 126~127, 136, 138, 140~148, 151~157, 159~160, 164~168, 179, 182~184, 189, 194~197, 203~206, 210~220, 222, 227, 229~230, 237, 239~240, 242, 244~248, 252~268, 270~279, 282, 285, 289, 291, 297, 303, 305, 308~309, 312, 316, 318, 322~327, 331~337, 343, 345, 353~365, 375, 377~378, 380, 382, 385~388, 398, 401~403, 407, 410, 413, 425~425, 431~437, 440, 446~454, 462~463, 467~468, 470~471, 475, 479~480, 487, 491, 494~497, 500~507, 511, 517, 523, 527, 531~543, 547~558, 563~564, 568, 570~577, 580~581, 596~603, 607, 609~623, 626, 630~649, 653, 656~667, 671~676, 680~683, 686~700, 702, 704~706, 711~713, 723~727, 734~736, 740, 744~747, 754~770, 774~777, 780~784, 795

밀폐적hermetisch 177, 246, 287, 337, 557, 708~709, 769

ㅂ

바로크Barock 52, 67, 337, 574, 650, 654, 735

바리에테variété 251

반낭만주의antiromantisch 142~143

반동적reaktionär 16, 69, 73, 92~93, 107, 157, 183, 363, 472, 489, 518, 531, 558, 578, 605, 748

반봉건적antifeudal 120

반성Reflexion 9, 39, 54, 61, 64, 67, 69, 71~72, 91, 95, 105~107, 126, 133, 152, 161, 167, 177, 179, 198~199, 212, 214, 219, 225, 227~229, 250, 266, 268~270, 280, 284, 286, 299, 323, 326~327, 329, 334, 342, 348~349, 353, 355~357, 377, 379~380, 382, 394~395, 398, 414~416, 425, 432, 435, 437~438, 454, 456~457, 462, 471, 483, 491, 502, 513, 526, 538, 542, 546, 553~554, 563~564, 580, 590~592, 602~605, 621, 627~629, 637~738, 642, 650~651, 656, 673, 681, 684, 689~693, 698, 705~709, 712, 720, 734, 741~747, 750~754, 758~759, 763, 765, 769, 774~775, 780~786

반예술Antikunst 76, 80, 535, 607, 744

반응Verhalten 32~39, 42~48, 57, 60, 64~65, 79, 81, 86, 89, 91, 99, 105, 122, 132~133, 142, 154, 160, 162, 168~171, 184, 196, 198, 203, 220~221, 244, 246, 260~261, 271, 276, 282, 291, 294, 304, 306, 313, 324, 333, 337, 341, 364~365, 375, 381, 403, 406, 410, 418, 428, 439, 449, 451, 474, 487, 494~495, 516, 524~536, 539, 543~544, 547, 551~552, 584, 590, 594~603, 609, 613, 616, 629, 631, 636~637, 640, 643~644, 662~663, 667, 671, 690, 702, 722~727, 738, 741, 744, 759, 760, 768~769, 772, 777~779

반응 방식Verhaltensweise 36~37, 46, 48, 57, 64~65, 81, 86, 142, 168, 196, 198, 203, 221, 246, 260, 276, 294, 313, 324, 337, 406, 410, 418, 474, 524~525, 595, 597, 599, 609, 613, 616, 631, 637, 667, 671, 702, 722~726, 778

배율Proportion 24, 119, 170, 330, 332, 647

배음 관계Obertonverhältnisse 119, 523, 598

범신론적pantheistisch 177

범주Kategorie 9, 19, 23, 26, 33, 44, 53~54, 57, 61~64, 73~75, 80, 86, 92, 112~120, 125~136, 138, 147, 160, 166, 168~169, 215, 225, 231, 241, 257~258, 264, 269, 272, 274, 284, 292, 296, 300, 321, 323, 327~328, 332, 336~340, 346, 353~354, 361, 367, 379, 389, 392, 394~395, 398, 406, 412, 414, 426~429, 433, 435, 440,

449~450, 453, 455, 463, 497, 508, 522~523, 530, 539~542, 554, 560, 573,
591~593, 598, 608, 612, 625, 630~631, 633, 636, 644, 646~648, 656, 664, 668,
672, 681, 693, 701, 715, 724, 732, 737, 747~748, 751, 753, 758~759, 763, 767,
772, 774, 781~782, 785

범주 혼동ἄλλο γένος 33

변론적apologetisch 74, 147, 165, 634

변신론Theodizee 178

변증법Dialektik 24, 30, 41, 48, 54, 62, 76~77, 79, 81~82, 90, 94, 108, 110, 112,
117~118, 124, 126, 129, 133, 136~137, 140, 142, 178, 183~184, 199, 201, 213,
234~235, 239, 243, 256, 273, 322, 326, 337, 349, 361, 380~381, 390, 393,
400~401, 408, 413~414, 416, 423, 433~435, 447, 454, 457~459, 462,
470~471, 483~484, 488, 510, 514, 535, 545, 549, 558, 563, 574, 576, 583, 592,
599~600, 613, 636, 641, 647~649, 653~655, 657, 674, 676, 682, 684, 688, 703,
711, 726, 733, 755, 757~758, 766~767, 777, 780~781, 789, 792, 794

변증법적 연극dialektisches Theater 82

변증법적 형상dialektisches Bild 62, 90, 201

변형Deformation 32~33, 37, 40, 42, 46, 92, 107, 111, 124, 126, 130, 144, 197, 206,
248, 261, 263, 273, 297~298, 304, 311, 325, 345, 366, 392, 398, 415, 479, 481,
486, 516, 569, 582, 639, 653, 707, 726, 743, 751, 765, 767, 781

병렬 구조Parataxis 795, 797

병렬적parataktisch 362, 794~795

보편Allgemeines 39, 81, 91, 105~106, 114, 140, 156, 170, 175, 198~200, 215,
224~226, 229~231, 233, 266, 269, 276, 305, 314~315, 326, 332, 367, 369~370,
373~374, 377, 379~380, 383, 387~388, 390~391, 394, 405, 412~414, 418,
425, 429~430, 432, 440, 450, 453~462, 464~470, 484, 494, 496~497, 502, 505,
514, 517, 522, 531, 573, 583, 590~594, 605, 623, 643, 655, 657, 660, 674~675,
680, 682~683, 699, 733~735, 737, 747, 755~756, 769~771, 783, 785

보편개념Allgemeinbegriff, Universalie 199, 461, 464~466, 502, 573

보편성Allgemeinheit 81, 140, 156, 198, 200, 215, 225, 233, 269, 305, 332, 367, 373,
377, 379, 391, 413, 430, 432, 454, 456, 459, 464, 467, 470, 496~497, 522, 531,
590, 592, 594, 660, 683, 699, 733, 747, 769

본질구성(적)Konstitution, konstitutiv 10, 14, 24~26, 32~33, 43, 49, 105, 126, 145~146, 196, 205~206, 212~214, 217, 225~227, 233~236, 245~246, 258, 260, 264, 266, 279, 284~286, 293~294, 300, 302, 325, 355, 373, 376, 378, 380, 383, 387, 403~404, 412, 417, 426, 434, 437, 448, 482~483, 494, 510, 533, 545, 555, 573, 600, 611, 614, 622~624, 632, 641~642, 671, 683, 686, 704, 716

본질구성 요인(들)Konstituens, Konstituentien 10, 75, 146, 260, 321~322, 376, 407, 447, 562, 712, 778

본질구성물들Konstituta 33, 641, 778

부권 사회Patriarchat 601

부분 상태Partikulariät 130~131

부분적partikular 9, 130, 178, 198, 214, 239, 335, 339~340, 342, 349, 467, 476, 550, 552, 556, 562, 583, 670, 673, 682, 721, 724, 772, 793~794

부정성Negativität 26~27, 35~36, 52, 58, 84, 125, 163, 256, 309, 311, 316, 367, 452, 511, 527~528, 561, 578, 582, 586, 764

부정적negativ 27, 33, 51, 53, 58, 75, 80, 84, 87, 90, 94, 112, 131, 159, 174, 208, 222, 241, 302, 304, 308, 310~311, 314~315, 320, 323~324, 355, 362, 367, 370, 373, 443, 463, 486, 512~513, 522, 528, 544, 594, 634, 701, 764

부조리das Absurde 46, 72, 195, 227, 269, 277, 300, 320, 354~356, 361, 378, 405, 451, 460, 505, 549, 623~634, 628, 715, 749, 763

불가침성Unberührbarkeit 156

불변 상태das Immergleiche 60, 62, 266, 328, 521, 689

불변 요인Invariante 14, 26, 42, 62~63, 93, 122, 205, 328, 366, 537, 539, 542, 599, 640, 655, 657, 733, 747, 771

불안Angst 36, 39, 82, 88, 94, 107, 127, 158, 191, 200, 312, 434, 499, 523, 626, 639, 660, 727, 733, 746

불협화음Dissonanz 41~43, 101~102, 114~115, 180, 201, 227, 344, 362, 639, 647, 649, 758

불확정성Unbestimmtheit 31, 152, 172, 174, 239, 291~292, 300, 361, 383, 631, 717, 724

비개념성Unbegrifflichkeit 133, 161, 183, 186, 225~226, 228, 269, 283, 326, 350, 378, 465, 795

비극성Tragik 75, 300, 452~453, 747

비동일자das Nichtidentische 18, 62, 175, 183, 313, 338, 372~373, 426, 447, 459, 644

비의도성Unwillkürlichkeit 66, 269

비자아Nichtich 35, 636, 722

비존재자das Nichtseiende 24, 197, 199, 255, 258, 307~309, 316, 396, 527

비판, 비평Kritik 16, 21, 58, 61, 72, 86, 90, 105, 111, 113, 137, 145, 172, 178~180, 183, 199~200, 211, 219, 222~223, 226, 232, 249, 257, 261, 274, 278, 282, 288, 300~301, 303, 310~311, 327, 334, 337, 339, 343, 345, 348, 350~352, 359, 361, 367~368, 372, 374~375, 379~380, 388, 405, 415, 425, 430, 437, 439, 442~443, 446, 450, 452~453, 468, 486, 489, 494, 497~498, 501, 506, 511, 521, 526, 528, 545, 548, 551~552, 558~559, 563, 567, 575, 578~579, 582~584, 589~590, 594, 630, 641, 648, 650~652, 654, 662, 664~667, 678, 680, 689, 697, 706, 711, 716, 735, 750, 752~753, 755, 762, 765, 771, 773, 776, 779, 785~786, 790

비합리성Irrationalität 51~52, 108, 132, 136, 201, 270, 346, 495~496, 514~515, 547, 675, 704, 739, 762, 765

ㅅ

사물화Verdinglichung 38, 42, 49, 59, 76~77, 111, 131, 138, 147, 162, 165, 167, 185, 207~208, 217, 225, 230, 233~236, 244~245, 257, 275, 351, 355, 386~387, 401, 408, 418, 446, 483, 488, 496, 511, 521, 539, 542, 557, 583, 613, 621, 627, 629, 651, 659, 708, 722, 725, 740~741, 743~744

사변Spekulation 13, 502, 533, 592, 639, 663, 711, 735, 737, 742, 756, 762, 774

사상내용Gehalt 15~16, 28, 40, 61, 72~73, 111~113, 146, 168, 182, 185, 187, 204~206, 209, 212, 215, 217, 230, 250~251, 253, 286, 292, 301~306, 308, 311, 337~338, 348~351, 355, 412~413, 417, 443, 447, 449~480, 482~483, 487~490, 501, 516, 520, 525, 527, 529, 534, 544, 546, 551, 559, 578, 582, 585, 586, 595, 612, 619~621, 629~630, 633, 646, 665~666, 686~687, 709, 733, 736, 753, 761~765, 769, 778, 780, 782~783, 795

사용가치Gebrauchswert 40, 47, 59, 514

사이비 개별화Pseudo-Individualisierung 82, 695

사이비 형태Pseudomorphose 86, 184, 372

사진술Photographie 52, 136, 356~357, 582

사회심리학적sozialpsychologisch 122, 748

사회주의Sozialismus 137, 182, 385, 493, 543

사회주의 리얼리즘soziale Realismus 23, 112, 131, 512, 561, 578, 710

3화음Dreiklang 92~93, 344, 362, 397

삽화Episode 340, 356, 483, 551, 582

상관개념Korrelat 119, 412, 613, 636, 779

상대주의Relativismus 126, 338, 430, 462, 567, 629~630, 716, 785

상상(력)Imagination 17, 29, 37, 64~65, 92~93, 95~96, 101, 118, 123, 161, 170, 195, 202, 205, 207, 211, 259, 266, 278, 286, 316, 338, 348, 369, 372, 387, 393, 410, 494, 510, 521, 550, 552, 564, 572, 630, 632, 637, 642, 647, 724, 785

상상적인 것Imaginäres 209

상위개념Oberbegriff 218, 307, 326, 383, 415~416, 638, 737

상징적symbolisch 39, 80, 151, 226~227, 232, 627, 721~723

생산관계Produktionsverhältnis 20, 85, 87, 109, 143, 164, 272, 274, 385, 494, 510, 516, 533~534, 567, 643, 675, 680

생산력Produktionskraft 20, 50, 67, 84~85, 87, 89, 94, 106, 109, 116, 143, 385, 437, 439~440, 471, 473, 477, 491~492, 494, 496, 510~511, 516, 523, 533~534, 556, 558, 567, 571, 578, 580

생산방식Produtionsweise 87, 272, 504, 583

선천주의Apriorimus 169

선험적transzendental 11, 33, 140, 257, 305, 375, 380, 386, 391, 598, 778

선험철학Transzendentalphilosophie 324, 459

성격가면Charaktermaske 390

성숙성Mündigkeit 108, 216, 271, 532, 574

세계고Weltschmerz 58

세계정신Weltgeist 84, 368, 444, 472, 533

세분화 상태Differenziertheit 40, 439, 523

세속화Säkularisation 11, 14, 21~22, 52, 67~68, 76, 133, 211, 250, 333, 618, 683

소나타Sonate 204, 209~210, 227, 287~288, 397, 406, 413, 428, 451, 469, 499, 504, 544, 579, 634~635

소외Entfremdung 30, 39, 41~42, 48~49, 59, 71, 77, 79, 95, 185, 192, 194, 200, 266~267, 276, 293, 331, 336, 357, 389, 391, 400, 418, 507, 512, 527, 565, 578, 585, 636, 641, 698, 776

소요학파적peripateisch 294

소재Stoff 16~17, 22~24, 26, 30, 45, 56, 70, 72, 86, 115, 119~120, 124~125, 129, 153, 159, 162, 173, 185, 199, 208, 219~220, 245, 277, 297, 337, 339, 344~349, 351, 359, 405, 415, 417, 438, 481, 495, 505, 510, 518~526, 535, 538, 542, 544~545, 562, 577, 580, 613, 627, 688, 708, 710, 720~721

소재내용Stoffgehalt 17, 417, 510, 538, 554, 708, 777~778

속류vulgär 28, 42, 252, 444, 634, 649

속물Banause 24, 26, 37, 40, 175, 222, 329, 400, 412, 433, 490, 543, 595~596, 600, 726, 760, 765, 777

속물근성Banausie 26, 134, 346, 409, 412, 479, 412, 479, 526, 616, 652, 654

속박Bann 11, 20, 23, 28, 35~36, 67, 81, 84, 90, 106, 108, 118, 124, 157, 161, 166, 175, 183, 255, 303~304, 311, 314, 316, 322, 329, 373, 388, 396, 413, 444, 448, 452, 456, 466, 511, 520~521, 524, 529~530, 539, 571, 574, 617, 636, 665, 674, 680, 700, 722, 725~727, 750

수단Mittel 37, 39~41, 49, 60~61, 65~66, 69, 76, 88, 95, 97, 99, 105, 108, 110, 113, 117, 132, 136, 144, 166, 185~186, 214, 248, 267, 279, 324, 331~332, 339, 351, 354, 356, 359, 412~413, 435, 438~439, 449, 465, 479, 482, 484, 486, 488, 493~494, 503~505, 511, 514~515, 521~522, 534, 547, 594, 615, 637, 643, 657, 670, 672, 676, 680, 682~683, 699, 704, 724~725, 740, 749, 751, 770, 778, 793

수수께끼Rätsel 175, 263, 277~278, 280~287, 291~300, 317, 357, 418, 424, 483, 638, 716, 763, 784

수준Rang, Niveau 23, 27~28, 37, 84, 89, 94, 103, 110, 129, 133, 170, 180, 186, 189, 208, 214, 232, 284, 303, 309, 332, 338~339, 351~352, 355, 358, 367, 370, 374, 389, 393, 415, 418, 421, 424, 427, 433~440, 442~445, 463, 471~473, 485, 491, 494, 498, 522, 531, 548~549, 559, 567, 573, 578~579, 600, 602, 605, 611, 624, 632, 640, 644, 653, 658, 678, 682, 692

순수예술reine Kunst 46, 513

순열Permutation 238, 332

순진성Naivetät 10, 72, 172, 334, 415, 579, 603~604, 657, 737, 739~744

숭고Erhabenes 31, 43, 122, 155, 168, 173, 216, 220, 266, 345, 396, 444~452, 552, 569, 603, 617, 735~736

스콜라철학Scholastik 456

승화Sublimierung 17, 22, 31~33, 35, 48, 118, 121, 129, 177, 194, 223, 239, 273, 280, 303, 308, 323, 337, 362, 369, 426, 447, 510, 511, 518, 538, 541, 545, 564, 569, 624, 647, 654, 662, 666, 673, 694, 700, 704~705, 709, 726, 749, 759, 778

시간예술Zeitkunst 76, 239, 317, 340, 440

시간적 핵심Zeitkern 76, 405~407, 438, 496

시대정신Zeitgeist, Geist der Zeit 87, 411, 437, 439, 454, 468, 499, 668, 735

시장 사회Marktgesellschaft 156

신고딕neugotisch 664

신구논쟁querelle des anciens et des modernes 73

신낭만주의Neuromantik 44, 104, 535, 712

신독일 악파neudeutsche Schule 487

신의고주의Neoklassizismus 399, 661

신즉물주의적neusachlich 111, 242, 276

신학적theologisch 21, 52, 163, 226, 250, 333, 355, 661

실용주의Pragmatismus 54, 108, 199, 460~461, 557, 775

실존Existenz 30, 32, 35, 53, 56, 80~81, 84, 121, 142, 194, 199, 219, 239, 310, 314, 333, 368, 385, 396, 432, 458, 490, 512, 529, 545, 562, 602, 614, 631, 653, 680, 706, 718

실증주의Positivismus 13, 27, 82, 169, 199, 234, 242, 337, 355, 454, 493, 516, 521, 563, 567, 593~596, 598~601, 628, 716, 726, 737, 749, 764, 793

실천Praxis 33~36, 50, 84, 134~135, 200, 279, 318, 325~326, 416, 460, 515~516, 525, 543~549, 551, 554, 556, 562~563, 570, 575, 615, 641, 687, 700, 702, 704

실체Substanz 19, 44, 92, 107, 131, 153, 170, 182~183, 188, 196, 199, 205, 210, 215~217, 229~230, 273, 281, 308, 318, 328, 330, 336, 353, 356, 395, 414, 417, 432~433, 438, 455, 458, 492, 507, 524, 584, 586, 611, 647, 651, 656, 680, 692~693, 714

실체성Substanzialität 44, 131, 153, 188, 336, 584, 680

실험Experiment 64~66, 90, 94~95, 97, 216, 243, 407, 550

심리주의Psychologismus 33, 35, 272, 390

12음 기법Zwölftontechnik 110, 137, 238, 331~332, 340, 488~489, 672~673

ㅇ

아르스 노바ars nova 95

아우라Aura 112, 136~137, 189, 203, 244, 247, 485, 490, 614~615, 687~688, 710, 742, 746

아이러니, 반어Ironie 70, 141, 173, 243, 364, 534, 646

아카데미Akademien 68, 422, 577, 733

아티카attisch 127~128, 233, 370~371, 454, 510, 524

아포리아Aporie 134, 224~225, 227, 229, 398~399, 415, 483, 499, 607, 666, 754, 795

아프리오리Apriori 11, 44, 49, 57, 64, 124, 143, 202, 226~227, 233, 243, 255, 258, 281, 296, 311, 313, 328, 339, 363, 368, 378, 405, 481, 494, 510, 513, 519, 521, 524, 527, 530, 540, 545, 556, 561, 563, 571, 598, 624, 648, 656, 685, 689, 697, 737, 747, 773, 782

악무한schlechte Unendlichkeit 109, 315, 341

안정상태Homöostase 93~94, 131, 230, 544

알레고리Allegorie 53, 60, 73, 124, 166, 170~171, 173, 202, 296, 301, 304, 426

알레아토릭Aleatorik 96, 500

액션페인팅action painting 96, 500

앵포르멜informel 203, 500, 577

야만Barbarei 16, 22, 136, 174, 220~221, 244, 280, 328, 333, 371, 463, 472, 488, 529~530, 541, 545, 549, 565, 567, 685, 705, 774

야수파Fauvismus 104, 487, 517

양가감정Ambivalenz 42, 272

양식화 원칙Stilisationsprizip 45, 82, 510, 681

언어예술 작품Sprachkunstwerk 228, 717

에피파니Epiphanien 192, 245

엔텔레키Entelechie 411

역사주의Historismus 89, 145, 203, 417, 436, 445, 572, 786

역사철학Geschichtsphilosophie 46, 57, 86, 107, 142, 189, 219, 259, 262, 336, 390, 418, 444, 461, 505, 524, 533, 566, 605, 607, 640, 715, 752, 766, 782, 797

영기Äther 142, 198, 208, 277

균형점Indifferenzpukt 638

영향미학Wirkungsästhetik 31, 460

예배가치Kultwert 112, 490

예배적kultisch 10, 19, 23, 39, 49, 92, 112, 117, 137, 139, 246, 297, 416, 490, 638, 720, 783

예술 장르Kunstgattungen 217, 343

예술미das Kunstschöne 154, 158~159, 161, 163, 178, 180~184, 614, 731

예술의지Kunstwollen 146, 338~339, 389, 440, 650

예술종교Kunstreligion 98, 134, 242, 393, 448, 698, 709, 768

예정조화prästabilierte Harmonie 256, 533, 631

예지계das Intelligible, intelligible Welten 34, 380

오락Unterhaltung, Divertissement 15, 46, 101, 122, 193, 215, 251, 500, 541, 569, 687, 691~692, 695, 739

오트 쿠튀르haute couture 407

와해Zerfall 44, 103, 130, 312, 318, 409, 421, 441, 449, 467, 498, 790

욕구Begehren, Bedürfnis 29, 32~34, 36~37, 49~51, 55, 59~60, 77, 93~94, 164, 191, 226, 228, 259, 270, 373, 427, 455, 480, 488, 502, 514, 519, 538, 548~549, 563, 593, 619, 640, 655, 688, 695, 705, 725, 746, 750, 763, 772, 786

욕구 능력Begehrungsvermögen 32~33, 36

우수Schwermut 159, 288

우아미Anmut 151

우연Zufall 43, 52, 71, 92, 97, 104~105, 126, 146, 179, 184, 187, 206, 215~216, 232, 240, 247, 255~257, 270, 288, 319, 351~352, 356, 360~361, 380, 393, 399, 414, 424, 432, 459, 463, 475, 480, 491, 498~502, 565, 589, 592, 594, 599, 608, 642, 751, 754~755, 761, 773, 779, 782, 791

우연성Zufälligkeit 105, 146, 179, 187, 206, 216, 232, 255, 270, 319, 356, 360~361, 380, 459, 463, 480, 499~500, 592, 594, 608, 751, 753, 761, 779

우연성음악Zufallmusik 71

우울Spleen 98, 123, 221, 246, 249, 269, 335, 397, 490, 597, 615, 628~629

원근법Perspektive 145, 343, 477~479, 523, 639, 723, 742

원형ἀρχαί 13, 59, 108, 111, 135, 175, 181, 193, 204, 211, 261, 377, 503, 542

유겐트 양식Jugendstil 44, 208, 272, 357, 535, 539, 579, 607~608, 628, 649, 699, 709

유기적organisch 88, 94, 111, 140, 326, 359~360, 391, 411, 495, 606, 612

유머Humor 101, 121, 503, 505, 540, 703

유명론Nominalismus 140, 158, 240, 255, 257, 314, 328, 358, 367, 377, 400, 453~457, 461, 463, 470, 476, 483, 496~506, 509, 530, 599, 656, 680~681, 732~733, 737, 754, 770, 792

유미주의Ästhetizismus 45, 91, 280, 558~559, 561, 705

유사 논리적quasi-logisch 140

유아론Solipsismus 107, 583, 585, 679

유토피아Utopie 54, 83~84, 93, 141, 249, 270, 304, 309, 315, 358, 367, 394, 414, 527~528, 537, 556, 608, 688~689, 709, 770

유파Schule 66~68, 223

유희Spiel 98, 100, 108, 123, 125, 155, 180, 227, 238, 263, 301, 327, 342, 360, 405, 433, 448~451, 462~463, 499~500, 561~562, 575, 678, 700~703, 724, 741, 777

육체적 예술körperliche Kunst 106, 194

음계Tonalität 55, 104, 238, 261, 343~344, 358, 364, 422~423, 455~456, 484, 743

음렬주의 (악파)seriell Musik 332, 350

의고주의Klassizismus 56, 70, 120, 134, 183, 230, 259, 279, 313, 369~374, 399, 405~406, 421~422, 449, 452, 456, 472, 496, 522, 535, 538, 649, 659~663, 671, 678, 733, 741

의도Intention 31, 62, 65, 71, 74, 82, 161, 170, 180, 186, 192, 215, 227, 230, 267, 277, 297, 301, 330, 338, 347~352, 357, 359, 384, 398, 437, 461, 506, 511, 526~527, 554, 560, 572, 578, 613, 615, 632~633, 641, 708~709, 715, 761~763, 790

이념Idee 10, 23, 28, 33, 49, 68

이마고imago 29, 58, 112, 121, 130, 198, 205~206, 271, 287, 303, 307, 309, 367, 399, 495, 559, 574, 586

이분법Dichotomie 85, 230, 232, 483, 576, 578, 605, 692, 779

이상Ideal 10, 17, 50, 100, 108, 123, 181, 201, 221, 224, 246, 250, 259, 264, 271, 294, 305, 321, 363, 364~365, 367, 373, 396, 422, 427, 429, 486, 521, 524, 538, 597, 606, 652, 659~660, 663, 678, 704, 735, 742, 776

이율배반Antinomie 75, 83, 126, 133, 148, 189, 203, 223, 245, 250~251, 360, 373, 387, 401, 415, 422, 467, 478, 480, 491~492, 502, 525, 528, 610, 649, 652, 660~661, 681, 697~698, 706

이중적 성격Doppelcharakter 20, 170, 264, 285, 712

인간학적anthropologisch 26, 272, 657

인격화Personalisierung 82

인공물Artefakt 18~19, 150, 155, 166, 168, 170, 192, 213, 250, 253, 402, 409, 411, 420, 498, 510, 606, 666

인과율Kausalität 134

인상주의Impressionismus 66, 91, 125, 162, 164, 168, 330, 357~358, 369, 399, 423, 445, 477, 495, 517, 651, 667, 743

인식Erkenntnis 13~14, 28, 32, 43, 51, 81, 83, 133, 139, 142, 145, 156, 161, 168, 203~204, 229, 256, 258, 261~262, 267, 269, 294~295, 302, 322~323, 336, 363, 375~376, 379, 386, 396, 398, 400, 417, 424, 434, 459, 464, 476, 481, 483, 523, 547, 555~556, 563, 581~582, 584, 589, 594, 597, 629, 635, 637, 639, 667, 691, 704, 717, 725, 727, 734, 736, 738, 755, 759~760, 762, 765, 770, 774, 776, 781, 783, 790, 797

인식론Erkenntnistheorie 107, 139, 169, 358, 376, 381, 396, 398, 425, 582, 732~733, 744, 778, 785

일관성Stimmigkeit, Konsequenz 28, 51, 55, 64, 88, 94, 97~98, 101, 109, 113~114, 133, 138~139, 151, 178, 240, 248, 279, 302, 318, 320, 322, 326, 333~334, 351, 355~356, 361~363, 367, 371, 378, 387, 394, 398, 416, 429~430, 458, 474, 477, 486~487, 494, 515, 531, 560, 572, 592, 601, 612, 628, 631, 636, 650~651, 663, 681, 695, 712, 767, 768

일반성Allgemeinheit 126

일의성Eindeutigkeit 171, 197, 382, 718

일자Eines 18, 62, 175, 183, 313, 338, 372~373, 424, 426~427, 434, 436, 447, 459, 644, 678, 720, 792

입체파Kubismus 66, 111, 194, 357, 577, 665

ㅈ

자동기술법automatische Niederschrift 71, 270

자발성Spontaneität 389~390, 397, 439~440, 469, 474, 546, 715~716, 783

자연Natur 20, 31, 39, 58, 70, 116~117, 122~123, 125, 127~130, 132, 135, 143, 146~147, 150~155, 157~170, 172~182, 184~187, 191, 218, 220~223, 239, 266~267, 270, 277, 302, 307, 312~313, 318, 321, 323~326, 357, 365, 369, 391, 409, 411~412, 420, 439, 446~448, 450, 473, 489, 495, 553, 567, 581, 597~598, 612, 614~615, 617~618, 622, 627, 637, 641~642, 644, 650~651, 660, 715, 718, 722, 724, 735, 739

자연미das Naturschöne 150~185, 190, 197, 220, 365, 613~614, 682, 731

자연사Naturgeschichte 263

자연적인 것Φύσει 152

자연주의Naturalismus 244, 291, 520, 560, 579, 717~719

자연철학Naturphilosophie 172~173, 179

자율성Autonomie 10~11, 20, 23, 39, 42, 47, 49, 59, 97, 117, 123, 129, 220, 237, 246, 260, 273, 305, 327, 339, 365, 373, 447, 462, 476, 479, 492, 501, 509, 517~518, 536, 545, 568, 570, 637, 651, 665, 694, 697, 704, 712

자의성Willkür 79, 216, 321, 425, 463, 608, 633

자족Autarkie 78, 305, 342, 411, 439, 535, 685

자체보존Selbsterhaltung, sese conservare 17, 36, 40, 126, 279, 324, 352, 533, 553, 597, 641, 676, 685, 702, 756, 761

자체성Selbstheit 265

자체존재Selbstsein 17, 314

장식Ornament 19, 70, 148, 254, 518, 654, 683, 720

재료Material 27, 29, 43~45, 55~56, 72, 88~89, 92~95, 117, 125, 138~139, 152, 160, 188, 190, 195, 209, 213, 216, 220, 227, 235, 244~245, 253, 267, 307, 312, 320~321, 323, 330~331, 342~345, 349, 352, 355, 359, 381~383, 406, 423, 438~439, 445~446, 455~456, 463, 473, 477, 479~482, 565, 612, 619, 642~643, 648, 650, 652, 654, 657, 673, 676, 719, 732, 742, 750, 757~758, 765,

재즈Jazz 143, 273, 491, 705

재현부Reprise 209

저항Widerstand 70, 124~125, 138, 159, 213, 220~221, 272, 277, 284, 368, 404, 415, 440, 452, 463, 482, 492, 505, 511, 517, 528~529, 536, 540, 564~565, 598~599, 619, 634, 643, 647, 653, 675, 708, 739~740, 757~758, 763, 768, 777

적대 관계Antagonismus 85, 94, 200, 206, 385, 387, 403~404, 421, 433~434, 471, 524, 534, 557, 569, 573~574, 713, 761, 767

전개부Durchführung 231, 288, 397, 414, 503~505, 645

전시가치Ausstellungswert 112, 490

전위(예술)Avantgarde 25, 66, 251, 419, 451, 570, 572, 655, 734

전위주의Avantgardismus 60, 66, 289, 471, 564, 571

전율Schauer 36, 56~57, 127, 188, 191~192, 200~201, 265~266, 278, 446, 511, 582, 638, 727

전통Tradition 12, 31, 57~58, 63, 68, 73, 81, 89, 102, 104, 109, 133, 161, 327, 344, 351, 411, 418, 425, 475, 486, 605, 652, 665~666, 705, 707, 745, 752, 754, 764, 770

절대이념absolute Idee 72

절대정신der abolute Geist 15, 381, 773

점묘주의Punktualität 489

접속곡Potpourri 427, 568~569

정립된 것, 인공적 요인θέσει 70, 152, 181, 244, 254, 333, 360, 503, 641, 672, 712

정물nature morte 163

정신Geist 17, 20, 24~25, 28, 31, 41, 50, 75, 77, 82, 97, 101, 106, 127, 132, 134~137, 152~153, 155, 158, 160~161, 172, 177~183, 197, 207~223, 228, 230, 233, 242, 253, 255~255, 262, 266~267, 273, 277~279, 296~297, 300, 306, 312~313, 316, 318, 320, 322~323, 335~336, 343, 346, 348, 350~351, 369, 381, 392, 404~405, 408, 413, 418~419, 421~422, 424, 438, 441, 446~452, 454, 468~469, 472~473, 480~481, 510, 516, 523, 529~531, 535, 545, 554, 564, 580, 594, 598~599, 603~604, 606, 612~613, 617~618, 620~621, 623, 625, 631, 634~636, 642, 674, 684, 689, 695, 698~699, 706, 715, 726, 735, 738, 750,

755~758, 767, 780~781, 783, 786, 790

정신과학Geisteswissenschaft 205, 444, 523, 747

정신분석학Psychoanalyse 27~29, 30, 35, 520, 749

정신사Geistesgeschichte 20, 54, 173, 184, 210, 337, 353, 375, 477, 666

정신형이상학Geistmetaphysik 217, 598

정신화Vergeistigung 39, 106, 123, 185, 194, 215~225, 266~268, 277~278, 286, 421, 447, 479~481, 538, 554, 618, 621

제일철학prima philosophia 75

조화론적, 조화를 추구하는harmonistisch 93, 115, 172, 758

존재론Ontologie 13, 50, 199, 273~274, 344, 414, 460~461, 465, 503, 608, 662, 666, 714

존재자das Seiende 11, 19, 24~25, 127, 177, 183, 193, 196, 198~200, 203, 213, 218, 255, 265, 296, 308, 310, 314, 316, 329, 333, 396~397, 521, 527~528, 582, 632, 644, 659, 725, 738, 757

존재적인 것Ontisches 33

존재판단Existenzialurteil 288, 318, 646

종합Synthese 25, 98, 110, 139~140, 197, 200, 214, 230, 235, 257, 289, 291, 323, 333, 341, 353, 357, 387, 413, 421, 425, 433, 485, 504, 525, 530, 607, 621, 671~672, 674, 676, 677~678, 779

종합적synthetisch 434, 485, 489, 676, 705

주관점subjektiver Punkt 77

주관주의Sujektivismus 31, 106, 206, 449, 594, 597~598, 734~735, 779~780

주관화Subjekivierung 144, 160, 185, 353, 357, 384, 496

주도형상Leitbild 531

주석Kommentar 31, 243, 442, 668, 750, 752

주요국면Ernstfall 209~210

주의(들)Ismus(Ismen) 66~68, 605

주체Subjekt 18, 29, 33~34, 37, 42, 48, 59, 64~65, 67, 77~81, 85, 95, 105~108, 115, 117~118, 124, 132, 139~141, 146, 151~154, 158~161, 170, 175, 179, 183~185, 200, 206, 257, 260, 262, 265~267, 269, 272~276, 295, 305~306, 314, 331, 337, 350, 352, 356~357, 360, 367, 372~373, 375~377, 380~392, 394~395,

398~400, 423, 440, 447~448, 454, 458~459, 463~464, 466, 473, 481, 493, 500~501, 504, 507, 509, 522, 527, 539, 541, 545, 548, 552~553, 561, 565, 570, 583~585, 594, 596~598, 602~603, 611~612, 617~618, 627~629, 632~634, 636, 641, 644, 650, 659, 687, 698~699, 702, 712~713, 716, 722, 727, 735~736, 741, 760, 763, 773~774, 777~780

중앙집권화Zentralisation 82

즉물성Sachlichkeit 111, 147~148, 254, 276, 302, 359, 520~521, 654

즉물적sachlich 112, 141~142, 148~149, 359, 435

즉자An sich 65, 181, 215, 235, 246, 254, 257, 263, 267, 294~295, 297, 308, 336, 368, 388, 399, 509, 555, 558, 566, 600, 631~633, 637, 641~642, 660, 686, 694

즉자존재Ansichsein 163, 184~185, 192, 199, 206, 243, 248, 250, 256, 295, 387, 464, 498, 514, 539, 620, 652, 686, 771, 782

지각Perzeption, Wahrnehmung 11, 162, 165, 167, 169, 214, 228, 402, 429, 691, 744, 759

지속Dauer 73~76, 79, 201, 406, 496, 625~626

직관Anschauung 33, 228~233, 624, 739, 742, 772~773

직업적 통계학Berufsstatistik 81~82

직접성Unmittelbarkeit 43, 89, 150, 157, 165, 167~168, 179, 214, 234, 242, 274, 292, 341, 368, 398, 426, 494, 522, 545, 551, 553~554, 570, 583, 594, 611, 614, 636, 642, 660, 671, 700, 741, 744, 759~760, 766, 774, 784

진리내용Wahrheitsgehalt 67, 90, 102, 113, 210~211, 247, 259, 280, 298~308, 310, 351, 367, 430, 436~437, 441~442, 445~447, 449, 473, 478, 481, 487, 493, 495~496, 514, 517, 524, 526~527, 544, 547, 556~558, 565, 582, 620, 628, 630~636, 662, 689, 696, 709, 725, 737, 749~751, 761, 765, 778

진보적fortschrittlich, avanciert 55, 66, 86, 89, 94, 100, 103~104, 106~107, 247, 353, 395, 437~439, 476, 493, 513, 520, 529, 572, 574, 578, 603, 643, 725, 733~734, 752, 778

진정성Authentizität 17, 49, 74, 108, 345, 348, 363, 367, 383, 390, 457~458, 462, 480, 494, 635, 658, 677~678, 693, 696

진지함Ernst 97, 99, 172, 293, 449~450, 562, 629, 696, 703, 750

진품성Echtheit 62

집단Kollektiv 45, 66, 109, 205, 461, 594, 706, 722

집중Konzentration 82, 167, 572

짜임관계Konstellation 12, 24, 197, 210, 269, 281, 308, 310, 351, 393, 396, 449, 464, 527, 533, 637, 666, 677, 688~689, 710, 772, 784

ㅊ

착상Einfall 362, 395~397, 646, 672~673

창조 정신Genius 98, 124, 127, 160~161

창조자Schöpfer 136, 390, 395, 456, 631

처리 방식Verfahrungsweise 19, 46, 64, 72, 86~87, 89, 95, 97, 108, 110, 138, 144, 183, 244, 254, 264, 268, 271, 312, 318, 331, 338, 341~343, 352, 369, 412, 435, 439, 473, 476~479, 490, 496, 500~501, 585, 602, 609, 630, 643, 646, 648, 650, 723, 740, 751~752, 757~758, 767, 784

천재Genie 388~394, 440, 459, 463, 477, 542, 572, 606

체험Erlebnis 129, 183, 205, 245, 358, 378, 549~553, 762, 774, 779

초기능적überfunktional 111

초월성Transzendenz 76, 187~189, 296

초월하다transzendieren 29, 68, 138, 184, 188, 190, 192, 208, 212, 246, 259, 302, 309, 313, 396, 417, 434, 446, 466, 515, 521, 558, 582, 585, 596~597, 603, 635, 679, 687, 689, 727

초자연력Mana 193, 200, 683

초현실주의Surrealismus 53, 66~67, 71, 78, 136, 138, 223, 444, 494~495, 517, 577, 649, 661, 665, 704

총체성Totalität 11, 34, 102, 113, 130~131, 134, 200, 212~213, 216, 233, 239, 255, 266, 304, 329, 332, 341, 353, 357~359, 362, 408, 422, 427~429, 454, 536, 593, 642, 651, 670, 725, 736, 757

추das Häßliche 114~123, 125, 169, 221, 611~612

추상성Abstraktheit 56~60, 77, 80, 120, 314, 327, 446, 535, 592, 671, 673

추상화abstrakte Malerei 71, 78, 571

충동Trieb, Impuls, Regung 17, 28~29, 32, 35, 48, 64~65, 68, 77, 100, 107, 109~110, 130, 134, 154, 216, 228, 236, 246, 261~262, 265~266, 268, 278~279, 306, 318,

330, 334, 349, 358~359, 360, 373, 381, 401, 420, 422, 425~426, 430, 438~439, 466, 470, 485, 488, 495~496, 500, 502, 538, 550, 577, 579, 583, 618, 636, 660, 672, 696, 699~701, 717, 724, 741, 743, 745~746, 754, 772

취미Geschmack 36, 90~91, 103, 143, 154, 162, 172~173, 270, 343, 376~377, 380, 447, 549, 599, 602, 632, 638, 682, 734, 753, 756, 760

ㅋ

카덴차cadenza 366

카이로스καιρός 428, 436

카타르시스Katharsis 447, 538, 540

칸초네canzone 458

코메디아 델라르테commedia dell'arte 319, 462

쾌락ἡδονή 37

쾌락원칙Lustprinzip 126

쾌락주의Hedonismus 34~35, 41, 43, 101, 180, 224, 391

키치Kitsch 30, 84, 91, 119, 148, 162, 174, 280, 346, 536, 539~540, 619, 694, 696~697, 707, 768

ㅌ

타락Entartung 122

타블로Tableaux 191, 640

타시즘Tachismus 71, 203

타율성Heteronomie 61, 65, 92, 105, 139, 153, 516, 537, 585

타율적heteronom 17, 34, 49, 59, 140, 184, 272, 367, 399, 438, 511, 537, 569, 572~573, 582, 599, 650, 667, 685

타자성, 다른 상태Andersheit, das Andere 11, 24~25, 49, 62, 79, 470, 531, 575, 596, 632

탈마법화Entzauberung 50, 88, 112, 142~143, 182, 189~190, 513, 557, 577

탈예술화Entkunstung 47, 49, 112, 143, 188~189, 283, 416, 552, 600, 616, 700

탈피Heraustreten 155

태고 시대Archaik 39, 47, 92, 128, 167, 205, 293, 298, 369, 394, 456, 516, 716, 719,

766

태고적archaisch 128, 145, 261, 297, 315, 320, 370, 373~374, 478, 491, 700, 766

태고주의Archaismus 74, 521

테크네τέχνη 391

테크놀로지Thechnologie 65, 85, 89, 106, 143~144, 146~147, 212, 243, 301, 359, 365, 397, 403, 423, 471, 482, 494, 593, 630

통각Apperzeption 257, 443

통속적vulgär 42, 164, 370, 396, 430, 463, 483, 540~542, 627, 695, 738

통일(성)Einheit 23, 77, 86, 90, 124~125, 131, 135, 140, 180, 184, 191, 212~214, 226, 230, 232, 248, 250, 257, 288~289, 295, 299, 303, 307, 312~313, 318, 322, 324~328, 333, 338~339, 341~342, 355~356, 358~359, 361~362, 370, 377, 379, 402, 404, 408~409, 422, 424~430, 435~436, 446, 465, 475, 483, 486, 497, 530, 555, 575, 591, 611, 620~621, 666, 676~679, 682, 703~704, 717, 720, 722, 757~758

통주저음적generalbaßhaft 252, 319, 474, 477

통합Integration 23, 35, 71, 77, 93, 113, 130, 214, 232, 239, 249~250, 254, 265, 266, 331, 400, 451, 482, 529, 551, 573, 671~672, 687, 708, 717

퇴폐주의Dekadenz 58, 539

투사Projektion 26~27, 48, 122, 158, 365, 370, 396, 400, 469, 538, 593~596, 600, 615~616, 651, 691, 725, 738, 760, 783

특수Besonderes 19, 42, 62, 91~92, 94, 105~106, 112, 114, 198, 200, 226, 232, 234, 239, 247, 286, 305~307, 313~314, 343, 369~370, 373, 374, 379~380, 390, 412~414, 422, 429, 432, 440, 454~459, 463~466, 470, 497, 505, 517~518, 601, 624, 647, 659, 675, 682~683, 725, 732, 770, 780, 784

ㅍ

파열Explosion 202~204

파토스Pathos 97

판테온Pantheon 90, 418, 517

패러디Parodie 11, 47, 74~75, 126, 279, 320, 356, 418, 442, 467, 476, 540, 693

편집증Paranoia 27

평형(상태)Gleichgewicht 22, 115, 129, 191, 203, 258, 317~318, 336, 362, 381~382, 466, 499, 505, 647~648

폐허Kahlschlag 156~157, 365, 489, 495, 651, 747

표상Verstellung 26, 30~32, 95, 205, 231

표현Ausdruck, Expression 27, 38, 41, 51, 61, 78, 82~83, 87~88, 105, 107~108, 110~112, 122, 129~131, 135, 141, 145, 156~157, 160, 170, 177, 181, 185~186, 190, 212, 216, 238~239, 244, 247, 260~272, 274~276, 323, 327, 331, 333, 336, 338~339, 341, 351~352, 358, 378, 381~382, 384, 386~387, 416, 420~421, 424~425, 428, 468, 470, 476, 479, 490, 503, 527, 535~536, 544, 549~550, 557, 568, 578~579, 584, 586, 592, 600, 615, 618, 621, 649, 667, 675, 692, 696, 701, 712~713, 715, 717, 721~722, 736, 752, 758, 763

표현주의Expressionismus 110, 136, 140, 216, 243, 271, 340, 358, 384, 386, 414, 470, 518~519, 607, 651, 710, 771

푸가Fuge 418, 454~456, 458

품위Würde 34, 76, 98~99, 151~152, 162, 177, 299, 363, 435, 438, 464, 480, 487, 514, 538, 570, 617, 624, 652, 654, 687

필연성Notwendigkeit 63, 77, 148, 180~181, 184~185, 215, 226, 240, 269~270, 318, 332, 377, 379~380, 477, 501, 526, 664, 726

필적학Graphologie 204, 338

ㅎ

합리주의Rationalismus 31, 58, 72, 134~136, 138, 172, 180~181, 299, 411, 456, 704

합리화Rationalisierung 67, 88, 132, 135, 156, 161, 268, 444, 479, 595, 657, 667~668, 673, 693, 704, 751

합목적성Zweckmäßigkeit 17, 111, 141, 147, 240, 292, 322, 324~326, 359, 459, 489, 491~493, 641

합성Komposition 690

항상성Homöostase 651

해방Emanzipation 40, 85, 87, 95, 183, 238, 336, 355, 447~448, 454~455, 472, 476, 480~481, 522, 524, 539, 544, 557, 574, 675, 736

해석Interpretation 35, 72, 102, 139, 151, 171, 283, 292, 294, 299~300, 303,

305~306, 348, 361, 419, 424, 442, 461, 526, 572~573, 623, 633, 650, 661, 668, 703, 716, 722, 737, 773, 776, 786

해석학Hermeneutik 26, 325

해체Desintegration 113, 133, 139, 160, 219, 324, 327, 420, 423, 575, 578, 582, 635, 672, 751

향유Genuß 36~37, 39~40, 43, 47, 690, 704, 744, 778

허구Fiktion 53, 239, 242, 248, 283, 396, 494, 540, 561, 584, 658, 673, 697, 699, 746, 766

허위의식falsches Bewußtsein 50, 274, 303, 414, 484, 513, 515, 531, 553, 559, 567, 600, 633, 690

헬레니즘Hellenismus 115, 127~128, 370, 460

현대 예술Moderne 39, 41~42, 52~55, 57~60, 62~64, 68~69, 86~89, 91~92, 96, 98~99, 102~103, 107~110, 115, 130, 142, 147, 153, 208, 212, 216, 221, 226, 228, 242~243, 247, 269, 271~272, 276, 292, 311~312, 329, 341, 344, 348, 350, 355, 358, 371, 374, 399, 417~418, 438, 443, 448, 468, 506, 517, 531, 563, 571, 580~581, 583, 585, 607~609, 647, 651, 653, 658, 661~662, 674, 681~682, 699, 703, 705~706, 734, 745, 747, 750, 753, 766, 771, 797

현상학Phönomenologie 233, 286, 737, 771~772

현실원칙Realitätsprinzip 29, 282, 574, 676, 689, 741, 750

현실태in actu 404

현존재Dasein 20, 26, 35, 95, 137, 143, 181, 192, 209, 211, 220, 226, 248~249, 254, 258, 295~296, 309~310, 321, 323, 353, 356, 369, 396, 434, 448, 451~452, 462, 492, 529, 589, 593, 620, 632, 643, 683, 687~688, 741, 748, 760

현존재자das Daseiende 21, 247, 396, 420, 656, 756

협화음Konsonanz 101, 119, 252, 344, 362, 364, 758

형상Bild 11, 62, 79, 81, 84, 89, 97, 121, 129~130, 134, 151, 157, 159, 163, 184, 194, 198~199, 201, 203~206, 246, 295, 305, 308, 312, 330, 336, 367, 387, 403, 408, 431, 433, 452, 494~495, 521, 527, 539, 541, 544, 551, 579, 597, 619, 626, 631, 633, 635, 637, 640, 642~643, 646, 661, 722, 725, 772, 784

형상적 성격Bildcharakter 200, 204~205, 219, 309

형상화Gestaltung 23, 40, 98, 207, 248, 271, 280, 330, 347~348, 352, 357, 359, 361,

373, 434, 491, 498, 520, 525, 542, 561~562, 619, 644, 652~653, 670, 692, 750, 780

형식Form 12, 16, 19, 21, 24~25, 28, 31, 40~42, 59, 64, 75, 97, 99, 111, 116, 118~120, 123~124, 126~128, 131, 156, 162, 175, 178, 180, 188, 197, 199, 214, 219, 225, 231, 242, 245, 249, 254, 258, 260, 262, 268~269, 278, 280, 282, 291, 298, 302, 306, 313~314, 317~318, 320~322, 324~325, 327~343, 349, 353, 358, 370, 372~374, 378, 381, 397, 399~400, 405, 412, 414, 416, 421~422, 425~426, 428, 430, 433, 442~443, 449, 454~456, 458, 464, 478, 492, 494, 497~502, 507~508, 510, 512, 520~522, 524~525, 527, 533~536, 545, 553, 560, 563, 574, 577~578, 581, 584~586, 599~600, 605, 607, 627, 632, 640, 646~650, 652, 658, 661, 673~674, 676~677, 680~683, 700~701, 713, 715, 718, 720~721, 723, 733, 741~742, 750, 764, 777~778, 790

형식 수준Formniveau 28, 339~339, 351~352, 355, 370, 393, 424, 442, 445, 463, 485, 498, 653

형식 법칙Formgesetz 14, 23, 29, 42, 49, 115~116, 123, 147, 156, 182, 206, 222, 235, 260, 311, 322, 339, 388, 408~409, 416, 436, 461, 501, 511, 513, 518, 522, 535, 537~538, 555, 596, 654, 678, 756

형식미das Formal-Schöne 31, 448

형식미학Formalästhetik 24, 646~647, 758

형식언어Formensprache 41, 86, 122, 221, 385, 404, 769

형식주의Formalismus 119~120, 126~127, 172, 180, 183, 329, 335~336, 367, 400, 576~577, 648~649, 678, 778, 780~781

혼성곡Quodlibet 427

화성법Harmonik 55, 93

화음Akkorde, Zusammenklang 83, 92~93, 210, 252, 260, 288, 358, 384, 437, 528, 647

화해Versöhnung 11, 42, 84, 90, 108, 118, 120, 129, 134, 151, 154, 164, 166, 184, 248, 259, 274~275, 278, 291, 312~313, 336, 367, 372, 387, 405, 432~434, 448~449, 454, 481, 518, 530, 536, 577, 581, 584~585, 618, 635, 647~648, 677, 701, 711

확정적 부정bestimmte Negation 83, 90~91, 165, 211, 213, 222, 245, 301, 325, 361, 396, 405, 511, 517, 535, 562, 707, 751

환각Illusion 25, 60, 88, 140, 142, 195, 211, 214, 216, 238, 240, 243~245, 247, 254,

274~275, 311, 344, 348, 411, 423, 466, 490, 507, 564~565, 576~577, 583, 634, 651, 660, 699, 703, 707, 710, 712, 775

환각술Phantasmagorie 242~244, 247, 302, 431, 580

환상Phantasie 30, 52~53, 60, 80, 84, 111, 197, 326, 393, 395~399, 577, 585, 661, 683, 716, 725, 742

환영apparition 192~197, 199~201, 203, 212, 661

황금비goldener Schnitt 119

흥미Interesse 31

희극성Komik 450, 452~453, 747